仏教思想論

松本史朗

上

大蔵出版

まえがき

本書は、原始仏教から大乗仏教にいたる仏教思想の展開を、批判的な立場から考察しようとするものである。本書は上巻と下巻に分かれるが、上巻では原始仏教と瑜伽行派の思想を扱い、下巻では『法華経』や『涅槃経』といった大乗経典の思想を中心に論じたい。以下に、上巻の内容について、簡単に説明することにしよう。

第一章「仏教の批判的考察」は、本来『世界像の形成』（アジアから考える〔7〕、東京大学出版会、一九九四年）に収められていた論文を改稿したものであるが、主として原始仏教研究の方法論と仏教そのものを批判的に考察することを目的としている。即ち、この章で私が強調したかったことは、『スッタニパータ』等の韻文経典の所説にもとづいて原始仏教の思想を再構成しようとする中村元博士の研究方法は、仏教をインド思想一般の中に解消させる傾向をもつと思われること、及び、原始仏教思想の核心と考えられる縁起説は、たえざる自己否定を通じて宗教的時間性を指示することが可能であるとしても、そこに超越的な「他者」が認められない限り、その宗教的時間性を維持するのは困難であると思われること、という二点である。

いかなる仏教思想といえども内在主義的な傾向をもち、超越的な「神」の存在を認めることは全くないとすれば、仏教に対して如何なる態度をとるべきであろうか。これは、私自身にとっての問題である。

第二章「瑜伽行派と dhātu-vāda」は、大乗仏教の哲学学派の一つとも見られる瑜伽行派の思想が、私の提示している仮説である dhātu-vāda（基体説）をその論理構造とすることを、瑜伽行派の根本典籍である『瑜伽師地論』に見られる二つの語、つまり、「本性住種姓」“prakṛtisthaṃ gotram”と「真如所縁縁種子」“tathatālambanapratyayabīja”という語の意味を検討することを通じて論証しようとしたものである。

私は、一九八三年の「『勝鬘経』の一乗思想について」なる論文（『縁起と空』所収）で、初めてdhātu-vādaの仮説を提示したのであるが、その際、私は如来蔵思想も、瑜伽行派の唯識思想も、ともに〝万物の根底には単一の基体（dhātu）が実在していて、それを根源として万物は生じる〟と説くdhātu-vādaを構造とすると論じたのである。しかるに、これに対して、瑜伽行派の優れた研究者である山部能宜氏から、瑜伽行派の思想は、発生論的一元論を構造とするdhātu-vādaではないという趣旨の批判が提出された。山部氏による批判は、瑜伽行派の多数のテキストを根拠にして提示された有益なものであり、その批判に答えることが、この第二章執筆の第一の動機であった。

山部氏による批判の趣旨は、その一部については妥当性を認めざるを得ない。即ち、少なくとも瑜伽行派の正統的な学説においては、基体（A）は生因（B）ではない。つまり、万物の根底にある単一の実在である基体（A）ではなく、その基体の上に置かれているあるもの（B）、即ち、種子とか種姓と呼ばれるものが、多様なものを生じる原因となるのである。中国や日本の仏教において盛んに議論されて来た「本性住種姓」と「真如所縁縁種子」という語も、この〝AとBの区別〟を説くものに他ならない。しかし、〝AとBの区別〟を説くとはいえ、瑜伽行派が基体（A）の実在を認めていることは、否定できない。従って、瑜伽行派の思想は、基体（A）を生因（B）とは見なさないが、基体（A）の実在を認める点で、やはりdhātu-vādaの特殊形態であるというのが第二章の結論である。

第三章「アーラヤ識に関する一考察――ātma-bhāvaとālaya-vijñāna――」は、瑜伽行派の中心概念と見なされている「アーラヤ識」〝ālaya-vijñāna〟という語が元来いかなる意味をもっていたかについて検討し、私見を述べたものである。

言うまでもなくこのテーマについては、一九八七年にシュミットハウゼンSchmithausen教授によって『アーラヤ識論』*Ālayavijñāna*という画期的な大著が刊行され、そのテキスト読解の厳密さ、論拠とされる文献資料の豊富さ、議論を構築する手順の周到さ等によって世界の仏教学界を圧倒した。この大著は容易に読了できるといった性質のものではなく、正に一歩一歩、教授が提示された資料を確認しつつ、教授の議論を逐っていかなければならないというような骨の折れる作業を読者に要求する難解な学術書であるが、三年程前に初めてこの書物に取り組んだ私は、教授の議論に魅せられてしまった。この大著の全容を私は未だに理解できていないように思うが、しかし、読み進めるうちに、「アーラヤ識」の原義については、教授とは異なった理解も可能なのではないかと考えるようになった。そこで、瑜伽行派の文献を学び始めたばかりの私が恥をしのんで私見を述べたのが、本書の第三章である。

私の理解は、〝「アーラヤ識」は、通常の心の働きが滅している滅尽定に入っている間に、肉体に潜んでいる認識として考案された〟とするシュミットハウゼン教授の見解よりも、〝「アーラヤ識」は我執に関連する識である〟という勝呂信静博士の見解に近いものである。この第三章に述べられる私見の妥当性や学問的意義については、識者の評価をまつしかないであろう。勿論、その大部分は否定的評価であろうが、それにもかかわらず、私はここで、その厳格な研究により、学問に対する畏敬の念を再び呼びさましてくださった高崎直道先生とシュミットハウゼン教授に対し、敬意と感謝の念を表明しておきたい。

すでに述べたように、この三年程は、自らの無知と不勉強を痛感せざるをえない日々であった。自らの学問と考えてきたものが、全く価値がないものに思えるのであった。それにもかかわらず、このような形で、いわば私の憶見の集積を一冊の本として出版してくださった大蔵出版の井上敏光氏には、感謝の気持で一杯である。氏の励しと友情がなければ、勿論、私はこの書物を完成できなかったであろう。

下巻では、いよいよ、私の生涯の課題である『法華経』について論じたいと思う。さらに精進を続けて、有意義な書物にしたいと考えている。

最後になったが、この拙ない一書を、私は愛する妻、富恵子にささげたい。

二〇〇四年二月二一日

東京にて　著　者

仏教思想論　上――目　次

略号・使用テキスト

A　テキスト

AA =*Abhisamayālaṃkāra*
AAĀ =*Abhisamayālaṃkārālokā,* ed. U. Wogihara, Tokyo, 1932.
AAVi =*Abhisamayālaṃkāravivṛtti,* ed. K. Amano, Kyoto, 2000.
AAVṛ =*Abhisamayālaṃkāravṛtti,* ed. C. Pensa, Roma, 1967.
AK =*Abhidharmakośa*
AKBh =*Abhidharmakośabhāṣya,* ed. P. Pradhan, Patna, 1967.
AKVy =*Abhidharmakośavyākhyā,* ed. U. Wogihara, repr. Tokyo, 1971.
AN =Aṅguttaranikāya, ed. PTS.
AS =*Abhidharmasamuccaya*
ASBh =*Abhidharmasamuccayabhāṣya,* ed. N. Tatia, Patna, 1976.
AS[G] =V. V. Gokhale, Fragments from the Abhidharmasamuccaya of Asanga, *Journal of the Royal Asiatic Society* (Bombay), N. S.
ASP =*Aṣṭasāhasrikāprajñāpāramitāsūtra,* ed. P. L. Vaidya, Darbhanga, 1960. Vol. 23, 1947, pp. 13–38
BBh =*Bodhisattvabhūmi,* ed. N. Dutt, Patna, 1966.
DN =Dīghanikāya, ed. PTS.
DBh[K] =*Daśabhūmikasūtra,* ed. R. Kondo, Tokyo, 1936.
DhSk[D] =S. Dietz, *Fragmente des Dharmaskandha,* Göttingen, 1984.
FSN =Ch. Tripāṭhī, *Fünfundzwanzig Sūtras des Nidānasaṃyukta,* Berlin, 1962.
KS[M] =室寺義仁『成業論　チベット訳校訂本』京都、一九八五年。
LAS =*Laṅkāvatārasūtra,* ed. B. Nanjio, repr. Kyoto, 1956.
MABh =*Madhyamakāvatārabhāṣya*

MAV =*Madhyāntavibhāga*

MAVBh =*Madhyāntavibhāgabhāṣya,* ed. G. M. Nagao, Tokyo, 1964.

MAVṬ =*Madhyāntavibhāgaṭīkā,* ed. S. Yamaguchi, repr. Tokyo, 1966.

MK =*Mūlamadhyamakakārikā,* ed. J. W. de Jong, Adyar, 1977.

MSA =*Mahāyānasūtrālaṃkāra*

MSABh =*Mahāyānasūtrālaṃkārabhāṣya,* ed. S. Lévi, Paris, 1907.

MSg =*Mahāyānasaṃgraha*

MSg[L] =É. Lamotte, *La Somme du Grand Véhicule d'Asaṅga,* Louvain, 1938.

MSg[N] =長尾雅人『摂大乗論　和訳と注解　上、下』東京、一九八二年、一九八七年。

Pras =*Prasannapadā,* ed. L. de La Vallée Poussin, repr. Osnabrück, 1970.

PSVy[M] =Y. G. Muroji, *Vasubandhus Interpretation des Pratītyasamutpāda,* Stuttgart, 1993.

RG =*Ratnagotravibhāga,* ed. E. H. Johnston, Patna, 1950.

Sn =*Suttanipāta,* ed. PTS.

SN =Saṃyuttanikāya, ed. PTS.

SNS =*Saṃdhinirmocanasūtra*

SNS[L] =*Saṃdhinirmocanasūtra,* ed. É. Lamotte, Louvain-Paris, 1935.

SNS[I] =伊藤秀憲「解深密経ヴィシャーラ＝マティの章」『駒沢大学大学院仏教学研究会年報』五、一九七一年、一八四―一七〇頁。

ŚBh =*Śrāvakabhūmi,* ed. K. Shukla, Patna, 1973.

ŚBh[T] =大正大学綜合仏教研究所声聞地研究会『瑜伽論声聞地　第一瑜伽処』東京、一九八八年。

SP =*Saddharmapuṇḍarīkasūtra,* ed. H. Kern & B. Nanjio, repr. Osnabrück, 1970.

Tr =*Triṃśikā Vijñaptimātratāsiddhi*

TrBh =*Triṃśikābhāṣya,* ed. S. Lévi, Paris, 1925.

VS =*Visuddhimagga,* ed. H. C. Warren & Dh. Kosambi, Cambridge, Mass. 1950.

YBh =*Yogācārabhūmi,* ed. V. Bhattacharya, Calcutta, 1957.

B　研究書・翻訳書

『宇井(荘)』　＝宇井伯寿『大乗荘厳経論研究』岩波書店、一九六一年。

『縁起と空』　＝松本史朗『縁起と空――如来蔵思想批判――』大蔵出版、一九八九年。

『形成』　＝高崎直道『如来蔵思想の形成』春秋社、一九七四年。

『初期唯識』　＝勝呂信静『初期唯識思想の研究』春秋社、一九八九年。

『世親唯識』　＝山口益・野沢静証『世親唯識の原典解明』法蔵館、一九五三年。

『禅批判』　＝松本史朗『禅思想の批判的研究』大蔵出版、一九九四年。

『高崎(如)』　＝高崎直道『如来蔵系経典』(大乗仏典12)、中央公論社、一九七五年。

『高崎(宝)』　＝高崎直道『宝性論』(インド古典叢書)、講談社、一九八九年。

『高崎(宝・法)』　＝高崎直道『宝性論・法界無差別論』(新国訳大蔵経⑲―1)、大蔵出版、一九九九年。

『大乗瑜伽行』　＝野沢静証『大乗仏教瑜伽行の研究』法蔵館、一九五七年。

『中論偈頌総覧』　＝三枝充悳『中論偈頌総覧』第三文明社、一九八五年。

『道元思想論』　＝松本史朗『道元思想論』大蔵出版、二〇〇〇年。

『批判仏教』　＝袴谷憲昭『批判仏教』大蔵出版、一九九〇年。

『平安初期』　＝末木文美士『平安初期仏教思想の研究』春秋社、一九九五年。

『仏性』　＝常盤大定『仏性の研究』明治書院、一九四四年。

『唯識思想史』　＝結城令聞『心意識論より見たる唯識思想史』東方文化学院東京研究所、一九三五年。

『唯識哲学』　＝横山紘一『唯識の哲学』(サーラ叢書23)、平楽寺書店、一九七九年。

『唯識論考』　＝袴谷憲昭『唯識思想論考』大蔵出版、二〇〇一年。

Ālaya　＝L. Schmithausen, *Ālayavijñāna, On the Origin and the Early Development of a Central Concept of Yogācāra Philosophy,* Tokyo, 1987.

Āśraya　＝H. Sakuma, *Die Āśrayaparivṛtti-Theorie in der Yogācārabhūmi,* Stuttgart, 1990.

La théorie　＝D. S. Ruegg, *La théorie du tathāgatagarbha et du gotra,* Paris, 1969.

Nirvāṇa　＝L. Schmithausen, *Der Nirvāṇa-Abschnitt in der Viniścayasaṃgrahaṇī der Yogācārabhūmiḥ,* Wien, 1969.

Pruning　＝*Pruning the Bodhi Tree――the Storm over Critical Buddhism,* ed. by J. Hubbard & P. Swanson, Honolulu, 1997.

Study =J. Takasaki, *A Study on the Ratnagotravibhāga*, Roma, 1966.

C　論文

「榎本」=榎本文雄「『摂大乗論』無性釈に引用される若干の経文をめぐって――「城邑経」の展開を中心に」『仏教史学研究』二四―二、一九八二年、四四―五七頁。

「梶山」=梶山雄一「輪廻と超越――『城邑経』の縁起説とその解釈――」『哲学研究』五五〇、一九八五年、三二四―三五九頁。

「佐々木」=佐々木容道「アーラヤ識成立の一要因」『東洋学術研究』二一―一、一九八二年、一七八―一九七頁。

「勝呂(一)」=勝呂信静「アーラヤ識の形成――マナ識との関係を中心にして――」『三蔵』一三六・一三七、一九七七年、一二七―一四二頁。

「勝呂(二)」=同「アーラヤ識の語義」『仏教教理の研究』(田村芳朗博士還暦記念論集)、春秋社、一九八二年、五三―六六頁。

「勝呂(三)」=同「唯識説の体系の成立――とくに『摂大乗論』を中心にして」『講座・大乗仏教8――唯識思想』春秋社、一九八二年、七七―一一二頁。

「勝呂(四)」=同「アーラヤ識と唯識無境」『仏教学』一六、一九八三年、一―二七頁。

「高崎(一)」=高崎直道「入楞伽経の唯識説――"Deha-bhoga-pratiṣṭhābhaṃ Vijñānam" の用例をめぐって――」『仏教学』一、一九七六年、一―二六頁。

「高崎(二)」=同「瑜伽行派の形成」『講座・大乗仏教8―唯識思想』一九八二年、一―四二頁。

「高崎(三)」=同「Upādāna(取)について――『中論』の用例をめぐって」『仏教教理の研究』一九八二年、三九―五一頁。

「高崎(四)」=同「アーラヤ識と縁起」『仏教思想の諸問題』(平川彰博士古稀記念論集)、春秋社、一九八五年、三三―五三頁。

「松田(一)」=松田和信「世親『縁起経釈』(PSVy)におけるアーラヤ識の定義」『印度学仏教学研究』三一―一、一九八二年、四二三―四二〇頁。

「松田(二)」=同「Abhidharmasamuccaya における十二支縁起の解釈」『大谷大学真宗総合研究所研究紀要』一、一九八三年、二九―五〇頁。

「向井」=向井亮「『瑜伽師地論』摂事分と『雑阿含経』」『北海道大学文学部紀要』三二―二、一九八五年、一―四一頁。

「村上」=村上真完「サンスクリット本城邑経(nagara)」『仏教研究』三、一九七三年、二〇―四七頁。

「山部(一)」 ＝山部能宜「初期瑜伽行派に於ける界の思想について――Akṣarāśisūtra をめぐって――」『待兼山論叢』二一、哲学篇、一九八七年、二一―三六頁。

「山部(二)」 ＝同「真如所縁縁種子について」『日本の仏教と文化』（北畠典生教授還暦記念）、永田文昌堂、一九九〇年、六三―八七頁。

Ruegg [1968] ＝D. S. Ruegg, "Ārya and Bhadanta Vimuktisena on the Gotra-theory of the Prajñāpāramitā," *Wiener Zeitschrift für die Kunde Süd- und Ostasiens,* 12/13, 1968, pp. 303–317.

D　索引・辞書・その他

AKBh-Index [I] ＝*Index to the Abhidharmakośabhāṣya,* by A. Hirakawa et al., pt.1, Tokyo, 1973.

MSA-Index [I] ＝*Index to the Mahāyāna-sūtrālaṃkāra,* by G. N. Nagao, pt.1, Tokyo, 1958.

Pras-Index [I] ＝*Index to the Prasannapadā Madhyamakavṛtti,* by S. Yamaguchi, pt.1, Kyoto, 1974.

SP-Index ＝*Index to the Saddharmapuṇḍarīkasūtra,* by Y. Ejima et al., Tokyo, 1985–1993.

BHSD ＝F. Edgerton, *Buddhist Hybrid Sanskrit Dictionary,* New Haven, 1953.

CPD ＝*A Critical Pāli Dictionary,* Copenhagen, 1924 sq.

PTSD ＝*Pali-English Dictionary,* by T. W. Rhys Davids & W. Stede, Pali Text Society, repr. London, 1966.

『梵和』 ＝荻原雲来編『梵和大辞典』東京、一九七四年。

大正 ＝大正新脩大蔵経

D ＝Derge（デルゲ）版チベット大蔵経

P ＝Peking（北京）版チベット大蔵経

PTS ＝Pali Text Society [ed.]

第一章　仏教の批判的考察

仏教であれ、キリスト教であれ、すべて宗教と呼ばれるものは、人間がつくりだした夢にしかすぎないであろう。人はこの夢を見ることなく生きることはできない。ただしその夢の中には、面白いものもあれば、つまらないものもあり、深刻なものもあれば、軽薄なものもあるように思われる。要するに問題は、いかにしてわれわれ自身が夢中になれる面白い夢を探しだすか、そしていかにしてその夢の中で生きようとするかに尽きているであろう。

アジア、特に東アジアといわれる広範な地域において、仏教以上に面白い深い夢を人々に与えたものはなかったと思われる。様々な自然神崇拝や霊魂崇拝、その土地土地の民俗宗教、儒家や老荘の思想、さらにはわが国の国学など、そのどれを取ってみても、仏教の面白さにかなうものはなかった。

では、その仏教の面白さの秘訣、仏教が人々に与えた夢の深さの核心とは何であったのか。一言でいえば、それは時間の観念と自己否定の意識であったと思われるが、この二者こそは、仏教という創唱宗教の祖である釈尊の教えの中心に位置していたと考えるのである。ではそもそも、釈尊の教えとは何なのか。そのことが問われなければならないであろう。

第一節　仏教解明の方法　――中村元説批判――

釈尊の教えとは何か。釈尊は仏陀（覚者 Buddha）であり、仏教とはその仏陀の説いた教えであるとされるのであるから、釈尊の教えとは何かを問うことは、同時に仏教とは何かを問うことにもなる。仏教とは何かという問題は、仏教学が常にその解決をめざしているものであり、従って、その意味では永遠に未解決の課題であるともいえよう。しかし、かつて伝統的には〝仏教とは縁起説である〟〝仏教は縁起を説くものである〟という理解が基本的には認められていたように思われる。例えば、インド大乗仏教における中観派（Mādhyamika）の祖とされるナーガールジュナNāgārjuna（龍樹、一五〇―二五〇年頃）は、その著『根本中頌』*Mūlamadhyamakakārikā* の冒頭で、仏陀に対する帰依の念を、次のような偈（詩）によって述べている。

不滅、不生、不断、不常、不一義、不異義、不来、不去にして、戯論が寂滅し、吉祥なる縁起（pratītyasamutpāda）を、説いた仏陀（正覚者）、かの最高の説法者に、私は礼拝する。(1)

ここで「不滅」から「吉祥なる」まではすべて「縁起」を形容する語であるから、ここでは〝仏陀は縁起を説いた〟〝仏教とは縁起説である〟ということが、基本的に認められているのである。勿論「不滅」から「不去」に至る所謂「八不」といわれる形容詞は、この縁起説に関するある一定の解釈――「空」という理論にもとづく解釈――を明示するものであるが、しかし仏教を縁起説と見る基本的理解は、ここに確かに示されている。

また日本の鎌倉新仏教を代表する思想家の一人といわれる道元（一二〇〇―五三）も、晩年の著作とされる十二巻本『正法眼蔵』の「深信因果」巻において、次のように述べている。

世間・出世の因果を破するは、外道なるべし。(2)

仏法のために仏法を習学せんともがらは、古徳のごとく因果をあきらむべきなり。因なし、果なしといふは、すなはちこれ外道なり。(3)

ここに「因果」といわれるのは、縁起のことにほかならないが、その「因果」を否定するのは「外道」、つまり非仏教思想であるとされるのであるから、ここでは「因果」つまり縁起説が仏教そのものと見なされていることは明らかであろう。

このように、仏教の長い伝統において、〝仏教とは縁起説である〟という理解が基本的には認められてきたということは、一応言えるのではないかと思う。

また、わが国に近代的な仏教学を確立した代表的学者とされる宇井伯寿（一八八二―一九六三）も、一九二五年に発表した「十二因縁の解釈――縁起説の意義」という著名な論文において、

> 予は縁起説が仏陀の説の根本趣意であり、其理論的基礎となつて居るものであり、根本仏教の根本思想であると認むるものである。[4]

と述べているが、これは日本の近代的仏教学の共通の認識であったと見ることができるであろう。

しかるに近年になって、伝統的な仏教理解と近代的な仏教学がともに共通の認識としてきたと思われる〝仏教とは縁起説である〟という見解に対して、否定的な見解が示されるようになった。私の見るかぎり、この否定的見解を代表するのが中村元博士の説であり、博士は一九六九年に出版された『ゴータマ・ブッダ』において、

> またサンスクリット文『四衆経』およびチベット『律蔵』によると、釈尊はすでにさとりを開いたあとで、しばらくたってから十二因縁を観じたのであり、縁起説とさとりとの間に本質的な連関は存在しない。[5]（傍点＝中村博士）

と述べられている。これは一見して、仏教の出発点である釈尊の「さとり」と縁起説との本質的な関係を否定する見解であることが知られる。しかも、この見解が決して偶然に述べられたものではなく、中村博士の仏教理解の根本から発していることは、博士が同書で「ゴータマのさとりの思想史的意義」を次のように解説することからも、知られるのである。

> まず第一に仏教そのものは特定の教義というものがない。ゴータマ自身は自分のさとりの内容を定式化して説

くことを欲せず、機縁に応じ、相手に応じて異なった説きかたをした。だからかれのさとりの内容を推しはかる人々が、いろいろ異なって伝えるに至ったのである。

第二に、特定の教義が無いということは、決して無思想ということではない。このようにさとりの内容が種々異なって伝えられているにもかかわらず、帰するところは同一である。既成の信条や教理にとらわれることなく、現実の人間をあるがままに見て、安心立命の境地を得ようとするのである。それは実践的存在としての人間の理法（dharma）を体得しようとする。(6)（傍点＝中村博士）

ここで、中村博士は「仏教には特定の教義が無い」と言われているが、これこそ博士の仏教理解の根本であると見ることができるであろう。仏教に特定の教義がないとすれば、〝仏教とは縁起説である〟という見解が否定されるのは当然である。では、仏教に特定の教義がないとすれば、仏教とは何なのであろうか。博士は「無思想ということではない」と言われる。また、それは、「現実の人間をあるがままに見て、安心立命の境地を得ようとする」ものであり、「実践的存在としての人間の理法（dharma）を体得しようとする」ものであると説明されている。この二つの説明とも、極めて曖昧なものであるが、博士はこれを「実践哲学(7)」という語によっても解説されている。つまり、中村博士にとって、仏教とは特定の「教義」ではなく、何等かの宗教的理想を実現するための実践のみにかかわる「実践哲学」であるということになろう。同じ主張を博士は、別の著作で、より簡潔に、

だからゴータマ・ブッダは、西洋におけるような意味で何らかの「哲学体系」を述べているのではない。そうではなくてただ「道」を説いているのである。(8)

とも述べている。前述の「教義」と「実践哲学」との対比が、ここでは「哲学体系」と「道」という語の対比によって示されていることは明らかであろう。

さて、「仏教には特定の教義はない」という中村博士の見解は、常識的には驚くべきものといえようが、この見解

は、『原始仏教の思想』上下（一九七〇年、七一年）において、豊富な資料にもとづいて詳しく論証されたことによって、わが国の仏教学界に圧倒的な影響を与えることになった。この独創的ともいえる書物の上下二巻の区別を、中村博士はその「はしがき」において、

大ざっぱに言って、上巻では体系成立以前の段階を論じ、下巻では原始仏教の思想の体系化の発端を論じたことになるであろう。(9)

と述べておられるが、ここにもすでに博士の根本的立場が認められる。即ち、「体系成立以前の段階」と「思想の体系化の発端」という二つの語によって、上述の「道」と「哲学体系」、または「実践哲学」と「教義」という対比が、中村博士においては仏教思想史における歴史的前後関係として把握されていることが、容易に理解される。つまり、博士によれば、仏教には本来「教義」も「哲学体系」もなく、それはただ「道」を説く「実践哲学」にほかならなかったが、後には、釈尊の意図に反して（?）「体系」が立てられ、「教義」が形成されるようになったというのである。実際、この『原始仏教の思想』という著作においては、仏教の最も根本的教義と考えられてきた縁起説や四諦説については、もっぱらその下巻において考察がなされるのであり、上巻においてそれは殆んど触れられていない。上巻の第一編「基本的立場」のところを読むと、そこに述べられるのは、〝仏教には教義・哲学体系はなく、仏教は単に実践を説くものである〟という中村説の次のような繰り返しだけなのである。

釈尊の教え（dhamma）は諸の哲学的見解（diṭṭhi）を超越したものなのである。(10)

他人と論争せぬというこの境地に、ゴータマ・ブッダは重要な意義を見出したのであった。……要約していうならば、言わば無立場の立場に立ったのである。(11)

真理を見る立場に立つと、既成諸宗教のどれにもこだわらなくなる。どの宗教に属していてもよい。所詮は真理を見ればよいのである。(12)

初期の仏教は特殊な教説を立てて他の宗教や哲学と争おうとしなかったが、めざす究極の境地に到達するために、民衆のそれぞれの精神的素質や立場を尊重しながら真理を説くことを忘れなかった。そこで同一の真理が異なったしかたで説かれることが許される。[13]（傍点＝中村博士）

ここでも、仏教が「哲学的見解を超越したもの」であり、「無立場の立場」であると述べられているが、注意すべきことは、ここに「真理」という語が繰り返し用いられていることである。この「真理」は、中村説においては、「哲学的見解」や「立場」や「教説」とは逆に、むしろ肯定されるべきものとして述べられている。先に引用した『ゴータマ・ブッダ』の文章において、「理法（dharma）」といわれていたものと、この「真理」とが、中村説において、同一の意味を担っていることは自明であろう。ではこの「真理」＝「理法」とは何を意味するであろうか。「真理を見る立場に立つと、……どの宗教に属していてもよい」という文章と「同一の真理が異なったしかたで説かれることが許される」という文章を合体して解釈するならば、〝諸の宗教は、同一の真理に対する異なった説明のしかたにすぎない〟という主張が、中村博士によってなされていると考えざるをえない。とすれば、ここにおいて、「真理」とは〝不可説なる単一の実在〟であり、諸々の宗教や哲学とは、この〝不可説なる単一の実在〟を多様なしかたで表現した〝言葉〟にしかすぎないという理解が認められているのであろう。このような理解は、次のような津田真一氏の文章に示される見解と、基本的には同じであろう。

私は、ブッダの涅槃の境地も、バラモンの哲人たちの梵我一如の境地も全く同じものなのだ、と確信しております。インドに於いては、仏教も外道もない、真理は一つ、真実に実在する（と彼らが確信している）世界は一つなのです。[14]

この点ではヴェーダーンタとかサーンキャとか、インド哲学の主要な体系も、すべて同じことなのです。彼らは皆その同一の有を、ただしそれぞれの視位から、それぞれの制約に於いて見ているのです。ブッダも同じなの

です。(15)（傍点＝津田氏、傍線＝松本）

ここに説かれるのは、明確な一元論、インド思想の諸体系中、最も正統的なものと考えられているヴェーダーンタ的な一元論であると思われるが、中村博士の仏教理解の根底にも、津田氏ほどの明確さは欠いているものの、この同じヴェーダーンタ的な一元論が据えられていることが、知られるであろう。

ただし、表面的に見れば、中村博士の仏教理解をヴェーダーンタ的一元論以上に特徴づけているのは、ジャイナ教的な無執着主義と相対主義であり、博士の無「教義」、無「教説」、無「立場」、無「哲学」の強調は、すべてこれにもとづいていると見ることができる。では、ジャイナ教的な無執着主義と相対主義とは何のことか。それについて説明するまえに、まず、中村博士の原始仏教研究の基礎となっている文献学的な方法論について、述べなくてはならない。

中村博士は、すでに引いた『原始仏教の思想』上巻の「はしがき」において、次のように言われている。

この書の読者は次の二つの点で、あるいは失望を感ぜられるかもしれない。第一に、仏教とはこのようなものだ、とあらかじめ考えておられたことと、本書の所説がかなり異なっているかもしれない。(16)ここに言われるように、上述した仏教の伝統的理解や宇井説にもとづいて、〃仏教とは縁起説である〃と考えていた人々にとっては、中村説は確かに驚きであろうが、中村博士による原始仏教の説明が従来のそれと大きく異なる理由は、博士自身によって同じ「はしがき」において、次のように説明されている。

第二に、原始仏教に関する従来の諸書と内容が異なることがある。しかしこの書は原始仏教聖典のうちでの古い資料（主として詩句）にもとづいて論述したのであるから、原始仏教聖典一般（主として散文）にもとづいた研究とは内容が異なるのは当然である。(17)（傍点＝中村博士）

確かに、原始仏教聖典には、韻文（詩句）よりなるものと散文で書かれているものが存在する。中村博士は、「まず詩句（gāthā 韻文）が作製され、それが幾世代にわたって伝承せられ、それにもとづいて後世に散文の部分が作製された」[18]とか、「とにかく一般的には散文の部分よりも韻文の部分のほうが古いことが明らかである」[19]と言われるように、原始仏教聖典の成立に関して、〝韻文から散文へ〟という成立順序を想定されている。これは、韻文経典を原始仏典の最古層と見なす見解でもあるので、これを私は〝最古層韻文説〟と呼んでいる。

ここで韻文経典とは、『スッタニパータ』[20]『ダンマパダ』(『法句経』)『長老偈』『長老尼偈』などを指し、散文経典とは、漢訳四阿含と、それに対応するパーリ仏典の四部(長部・中部・相応部・増支部)の散文部分を指す(なお注意すべきことは、『スッタニパータ』等の韻文経典は、パーリ仏典においては第五部としての小部に含まれるが、漢訳において、この小部に対応する第五阿含なるものは存在しない[21])。この韻文と散文という二種の原始仏典の内容的、思想的相違をいえば、その後の仏教思想史において常に極めて重要視される十二支縁起説は、散文経典には多く説かれるが、韻文経典にはまったく説かれていない。また我(アートマン ātman)に対して、散文経典では否定的評価を示す論述が多いのに対して、韻文経典では、概して肯定的な説明が多い。従って、韻文経典と散文経典との間に、思想的相違があることは認めざるをえないであろう。問題は、どちらの所説が仏陀(釈尊)の教えに近いか、あるいは簡単にいえば、どちらの所説を〝仏教〟と見なすべきかという問題であろう。

中村博士は、散文部分よりも韻文部分のほうが古いことが文献学的に証明されるので、韻文の所説のほうが釈尊自身の思想に近いと考えられている。この考え方に従えば、十二支縁起説によって明確に示される縁起説も、〝アートマンは存在しない〟という意味での無我説も、二千年以上に及ぶ仏教思想史において絶えず仏教そのものと考えられてきたにもかかわらず、後代の学僧たちによる創作、教理化にすぎないと見なされることになるであろう。

現に中村博士は、韻文経典の研究にもとづいて、

初期仏教においては、アートマンを否認していないのみならず、アートマンを積極的に承認している。[22]

と述べられ、原始仏教においては、アートマンの存在を否認する意味での「無我説」、即ち、後代の仏教徒によって

明瞭に説かれることになる「無我説」はまだ説かれておらず、単に〝これこれのものはアートマンではない〟という意味での「非我説」しか説かれていなかったと主張された。この中村説が正しいとすれば、「非我説」とは、右の中村博士の言明にも見られるように、アートマンの存在を承認するかぎりにおいてのみ成立しうるから、ウパニシャッドやジャイナ教の思想と同様に、仏教とは「我説」であって、「無我説」ではなかったということになるのである。これは、「無我説」を仏教の根本と見なす従来の仏教理解からすれば、一八〇度の転回であり、完全な逆転であるが、中村博士が詳論されたように[23]、韻文経典の所説によるかぎり、このような結論が導かれざるを得ないのである。

しかし、韻文経典にもとづいて原始仏教の思想を理解する中村博士の方法自体は、果して妥当なものであろうか。私は、中村博士の原始仏教研究が特に韻文経典とジャイナ教の古聖典やウパニシャッド文献などとの思想的類同性を指摘したことにおいて、大きな意義を有すると考えるものであるが、その韻文経典の所説のほうを、散文経典の所説と比べて、より釈尊の思想に一致するものと見なす点については、同調できないのである。

中村博士は、〝散文より韻文のほうが古い〟と言われる。これは聖典の編纂過程に関する一般的理解としては、ある程度は妥当であるかもしれない。しかし、釈尊が韻文で説法することなどありえないから、韻文経典とは釈尊の説法がその没後にまとめられたものであると中村博士自身によっても考えられている[24]。従って、釈尊の説法と韻文経典との間に歴史的な距離が存在することは確実である。しかるに、原始仏教聖典の最古層を探求しようとする文献学的方法の有効性に対し、あまりにも楽観的である場合、この距離がしばしば無視される傾向があり、韻文経典、特に『スッタニパータ』の韻文部分の所説をそのまま釈尊自身の教えと直結しがちな傾向が認められる。

現に中村博士は、「多数の詩のうちには、或いはゴータマ・ブッダ自身がつくったものも含まれているのではないか、と考えられる[25]」とか「ゴータマ・ブッダ自身も必ずや詩をつくったにちがいない[26]」と述べて、上述した釈尊の説法と韻文経典との間に厳然として存在している筈の距離を、短縮または否定しようと努められている。しかし、仏伝中のいかなる記述も、釈尊が詩をつくったことなど伝えていないから、釈尊が詩をつくったという中村説は成立しないであろう。

このように、釈尊の説法と韻文経典との間に存在する距離は、決して否定できないにもかかわらず、中村博士は、韻文経典を代表する『スッタニパータ』の和訳を、『ブッダのことば』と題して、一九五八年に出版された。『スッタニパータ』*Suttanipāta* とは「経の集成」[27]を意味する語であるから、博士がこの書の解説の冒頭で、

本書の題名『ブッダのことば』は『スッタニパータ』(Sutta-nipāta) の訳である。[28]

と言われたのは、学問的には明らかな誤りであるといわなければならない。しかるに、この「経の集成」を、敢えて『ブッダのことば』として出版されたところに、中村博士の原始仏教研究の方法論的な誤り[29]が象徴的に示されている。即ち、中村博士のいう「最初期の仏教」「釈尊の教え」とは、極論すれば、『スッタニパータ』の所説を指すものにほかならないが、その『スッタニパータ』の所説が「釈尊の教え」そのものでないことは、すでに述べたところから明らかであろう。

また私見によれば、『スッタニパータ』と釈尊の説法との間には、単に歴史的な距離があるというだけではない。両者は思想的には逆の関係にあるのである。では、なぜこのように考えられるのか。この点を明らかにするために、『スッタニパータ』の性格について、以下に私見を述べてみたい。

結論よりいえば、私は、『スッタニパータ』は、仏教思想を説くものではなく、ジャイナ教的な思想を説く苦行者文学の一種ではないかと考えている。『スッタニパータ』は、仏教教団内で伝承されてきた文献であるという点においては、まぎれもなく仏典であるといわなければならないが、その仏典に説かれるのが仏教思想ではなく、ジャイナ教的な思想であるという私見は、読者にとって、にわかには理解しがたいものであろう。そこで以下に、苦行・ジャイナ教・禅・苦行者文学について、簡単に説明することにしよう。

第二節　苦行と禅 ――無執着主義――

まず、仏教成立当時のインドは、圧倒的な苦行主義の時代であったことを知らなければならない。当時は、バラモン教の祭式に従事する「バラモン」（brāhmaṇa）という古い宗教者に対して、「沙門」（śramaṇa）と呼ばれる苦行者が新しいタイプの宗教者として多数登場した時代であった。苦行が宗教的理想を実現するための行法として当時さかんに行われていた事実は、釈尊が「さとり」（bodhi）を得る以前に、「六年苦行」を修したという伝承に、端的に示されている。つまり、釈尊もまた、〝仏教〟を創唱する以前は、当時の多数の宗教者たちと同様、苦行者であったのである。しかし、釈尊がその後、苦行を捨てたことは、サールナートにおける最初の説法（初転法輪）において、愛欲に耽る生活（楽）と苦行（苦）とが、ともに避けられるべき極端（辺）であると説かれたことによく示されている。従って、仏教は苦行主義を否定して成立したものであるから、〝仏教とは何か〟を明らかにするためには、どうしてもこの仏教が否定した対象である苦行主義を正確に理解する必要があるのである。

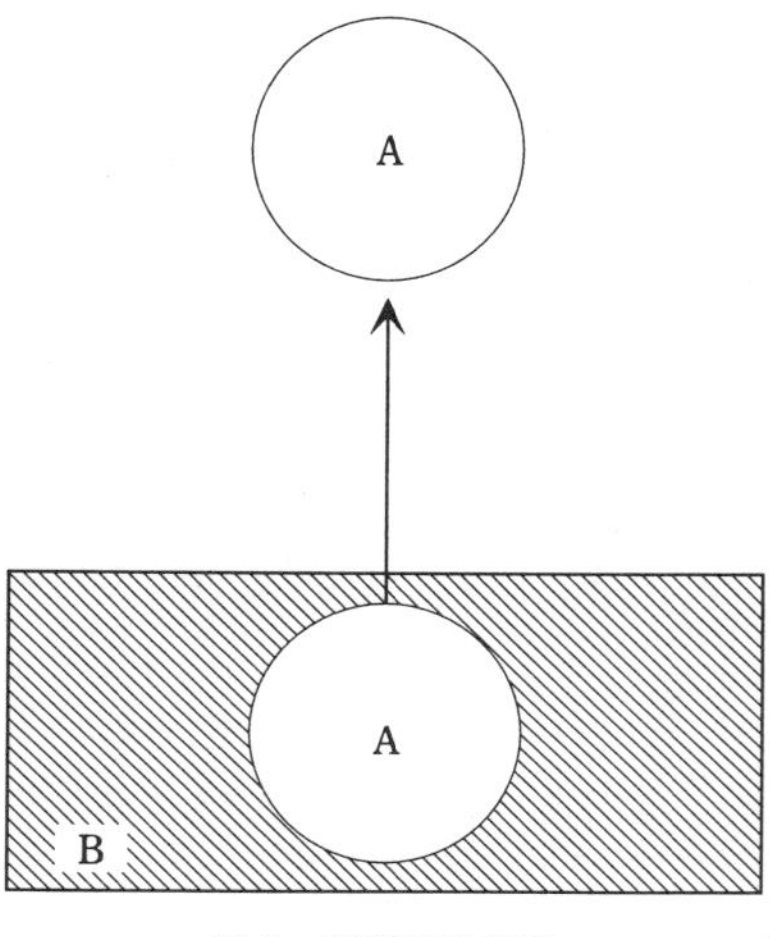

図１　解脱思想の図

　ではまず苦行とは一体どのような思想的原理にもとづいてなされたのであろうか。それを知るためには、当時の苦行主義を代表するジャイナ教の思想において、苦行がいかにしてなされたのかを理解するのが最適であろう。ではジャイナ教における苦行の思想的原理とは何か。それは一言でいえば、上の図に示すような心身二元論にもとづく解脱思想なのである。[30]

即ち、〝人間存在とは、清らかな精神（アートマン）（A）が汚れた肉体（B）によって覆われているものである。しかるに、本来清らかで自由であるアートマンは、汚れた肉体によって覆われ、その自由を束縛されているので、苦を受けている。従って、その肉体（およびその肉体に本質的に付随している欲望）を、断食を主とする苦行によってしだいに無に近づけ、最終的には断食死によってゼロとすることによって、アートマンは肉体という束縛（覆い）から解放されて解脱する〟というのである。(31)

このように〝苦行(断食)→解脱〟を説くジャイナ教が、解脱するもの（A）として、アートマンの存在を明確に認めていたことに、注意しなければならない。つまり、ジャイナ教の思想は、仏教の「無我説」とは相反する「我説」なのである。

またジャイナ教は、哲学的問題には、相対主義（不定主義 syādvāda）の立場をとったということで知られている。これはものごとを一つの観点から見ることを斥け、ある観点から見ればこう見えるが、別の観点から見れば別のように見えると説くものであり、その根底には、「これだけが正しい」というような絶対的な判断を成立させる唯一の観点というものはありえない、という確信が存在する。しかるに、この確信は、ジャイナ教だけではなく、当時の苦行者たち全般に共有されていたように思われる。というのも、当時の思想界では一般に、相対主義的、または懐疑論・不可知論的傾向が強かったからである。この点は、ジャイナ教の祖マハーヴィーラ Mahāvīra とともに「六師外道」――仏教成立当時の六人の非仏教思想家――の一人と数えられるサンジャヤ Sañjaya が、懐疑論・不可知論者であったとされることからも知られるであろう。即ち、彼は、「あの世は存在するか」と問われたとき、〝存在するのでもなく、存在しないのでもない〟というように、極めて曖昧な答え方をしたといわれている。

このサンジャヤについて、何よりも注目すべきことは、釈尊の弟子のなかで「知恵第一」とも称されるシャーリプトラ Śāriputra（舎利弗）が、かつてサンジャヤの弟子であったという事実である。即ち、シャーリプトラは、サンジャヤに従い懐疑論を奉じていたが、あるとき一人の仏弟子アッサジ Assaji から、次のような一つの偈を聴き、サンジャヤのもとを去って、釈尊の弟子となったといわれている。

諸の法（dhamma）は、因（hetu）より生じるが、
如来（tathāgata）は、それら〔諸の法〕の因を説いた。
それら〔諸の法〕の滅（nirodha）をも、
偉大な沙門は説くのである。[32]

この詩は「縁起法頌」とも呼ばれ、縁起説を説くものであるが、この詩によってシャーリプトラが仏弟子になったという伝承は、彼にとって仏教とは縁起説以外の何ものでもなかったという理解を示している。と同時に、仏教（縁起説）が、苦行主義と必然的に結びついていると思われる相対主義や懐疑論を否定し、それを克服したところに成立した一つの明確な思想的立場をもつことも、ここに明示されているであろう。

では、相対主義や不可知論というものが苦行主義に結びつくのは何ゆえであろうか。それは苦行主義が同時に無執着主義でもあったからである。苦行の目的は、肉体、及びその肉体に不可離に結合している欲望というものを、しだいに制限し、最終的には捨離することによって、〝アートマンの浄化〟〝アートマンの解脱〟を達成することであった。とすれば、ここには、「欲望を捨てよ」という教説が必然的に結びついている。では何ゆえに〝欲望〟は捨てられなければならないか。それは本来清浄なる〝アートマン〟を汚し、またその平静を乱すからである。しかし、〝アートマン〟を汚し、その平静を乱し、苦に陥らしめるのは、〝欲望〟ばかりではない。〝執着〟こそそのようなものであるとして、ここに〝執着〟というものが、いわば〝諸悪の根源〟として認定されるのである。即ち、『スッタニパータ』の表現を用いれば、「田畑・宅地・黄金・牛馬・奴婢・傭人・婦女・親族」（第七六九偈）等の所有物に対して、執着してはならない。何となれば、それらはすべて、われわれの肉体（B）と同様に、〝アートマン〟（A）ではないもの

（Ｂ）（非我）であり、無常なものだからである。従って、それら〝アートマンならざるもの〟（非我）に執着することは、〝アートマン〟を乱し、苦しめることになるので、それらに執着することなく、すべての所有物を捨て、無所有、無執着にして遊行すべきである。これが当時の苦行者たちに共通する無執着主義の基本的観念だったのである。

しかるに、この無執着主義には、所有物（非我）に対する執着を排除する側面があるとともに、いわば知的な執着を否定する側面が認められる。即ち、「これだけが正しい」という絶対主義的な断定、あるいは、〝ａはｂである〟という一切の知的な判断というものが、精神（アートマン）の平静を乱す〝とらわれ〟として否定されるのである。ここから、不可知論も、相対主義も生じてくる。つまり、サンジャヤの不可知論やジャイナ教の相対主義は、苦行主義の共通の理念であった無執着主義より帰結したものなのである。

ところで、〝無執着→心の平静〟という無執着主義の構図は、極めて重大な問題を含意している。それは、〝無執着〟が、一切の知的な判断、すべての知性のはたらき、思考、概念、言葉というものを〝執着〟として否定しさることを意味するとすれば、ここに〝思考の停止〟をめざすものとしての禅（dhyāna, jhāna）の思想が成立するであろうということである。

釈尊は成道以前の修行時代に、まずアーラーラ・カーラーマとウッダカ・ラーマプッタという二人の師に順次に師事して、禅を修したが、後には禅を捨て、「六年苦行」した後に、菩提樹下で悟りをひらいたといわれている。この伝承によれば、釈尊は禅と苦行と別個に行ったことになるが、私は両者は同時に行ぜられたであろうし、また同時に行ぜられることには、必然性があると考える。例えば、『スッタニパータ』には、苦行を放棄するよう迫った悪魔に対し、釈尊が答えた言葉として、次のようなものが伝えられている。

諸の肉（maṃsa）が尽きると、心（citta）はさらに澄んでくる。また、私の念（sati）と般若（paññā）と三昧（samādhi）は、さらに安立する。[33]（第四三四偈）

ここで、まず「肉」と「心」が対立するものとされていることに注意したい。つまり、「肉」と「心」は前掲の「解脱思想の図」のBとAに対応し、ここに、ジャイナ教的な心身二元論が説かれていることは、明らかである。しかも、「肉が尽きる」とは、苦行、つまり、断食の結果を指し、「三昧」とは、禅の異名である。従って、この偈において、苦行と禅は分かちがたく結びつけられているのである。また、ジャイナ教においても、禅は苦行とともに、主要な二つの修行法とされていたことに注意したい。(34) 従って、苦行と禅との間には、内的な、あるいは必然的な関係があると考えなければならない。

では、そもそも〝禅〟とは何なのであろうか。

これを言葉として見れば、「禅」という漢訳語は、梵語“dhyāna”の俗語形である“jhāna”または“jhān”という語の音写語であるといわれている。それを意訳したものが、「定」または「静慮」という漢訳語であり、「禅」は「定」と合体して、「禅定」と漢訳されることも多い。このうち、「定」という言葉は、「精神統一」「心を落ちつかせること」という「禅」の語義をよく示すものと思われる。以上は、言葉の説明にすぎないが、〝禅〟の本質的論理とは何かといえば、それは、私見によれば、〝思考の停止〟によって〝心の平静〟をめざすことにほかならないと思われる。(35)

〝禅〟というものが、〝思考の停止〟を本質的な契機として構想されたものであることは、次に示す四禅の説明に明瞭に示されているであろう。

> わたしは諸の欲望（kāma）を離れ、不善（akusala）の諸法を離れ、尋（vitakka）をもち、伺（vicāra）をもつ、遠離（viveka）から生じた喜楽（pīti-sukha）である初禅（paṭhamaṃ jhānaṃ）を成就して住した。〔次に〕尋と伺との寂滅（vūpasama）のゆえに内的に静安となり、心（cetas）が統一し、尋もなく伺もない、三昧（samādhi）から生じた喜楽である第二禅を成就して住した。〔次に〕喜（pīti）を離れるがゆえに、平静であり、念があり、正しく知り、身（kāya）によって楽（sukha）を感受していた。すなわち、聖者（ariya）たちが「平静であり、念があり、

楽に住している」と説くところの第三禅を成就して住した。〔次に〕楽を捨て苦を捨てるがゆえに、先に喜びと憂いとを滅したので、無苦であり無楽であり、平静（upekhā 捨）と念（sati）とによって清められている第四禅を成就して住した。(36)

ここに、初禅から第四禅にいたるまでに、様々な心のはたらきがしだいに停止し、心が平静になっていくありさまが描かれていることは明らかであるが、ここで注目したいのは、「尋」（vitakka, vitarka）と「伺」（vicāra）という語である。この二つの語は、その漢訳語からも知られるように、精神の知的なはたらき、「探求すること」「考察すること」「判断」「思考」を意味する。従って、ここに、精神を統一するためには、まず第一に〝思考の停止〟が要請されるという〝禅〟の本質的論理が示されているであろう。

ところで、右の引用に示した四禅は、釈尊の時代よりもかなり後に成立したと思われる禅の分類によれば、色界の四禅、または色界定と呼ばれている。この分類では、禅は欲界定・色界定・無色界定の三つに分けられる。この三つは、簡単にいえば、欲界・色界・無色界の三界をその対象、または内容とする禅である。欲界とは、性欲などの欲望が盛んな世界であり、色界とは、欲望は止滅したが、なお肉体などの物質的なもの（色）が残存している世界であり、無色界とは、もはや物質的な肉体もなくなり、ただ心だけが存在している世界である。

三界は、本来は心の状態、禅の内容を指していたが、その後しだいに輪廻の迷いの世界として、空間的な世界を意味するようになった。欲界定は、ふつうの人に散発的に起る心の落ちつきであり、真の精神統一ではないという意味で、それ以上の根本定とは区別される。つまり、欲界に禅定はないので、欲界は定地ではなく、散地であると言われている。色界は四禅の内容であるが、その上の無色界に属する禅には、空無辺処定・識無辺処定・無所有処定・非想非非想処定の四つがある。空無辺処定と識無辺処定は、それぞれ虚空と認識の無限性を観じる禅であり、無所有処定とは一切の所有をもたないという禅であり、そして非想非非想処定は、想があるのでもなく、想がないのでもない禅であると説明されている。さらにその上に、聖者のみが得る滅尽定という禅があるとも言われている。

このように、仏教教理における禅の分類にはかなり複雑なものがあるが、その複雑さに目を奪われることなく、〝禅〟の本質的論理を追求することが必要であろう。しかるに私より見れば、〝禅〟の本質的論理が〝思考の停止〟にあることは、あまりにも明らかであるように思われる。例えば、無色界定の第四に位置する「非想非非想処定」について考えてみよう。これは、伝承によれば、本来、釈尊が修行時代に就いた二番目の師であるウッダカ・ラーマプッタが説いていたものが、仏教の禅の分類中に取り入れられたものといわれているが、「非想非非想処」とは、何を意味するのであろうか。まず「処」(āyatana)とは、「場所」「境地」を意味する語であり、四つの無色界定の名称にすべて加えられている。問題は、「非想非非想」の意味であるが、私見によれば、この語は、「想でなく想でないのでもない」というのではなく、端的に〝想の否定〟〝想の非存在〟を意味するものと思われる。しかるに、「想」(saññā, saṃjñā)とは、知的な精神作用、即ち、「思考」を意味すると考えられるから、この「非想非非想処定」なるものが、〝思考の停止〟を意図したものであることは明らかであろう。

同じことは、「非想非非想処定」のさらに上位に置かれる「滅尽定」(nirodha-samāpatti)に関しても、言うことができる。「滅尽定」は、「想と受の滅」(saññā-vedaita-nirodha, saṃjñā-vedita-nirodha 滅想受)ともいわれるように、そこにおいて、「想」という〝思考〟と「受」という〝感受〟が滅した禅とされるのである。この「想と受の滅」という考え方を、前述の色界四禅の説明にあてはめれば、初禅において、「尋」と「伺」が止滅するというのは「想」の「滅」、つまり〝思考の停止〟を意味し、第四禅において「楽を捨て苦を捨てる」「無苦であり無楽であり」というのは、「受」の「滅」に対応するであろう。このように見れば、禅は、仏教において「九次第定」として「色界四禅・四無色界定・滅尽定」と細かく分類されるにかかわらず、その本質論理とは、〝思考〟を中心とするいっさいの精神作用の停止にあることが、理解されるであろう。

また、禅が〝思考の停止〟を意味することとは、インドの禅思想を継承した中国禅宗の思想についても、指摘することができる。例えば、その〝北宗〟批判によって知られる神会（六六四—七五八）は、「無念」を力説したことで知られるが、その「無念」の「念」の原語としては、〝manasikāra〟が想定される。しかるに〝manasikāra〟は「思惟」とも漢訳されるように、〝思考〟を意味すると思われるので、神会の「無念」が〝思考の停止〟を説くことは明らかであろう。(37)

また、神会の影響を強く受けた無住（七一四—七四）も、「一向に無念なれ」と説いたとされるが、その無住その人自身は「一向に絶思断慮」であったと言われている。このことは、無住にとって「無念」は、「絶思断慮」、つまり、〝思考の停止〟を意味していたことを示している。(38)

さらに、やはり神会の影響を受けたと思われる摩訶衍も、「離想」や「不思不観」を説いているが、このいずれの語も、〝思考の否定〟を意味するであろう。何となれば、「離想」の「想」の原語である〝saṃjñā〟も、「不観」の「観」の原語と思われる〝manasikāra〟も、人間の知性のはたらきとしての〝思考〟を意味するからである。(39)

従って、中国の禅宗が、〝思考の停止〟〝思考の否定〟を説いたことは明らかであり、その流れは、日本の禅宗にまで及ぶのである。即ち、中国禅宗のストレートな移入に尽力したと思われる初期の道元は、『普勧坐禅儀』において、次のように述べている。

善悪を思はず、是非を管すること莫れ。心意識の運転を停め、念想観の測量を止むべし。(40)

この文章が、たとえ伝統宗学的にどのように解釈されるにせよ、ここに説かれるのは、まさに〝思考の停止〟以外の何ものでもないように、私には思われる。

このように、〝禅〟は、インドにおいても、中国・日本においても、常に〝思考の停止〟をその本質的論理として説いてきたのであるが、ではその論理の起源とは何かといえば、すでに述べたように、仏教以前の苦行主義の時代に流行した無執着主義であったと思われる。即ち、それは、〝思考〟とは、精神の平静を乱す〝とらわれ〟〝執着〟にほかならないので、その〝執着〟たる〝思考〟を停止することによって、精神の平静が獲得されるという考え方である。

禅の思想が、苦行主義と分かちがたく結びつき、無執着主義を根拠としているということは、無色界の第三禅――これは釈尊の最初の師アーラーラ・カーラーマが説いたものとされる――が、「無所有処定」と呼ばれることに、象徴的に示されているであろう。「無所有」は、苦行を説くジャイナ教によって力説された徳目であるが、その「無所有」が〝アートマン以外のもの（非我）である所有物に執着してはならない〟という無執着主義より帰結したものであることは、すでに見たとおりである。

従って、〝禅〟の思想は、無執着主義を根拠とし、その無執着主義は、より根本的には、〝アートマンの思想〟、または、〝アートマン（A）とアートマン以外のもの（B）〟の区別を説く心身二元論にもとづくものであることが知られる。従って、この点に関連して、宇井伯寿が、「次に修定主義を見るに、これも二元論的思想に立つものであって」[41]と述べているのは、正確な指摘であると思われる。

第三節　『スッタニパータ』の非仏教性　――苦行者文学――

以上述べたところから、苦行も禅も、無執着主義を根拠とし、その無執着主義は、アートマン（A）と非アートマン（B）の区別を説く二元論にもとづくことが明らかになったと思われるが、仏教成立当時のインドには、このような無執着主義にもとづいて苦行をも禅をも修する多数の修行者が登場したのである。彼らは沙門（samaṇa, śramaṇa）、つまり、「努め励む人」と呼ばれたが、ここで、「努め励む」とは、広い意味で、苦行を意味していた。従って、彼らは苦行者であり、その無執着・無欲・無所有の理想をほめ讃える文学が「苦行者文学」[42]なのである。苦行主義を主張するジャイナ教の古聖典が「苦行者文学」であることは自明であるが、正統バラモン教系統の叙事詩にも、また仏教教団で伝承された文献にも、「苦行者文学」の存在は認められる。というのも、当時の苦行主義、無執着主義の影響は圧倒的なものであり、それは宗派の境を超えて浸透していたからである。

『スッタニパータ』という仏典についていえば、私はこれを基本的には仏教教団において伝承された「苦行者文学」、つまり、仏典のなかの「苦行者文学」にほかならないと見るのである。というのも、そこに説かれるのは、無執着主義、苦行、禅、そしてアートマン論だからである。

例えば、『スッタニパータ』のなかでも、最古層をなすといわれる「アッタカ・ヴァッガ」（Aṭṭhaka-vagga 義品）という章には、次のように説かれている。

　それ故に、人は常に念をもち、諸の欲望（kāma）を完全に捨て去れ。船の水を汲み出すように、それらの欲望を捨てて、暴流（ogha）を渡り、彼岸（pāra）に達せよ。[43]（第七七一偈）

　人が「これは私のものである」と考えるもの、それは死によって失われる。私に従う賢者は、このように知って、私のものと考えられるものに、心を向けてはならない。[44]（第八〇六偈）

　私のものと考えられるものに執着する人々は、憂いと嘆きと物惜みを捨てることはない。故に、安穏（khema）を見る牟尼（muni）たちは、所有（pariggaha）を捨てて、行じたのである。[45]（第八〇九偈）

ここでは、無執着・無欲・無所有という「苦行者文学」に共通する理想が、讃えられている。

また、この「アッタカ・ヴァッガ」章を特徴づけているのは、言葉とか概念、思考とか知性というもの、つまり、一切の知的なものに対する決定的な不信である。次の文章を見てみよう。

　誰であれ、見解（diṭṭhi）を取りあげて論争し、「これだけが真実である」（idam eva saccam）と語るもの、彼等に汝は語れ。「議論（vāda）が生じても、ここに汝と対論するものはいない」と。[46]（第八三二偈）

ここには、「見解」も、「議論」も、否定されている。しかるに、釈尊はその最初の説法において、八支聖道（八正道）を説いたといわれており、その八支の第一は、「正しい見解」（sammādiṭṭhi 正見）である。[47] とすれば、「これだけが真実である」という絶対主義的な「見解」を否定する右の『スッタニパータ』の一文は、「正しい見解」が確かに存在するという仏教の立場とは、矛盾するであろう。つまり、『スッタニパータ』の立場は、「これだけが正しい」というような絶対主義的な「見解」こそ苦を生じる執着にほかならないと見る無執着主義なのであり、それはまた、ジャイナ教の相対主義やサンジャヤの不可知論を生みだす根拠ともなったものなのである。

また注意すべきことは、「アッタカ・ヴァッガ」章では、禅思想において否定されるべきものの筆頭とされる「想」(saṃjñā, saññā) が、あたかも諸悪の根源であるかのごとく忌み嫌われ、否定されていることなのである。[48] たとえば、第七七九偈では、「想（saññā）を遍知して、暴流（ogha）を渡れ[49]」と言われている。しかし、ここで「想を遍知する」とは、決して、「想」を肯定しているのではなく、「想」をよく理解して、それを捨てることを意味している。従って、「想を離れたものには、束縛（gantha）が無い[50]」（第八四七偈）とも述べられるのである。

さらに、「アッタカ・ヴァッガ」章において、「想の否定」を説くものとして極めて注目すべきは、次の第八七四偈である。

> 正しい想をもつ者でもなく、誤った想をもつ者でもなく、想をもたない者でもなく、想を滅した者でもない。このように行じる者にとって、色（rūpa）は滅する。というのも、戯論の名（papañca-saṃkhā）は、想を原因（nidāna）としているからである。[51]

ここに、中村博士が指摘されるように[52]、「非想非非想」が説かれていることは、確実であろう。つまり、釈尊の禅の師の一人であるウッダカ・ラーマプッタが説いたとされる「非想非非想処定」と基本的には同じ考え方が、この偈には説かれているのである。しかも、禅に関する釈尊のもう一人の師であるアーラーラ・カーラーマが説いたとされる「無所有（ākiñcañña）処定」と同じ内容を意味すると思われる「無所有」（ākiñcañña）という言葉も、『スッタニパータ』中、「アッタカ・ヴァッガ」章と並んで古いものといわれる「パーラーヤナ・ヴァッガ」（Pārāyana-vagga 彼岸道品）という章に多数認められる（第九七六偈、第一〇七〇―七二偈、第一一一五偈）[53]。これらの事実は一体、何を意味するであろうか。それは、『スッタニパータ』が、禅と無執着・無所有を説く「苦行者文学」にほかならないことを意味している。何となれば、アーラーラとウッダカが、実際に、「無所有処定」と「非想非非想処定」を説いたかどうか、確定はできないが、彼らが禅を説いていたことは、おそらく事実であろうし、その禅というものが、「想」つまり、「思考」の停止ということを最も本質的な契機としていたことは、すでに見たとおりである。しかるに、『スッタニパータ』に「非想非非想」が説かれているということは、そこに、「思考の停止」を本質的契機とする禅が説かれていることを意味するであろうし、さらに、『スッタニパータ』に当時の苦行主義を代表するジャイナ教の基本的徳目である「無所有」が説かれていることは、『スッタニパータ』の所説がジャイナ教的な苦行主義に一致することを示しているからである。

では、『スッタニパータ』に、苦行を明確に説く記述は存在するのであろうか。第六五五偈には、次のように説かれている。

苦行（tapa）と梵行（brahmacariya）と、抑制（saṃyama）と調御（dama）と。これによって、バラモンとなる。これが最高のバラモンである。[54]

この偈について、中村博士は、和訳の註記において、

これら（tapa, brahmacariya, dama）は『ウパニシャッド』に述べられている修行であり、制戒（saṃyama）は叙事詩に説かれている。なんら仏教特有のものではない。[55]

と述べられ、特に偈中の「苦行」については、

これはジャイナ教などで苦行（tavas）を重んずるのを直接に受けている。(56)と説明されている。この中村博士の説明が示すように、ここには、ジャイナ教的な苦行、当時広く流行した苦行が、明確に肯定されているのであるから、この偈の所説は、まさに「苦行者文学」のそれであって、その所説を、苦行を捨てた釈尊の「仏教」と同一視することはできないであろう。

さらに、「苦行者文学」に共通する哲学的な基礎は、アートマン論であるが、『スッタニパータ』が明確にアートマンを肯定していることは、すでに中村博士によって詳しく論証されたとおりであり、すでに見たように、博士はそれにもとづいて、「このように、初期仏教においてはアートマンを否認していないのみならず、積極的に承認している」と言われたのである。この中村博士の論述にさらに付け加えれば、『スッタニパータ』の中でも、とりわけアートマン論的な性格が濃厚だと思われる「アッタカ・ヴァッガ」章には、「アートマンの住居（bhavana）」（第九三七偈）、「アートマンの涅槃（nibbāna）」（第九四〇偈）、「アートマンの汚れ（mala）」（第九六二偈）というように、アートマンの存在を明確に認める言葉が見出される。(57)従って、『スッタニパータ』が、アートマンを明確に肯定する立場、即ち、ジャイナ教と同じアートマン論の立場に立っていることは、疑問の余地がない。

以上の論述によって『スッタニパータ』が、ジャイナ教的な無欲、無執着、無所有、禅、苦行、そしてアートマン論を説く「苦行者文学」の一種にほかならないことが、理解されたであろう。このような文献を、いわば〝最古の仏典〟と見なし、教理化される以前の最初期の仏教の姿を伝える第一次資料ととらえる中村博士の見解は、すでに述べたように、釈尊の説法と韻文経典との間に明確に認められるはずの歴史的距離を無視するという誤りにもとづいて成立したものであるが、思想的に見れば、「無我」を説く仏教を、「我」を説くインド思想一般のなかに解消させてしまう性格をもつものであることは、明らかであろう。つまり、極端な表現をとれば、中村博士が『スッタニパータ』等の韻文経典にもとづいて説くところの「最初期の仏教」とは、実はジャイナ教にほかならないのである。

第四節　縁起説と基体説

では、釈尊の教え、「仏教」というものは、いかにして明らかにされうるのであろうか。まずわれわれは、宇井伯寿の次の言葉を、学問的に最も確かな出発点となすべきであろう。

結局予のいふ仏陀の説又は根本仏教の説は吾々の論理的推論の上に構成せらるゝものであつて、其外には到底判らないといふことに帰着するのである。[58]

即ち、「仏陀の言葉」なるものを、われわれが直接知ることは、決してできない。いかに原始仏典の古層といえども、そこから「仏陀の言葉」そのもの（いわゆる「金口の直説」）を抽出することは、不可能である。従って、われわれは、「仏陀の言葉」そのものというよりも、むしろ「仏陀の説」あるいは「仏陀の思想」を推理しうるのみなのである。それ故、われわれはここで、「仏陀の言葉」そのものを最古層の仏典より直接抽出しようとする〝文献学的方法〟を捨てて、「仏陀の思想」を論理的に推理し再構成しようとする〝思想史的方法〟によらざるをえないであろう。[59]

では、その〝思想史的方法〟とは何か。それは様々な仏教思想史の流れを正確に理解し、その独自性を把握する方法である。即ち、釈尊の思想とは何かを考える場合、釈尊以後の仏教思想史の流れを理解する必要があるであろう。紀元後十三世紀にいたるまでのインド仏教思想の流れ、八世紀以降のチベット仏教思想史、そして、二世紀以降の中国仏教、及び朝鮮や日本の仏教思想の流れを見渡すとき、そこに雑多ななかにも、極めて一貫した特異な思想の流れが認められる。この〝仏教〟と呼ばれる思想の特異さ、奇妙さ、独自性にとりわけ注目しなければならない。それは素朴実在論とはまったくかけ離れた、ある意味では極めてシニカルで屈折した実に奇妙な考え方なのである。例えば〝仏教〟が主張する〝無我〟ほど常識に反した奇妙な考え方もないであろう。私は釈尊が何を悟ったかを知らない。

しかし私は、この〝仏教〟と呼ばれる極めて特異な思想の流れが、アジアの広い地域に二千年以上にもわたって展開することになった大もとの原因は、彼しかなかったと思うのである。つまり、釈尊の悟り（成道）こそ、この極めて特異な思想が何千年にもわたって展開することになった唯一の原因であったのである。

ではその〝仏教〟の特異性とは何なのか。それは欲望の止滅でも、解脱でも、涅槃でも、心の平静でも、何でもない。それらはすべて、〝仏教〟以前の、ジャイナ教やウパニシャッドという我説（アートマン論）にも認められる。ただ縁起説というまったく未曾有の、信じられないほど革命的で深刻な教えだけが、〝仏教〟を〝非仏教〟から区別できるのである。

もしも縁起説が釈尊の悟りにもとづくものではなく、釈尊以後の何らかの仏教徒によって創作されたものであるとするならば、釈尊ではなく、彼こそが、〝仏教〟の開祖であると見なされたであろう。それほど縁起説は革命的なものなのである。しかし、現実には釈尊が〝仏教〟の開祖と見なされたということは、釈尊の思想的生涯における最大の転機であった〝悟り〟、そして、それにもとづいて釈尊の説法が始まったと考えられる〝悟り〟においてこそ、縁起説という完全に未曾有の思想が、釈尊によって考えだされたと見るべきであることを示しているであろう。

私は、この意味において、思想史的考察にもとづく推理の結果として、〝釈尊は縁起説を悟った〟と主張する。しかるに、この主張自体は何ら新奇なものではない。先に見た道元や宇井伯寿の言葉にも示されているように、〝釈尊は縁起説を悟った〟とか〝仏教とは縁起説である〟と見なすことは、仏教の伝統的理解においても、また近代的な仏教学においても、ごく一般的なことであったからである。

しかし、〝釈尊は縁起説を悟った〟とか〝仏教とは縁起説である〟といえば、それで問題がすべて解決するわけではない。問題は、その縁起説をいかに解釈するかにかかっているのである。例えば、すでに示した言明において、宇井伯寿は、「縁起説」を「仏陀の説の根本趣意」であり「根本仏教の根本思想」であると明言しているが、その縁起説なるものは、彼によって「世界の凡てのものが相依相関的であること」「世界の相依」、即ち、「相依性」を意味すると解釈されている。[60] しかるに、この宇井伯寿の縁起説解釈は、私より見れば、基本的に誤っている。[61] 従って、以下に縁起説に関する私見を示すことにしよう。

まず第一に、私は、釈尊の縁起説なるものは、必ず十二支縁起説によって理解されなければならないと考える。とはいえ私は、十二支縁起説が最古の縁起説であると主張するものではない。原始仏典に散在する縁起説には、十二支よりなる縁起説のほかに、十支よりなるもの、五支よりなるもの、あるいはさらに簡潔な様々な類型も見られ、十二支縁起説を縁起説の原型と見ることは、今日では学問的に不可能である。さらに、釈尊その人が十二支縁起説を説いたということも、おそらくなかったであろう。しかしそれにもかかわらず、私は、十二支縁起説が〝仏教〟としては最も正統的な縁起説であるということは、少しも否定されないと思うのである。それは、次のような理由による。

まず第一に、十二支縁起説において、縁起の第一支は無明（avijjā, avidyā）であるが、原始仏典の一部で有力視された渇愛縁起説、つまり、渇愛―取―有―生―老死という五支よりなる縁起説においては、第一支は渇愛（taṇhā, tṛṣṇā）であるとされている。この渇愛縁起説によれば、苦の生じる原因は、無明ではなくて、渇愛であるが、この説はその後の仏教史において、仏教の縁起説として正統視されることはなかった。なぜなら、苦の原因が無明ではなくて渇愛、つまり、欲望であるなら、〝仏教〟は、単に〝欲望を捨てよ〟（欲望の止滅）と説く教えになってしまうが、もしそうであるとすれば、それはジャイナ教の立場（禁欲主義・苦行主義）と同じになってしまうからである。

従って、縁起の第一支は、十二支縁起説で説かれるように、渇愛ではなくて、必ず無明でなければならない。そして、この無明、即ち、無知を、縁起説そのもの、つまり、仏教に対する無知と見なすところに、縁起説の仏教としての独自性が保たれるのである。[62]

次に、十二支縁起説が、仏教史を通じて、常に最も正統的な縁起説と見なされてきたという事実は、否定することができないであろう。例えば、パーリ語で書かれた原始仏教聖典のなかに、『律蔵』「大品」といわれる仏典があり、その冒頭には、菩提樹下で悟りをひらいた釈尊が、その夜に、十二支縁起説を「思惟」したことが述べられている。おそらくここには、〝釈尊は十二支縁起説を悟った〟とする仏典編纂者の解釈が示されているであろう。しかるに、この『律蔵』「大品」は、「律蔵・経蔵・論蔵」の三蔵として配列される全パーリ仏教聖典のなかでも、極めて重要視されるものであるから[63]、この〝釈尊は十二支縁起を悟った〟とする解釈が、仏教教団において重要なものと考えられたことは、明らかであろう。

また大乗仏教において、最初に著作された哲学的論書と思われる『根本中頌』の冒頭において、ナーガールジュナが〝仏陀は縁起を説いた〟という解釈を示していることは、すでに見たとおりである。しかるに彼は、同書の第二六章「十二支〈縁起〉の考察」（羅什による漢訳では「観十二因縁品」）において、他ならぬ十二支縁起説を全面的に認め、これを解説しているのである[64]。これは、ナーガールジュナが〝仏陀は十二支縁起を説いた〟という解釈を有していたことを示しているであろう。従って、仏教史を通じて、十二支縁起説こそ最も正統的な縁起説であり、〝悟りの内容〟であるとも、〝仏教〟そのものであるとも、たえず見なされてきたことは、否定できない事実であろう。

では、十二支縁起説とは何か。すでに言及した『律蔵』「大品」の冒頭部分を以下に示し、それについて、説明しよう。

そのとき、仏陀世尊は、ウルヴェーラーに住して、ネーランジャラー川の岸辺、菩提樹の根もとにおいて、はじめて悟りをひらいた。そして世尊は、菩提樹の根もとにおいて、七日間、結跏趺坐して坐わり解脱の楽を感受していた。そのとき、世尊は夜の最初の部分に、この縁起（paṭiccasamuppāda）なるものを、順逆に思惟した。

すなわち、「無明という縁（paccaya 因）から、諸行が生じる。諸行という縁から、識が生じる。識という縁から、名色が生じる。名色という縁から、六処が生じる。六処という縁から、触が生じる。触という縁から、受が生じる。受という縁から、渇愛が生じる。渇愛という縁から、取が生じる。取という縁から、有が生じる。有という縁から、生が生じる。生という縁から、老死と、愁・悲・苦・憂・悩が〔一緒に〕生じる。このようにして、この純粋な苦の蘊りの生起（samudaya）がある。しかし、ほかならぬその無明の、残りなき、離貪の滅（nirodha）から、諸行の滅がある。諸行の滅から、識の滅がある。……有の滅から、生の滅がある。生の滅から、老死と、愁・悲・苦・憂・悩が滅する。このようにして、この純粋な苦の蘊りの滅がある」と。(65)

この十二支縁起説は、無明を原因として、われわれの苦がいかにして生じ、またその無明が滅することによってわれわれの苦がいかにして滅するかを説くものと考えられるが、これのみでは、この縁起説の理解は十分とはいえないであろう。少なくとも、私は、この十二支縁起説を正しく理解するのには、次の二つの点を把握することが不可欠であると考えている。その第一は、ここに一因から一果の生起のみを認め、不可逆な一定方向性をもつ、純粋に時間的な因果関係が説かれていることである。例えば、〝無明を原因として諸行が生じる〟というとき、この二者の関係を逆にして、〝諸行を原因として無明が生じる〟ということはできない。従って、無明と諸行の間には、逆にすることのできない一定方向性をもつ因果関係が存在する。従って、宇井博士のいう「相依相関」「相依性」は、十二支縁起説に対する理解としては、基本的に誤っていると思われる。(66)

また、この因果関係は、純粋に時間的なものである。つまり、例えば、無明という因と諸行という果は、同時に存在するものではない。それらの存在する時は、無明が先にあり、諸行が後にあるという意味において、異なっている（因果異時）。従って、諸行が存在する時には、無明はすでになく、諸行より生じる識が存在する時には、諸行はすでにないのである。

また、この無明（第一支）から老死（第十二支）にいたる因果関係は、一つの因から一つの果が生じることしか認めていない（一因一果）。同時に多数の因が存在したり、同時に多数の果があることを許してはいない。つまり、一本の線のように、ある一定の時に存在するものは、たった一つのものだけなのである。従って、不可逆、因果異時、一因一果という三つの言葉によって、十二支縁起説が純粋に時間的な因果関係を説くものであることが、理解されるであろう。

次に、十二支縁起説を正確に理解するための第二のポイントは、〝法の無〟ということである。つまり、無明から老死にいたる十二の縁起支の各々は、「法」(dharma)と呼ばれるが、この「法」の無、つまり、非実在性を理解することが、十二支縁起説の正しい理解には、不可欠なのである。

ではまず、「法」(dharma)とは何か。“dharma”という語の意味については、学者の間に様々な解釈があるが、この語が「保つ」「支える」という意味の“dhṛ”という動詞語根から派生した名詞であると見ることについては、異論がない。問題は、“dharma”を「保つもの」「支えるもの」と見るか、「保たれるもの」「支えられるもの」と解するかであるが、私は後者の解釈を採る。というのも、“dharma”には、大きく分けて、(a)法律、慣習、道徳、正義というものと、(b)性質、属性(property)という二種の意味があるが、このいずれも、「保たれるもの」の意味で理解されるからである。

法律や道徳が人々によって「保たれるもの」であり、「支えられ維持されるもの」であるというのは、わかりやすいであろうが、では、何故、「性質」や「属性」が、「保たれるもの」「支えられるもの」なのであろうか。それは、「属性」が「個物」によって「支えられるもの」だからである。即ち、「この花は、白い」(xはaである)という文章を、インドでは、「この花に、白性(白いものであること)がある」(xにa性がある)と理解する。同様に、「この花は、美しい」(xはbである)は、「この花に、美性がある」(xにb性がある)と言い換えられる。かくして、属性と個物の関係は、一種空間的な上下関係と考えられ、属性は個物によって下から「支えられるもの」であり、個物は上にある属性を「支えるもの」であることになる。この「支えるもの」と「支えられるもの」を、以下に「基体」(dhātu

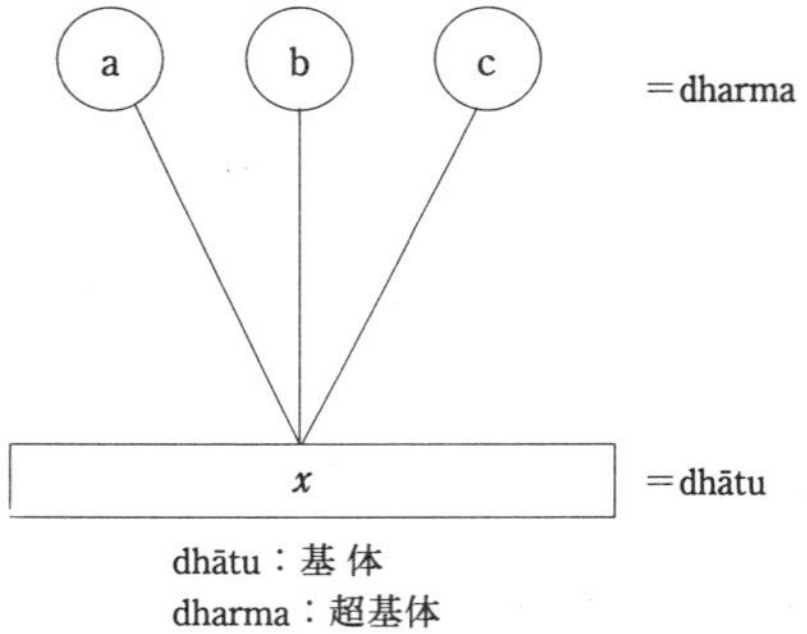

図2　法（dharma）の構造

「置く場所」locus）と「超基体」（dharma, super-locus）という語によって表現したい。

では、十二支縁起説において、「無明」以下の各支は何ゆえ、“dharma”と呼ばれるかといえば、それは、「無明」などの各支が「法律」とか「道徳」とか「正義」と見なされたためではなく、「属性」と考えられたためであろう。つまり、私は、「無明」から「老死」にいたる十二の縁起支の各々は、「属性」という意味での“dharma”だと考えるわけであるが、ではそれらの属性は、一体、何に属しているのであろうか。言い換えれば、それらの属性の基体は何なのであろうか。「この花は、白い」というとき、「白性」という属性の基体は、「この花」という個物であったが、「無明」、即ち、無知の基体が個物であるというのは、不合理であろう。「無明」、即ち、無知を、「愚かさ」「愚性」という属性と考えるならば、「あの人は、愚かである」＝「あの人に、愚かさがある」という表現によってもわかるように、その属性が所属する基体は、「この花」のような「個物」ではなく、必ず何らかの「人」でなければならないであろう。というのも、「この花は、愚かである」というのは、ナンセンスだからである。

従って、「無明」という属性は、必ず何らかの「人」に所属し、「人」を基体としなければならない筈であるが、その「無明」の基体となるべき「人」というものは、縁起説においては、存在しないのである。前掲の『律蔵』「大品」の記述を見ればわかるように、釈尊が「思惟」したという十二支縁起の説においては、「人」を意味する語は、全く用いられてはいない。これは、「無明」という属性が所属すべき基体である「人」、即ち、「我」（ātman）は存在しないという無我説の立場を示している。

すると、どういうことになるのであろうか。「無明」などの諸の属性には、それが所属すべき基体である「人」「我」が存在しない。従って、「無明」などは、基体なき属性、基体なき超基体であるということになる。

「この花に、白性がある」という場合、インドの実在論の立場からすれば、「この花」という個物も、「白性」という属性も、ともに実在であると考えられている。しかし、両者の実在性を比較すると〝基体があるが故に、超基体がある〟、つまり、〝属性（超基体）の実在性は、基体の実在性を根拠とし、それによって支えられている〟というのが、インド実在論の根本をなす論理であろう。つまり、基体は、属性（超基体）にとっての存在論的根拠なのである。しかるに、仏教の立場、即ち、十二支縁起説においては、「無明」などの属性に「我」という基体は存在しない。それ故、〝基体があるので、超基体がある〟という上述のインド実在論の根本的論理が破壊され、〝基体がないので、超基体も存在しない〟ということになるのである。

かくして、「無明」などの諸属性は、「我」という基体＝存在論的根拠を欠くが故に、それ自身、実在するものではないことになる。これを〝法の無（非実在性）〟というのである。

「無明」などが可滅であるのも、それ自身が実在するものではないからである。即ち、「無明」の滅から、「老死」の滅にいたる、いわば滅の因果関係を観ずることを、縁起の逆観というが、その逆観において、「無明」が滅しうるものであることが示されている。つまり、仏教（縁起説）を正しく理解すれば、「無明」は滅しうるのである。そして「無明」が滅すれば、「諸行」以下の各支も滅するのである。しかるに、これら「無明」などの諸々の属性が可滅であるのは、それらが実在ではないからである。実在は、永遠不変であり、決して滅することはない。従って、〝法の無〟ということなくして、縁起説は成り立たない。つまり、「無明」などの諸法（縁起支）が、滅するのも、また生じるのも、それらの法が実在ではない（無）からである。

以上述べたように、十二支縁起説を理解するのに、最も重要なポイントは、時間的因果関係と〝法の無〟という二

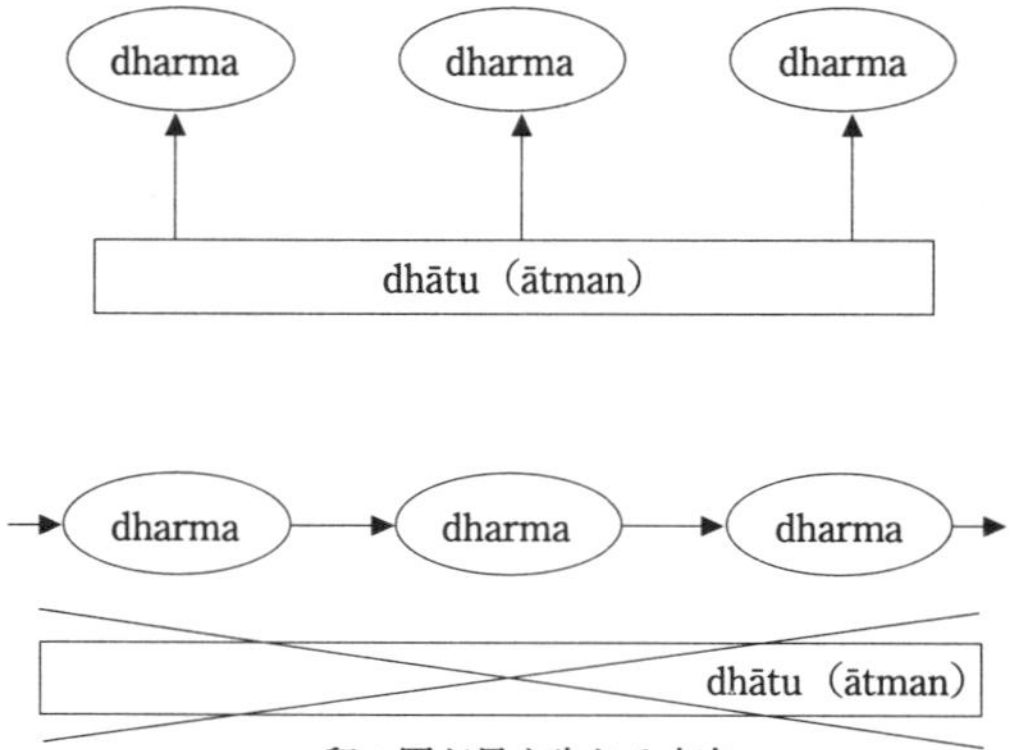

図３　基体説（上）と縁起説（下）

点であろうと思われる。この二点が重要であるのは、後の仏教史において、これとは逆の立場から〝縁起〟が解釈されることになるからである。即ち、後世において、同時的因果関係や相互的因果関係（相互依存、相依）が説かれ、また一果が生じるには多因が必要であると考えられるようになると、縁起説本来の直線的な時間的構想は破壊されて、空間化、平面化されることになる。さらに部派仏教のアビダルマ哲学では、例えば説一切有部の七十五法というように、同時に多数の〝法〟の存在が認められ、それらの〝法〟はすべて永遠不変の実在（有）である（「法体恒有」）と主張されたが、このアビダルマの〝法有〟論は、原始仏教の〝法無〟論と、その立場が完全に逆転している。

ところで、「無明」など諸法の無は、それらの属性の基体となるべき「我」の無にもとづいていると述べたが、この「我」の無を説くこと、即ち、無我説こそ、縁起説の最も重要な趣旨であることは明らかである。つまり、縁起説は、インド思想において最も正統的な思想と考えられるアートマンの一元論の根本的否定として成立したものなのである。このアートマン論の思想構造を私は、"dhātu-vāda"（基体説）と呼ぶが[67]、それは、その思想構造を、私は右の図に示すようなものであると考えるからである（縁起説の思想構造を示す図とともに示す）。

即ち、この"dhātu-vāda"とは、〝単一な実在である基体（dhātu=ātman）が原因となって、多数の法（dharma）が生じる〟という説である。従って、それは発生論的一元論ということもできる。

このような"dhātu-vāda"と縁起説との思想構造の相違は、右の図において、歴然と示されているであろう。"dhātu-vāda〟において、多数の法は、実在たる基体から生じたものであるから、また、その基体を本質（ātman）とするものであるから、ある程度の実在性をもつ。または、実在性の根拠をもつ。従って、ここに、多数の法の実在性と多数性（区別）が単一の実在によって存在論的に根拠づけられるという構造が認められるが、これこそインド社会において顕著に見られる〝差別〟を絶対化、固定化する思想的原理となるのである。(68)

これに対して、縁起説においては、諸々の法には、その存在論的根拠となる基体は存在しない。というよりもむしろ、縁起説全体が、この存在論的根拠＝基体であるアートマンを否定するために構築されたものなのである。かくして、縁起説は〝dhātu-vāda〟（基体説）に対する明確なアンチテーゼとしてのみ意味をもつのである。

釈尊が縁起説というものを構想したとき、その縁起説にとっての否定対象である〝dhātu-vāda〟というものを、どの程度明確に意識していたかは、知ることはできない。ただ私には、縁起説というものが、〝dhātu-vāda〟に対するアンチテーゼとしてしか意味をもちえない説であると思われるので、釈尊には、インド思想の最も太い流れを形成するアートマンの一元論の根本的構造を殆んど直観的に把握する思想的能力が備わっていたのではないかと思われる。そしてそれ故にこそ、釈尊は、私が〝dhātu-vāda〟と呼ぶアートマン論の根本構造に対して、それを根底から否定する縁起説というものを反定立として樹立することができたのではないかと考えるのである。

第五節　縁起説の意義　——宗教的時間と絶対他者——

では、釈尊が悟り、そして説いたと推測される縁起説の宗教的意義とは何であろうか。まず第一に注意すべきことは、縁起説は〝dhātu-vāda〟の単なる否定ではなく、その反定立（anti-thesis）であり、逆の主張であるということである。つまり、かつての私自身の表現を用いれば、「〝縁起〟とは、一個の知的で明確な〝哲学〟であり、死守すべき

〝信条〟(dogma)であり、あるいはさらに言えば、いわば憧れとしての〝信仰〟にしかすぎない[69]」ということになる。何故、このように言いうるのであろうか。それは、前掲の『律蔵』「大品」の記述を見ればわかるように、縁起説とは、釈尊の「思惟」の内容にしかすぎないからである。釈尊が縁起説を「思惟」したとき、つまり、悟りをひらいたとき、釈尊にとって無明が滅したとは、『律蔵』「大品」のどこにも明言されてはいない。つまり、釈尊が悟りをひらいたとき、釈尊にとって無明は滅し、釈尊は、もはや無明も煩悩ももたない、あたかも白紙のような完全無欠な人間になったというようなことではない。そうではなくて、釈尊はその時点から、縁起説というものを、自己の〝哲学〟として、あるいは自らが死守すべき積極的な〝信条〟〝信仰〟として、以後生きていこうと、いわば決意したにすぎないのである。この意味において、釈尊はまさに〝思想家〟以外の何ものでもなかったと思われる。

では、その釈尊の〝信仰〟の内容である縁起説とは、何を説くものであろうか。それは、自己否定にもとづく宗教的時間を説くものである。縁起説が、無明から老死にいたる、そして無明の滅から老死の滅にいたる時間を説いていることとは、明らかである。しかしその時間とは、決して単なる自然的時間、または物理的時間ではない。縁起説が説いているのは、われわれ人間の苦というものが、いかにして生じ、またいかにして滅するかということであり、従って、そこで扱われるのは、われわれ自身の苦悩と絶望、及びその救済と復活に関わる宗教的時間なのである。それは、種から芽が生じるというときの時間でもなく、われわれの肉体を構成している細胞が〝たえず変化している〟という場合の時間とも、全く関係がないのである。

縁起説によって指示される宗教的時間は、「無常」という語によって理解されてよいと思われるが、「無常」の意味について、多くの仏教学者はこれを〝ものはたえず変化していて、一瞬もとどまることはない〟という意味に理解している。しかるにこれは、部派仏教時代に成立した「刹那滅」という理論を、原始仏教における「無常」の解釈にまで遡及させたために生じた誤解であると思われるので、以下に図を示して、この誤解を正してみたい。

多くの人は、「無常」を左の図のＡのように理解していると思われる。つまり、Ａにおいては、一本の曲線はその方向がたえず一瞬ごとに微妙に変化しており、瞬時たりともとどまることはない。即ち、これは直線を含まない純粋な曲線であり、〃たえざる変化〃（constant change）であると考えられる。しかしＡから直線を完全に排除しようとすれば、Ａの曲線は最終的にはＢの円に帰着せざるをえないであろう。Ｂの円は〃たえざる変化〃であり、方向をたえず変えているように見えながら、実際にはその変化の仕方（程度）は一定している（constant）。それ故、Ｂが示すものは、実は〃変化〃ではなく、〃無変化〃にしかすぎない。しかもＢは〃変化〃という時間性の最も本質的な契機を喪失することによって、同時に一定方向性（不可逆性）をも失うことになる。従って、Ｂには方向を示す矢印はもはや存在せず、ここに時間性は完全に解消されることになる。

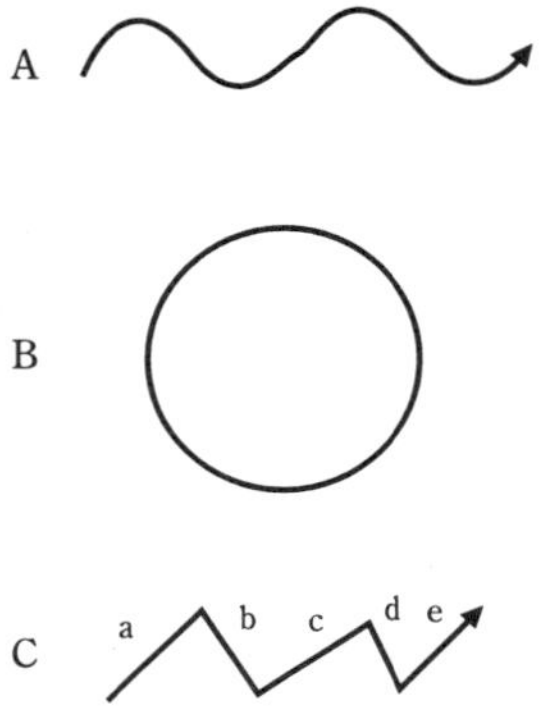

図４　「無常」の解釈

以上を要約すれば、一瞬の停滞もない〃たえざる変化〃とは、実は〃無変化〃であり〃無時間〃にしかすぎないということである。このような〃たえざる変化〃を想定する時間論の根本的な誤りは、時間を本質的には空間的な量の問題として把握していることにある。従って、あるものｘについて〃たえざる変化〃が想定されるとき、そのｘは必ず空間的な〃もの〃（thing）としてとらえられているのである。また、〃心〃について、〃たえざる変化〃が想定される場合にも、その〃心〃は〃もの〃としてとらえられているであろう。

このような時間は、いわば自然的物理的時間、科学的時間であるがゆえに、理論としては、多くの一般的な人々を納得させやすい側面をもっている。

これに対して、縁起説が指示する危機的な宗教的時間とは、このような空間的な〃もの〃の時間（実は無時間）とは、まったく異質なものである。この縁起説が指示する時間を図示したものがＣであるが、このＣ

は、ａｂｃ等の直線と、それらの直線を明確に区別する角からなっている。そこに示されるａｂｃ等は、十二支縁起説の「無明」「諸行」「識」等の諸法を表したものといえる。ここで何よりも重要なことは、ａｂｃのそれぞれが一定の長さをもった時間を有しているということである。つまり、ａは一定の時間の間ａとして変わることなくとどまった後、突如急激にｂに変わるのである。このときｂには、もはやａの名残は、全く存在しない。ｂはａとは完全に異質な、かつて予測もできなかったものとして突然現われるのである。従って、ａとｂは連続しておらず前後が隔絶しているのである。それ故、ｂがａにもどることなど全然不可能である。このようなａからｂへの変化は、「鋭角的」という語によって表現されてよいと思われるが、この「鋭角的」変化が可能なのは、ａｂｃ等の諸法（dharmāḥ）が実は〝もの〟(thing)ではなく、〝属性〟（property）であり、〝言葉〟によって明確に限定づけられた観念（idea）であるからにほかならない。それらは、すでに述べたように、実在しないという意味においても、まさに観念にしかすぎず、架空なものなのである。

われわれの生とは、この架空なる非現実的な観念の時間的連鎖にほかならず、そこには、それを支える存在論的根拠なるものは、全く存在しない。従って、われわれの足下には、ただ無という深淵が口をあけているばかりである。そこには、「私自身」などというものもなければ、「真実なる自己」などというものも存在しない。かくして、架空なる観念の時間的連鎖としてのわれわれの生は、まったく危機的な宙ぶらりんな存在であることになる。

それは、空中に張られた一本の綱のようなものであり、その極めて細い線のような綱の上を、われわれは、全くの単独者としてただ一つの観念を信じつつ前進する以外にないのである。しかも、この一本の線は、われわれの意志とはかかわりなく、何度も、突然鋭角的に屈折する。そのとき、われわれは、過去の観念にとどまることはできない。ひとたび過ぎ去ったものは、絶対に繰返されないからである。ただし、過去の観念は忘れ去られるというのではなく、現在の観念以上に観念的なもの（イデア的なもの）として、われわれの記憶にはっきりと焼きつけられる。われわれの過去とは、これらの観念の総体であり、それは業とか罪という語によって意識されるものである。また古き観念から新しき観念への鋭角的屈折も、実際にはわれわれ自身の意志によるものではないが、この宗教的時間を生きるものにとっては、われわれ自身による決断として自覚されるのである。

縁起説、とりわけ、十二支縁起説によって指示される宗教的時間とは、このようなものだと私は考えるのであるが、もしそうであるとすれば、縁起説とは、まさにニヒリズムの究極、あるいは、最も宗教的なニヒリズムとでもいうべきものであろう。即ち、この縁起説においては、存在するものは何も認められていない。つまり、まずわれわれの基体（存在論的根拠）である我は、認められていない。我という基体が認められないが故に、超基体、即ち、無明から老死にいたる諸法も、存在するものと考えられてはいない。では他に何か存在するものがあるというのであろうか。そのようなものは、一切認められていないのである。従って、これはまさに究極的ニヒリズムとでもいうべきものであろう。

しかし、〝一切は存在しない。しかるに、「無明という縁より諸行が生じ……」という宗教的時間だけがある〟というのは、不合理ではなかろうか。縁起説の指示する時間が真に宗教的なものであるためには、そこに基体をも属性をも超える超越的存在としての「絶対他者」、つまり「神」が存在していなければならないのではなかろうか。

しかし、私はまさにこの意味において、釈尊が説いたと思われる縁起説は、ニヒリズムの究極だと思うのである。彼は、ついに「神」を認めることはなかった。もっとも、これは釈尊に限ったことではなく、私は、インド思想史においては、最後まで、超越的な「神」という観念は一度も成立しなかったと考えている。それは、インド思想というものが、どこまでも梵我一如（絶対者と自己との同一性）を説くアートマンの一元論という内在主義を基調とするからである。中世のヒンドゥー教が説く「神」にしても、大乗仏教にとっての「仏」にしても、それらは我や人間との連続性を認める点において、決して超越的な「神」、つまり「絶対他者」ではなかったのである。

従って、釈尊は、この内在主義の世界にあって、「神」という「絶対他者」を認めることなく、この内在主義と戦わなければならなかった。これ以上困難なことはないと思われるが、彼がその戦いの武器としたのは、ニヒリズム、つまり、たえざる自己否定だったのである。

自己否定、つまり、たえざる我の否定だけが宗教的時間を成立させる根拠なのである。我を基体とする諸法は、我が否定されることによって、その実在性が奪われる。その実在性が奪われることによって、諸法は滅しうるものとなり、縁起の逆観がはじめて可能になるのである。この意味において、たえず自己を否定しつづけることにおいてのみ、[70]宗教的時間は成り立つと言えるであろう。

この点について、最近、末木文美士氏から私見に対してなされた批判——ただし、極めて好意的な批判——に答えておきたい。末木氏は、私の示した縁起説の図(前掲「図3」の下)について、次のように言われた。

> 無我説は我(アートマン)を否定する。しかし、否定するという形でアートマンが問題とされているのであり、その意味でアートマンへのこだわりからは離れられない。いみじくも図1bが示すように、ここでは×をつけた形で dhātu がなお示されており、dhātu がはじめから欠如している図3とは異なっている。アートマン(dhātu)の亡霊がどこまでも付きまとう。[71]

しかし私は、「アートマンへのこだわり」から離れないことは、重要なことだと思うのである。つまり、縁起説の図に示したように、アートマンという敵(否定対象)をたえず想定し、その敵を否定しつづけること、即ち、それにたえず×印を付しつづけること以外に、宗教的時間が成立する道はないのである。

第六節　仏教史の非仏教性 ――内在と肯定――

このように私は、釈尊の縁起説を、ニヒリズムにもとづく宗教的時間の獲得と見なすのであるが、しかし、たえず自己を否定しつづけること以上に困難なことはない。釈尊その人がたえず自己を否定しえたであろうか。私は疑問に思っている。少なくとも、釈尊が説法をし、教団を形成し、その長として行動するようになってからは、彼は自説の正しさを画一的に主張するという方向に進まざるをえなかったであろう。私は、彼ほどのニヒリスティックな思想家が、教団の長たりえたことに驚いている。冷やかな見方をすれば、彼は、思想家から政治家に変身せざるをえない運命にあった。彼の思想を理解すると自称する多数の人物を前にして、彼は苦の終極にあると信じられている「涅槃」や「解脱」、つまり必然的にアートマンの存在を前提せざるを得ない「涅槃」や「解脱」についても、語らざるをえなかったであろう。それを語らなければ、彼らが満足しないことを知っていたからである。誰が自己否定のみを語る人物を指導者と仰ぐであろうか。

かくして、仏教教団というものが成立したとき、仏教から非仏教への転落は確実に開始されたと思われる。その後の仏教史においては、釈尊の仏教、即ち、〝自己否定による宗教的時間〟に帰ろうとする少数の人々の努力も見られたが、大多数の人々は、厳しい自己否定の意識をしだいに失っていき、非宗教的な内在主義、即ち、インド思想の主流をなす自己（基体）の肯定に落ちていったのである。従って、仏教史とは、基本的には、自己否定の〝仏教〟から自己肯定の〝非仏教〟へと向かう転落の歴史にほかならない。

特に、西暦一世紀ころから、〝大乗〟という思想運動が起こると、自己肯定と現実肯定に向かう非仏教化の道は、無限定に促進された。当初『般若経』が「空」の思想を説き、それが大乗仏教の思想的基盤となったと言われるが、しかし『般若経』の「空」が純粋に否定的なものでありえたのは、ほんの一瞬のような僅かな期間にすぎない。すぐに『般若経』自身が「真如」とか「法性」とか「無分別」という肯定的なものを説きだすのである。[72] しかるに、私見によれば、これらの三つの言葉は、単一の実在する基体、つまり、“dhātu”を意味するものにほかならない。

しかも、大乗仏教がさらに進展すると、インドのアートマン論を積極的に公言するかのような主張が現われてくる。それが如来蔵思想である。例えば、如来蔵思想の基本的文献の一つである『如来蔵経』には、「一切衆生は、如来を中に容れている（tathāgata-garbha）」[73]（「一切衆生如来蔵」）と説かれているが、この衆生のなかにある如来とは、実は“蓮華＝心臓”の内部にあるもの、即ち、アートマンを指しているのである。

また、『涅槃経』の「一切衆生は悉く仏性を有す」という有名な主張も、“一切衆生の内部に如来がある”という『如来蔵経』の説と、ほぼ同義と考えられる。それ故にこそ、『涅槃経』は、

彼仏者是我義。（大正一二、八六二上一三行）

つまり、「仏とは、アートマンを意味する」と述べるのである。[74] 従って、如来蔵思想がアートマン論であることは明らかであるが、インドにおいてその後生じた密教も、中国で成立した禅宗も、この如来蔵思想というアートマン論にもとづいている。

例えば、密教の根本聖典である『大日経』には、

内心妙白蓮、胎蔵正均等……従此華台中、大日勝尊現。（大正一八、六下一二…一七行）

とあるが、これは、「内心妙白蓮」つまり、白蓮（puṇḍarīka）のような形状をもつ心臓（hṛdaya）——これを密教では「心蓮」と称する——に、大日如来が現われる、存在する、と説くものにほかならない。しかるに、心臓内の如来とは、すでに『如来蔵経』について述べたところからもわかるように、アートマンを指すものにほかならない。[75]

また、中国禅宗の祖師として有名な臨済義玄（?—八六六）は、「赤肉団上に一無位の真人有り」と説いたとされる

が、「赤肉団」が心臓を指すことは明らかであり、それ故、そのなかにあるとされる「無位の真人」がアートマンを意味することも、自明であろう。[76]

従って、密教も禅宗も、その思想的基盤は如来蔵思想というアートマン論であるが、現実の仏教史を見渡してみると、そこにこの非仏教的な如来蔵思想以外のものが説かれているかどうか疑問に思うほどである。とくに中国・朝鮮・日本の仏教は、八世紀後半以降に確立したチベット仏教が中観派の空思想を基調としているのとは対照的に、如来蔵思想をその主流としている。それは、伊藤隆寿氏が主張されたように、如来蔵思想と同じく一元論的思想構造をもつ道家の「道・理の哲学」が、インド伝来の如来蔵思想と合体して、中国仏教の思想的基調を形成したからであると思われる。[77] 従って、ナーガールジュナの『根本中頌』にもとづき、中観派の空思想の後継者を自認する三論宗の吉蔵(五四九―六二三)でさえ〝如来蔵〟〝仏性〟を説き、さらにはインド仏教では想像することもできなかった「草木有仏性」や「草木成仏」までも主張したのである。[78]

精神性のない草木にも成仏を認めるというこの極端な現実肯定的傾向は、その後ますます促進され、ある意味で中国・朝鮮・日本の仏教の無批判的性格を決定的なものとしたが、この傾向の極にあるのが、中世日本の比叡山を中心に流行した所謂「天台本覚思想」であろう。この思想においては、一切の区別・二元性が否定されて、「迷悟不二」「凡聖一如」「煩悩即菩提」が強調され、現象そのものがそのまま絶対的存在であることが主張された。このないわば〝全肯定〟の論理を、かつて「天台本覚思想」の研究者として知られた田村芳朗氏は「天台本覚思想は存在の極相の不二一体なることを理論づけ、絶対的一元論を樹立した。これは仏教思想史上のみならず世界哲学史上における究極・最高の哲理であるといえよう[79]」と評価したが、この評価または讃美の背景には、日本仏教の思想とその現状を無批判に肯定しようとする意識と、「天台本覚思想」の基礎をなす如来蔵思想の非仏教性に対する認識の欠如があることは明らかであろう。

しかし、いま一度、如来蔵思想の基礎をなすアートマン論（dhātu-vāda 基体説）の自己肯定から、いかにして現実肯定が帰結するかという問題を考えてみたい。

まず前掲の〝dhātu-vāda〟の図（図3上）を見ていただきたい。その図に示されるように、〝一切法は、単一の実在（dhātu, ātman）から生じる〟とされるのであるから、一切法は、その単一の実在を原因（基体）とし、また本質（ātman）とするという点において、ある程度の実在性と真理性をもっていると考えられている筈である。しかるに、そうであるとすれば、一切法に対して否定的・批判的意識は形成されない。むしろ一切法は、あるがままに肯定されるにいたるのである。従って、〝dhātu-vāda〟にとって、現実肯定は、その必然的な論理的帰結であるが、このような現実肯定の論理を極度に推し進めた一つの典型が、法蔵（六四三—七一二）によって大成された中国仏教の華厳思想であったと思われる。

この華厳思想は、その後の中国・朝鮮半島・日本の仏教に大きな影響を与えたが[80]、その理念は、「事事無礙」と「一即一切」という語によって示される。「事事無礙」とは、「事」（個物）と「事」がその分を守りながらも互いに自由に融合するという考え方であり、「一即一切」とは、その互いに融合している「事」の総体として、一つの全体者が形成され、個々の「事」（「一」）が、その全体者（「一切」）とも融合するという考え方である。しかるに、このような華厳思想の理念は、〝dhātu-vāda〟の構造から導きだされる。即ち、〝dhātu-vāda〟の思想構造図から、基体となっている〝dhātu〟を一応オミットしてしまうと、超基体としての一切法は、相互に時間的因果関係をもたずに、まったく空間的に別個に存在する。しかし、この空間的な関係しかもたない一切法の間に、所謂〝相依〟〝相互依存〟の関係を認めると、そこに「事事無礙法界」という一つの世界が成立する。それは、まったく空間的ではあるが、そこにおいては個々の「事」と「事」はバラバラに別個に存在するのではない。それはまさに「事」と「事」が融合しあって、一個の全体者を形成している〝全体性〟の世界なのである。

ここまで説明すれば、この華厳思想の「事事無礙法界」という考え方が、仏教学者等によって全体主義の理論として、「大東亜共栄圏」の理念の擁護に用いられたことの意味が理解されるであろう。ただし私見によれば、この華厳思想の理念は、「大東亜共栄圏」という語が公に用いられるようになる以前の一九三七年（昭和十二年）三月に、文部省によって出版された『国体の本義』において、すでに明確に説かれているのである。そこには、例えば、次のように言われている。

我が国の和は、理性から出発し、互に独立した平等な個人の機械的な協調ではなく、全体の中に分を以て存在し、この分に応じる行を通じてよく一体を保つところの大和である。……各々その特性をもち、互に相違しながら、而もその特性即ち分を通じてよく本質を現じ、以て一如の世界に和するのである。即ち我が国の和は、各自その特質を発揮し、葛藤と切磋琢磨とを通じてよく一に帰するところの大和である。特性あり、葛藤あるによって、この和は益々偉大となり、その内容は豊富となる。又これによって個性は彌々伸長せられ、特質は美しきを致し、而も同時に全体の発展隆昌を齎すのである。[82]

ここには、聖徳太子に帰せられる「十七条憲法」においてその基本理念とされ[83]、また今日の日本でも梅原猛氏を代表とする多くの人々によって称讃されている[84]「和」の思想について、原理的なことが述べられているが、特に傍線を付した部分を読むと、ここで「和」の思想的原理とされているものは、上述したような華厳思想の理念であることは明らかであろう。しかも、ここに説かれる「和」の思想とは、実は全体主義以外の何ものでもないことも、また確実なのである。つまり、全体を構成する諸要素は、全体的一者を成立させる要因としてしか存在理由を認められていない。従って、それらの各要素に実践的に要請されることは、「没我帰一」「滅私奉公」以外にはありえない。それは、やや通俗的には、「分を守ること」として、次のように説かれる。

更に進んで、この和は、如何なる集団生活の間にも実現せられねばならない。役所に勤めるもの、会社に働くもの、皆共々に和の道に従わねばならぬ。夫々の集団には、上に立つものがあり、下に働くものがある。それら各々が分を守ることによって集団の和は得られる。[85]

しかし、『国体の本義』が最も強調したかったことは、言うまでもなく、次のような端的な国家主義である。

抑々没我の精神は、単なる自己の否定ではなく、小なる自己を否定することによって、大なる真の自己に生きることである。元来個人は国家より孤立したものではなく、国家の分として各々分担するところをもつ個人である。分なるが故に常に国家に帰一するをその本質とし、ここに没我の心を生ずる。[86]

このような「和」の思想＝全体主義、国家主義を説く『国体の本義』が、簡単にいえば戦争準備の一環として編纂されたことは、この書が出版された直後に、日本は中国に対する全面的な侵略戦争に突入していくことによって知られるであろうが、その『国体の本義』の全体主義の思想的原理は、私から見れば、華厳思想であり、さらに根本的にいえば、如来蔵思想の本質的構造たる "dhātu-vāda" なのである。

このように、"dhātu-vāda" は、現実肯定の理論として全体主義ともなり、また社会的差別を合理化する差別思想ともなったが、問題は何故、このような〝非仏教〟が〝仏教〟内部に入りこみ、あたかも〝仏教〟であるかのように見なされるに至ったかということであろう。そこで、いま一度、図3によって、縁起説と "dhātu-vāda" の相違を確認してみたいが、両者には似ているところはまったくない。縁起説は時間、それも宗教的時間を問題にするが、"dhātu-vāda" のほうは、〝同時に存在する多数の "dharma"〟という形で空間的な〝世界〟を問題にする。華厳思想は、この空間的〝世界〟のあり方を、〝重々無尽の法界縁起〟と呼び、それをも縁起であると主張するが、その縁起には時間というものが全く欠落している。従って〝仏教から非仏教へ〟という仏教史の進展は、端的にいえば、宗教的時間性の喪失、つまり、〝時間から空間へ〟という展開、及び〝自己否定から自己肯定へ〟という変化にともなって生じたものといえるであろう。

しかし、何故に〝仏教〟は宗教的時間性を喪失したのであろうか。また何故に〝仏教〟は、現実肯定、自己肯定の安易な理論に変貌したのであろうか。それは、すでに述べたように、釈尊の縁起説がどこまでもニヒリズムであり、ついに「絶対他者」を認めなかったからであろう。しかし、「絶対他者」なきニヒリズムというものは、決して長くもちこたえられるものではない。超越的な「他者」がなければ[87]、人はすぐに、自己という基体を肯定する内在主義に落ちていくのである。かくして仏教思想史というものは、実に楽天的で現実肯定的な、危機意識を欠いたいい加減なものとなった。わずかに突出した思想家たちだけが、自己や同一性を否定して[88]、厳しい宗教性を獲得しえたが、他の大半の人々は、自己を肯定し現実に流されたのである。

釈尊の縁起説、即ち、〝仏教〟というものは、たえず繰返し自己を否定しつづけることによって、おそらくは、「神」を待ち望むというような意義をもつものであったと思われる。なぜならば、自己の否定は、「他者」の肯定を含意し暗示するというのが自然な見方だからである。しかるに、もしそうであるとすれば、われわれもまた、たえざる自己否定を通じて、存在する筈もない「神」の出現を待ちつづける以外にないであろう。

註

(1) Cf. Pras, p.11, *ll*.13-16. 三枝充悳「龍樹の帰敬偈について」『龍樹・親鸞ノート』法蔵館、一九八三年、一五七—一七四頁参照。

(2) 大久保道舟編『道元禅師全集　上』筑摩書房、一九六九年、六七八頁。

(3) 同右、六七九頁。

なお〝鎌倉行化〟以後の〝後期〟の道元が、「因果」を説き、縁起説を強調したとする私見については、『禅批判』六一〇—六一五頁、『道元思想論』一六〇—一六二頁、五九二—五九七頁参照。

(4) 宇井伯寿『印度哲学研究　第二』岩波書店、一九六五年、三二四頁。

(5) 中村元『ゴータマ・ブッダ』(中村元選集、第十一巻) 春秋社、一九六九年、一七二頁。

(6) 同右、一九二—一九三頁。

(7) 同右、一九三頁。
(8) 中村元『原始仏教の思想　上』(中村元選集) 第十三巻、春秋社、一九七〇年、五八頁。
(9) 同右、三頁 (はしがき)。
(10) 同右、一一頁。
(11) 同右、四二頁。
(12) 同右、五〇頁。
(13) 同右、五三頁。
(14) 津田真一「密教とブッダの根本的立場　中」『大法輪』一九八八年、十月号、四五頁。
(15) 津田真一「密教とブッダの根本的立場　上」『大法輪』一九八八年、九月号、二七頁。
なお、津田氏の仏教理解は、私の見解に対する批判とともに、氏の『アーラヤ的世界とその神――仏教思想像の転回――』(大蔵出版、一九九八年) という著書に詳論されている。また、この機会に、津田氏には、私の批判にフェアに答えて頂いたことに対し、敬意を表しておきたい。
(16) 中村元『原始仏教の思想　上』三頁 (はしがき)。
(17) 同右、三頁 (はしがき)。
(18) 中村元『原始仏教の思想　下』(中村元選集、第十四巻) 春秋社、一九七一年、二七〇頁。
(19) 同右、二七四頁。
(20) ただし、『スッタニパータ』には、僅かながら散文も付せられている部分もあるので、正確には韻文を主とする経典というべきであろう。
(21) 『スッタニパータ』及び「小部」のパーリ仏典内における位置づけについては、袴谷憲昭氏の見解が参考になる。袴谷憲昭『道元と仏教――十二巻本『正法眼蔵』の道元』、大蔵出版、一九九二年、六六―六七頁参照。
(22) 中村『原始仏教の思想　上』一六七頁。博士は、すでに見たように、〝仏教には教義がない〟と主張されながらも、〝アートマンを認めている〟と言われている。この〝無教義〟と〝アートマン論〟は一見して矛盾するようであるが、そうではない。それは、ジャイナ教において、相対主義とアートマン論が矛盾しないことに、一致している。なお、中村博士の「初期仏教においては……アートマンを積極的に承認している」という見解は、「仏教は原始仏教以来、無我を主張する」とする平川彰博士の見解とは、明確に矛盾するものであろう。即ち、平川博士は、その著『インド仏教史　上』(春秋社、一九七四年) において、次のように言われる。

仏教は原始仏教以来、「無我」を主張するが、これはインドの伝統的なアートマン（我）の宗教と敵対するのである。……唯識思想の阿頼耶識や、如来蔵思想の如来蔵や仏性などは、アートマンにきわめて類似した観念である。……仏教が興起した若さにあふれた時代には、無我や空の思想が力強く主張せられたのであるが、時代とともに教理に変容を蒙ってゆくうちに、しだいにアートマンの思想に同化されていったのであり、それにつれて仏教はインドに勢力を失っていったのである。仏教が本来アートマン説でなかったことが、仏教がインドに滅びる大きな理由であったと考える。（九─一〇頁）〔傍線＝松本〕

ここに述べられる平川博士の見解に、私はほぼ全面的に賛成するものである。つまり、私は、仏教思想は原始仏教以来、無我説であると考えるし、如来蔵思想や唯識思想は、ヒンドゥー教のアートマン論の影響を受けて仏教内部に形成されたアートマン論の一形態であり、そこに仏教思想の独自性は基本的には失われていると見るのである。

(23) 中村『原始仏教の思想　上』一六七─一九六頁参照。なお、同書には、中村説の意義を端的に示す次のような論述も、認められる。

以上、古い詩句の中において「わがもの」あるいは「アートマン」の観念について論及している諸句を検討したのであるが、それらの所説は、古ウパニシャッドおよびジャイナ教あるいはアージーヴィカ教において説くところと大体において共通である。何ら特異な新説あるいは新思想を述べているのではない。（一九六頁）

ただし、中村博士の言葉を用いれば、「仏教のアートマン論」と「ジャイナ教のアートマン論」の共通性・類似性を認めつつも、両者を全面的に同一なものと見なされているのではない。つまり、アートマンについて、「形而上学的にいかなる説明をも与えていない」（同書、一九六頁）こと、即ち、「アートマンの無規定性」を、「仏教のアートマン論の特徴」と説明されている。しかし、「アートマンの無規定性」と「仏教のアートマン論」という二つの語は、論理的には相互に矛盾しているように思われる。

(24) 「しかし、その韻文の部分といえども、或る時期に釈尊の教えを詩のかたちにまとめたものにちがいない」（『原始仏教の思想　下』二七四頁）。さらに、中村元『ブッダのことば──スッタニパータ』、岩波文庫、一九五八年、二六三頁参照。

(25) 中村『ブッダのことば──スッタニパータ』二六四頁。

(26) 中村『原始仏教の思想　下』二七八頁。

(27) 因みに、水野弘元博士は、『南伝大蔵経』第二四巻（大蔵出版、一九三九年再刊）において、*Suttanipāta* を和訳されているが、その際、博士は、*Suttanipāta* という題名を、「経集」と訳されている。

(28) 中村『ブッダのことば──スッタニパータ』二六三頁。

(29) 中村説のこの方法論的誤りに最初に注目したのは、村上真完氏ではないかと思われる。即ち、氏は、「無欲と無所有──マハーバーラタと仏教（一）」（『東北大学文学部研究年報』第二九号、一九八〇年）において、中村博士が『スッタニパータ』を「ブッダのことば」と訳されたことも問題とされ（二〇七頁）、かつ「本稿でも見たように、仏教に伝える詩節の中には *MBh* やジャイナの聖典と共通なものがあることを知った。ここで、原始経典の詩節（偈）の中に仏教の真髄を求めようという見方には注意を要するように思われる」（二〇七頁）とか、「散文の経典が現存の形を得たのは韻文に遅れるにしても、内容上古い教えを保存している可能性もあろう。さらに、散文の経典にこそ仏教特有の内容が含まれていると考えられる」（二〇八頁）と言われている。

　これは至極もっともな見解と思われるが、その村上氏も最近では、『スッタ・ニパータ』の註釈である『パラマッタ・ジョーティカー』を『仏のことば註』として訳出され（村上真完・及川真介『仏のことば註——パラマッタ・ジョーティカー』㈠㈡㈢、春秋社、一九八五年、八六年、八八年）、また、同『仏と聖典の伝承——仏のことば註——パラマッタ・ジョーティカー研究』（春秋社、一九九〇年）において、「筆者（村上）は、韻文の所説も仏教をそれなりによく表していると考えている」とか、「定型句の繰返しが多い散文経典よりも、韻文経典の中に、味読すべき名文が多く見いだされるであろう」と述べて、私の〝最古層韻文説〟批判、つまり、中村説批判を、批判されている（二八三頁、註〔5〕）。しかし「味読すべき名文が多い」ということと、そこに仏教の古い姿が示されているということは、無関係であろう。

　ただし村上氏が中村博士の〝最古層韻文説〟に対する批判的視点を依然として表明されていること（『仏と聖典の伝承』二七五—二八二頁）は、確認しておきたい。即ち、氏は次のように言われる。

　散文の聖典を除いては、仏の成道も初転法輪も入滅（般涅槃）もよくは知られない。むしろ散文経典にこそ仏教特有の教えが含まれている可能性があること、散文経典の中にも古い伝承を含むであろうことを、考慮に入れるべきであろうと筆者は考える。

（同書、二八〇頁）

(30) 苦行主義が「物心二元論」にもとづくことは、宇井伯寿も認めている。「苦行主義は其根本に必ず物心二元論をもつて居る」（宇井「原始仏教資料論」『印度哲学研究　第二』二一五頁）。
(31) ここに示される解脱思想の解釈については、『縁起と空』一九一—一九二頁参照。
(32) *Vinaya*, PTS ed., I, p.40. この偈の解釈については、『縁起と空』六三頁参照。
(33) Sn, p.75.
(34) 谷川泰教「原始ジャイナ教」『岩波講座　東洋思想』第五巻〈インド思想1〉、一九八八年、七九頁参照。
(35) 『禅批判』第一章「禅思想の意義」参照。なお以下の〝禅〟に関する論述の多くが、この第一章の要約といえる。
(36) MN, I, pp.21-22.
(37) 『禅批判』一八—二〇頁、三六—四八頁参照。

(38) 同右、五〇—五二頁参照。

(39) 同右、六—二〇頁参照。

(40) 大久保道舟編『道元禅師全集　下』筑摩書房、一九六九年、三頁。

(41) 宇井「原始仏教資料論」『印度哲学研究　第二』二一七頁。

(42) 「苦行者文学」（Asketendichtung, Ascetic Literature ）という概念は、本来、ヴィンテルニッツ Winternitz によって提唱されたものである。Cf. Winternitz, M., *Geschichte der Indischen Literatur*, Vol.I, Leipzig, 1908, p.403. なお、この「苦行者文学」という概念については、本庄良文「南伝ニカーヤの思想」『岩波講座　東洋思想』第九巻〈インド仏教2〉、一九八八年、四三—四四頁参照。

(43) Sn, p.151.

(44) Sn, p.158.

(45) Sn, p.159.

(46) Sn, pp.162-163.

(47) Cf. *Vinaya*, I, p.10.

(48) 『禅批判』五七—五八頁参照。

(49) Sn, p.153.

(50) Sn, p.166.

(51) Sn, p.170. この偈については、『南伝大蔵経』二四、三三九頁、註（四）参照。

(52) 中村『原始仏教の思想　下』二三三頁参照。

(53) Sn, p.190, pp.205-206, p.216.

(54) Sn, p.123.

(55) 中村『ブッダのことば——スッタニパータ』二四〇頁。

(56) 同右、二四〇頁。

(57) 『縁起と空』二〇二—二〇三頁参照。

(58) 宇井「原始仏教資料論」『印度哲学研究　第二』一七四頁。

(59) 勿論、これは文献学を全く無視するという意味ではない。そうではなくて〝最古層の仏典から「仏陀の言葉」そのものを直接抽出し得る〟と考えるような楽天的な〝文献学的方法〟を捨てるという意味である。

(60) 宇井「十二因縁の解釈」『印度哲学研究　第二』三二二頁参照。

(61) 『縁起と空』二九―三三頁参照。そこで論じたように、宇井の「相依性」は、中国仏教の華厳思想にもとづく縁起解釈といえよう。

(62) この問題については、『縁起と空』一五八頁参照。

(63) PTS 本では、「大品」は『律蔵』中の冒頭に置かれる。ただし、伝統的配列では、「大品」より始まる「犍度部」は『律蔵』中の「経分別」の後に置かれる。

(64) 『縁起と空』三五五―三五六頁参照。

(65) *Vinaya*, I, pp.1-2.

(66) ただし、宇井博士が注意されているように（『印度哲学研究　第二』三二一頁）、原始仏典の所謂「蘆束経」(SN, II, pp.112-115) には、十二支縁起説の第三支と第四支たる識と名色の相依を明確に説く記述が存在する。しかし、そこに説かれるのは、実質的には、識を第一支とする〝識―名色―六処―触―受―愛―取―有―生―老死〟という十支縁起説であり、この識を第一支とする縁起説は、識を〝万法出生の根源〟として重視する考え方、つまり、後に大乗仏教の『十地経』第六現前地で説かれる〝三界唯心〟説による十二支縁起解釈や瑜伽行派の〝アーラヤ識〟説に発展するような考え方を説くことに、その第一の意義があったと思われる。なお、「蘆束経」に説かれる〝識と名色の相依〟については、本書、第三章、第六節参照。

(67) "dhātu-vāda" については、『縁起と空』五―六頁、六七―六八頁、三一―三三頁など参照。

(68) 『縁起と空』三―八頁参照。

(69) 同右、一六〇頁。

(70) 〝自己を否定しつづける〟ということは、〝自己の同一性〟を否定することであり、また、〝同一性〟そのものを否定することでもある。何となれば、〝同一性〟という粗雑な観念が、最も安易な形で暴力性さえもともなって結晶したものこそが、〝自己〟であると考えられるからである。

(71) 末木文美士「アジアの中の日本仏教」。この論文の未定稿を、私は、一九九四年五月二十七日に駒沢大学で開かれた「P. Gregory 氏を囲むシンポジウム」の際に、末木氏より頂戴した。この引用は、その未定稿からのものであるが、論文自体は、『日本の仏教』第二号（法蔵館、一九九五年一月）に掲載され、その後、末木氏の著書『仏教――言葉の思想史』（岩波書店、一九九六年）に収録された。ここで引用した氏の論述は、そのままの形で、同書（二八五―二八六頁）に見られる。

なお、末木氏の論述中の「図1b」とは、私の縁起説の図（本章、図3下）であり、そこから基体の部分を×印とともに消去したものが、氏の論述中の「図3」である。

(72)『縁起と空』第六章「『般若経』と如来蔵思想」参照。

(73) 本章の原論文において、私はこの経文の訳を「一切衆生は、如来の容れもの(tathāgata-garbha)である」と示していた。これは"tathāgata-garbha"「如来蔵」の語義を「如来の容れもの」と解すべきであるという私見(『禅批判』四九四―四九七頁)に従ったものであるが、ここでは訳文を変更したい。なお、この変更については、本書、第三章、註(138)参照。

(74) 拙稿「『涅槃経』とアートマン」『(前田専学博士還暦記念論集)〈我〉の思想』春秋社、一九九一年、一五〇頁参照。〔本書、下巻参照〕

(75)『禅批判』二五三―二五八頁、四一〇頁、五二八―五二九頁参照。

(76) 同右、第三章「臨済の基本思想について」参照。

(77) 道家の思想を「道・理の哲学」と捉え、それが如来蔵思想とともに、中国仏教の基調を形成したとする伊藤隆寿氏の見解は、氏の著書『中国仏教の批判的研究』(大蔵出版、一九九二年)に詳論されている。

(78)『禅批判』一〇一頁、五四六―五七七頁参照。

(79) 田村芳朗『日本仏教史入門』角川書店、一九六九年、八八頁。

(80) 例えば、宇井伯寿への影響については、前註(61)参照。ただし、私見によれば、近代の日本の仏教学者の中で、華厳思想の影響を蒙っていないものは、少ないように思われる。これは、中国の華厳思想が、インドの如来蔵思想の直接の継承者とも言うべきものであり、日本の仏教学者の大半が、如来蔵思想に対する批判的視点を有していなかったためであろう。

(81) 例えば仏教学者としては最初に文化勲章を受賞(一九四四年)した高楠順次郎(一八六六―一九四五)は、一九三七年十月九日の講演で、華厳と全体主義を結びつけている。これについては、『縁起と空』一一九頁、付記参照。また、飯田一郎「世界新秩序と華厳経的世界観の伝統」(『史潮』第十二年三・四号、大塚史学会、一九四三年八月)参照。

さらに「大東亜共同宣言」(一九四三年十一月)の冒頭の一文「抑々世界各国が各其の所を得、相倚り相扶けて万邦共栄の楽を偕にするは、世界平和確立の根本要義なり」も、全く華厳思想そのものである。

(82)『国体の本義』五〇―五一頁。

(83)「十七条憲法」の「和の思想」に関する批判的考察として、袴谷憲昭『批判仏教』(大蔵出版、一九九〇年)第六章「〈和〉の反仏教性と仏教の反戦性」参照。

(84) 梅原猛氏の「和の思想」讃美と如来蔵思想礼讃に対する批判については、袴谷憲昭『本覚思想批判』(大蔵出版、一九八九年)一三五―一三六頁、二一一―二一六頁、『縁起と空』一一三―一一四頁、註(10)参照。

(85)『国体の本義』五六頁。

(86) 同右、九七―九八頁。

(87) 西田幾多郎は、一九四五年に書かれた最後の論文「場所的論理と宗教的世界観」(『哲学論文集　第七』岩波書店、一九四六年)において、しばしばバルト (K. Barth) における「神」の超越性を批判している。つまり、バルト的な超越神は、「それは鞠く神であって、絶対的救済の神ではない。それは超越的君主神にして、何処までも内在的なる絶対愛の神ではない」(一七〇頁) というのである。そして、自らは、「神は何処までも自己否定的に此の世界に於てあるのである。此の意味に於て、神は何処までも内在的である」(一一〇頁) と述べて、バルトの「超越」に対し、「内在的超越」(一七三頁) を主張するのである。

しかし西田が、中世的世界のキリスト教＝「対象的に超越的宗教」＝「君主的神の宗教」が「俗権と結合した」と批判するのは、奇妙なものである。「超越」を説いたバルトはナチスと対立したのに対し、「内在的超越」を説いた西田は、高楠順次郎も講師となった一九三七年十月九日の講演会で、日本は「何処までも皇室を中心として自己同一を保つて来た」(『西田幾多郎全集』第一二巻、岩波書店、一九六六年、三八六頁)、「皇室中心にして情的なる日本の国体といふのは、私にはリズミカルな統一の如くに思われる」(同上、三九二頁)、「皇道は世界的とならなければならない」(同上、三八六頁) と述べているからである。同様の主張はその後も西田によって繰返されるが (三三五―三三六頁、四三四頁)、私が言いたいのは、〝内在主義の無批判性 (現実肯定)〟ということなのである。「世界新秩序の原理」(一九四三年) 中の「恰も有機体に於ての様に、全体が一となることは各自が各自自身となることであり、各自が各自自身となることは全体が一となることである」(同上、四三〇頁) という文章を読むと、西田の論理の基礎が華厳思想であり、また私が〝非仏教〟と考える〝基体説〟(dhātu-vāda) であることが、知られるであろう。

(88) 本章の原論文では、ここには、「わずかに親鸞のみが、「他者」を立てることによって」と書かれていたのを訂正した。この訂正の理由は、親鸞にとって阿弥陀仏が「他者」であるとは、私には考えられなくなったからである。即ち、親鸞思想の根底には、〝我〟と〝同一性〟の思想である如来蔵思想が据えられていると思われる。親鸞は『唯信鈔文意』(専修寺本) で、次のように述べている。

涅槃おば滅度といふ、無為といふ、安楽といふ、常楽といふ、実相といふ、法身といふ、法性といふ、真如といふ、一如といふ、仏性といふ、仏性すなわち如来なり。この如来微塵世界にみち〳〵たまへり、すなわち一切群生海の心なり、この心に誓願を信楽するがゆへに、この信心すなわち仏性なり、仏性すなわち法性なり、法性すなわち法身なり。

法身はいろもなし、かたちもましまさず。しかればこゝろもおよばれずことばもたへたり。この一如よりかたちをあらわして、方便法身とまふす御すがたをしめして、法蔵比丘となのりたまひて、不可思議の大誓願をおこしてあらわれたまふ御かたちおば、世親菩薩は尽十方無礙光如来となづけたてまつりたまへり。この如来を報身とまふす、誓願の業因にむくひたまへるゆへに報身如

来とまふすなり。（『定本親鸞聖人全集』法蔵館、第三巻、和文篇、一七〇—一七一頁）

私には、ここに言われる「法身」をも、「報身」をも、「絶対他者」と見ることはできない。なお、現在の私の親鸞理解については、拙著『法然親鸞思想論』（大蔵出版、二〇〇一年）参照。

〔付記〕私は、一九九六年にいまは亡きドゥ・ヨング de Jong 先生と初めてお会いしお話しすることができた。その際、私は、本章の原論文を含む『世界像の形成』（アジアから考える〔7〕、東京大学出版会、一九九四年）なる一書を先生に献呈したが、二、三日程してから、再度お眼にかかったとき、先生は〝この論文は、あなたにも興味があるのではないかと思う〟と言われて、私に、まだ刊行されていない "The Buddha and His Teachings" なる論文原稿のコピーを下さった。そのことのみで私は大変感激したが、その論文を読んでみると、そこには、『スッタニパータ』等の韻文経文を重視する中村元博士の原始仏教研究に対する方法論的批判が大きなテーマとして述べられていた。私には、先生がその論文を私に下さった意味が分ったような気がした。

そのドゥ・ヨング先生の論文は、その後、*Wisdom, Compassion, and The Search for Understanding— The Buddhist Studies Legacy of Gadjin M. Nagao*（ed. by Jonathan A. Silk, University of Hawai'i Press, 2000, pp.171-181）に収録されて刊行されたが、その中から、私にとって最も重要と思われる、そして、私にとっては全面的に賛成できる文章を、以下に若干引用してみよう。

The problem which poses itself is the importance of the older verses for the study of early Buddhism. Nobody assumes that the Buddha himself spoke in verses.（p.174, *ll*.3-5）

Furthermore, it is obvious that the older verses do not give an adequate picture of the Buddhist doctrines. Nakamura himself remarks that technical terms which are specifically Buddhist are not to be found in the verses and he even goes so far as to state that they contain only terms which occur in Brahmanical and Jain texts（Nakamura 1971: 273).（p.174, *ll*.12-18）

The difficulty in studying these verses is the fact that they contain three different elements: pre-Buddhist, non-Buddhist, and Buddhist.（p.174, *ll*.21-23）

However, in the case of the *Suttanipāta,* for example, which in recent years has been often quoted by many scholars as one of the most reliable and oldest sources for the study of early Buddhism, Nakamura remarked that in the verse parts there are almost no specific Buddhist doctrines（Nakamura 1984: 442). At the same time he writes that the *Suttanipāta* is the oldest among the many Buddhist texts and is a collection of verses which are closest to the words of the Gotama Buddha as historical person（*ibid.*: 433). The conclusion which forces itself on the reader is that what the Buddha taught was not Buddhism!（p.174, *ll*.29-38）

The oldest verses are not a reliable source for the knowledge of early Buddhism. In order to understand the Buddhist teachings, one has to consult the discourses of the Buddha and his disciples. We will never be able to know the contents of the teachings of the Buddha himself. In the canonical writings we find the doctrines which the compilers of the canon considered to have been preached by the Buddha.（p.174, *l*.39-p.175, *l*.4）

For the study of early Buddhism it is necessary to analyse in the first place the principal doctrines as found in the prose texts because they reflect the main tradition. The verses belong to a different tradition as they contain pre-Budhhist and non-Buddhist ideas. It is possible that by combining different methods of research one will in due course be able to distinguish older and newer elements in the verses. This will certainly be of great help in obtaining a better insight into the background and origins of Buddhism. However, such insight can not be gained without knowledge of the basic doctrines of early Buddhism as found in the prose texts.（p.179, *l*.36-p.180, *l*.4）

このうち、最後に引用した“For the study”から始まる一節は、この論文の末尾に、ドゥ・ヨング先生が、いわば結論として述べられた論説であるが、これこそ原始仏教思想の研究に関する最も適切な方法を示したものとして、一字一句もなおざりにすべきではない金言のように、私には映ずるのである。

（二〇〇一年八月一五日、加筆補訂了）

第二章　瑜伽行派と dhātu-vāda

第一節　dhātu-vāda の仮説について

はじめに、この論文を執筆する目的・動機と、私の問題意識について説明しておきたい。私は、一九八三年の論文「『勝鬘経』の一乗思想について——一乗思想の研究（Ⅲ）——」[1]において、“dhātu-vāda”（基体説）という仮説を、初めて提示した。即ち、その論文で、私は次のように論じたのである。

① 筆者は、本研究(Ⅱ)で、「『諸法（super-locus）は異なるが、法界（locus）は同一（無差別）である。』という説は、唯識説と如来蔵思想のいわば共有財産である」と述べたが、図—5と図—6の比較によって、一乗思想に関しても、このことが妥当することが明らかになったであろう。

さて筆者はここで、唯識説と如来蔵思想がともに「法界無差別」を主張する点を重視して、一つの仮説（hypothesis）を立てたいと思う。それは、唯識説をも如来蔵思想をも包含するただ一つの dhātuvāda（the theory of locus）というものがあり、それが「すべては空であり、従って locus も空である。」と説く中観派の śūnyatāvāda と対立していたというのが、インド大乗仏教史の現実であった、というものである。では、筆者はこの dhātuvāda なるものの主張をどのように仮定するのか。筆者がそれに与える定義または特徴は、次の三つである。

(1) locus は super-locus を生みだす。〔locus が因になりうることについては、既に説明した。〕

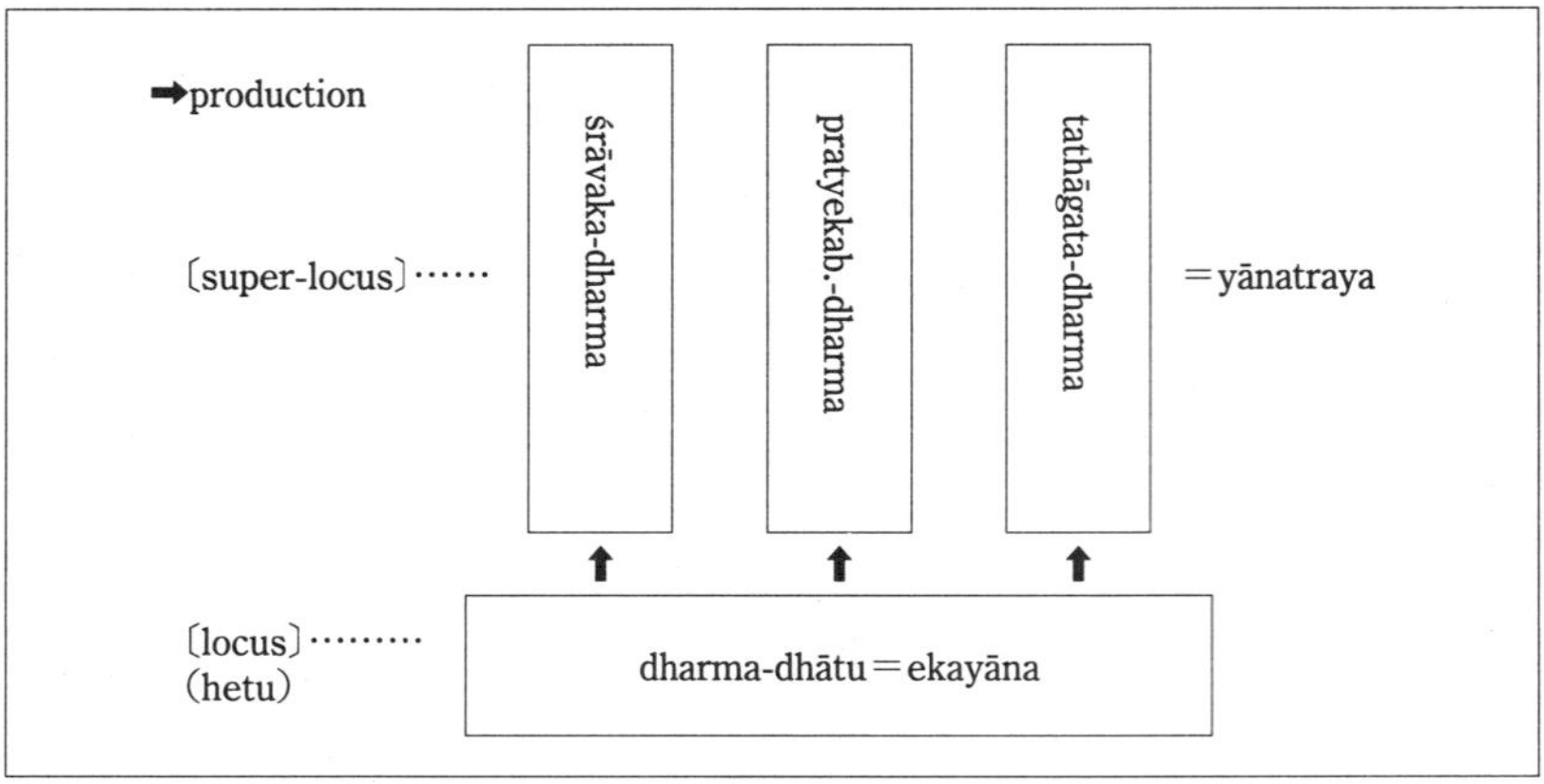

(2) super-locus は相互に異なり多であるが、locus は同一（無差別）かつ単一である。

(3) super-locus は非実在であるが、locus は実在である。

これをまとめれば「一にして実在なる locus が、多にして非実在なる super-locus を生じる。」と主張するものが dhātuvāda であるということになろう。（『縁起と空』三一二―三一三頁）

ここで、「本研究(Ⅱ)」とあるのは、一九八二年の拙論「唯識派の一乗思想について――一乗思想の研究(Ⅱ)」[2]を指しているが、私はそこでも既に〝唯識派の一乗思想の基本的構造〟について、上に掲げる図を示し[3]、後に提示することになる“dhātu-vāda”の基本的構造を、

② 唯識説においては、法界（locus）の同一性が諸法（super-locus この場合は聖法）の別異性を否定しない。否、それどころか、その別異性を確立する根拠になるのである。[4]

とか、

③ 唯識派にとって、法界と三乗は、locus と super-locus の関係にある。しかるに、locus の同一性は、super-locus の別異性を確立する基礎となるから、ここに三乗各別説・三乗真実説が成立する。[5]

とか、述べていたのである。

一九八三年の「『勝鬘経』の一乗思想について」なる論文は、このよ

うな考え方を承けて、唯識説と如来蔵思想とに共通する思想構造を、初めて“dhātu-vāda”という造語を用いて示したものである。即ち、“唯識説も如来蔵思想もdhātu-vādaである”というのが、私の“dhātu-vāda”の仮説の出発点なのである。また、この仮説を提示したとき、私がこれをあくまでも“仮説”と見なしていたことは、前掲のこの論文の論述①にも、また、同論文の

④ 筆者がこのような仮説を立てるのは、これによって、インド仏教史の一面を統一的に解釈し得ると考えるからであるが、以下にこの仮説の有効性を示したいと思う。(『縁起と空』三二三頁)

という論述にも示されているであろう。即ち、ある“仮説”について言い得ることは、その“仮説”が“有効か否か”であって、“真か偽か”ということではない。つまり、ある“仮説”はその“対象”について、ある程度まで論理的に一貫しているように見える“解釈”を提示しうると考えられたとき、“有効”なものと見なされるのであろう。“dhātu-vāda”の仮説も、その例外ではない。私は、この仮説によって如来蔵思想と唯識思想のすべての側面を説明し得ると考えているわけではなく、単に、この仮説によって両思想に共通する根本的な論理構造を明確に説明し得ると見なしているだけなのである。

しかるに、一九八五年になって、私は、私の属している曹洞宗における所謂“差別”の問題と直面することになり、“仏教とは何か”を問わざるを得なくなるとともに、“dhātu-vāda”と“差別”との関係についても、より明確な説明が必要であると考えるようになった。従って、一九八六年の「如来蔵思想は仏教にあらず」という論文においては、“dhātu-vāda”の非“仏教”性が明言されるとともに“何故dhātu-vādaが差別を維持し根拠づける原理となるのか”という問題が、“dhātu-vāda”の構造に関連して、特に強調されたのである。いまその部分を、かなりの長文ではあるが、以下に引用しておきたい。

⑤ “dhātu”とは「置く場所」を原義とし、「基体」とか、英語でいう“locus”の意味であって、そこに「本性」や

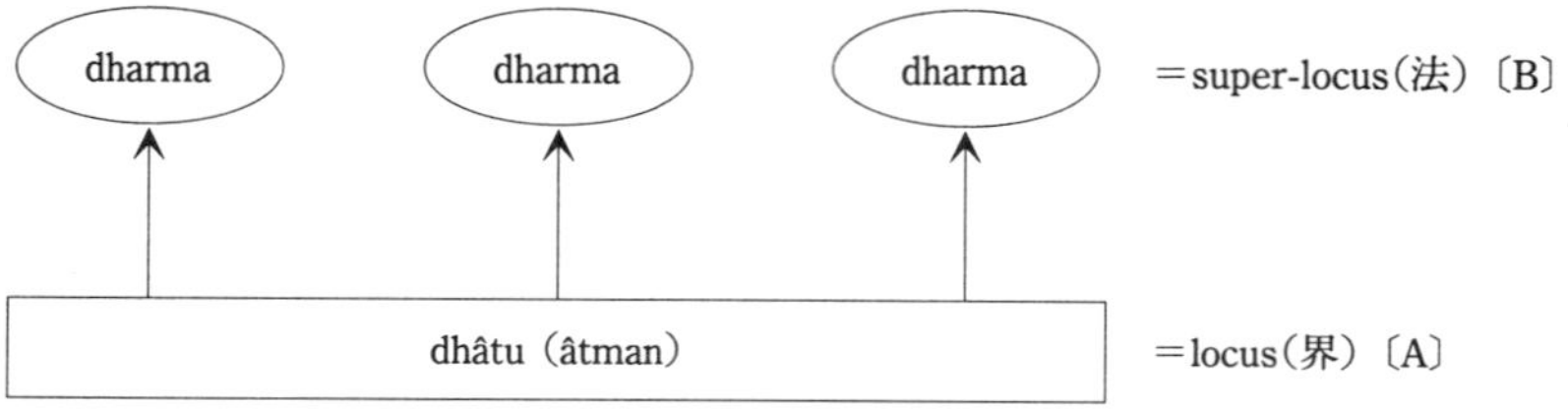

「本質」の意味は全くない。

そこで、如来蔵思想における“dhātu”の意味を明確なものとするためにも、私が如来蔵思想の本質的構造と考えている“dhātu-vāda”について、以下に説明しよう。“dhātu-vāda”（基体説）とは、私が仮説的に用いる用語であるが、その構造は、上の図に示される。

図に明らかな通り、一切は下にある“locus”〔以下Lと略〕と上にある“super-locus”〔Sと略〕とに二分されるが、“dhātu-vāda”の構造上の特徴を挙げれば、次の通りである。①LはSの基体（locus）である。②故に、LはSを生じる〔原因である〕。③Lは単一であり、Sは多である。④Lは実在であり、Sは非実在である。⑤LはSの本質（ātman）である。⑥Sは非実在ではあるが、Lから生じたものであるから、またLを本質とするから、ある程度の実在性をもつ、または、実在性の根拠をもつ。

以上の諸点について解説すれば、①は言うまでもなく、“dhātu-vāda”の構造自体を決定する最重要の点である。②におけるSのLからの「出生」は、Lの基体（locus）という性格・概念それ自体から導かれる。③と④について、Lを単一な実在と見るとき、Sはそれと異性質のものと見ざるを得ない。さもなければ、LからSが生じることは無意味となる。⑤について、本質（ātman）とは、〃aがなければbは生じない〃という関係（avinābhāva 関係）における〃a〃と考えられる。SはLがなければ生じないから。実際、如来蔵思想の代表経典たる『勝鬘経』と『涅槃経』は、Lを“ātman”（我）と明言している。⑥は、〃差別・区別の絶対化・固定化〃を支える思想原理となる。五姓各別説もカースト制も、ここにその根拠を見いだしうる。何故なら、図ではLの上に三つの dharma が乗っているだけであるが、そこに、永久に成仏できない一闡提、つまり無姓 (agotra) を含めた五姓という五つの dharma をSとして置くこともできる。その場合、「一切衆生悉有仏性」と「一闡提不成仏」は、矛盾することなく〝調和〟する。さらに、Sのところに、国王・人民・奴隷等の様々の階級をのせることも可能である。ところで、Sの〝多性〟は〝dhātu-vāda〟の構造上不可欠の要因であるから、決して解消されない。従って、所謂〝現実〟の差別はここに絶対化される。繰り返せば、Lの単一性（平等）は、Sの多性（差別）を解消するどころか、かえってそれを維持し根拠づける原理となる。これは、明らかに差別思想である。

以上、〝dhātu-vāda〟の構造を要約すれば、それは、「単一な実在である基体 (dhātu) が、多元的な dharma を生じる」と主張する説ということになる。簡単に「発生論的一元論」とか「根源実在論」とか呼んでもよいであろう。（『縁起と空』五―六頁）

ここで私は、「如来蔵思想の本質的構造」を〝dhātu-vāda〟と規定しているが、そればかりではなく唯識思想の「本質的構造」をも、〝dhātu-vāda〟と見なしていることは、右の論述に「五姓各別説」の説明が見られることによって、知られるであろう。この「如来蔵思想は仏教にあらず」という論文において、私は縁起説を〝仏教〟と見なし、その縁起説は〝dhātu-vāda〟と矛盾しているが故に、〝dhātu-vāda〟を「本質的構造」とする如来蔵思想は〝仏教〟ではない、と論じたのであるが、私が唯識思想の「本質的構造」をも〝dhātu-vāda〟と見なしていた以上、この論文における私の議論は、〝唯識思想は仏教にあらず〟という主張をも含意していたことになる。

しかるに、このような私の〝dhātu-vāda〟の仮説について、如来蔵思想研究の世界的権威である高崎直道博士は、次のようなコメントを述べられた。これも極めて長文であるが、その重要性を考えて、以下に引用を示したい。

⑥ 筆者は如来蔵思想をもって、法身の一元論の名の下に、仏の絶対性を理論化した思想として、悟りを問う仏教

の正系に属する思想潮流と考えるものであるが、これに対し近年、松本史朗氏は「如来蔵思想は仏教にあらず」という論文を発表して、真向から反対された。松本氏は筆者が「法身の一元論」と名づけたものをDhātuvāda（界論）とよび、それがインド思想にほかならない故に、仏教ではないとされた。松本氏によればDhātuvādaとは、一切の現象（諸法）の根元に唯一なる場（locus）すなわちdhātuを認め、諸現象はそこから発生した存在（super locus）として、根元たるdhātuと不一不異なる関係にあると見る考え方をいう。筆者はこの考えは瑜伽行派の法界の規定として原則的には妥当と考え、それがまた一見対立的な如来蔵思想と瑜伽行派の唯識説を一つにくくる仮説として、たいへん有効なものとみている。しかし、それ故に如来蔵思想は（したがってまた瑜伽行派の唯識説は）仏教ではないという主張を、直ちに認めるわけにはいかない。……

松本氏のDhātuvādaはほとんど一元論というのと同義であり、歴史的な規定を欠く、単なる思想類型を表わすことばであるから、Dhātuvādaを排除するとなると、如来蔵思想だけにとどまらず、文献の調査範囲が拡まるに応じて、次第に仏教における非仏教的要素は増加して行く。「如来の出世・不出世にかかわらず界は常住である」という縁起の普遍的真理性を表わす表現などは、真先にその槍玉に挙げられるわけで、総じて真理の存在を肯定するような思想はすべて反仏教的とみなされる。そうなると、世に仏教とされている思想のかなりの部分が排除されるわけで、そのうちに、仏教は仏教でないということになるかも知れない。松本氏は仏教を、仏陀の教えとして否定しようのない最少限度の教えとしての諸行無常と〔類型としての〕十二支縁起に限ると言っているが、あるいは一元論ではなくて多元論が仏教の立場だといいたいのかも知れない。そうなれば中観派もやはり否定の対象となるであろう。少なくとも中観派といえども究極的真理（第一義諦）というからには真理の普遍性を信じている道理で、これはいずれ松本氏の批判の対象となるものと思われる。[6]〔傍線＝松本〕

⑦　如来蔵思想がインド思想主流のウパニシャッド＝ヴェーダーンダの学説に近い点をもつことは、筆者自身しば

しば指摘していることであって、それ自体は驚くに当たらない。ただ、その点をもって、すなわち、インド思想主流と類似の考えが表明されていることを理由として、仏教ではないと断言することについて筆者としては賛意を表すわけにはいかない。筆者は仏教もまたインド思想の一形態として、思想方法について主流派と共通点のあることは、たとえば、キリスト教やイスラム教との対比において、当然のことと思っている。問題は何を以て「仏教」と規定するかであって、その規定如何では、確かに非仏教的な仏教も成り立ちうるが、所詮それは仏教内部での思想対立にすぎず、相対的評価であって、絶対的なものではありえない。筆者は「如来蔵思想は仏教に非ず」と聞いて、日蓮の四箇格言を想起したが、学問的な論争点ではないと判断した。

ただし、仏教であるかどうかは別として（ということは全く提言者たちの意に反することであろうが）、松本氏のいう Dhātu-vāda という仮説（以下 Dh.v. と略記）は、如来蔵思想の構造的特色を表すのみでなく、それと一見対立しているかに見える唯識思想（実践的に如来蔵思想は究竟一乗、唯識思想は究竟三乗）(7)との共通する思想構造を表す語として極めて適確であり、仮説として有効性が高いと見て、これを承認したい。〔傍線＝松本〕

これらの論述において高崎博士は、“dhātu-vāda”の仮説としての有効性、つまり、如来蔵思想と唯識思想を一つにくくる思想構造を示す仮説としての有効性を、ある程度認められるとともに、〝何を以て「仏教」と規定するか〟が問題であるとして、〝如来蔵思想は「仏教」ではない〟という私の主張を斥けられている。〝何を以て「仏教」と規定するか〟即ち、〝仏教とは何か〟という問題については、私はそれを縁起説であるとして、その縁起説に関する私自身の解釈をも、「縁起について」(8)なる論文で示したのであるが、その解釈が我が国の仏教学界において一般に認められるようになるというようなことは、決してありえないであろう。ということは、〝如来蔵思想は仏教ではない〟という私の主張は、学問的には永久に成立しないということを意味しているのかもしれない。

それはともかく、“dhātu-vāda”の仮説とは、一体どの程度、有効なものなのであろうか。勿論、高崎博士もこの仮説の有効性を全面的に承認されたわけではない。しかるに、一九九三年になって、この仮説は山部能宜氏による詳細な文献学的批判を受けることになった。即ち、一九九三年十一月二十二日にワシントンD・C・で開かれたアメリカ宗教学会（the American Academy of Religion）における〝批判仏教〟（Critical Buddhism）に関するパネルにおいて、山部氏は、"The Critique of "Dhātu-vāda" in the Critical Buddhism Movement" なる発表論文によって、私の "dhātu-vāda" の仮説を、主に〝瑜伽行唯識説は dhātu-vāda ではない〟という立場から批判された。山部氏は、瑜伽行唯識説研究の専門家であるから、この批判はある意味では当然のことだったのであるが、氏の批判は、瑜伽行派の様々のテキストにもとづいた詳細なものであり、この点で、極めて優れた有益なものであった。

この山部氏の発表論文の原稿を、私は前述の学会のパネルに先立って氏から頂いていたので、そのパネルに respondant として参加した私は、その場で、山部氏の批判に簡単に応答することができた。それが "My Reply to Mr. Yamabe's Paper"(9) という文字通りの小論である。しかるに、この二つの論文、つまり山部氏の発表論文と私の応答は、その後、一九九七年に出版された論文集である *Pruning the Bodhi Tree—The Storm over Critical Buddhism*〔略号 *Pruning*〕に若干の修正を経て収録された。それが、山部氏の "The Idea of *Dhātu-vāda* in Yogacara and *Tathāgata-garbha* Texts"〔Yamabe I と略す〕と、私の "A Critical Exchange on the Idea of *Dhātu-vāda* — Response"〔Response と略す〕である。しかるに、*Pruning* には、山部氏による批判に対する私の応答に対して、氏が再度批判を示された "A Critical Exchange on the Idea of *Dhātu-vāda* — Riposte"〔Yamabe II と略す〕という論文も収録されている。

かくして私は、山部氏による批判に答える義務を未だに負っているわけであるが、その義務を果たし、"dhātu-vāda" という仮説の有効性、特に瑜伽行派文献読解における "dhātu-vāda" 仮説の若干の有効性を示したいというのが、本論文を執筆する第一の動機である。

山部氏は、

⑧ The Yogacara theory of *gotra* is indeed discriminatory, but it is not based on monism. *Tathāgata-garbha* thought is clearly monistic, but the *gotra* distinction does not seem to signify anything essential. (Yamabe I, *Pruning*, p.203, *ll*.14-16)

〔傍線＝松本〕

と言われ、これは、“瑜伽行派の種姓（gotra）論は実際、差別的であるが、それは一元論にもとづいていない。如来蔵思想は、明らかに一元論的であるが、しかし種姓の区別は〔如来蔵思想において〕何等、本質的な意味をもってはいない”という意味であろうが、私は、本論文において、主として『瑜伽師地論』*Yogācārabhūmi* に現われる「本性住種姓」“prakṛtisthaṃ gotram”と「真如所縁縁種子」“tathatālambanapratyayabīja”という二つの語の意味を検討することを通じて、瑜伽行派の種姓論が、明確に“dhātu-vāda”という一元論にもとづいていることを論証したいと思う。

しかるに、その論証に入る以前に、私が何故“dhātu-vāda”という仮説を導入する必要があったのかを示すために、如来蔵思想に関する私の基本的な問題意識をここで、明らかにしておきたい。

そこで、一九八六年の論文「如来蔵思想は仏教にあらず」から、かなり長文ではあるが、引用を以下に示したい。

⑨ つまり、ここで注意すべきは、「一切衆生如来蔵」というテーゼと、『法華経』の説く「一切皆成」とは、決してイコールではないということである。

同様なことは、『涅槃経』にも見られ、そこに「一切衆生悉有仏性」と説かれることは、永遠に成仏できない一闡提（icchantika）の存在を認めることと何等抵触するものではない。『涅槃経』チベット訳（北京版 No.788）から、二つの文章を示そう。

ⓐ 一切衆生に仏性（buddhadhātu, saṅs rgyas kyi khams）があり、その性（dhātu）は各自の身中に備わっている（tshaṅ）。衆生は煩悩の相（rnam pa）を尽してから仏になる。ただし、一闡提を除く。（Tu 99a6-7）；〔曇無讖訳：一切衆生皆有仏性、以是性故、断無量億諸煩悩結、即得成於阿耨多羅三藐三菩提、除一闡提〕（大

正十二、四〇四c）

ⓑ　一闡提たちにも、如来蔵（tathāgatagarbha）はあるけれども、極めて厚い覆いの中にある。例えば蚕が自ら囲いを作っていて、出口を開けなければ、外に出ることができないように、如来蔵も、彼〔＝一闡提〕の業の過失によって、一闡提の中から出ることはできない。それ故、輪廻の果てるまで菩提の因を得ない。（Tu 134b2-3）；〔曇無讖訳：彼一闡提雖有仏性、而為無量罪垢所纏、不能得出如蚕処繭、以是業縁、不能生於菩提妙因、流転生死無有窮已〕（大正十二、四一九b）

高崎直道博士は、『涅槃経』にしばしば現われる「一闡提を除く」という表現を「一切衆生悉有仏性」に対する除外例と解されるが、それは適切とは思えない。右のⓑに明示されるように、一闡提も確かに仏性（チベット訳：如来蔵）をもっている。では、「一闡提を除く」とは何の除外例かというと、それは〝成仏〟ということに関する除外例であり、ⓐで言えば、点線部の一文からの除外例なのである。従って、ここにも、「一切衆生悉有仏性」と「一切皆成」がイコールではないことが示されたのである。

さらに世親の『法華経論』も、「一切衆生悉有仏性」を言いつつ、三乗各別説に立って「一切皆成」を否定していることは、すでに高崎博士の御研究によって明らかである。すると我々は最早、「如来蔵」とか「仏性」というものを「成仏の可能性」であるとする楽天的な理解にとどまることはできないのである。（『縁起と空』三一四頁）

この論述に示されているように、「如来蔵」や「仏性」は、かつては「成仏の可能性」と考えられ、「一切衆生如来蔵」（一切衆生は如来蔵である）という『如来蔵経』の経文や、「一切衆生悉有仏性」という『涅槃経』の経文は、〝一切皆成〟つまり〝一切衆生は皆、仏に成ることができる〟という主張を説くものであると考えられてきた。しかし、論述⑨に引かれた『涅槃経』の経文ⓑの曇無讖訳には、〝「一闡提」と呼ばれるある種の衆生たちは、「仏性」をもっているけれども、「菩提の因」を生じることができず、永久に輪廻し続ける〃と説かれている。とすれば、この経文において、「仏性」を単純に「成仏の可能性」と見ることはできない。というのも、〃「仏性」を有していても、永遠に「菩提の因」を生じることができずに輪廻し続ける特定の衆生がいる〃と、そこに明言されているからである。とすれば、我々に必要なのは、一切衆生が有している「仏性」"buddha-dhātu"や「如来蔵」"tathāgata-garbha"と、特定の衆生だけがもっている「菩提の因」"bodhi-hetu"との二者を明確に区別する視点であるということになるであろう。

それ故、私は論述⑨の末尾に、次のような註を付したのである。

⑩　従って、gotra・[bodhi-]hetu≠dhātu・garbha.（『縁起と空』九頁、註〔11〕）

ここで、不等号によって結ばれた二つのものを、本論文ではAとBと呼んで区別したい。即ち、私は基本的には、次のような不等式が成立すると考えるのである。

A≠B、B⊥A		
A＝〔一切衆生に有るもの〕	仏性、真如、法界、法性、本性、如来蔵、我	（基体）
B＝〔特定の衆生だけに有るもの〕	菩提の因、種姓、種子、〔アーラヤ識〕	（超基体）

図　I

この図Iの末尾に「基体」と「超基体」という語が示されているが、すでに論述⑤の"dhātu-vāda"の図にも、AとBという記号を付加しておいたように、私は「仏性」「真如」等のAを「基体」と考え、「菩提の因」「種姓」等のBを「超基体」のレヴェルにあるものと見なしている。このような解釈の妥当性については、以下に論証を示したい。

〝一切衆生に「仏性」〈A〉はあるが、「菩提の因」〈B〉は特定の衆生だけにある〟という主張が、如来蔵思想と瑜伽行唯識思想において根本的なものであるとすれば、このAとBとの二つを区別する視点が、これらの思想を理解する上で最も重要なものであることは、明らかであろう。以下、この観点にもとづいて、『瑜伽師地論』に見られる「本性住種姓」と「真如所縁縁種子」という語の意味を検討したい。

第二節　本性住種姓について

『瑜伽師地論』「本地分」中「菩薩地」*Bodhisattvabhūmi* (BBh) の「種姓品」(gotra-paṭala) には、玄奘訳において「本性住種姓」と訳された "prakṛti-sthaṃ gotram" という語が認められる。

この語をいかに解釈するかということが瑜伽行派の思想理解にとって極めて重要であることは、その後に成立したインド、そして、中国等の仏教文献が示している通りである。[10] しかるに、この語についての解釈を、私は山部氏に対する応答の中で、次のように示したのである。

⑪ This interpretation of mine is supported by the appearance of the term *prakṛti-sthaṃ gotram* in the definition of *gotra* cited above. Yamabe follows other scholars in translating the term as [the *gotra*] "existing by nature," based on the Tibetan translation, "raṅ bshin gyis gnas pa" (Derge edition, Wi, 2b4). I find fault with the translation, however, and prefer instead to read it as "the *gotra* located on *prakṛti*" or "the *gotra* existing on *prakṛti*." I further consider this *prakṛti* to be the unique locus or *dhātu* of manifold *gotra*, giving this *gotra* theory the structure of a *dhātu-vāda*.

I admit the interpretation is altogether novel, but this does not make it wrong. The author of the *Bodhisattvabhūmi* appears to equate *prakṛti* with *dharmatā* in the word *dharmatāpratilabdha* ("acquired by *dharmatā*"). And this equation is reinforced by the passage of the *Abhisamayālaṃkāra-vṛtti* alluded to by Yamabe.

I believe, then, that the *gotra* of *śrāvaka* and the like are positioned on a single locus, which is called *prakṛti* in the definition. Hence my conclusion that Yogacara system has a *dhātu-vāda* structure.（Response, *Pruning*, pp.206-207）

ここに示された私の解釈は、その後、山部氏の論文（Yamabe II）において批判されたが[11]、私はこの解釈を現在でも基本的には妥当であると考えているので、以下にこの解釈の妥当性を論証してみたい。“prakṛti-sthaṃ gotram”という語に対する私の解釈のポイントは、この語を「本性（prakṛti）に住する種姓（gotra）」「本性において存在する種姓」と解し、その場合の「本性」とは、“dhātu-vāda”仮説における「基体」（dhātu, locus）〔A〕を意味すると見なす点にある。つまり、この語を「本性〔A〕を基体として存在する種姓〔B〕」と読むのである。即ち、「本性」〔A〕と「種姓」〔B〕との間には、前者を後者の〝基体〟とする於格的関係が認められる。このような於格的関係を、本書では、⊥という記号を用いて示すことにしたい。即ち、「本性」と「種姓」との間の於格的関係は、

gotra⊥prakṛti

として示される。

これに対して、山部氏は、ルエッグ Ruegg 教授の訳例[12]等と同様、この語を、そのチベット訳“raṅ bshin gyis gnas paḥi rigs”[13]に従って、「本性によって存在する種姓」“the gotra existing by nature”[14]と訳され、さらに「本性」と「種姓」は同義語であると論じられた[15]。この山部氏の理解が正しいとすれば、“prakṛti-sthaṃ gotram”という語によって“dhātu-vāda”が説かれているという私の解釈が成立しなくなることは、明らかであろう。そこで、まずこの語を含む部分の梵文テキスト・漢訳、そして私訳を以下に示し、この語の意味を明らかにしたい。

〔1〕 tatra gotraṃ katamat / samāsato gotraṃ dvividham / prakṛtisthaṃ samudānītaṃ ca / tatra prakṛtisthaṃ gotraṃ yad bodhisattvānāṃ ṣaḍāyatanaviśeṣaḥ / sa tādṛśaḥ paraṃparāgato 'nādikāliko dharmatāpratilabdhaḥ / tatra samudānītaṃ gotraṃ yat pūrvakuśalamūlābhyāsāt pratilabdhaṃ / tad asminn arthe dvividham apy abhipretam / tat punar gotraṃ bījam ity apy ucyate dhātuḥ prakṛtir ity api / (BBh, p.2, *ll*.4-8)

〔2〕云何名性。性有二種。一者本性。二者客性。言本性者、陰界六入、次第相続、無始無終、法性自爾、是名本性。言客性者、謂所修集一切善法得菩薩性、是名客性。而此経中、以是二種、名之為性。是二性者、名之為文。又復性者、亦名為子。亦名為界。亦名為性。（大正三〇、九六二下一四—一九行）〔求那跋摩訳『菩薩善戒経』〕

〔3〕云何為種性。略説有二。一者性種性。二者習種性。性種性者、是菩薩六入殊勝、展転相続、無始法爾、是名性種性。習種性者、若従先来修善所得、是名習種性。又種性、名為種子。名為界。名為性。（同右、八八八中二—七行）〔曇無讖訳『菩薩地持経』〕

〔4〕云何種姓。謂略有二種。一本性住種姓。二習所成種姓。本性住種姓者、謂諸菩薩六処殊勝、有如是相、従無始世、展転伝来、法爾所得、是名本性住種姓。習所成種姓者、謂先串習善根所得、是名習所成種姓。此中義意二種皆取。又此種姓、亦名種子、亦名為界、亦名為性。（同右、四七八下一二—一八行）〔玄奘訳『瑜伽師地論』「菩薩地」〕

このうち、梵文テキスト〔1〕の私訳を示す以前に、三つの漢訳について一言しておきたい。後に述べるように、これら漢訳にもとづいて、中国や日本の仏教では多くの議論が費されてきたが、それらの議論は、これらの漢訳の非厳密性によって、混乱したものとなったように思われる。問題の“prakṛti-sthaṃ gotram”という語についても、これを『善戒経』は「本性」と訳し、『地持経』は「性種性」と訳し、玄奘訳「菩薩地」は「本性住種姓」と訳している。玄奘訳が最も逐語的な訳であることは言うまでもないが、その「本性住種姓」が『善戒経』では「本性」と訳されているのである。従って、中国仏教文献において、“prakṛti-sthaṃ gotram”がテーマとされ、「本性」について議論がなされる際、その「本性」が玄奘訳の「本性住種姓」の「本性」“prakṛti”を意味しているのか、それとも『善戒経』の

「本性」“prakṛti-stham gotram”を指しているのかが明確に区別されなければ、正確な議論はなされないであろう。

　また、『地持経』においても『善戒経』においても、“prakṛti-stham gotram”の“-stham”に相当する訳語が欠落しているのは、致命的な欠陥である。[16] さらに、玄奘訳についても、全く問題がない訳ではない。「本性住種姓」は、後に〔14〕で見る『瑜伽師地論』の「住自性界」（*prakṛti-stho dhātu）という訳例から考えても、「住本性種姓[17]」と訳すべきであったであろう。また、テキスト〔1〕の“dharmatā”の訳語としては「法爾[18]」というような曖昧な言葉ではなく、やはり「法性」という明確な名詞が採用されるべきであったと思われる。

　いずれにせよ、漢訳〔2〕〔3〕〔4〕は、全面的に厳密なものとは言えない。『善戒経』の「本性」と「客性」という訳語の後者などは、極めて不適切なものであり、また、この『善戒経』では、〔2〕の末尾を見ると、「性」が“prakṛti”の訳語としても“gotra”の訳語としても用いられているという不合理さえ認められるのである。

　では、テキスト〔1〕に対する私訳を以下に示そう。

⑫　そのうち、種姓（gotra）とは何か。要約すれば二種類である。即ち、本性（prakṛti）〔A〕において存在する〔種姓〕（prakṛti-stha）と〔修習によって〕完成された[19]〔種姓〕（samudānīta）である。
　そのうち、本性において存在する種姓（prakṛti-stham gotram）とは、菩薩たちの勝れた（特殊な）六処（ṣaḍ-āyatana-viśeṣa）であり、それは、その様なものとして（tādṛśa）展転して来た（paraṃparā-āgata）、無始時（anādikālika）の、法性[20]（dharmatā）〔A〕によって獲得されたもの（pratilabdha）である。
　そのうち〔修習によって〕完成された（samudānīta）種姓とは、過去に善根を数習すること（pūrva-kuśala-mūla-abhyāsa）にもとづいて獲得されたものである。そして、ここでは、その二種類〔の種姓〕が、〔両方とも「種姓」という語によって〕意図されている。[21]
　しかるに、その種姓は、種子（bīja）とも言われ、界（dhātu）、本性（prakṛti）とも言われる。

ここで「種姓」"gotra"は、二種類のものとして説明されているが、このうちの前者、つまり"prakṛti-sthaṃ gotram"という語とそれに対する説明をいかに理解するかということが、すでに述べたように、最大の問題となる。そこで、まず"prakṛti-sthaṃ gotram"という語を、「本性において存在する種姓」と解する私の解釈と、この語を「本性によって存在する種姓」と解する山部氏の解釈のいずれが適切かという問題を、ひとまず措いて、「種姓」"gotra"と「種子」"bīja"と「界」"dhātu"と「本性」"prakṛti"という四つの語の〝同義語〟性について論じたい。即ち、テキスト〔1〕の最後の一文を、山部氏が、

⑬ Further, this *gotra* is also called seed (*bīja*), *dhātu*, and origin (*prakṛti*). (Yamabe I, *Pruning*, p.196, *ll*.5-6)

と訳され、

⑭ Gotra and dhātu are frequently treated synonymously, as Matsumoto himself later admits. (Yamabe II, *Pruning*, p.216, *ll*.14-15)

と述べられたとき、氏はこれら四つの語が〝同義語〟であることを承認されたものと考えられる。

しかし、私は山部氏への応答において論述⑬の氏の訳について、次のように述べて、疑問を提示していたのである。

⑮ I do not find the translation inaccurate, but I believe it is also possible to render it, "But that *gotra* is also called *bīja,* and the *dhātu* is also called *prakṛti*." The Tibetan translation of the passage, it should be recalled, is "rigs de ni sa bon shes kyaṅ bya/ khams de ni raṅ bshin shes kyaṅ byaḥo" (Derge edition, Wi,2b5). This is clearly consistent with my own reading.

Admittedly there are passages in which Sthiramati states that the words *gotra, bīja*, and *dhātu* are synonymous, as Yamabe points out, and even where he takes *gotra* and *prakṛti* as synonyms. But that is Sthiramati's interpretation. The Tibetan translation of the sentence cited above suggests to me the possibility of a slight difference between the two groups of words. In other words, one must admit the possibility that *dhātu* and *prakṛti* are taken to be different from *gotra.* (Response, *Pruning*, p.206, *ll.*13-25)

即ち、私は山部氏の⑬の訳を“inaccurate”「不正確」とは考えないが、問題の文章をそのチベット訳にもとづいて、「その種姓（gotra）は、種子（bīja）とも言われ、界（dhātu）は本性（prakṛti）とも言われる」と訳すことも可能ではないか、つまり、そのチベット訳は〝「種姓」「種子」〟と〝「界」「本性」〟とを区別しうる可能性を示唆しているのではないかと論じたのである。では、山部氏の論文（Yamabe I）に示されているスティラマティ Sthiramati の解釈、つまり「界」「種姓」「種子」「因」（hetu）を明確に同義語（paryāya）とする解釈をいかに見なすかと言えば、私はそれを単にスティラマティの解釈にしかすぎない、つまり、「菩薩地」の記述〔1〕には適合しない後代の解釈にしかすぎないと論じたのである。

しかし、山部氏の論述⑭の末尾に示されているように、私はその後、これらの語の〝同義語〟性を認めるスティラマティに見られるような解釈を〝後代のもの〟とする自らの理解の誤りを、次のように認めることになった。

⑯ Hakamaya has already shown my error in this, pointing out that the words in questions are synonymous in the *Yogācāra-bhūmi*, i.e., “bījaparyāyāḥ punar dhātur gotraṃ prakṛtir hetuḥ...paryāyā veditavyāḥ” (Vidhushekara Bhattacharya, ed. [Calcutta: University of Calcutta, 1957], 26, lines 18-19); cf. Hakamaya, *Critical Buddhism*, 261. (Response, *Pruning*, p.452, n.6)

それは、ここに示されているように、袴谷憲昭氏の著書『批判仏教』に、これらの語の〝同義語〟性を認める記述がすでに『瑜伽師地論』に見られることが指摘されていることに気づいたからである。それ故、私はこの点で自らの誤りを認めたために、私の議論は部分的には破綻したものとなったのである。

しかるに、私はここで再び問題の語の〝同義語〟性について、批判的に考察したいのである。即ち、記述〔1〕の“tat punar gotraṃ bījam ity apy ucyate dhātuḥ prakṛtir ity api”という文章は果して“gotra”“bīja”“dhātu”“prakṛti”が〝同義語〟

であることを説いているのであろうか。しかし、これらの四つの語が全く〝同義語〟であるならば、“prakṛti-sthaṃ gotram”という表現はナンセンスなものとなるのではなかろうか。即ち、ここで“prakṛti”と“gotra”が〝同義語〟であるとすれば、問題の語は〝*x*において存在する*x*〟か、あるいは山部氏的な複合語理解によれば、〝*x*によって存在する*x*〟を意味することになるであろうが、これはいずれもナンセンスであろう。つまり、山部氏のように“prakṛti-sthaṃ gotram”という表現を、仮りに〝prakṛti によって存在する gotra〟（“the gotra existing by nature”）と解したとしても、この表現において“prakṛti”と“gotra”は同義語ではありえない。というのも、後者は前者〝によって存在する〟ものとされているからである。

では、どのように考えるのが正しいのであろうか。すでに⑫の末尾で示したように、問題の一文に対する私の訳は、⑬の山部氏の訳に基本的には一致している。しかし、その解釈は大きく異なるのである。そこでまず、私が自らの誤りを認め、問題になっている様々の語の〝同義語〟性を認めるに至った原因となった『批判仏教』における袴谷氏の論述から、考察を始めることにしよう。その論述とは、次のようなものであった。

⑰　さて、「法界」から「法性」へ考察の視点を移す前に、その繋ぎとして、「界（dhātu）」の同義語を列挙した瑜伽行派の文献を取挙げてみることにしたい。多少煩雑かもしれないが、この場合には原語が重要なので、まずサンスクリット語原文（およびそれに準ずるもの）を示した後に、それらに共通する同義語を取挙げて一応の和訳を与えることにしよう。

(a)　bīja-paryāyāḥ punar dhātur gotraṃ prakṛtir hetuḥ....paryāyā veditavyāḥ//

(b)　rigs de'i ming gi rnam grangs dag gang zhe na/ sa bon dang/ khams dang/ rang bzhin zhes bya ba ni ming gi rnam grangs dag yin no//（*tasya gotrasya paryāyāḥ katame/ bījaṃ dhātuḥ prakṛtir ity ucyante paryāyāḥ//）

(c)　tat punar gotraṃ bījam ity apy ucyate dhātuḥ prakṛtir ity api/

テーマの出し方の相違によって、「種子（bīja）」を初出させる(a)と、「種姓（gotra）」を初出させる(b)(c)との違いはあるが、列挙されている同義語はほぼ一致する。今これを仮りに(c)によって訳出すれば次のとおりである。

また、その種姓（gotra）は、種子（bīja）ともいわれ、界（dhātu）とも本性（prakṛti）ともいわれる。これらの連語は、その後の文献でも一種紋切型のように踏襲されることになるが、それらはいずれも「発生の源」というような意味で用いられている。（『批判仏教』二六一頁）〔傍線＝松本〕

ここに、袴谷氏によって、「瑜伽行派の文献」に見られる〝「界（dhātu）」の同義語〟が示されているのであるが、この論述⑰に引かれた(a)(b)(c)の三例とも、『瑜伽師地論』からの引用であり、特に、(c)は「菩薩地」記述〔1〕末尾の問題の文章である。

では、(a)(b)は『瑜伽師地論』のどの部分に見られるものであろうか。まず、(a)は「本地分」中「意地」に出るもので、その梵文テキスト・漢訳（玄奘訳）、及び私訳を示せば、次の通りである。

〔5〕 bījaparyāyāḥ punar dhātur gotraṃ prakṛtir hetuḥ satkāyaḥ prapañca ālaya upādānaṃ duḥkhaṃ satkāyadṛṣṭyadhiṣṭhānam asmimānādhiṣṭhānaṃ cety evaṃbhāgīyāḥ paryāyā veditavyāḥ// (YBh, p.26, *ll*.18-19)[22]

〔6〕 諸種子、乃有多種差別之名。所謂名界。名種姓。名自性。名因。名薩迦耶。名戯論。名阿頼耶。名取。名苦。名薩迦耶見所依止処。名我慢所依止処。如是等類差別応知。（大正三〇、二八四下一二―一四行）

⑱ しかるに、種子（bīja）の同義語（paryāya）としては、界（dhātu）、種姓（gotra）、本性（prakṛti）、因（hetu）、有身（satkāya）、戯論（prapañca）、アーラヤ（ālaya）、取（upādāna）、苦（duḥkha）、有身見の依処（satkāyadṛṣṭy-adhiṣṭhāna）、我慢の依処（asmimāna-adhiṣṭhāna）というこのようなものが、同義語（paryāya）であると知られるべきである。

即ち、袴谷氏は論述⑰の(a)で、基本的にはテキスト〔5〕を引用されたのであるが、その際、〔5〕の傍線を付した部分を「……」という記号によって省略して示されたのである。しかし、この省略は、実は重要な意味を含んでいる。というのも、そこに「種子」の同義語として「アーラヤ」とか「有身見の依処」とか「我慢の依処」という言葉が挙げられていることは、このテキスト〔5〕自体が「菩薩地」よりも後に成立したものであることを示していると思われるからである。即ち、漢訳では百巻にも及ぶ厖大な文献である『瑜伽師地論』が、同時に成立したと考える学者は、今日では少ないであろう。大部分の学者は、この文献の成立に新古の層を認めている。例えば、シュミットハウゼン Schmithausen 教授は、その著作『アーラヤ識論』*Ālayavijñāna*（略号 *Ālaya*）において、『瑜伽師地論』の成立に関して、ほぼ次のような〝三つの主要な層〟(three main layers) を区別すべきであると主張されている。(23)

1）アーラヤ識への言及を全く含まない最古の層、即ち、「本地分」中のある部分、特に「声聞地」と「菩薩地」、及び「摂事分」

2）「本地分」の残りの部分、即ち、アーラヤ識への言及は時折見られるが、『解深密経』への言及は存在しない部分

3）アーラヤ識の詳細な説明を含むとともに、『解深密経』を引用し利用している「摂決択分」

私は、瑜伽行派文献の専門家ではないが、このシュミットハウゼン教授の見解は、基本的に妥当なのではないかと考えている。

これに対して、勝呂信静博士は詳しい論証にもとづいて、

⑲　以上のように菩薩地も声聞地も他の地の学説を予想しそれを引用している。このような現象は、十七地の諸部分が同時に存在していて、それらを相互に参照しながら著述が進められて行ったのでなければ起こり得ないことであろうと思う。（『初期唯識』二六三頁）〔傍線＝松本〕

⑳　このような点から考えてみても、「声聞地」あるいは「菩薩地」を、『瑜伽論』の中の古層に属するものとし、

それを基にして歴史的増広を経て現存『瑜伽論』が形成されたとする見方には賛成しかねるのである。（同右、二七三頁）

と論じられている。これは、「本地分」の〝同時成立〟、あるいは〝同時編纂〟を認める見解であるように思われるが、私としては、現存の「声聞地」「菩薩地」が他の地からの引用を有しているとはいえ[24]、アーラヤ識説を全く含まない「声聞地」と「菩薩地」の〝古層〟性は、やはり基本的には否定できないであろうと考えている。

このような観点から見るとき、『瑜伽師地論』「本地分」中「意地」のテキスト〔5〕の〝後代性〟、つまり、「声聞地」や「菩薩地」の後に成立したことは、明らかだと思われる。即ち、「意地」にはテキスト〔5〕が出る以前の個所に、アーラヤ識（ālaya-vijñāna）という語が用いられているのであるが[25]、テキスト〔5〕で用いられている“ālaya”の語が、敢えて言えば、その〝直前〟とも言える個所[26]で使用されたアーラヤ識という語と全く無縁であるとは思われない。シュミットハウゼン教授は、「本地分」中のどこにも〝アーラヤ識は、我見（the notion of 'I'）等の対象的基体（the objective basis）である〟という考え方は明確に説かれていないが故に、テキスト〔5〕で、「有身見の依処」“satkāyadṛṣṭy-adhiṣṭhāna”や「我慢の依処」“asmimāna-adhiṣṭhāna”とともに列挙されている“ālaya”は、所謂〝アーラヤ識〟を意味せず、執着される対象“what is clung to”としての〔五〕取蘊（upādāna-skandha）や自体（ātma-bhāva）を意味する、という解釈を示されているが[27]、私には、やや不自然な解釈であるように思われる。

シュミットハウゼン教授が、テキスト〔5〕の“ālaya”という語に、我執という行為の主体（the subject of the act of Clinging）としてのアーラヤ識の観念を読み取ろうとされたと思われる勝呂博士の解釈を批判されたのは[28]、あるいは適切であるかもしれない。「有身見の依処」「我慢の依処」とある「依処」の原語“adhiṣṭhāna”は、〝基体〟を意味し、それはシュミットハウゼン教授が示されたように[29]、しばしば“ālambana”の同義語とされる。“ālambana”は漢訳で「所縁」と訳されるように、〝依り所〟〝基体〟を意味するが、仏教においては、特に〝認識の対象〟を意味することも、確かである。私は、後論するように、シュミットハウゼン教授が〝基体〟の意味を含めないで "ālambana" を専ら "object" と解されることには賛成できないが、「有身見の依処」「我慢の依処」の「依処」、つまり、"adhiṣṭhāna" が "subject" ではなくて、"the objective basis"(30) を意味するという教授の理解は正当であろう。

しかし、〝アーラヤ識が我執の依り所（基体）となる〟というのは、後に〝マナ識〟という概念が成立した後の後代のアーラヤ識説においては基本的な主張であり、例えば、スティラマティの『唯識三十頌釈』*Triṃśikābhāṣya*（TrBh）には、次のように言われている。

〔7〕 tadālambanam iti/ ālayavijñānālambanam eva satkāyadṛṣṭyādibhiḥ saṃprayogād ahaṃ mamety ālayavijñānālambanatvāt/（TrBh, p.22, *ll.*22-24）

㉑ 〔『唯識三十頌』第五偈で〕「それを所縁として（tad-ālambanam）〔マナ識が起る〕」というのは、アーラヤ識を所縁としてということに他ならない。有身見（satkāya-dṛṣṭi）等と結合することにもとづいて、「私である」とか「私のものである」という〔考え〕が、アーヤラ識を所縁としているからである。

〔8〕 tatrālayavijñānasvarūpe saṃmūḍhaḥ samn ālayavijñāne ātmadṛṣṭim utpādayati/... etasmiṃs traye sati ātmābhimate vastuni yo 'bhiṣvaṅga sa ātmasnehaḥ/（TrBh, p.23, *ll.*14-17）

㉒ そのうち、アーラヤ識の自体（svarūpa）について惑乱した者であれば、アーラヤ識において（ālayavijñāne）我見（ātma-dṛṣṭi 我であるという見解）を生じる。……これらの三つ〔我見・我痴・我慢〕があるとき、我であると誤って考えられている依事において（ātma-abhimate vastuni）、貪着があるとき、それが我愛（ātma-sneha）である。

ここで、"ālambana" という語が〝認識の対象〟を意味するとともに、第一義的には〝基体〟〝依り所〟を意味していることを理解しなければならない。つまり、記述〔7〕において、〝「私である」という考えが、アーラヤ識を ālambana としている〟というのは、〝アーラヤ識を我であると考える〟を意味するとともに、あるいはそれ以上に、〝アーラヤ識において〔つまり、アーラヤ識を基体として〕我を仮構する〟ということを意味しているのである。〝ālambana〟を単に〝認識の対象〟とのみ把えていては、このアーラヤ識の〝基体〟性が理解できない。このアーラヤ識の〝基体〟性は、記述〔8〕の〝ālayavijñāne〟と〝ātma-abhimate vastuni〟という於格表現に明示されているであろう。前者には、アーラヤ識を基体として我見（我であるという誤った見解）が生じることが述べられ、後者では、アーラヤ識を基体として我愛が生じることが説かれている。即ち、〝我であると誤って考えられている依事（vastu）〟というのは、アーラヤ識を指すであろう。この〝vastu〟を宇井伯寿は「事物」と訳し(31)、山口益・野沢静証は「物」と訳しているが(32)、〝ālambana〟と同様、〝vastu〟は〝基体〟を意味するということが(33)理解されなければならないであろう。

かくして、少なくとも「声聞地」や「菩薩地」よりも後に成立したアーラヤ識説において、〝我執の依り所（対象的基体 the objective basis）としてのアーラヤ識〟という観念が明確に認められることが知られたが、では、この観念は、『瑜伽師地論』「本地分」中「意地」のテキスト〔5〕には、認められないのかといえば、そうではないであろう。即ち、そこに「種子」〝bīja〟の同義語として、〝ālaya〟とともに、〝satkāyadṛṣṭy-adhiṣṭhāna〟〝asmimāna-adhiṣṭhāna〟という語が列挙されたのであるから、ここに〝我執の依り所としてのアーラヤ識〟という観念は、やはり示されていると考えるのが自然であろう。とすれば、「本地分」中「意地」のテキスト〔5〕は、アーラヤ識説が完成した後に成立したテキストと見るべきであって、前掲のシュミットハウゼン教授の〝三つの主要な層〟という説に従えば、『瑜伽師地論』成立の第二層に配当されるべきものであるから、「菩薩地」のテキスト〔1〕よりも後の成立であることは、明らかであろう。ということは、テキスト〔1〕、特にその所謂〝同義語の列挙〟の部分の読解において、「意地」のテキスト〔5〕は本質的な重要性をもたないこと、つまり、テキスト〔5〕なしにはテキスト〔1〕を解釈できないというような性質のものではないことが、知られるであろう。テキスト〔5〕は、テキスト〔1〕に歴史的に先行しないからである。

では、袴谷氏の論述⑰に戻って、そこで(b)として示されたのは、『瑜伽師地論』のいかなる部分からの引用なのであろうか。それは「本地分」中「声聞地」の冒頭とも言える部分からの引用なのであり、従って、極めて重要である。『瑜伽師地論』「本地分」の中で、「声聞地」と「菩薩地」が古層に属するという見方は、すでに見たように、シュミットハウゼン教授によっても示されていたが、私は、基本的には「声聞地」の方が「菩薩地」よりも古いと考える。その理由は、何よりも「声聞地」の内容に比べて「菩薩地」の内容の方が、教理的に発展していると考えるからであるが、「菩薩地」には「声聞地」が言及されており、その逆の関係はないというのも、(34)理由の一つである。いずれにせよ、「声聞地」の成立が「菩薩地」よりも古いとすれば、袴谷氏の論述⑰に(b)として示されたテキストが、「菩薩地」のテキスト〔1〕の読解において、極めて重要であることは、明らかであろう。後者は前者を踏えて成立していると考えられるからである。その「声聞地」の冒頭部分に見られる(b)のテキストは、「種姓」(gotra)とは何かを説明する部分に含まれるものであり、その部分は梵文テキストを欠いているが、その漢訳(玄奘訳)とチベット訳を示せば、次の通りである。

〔9〕 云何種姓。謂住種姓補特伽羅、有種子法。由現有故、安住種姓補特伽羅、若遇勝縁、便有堪任、便有勢力、於其涅槃、能得能証。問。此種姓名有何差別。答。或名種子、或名為界、或名為性、是名差別。問。今此種姓、以何為体。答。附在所依、有如是相、六処所摂、従無始世、展転伝来、法爾所得。於此立有差別之名、所謂種姓種子界性、是名種姓。(大正三〇、三九五下一七—二五行)

〔10〕 de la rigs gaṅ she na/ smras pa/ rigs la gnas paḥi gaṅ zag gi sa bon gyi chos gaṅ yin pa ste/ gaṅ yod ciṅ med pa ma yin la rigs la gnas paḥi gaṅ zag rnams kyi rkyen yaṅ rñed na mya ṅan las ḥdas pa thob pa daṅ reg par nus śiṅ mthu yod par ḥgyur baḥo//

rigs deḥi miṅ gi rnam graṅs dag gaṅ she na/ sa bon daṅ khams daṅ raṅ bshin shes bya ba ni miṅ gi rnam graṅs dag yin no// ḥo na rigs deḥi raṅ bshin ji lta bu she na/ de ni lus las khyad par du gyur pa daṅ skye mched drug gis zin pa daṅ chos ñid kyis ḥthob pa daṅ thog ma med paḥi dus nas brgyud de ḥoṅs pa de lta bu yin te/ gaṅ la ḥdi lta ste/ rigs daṅ sa bon daṅ khams daṅ raṅ bshin shes bya baḥi miṅ gi rnam graṅs ḥdi dag yod pa de ni rigs shes byaḥo//（D, Dsi, 1b5-2a4）

この漢訳とチベット訳は、かなり相違している部分を有し、難解であるが、「菩薩地」のテキスト〔1〕を参照しつつ、その原文を想定して試訳を示せば、次のようになるであろう。

㉓　種姓（gotra）とは何か。種姓に住する（gotra-stha）[35] 人（pudgala）がもっている種子という法（bīja-dharma）であり、それが確かに有れば、種姓に住する人が縁（pratyaya）を得れば[36]、涅槃（nirvāṇa）を獲得し証することが可能となり、できることになるものである。

その種姓の同義語（nāma-paryāya）とは何かと言えば、種子（bīja）と界（dhātu）と本性（prakṛti）というのが、同義語である。

では、その種姓の自性（svabhāva）とは何かと言えば、それは、所依（āśraya）に依存（saṃniviṣṭa）していて[37]、六処（ṣaḍ-āyatana）によって摂され（saṃgṛhīta）、その様なもの（tādṛśa）として、法性（dharmatā）によって獲得されたもの（pratilabdha）であり、無始時（anādikālika）であり、展転して来た（paraṃparā-āgata）ものである。

あるものにおいて（yatra）、種姓（gotra）と種子（bīja）と界（dhātu）と本性（prakṛti）という同義語があるもの、それが種姓と言われる。

ここに見られる「種姓」“gotra” の説明は、「菩薩地」テキスト〔1〕に見られるものと極めて類似していることが、まず理解される。即ち、「種姓」の説明に用いられる多くの用語・表現が一致しているのである。それを列挙すれば、“tādṛśa”「有如是相」、“ṣaḍ-āyatana”「六処」、“anādikālika”（無始時）、“paraṃparā-āgata”（展転伝来）、“dharmatā-pratilabdha”

（法爾所得）である。

このうち、「六処」について言えば、〔9〕の漢訳では「六処所摂」とあり、〔10〕のチベット訳では“skye mched drug gis zin pa”とあり、そのサンスクリット原語は、“ṣaḍ-āyatana-saṃgṛhīta”等が想定されるから、「菩薩地」テキスト〔1〕の「種姓」の説明に見られた“ṣaḍ-āyatana-viśeṣa”「六処殊勝」（勝れた六処、特殊な六処）という語は、「声聞地」では用いられていないように見える。しかし、「声聞地」の漢訳では、〔9〕のやや後の部分に、再び類似した「種姓」の説明が見られ、そこには、次のようにこの語が用いられている。

〔11〕 如是種子[38]、非於六処有別異相、即於如是種類分位、六処殊勝、従無始世、展転伝来、法爾所得。有如是想及以言説、謂為種姓種子界性。是故当言堕一相続。（大正三〇、三九六上六—九行）

ただし、この〔11〕に相当するチベット訳には、「殊勝」という語に対応する訳語は欠落しているので[39]、サンスクリットの本来のテキストに、“ṣaḍ-āyatana-viśeṣa”の語が用いられていたかどうか確定できないが、もしも、この漢訳〔11〕を信じるとすれば、“ṣaḍ-āyatana-viśeṣa”という「菩薩地」〔1〕の「種姓」の説明に用いられた語は、すでに「声聞地」でも用いられていたことになる。従って、「菩薩地」〔1〕の「種姓」の説明は、「声聞地」〔9〕〔11〕の「種姓」の説明を踏まえて形成されていることは、明らかであろう。

また、「種姓」の同語義に関して言えば、「声聞地」〔9〕〔10〕の「種姓」の説明には、明確に“nāma-paryāya”「同義語」という語が用いられ、“bīja”「種子」と“dhātu”「界」と“prakṛti”「本性」が、“gotra”「種姓」の同義語とされているが、この点は記述〔11〕においても同様であり、そこで、「種子」「界」「性」とあるのは、それぞれ“bīja”“dhātu”“prakṛti”の訳語なのである。

さらに、「本地分」中「声聞地」[40]には、このような同義語の列挙が、別の個所でも、次のように認められる。

〔12〕 gotrārtho dhātvarthaḥ bījārtho hetvarthaḥ prakṛtyartha ity evam arthapratisaṃvedī arthaṃ paryeṣate/ (ŚBh, p.385, *ll*.15-

16）

㉔　界（dhātu）の意味は種姓（gotra）の意味であり、種子（bīja）の意味であり、因（hetu）の意味であり、本性（prakṛti）の意味である、とこのように、意味を個々に理解しつつ、意味を探求するのである。

従って、「声聞地」において、“bīja”“dhātu”“prakṛti”が“gotra”の同義語であると認められていたことは、確実であろう。

では、「菩薩地」のテキスト〔1〕における「種姓」の説明が「声聞地」における「種姓」の説明を踏えて形成されていることは、両者において用いられる用語の一致から考えて、明らかである以上、「菩薩地」〔1〕においても、“gotra”“bīja”“dhātu”“prakṛti”の〝同義語〟性が認められているのであろうかといえば、これは大きな問題なのである。というのも、我々は今度は、「声聞地」〔9〕〔10〕と「菩薩地」〔1〕における「種姓」の説明の相違点に注目しなければならないからである。

では、両者は一体どこが相違しているのか。言うまでもなく、「菩薩地」〔1〕においては、“gotra”は“prakṛti-sthaṃ gotram”と“samudānītaṃ gotram”の二種類に区別されて説明されており、「声聞地」〔9〕に現われる“tādṛśa”“anādikālika”“paraṃparā-āgata”“dharmatā-pratilabdha”そして“ṣaḍ-āyatana”という語は、すべて二種類の“gotra”のうちの“prakṛti-sthaṃ gotram”を説明するための語として用いられているのである。しかし、「声聞地」の少なくとも、〔9〕〔10〕には、“gotra”を二種類に区別する考え方は示されていないし[41]、その二種類を“prakṛti-sthaṃ gotram”と“samudānītaṃ gotram”と呼ぶこともなされていない。また、この二つの用語は、「声聞地」全体においても全く用いられていないので、「菩薩地」において初めて使用された言葉、あるいは、作成された言葉であると考えるべきであろう。

「声聞地」には、「菩薩地」において用いられている極めて重要な述語・概念が認められないことが多い。例えば、「煩悩障」（kleśa-āvaraṇa）、「所知障」（jñeya-āvaraṇa）[42]、「離言自性」（nirabhilāpya-svabhāva［tā］）[43]、「仮説所依」（prajñaptivāda-āśraya）[44] 等である。従って、「菩薩地」が「声聞地」より後に発展した教理・概念を含んでいることは、明らかであり、その成立も、「声聞地」よりも後のことと考えられる。

それ故、「声聞地」〔9〕〔10〕の「種姓」の説明と「菩薩地」〔1〕の「種姓」の説明を、単純に同一視することは、危険であると言わざるを得ない。

私は、「菩薩地」〔1〕の“tat punar gotraṃ bījam ity apy ucyate dhātuḥ prakṛtir ity api”という表現を、⑫において「しかるに、その種姓は、種子（bīja）とも言われ、界（dhātu）、本性（prakṛti）とも言われる」と訳した。しかし、この表現は“bīja”“dhātu”“prakṛti”が“gotra”の同義語であることを、明確に示しているであろうか。まず、ここには「声聞地」〔9〕〔10〕には用いられていた“nāma-paryāya”「同義語」という語が用いられていない。また、この表現をチベット訳では、「その種姓は種子とも言われ、その界は本性とも言われる」と訳していたことは、すでに論述⑮に示した通りである。何故、このようなチベット訳がなされたのであろうか。さらに重要なことは、もしも「菩薩地」〔1〕において、“prakṛti”が“gotra”の同義語であるとすれば、すでに論じたように“prakṛti-sthaṃ gotram”という表現自体がナンセンスになるであろう。つまり、“prakṛti”と“gotra”とは同義語なのであるから、この表現はすでに述べたように、「*x*において存在する*x*」か、あるいは、ルエッグ教授や山部氏の複合語理解に従えば、「*x*によって存在する*x*」を意味することになるからである。では、「菩薩地」〔1〕に見られる“prakṛti-sthaṃ gotram”「本性において存在する種姓」と“tat punar gotraṃ bījam ity apy ucyate dhātuḥ prakṛty ity api”という二つの表現との間に存在しているように見える矛盾を、いかに解決したらよいのであろうか。

そこで再び、袴谷氏の論述⑰に戻ることにしよう。その後半には、次のように書かれている。

テーマの出し方の相違によって、「種子（bīja）」を初出させる(a)と、「種姓（gotra）」を初出させる(b)(c)との違いはあるが、列挙されている同義語はほぼ一致する。今これを仮りに(c)によって訳出すれば次のとおりである。

また、その種姓（gotra）は、種子（bīja）ともいわれ、界（dhātu）とも本性（prakṛti）ともいわれる。これらの連語は、その後の文献でも一種紋切型のように踏襲されることになるが、それらはいずれも「発生の源」というような意味で用いられている。

ここで、「また、その種姓（gotra）は……」として訳文が示されるのは、「菩薩地」〔1〕の“tat punar gotraṃ bījam ity apy ucyate dhātuḥ prakṛtir ity api”に対する氏の訳文であるが、その後、「これらの連語は、その後の文献でも一種紋切型のように踏襲されることになるが」と述べられている点が重要である。袴谷氏は、ここで「連語」という語を使われ、「同義語」とは言われていないが、それが実質的には「同義語」を意味していることは、直前に「列挙されている同義語」と述べられていることから明らかであろう。

しかるに、袴谷氏は「紋切型のように踏襲される」という個所に註を付して、「これらの連語」、あるいは「同義語」の「列挙」が、後代の瑜伽行派の文献に見られることを、指摘されているのである。その文献とは、『大乗荘厳経論』*Mahāyānasūtrālaṃkāra* に対するアスヴァバーヴァ Asvabhāva（無性）による註釈と、スティラマティによる註釈なのであるが、袴谷氏は自らの論文において、両文献における「同義語」の「列挙」に関する部分のチベット訳テキストだけではなく、和訳をも示されているので、問題の部分の氏の和訳を以下に掲げることにしよう。

㉕〔界とは〕この種姓の章（rigs kyi skabs, gotrādhikāra、種姓品）では、種姓（rigs, gotra）であり種子（sa bon, bīja）であり[45]、界（khams, dhātu）と因（rgyu, hetu）とは同義語なのである。（『唯識論考』二四一頁一一―一二行）

㉖この章では、種姓（gotra）に対して界（dhātu）といわれているのであって、界といっても、種姓といっても、因（hetu）といっても、種子（bīja）といっても、〔それらは〕同義語に属しているのである。（同右、二四八頁、註〔35〕）

ここで、注意すべきことは、㉕に示されるアスヴァバーヴァの文章においても、㉖に示されるスティラマティの文章においても、「同義語」の「列挙」の中に“prakṛti”「本性」という語だけは欠落しているという事実なのである。つまり、この点に注目すれば、袴谷氏が論述⑰において、「これらの連語は、その後の文献でも一種紋切型のように踏襲されることになる」というのは、厳密に言えば正確ではない。というのも、㉕㉖で列挙される「連語」には“prakṛti”だけが欠落しているからである。

では、何故、そこに“prakṛti”だけが挙げられていないのであろうか。それは、やはり「菩薩地」〔1〕をいかに解釈するかという問題に関わっているであろう。つまり、〔1〕で同義語であるかのように列挙されている“gotra”“bīja”“dhātu”“prakṛti”のうち、少なくとも“prakṛti”だけは、他の三語と区別されなければならないという意識が、アスヴァバーヴァやスティラマティに存在したのであろうと思われる。では何故“prakṛti”だけは、他の三語と区別されなければならないのか。言うまでもなく、“prakṛti-stham gotram”「本性において存在する種姓」という表現が、「菩薩地」〔1〕に存在するからである。つまり、この表現を合理的に解釈するとすれば、すでに論じたように、この表現を構成している“prakṛti”と“gotra”という二要素を同義語と見なすことは不可能である。従って、“prakṛti”の意味は、“gotra”の意味とは区別されなければならない。このようにアスヴァバーヴァ等は考えたのであろう。

即ち、“prakṛti-stham gotram”という表現が、未だ用いられていなかった「声聞地」では、記述〔9〕〔10〕及び〔11〕や〔12〕に示されているように、“gotra”“bīja”“dhātu”“prakṛti”という四つの語は、確かに同義語でありえたのであるが、“prakṛti-stham gotram”という表現が、おそらくは初めて使用された「菩薩地」以降では、これらの四つの語は、最早、同義語たりえなくなったのである。この点は、次の事実によっても示されている。つまり、『瑜伽師地論』には、“prakṛti-stham gotram”“prakṛti-stham bījam”“*prakṛti-stho dhātuḥ”という表現は存在するが、“prakṛti-sthā prakṛtiḥ”という語は存在しないという事実である。即ち、“prakṛti-stham gotram”という表現が「菩薩地」〔1〕に存在することは、すでに見た通りであるが、「菩薩地」には、次のように“prakṛti-stham bījam”という表現も見られるのである。

〔13〕 sa punar dhātupravibhāgaḥ samāsataś catuṣprakāro veditavyaḥ/ prakṛtisthaṃ bījaṃ pūrvābhyāsasamutthitaṃ bījaṃ viśodhyaṃ bījam/ tadyathā parinirvāṇadharmakāṇām/ aviśodhyañ ca bījam/ tadyathā aparinirvāṇadharmakāṇām/ （BBh, p.276, *ll.* 20-23）

㉗ しかるに、界（dhātu）の区別（pravibhāga）は、要約すれば、四種類であると知られるべきである。本性において存在する種子（prakṛti-sthaṃ bījam, raṅ bshin du gnas paḥi sa bon[46]「本性住種子」）と、過去の数習によって起った種子（pūrva-abhyāsa-samutthitaṃ bījam, sṅon goms pa las byuṅ baḥi sa bon「先習起種子」）と、浄化されるべき種子（viśodhyaṃ bījam, rnam par dag par byar ruṅ baḥi sa bon「可修治種子」）、つまり、般涅槃の法をもつもの（pari-nirvāṇa-dharmaka「有般涅槃法者」）たちが有しているものと、浄化されるべきでない種子（aviśodhyaṃ bījam, rnam par dag par byar mi ruṅ baḥi sa bon「不可修治種子」）、つまり、般涅槃の法をもたないもの（aparinirvāṇa-dharmaka「無般涅槃法者」）たちの有するものである。

ここで、界（dhātu）が四種に分類されるのであるが、このうち、前二者、つまり“prakṛti-sthaṃ bījam”と“pūrva-abhyāsa-samutthitaṃ bījam”とが、「菩薩地」〔1〕の“prakṛti-sthaṃ gotram”と“samudānītaṃ gotram”に意味的に対応していることは、明らかであろう。ということは、ここで“bīja”は“gotra”の同義語として扱われているであろうし、また、ここに示される四種の“bīja”は「界（dhātu）の区別」を説くものとされているのであるから、“dhātu”と“bīja”の〝同義語〟性も、認められているであろう。従って、ここでは“dhātu”と“bīja”と“gotra”という三つの語は〝同義語〟であると認められていると考えられる。

なお、記述〔13〕の“prakṛti-sthaṃ bījam”という語が、チベット訳では“raṅ bshin du gnas paḥi sa bon”と訳されていることにも、注意しておきたい。つまり、「菩薩地」〔1〕の“prakṛti-sthaṃ gotram”は、チベット訳では“raṅ bshin gyis gnas paḥi rigs”、つまり「本性によって存在する種姓」と訳されており、このチベット訳が、すでに見たように、

"existing by nature" という山部氏等の解釈の根拠ともされてきたのであるが、ここでは "prakṛti-sthaṃ" が "raṅ bshin du gnas paḥi" 「本性において存在する」と訳されており、すでに述べたように、私はこの訳の方が正確であると考えるのである。ただし、玄奘訳は、ここでも「本性住種子」（大正三〇、五七三中一行）であり、この訳し方は、記述〔4〕に見られる「本性住種姓」と変わりはない。つまり、"prakṛti-sthaṃ" を「本性住」と訳すのである。

さて、『瑜伽師地論』には、「摂事分」中「契経事」においても、サンスクリット原典を欠くが故に厳密には確定できないが、"*prakṛti-stho dhātuḥ" という語が用いられているであろうことが、漢訳（玄奘訳）とチベット訳によって、推定される。まず、その部分の漢訳を示せば、次の通りである。

〔14〕 当知諸界略有二種。一住自性界。二習増長界。住自性界者、謂十八界、堕自相続、各各決定差別種子。習増長界者、謂則諸法或是其善或是不善、於余生中、先已数習、令彼現行故、於今時種子、強盛依附相続[47]、由是為因、暫遇小縁、便能現起、定不可転。（大正三〇、八四六下一五―二〇行）

この一節については、チベット訳とも対照して、山部氏による詳細な研究がなされているのであるが[48]、その研究によってもなお、私にとって、この一節は難解なものであるから、ここでは単に、〔14〕においては "dhātu"「界」が二種に分類され、その分類が「菩薩地」〔1〕の "prakṛti-sthaṃ gotram" と "samudānītaṃ gotram" に対応していることを確認しておきたい。即ち、ここで「住自性界」と「習増長界」とある語に相当するのは、チベット訳では、"raṅ bshin gyis gnas pa" と "goms pas yoṅs su brtas pa, goms pas yoṅs su brtas paḥi khams" であり、この二つが、「菩薩地」〔1〕の "gotra"「種姓」の二分類に対応していることは、明らかであろう。

ここでは、このうち、特に「住自性界」"raṅ bshin gyis gnas pa" について考察したいが、漢訳では「住自性界」という訳語が二度用いられている個所で、チベット訳では、単に "raṅ bshin gyis gnas pa" (prakṛti-stha) となっているだけで、"raṅ bshin gyis gnas paḥi khams" (*prakṛti-stho dhātuḥ) という訳語は認められない。しかし、山部氏は、「住自性界」という訳語が漢訳において、二回目に用いられた個所で、つまり、「住自性界者、謂十八界、堕自相続、各各決定差別種子」という文章の冒頭の「住自性界」のサンスクリット原語を、“prakṛti-sthā dhātavo”と想定されている。[49] 即ち、“dhātavo”の部分は、チベット訳ではなく漢訳の「界」にもとづいて想定されたのであるが、その後に出る「習増長界」の説明部分では、チベット訳も“khams”（dhātu「界」）を付した訳語を示しているので、「住自性界者……」の「界」に相当する部分に、サンスクリット原文で“dhātu”の何等かの活用形が置かれていたと考えるのは適切であろう。ただし、それを山部氏のように、“[prakṛti-sthā] dhātavo”という複数形と見なしうるかどうかは、確定できないように思われる。

山部氏は、「住自性界者……」という説明文の原文を、

㉘ tatra prakṛtisthā dhātavo yathaite 'ṣṭādaśadhātavaḥ svasaṃtānapatitāni pratiniyatāni bījāni.（「山部（一）」二七頁四—五行）

と想定されているので、あるいは「十八界」“aṣṭādaśadhātavo”が複数形であるが故に、それに合致させるために、“prakṛtisthā dhātavo”という複数形を想定されたのかもしれないが、仮りに「十八界」が複数形であったとしても、果してこの部分が“prakṛti-stho dhātuḥ”というような単数形であってはならないということになるかどうか、私には判断ができない。そこで私としては、むしろ単純に、「菩薩地」〔1〕の“prakṛti-sthaṃ gotram”や〔13〕の“prakṛti-sthaṃ bījam”という単数形と同様に、ここにも“*prakṛti-stho dhātuḥ”というような単数形の表現が示されていたと考えておきたい。

この“*prakṛti-stho dhātuḥ”について注目すべきことは、二点ある。即ち、その第一点は、山部氏の言われる通り、[50] ここでもやはり、“dhātu”「界」と“bīja”「種子」が〃同義語〃であることが、認められているであろうということである。即ち、〔14〕の「住自性界者……種子」という説明文は、“dhātu”を“bīja”として説明するものなのである。

次に、第二点は、“*prakṛti-sthā dhātuḥ”（山部氏によれば“prakṛti-sthā dhātavaḥ”）が、漢訳において、「住自性界」と

訳されている点である。即ち、玄奘訳は、"prakṛti-stha" を「菩薩地」の〔1〕についても〔13〕についても、「本性住」と訳していたにもかかわらず、ここでは「住自性」と訳しているのである。"prakṛti" は、玄奘訳において「本性」とも「自性」とも訳されることは、『倶舎論』*Abhidharmakośabhāṣya* (AKBh) の訳例[51]において明らかであるから、問題は「本性」と「自性」との相違にあるのではなく、「住」が「本性」や「自性」の前に置かれるのか後に置かれるのかという点にあるのであるが、「住自性界」という訳語は〝自性に住する界〟、つまり〝prakṛti において存在する dhātu〟と読めるので、その点で、この漢訳は「菩薩地」〔1〕の "prakṛti-sthaṃ gotram" を「prakṛti において存在する gotra」と解する私見を支持しているように見える。[52] ただし、記述〔14〕の「住自性界」に相当するチベット訳は、"raṅ bshin gyis gnas pa" (prakṛti によって存在する) となっていることは、すでに見た通りである。

なお、ここで "prakṛti-stha" の玄奘訳にも関連して、『倶舎論』における "prakṛti-stha" の用例について見ておこう。即ち、『倶舎論』には、次の文章がある。

〔15〕 prakṛtistha āryaḥ kathaṃ śikṣaṇaśīlaḥ (AKBh, p.365, *l*.21)

㉙ 本性において存在する (prakṛti-stha) 聖者 (ārya)[53] は、いかにして学ぶことを習性としている (śikṣaṇa-śīla) のであろうか。

これに対する真諦訳と玄奘訳は、それぞれ順次に次の通りである。

〔16〕 若爾、自性住聖人、云何以学為法。(大正二九、二七八中一〇行)

〔17〕 聖者住本性、如何名有学。(同右、一二七上九行)

即ち "prakṛti-stha" を真諦は、「自性住」と訳し、玄奘は「住本性」と訳している。真諦の「自性住」という訳は、「菩薩地」〔1〕の "prakṛti-sthaṃ gotram" に対する〔4〕に見られる玄奘訳、つまり、「本性住種姓」に類似しているが、しかし「住本性」、即ち、「本性に住する」という〔17〕の玄奘訳の方が正確であると思われ、これに相当するチベット訳も、ここでは“raṅ bshin du gnas pa”[54] となっている。

また、記述〔15〕に対するヤショーミトラ Yośomitra の註釈たる『倶舎論疏』*Abhidharmakośavyākhyā* (AKVy) によれば、記述〔15〕は、次のように註釈されていて、記述〔15〕の“prakṛti-stha”が、明確に「prakṛti において存在する」という意味に、つまり、“prakṛti”の於格形に“stha”が接続する複合語の意味に、理解されていることが知られる。

〔18〕 prakṛtistha ārya iti/ asamāhitāvasthā sattvānāṃ prakṛtiḥ/ tatrastha āryaḥ piṇḍapātacārādigataḥ/ (AKVy, p.574, *ll*.8-9)

㉚ 「本性において存在する聖者」(prakṛti-stha ārya) というのは、入定していない状態 (asamāhita-avasthā) が衆生 (sattva) 達の本性 (prakṛti) である。[55] そこにおいて存在する (tatra-stha, de la gnas paḥi)[56] 聖者 (ārya) とは、乞食行 (piṇḍapāta-cāra) 等に行ったもの (gata あるもの) である。

さて、以上の議論によって、『瑜伽師地論』に“prakṛti-sthaṃ gotram” (〔1〕) と“prakṛti-sthaṃ bījam” (〔13〕) と“*prakṛti-stho dhātuḥ” (〔14〕) という三つの表現が用いられていることが明らかになった。しかし、“prakṛti-sthā prakṛtiḥ” なる語は、全く認められない。この事実は、次のことを意味するであろう。即ち、もしも“gotra”“bīja”“dhātu”“prakṛti”が「声聞地」〔9〕〔11〕〔12〕で規定されたように、全く〝同義語〟であるとすれば、つまり、「菩薩地」における“prakṛti-sthaṃ gotram”という語の導入以後も、〝同義語〟であり続けたとするならば、“prakṛti-stha”の後に“gotra”や“bīja”や“dhātu”が置かれるのと同様に、“prakṛti”が置かれる表現、即ち“prakṛti-sthā prakṛtiḥ”なる表現が『瑜伽師地論』中に存在していても良さそうなものであるが、それは存在しない。言うまでもなく、それは〝*x* において存在する *x*〟という意味となり、全くありえない不合理な表現だからである。

要するに、「菩薩地」〔1〕で“prakṛti-sthaṃ gotram”という語が導入されたとき、かつて「声聞地」においては認められていた“prakṛti”と“gotra”の〝同義語〟性は、基本的には、否定されたと見るべきであろう。しかし、「菩薩地」の著者は「声聞地」の所説を伝統として尊重し、それを全面的に排除することはできなかった。そこで“gotra”と“bīja”

と“dhātu”と“prakṛti”という四語の〝同義語〟性を、かつての「声聞地」の所説のように承認しているかのごとき表現を採らざるを得なかった。それが“tat punar gotraṃ bījam ity apy ucyate dhātuḥ prakṛtir ity api”という奇妙な表現を生み出した原因だったのである。

では何故、「菩薩地」〔1〕の著者は、〝その gotra は、bīja とも、dhātu とも、prakṛti とも、言われる〟というような表現を用いなかったのであろうか。つまり、“bīja”と“dhātu”と“prakṛti”との三者を、何等かの形式で、全く同じ資格をもつ名詞として並列するような表現を採らなかったのであろうか。おそらくその著者には、“gotra”と“prakṛti”を〝同義語〟として列挙するような形式を採りたくないという意識が存在したのであろう。それ故、“gotra”と“prakṛti”との間に、“ucyate”「言われる」という語を置くことによって“prakṛti”を“gotra”から切り離したのである。実際、〔1〕においては、“prakṛti”は“gotra”から最も遠く離れた位置に置かれているのである。

しかるに、出来上った“tat punar gotraṃ bījam ity apy ucyate dhātuḥ prakṛtir ity api”という表現を見て、多くの読者は、ここにも「声聞地」と同様に“gotra”と“bīja”と“dhātu”と“prakṛti”の四者が、〝同義語〟として示されていると考えた。しかるに、一部の人々は、やはり“prakṛti-sthaṃ gotram”という語の重要性を考慮して、この語が導入された時点で、問題の四つの言葉の〝同義語〟性は、すでに基本的には崩壊してしまったことを理解した。つまり、“prakṛti-sthaṃ gotram”という語において、“prakṛti”と“gotra”は〝同義語〟でありえない、という全く当然のことを理解したのである。それ故、アスヴァバーヴァやスティラマティのような人々は、“prakṛti”だけを“gotra”や“bīja”の〝同義語〟のリストから排除するようになった。また「菩薩地」のチベット訳者は、“tat punar gotraṃ bījam ity apy ucyate dhātuḥ prakṛtir ity api”を、〝その gotra は bīja とも言われ、その dhātu は prakṛti とも言われる〟と訳すことによって、“gotra”と“prakṛti”を等号で結ぶことを、拒否したのである。

「菩薩地」〔1〕において、“gotra”と“prakṛti”の〝同義語〟性が否定されたと言っても、“gotra”と“bīja”“dhātu”との〃同義語〃性までも否定されたと見る必要はないであろう。それは、『瑜伽師地論』に“prakṛti-sthaṃ gotram”と“prakṛti-sthaṃ bījam”と“*prakṛti-stho dhātuḥ”という表現が用いられたことによっても、知られる。つまり、“prakṛti-stha”の後に、“gotra”を置いても、“bīja”を置いても、“dhātu”を置いても、意味が殆んど変らないのは、“gotra”と“bīja”と“dhātu”が〃同義語〃と考えられたからであろう。即ち、“gotra”と“bīja”と“dhātu”と“prakṛti”という「声聞地」における〃同義語〃のリストから、「菩薩地」における“prakṛti-sthaṃ gotram”という語の導入によって、“prakṛti”だけが排除されたのは、“prakṛti”が、他の三者、つまり、“gotra”“bīja”“dhātu”という三者とは、いわばレヴェルの異なる存在と見なされたことを示している。私見によれば、“prakṛti”は“dhātu-vāda”における〃一切法の基体〃〔A〕であり、“gotra”“bīja”“dhātu”[57]は、それを〃基体〃とする〃多様な超基体〃〔B〕であると考えられるが、このような結論を急ぐことなく、瑜伽行派の文献において、“prakṛti”の意味を、さらに探求することにしよう。

すでに述べたように、「声聞地」では、記述〔9〕〔11〕〔12〕において、“gotra”と“bīja”と“dhātu”と“prakṛti”の〃同義語〃性が、確かに認められている。しかし、この〃同義語〃性が「声聞地」全体を通じて常に維持されていたかどうかは、疑問である。[58]というのも、すでに「声聞地」においても、“prakṛti”だけは、他の三語とは区別される例が見られるからである。特に「声聞地」における「法性道理」(dharmatā-yukti)〔玄奘訳は「法爾道理」[59]〕の説明に見られる“prakṛti”は、“gotra”“bīja”“dhātu”の〃同義語〃と見なされるべきものではない。その説明とは、次の通りである。梵文テキスト・漢訳・私訳の順に示すことにしよう。

〔19〕 dharmatāyuktiḥ katamā/ kena kāraṇena tathābhūtā ete skandhāḥ, tathābhūto lokasaṃniveśaḥ/ kena kāraṇena kharalakṣaṇā pṛthivī dravalakṣaṇā āpa uṣṇalakṣaṇaṃ tejaḥ samudīraṇalakṣaṇo vāyuḥ/ *kena kāraṇenā*nityāḥ skandhāḥ[60] kena kāraṇena śāntaṃ nirvāṇam iti/ tathā *kena kāraṇena* rūpaṇalakṣaṇaṃ[61] rūpam, anubhavanalakṣaṇā vedanā, saṃjānanalakṣaṇā saṃjñā, abhisaṃskaraṇalakṣaṇāḥ saṃskārāḥ, vijānanalakṣaṇaṃ vijñānam iti/

prakṛtir eṣāṃ dharmāṇām iyam, svabhāva eṣa īdṛśaḥ, dharmataiṣā/ yaiva cāsau dharmatā saivātra yuktir yoga upāyaḥ/ evaṃ vaitat syāt, anyathā vā, naiva vā syāt, sarvatraiva ca dharmataiva pratisaraṇaṃ dharmataiva yuktiḥ/ cittanidhyāpanāya cittasaṃjñāpanāya/ iyam ucyate dharmatāyuktiḥ/（ŚBh[T] p.240, *ll*.3-13）[62]

〔20〕云何名為法爾道理。謂何因縁故、即彼諸蘊、如是種類、諸器世間、如是安布。何因縁故、地堅為相、水湿為相、火煖為相、風用軽動以為其相。何因縁故、諸蘊無常、諸法無我、涅槃寂静。何因縁故、色変壊相、受領納相、想等了相、行造作相、識了別相。

由彼諸法本性応爾。自性応爾。法性応爾。即此法爾、説名道理瑜伽方便。或即如是、或異如是、或非如是、一切皆以法爾為依。一切皆帰法爾道理。令心安住、令心暁了。如是名為法爾道理。（大正三〇、四一九中二八行―下九行）

㉛ 法性道理（dharmatā-yukti）とは何か。何故に、これらの蘊（skandha）は、その様なものとなっている（tathā-bhūta, de lta bur gyur pa）のか、世間の安住（loka-saṃniveśa,[63] ḥjig rten gnas pa 器世間）は、その様なものとなっているのか。何故に、地（pṛthivī）は堅性（khara）を相（lakṣaṇa）とし、水は湿性を相とし、火は熱性を相とし、風は動性を相とするのか。何故に、諸の蘊は無常（anitya）であるのか。何故に、涅槃（nirvāṇa）は寂静（śānta）であるのか。同様に、何故に、色（rūpa）は変壊（rūpaṇa）を相とし、受（vedanā）は領納（anubhava）を相とし、想（saṃjñā）は等了（saṃjānanā）を相とし、諸行（saṃskārāḥ）は造作（abhisaṃskaraṇa）を相とし、識（vijñāna）は了別（vijānanā）を相とするのか、と言えば〔次のように答える〕

これら諸法にとって、これは本性（prakṛti）〔A〕であり、この様な（īdṛśa）これは、自性（svabhāva）〔A〕であり、これは法性（dharmatā）〔A〕である。この法性なるもの、それだけが、ここでは、道理（yukti）であり、瑜伽（yoga）であり、方便（upāya）である。これが、正にその様であろうと、別様であろうと、そうでなかろうと、正にすべてにおいて、法性〔A〕だけが依（pratisaraṇa 依りどころ）〔A〕であり、法性だけが、道理である。心を安住させ、心を認識させるために。これが、法性道理と言われる。

また、「声聞地」には、このテキスト〔19〕に類似した次のような記述もある。梵文テキスト・漢訳・私訳の順に示してみよう。

〔21〕 prakṛtiś caiṣāṃ(64) kāmānāṃ anādikālikā prasiddhadharmatā acintyadharmatā/(65) sā na cintayitavyā na vikalpayitvyety(66) evaṃ yuktiṃ paryeṣate/ (ŚBh, p.443, *ll*.1-4)

〔22〕 又彼諸欲、従無始来、本性麁穢。成就法性難思。法性不応思議、不応分別。是名尋思諸欲道理。(67)（大正三〇、四六六中八―一一行）

㉜ これらの諸の欲（kāma）の本性（prakṛti）〔A〕は、無始時（anādikālika）であり、成立している（prasiddha, grags pa）法性（dharmatā）〔A〕であり、不可思議な（acintya）法性〔A〕である。それ（法性）は、思議されるべきものではなく、分別されるべきものではない。とこのように道理（yukti）を探求するのである。

この「声聞地」の二つの記述、つまり〔19〕と〔21〕は、ともに"dharmatā-yukti"「法性道理」について説明していると思われるが、その内容について考察する前に、テキスト〔19〕からは、

prakṛti＝svabhāva＝dharmatā＝[īdṛśa]＝yukti＝pratisaraṇa

という等式を導くことができ、〔21〕からは、

prakṛti＝anādikālika＝dharmatā＝yukti

という等式を導くことができるということを、まず確認しておこう。

では、テキスト〔19〕〔21〕は、一体、何を説いているのであろうか。このうち、明確に"dharmatā-yukti"「法性道理」という語を有し、また内容的にも詳しい説明を有する〔19〕について、高崎直道博士は、次のように説明されている。

㉝ 真如と同義語としての法性は周知のように『稲芉経』などに「諸法の法性」として「如来世に出ずるも出でざるも」きまっていることとしての縁起の道理（此縁性）をさす場合にみられる。『解深密経』はこれを「法爾道理（dharmatā-yukti）として四種道理の一つに数えている。しかし、「法性」がいつでも一切法の真如を意味して用いられたわけではなく、もっと一般的に「ものの性質」とされる場合もあって、たとえば『瑜伽論・声聞地』では同じ法爾道理を説明して、地の堅相、水の湿相など、個別的な特色をさすものとし、本性（prakṛti）自性（svabhāva）の同義語としている。これから見ると、赤沼論文の挙げていた『智度論』にいう法の二種相、各々相と実相というのは、共に dharmatā の用法としての二種を指していたものと見られる。[68]〔傍線＝松本〕

ここで『瑜伽論・声聞地』では……」というのは、高崎博士がテキスト〔19〕について論じておられるのであるが、私は、この博士の解釈に賛同できないのである。というのも、私は〔19〕において、「法性」“dharmatā”が「ものの性質」を意味しているとも、「地の堅相」「水の湿相」等の「個別的な特色」をさしているとも考えないからである。即ち、テキスト〔19〕では、“lakṣaṇa”「相」が“prakṛti＝svabhāva＝dharmatā”と呼ばれているのではないであろう。つまり、「地」が「堅性」を“lakṣaṇa”「相」とし、乃至、「色」が「変壊」を「相」とし、「受」が「領納」を「相」とする云々というのは、アビダルマ文献以来、明瞭に説かれている〝法（dharma）の定義（lakṣaṇa）〟であって、この意味では、私はテキスト〔19〕の“lakṣaṇa”「相」は、厳密には「定義」と訳されるべきものと考える。その“lakṣaṇa”を、高崎博士は、論述㉝で「ものの性質」とか、「個別的な特色」と解されるようであるが、〔19〕において、その様々の“lakṣaṇa”が“prakṛti”とか“svabhāva”とか“dharmatā”と呼ばれているのではない。そうではなくて、「地」が「堅性」を「相」とし、「色」が「変壊」を「相」とするものとして、つまり、一切法が、正にその様なものとなって（tathā-bhūta）存在しているのは何故か、という問いに対し、それら諸法が正にその様に存在しているのは、それら諸法の“prakṛti＝svabhāva＝dharmatā”であるからだ、と答えているのである。即ち、ここで“prakṛti＝svabhāva＝dharmatā”と言われているのは、決して「個別的な特色」(「各々相」)なのではなく、一切法を一切法としてあらしめている、つまり、そのそれぞれの法を各自の「個別的な特色」をもった〝その様なもの〟(tathā-bhūta)〝ありのままのもの〟として、あらしめている〝永遠不変の道理・真理〟(「実相」)とも言うべきものなのである。従って、その“prakṛti＝dharmatā”は、テキスト〔21〕では“anādikālika”「無始時」とされている。即ち、高崎博士の論述㉝の表現を用いれば、「「諸法の法性」として「如来世に生ずるも出でざるも」きまっていること」としての「一切法の真如」が、〔19〕においても、やはり“prakṛti＝svabhāva＝dharmatā”と呼ばれていると考えられるのである。

このように見れば、「声聞地」〔19〕〔21〕の“prakṛti”が、多様性の原理としての“gotra”“bīja”“dhātu”とは異なり、〝一切法の単一な原理〟としての“dharmatā”を意味していることは、明らかであろう。それは、正に高崎博士が論述㉝で言われる「一切法の真如」なのである。“prakṛti”が“tathatā”や“dharmatā”と等号で結ばれること、つまり、

[citta-]prakṛti＝tathatā＝[citta-]dharmatā

という等式が成り立つことは、やや時代は下るが、瑜伽行派のシーラバドラ Śīlabhadra(戒賢、五二九—六四五)の『仏地経解説』*Buddhabhūmivyākhyāna* における次の記述にも、認められるであろう。

〔23〕 sems kyi raṅ bshin de ni de bshin ñid do// ....sems kyi raṅ bshin yaṅ sems kyi chos ñid yin te/ (Nishio ed., p.65, *ll*.14-17)

㉞ 心の本性(sems kyi raṅ bshin, citta-prakṛti)は、真如(de bshin ñid, tathatā)である。……心の本性は、心の法性(sems kyi chos ñid, citta-dharmatā)である。

では、「菩薩地」〔1〕の“prakṛti-sthaṃ gotram”という表現における“prakṛti”は、「声聞地」〔9〕〔10〕で“gotra”の同義語とされた“prakṛti”と同じ意味をもつのか、それとも「声聞地」〔19〕〔21〕で“dharmatā”の同義語とされた“prakṛti”と同じ意味を有するのかと言えば、その答えは、前者ではありえないであろう。というのも、すでに述べたように、

「菩薩地」〔1〕の“prakṛti-sthaṃ gotram”という表現自体が、“prakṛti”と“gotra”の〝同義語〟性を否定しているからである。

すると、“prakṛti-sthaṃ gotram”という表現における“prakṛti”は、「声聞地」〔19〕〔21〕におけると同様、“dharmatā”の〝同義語〟であると見なすことができるであろうが、このように見ることは、「菩薩地」〔1〕自身の読み方としても、妥当であるように思われる。というのも、すでに論述⑪でも述べたように、私見によれば、「菩薩地」〔1〕に見られる、“prakṛti-sthaṃ gotram”という表現における“prakṛti”と“dharmatā-pratilabdhaḥ”「法性によって獲得された」という表現における“dharmatā”は、〝同義語〟であると考えられるからである。

しかも、この解釈の妥当性は、論述⑪にも示されているように、山部氏によって指摘され、そしてその英訳が示されたアーリヤ・ヴィムクティセーナ Ārya-Vimuktisena の『現観荘厳論釈』*Abhisamayālaṃkāravṛtti*（AAVṛ）における次の論述によっても、ある程度、確認されるであろう。

〔24〕 ṣaḍāyatanaviśeṣo gotraṃ tad dvividhaṃ/ pratyayasamudānītaṃ prakṛtyavasthitaṃ cety apare/ taiḥ prakṛtisthagotre prakṛtyabhidhānasyārtho vācyaḥ/ kāraṇaparyāyaś cet tad api pratyayasamudānītam iti kim arthaviśeṣaḥ/ dharmatāparyāye punar eṣa doṣo nāsti/（AAVṛ, p.76, *l*.24-p.77, *l*.3）

㉟ 他の人々（apare）は、「種姓（gotra）は、勝れた六処（ṣaḍ-āyatana-viśeṣa）であり、それは二種類（dvi-vidha）である。即ち、縁によって完成されたもの（pratyaya-samudānīta）と本性において存在するもの（prakṛty-avasthita）とである」と言う。彼等によって、「本性において存在する種姓」（prakṛti-stha-gotra）における「本性」（prakṛti）という語（abhidhāna）の意味（artha）が説明されるべきである。もしも、〔本性が〕原因（kāraṇa）の同義語（paryāya）であるとすれば、それ（tat＝prakṛti-stha-gotra）も、縁によって完成されたもの（pratyaya-samudānīta）である。というわけで、どうして、〔二種類の種姓に〕意味の相違があろうか。しかし、〔本性が〕法性（dharmatā）の同義

語であるとすれば、この過失は存在しない。(69)

ここで、「他の人々」の見解として述べられるものが、「菩薩地」〈1〉の所説に基本的に一致していることは、明らかであり、従って「他の人々」とは、瑜伽行派を指すであろう。アーリヤ・ヴィムクティセーナ(70)は、その「他の人々」の見解を、ここでそのまま認めているのではないが、「菩薩地」〈1〉の“prakṛti-sthaṃ gotram”という表現における“prakṛti”を“kāraṇa”「原因」ではなくて“dharmatā”「法性」と見なす(71)ならば、“prakṛti-sthaṃ gotram”が“pratyaya-samudānītam [gotram]”になってしまうという過失は生じない、と論じていると考えられる。しかるに、この解釈は、“prakṛti”を“dharmatā”の〝同義語〟と解する点(72)では適切だと思われるので、この解釈を「菩薩地」〈1〉それ自体にも適用して、そこに現われる“prakṛti”と“dharmatā”が〝同義語〟であること、つまり、“prakṛti＝dharmatā”という等式を、認めるべきであろう。

従って、「菩薩地」〈1〉に関する以上の私見の結論を示せば、次のようになる。

gotra≠prakṛti＝dharmatā

gotra⊥prakṛti＝dharmatā

では“prakṛti-sthaṃ gotram”における“prakṛti”が〝一切法の単一な原理〟としての“dharmatā”であることが確認されたとすれば、今度は、その“prakṛti”は単に〝一切法の単一な原理〟であるというだけにとどまるのか、それとも、それは〝一切法の単一な基体〟〈A〉でもあるのか、という問題が問われるべきであろう。

これについて、まず“prakṛti-sthaṃ gotram”という表現それ自体は〝prakṛti が gotra の基体であること〟、つまり、

gotra⊥prakṛti

という関係しか説いていないことを認めなければならない。即ち、それは決して〝prakṛti は一切法の基体である〟とは明言していないのである。では“prakṛti-sthaṃ gotram”における“prakṛti”とは、“dharmatā”であり、〝一切法の単

一な原理〟ではあっても、〝gotra だけの基体〟であり、〝一切法の基体〟ではないのであろうか。この問題について、私は、瑜伽行派の正統的な文献に〝prakṛti は一切法の基体である〟と明言する記述を指摘することはできないが、しかし、『宝性論』*Ratnagotravibhāga*（RG）の中には"prakṛti"を〝一切法の基体〟であるとする説を認めることはできると考えている。

勿論、如来蔵思想を説く『宝性論』を瑜伽行派の正統的な作品と見ることには、問題があるかもしれない。しかし、高崎博士によって、

㊱『宝性論』もとくに注釈で見る限り、瑜伽行派の術語が多く用いられており、『荘厳経論』の頌の引用も見られるので、瑜伽行派の所産であることはほぼまちがいないと考えられる。むしろそのことが、後にこの書を同じく弥勒の作に帰して五部書の一つに加えた所以であろう（『現観荘厳論』も同様。これは『般若経』に対する瑜伽行派的な解釈の書である）。（『高崎（宝）』三九六頁）

㊲『宝性論』は世親と同時代に出た堅慧をその作者の一人とする瑜伽行派の作品で、同派の中には世親以後も、この書を尊重するグループがあった。真諦三蔵はそのグループに属する一人で、この書（の学説）をむしろ世親その人のものとして伝えようとした。『仏性論』はその所産である。（同右、三九七頁）

と述べられるように、『宝性論』を「瑜伽行派の所産」「瑜伽行派の作品」と見ること自体に、問題はないであろう。従って、私は、『宝性論』は、「菩薩地」〔1〕の"prakṛti"の意味についても、有力な解釈を提供できると考えるのである。では、『宝性論』は"prakṛti"をどのように規定するのであろうか。

第三節 『宝性論』における“prakṛti”の基体性

『宝性論』は、本頌、註釈偈、散文釈という三つの部分より成るが、その最古の部分と思われる本頌において、すでに“prakṛti”を“一切法の基体”〔A〕とする説が説かれている。即ち、第一章の本頌、第一六―二四偈(73)には、次のように述べられる。なお、非常な長文であるため、梵文テキスト等の提示は省略し、私訳のみ示したい。

〔25〕地（pṛthivī）は水（ambu）において、水は風（vāyu）において、風は虚空（vyoman）〔A〕において、住している（pratiṣṭhita）。しかし、虚空（ākāśa）〔A〕は、風・水・地の界（dhātu）において、住していないもの（apratiṣṭhita）である。〔第一章、本頌、第一六偈〕（RG, I, k.55, p.42, *ll*.12-13）

〔26〕それと同様に、諸の蘊（skandha）・界（dhātu）・根（indriya）は、業と煩悩（karma-kleśa）において、住しており（pratiṣṭhita）、業と煩悩は、常に非如理作意（ayoni-manaskāra 不正な思惟）において、住しており（pratiṣṭhita）、〔同章、本頌、第一七偈〕（RG, I, k.56, p.42, *ll*.14-15）

〔27〕非如理作意（ayoniśo-manaskāra）は、心の清浄性(74)（citta-śuddhi）〔A〕において、住している（pratiṣṭhita）。しかし、心の本性（cittasya prakṛti）〔A〕は、一切法において、住していないもの（apratiṣṭhita）である。〔同章、本頌、第一八偈〕（RG, I, k.57, p.42, *ll*.16-17）

〔28〕諸の蘊・処（āyatana）・界は、地界のごとし、と知られるべきであり、身体をもつ者（śarīrin）たちの業と煩悩は、水界のようなものである、と知られるべきである。〔同章、本頌、第一九偈〕（RG, I, k.58, p.42, *ll*.18-19）

〔29〕非如理作意（ayoniśo-manaskāra）は、風界のごとし、と知られるべきであり、〔心の〕本性（prakṛti）〔A〕は、

虚空界のごとく、それらを根（mūla）とせず、住処（pratiṣṭhāna）としないものである。〔同章、本頌、第二〇偈〕(RG, I, k.59, p.43, *ll*.1-2)

〔30〕 非如理作意（ayoniśo-manasaḥ kṛtiḥ）は、心の本性（citta-prakṛti）〔A〕に依存したもの（ālīna 執着したもの）[75]であり、煩悩と業（kleśa-karman）は、非如理作意（ayoniśo-manaskāra）を起源（prabhava）[76]とするものである。〔同章、本頌、第二一偈〕(RG, I, k.60, p.43, *ll*.3-4)

〔31〕 諸の蘊・処・界は、業と煩悩（karma-kleśa）という水から生じたもの（saṃbhūta）である。〔それらは〕生じては滅する。それ（tat）[77]の壊（saṃvarta）と成（vivarta）のごとくである。〔同章、本頌、第二二偈〕(RG, I, k.61, p.43, *ll*.5-6)

〔32〕 心の本性（citta-prakṛti）〔A〕には、因（hetu）もなく、縁（pratyaya）もなく、〔因と縁の〕集合（sāmagrī）もなく、生（udaya）もなく、滅（vyaya）もなく、住（sthiti）もない。虚空界〔A〕のごとくである。〔同章、本頌、第二三偈〕(RG, I, k.62, p.43, *ll*.7-8)

〔33〕 心（citta）のこの明浄な（prabhāsvara）本性（prakṛti）なるもの〔A〕、それは、虚空のように、決して変化（vikriyā）しない。しかし、虚妄分別（abhūta-kalpa 虚妄な分別）から生じた貪（rāga）等の客塵（āgantuka, mala）によって、染汚（saṃkleśa）される。〔同章、本頌、第二四偈〕(RG, I, k.63, p.43, *ll*.9-12)

ここには、譬喩（能喩）と、それによって示される意味（所喩）が説かれているが、まず、能喩についていえば、そこにはⒶ「地」、Ⓑ「水」、Ⓒ「風」、Ⓓ「虚空」との間の於格的関係、つまり、Ⓐ「地」はⒷ「水」を〝基体〟（依り所）として存在し、Ⓑ「水」はⒸ「風」を〝基体〟として存在し、Ⓒ「風」はⒹ「虚空」を〝基体〟として存在する、という関係が説かれている。即ち、次の通りである。

Ⓐ地⊥Ⓑ水⊥Ⓒ風⊥Ⓓ虚空

次に、所喩において、これらⒶⒷⒸⒹに喩えられているものは、ⓐ「蘊・界・根」（「蘊・処・界」）、ⓑ「業と煩悩」（「客塵」）、ⓒ「非如理作意」（「虚妄分別」）、ⓓ「〔心の〕本性」（「心の清浄性」）である。従って、所喩については、次のような於格的関係が、ⓐⓑⓒⓓの間に認められる。

ⓐ蘊・処・界⊥ⓑ業と煩悩⊥ⓒ非如理作意（虚妄分別）⊥ⓓ〔心の〕本性

これらの原語を示せば、次の通りである。

ⓐ skandha-dhātu-indriya, skandha-āyatana-dhātu
ⓑ karma-kleśa, kleśa-karman, āgantuka, rāga-mala-ādi
ⓒ ayoni-manaskāra, ayoniśo-manaskāra, ayoniśo-manasaḥ kṛtiḥ, abhūta-kalpa
ⓓ citta-prakṛti, prakṛti, citta-śuddhi

しかるに、ここで何よりも重要なことは、Ⓓ「虚空」と、それに喩えられるⓓ「〔心の〕本性」"citta-prakṛti" "prakṛti" が〝一切法の最終的な基体〟、つまり、〝一切法の単一な基体〟〔A〕とされている点である。即ち "ākāśa"＝"prakṛti" は、〝一切法の最終的基体〟であって、それには、最早それ以上の〝基体〟、つまり、それを下から支えるような〝基体〟は存在しないという点（prakṛti⊥0）が、記述〔25〕で「しかし、虚空は、風・水・地の界において、住していないものである」と言われ、また、記述〔27〕では、「心の本性は、一切法において、住していないものである」と述べられたのである。

また、記述〔32〕で〝「心の本性」には、「因」も「縁」もない〟というのは、"prakṛti" 自体が、〝一切法の基体〟〔A〕であるとともに、一切法の「因」"hetu" であり、「縁」"pratyaya" であることを意味しているように見える。しかし、その場合、「因」と「縁」が何を意味するかについては問題があり、それについては後論したい。

さて、以上の記述〔25〕―〔33〕、つまり、『宝性論』第一章、本頌、第一六―二四偈の所説が、『虚空蔵所問経』*Gagana-*

gañjaparipṛcchā の経文にもとづいて形成されていることは、その所説の意味を説明するために、『宝性論』散文釈で『虚空蔵所問経』の経文が引用されていることによって、明らかであろう。従って、『宝性論』〔25〕―〔33〕の趣旨を正確に理解するために、散文釈に引用されたその『虚空蔵所問経』の経文の末尾を、『宝性論』の梵文テキストによって示し、さらに私訳を提示することにしよう。

〔34〕 yā punaḥ sā prakṛtis tasyā na hetur na pratyayo na sāmagrī notpādo na nirodhaḥ/ tatra yathākāśadhātus tathā prakṛtiḥ/ yathā vāyudhātus tathāyoniśomanasikāraḥ/ yathābdhātus tathā karmakleśāḥ/ yathā pṛthivīdhātus tathā skandhadhātvāyatanāni/ tata ucyante sarvadharmā asāramūlā apratiṣṭhānamūlā śuddhamūlā amūlamūlā iti/(RG, p.45, *ll.*5-9)

㊳ しかし、その本性（prakṛti）〔A〕なるもの、それには因（hetu）は無く、縁（pratyaya）は無く、〔因と縁の〕集合（sāmagrī）は無く、生（utpāda）は無く、滅（nirodha）は無い。

そのうち、本性（prakṛti）〔A〕は、虚空界（ākāśa-dhātu）の如くであり、非如理作意（ayoniśo-manasikāra）は、風界（vāyu-dhātu）の如くであり、業と煩悩（karma-kleśa）は水界（ab-dhātu）の如くであり、蘊・界・処（skandha-dhātv-āyatana）は地界（pṛthivī-dhātu）の如くである。

それ故に、「一切法は、核をもたないもの（asāra）〔A〕を根（mūla）としてもち、住処をもたないもの（apratiṣṭh-āna）〔A〕を根としてもち、清浄なもの（śuddha）〔A〕を根としてもち、根をもたないもの（amūla）〔A〕を根としてもつ」と言われる。

この経文〔34〕をベイスにして、『宝性論』の記述〔25〕―〔33〕が著されていることは明らかであるが、ここにも、

ⓐ蘊・処・界⊥ⓑ業と煩悩⊥ⓒ非如理作意⊥ⓓ本性

という一連の於格的関係が認められる。特に "prakṛti" が〝一切法の最終的基体〟〔A〕である点が、「住処をもたないものを根としてもち」とか「根をもたないものを根としてもつ」と言われている。つまり、"prakṛti" は〝一切法の

基体〃〔A〕であり、それが「根」〃mūla〃と表現されているが、その「根」は、それ自体としては、最早それ以上のいかなる「住処」〃pratiṣṭhāna〃＝〃基体〃ももたないものであり、「根」＝〃基体〃ももたないものであるからこそ、それこそが〃一切法の最終的な基体〃〔A〕であるというのである。

しかるに、この『虚空蔵所問経』の経文では、「非如理作意」〃ayoniśomanasikāra〃という語が用いられるだけで、「虚妄分別」〃abhūta-kalpa〃〃abhūta-parikalpa〃という語は使用されていない。では、『宝性論』では、何故「虚妄分別」という語を「非如理作意」の同義語として用いるのかと言えば、それは一応、『虚空蔵所問経』と同様『宝性論』に引用され、また、その経と同様、高崎博士によって〈原大集経〉に属していた経典群の一つと考えられている(78)『海慧所問経』***Sāgaramatiparipṛcchā*** のある経文にもとづくものと考えられる。そこで、その経文の一部を、『宝性論』に引用された梵文テキストによって示し、さらに私訳を提示しよう。

〔35〕 evaṃ eva sāgaramate bodhisattvaḥ sattvānāṃ prakṛtiprabhāsvaratāṃ cittasya prajānāti/ tāṃ punar āgantukopakleśopakliṣṭāṃ paśyati/ tatra bodhisattvasyaivaṃ bhavati/ naite kleśāḥ sattvānāṃ cittaprakṛtiprabhāsvaratāyāṃ praviṣṭāḥ/ āgantukā ete kleśā abhūtaparikalpasamutthitāḥ/ śaknuyām ahaṃ punar eṣāṃ sattvānām āgantukleśāpanayanāya dharmaṃ deśayitum iti/（RG, p.49, *ll*.9-13）

㊴ それと同様に、海慧（Sāgaramati）よ、菩薩は衆生たちの心（citta）の本性が明浄であること（prakṛti-prabhāsvaratā）を知り、しかもそれが客(79)（āgantuka）たる随煩悩（upakleśa）によって染汚されていることを見る。その時、菩薩は次の様に考える。「これらの煩悩（kleśa）は、衆生たちの心の本性が明浄であること（citta-prakṛti-prabhāsvaratā）に入らない。これらの煩悩は、虚妄分別（abhūta-parikalpa）によって起されたもの（samutthita）であり、客（āgantuka）なるものである。私は、衆生たちの客なる煩悩（āgantu-kleśa）を除くために、法を説くことができるであろう」と。

即ち、ここで〝「客」なる「煩悩」は、「虚妄分別」によって「起されたもの」である〟と言われているが、『宝性論』記述〔33〕は、この経文にもとづいて、〝「虚妄分別から生じた貪等の客塵によって」「心のこの明浄な本性」が、「染汚される」〟と説いたと考えられるのである。

しかし、『宝性論』〔33〕、つまり、第一章の本頌、第二四偈が、「虚妄分別」"abhūta-kalpa" という語を用いたのは、『海慧所問経』〔35〕にもとづいていたかどうかは、必ずしも確定できない。即ち、高崎博士が、記述〔35〕に出る「虚妄分別」"abhūta-parikalpa" という語に註記を付して、

㊵ この語は瑜伽行派の唯識説で重要な術語となるものであるが、経典中での古い用例（最古とは断言できないまでも）の一つと思われる。（『高崎（宝）』二九三頁六―七行）

と言われるように、「虚妄分別」"abhūta-[pari]kalpa" という語は、言うまでもなく『中辺分別論』や『大乗荘厳経論』等の「瑜伽行派の唯識説」において、重要な術語として用いられるものである。しかし、『海慧所問経』が「虚妄分別」という語の使用に関して、瑜伽行派の論書に先行していたかどうかは、明らかではない。というのも、記述〔35〕に相当する部分は、曇無讖（三八五―四三三）の漢訳では、

〔36〕菩薩摩訶薩、亦復如是。了知心相本性清浄、客塵煩悩之所障汚。而客煩悩、実不能汚清浄之心。猶珠在泥、不為泥汚。菩薩摩訶薩、作如是念。若我心性煩悩汚者、我当云何能化衆生。（大正一三、六八上一八―二二行）

となっていて、ここに「虚妄分別」に相当する語は認められない。つまり、〔35〕の "abhūtaparikalpa-samutthitāḥ" に相当する部分が、〔36〕では「猶珠在泥、不為泥汚」となっている。従って、『宝性論』記述〔35〕に引用された経文のうち、"abhūtaparikalpa-samutthitāḥ"「虚妄分別によって起されたもの」という表現は、後代の付加・増広と見るべきであろう。即ち、『海慧所問経』の記述〔35〕に相当する部分は、『宝性論』散文釈に引用された時点では、増広され、この「虚妄分別によって起されたもの」という表現を有するものとなっていたが、本頌の作者が記述〔33〕で、「虚妄

分別から生じた貪等の客塵によって染汚される」と書いたとき、『海慧所問経』記述〔35〕に相当する部分が、すでに「虚妄分別によって起されたもの」という増広された表現を有していたかどうか確定できないのである。

そこで、『宝性論』の本頌が、記述〔33〕において、「虚妄分別」という語を用いたことの意義について考察するために、まず、『海慧所問経』記述〔35〕相当部分において、何故「虚妄分別によって起されたもの」という表現の増広がなされたのかを考えてみよう。最も自然な想定は、次のようなものであろう。つまり、〝心の本性は煩悩によって染汚される〟という考え方において、清浄なる「本性」と汚れた「煩悩」という余りにもかけ離れた二項を媒介するものとして第三者の存在が理論的に要請されるようになり、それが「虚妄分別」という語によって表現された、というものである。しかるに、この「本性」と「煩悩」を媒介するものとしての第三者が『海慧所問経』において、「虚妄分別」という語によって表現されたとき、瑜伽行派による「虚妄分別」という語の使用はすでに開始されていたのかどうかが問題であろう。これも簡単には解決できない問題であるが、私は一応、すでに開始されていたであろうと考えたい。つまり、『海慧所問経』〔35〕相当部分における「虚妄分別によって起されたもの」という表現の増広は、瑜伽行派による「虚妄分別」という語の術語的使用に影響されたものと見るのが自然だと思うのである。

とすれば、『宝性論』の本頌の作者が、記述〔33〕で、「虚妄分別から生じた貪等の客塵によって染汚される」と書いたとき、「虚妄分別によって起された」という表現の増広を有する『海慧所問経』〔35〕を知っていたにせよ、いなかったにせよ、彼が「虚妄分別」という語を用いたのは、瑜伽行派の影響によるものと見ることができるであろう。

そこで、『宝性論』第一章の本頌、第一六―二四偈、つまり、記述〔25〕―〔33〕を見てみると、そこでは「虚妄分別」という語は、第一七偈（〔26〕）、第一八偈（〔27〕）、第二〇偈（〔29〕）、第二一偈（〔30〕）において用いられた「非如理作意」という語の同義語として、あるいはそれを言い換えるために、第二四偈（〔33〕）において使用されたことが、おそらく理解される。では、何故、頌の作者は「非如理作意」を「虚妄分別」と言い換える必要があったのかといえば、おそらく彼は、瑜伽行派によってすでに術語として使用されていた「虚妄分別」という語を用いることによって、自らの所説が瑜伽行派の説に合致するものであることを示したかったのであろう。(80)

では、その〝「非如理作意」＝「虚妄分別」〟は、『宝性論』〔25〕—〔33〕において、どのようなものとして位置づけられているであろうか。そこに、

ⓐ蘊・処・界⊥ⓑ業と煩悩⊥ⓒ非如理作意（虚妄分別）⊥ⓓ〔心の〕本性

という於格的関係が示されているのは、すでに見た通りである。しかし、そこに説かれているのは単にそれだけではない。即ち、そこで〝「非如理作意」＝「虚妄分別」〟は、〝一切法の起源〟として、さらにまた、いわば〝諸悪の根源〟として、位置づけられているように思われる。というのも、「非如理作意」は、記述〔30〕において、〝「煩悩と業」の「起源」(prabhava)〟と規定され、記述〔31〕において、〝その「業と煩悩」から「蘊・処・界」、つまり、「一切法」が「生じた」(saṃbhūta)〟と言われているからであり、また、記述〔33〕において、〝「貪等の客塵」が「虚妄分別から生じた」〟と述べられているからである。

しかるに、ここで注意すべきことは、『虚空蔵所問経』の経文〔34〕には、〝生起〟の問題は、表現としては明確に触れられていないことである。即ち、そこには単に「蘊・処・界」と「業と煩悩」と「非如理作意」と「心の本性」という四者の間の於格的関係が述べられているだけであり、そこに〝生起〟の問題は全く扱われていない。つまり、〝何から何が生じる〟というようなことは、言われてはいないのである。

確かに、『海慧所問経』の経文〔35〕の"abhūtaparikalpa-samutthitāḥ"「虚妄分別によって起されたもの」という表現においては、〝生起〟の問題が扱われており、この表現が『宝性論』〔33〕の"abhūtakalpa-ja"「虚妄分別から生じた」という表現に影響を与えているかもしれないが、しかし、「虚妄分別によって起されたもの」という表現自体が、本来『海慧所問経』に存在せず、後に瑜伽行派からの影響を受けて増広・付加されたものと考えられるのである。とすれ

ば、〝「虚妄分別」からの生起〟〝「非如理作意」からの生起〟という観念は、前掲の二経というよりも、むしろ瑜伽行派からの影響のもとに『宝性論』〔25〕—〔33〕、つまり第一章の本頌、第一六—二四偈にもたらされたと考えるのが自然ではなかろうか。

しかるに、その『宝性論』〔25〕—〔33〕で、何よりも注意すべきことは、そこで〝生起〟の問題が扱われるにもかかわらず、〝「心の本性」から、「非如理作意」または、「虚妄分別」が生じる〟とは、決して言われていないことなのである。即ち、〝生起〟の因果関係というものは、〝「非如理作意」=「虚妄分別」〟と「業と煩悩」と「蘊・処・界」という三者の間にのみあると説かれているのであって、「心の本性」と〝「非如理作意」=「虚妄分別」〟という二者の間に、〝生起〟の因果関係は、全く認められていない。つまり、前者が後者を〝生じる〟とは、決して言われていないのである。

即ち、「心の本性」〝citta-prakṛti〟は、〝生起〟には関わらない。あるいは、何等かのものを〝生じるもの〟ではない。何故か。常住だからである。つまり、〝常住なものは、ものを生じえない。無常なものだけが、ものを生じることができる〟というのは、仏教思想のいわば基本的な原則であって、(81)瑜伽行派は、この原則に忠実であろうとしたのである。従って、「心の本性」ではなく、〝「非如理作意」=「虚妄分別」〟を、〝一切法の起源〟〝一切法がそこから生じる起源〟であると規定する『宝性論』〔25〕—〔33〕、つまり、第一章の本頌、第一六—二四偈の所説は、やはり瑜伽行派の影響下に形成されていることが、理解されるであろう。

しかるに、この点で極めて注目すべき表現が、記述〔30〕、つまり、その第二一偈に認められる。それは、次の表現である。

㊶ 非如理作意は、心の本性(citta-prakṛti)〔A〕に依存したもの(ālīna 執着したもの)であり(cittaprakṛtim ālīnāyoniśomanasaḥ kṛtiḥ)、

この表現を、高崎博士は、

㊷　心性に付着して、非如理なる意《マナス》のはたらきがある。（『高崎（宝）』七五頁一〇行）

と和訳され、その「付着して」の個所に、次のような註記を付されている。

㊸　付着して　ālīnā ā-lī-（依り着く）。この語はアーラヤ識の ālaya と同根。アーラヤ識はそこに一切法の種子が附着する場所であるから、その点ではここで非如理作意の附着する心性に対応する面が考えられる。ただし、アーラヤ識は積極的に（?）つまり、その本来の機能として業を貯える点でつけられた呼称であるが、心性あるいは自性清浄心は、その中味が本来無い点（空、清浄）をさして名づけられたもので、性格づけの点で対蹠的である。（『高崎（宝）』二八五頁一七―二一行）〔傍点＝高崎博士、傍線＝松本〕

しかし、私はこの博士の解釈に疑問をもつのである。高崎博士は、かつての『宝性論』の英訳においても、"ālīna" について、

㊹　*ālīna* (*ā lī*) (c. acc.), T. *gnas*, C 依... This word reminds us of *ālayavijñāna*. (*Study*, p.237, n.276)

という註記を付されており、この "ālīna" という語とアーラヤ識 "ālaya-vijñāna" の関係を指摘された意義は、大きいであろう。しかし、まず第一に問題にすべきは、『宝性論』本頌の作者が、記述〔30〕で "ālīna" という語を用いたとき、瑜伽行派によって造り出された〝アーラヤ識〟説、あるいは "ālaya-vijñāna" という語を知っていたか否かであろう。これについて私は、『宝性論』本頌の作者は、"ālaya-vijñāna" という語が瑜伽行派によって造られ、特殊な術語としてすでに使用されていたことを知っていたと考えるのが自然であろうと思うのである。というのも、すでに述べたように、『宝性論』〔25〕―〔33〕には、瑜伽行派の思想の影響が認められると考えられる以上、そこで "ālīna" という語が、"ālaya-vijñāna" という瑜伽行派によって使用されるようになった術語と全く無関係に用いられたとは、考えにくいからである。

では、『宝性論』〔30〕の〝ālīna〟が〝ālaya-vijñāna〟という術語を意識して用いられているとすれば、〝ālīna〟とは何を意味するのであろうか。私が論述㊸の高崎博士の解釈に同調できない点は、博士がそこで基本的には、「アーラヤ識」を「心性」に「対応する」ものと把握されている点なのである。というのも、私は「アーラヤ識」は、『宝性論』〔30〕においては、「心性」(「心の本性」)〝citta-prakṛti〟ではなく、「非如理作意」〝ayoniśo-manasā〟つまり、〔33〕の表現を用いれば、「虚妄分別」〝abhūta-kalpa〟に対応すると見るべきであると考えるからである。

ここで、博士の解釈と私見との相違は、〝ālaya-vijñāna〟における〝ālaya〟を、〝ā√lī〟「潜む」「執着する」という行為(動詞)の主体と見るか、対象と解するかという問題に関係している。つまり、それは〝ālaya-vijñāna〟とは、本来〝ā√lī するもの〟を意味していたのか、それとも〝ā√lī される対象〔としての基体〕〟を指していたのか、という問題であるが、私は、本書の第三章でも詳しく論じるように、シュミットハウゼン教授の見解に従って、〝ālaya-vijñāna〟は本来〝ā√lī するもの〟[82]を意味し、従って、〝ā√lī される対象・基体〟ではなかったと考えるのである。

しかるに、『宝性論』〔30〕で、「非如理作意」が〝citta-prakṛti に ā√lī するもの〟(ālīna) とされ、〝citta-prakṛti〟を〝基体〟とする〝超基体〟と規定されていることは、〝citta-prakṛti〟ではなく、『宝性論』〔33〕で「虚妄分別」とも言い換えられる「非如理作意」が〝ālaya-vijñāna〟に対応することを示しているであろう。即ち、次のような於格的関係が説かれていると考えられる。

ayoniśomanasikāra, abhūtakalpa (ālīna=ālayavijñāna)〔B〕⊥[citta-]prakṛti〔A〕

しかるに、このような於格的関係、つまり、「虚妄分別」が〝prakṛti〟〔A〕を〝基体〟とするという於格的関係を認めることは、瑜伽行派の最も基本的な教説であると思われる。というのも、『中辺分別論』*Madhyāntavibhāga* (MAV) 第一章、第一偈に、この関係が明示されていると考えられるからである。即ち、その偈とは、次の通りである。

〔37〕 abhūtaparikalpo 'sti dvayaṃ tatra na vidyate/

śūnyatā vidyate tv atra tasyām api sa vidyate//（MAV, I,k.1,MAVBh, p.17, *ll*.16-17）

㊺ 虚妄分別（abhūta-parikalpa）〔B〕は有る。それ〔虚妄分別〕において、二者（dvaya）は存在しない。
しかし、これ〔虚妄分別〕において空性（śūnyatā）〔A〕が存在する。また、それ（空性）〔A〕においても、
それ（虚妄分別）〔B〕が存在する。

ここには、"tatra""atra""tasyām" という於格形によって、二種の〃基体〃が説かれている。即ち「虚妄分別」と「空性」である。この偈の後半によれば、この二種の〃基体〃は、相互に〃基体〃となっているように見えるが、しかし、この偈が最終的には「虚妄分別」〔B〕が「空性」〔A〕を〃基体〃とする関係を説くことで終了している点は、極めて重要である。

この偈の第三句で、〃「虚妄分別」に「空性」がある〃というとき、その「空性」とは「二者」、つまり、註釈によれば、「所取と能取」（grāhya-grāhaka）[83]が、「虚妄分別」において「存在しない」"na vidyate" ことを、言っているのに他ならない。つまり、ここで「空性」とは、第二句で「虚妄分別」に「二者」は「存在しない」と言われたことを、「空性」という抽象名詞を用いて言い換えただけであるから、この偈は第一句から第三句までは、いわば合理的に理解できるのである。即ち、第三句までによって説かれたのは、次のことである。

(a)虚妄分別＝空性の基体
(b)二者（所取・能取）
(c)空性＝虚妄分別に二者が無いこと（(a)に(b)が無いこと）〔(a)が(b)について空であること〕

この三者は、『中辺分別論』第一章第五偈では、順次に「依他起」（paratantra）、「遍計所執」（kalpita）、「円成実」（pariniṣpanna）の三性に配当され、その際、(b)は「対象」（artha）、(c)は「二者の無」（dvaya-abhāva）と表現されている。[84]

しかし、第一偈の第四句に説かれる〃「空性」に「虚妄分別」がある〃という関係だけは、このような三性説、あ

るいは、(a)(b)(c)の三項によっては、合理的に理解できないのである。

しかるに私は、この第四句に説かれる関係、つまり、

abhūtaparikalpa ⊥ śūnyatā

という関係は、瑜伽行派にとって本質的な重要性をもっていると思うのである。即ち、『宝性論』〔25〕—〔33〕で得られた於格的関係、つまり、

ayoniśomanasikāra, abhūtakalpa (ālayavijñāna)〔B〕⊥ [citta-]prakṛti〔A〕

という関係によっても示されているように、「虚妄分別」“abhūta-[pari]kalpa”は〝基体〟ではあるが、決して〝最終的な基体〟なのではない。「虚妄分別」(「非如理作意」)は、『宝性論』〔30〕では“prakṛti”を〝基体〟としていたように、『中辺分別論』第一章第一偈では“śūnyatā”を〝基体〟としているのである。従って、“śūnyatā”と“prakṛti”は〝同じもの〟、つまり、〝一切法の最終的究極的基体〟〔A〕を意味していると考えられる。

しかるに、このような解釈の妥当性は、『中辺分別論』第一章第一四偈が、“śūnyatā”「空性」の同義語(paryāya)として“tathatā”「真如」や“dharma-dhātu”「法界」を挙げていることからも、知られるであろう。というのも、「法界」“dharma-dhātu”とは、文字通り〝一切法の基体〟〔A〕を意味する語であると考えられるからである。

従って、『中辺分別論』第一章第一偈第四句に説かれるのは、

abhūtaparikalpa〔B〕⊥ śūnyatā (dharmadhātu, tathatā)〔A〕

という関係であることが、理解される。

しかるに、このBとAとの於格的関係が、『宝性論』〔25〕—〔33〕にも、

ayoniśomanasikāra, abhūtakalpa (ālayavijñāna)〔B〕⊥ [citta-]prakṛti〔A〕

という形で認められるのであるから、「菩薩地」〔1〕の“prakṛti-sthaṃ gotram”という表現も、

gotra〔B〕⊣ prakṛti〔A〕

という於格的関係を説いていると考えるのが、適切であろう。

かくして、瑜伽行派が "prakṛti" "dharma-dhātu" "tathatā" "śūnyatā" 等を〝一切法の最終的基体〟〔A〕とする "dhātu-vāda" を説いていることが、明らかになったであろう。この "dhātu-vāda" においては、すでに図Ⅰに示したことであるが、〝AとBの区別〟が、次のように成立する。

A≠B、B⊥A

A＝〔一切衆生に有るもの〕　仏性、真如、法界、法性、本性、如来蔵、我（基体）

B＝〔特定の衆生だけに有るもの〕　菩提因、種姓、種子、〔アーラヤ識〕（超基体）

図 Ⅰ

しかるに、ここで特に、瑜伽行派にとって、アーラヤ識（ālaya-vijñāna）がBであることの意味を考えてみたい。まず、アーラヤ識は、〝一切衆生に有るもの〟ではなく、〝特定の衆生だけに有るもの〟という意味で、Bである。即ち、アーラヤ識は〝一切衆生に有るもの〟のように見えるが、各々の衆生ごとにその内容が異なる識であるから、〝特定の衆生だけに有るもの〟〔B〕と見ることができる。

次にアーラヤ識は、究極的には〝基体〟〔A〕ではなくて〝超基体〟〔B〕である。例えば、『解深密経』で、アーラヤ識の別名であるアーダーナ識（ādāna-vijñāna）が六識の〝基体〟とされたように、[85] また、『宝性論』〔25〕—〔33〕で、アーラヤ識に対応するⓒ「非如理作意」が、ⓐ「蘊・処・界」とⓑ「業と煩悩」の〝基体〟とされたように、アーラヤ識が何等かのものの〝基体〟とされることは、(86) 確かであるが、しかし、それはいわば〝暫定的な二次的な基体〟なのであって、最早その下には何もないというような〝最終的究極的な基体〟〈A〉なのではない。というのも、Bたるアーラヤ識には必ずAという〝基体〟が存在することが認められているからである。このAは、『宝性論』〈30〉や〈33〉では、〝prakṛti〟「本性」という語によって述べられていたのであるが、すでに述べたように、〝tathatā〟「真如」、〝dharma-dhātu〟「法界」、〝śūnyatā〟「空性」等は、その同義語と考えられる。従って、瑜伽行派の学説においては、BとAという〝二種の基体〟の存在が認められていることを、理解しなければならない。

最近、袴谷氏が唯識思想について、「二重底」という表現を用いて、次のように説明されたことも、このBとAという〝二種の基体〟の存在を認める理解を示したものと見ることができるであろう。

㊻ そのために、先の図Eや図Fと、構造的にはまったく同じであってもよいはずの、唯識思想における「真如」を円周のaとする図は、「八識」中の「所依」であるアーラヤ識a′と「真如」とを峻別した、二重底のような、図Hのごとくにならざるをえないのである。そして、aとa′とをあえて「所依（āśraya）」として作図したことからも分るように、唯識思想においては、実際上も、「真如（tathatā）」aとアーラヤ識（ālaya-vijñāna）a′との関係には極めて微妙なものがあると言わなければならない。その際、「有為法」としての識だけに限っていえば、本論中にも指摘してあるとおり、転識（'jug pa'i rnam par shes pa, pravṛtti-vijñāna）が「能依（gnas pa, āśrita、基層に依存するもの）」であるのに対してアーラヤ識が「所依（gnas, āśraya、基層）」であることは余りにも明白であるものの、「無為法」をも考慮して真の「所依」ということになれば、それは「真如」であると言わざるをえないのであるが、一方が「有為法」、他方が「無為法」でありながら、両者がともに「所依」であるところに、唯識思想にとっては、「所依」がaa′と二重底のようにならざるをえないという微妙な面が存するのである。そのため、唯識思想においては、aの「真如」を「建立因（gnas pa'i rgyu, pratiṣṭhā-hetu、支えとなる原因）」あるいは

「迷悟依」と呼び、a′のアーラヤ識を「生因（skyed pa'i rgyu, janma-hetu、産み出す原因）」あるいは「持種依」と呼んで区別することもある。（『唯識論考』三七―三八頁）〔傍線＝松本〕

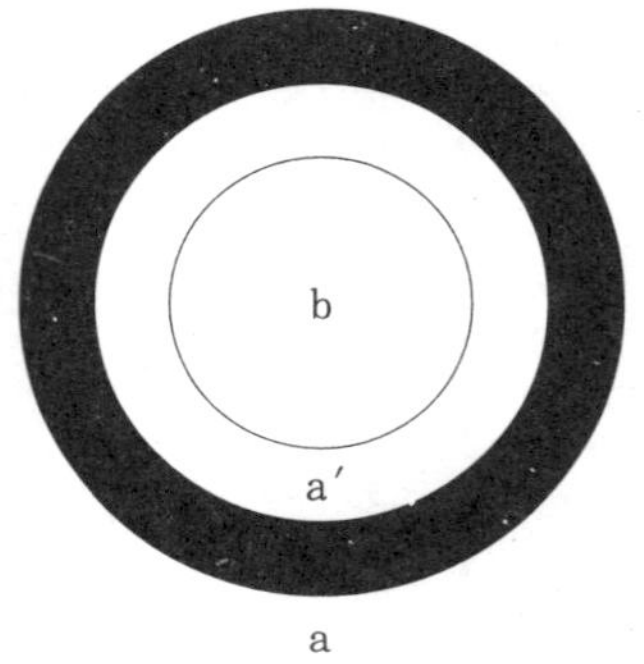

—図 H—

私は、袴谷氏が私の仮説である〝dhātu-vāda〟（基体説）にもとづかないで、その「基層」と「基層に依存するもの」について語ろうとされること、及び、その構造を円によって図示されることに、基本的に賛成できないのであるが、[87] しかし、氏がここで「アーラヤ識」が「所依（gnas, āśraya、基層）」であることは余りにも明白であるものの、「無為法」をも考慮して真の「所依」ということになれば、それは「真如」であると言わざるをえない」と言われたのは、正確な指摘であると思われる。というのも、ここで「アーラヤ識」と「真如」は、私の言うBとAであって、両者には、「アーラヤ識」が「真如」を〝基体〟とする〝B⊥A〟という関係が存在するからである。ただし、この関係は、氏によって明確には述べられてはいない。

袴谷氏は、前掲の論述[46]で、「アーラヤ識」と「真如」を「有為法」と「無為法」として対比されたが、「有為法」と「無為法」は、〝無常なもの〟と〝常住なもの〟と表現した方が、両者の相違の意義は明確になるであろう。即ち「真如」〝tathatā〟は、その建て前上、〝常住なもの〟であるのに対し、「アーラヤ識」は〝無常なもの〟である。[88] しかるに、すでに述べたように〝常住なものは、ものを生じることはできず、無常なものだけが、ものを生じることができる〟というのが、仏教の基本的な原則であり、瑜伽行派は、この原則に忠実であろうとした。従って、瑜伽行派の学説においては、基本的には、AではなくBが〝ものを生じるもの〟、つまり、因（hetu）であるとされるのである。

この点は、すでに論じたように、『宝性論』〔25〕―〔33〕において、Aである「本性」〝prakṛti〟からの〝生起〟が全く述べられず、Bである「非如理作意」“ayoniśo-manasikāra”や「虚妄分別」“abhūta-kalpa”からの〝生起〟が言われることによっても、示されている。即ち〝常住なもの〟〔A〕は因（hetu）たりえず、〝無常なもの〟〔B〕だけが因たりうるのである。

また、この点に関して、前掲の図Iに注目すると、そこでBとして挙げられた「菩提の因」（bodhi-hetu）、「種姓」（gotra）、「種子」（bīja）、及び「アーラヤ識」は、すべて因そのもの、あるいは因的性格をもつものであることが理解される。従って、瑜伽行派の正統的な学説においては〝常住なもの〟である〝究極的な基体〟〔A〕と〝無常なもの〟である〝二次的な基体〟〔B〕が区別されており、「種姓」「種子」「アーラヤ識」と呼ばれるBだけが「因」“hetu”、つまり、袴谷氏の論述㊻で言及された用語を用いれば、「生因」（janana-hetu）と見なされることが知られるのである。

なお、この点に関連して、次のような私見を一つ述べておきたい。即ち、私は「アーラヤ識」と「種子」は、ともにBのレヴェルに配当されるものであるから、

ālayavijñāna＝bīja

というように同一視されるべきものであって、本来両者は区別されなかったが、それが後に〝アーラヤ識は種子を有する〟〝アーラヤ識に種子はある〟というように、

bīja⊥ālayavijñāna

という於格的関係が想定されるに至ったのであろうと考えている。即ち、〝アーラヤ識は種子を有する〟という説は、確かに瑜伽行派の文献に繰返し説かれてはいるが、この説が「アーラヤ識」という概念が成立した当初から存在していたかどうかを疑問に思うのである。つまり、〝「アーラヤ識」〔B〕とは、本来「種子」〔B〕そのものであった〟という視点をもつことが、何よりも重要であろう。しかし、これについては、本書の第三章で論じたい。

さて、瑜伽行派の学説が、AとBという〝二種の基体〟という理論を説くものであることが、すでに明らかになっ

たと思われるが、そうであるとすれば、瑜伽行派の学説を“dhātu-vāda”と規定するためには、若干の限定・修正が必要であることが知られるであろう。即ち、瑜伽行派にとって、基本的にはAではなく、Bが〝生じるもの〟、因(hetu)と見なされているから、論述⑤に示された“dhātu-vāda”の六つの規定のうち、「LはSを生じる〔原因である〕」という規定②は、少なくとも、瑜伽行派の正統的学説には適用できないことが、理解される。つまり、瑜伽行派の“dhātu-vāda”は、規定②を欠いていると考えられる。

しかるに、この点については、すでに袴谷氏によって指摘がなされていると思われる。というのも、氏は、私の“dhātu-vāda”の仮説にもとづいて、「本覚思想」「本迹思想」なるものの構造を語られたのであるが、最近刊の『唯識論考』に至って、次のように言われたからである。

⑰ 私は、「本迹思想」の「円のイメージ」を守るべく、これまで賛同してきた松本史朗博士の「基体説」より「基体」という語をできるだけ排除するために、「本迹思想」の四つの規定のうちの第一を、「「本」は所依(āśraya)であり、一であり、実在であり、本質(ātman)であるが、「迹」は、能依(āśrita)であり、多であり、非実在であり、本質に依存するもの(ātmaka)である。」と改めることにしたい。また、この規定より「本」の側について「原因」を外したのは、「本」がpratiṣṭhāとなっている時は、必ずしも通常のhetu(因)だけを意味しているわけではないからである。それに伴って「迹」の側から「結果」を外したのは言うまでもない。(『唯識論考』六八頁、註⑾)〔傍線＝松本〕

この袴谷氏の見解に対して、私はすでに次のような論評を述べた。

⑱ 袴谷氏が私の「基体説」の規定②を削除し「基体」を「原因」ではないとされたことは、勿論、一つの見識であろう。この削除の背景には、氏も、『唯識論考』「序論」(三八頁)で論じられた瑜伽行派における“janana-hetu”(生因)と“pratiṣṭhā-hetu”(依因)の区別という考え方があるのは、明らかであろう。つまり、「基体」(pratiṣṭhā)

は「生因」ではないというのである。しかし、私は袴谷氏が将来再び「本迹思想」の定義を改訂して、私の「基体説」の規定②を復活させるのではないかと予測している。(89)

しかるに、この論評には、不充分な面もあると思われるので、それをここで補っておきたい。まず、その第一点は、「基体説」、つまり、“dhātu-vāda”の規定②の削除ということは、瑜伽行派の正統的な学説にのみ妥当するということである。即ち、瑜伽行派の正統的な学説によれば、「真如」「空性」「本性」等のAは、〝一切法の究極的な基体〟ではあるが、〝常住なもの〟であるから、果を生じる因、つまり、「生因」ではない。「生因」は、「アーラヤ識」「種子」等のBである、というのである。

しかし、だからといって私は、規定②を削除する必要はないと考えている。というのも、私は、「如来蔵思想は仏教にあらず」なる論文において、“dhātu-vāda”を「如来蔵思想の本質的構造」(90)を示すものとして、また、「ウパニシャッドのブラフマン・アートマン論」(91)の構造を示すものとして提示したのであって、瑜伽行派の正統的学説の構造を示すために、これを提示したのではないからである。つまり、「アートマン論」と「如来蔵思想」と〝瑜伽行派の正統的学説〟という三者を比較した場合、「アートマン論」という単純な一元論こそ、インド思想における最も太い思想の流れであろうが、この単純な一元論の構造を記述しようとしたものこそ、“dhātu-vāda”なのである。しかるに、この単純な一元論においては、〝常住なもの〔A〕はものを生じる因ではない〟と考えられたのではなく、むしろ〝常住なもの〔A〕こそ、一切の存在を生じる因である〟と見なされたと思われる。(92)

「如来蔵思想」も、〝瑜伽行派の正統的学説〟も、単一・常住なる〝究極的基体〟〔A〕の実在を承認する点で、この「アートマン論」という単純な一元論の影響によって、大乗仏教内部に成立した思想であることには変わりはないが、両者を分けるのは、前者、つまり、「如来蔵思想」が「アートマン論」の素朴な仏教版（Buddhist version）であったのに対し、後者、即ち、〝瑜伽行派の正統的学説〟が、〝常住なものは、因たりえない〟という仏教的原則を守ろうとした点だけであろう。このように見るならば、〝dhātu-vāda〟という思想の太い流れは、基本的には「アートマン論」として、確かに存在したが、しかしそれは、〝瑜伽行派の正統的学説〟においてのみは、〝常住なもの〔A〕は、因たりえない〟という仏教的な原則による限定を受け、Bこそが「生因」であるとされて、規定②の欠落を生じた、と理解すべきであろう。

従って、〝瑜伽行派の正統的学説〟は、規定②を欠いた〝dhātu-vāda〟の一形態と見るべきであって、Aの存在を認めている以上、その構造が〝dhātu-vāda〟であることには、変わりはない。つまり、〝常住なもの〔A〕は因ではない〟という仏教的限定を受けた〝dhātu-vāda〟の特殊形態たる〝瑜伽行派の正統的学説〟の存在によって、〝dhātu-vāda〟そのものから、規定②を削除することはできないのである。また、瑜伽行派や、その系譜に連なる人々の中には、「アートマン論」というインド思想における最も太い思想の流れの影響を強く受けて、Aをそのまま「生因」と見なそうとする人々が確かに存在したことは、認めざるを得ないであろう。[93] 私が、前掲の論述㊽で、「基体説」について、規定②の「復活」について述べたのも、このような理由によるのである。

さて、以上で「菩薩地」〔1〕の〝prakṛti-sthaṃ gotram〟「本性住種姓」という表現についての考察を終りたい。その結論を言えば、この表現は、

gotra〔B〕⊥prakṛti〔A〕

という於格的関係を説いている。即ち、〝prakṛti〟「本性」は、『中辺分別論』第一章第一偈の「空性」、同第一四偈の「真如」「法界」と同様、単一・常住な〝一切法の最終的基体〟〔A〕であり、一方〝gotra〟「種姓」は、その「本性」を〝基体〟とするもの〔B〕であり、『中辺分別論』第一章第一偈の「虚妄分別」や、「菩薩地」〔1〕の「種子」や、「アーラヤ識」と同様、多にして無常なる〝二次的基体〟であり、生じる因（hetu）であると考えられる。従って、この〝prakṛti-sthaṃ gotram〟という表現は、規定②を欠く〝dhātu-vāda〟の特殊形態を説くものであり、これこそが、

〝瑜伽行派の正統的学説〟、または〝瑜伽行派の正統派の学説〟の基本的構造であると考えられる。

第四節　真如所縁縁種子について

では、次に『瑜伽師地論』の「真如所縁縁種子」〝tathatālambanapratyayabīja〟という表現の意味について考察し、この表現が瑜伽行派の〝dhātu-vāda〟を説くものであることを論証したい。まず、予じめ、この表現の意味に関する私の理解の結論を示しておけば、

bīja〔B〕⊥ tathatā = ālambana-pratyaya〔A〕

となる。つまり、構造的には「本性住種姓」が説く〝gotra〔B〕⊥ prakṛti〔A〕〟という関係と一致するのである。

さて、『瑜伽師地論』「摂決択分」中「五識身相応地意地」に見られる「真如所縁縁種子」〝tathatā-ālambana-pratyaya-bīja〟という表現の解釈については、中国・日本の仏性論争において、多くの議論がなされてきた。これについては、かつては常盤大定『仏性の研究』（略号『仏性』）に、その概要が紹介され、[94] また最近では末木文美士氏の『平安初期仏教思想の研究』（略号『平安初期』）でも考察がなされている。[95]

また、近年インド仏教学の立場からも、以下に見るように、シュミットハウゼン教授による解釈が示され、さらにそれを承けて、山部氏によって「真如所縁縁種子について」という論文（略号「山部〔二〕」）が著された。この山部氏の論文は、「真如所縁縁種子」という語を含む『瑜伽師地論』当該部分の梵文テキストを想定して提示し、さらにその和訳と詳しい研究を付した極めて有益な論文である。

そこで本節では、まず「真如所縁縁種子」という語を有する問題の一節のテキストを、真諦訳〔『決定蔵論』〕・玄奘訳・チベット訳・山部氏によって想定された梵文テキストの順に、以下に提示しよう。

〔38〕 若依此習而摂一切諸法種子、諸出世法、何者為本、而得生耶。諸悪法種、不為其因。此出世法、真如境界作縁得生。（大正三〇、一〇二五下一三―一六行）〔真諦訳〕

〔39〕 問。若此習気、摂一切種子、復名遍行麁重者、諸出世間法、従何種子生。若言麁重自性種子為種子生、不応道理。答。諸出世間法、従真如所縁縁種子生。非彼習気積集種子所生。（同右、五八九上一三―一七行）〔玄奘訳〕

〔40〕 gal te bag chags des sa bon thams cad bsdus pa/ de yaṅ kun tu ḥgro baḥi gnas ṅan len shes bya bar gyur na/ de ltar na ḥjig rten las ḥdas paḥi chos rnams skye baḥi sa bon gaṅ yin/ de dag skye baḥi sa bon gyi dṅos po gnas ṅan len gyi raṅ bshin can yin par ni mi ruṅ ṅo shes na/ smras pa/ ḥjig rten las ḥdas paḥi chos rnams ni de bshin ñid la dmigs paḥi rkyen gyi sa bon daṅ ldan par skyeḥi bag chags bsags paḥi sa bon daṅ ldan pa ni ma yin no//（D, Shi, 27b3-5）

㊾ yadi tayā vāsanayā sarvāṇi bījāni saṃgṛhītāni sā ca sarvatragadauṣṭhulya ucyata evaṃ lokottaradharmāḥ kiṃbījā utpadyante, na hi te dauṣṭhulyasvabhāvabījā iti yujyata ity āha/ lokottaradharmās tathatālambanapratyayabījā utpadyante na tūpacitavāsanābījāḥ/（「山部(二)」七一頁）〔傍線＝松本〕

次に、この一節の翻訳を、シュミットハウゼン教授の英訳・山部氏の和訳・私訳の順に示してみよう。(96)

㊿ （Question:） If this Impression （*vāsanā*） comprises all Seeds and is also called ‘Omnipresent Badness’, in this case, what is then the Seed from which the supramundane dharmas arise? [A Seed incorporated in ālayavijñāna is out of the question, for it is included in Badness, and] what has the nature of Badness cannot be the Seed from which the [supramundane dharmas] arise!

（Answer:） Supramundane dharmas arise from （*-anugata?*） [their] *ālambana-pratyaya*, viz. *tathatā*, as their “Seed”; they do not arise from a Seed accumulated [by way of] Impression （**vāsanâcita-bīja*）.” （*Ālaya*, II, n.553, p.364, *ll*.16-18, n.570, p.368, *ll*.11-20）〔傍線＝松本〕

㉛ もしこの習気に全ての種子が包摂され、そしてそれが遍在的な麁重と言われるのであれば、出世間的な諸存在は何を種子として生ずるのか。それらが麁重を本質とする（習気）を種子として（生ずる）というのは適切ではないのだから、というならば、（それに答えて）言う。出世間的な諸存在は、真如なる所縁縁を種子として生ずるのであって、蓄積された習気を種子として（生ずるの）ではないのである。（「山部㈡」七一頁）〔傍線＝松本〕

㉜〔反論〕もし、この習気（vāsanā）によって、一切のものの種子（sarva-bīja）[97]が摂され（saṃgṛhīta）、また、それは遍行（sarvatra-ga）の麁重（dauṣṭhulya）であると言われるならば、出世間（lokottara）の諸法は、何を種子（bīja）として生じるのか。それらが麁重を自性とするものを種子として生じるというのは、不可能である。

〔答論〕出世間の諸法は、真如を所縁縁とするものを種子として（tathatā-ālambana-pratyaya-bīja）生じる。積集された習気を種子として（upacita-vāsanā-bīja）[98]生じるのではない。

この一節において扱われるのは、〝「出世間の諸法」を生じる「種子」とは何か〟という問題である。これに対して〔答論〕では、〝「出世間の諸法」は「積集した習気」という「種子」から生じるのではない〟と言われている。では、何から生じるのか。この点は、テキスト〔38〕—〔40〕、及び㊾で傍線を付した一文に示されている。その文章を列挙すれば、次の通りである。

此出世法、真如境界作縁得生。（〔38〕）

諸出世間法、従真如所縁縁種子生。（〔39〕）

ḥjig rten las ḥdas paḥi chos rnams ni de bshin ñid la dmigs paḥi rkyen gyi sa bon daṅ ldan par skyeḥi（〔40〕）

lokottaradharmās tathatālambanapratyayabījā utpadyante（㊾）

これについて、まず私は、基本的に山部氏による梵文テキストの想定を支持したい。即ち、そのポイントは〔39〕の玄奘訳で、「従真如所縁縁種子」、〔40〕のチベット訳で“de bshin ñid la dmigs paḥi rkyen gyi sa bon daṅ ldan par”

とある部分について、その原語を「bīja を後分とする Bahuvrīhi Compound であった[99]」と想定し、ここに “-bījāt(d)” というような従格を想定しない点にあるが、この点に関する山部氏の議論[100]は妥当だと思われるし、また、氏は明記されていないように思われるが、真諦訳〔38〕の「真如境界作縁得生」も、さらに、その前に出る「何者為本、而得生耶[101]」も、いずれも「bīja を後分とする Bahuvrīhi Compound」、つまり、“tathatā-ālambana-pratyaya-bīja” が “lokottara-dharmāḥ” を形容する複数主格となる、という理解を示しているであろう。従って、私は〔38〕―〔40〕の傍線を付した部分について山部氏が、

lokottaradharmās tathatālambanapratyayabījā utpadyante

という原文を想定されたことは、適切であったと考えるのである。

しかしながら、この一文中の “tathatālambanapratyaya-bījā” という bahuvrīhi 複合語、つまり、所有複合語それ自体の文法的解釈について、私は山部氏と見解を異にする。即ち、その相違を示せば、次の通りである。

tathatālambanapratyayabījā

「真如なる所縁縁を種子として」（山部訳）

「真如を所縁縁とするものを種子として」（私訳）

つまり、山部氏は “tathatā-ālambana-pratyaya-bījā” が、“bīja” を後分とする bahuvrīhi 複合語であることは認めるが、“tathatā” と “ālambana-pratyaya” と “bīja” という三つの要素の関係については、これを、

tathatā = ālambana-pratyaya = bīja

と見なされているのである。これに対して、私は “tathatā-ālambana-pratyaya-bījā” という複合語は、二重に bahuvrīhi 複合語となっていると考える。即ち、“tathatā-ālambanapratyaya” が「真如を所縁縁とするもの」「真如という所縁縁をもつもの」という意味の bahuvrīhi 複合語として “bīja” を形容し、また “tathatālambanapratyaya-bījā” が、「真如を所

縁縁とするものを種子とするもの」という意味で、“lokottaradharmās”を形容すると見るのである。従って、“tathatā＝ālambana-pratyaya”と“bīja”は、次に示すように、不等号で結ばれる。

tathatā＝ālambana-pratyaya≠bīja

しかも、私の解釈の特徴は、すでにResponseでも示したように、[102]“ālambana”「所縁」という語を、第一義的には、“locus”つまり、〝基体〟を意味すると見る点にある。〔38〕―〔40〕の傍線を付した問題の一文では、“ālambana”ではなく“ālambana-pratyaya”という語が用いられているが、この場合の“ālambana-pratyaya”を、私はResponseでは、“cause as locus”[103]「基体としての因」と訳した。しかし、現在の私から見れば、“pratyaya”と“hetu”は区別されなければならない。“hetu”は主として“janana-hetu”「生因」を意味するからである。従って、“pratyaya”を“cause”と訳すのは、適切ではない。あるいは、“pratyaya”という語自身にも〝基体〟という意味があるから、[104]“ālambana-pratyaya”は、全体として〝基体〟を意味すると解することもできるであろう。[105]すると、「真如を所縁縁とするものを種子として」は、「真如を所縁縁（基体）とするものを種子として」の意味になる。それ故、“tathatā-ālambana-pratyaya-bīja”という表現には、次のような関係が認められることになる。

bīja⊥tathatā＝ālambana-pratyaya

しかも、“tathatā”は〝一切法の最終的な基体〟〔A〕であり、“bīja”はその〝超基体たる生因〟〔B〕であるから、右の関係は、本節の冒頭に示したように、

bīja〔B〕⊥tathatā＝ālambana-pratyaya〔A〕

というものであることが理解される。これは正に、〝一切法の最終的基体〟〔A〕ではなく、その〝超基体〟〔B〕を「生因」とする瑜伽行派独自の“dhātu-vāda”の構造を示すものであることが、知られるであろう。

では、問題の一文に関するシュミットハウゼン教授の理解はどのようなものであろうか。教授は、山部氏のように、

玄奘が「従真如所縁縁種子」と訳した部分に、明確に bahuvrīhi 複合語を認めるという立場には至らず、なおそこに従格的表現を認めるという立場にとどまっておられるように見える。つまり、そこに "bīja" を後分とする bahuvrīhi 複合語を明確に想定したのは、やはり山部氏の功績であると思われる。しかし、問題の中心は、そこにあるのではない。つまり、㊿の "[their] *ālambana-pratyaya*, viz. *tathatā*, as their "Seed"" という訳文に示された教授の理解は、山部氏同様、明らかに、

tathatā＝ālambana-pratyaya＝bīja

という等式を認めるものとなっているのである。また、この訳文中の "[their]" は、"tathatā" が "lokottara-dharmāḥ" の "ālambana-pratyaya" であるという理解を示しているが、私見によれば、"tathatā" は "bīja" の "ālambana-pratyaya" とされているのである。

シュミットハウゼン教授は、一九八七年の『アーラヤ識論』だけではなく、すでに一九六九年の著作『瑜伽師地論、摂決択分の涅槃章』（以下『涅槃章』〔略号 *Nirvāṇa*〕）において、問題の一文を、

(53) Die überweltlichen Gegebenheiten.....entstehen aus der [als] Objekt-Ursache [fungierenden] Soheit als ihrem Samen,

（*Nirvāṇa*, n.48, p.116, *ll*.2-6）

と訳されており、ここにもすでに "tathatā＝ālambana-pratyaya＝bīja" という理解が、明確に示されている。

シュミットハウゼン教授が、一九八七年の『アーラヤ識論』で、問題の一文の翻訳を示された註記では、教授は "janana-hetu"「生因」、つまり、″生じるものとしての因″ と、"pratiṣṭhā-hetu"「依因」、つまり、″基体としての因″ との区別についても言及されており、[106] おそらく ″常住なるもの″ である "tathatā"「真如」を "bīja"「種子」とする解釈の不自然さを理解されていたと思われるが、しかし、教授はついに、

tathatā＝ālambana-pratyaya＝bīja

という解釈を捨てられることはなかった。そこには様々な理由が考えられるが、私としては、そこにほぼ二つの理由を想定している。その第一は、教授が"ālambana"「所縁」を専ら"Object"、つまり、〝認識の対象〟と解された点である。勿論、"ālambana""ālambana-pratyaya"が、仏教教理において〝認識の対象〟を意味することがあることは、明らかである。しかし"ālambana"の原義を考えれば、それは"ā√lamb"「ぶらさがる」「……に依る」という動詞から派生した名詞であり、漢訳語「所縁」が意味するように、「縁られるもの」「依り所」、即ち、〝基体〟を意味するのである。[107]従って、仏教文献において、この語が使用される場合にも、この「依り所」〝基体〟という原義は保存されていると見るのが適切であろう。例えば、「声聞地」には、

〔41〕 jñeye vastuny ālambane (ŚBh[T], p.30, *l*.20-p.32, *l*.1; p.32, *l*.7; p.32, *l*.11)

(54) 所知たる依事(vastu)という所縁(ālambana)において

という表現が繰返される個所があるが、ここで"vastu"と"ālambana"が於格形で示されていることは、"vastu"同様"ālambana"にも、〝基体〟の意味があることを示しているであろう。

また、『宝性論』第四章第七三偈、本頌五四偈前半には、

〔42〕 niṣkiṃcane nirābhāse nirālambe nirāśraye (RG, p.110, *l*.14, IV, k.73ab)

(55) 無所有・無顕現・無所縁(nirālamba)・無所依(nirāśraya)なる〔虚空〕において、

とあるが、これは『智光明荘厳経』の第九喩〝虚空〟の比喩にもとづいて、「虚空」に喩えられる「如来」を〝一切法の最終的基体〟〔A〕と規定するものである。その「虚空」が"nirālamba"であり、"nirāśraya"であると言われているが、この二つの語は、漢訳では「無観」「無依止」(大正三一、八一九下九行)と訳されている。

しかるに、この内の「無観」"nirālamba"について、高崎博士は「無対象」の意味であると説明されているが、[108]これは"ālamba"を"ālambana"と同一視し、それを〝認識の対象〟の意味に解したことにもとづく説明であろう。従っ

て、博士は「無観」という漢訳語を「観らるるもの無く」[109]と読み下しされ、また、『宝性論』梵本の和訳においても、博士は〔42〕の"nirālamba"に「無対象」という訳語を与えておられるのである。[110]

しかし、「虚空」が"〔認識の〕対象をもたない"と述べることに、意味があるであろうか。ここはやはり"一切法の最終的基体"〔A〕の比喩としての「虚空」には"最早それ以上の基体はないこと"を示すために、"nirālamba"は、"nirāśraya"の同義語として、つまり、"無基体"を意味する語として繰返されたと見るべきであろう。即ち、ここで"ālamba"は"ālambana"と同義であって、それは"āśraya"即ち、"基体"を意味すると思われる。

従って、問題になっている〔38〕—〔40〕の"tathatā-ālambana-pratyaya-bīja"についても、これを「真如を基体（所縁縁）とする種子」「真如を基体（所縁縁）とするものという種子」と解することに、何等不合理はないであろう。

第五節　真如種子と真如所縁縁種子

さて、シュミットハウゼン教授が、「真如所縁縁種子」を"「真如」=「所縁縁」=「種子」"と解釈された理由の第二として、教授の解釈が「真如種子」という語の存在に依存しているということが考えられる。即ち、教授の「真如所縁縁種子」に関する解釈、及びそれを示す(53)の独訳は、元来『瑜伽師地論』「摂決択分」中「有余依及無余依二地」中に出る「真如種子」"tathatā-bīj[ak]a"なる語を翻訳する際の註記の中[111]に示されたものであって、この「真如種子」という語の解釈にもとづいている所が大きいと考えられる。そこで次に、この「真如種子」という語の意味について考察しよう。まず、この語が現れる部分の玄奘訳・チベット訳・シュミットハウゼン教授訳、そして私訳を列挙しよう。

〔43〕此転依、真如清浄所顕、真如種姓、真如種子、真如集成。（大正三〇、七四七下二三—二四行）

〔44〕gnas gyur pa de ni de bshin ñid rnam par dag pas rab tu phye ba dañ/ de bshin ñid kyi rigs can dañ/ de bshin ñid kyi sa bon can daṅ/ de bshin ñid las yaṅ dag par grub pa yin la/ (*Nirvāṇa*, p.44, *ll*.2-5)

㊻ Weil diese ‚Neugestaltung der Grundlage' durch die Reinigung der Soheit konstituiert ist (*tathatā-viśuddhi-prabhāvitā*), die Soheit zu [ihrer] Anlage hat (*tathatā-gotr*(*ak*)*ā*), die Soheit zu [ihrem] Samen hat (*tathatā-bīj*(*ak*)*ā*), aus der Soheit hervorgegangen ist (*tathatā-samudāgatā*), (*Nirvāṇa*, p.45, *ll*.4-8)

㊼ この転依(āśraya-parivṛtti)は、真如〔A〕を浄化すること(tathatā-viśuddhi)〔B〕によって生みだされたもの(prabhāvita)であり、真如〔A〕を種姓(gotra)とし、真如〔A〕を種子(bīja)とし、真如〔A〕からもたらされたもの(samudāgata)であり、[112]

ここには、玄奘訳で、「真如種子」という語が認められる。そのチベット訳 "de bshin ñid kyi sa bon can" から考えて、その原語はシュミットハウゼン教授が㊻で想定されたように、"tathatā-bīja" または "tathatā-bījaka" という bahuvrīhi 複合語でなければならない。すると、ここには、

tathatā＝bīja　　真如＝種子

という等式が認められていることになる。とすれば、"tathatā-ālambana-pratyaya-bīja" という表現においても、同じ等式が認められていると考えるのは当然であるということになるであろう。

シュミットハウゼン教授の理解とは、正にそのようなものであろうし、中国・日本の仏性論争においても、"tathatā-ālambana-pratyaya-bīja"「真如所縁縁種子」に関する所謂〝一乗家〟による解釈は、〝「真如」＝「種子」〟という等式を認めるものであった。即ち、「真如所縁縁種子」という語の解釈に関して、所謂〝一乗家〟の先駆者とも目される法宝(六二七—七〇五頃)は、『一乗仏性究竟論』巻四の第八章「破法爾五姓章」の第四節「破西方釈真如所縁縁種子」の冒頭で、次のように述べている。[113]

〔45〕 ㋐破西方釈真如所縁縁種子者、

㋑『瑜伽』五十二云、「問、若此習気摂一切種子、復名遍行麁重者、出世間法従何種子生。若言麁重自相種子、不応道理。答、出世間法従真如所縁縁種子生、非彼習気積集種子所生」。

㋒此同『大般若』云、「真如雖生諸法、真如不生」。

㋓又云、「一切聖者戒定智品従此性生」。

㋔亦同『華厳経』、「清浄甚深智、如来性中生」。

㋕西方有両釈。一、護法等云、「此是縁真如智、以真如為所縁縁故、名真如所縁縁種子[114]」。二、難陀等云、「是聞熏習種、従仏正体智、名[115]為真如所縁縁種子[116]」。

ここで、㋐の「破西方釈真如所縁縁種子」とは、「西方」即ち、インドの「真如所縁縁種子」に関する解釈の論破という意味であるが、すでに明らかにされているように[117]、以下に具体的に論破されるのは、インドの護法、つまり、ダルマパーラ Dharmapāla 系統の瑜伽行派の解釈、及び、それに連なる中国の法相宗の解釈であると考えられる。

次に、㋑は、玄奘訳『瑜伽師地論』〔39〕の引用を示したものであり、㋒㋓㋔は、経典の引用[118]である。つまり、著者である法宝は、これらの経典の引用を示すことによって、〔39〕に出る「真如所縁縁種子」という語に対する自らの解釈を提示しようとしたものと見ることができる。

では、その法宝の解釈とは、どのようなものかと言えば、㋒の経文は「真如」が「諸法」を「生」じることを述べ、㋓の経文は「一切聖者戒定智品」が「此性」から「生」じることを説き、㋔の経文は「清浄甚深智」が「如来性」から「生」じることを言っていると考えられるから、法宝は〔39〕の「諸出世間法、従真如所縁縁種子生」という一文を、基本的には〝「諸出世間法」は「真如」から「生」じる〟という意味に解釈していることが理解される。つまり、「真如所縁縁種子」“tathatā-ālambana-pratyaya-bīja”という複合語自身については、

tathatā＝ālambana＝bīja　　真如＝所縁縁＝種子

という解釈を示したのである。この複合語理解は、それ自体として見れば、㊿(51)に示されたシュミットハウゼン教授や山部氏の解釈と一致している。

このように、法宝による「真如所縁縁種子」の解釈は、「真如＝所縁縁＝種子」、つまり端的に言えば「真如＝種子」というものであると考えられるから、この法宝の解釈に関する、次のような常盤博士と末木氏の評価は、全く適切なものと思われる。

(58) 法宝の解釈は、一乗家の間に頗る権威あるものなりと雖も、公平に之を見る時は、一乗家の意を以て、文義を迎へ、真如を以て強いて種子とせんとするの感あり。（『仏性』五一五—五一六頁）〔傍線＝松本〕

(59) 法宝は真如所縁縁種子を真如自体が種子としてはたらくものと見、（『平安初期』七九八頁二〇—二一行、註〔1〕）〔傍線＝松本〕

すでに論じたように、〝常住なものは、ものを生じ得ない〟というのは仏教の基本的な原則であり、瑜伽行派の正統派は、この原則に忠実であろうとした。従って〝常住なものである真如は、ものを生じることはできない〟〝真如は「生因」ではない〟というのが、瑜伽行派の正統的立場であると考えられる。[119] それ故にこそ、すでに述べたように、瑜伽行派の〝dhātu-vāda〟には、規定②の欠落が認められるのである。

しかるに、これに対して、法宝は瑜伽行派の正統的立場を代表する文献である『瑜伽師地論』中の一文について、〝真如はものを生じる〟〝「出世間法」を生じる〟という解釈を示したのである。それ故、この解釈は、当然、瑜伽行派の正統派の中国における継承者たる法相宗の論師、具体的には慧沼等からの批判を受けることになるのである。即ち、法相宗の初祖とされる基（六三二—六八二）の弟子の一人で、第二祖とも称せられる慧沼（六四八—七一四）[120] は、『能顕中辺慧日論』の「真如為種謬五」において、次のように法宝の説を批判している。

〔46〕 若即真如為種能生、応但云従真如種子生出世法。何須云真如所縁縁種子生。[121]（大正四五、四二九上四—六行）

つまり、〝「真如」が「種子」となって出世間の諸法を生じるとすれば、『瑜伽師地論』は、ただ「真如種子」から出世間の諸法が生じる、と述べた筈であって、わざわざ「真如所縁縁種子」から生じる、と述べる必要はなかったであろう〟というのである。

この慧沼の批判は、根本的には、〝「真如」は「能生」たりえない〟〝「真如」は「種子」たりえない〟という理解にもとづいて、〝もしも「真如」が「能生」であるならば、『瑜伽師地論』〔39〕の問題の文章は、「諸出世間法、従真如所縁縁種子生」である必要はなく、単に「……従真如種子生」と書かれていた筈だ〟と論じるものである。

つまり、ここで慧沼は、この文章に「所縁縁」という語が含まれていることに、重大な意義を見出している。即ち、この語の存在は〝「真如」=「種子」〟という等式を否定するものだと見ているのである。

では、慧沼は「真如所縁縁種子」という語を、いかに解釈するのか。彼の解釈は、記述〔46〕の少し前の個所に、次のように示されている。

〔47〕答意、以真如為所縁縁之能縁之智種、為出世法因。(大正四五、四二九上一一—一二行)

これは、〝「答意」、つまり、『瑜伽師地論』自身の立場は、「真如」を「所縁縁」とする「能縁」たる「智」という「種子」が、出世間の諸法の「因」である、というものである〟という意味であろう。この慧沼の「真如所縁縁種子」解釈と基本的に一致する解釈が、法宝の『一乗仏性究竟論』〔45〕㋕の「護法等云」以下に、「此是縁真如智、以真如為所縁縁故、名真如所縁縁種子」として示されている。従って、この解釈、つまり〝「真如所縁縁種子」とは、「真如」を「所縁縁」とする「能縁」たる「智種」、つまり、「智」という「種子」[122]を意味する〟という解釈は、『成唯識論』にそのままの形では見出されないが[123]、すでに法宝が『一乗仏性究竟論』を著作する以前に存在していた法相宗の伝統的な、あるいは正統的な解釈だと見ることができるであろう[124]。

しかるに、「真如所縁縁種子」に関する、この慧沼等の法相宗の伝統的解釈は、「所縁縁」"ālambana-pratyaya"を専ら認識の対象と解し、従って、〝「真如」を「所縁縁」とするもの〟を、〝真如を認識対象とする智〟とのみ理解する点を別にすれば、私の解釈と全く一致するのである。即ち、「真如所縁縁種子」"tathatā-ālambana-pratyaya-bīja"は、〝「真如」(tathatā)を「所縁縁」(ālambana-pratyaya)として有する「種子」(bīja)〟、または、〝「真如」を「所縁縁」として有するものという「種子」〟を意味すると理解し、"tathatā-ālambanapratyaya"は"tathatā"を前分とし、"ālambanapratyaya"を後分とする bahuvrīhi 複合語であると解する点において、一致しているのである。

記述〔46〕における慧沼による法宝批判、つまり、何故『瑜伽師地論』〔39〕に「真如所縁縁種子」と述べられていて、単に「真如種子」と書かれていないのか、という批判は、ある意味では本質的なものであった。それ故、所謂〝一乗家〟の側は、この批判に答えるために、「真如種子」という語を、何等かの仏典の中から探し出してくる必要があった。日本天台宗の祖、最澄（七六七―八二二）の場合、この語の典拠として提示した「聖教」は、今日では偽経であることが明らかにされている『金剛三昧経』であった。即ち、彼は『守護国界章』（八一八年）で、次のように述べるのである。

〔48〕若麁食者、不立真如種子、汝犯聖教相違。故金剛三昧経云、信此身中真如種子、為妄所翳。(125)（大正七四、二二五中二九行―下二行）

これは、〝「麁食者」（これは『守護国界章』で最澄が論破しようとした日本法相宗の徳一を指すとともに、徳一の主張の拠り所となった慧沼をも指していると考えられる）が、「真如種子」を立てなければ、その主張には「聖教」"āgama"との矛盾という過失がある。何となれば『金剛三昧経』に、「この身の中に真如種子があり、妄によって覆われている」と説かれているから〟という意味であろう。

この場合、最澄において、「真如種子」とは〝「真如」の「種子」〟という意味ではなく、〝「真如」という「種子」〟〝「真如」である「種子」〟、つまり〝「真如」=「種子」〟を意味していることは、『守護国界章』の次の一節によって理解される。

〔49〕㋐麁食者又云、若即真如為種子生諸法者、論但応云従真如種子生出世法、何更須云真如所縁縁種子生。此亦不爾。㋑真如即所縁縁。待聞熏等、出世法生。謂不真如不待縁出世法生。是故宝公立義、符瑜伽義。（大正七四、二二六上一〇—一五行）

このうち、㋐の傍線を付した部分は、慧沼の『能顕中辺慧日論』〔46〕に一致しており、㋑の「宝公」とは、法宝を指している。従って、最澄はここで、〝「真如」＝「種子」〟とする法宝の主張に対する慧沼の〔46〕における批判に答え、法宝のその主張を再び定立しようとしていることが理解される。ただし、㋑における最澄の説明は、〝「真如」はそれだけで、出世間の諸法を生じる〟というような単純なものではない。即ち、〔49〕㋑は、ほぼ次のように解されるであろう。

⑹⓪ 真如は所縁縁であり、聞熏習（śruta-vāsanā）等〔という縁〕を待って（に依存して）、出世間の諸法を生じる。真如は〔それらの〕縁（pratyaya）を待たないで（に依存しないで）、出世間の諸法を生じる、というのではない。

従って、法宝の主張は、『瑜伽師地論』の立場に一致しているのである。

つまり、最澄において、「真如所縁縁種子」の意味とは、基本的には、

真如＝所縁縁＝種子

なのである。これについて、〔49〕㋑の冒頭には「真如即所縁縁」とあり、〝「真如」＝「所縁縁」〟は確かに説かれているが、〝「真如」＝「種子」〟は、〔49〕㋑に明確に説かれていないではないか、という疑問が生じるかもしれない。確かに、㋑に「種子」という語は、使用されていない。この点は、重要であろう。というのも、すでに述べたように、㋑における最澄の説明は、〝「真如」は「種子」となって、それだけで単独で出世間の諸法を生じる〟というような単純

なものではないからである。しかし、〔49〕㋑では「出世法生」ということが二回言われている。これはおそらく日本的な漢文であって、この「出世法生」は、〝出世法が生じる〟ではなく、〝出世法を生じる〟と読むべきであろう。さもなければ、その直前の「真如即所縁縁、待聞熏等」との連絡がつかない。すると、「真如」は「出世法」を「生」じるものと言われているのであり、従って、「真如」は「能生」であり、「生因」であり、「種子」であるということが、認められていると考えられる。しかし、「真如」は「出世法」を「生」じる「種子」であると認められてはいても、「真如」はそれだけで、単独に「出世法」を生じることはできない、と言われている。つまり、「聞熏習」等の「縁」が必要である、というのである。

この〔49〕㋑における最澄の説明では、すでに述べたように、「真如」は「種子」であると明言されておらず、また、「因縁」であるとも「生因」であるとも、あるいは、また「因」(hetu)であるとも、言われていない。つまり、「種子」「生因」「因縁」「因」という語自体が、そこに全く用いられていないのである。ここには、おそらく「真如」を単純に、「種子」「生因」「因縁」「因」と解する理解に、一定の歯止めをかけたいという意識が、認められるであろう。即ち、最澄の「真如所縁縁種子」の理解が、〝「真如」=「種子」〟というものであることは、紛れもない事実であるが、しかし、「真如」をまず「所縁縁」であると明言し、それは〝諸の「縁」を待たずしては、果を生じない〟と規定するところには、〝「真如」=「種子」〟という解釈からもたらされる単純な理解、つまり、〝「真如」は単独で、果を生じることができる〟という理解を排除したいという意識が働いているように思われる。

しかるに、果を生じるためには、〝「種子」=「因」〟だけではなく、「縁」も必要である、という理解を強調していくとすれば、そこには、〝果を生じるためには、A(tathatā)とB(bīja)という二つの契機が必要である〟という dhātu-vāda の特殊形態、つまり、常住なるAではなく、Aを基体とするB、即ち、無常なるBを「生因」とする瑜伽行派の dhātu-vāda に近似した考え方が得られることになるであろう。それ故にこそ、最澄は〔49〕㋑末尾で「是故、宝公立義、符瑜伽義」と述べることができたのだと思われる。

〔49〕㋑における最澄の「真如所縁縁種子」の解釈は、すでに述べたように〝「真如」＝「所縁縁」＝「種子」〟というものであり、従って、勿論〝「真如」＝「種子」〟というものであるが、しかし、「真如」を「種子」とすることにまつわる単純な理解、つまり〝「真如」はそれだけで、単独で出世間の諸法を生じる「種子」となる〟というような理解を、「真如」をまず「所縁縁」と規定すること、及び「真如」の「待縁」を強調することによって、排除していると考えられる。それ故、私見によれば、〔49〕㋑における最澄の「真如所縁縁種子」の解釈は、シュミットハウゼン教授の解釈と、合致する点が多いように思われる。教授もまた、「真如所縁縁種子」を〝「真如」＝「所縁縁」＝「種子」〟と解されるとともに、「真如」が、まず何よりも、「所縁縁」であることを強調されるからである。[126]

さて、最澄が、慧沼による法宝批判〔46〕に答えて、〔48〕で提示した「真如種子」という語の典拠は、『金剛三昧経』という偽経であった。この経は、水野弘元博士によれば、六五〇―六六五年頃、初期禅宗の主張等、当時中国で流行していた仏教教理も取り入れて作成されたものとされ、[127]従って、最澄がこれを「真如種子」の典拠として用いたとはいえ、その当時からこの経の信憑性については、疑問がもたれていたと思われる。そこで、最澄を開祖とする日本天台宗に属する源信（九四二―一〇一七）が、「真如種子」の典拠として示したのが、『瑜伽師地論』「摂決択分」〔43〕の「真如種姓、真如種子」なのである。即ち、彼は『一乗要決』で、次のように述べる。

〔50〕㋐問。沼公又難云、若即真如為種能生、応但云従真如種子生出世法。何須云真如所縁縁種子生已上。此義云何。

㋑答。第八十只云真如種性、真如種子云云。況復非独真如生出世法。智観彼時生。故言所縁縁。

㋒言種子者、即是真如。或真如体、即名種子。相分真如及能縁心、亦有種子。然非法爾。含此等義、名為真如所縁縁種子。（大正七四、三六五下二二―二九行）

このうち、㋐の「沼公」とは、言うまでもなく、慧沼を指しており、傍線を付した部分は、『能顕中辺慧日論』〈46〉の引用である。即ち、『瑜伽師地論』〈39〉には、〝「真如種子」ではなく、「真如所縁縁種子」と書かれているではないか〟という慧沼の本質的な批判に対して、源信は、最澄の返答を不充分なものと見なして、彼自身で再度答えようとするのである。そこで「真如種子」の典拠として示したのが、「第八十」、つまり、『瑜伽師地論』巻八〇の〈43〉に見られる「真如種姓、真如種子」という表現だったのである。

この指摘が、極めて重要なものであることはいうまでもない。何となれば、源信が「真如種子」の典拠として示したものは、正に『瑜伽師地論』そのもの、それも〈39〉と同じ「摂決択分」に属する部分の記述であったからである。『瑜伽師地論』「摂決択分」〈39〉の「真如所縁縁種子」という表現を解釈するのに際し、同じ『瑜伽師地論』「摂決択分」に見られる〈43〉の「真如種子」という表現に依拠するという源信の採った方法以上に適切なものはないように見える。従って、この源信の指摘、つまり、具体的には、『瑜伽師地論』〈43〉に「真如種子」という表現が見られるという指摘は、所謂〝三乗・一乗〟をめぐる仏性論争において、〝一乗家〟の側に勝利を決定づけるような圧倒的な影響力をもったようである。即ち、この点について、常盤博士は次のように言われるのである。

(61) 沼公いふ、真如もし種子ならば、真如種子といふべし。「瑜伽論」の五十二に、何ぞ真如所縁々種子といふべきや。

之に対して、慧心は、「瑜伽」第八十より、真如種性・真如種子の成語を見出して、之に応ぜり。これ実に長年月に亘れる諍論に対して、一乗家に極めて有力なる材料を提供せるものなり。（『仏性』四二〇―四二一頁）

では、〝「真如」＝「種子」〟を、源信はどのように説明するのであろうか。『一乗要決』〈50〉㋑の「非独真如生出世法」以下は、『守護国界章』〈49〉㋑の説明を内容的に承けている。「非独真如生出世法」というのは、〈49〉㋑の〝「真如」は単独で、つまり、「縁」を待たないで、「出世法」を生じるのではない〟という説、つまり、「不真如不待縁出世法生」

に内容的に一致しており、「真如」を「所縁縁」とする説も、〔50〕㋑は〔49〕㋑から継承している。ただし異なるのは、〔49〕㋑では「真如」が「出世法」を「生」じるには「聞熏等」の「縁」を必要とすると言われていたのに対し、〔50〕㋑では「待縁」ということは言われておらず、「智観彼時」、即ち、「智」が「彼」つまり「真如」を「観」ずる「時」、「真如」は「出世法」を「生」じる[128]と説明されている点である。[129] この源信の説明は分り易い。即ち、「真如」は「所縁縁」（認識の対象）であり、「智」（認識）がそれを「観」ずるとき、初めて「真如」は「出世法」を「生」じるというのである。この説明が〝「真如」を「所縁縁」とする「智」が、「真如所縁縁種子」であり、それが出世間の諸法を生じる〟という法相宗の解釈と近似するものであることは、明らかであろう。つまり、「真如」は何よりも「所縁縁」であって、その「真如」を「観」ずる「智」が、「種子」であり、それが出世間の諸法を生じると述べるならば、これは慧沼等の法相宗の理解そのものになってしまうのである。即ち、「真如」を「因」、または「因縁」であるとはせず、それが「所縁縁」であることを強調するならば、瑜伽行派、または法相宗の理解に近接していくことになるのは、『守護国界章』〔49〕㋑と同様である。

そこで、源信としては、今度は、法相宗の理解との相違を示すために、『守護国界章』〔49〕には無かった㋒を、〔50〕では付加しているのであろう。つまり、㋒の冒頭には「言種子者、即是真如」とあるが、この〝「真如」＝「種子」〟という等式こそ、法相宗より見れば、全く容認できないものなのである。しかし、その後の「或真如体、即名真如」以下の議論は、私にはうまく把握できないのである。「真如」の「体」が「種子」であるとすれば、「真如」と「真如の体」は異なるから、〝「真如」＝「種子」〟という等式は、厳密に言えば、成立しない筈である。

また、「相分真如、及能縁心、亦有種子」というのは、「相分」、つまり「所縁縁」たる「真如」が「種子」であるだけではなく、「能縁」たる「心」即ち「智」も、「種子」であることがある、と述べているのではなかろうか。もしそうであるとすれば、ここでは「真如」を「所縁縁」とする「智」を「種子」とする法相宗の立場に対して、一定の承認が与えられていることになる。それ故にこそ、次の「然非法爾」、つまり、〝しかし〔種子は〕法爾ではない〟という語が意味をもつのであろう。即ち、ここでは、法相宗の認める〝法爾種子〟、つまり『成唯識論』巻二に、

〔51〕此中有義。一切種子皆本性有、不従熏生。……故応定有法爾種子、不由熏生。……無漏種子、法爾本有、不従熏生。有漏亦応法爾有種。（大正三一、八上二〇行—中五行）

と説かれる〝法爾種子〟の存在が否定されているのは、明らかだと思われる。

さらに、源信は、〔50〕において、最後の結論を「含此等義、名為真如所縁縁種子」と述べるのであるが、「含此等義」というのは、極めて曖昧な、また文字通り包括主義的な表現であろう。即ち、ここには〝「真如」を「所縁縁」とする「智」〟を「種子」とする法相宗の立場に対しても、一定の承認が与えられているように見えるのである。

さて、ここで再びシュミットハウゼン教授の解釈の検討にもどれば、(53)(50)に示された教授の「真如所縁縁種子」という表現に対する解釈は、すでに述べたように、〝「真如」＝「所縁縁」＝「種子」〟、つまり、

tathatā＝ālambana-pratyaya＝bīja

というものであるが、この教授の解釈は『瑜伽師地論』〔43〕の「真如種子」“tathatā-bīja”という表現の解釈に依存している、または、影響されているというのが、すでに述べたように、私の想像する所なのである。即ち、教授が一九六九年の『涅槃章』において、「真如種子」“tathatā-bīja”という表現の独訳に対する註記において、この表現と趣旨の一致するものとして、『瑜伽師地論』〔39〕〔40〕の「真如所縁縁種子」“tathatā-ālambana-pratyaya-bīja”という語の存在を指摘し、その独訳を示したものが、(53)なのである。従って、『涅槃章』を書かれた一九六九年の時点で、シュミットハウゼン教授は、源信の『一乗要決』〔50〕の議論については、御存知なかったかもしれないが、実は教授は源信が〔50〕で行ったのと、ほぼ同様の操作をされたとも言えるのである。つまり、源信が「真如所縁縁種子」の意味を「真如種子」という表現によって説明したように、シュミットハウゼン教授は「真如種子」の意味を、「真如所縁縁種

子」という表現によって理解したのである。しかるに、源信は〝一乗家〟であって、瑜伽行派ではない。即ち源信の論敵たる法相宗こそ瑜伽行派の、あるいは『瑜伽師地論』の中国における正統的な後継者と考えられているのである。ということは、シュミットハウゼン教授の「真如所縁縁種子」の理解は、この語を有する『瑜伽師地論』に従う人々と考えられる瑜伽行派の中国における継承者たる法相宗の〝「真如」≠「種子」〟という解釈ではなく、それを論破しようとした〝一乗家〟、つまり、法宝・最澄・源信という論師たちの〝「真如」=「種子」〟という解釈に一致しているとも言えるのである。しかし、果して、慧沼等の法相宗の学者たちではなく、それを論破しようとした〝一乗家〟の論師たちの方が、法相宗の根本典籍たる『瑜伽師地論』の「真如所縁縁種子」という表現の意味を正しく理解していたなどということが、ありうるであろうか。これは勿論、法相宗の伝統的権威を自明なものとして認め、法相宗はインドの瑜伽行派の教理については、必ず正当な理解を示している筈だという前提にもとづいて述べているのではない。単に素朴な疑問を述べているだけである。そこで、シュミットハウゼン教授の理解を詳しく吟味することが、必要になるであろう。

教授が、〔43〕の「真如種子」に付した註、つまり、具体的には(56)の〝(*tathatā-bīj*(*ak*)*ā*)〟に付した註(48)とは、次の通りである。㋐㋑㋒㋓㋔と分節して、これを示すことにしよう。

(62) ㋐ Der Ausdruck *bījam* („Same") hat, wie die in A.47, *a* angeführte Synonymreihe zeigt, gleich *gotram* die Bedeutung „Ursache", „Anlage". Er unterscheidet sich von *gotram* lediglich dadurch, daß er auch außerhalb des Zusammenhanges der Verursachung des Heils allgemein gebräuchlich ist.

㋑ Die Aussage, daß die Soheit der ‚Same' der ‚Neugestaltung der Grundlage' sei, ist somit im gleichen Sinne zu verstehen wie die, daß sie deren ‚Anlage' (*gotram*) sei: Die Soheit ist ‚Same' der ‚Neugestaltung der Grundlage', indem sie als Objekt-Ursache das vorstellungsfreie Wissen erzeugt, aus dessen intensiver Übung (*bhāvanā*) die ‚Neugestaltung der Grundlage‘ resultiert.

㋒ Dies bestätigt auch Y_C 589a16f., wo es heißt: „Die überweltlichen Gegebenheiten (*lokottarā dharmāḥ*) (d. h. vor allem: das vorstellungsfreie Wissen, aus dessen Übung nach *I, 5b* B1 die ‚Neugestaltung der Grundlage‘ hervorgeht,) entstehen aus der [als] Objekt-Ursache [fungierenden] Soheit als ihrem Samen (*tathatālambanapratyayabīja-*, vgl. Y_t Zi 30b1: *de bźin ñid la dmigs pa*ᶜ*i rkyen gyi sa bon*), und nicht aus einem durch Durchtränkung angesammelten Samen (*vāsanopacitabīja-*).“

㋓ Der Terminus ‚Same‘ (*bījam*) wird somit in diesen Texten noch in einer lockereren Weise verwendet als später, wo er ausschließlich im Sinne der ‚durch Durchtränkung angesammelten Samen‘ gebraucht wird, d. h. im Sinne einer je bestimmten Virtualität oder Potenz, die im Erkenntnisstrom oder im *ālayavijñānam* einbegriffen oder ihm angeschlossen ist.

㋔ Eben diesen späteren Sprachgebrauch unterstellt Tao-lun (800a26f.), wenn er erklärt: „„Hat die Soheit zum Samen‘: weil gestützt auf die Soheit als Objekt [im *ālayavijñānam* des betreffenden Lebewesens] ein [zur ‚Neugestaltung der Grundlage‘ führender] Same [vermittels] Durchtränkung zustandegebracht wird". (*Nirvāṇa*, n.48, pp.115-116)

このうち㋐は、基本的には、「種子」“bīja”が「種姓」“gotra”と同義であることを述べたものであって、それ故に、㋑では、問題になっている「真如種子」という語は、直前に出る「真如種姓」という語と同義に理解されるべきだと述べられる。つまり、「真如」は「所縁縁」として無分別知を生じる（erzeugt）ことによって、「種子」であり、その無分別知の修習（bhāvanā）から、転依（āśraya-parivṛtti）が結果として生じる（resultiert）、というのである。

次に㋒は、「真如種子」“tathatā-bīja”に関するこのような解釈の妥当性は、『瑜伽師地論』〔39〕の「諸出世間法、従真如所縁縁種子生、非彼習気積集種子所生」という表現の存在によって証明されるとして、この表現の翻訳を、おそらく主としてチベット訳にもとづいて示したものである。

さらに㋓では、それ故に「真如種子」と言われるときの「種子」という語は、より後代の用法よりも、まだ、より緩やかな仕方で（in einer lockereren Weise）用いられていると言われる。では、その後代の用法とはどのようなものかと言えば、後代においては、「種子」は専ら熏習によって集積された「種子」、つまり、認識の相続、またはアーラヤ識に含められる特定の潜在力の意味で用いられる、というのである。

最後に㋔は、この後代の用法を示す例として、〔43〕の「真如種子」という語に対する道倫の『瑜伽論記』における註釈文の翻訳を示しているが、その註釈文とは、次の通りである。

〔52〕　真如種子者、縁真如為境而熏成種子故。（大正四二、八〇〇上二六―二七行）

このシュミットハウゼン教授による「真如種子」の解釈、または「真如所縁縁種子」の解釈を通読して、もしも私の読解に誤りがないとすれば、私には疑問が少なくないのである。即ち、まず「種子」と「種姓」が基本的に同義であるとする㋐については、問題はないであろう。しかるに㋑において、教授が「真如種子」の語を含む〔43〕にも、「真如所縁縁種子」の語を含む〔39〕にも存在しない "das vorstellungsfreie Wissen"「無分別知」（nirvikalpa-jñāna）なる概念を導入して解釈を示されている点は、問題だと思われる。おそらく、ここには「真如」ではなく、「真如」を「所縁縁」とする「智」が「種子」であるという法相宗の理解が、幾分かは反映されているのであろう。しかし勿論、教授は「真如」そのものが「種子」であることを否認されるのではない。

では何故に「真如」は「種子」でありうるのか。あるいは何を生じるが故に、「真如」は「種子」なのであろうか。〔43〕には「此転依……真如種子」と説かれているのであるから、「真如」は「転依」を生じるが故に「種子」である、という解釈が成立するのは自然であろうが、教授の解釈はそれとは異なるのである。つまり、教授は「真如」が直接「転依」を生じると見るのではなく、「真如」は「所縁縁」として「無分別知」を生じ（erzeugt）、その「無分別知」

の「修習」から「転依」が生じる（resultiert）と見なされるのである。この解釈は、またしても法相宗的である。つまり、「真如」を「所縁縁」とする「智」、即ち、「無分別知」が「転依」を生じる、というのが、法相宗的な理解であると思われるからである。教授の解釈と法相宗的な理解の相違を言えば、言うまでもなく教授が、〃「真如」＝「種子」〃を依然として承認されるのに対して、後者がこれを認めない点にある。

法相宗的な理解では、「真如」を「所縁」、「智」を「能縁」と解し、両者の間に〃生起〃の因果関係を認めない。従って「真如」は〃……を生じるもの〃、即ち、「生因」たる「種子」ではないのである。これに対して、教授は㋑において、二つの〃生起〃を語られている。つまり、「真如」が「無分別知」を生じ（erzeugt）、「無分別」の「修習」から「転依」が生じる（resultiert）、というのである。教授は、この二つの〃生起〃を含意して、「真如種子」という表現において「種子」という語は用いられていると見なされているのかもしれないが、むしろ、第一の〃生起〃は存在しないと考えるのが、適切ではなかろうか。「真如」と「智」との間に〃生起〃の因果関係を認めるのは、困難だからである。では何故、〔43〕で「真如」が〃……を生じるもの〃、つまり「種子」と言われるかと言えば、これはむしろ〔39〕の「真如所縁縁種子」という表現を省略した形、あるいはそれに比べれば、ルーズな弛緩した表現と見なすべきではなかろうか。その場合、言うまでもなく「真如所縁縁種子」は、〃「真如」＝「所縁縁」＝「種子」〃ではなく、〃「真如」〔A〕を「所縁縁」とする「種子」〔B〕〃〃「真如」〔A〕を「所縁縁」とするものという「種子」〔B〕〃と読むのである。このように解釈すれば、〃生起〃は一つしか存在しない。即ち、〃「真如」〔A〕を「所縁縁」とする「種子」〔B〕〃から、「諸出世間法」が〃生じる〃だけなのである。

シュミットハウゼン教授が、(62)㋑において、「真如」を「種子」であるとしながらも、「転依」が「真如」から直接生じるとはせずに、「無分別知」の「修習」から生じる、と論じられたのは、『瑜伽師地論』「摂決択分」中「有余依及無余依二地」に、次のような一節が見られるからであろう。玄奘訳・チベット訳・シュミットハウゼン教授による独訳・私訳の順に示そう。

〔53〕 答。非阿羅漢所得転依六処為因。然彼唯用縁真如境修道為因。（大正三〇、七四八中六—七行）

〔54〕 dgra bcom paḥi gnas gyur pa ni skye mched drug gi rgyu las byuṅ ba ma yin gyi/ de bshin ñid la dmigs paḥi lam bsgoms paḥi rgyu las byuṅ ba yin te/ （*Nirvāṇa*, p.50, *ll.*4-6）

(63) Die „Neugestaltung der Grundlage' des Arhat ist nicht aus der sechsfachen Basis hervorgegangen（*na ṣaḍāyatanahetukā*）; sie ist vielmehr aus der Übung des die Soheit zum Objekt habenden [spirituellen] Weges hervorgegangen（*tathatālambana-mārgabhāvanāhetukā*）（*Nirvāṇa*, p.51, *ll.*5-8）〔傍線＝松本〕

(64) 阿羅漢（arhat）の転依（āśraya-parivṛtti）は、六処（ṣaḍ-āyatana）を因（hetu）とするものではなく、真如〔A〕を所縁（ālambana）とする修道（mārga-bhāvanā）〔B〕を因とするものである。

ここでも「転依」は「真如」から直接生じるのではなく、「真如を所縁とする修道」から生じると言われている。つまり、ここで「因」“hetu”とは、〔43〕の「真如種子」と〔39〕の「真如所縁縁種子」の「種子」“bīja”と同義であって、これこそが「生因」〔B〕なのである。しかるに、シュミットハウゼン教授は、「転依」が「真如」〔A〕から直接生じるものではないと主張されながらも、(63)の訳文において、〝「真如」を「所縁」とするもの〟を「修道」“mārga-bhāvanā”ではなく、「道」“mārga”であると解されている。しかし、この解釈によれば〝「真如」〔A〕を「所縁〔縁〕」とするもの〔B〕〟が「生因」である、という構造は、厳密には成立しなくなるであろう。それ故、私自身は、〔53〕の「用縁真如境修道為因」という漢訳、つまり、「真如」〔A〕を「所縁」とする「修道」〔B〕を「因」であるとする漢訳に従い、そしてまた「真如所縁縁種子」の〝「真如」〔A〕を「所縁縁」とする「種子」〔B〕〟という構造との斉合性を考えて、〔53〕〔54〕では、「修道」“mārga-bhāvanā”、即ち、「道の修習」が「真如」を「所縁」とするものであり、かつ「転依」の「因」である、と説かれていると見ておきたい。

ただし、『瑜伽師地論』「摂決択分」冒頭の部分には、「真如を所縁とする道」"tathatā-ālambana-mārga"や「真如を所縁とする知」"tathatā-ālambana-jñāna"を「転依」の「因」であると述べるかのような記述が存在することは、[130] 指摘しておかなければならない。この記述を含む部分は、シュミットハウゼン教授によって"Proof Portion""Pravṛtti Portion""Nivṛtti Portion"と呼ばれる「摂決択分」冒頭の三つの部分[131]のうち、アーラヤ識の止滅（nivṛtti）を扱う"Nivṛtti Portion"に相当し、これについては、袴谷氏によるテキストと和訳の提示にもとづく詳細な研究があるが、[132] ここでは、それぞれの記述について、玄奘訳とチベット訳のテキスト、並に私訳を示しておこう。

〔55〕阿頼耶識、体是無常、有取受性。転依是常、無取受性。縁真如境聖道、方能転依故。[133]（大正三〇、五八一下九—一一行）

〔56〕kun gshi rnam par śes pa ni mi rtag pa daṅ/ len pa daṅ bcas pa yin la/ gnas gyur pa ni rtag pa daṅ len pa med pa yin te/ de bshin ñid la dmigs paḥi lam gyis bsgyur baḥi phyir ro// (D, Shi, 8a4-5)

(65) アーラヤ識（ālaya-vijñāna）は無常（anitya）であり、有取（sa-upādāna）である。転依（āśraya-parivṛtti）は常（nitya）であり、取（upādāna）をもたないものである。何となれば、真如〔A〕を所縁とする道（tathatā-ālambana-mārga）〔B〕によって〔依が〕転じるからである。

〔57〕由縁真如境智、修習多修習故、而得転依。[134]（大正三〇、五八一下五—六行）

〔58〕de bshin ñid la dmigs paḥi[135] śes pas[136] kun tu bsten ciṅ[137] goms par byas paḥi rgyus gnas ḥgyur bar byed do// (D, Shi, 8a3)

(66) 真如〔A〕を所縁とする知（tathatā-ālambana-jñāna）〔B〕によって、[138] 親習し修習することの故に（āsevanā-anvayāt bhāvanā-anvayāt）、[139]〔彼は〕依（āśraya）を転じるのである。

このうち、〔55〕〔56〕では、確かに「修道」"mārga-bhāvanā"ではなく、「道」"mārga"が「転依」をひきおこす「因」

であるとされているようである。しかし、この〔55〕〔56〕に示される「真如を所縁とする道」を「転依」の「因」とする説を、そのまま〔53〕〔54〕に適用することに、私は若干の疑問を感じる。[140] というのも、「転依」の「因」としての「修習」"bhāvanā" の重要性を考えるからである。

この点で、次の〔57〕〔58〕は重要である。そこには、まず「真如を所縁とする知」"tathatā-ālambana-jñāna" という表現が認められる。この表現こそ、法相宗が「真如所縁縁種子」を〃「真如」を「所縁縁」とする「種子」〃を「智」と解した最も重要な典拠であったということは、充分考えられる。しかし、〔57〕〔58〕では、「転依」をひきおこす「因」は、「真如を所縁とする知」ではなく、その「知」によって「親習し修習すること」[141] であるとされていると思われる。とすれば、〔57〕〔58〕では厳密に言えば、〃「真如を所縁とするもの」=「因」〃という等式は、成立していないことになる。この等式は、「真如所縁縁種子」という表現には妥当するが、厳密に言えば、この等式が妥当しない表現も『瑜伽師地論』「摂決択分」中にはあると考えるのが、あるいは適切であるのかもしれない。このように考えれば、「修道」"mārga-bhāvanā" ではなく「道」"mārga" を「真如を所縁とするもの」"tathatā-ālambana" と見る(63)に示されたシュミットハウゼン教授の翻訳と解釈は、妥当なものとなるであろう。

ただし、仮りにその教授の解釈の妥当性を認めたとしても、〔53〕〔54〕と〔55〕〔56〕と〔57〕〔58〕に出る "tathatā-ālambana-" という複合語は、〔53〕〔54〕に対する教授の翻訳(63)に "die Soheit zum Objekt habenden" と示されているとおり、すべて〃「真如」を「所縁」とする〃〃「真如」を「所縁」としてもつ〃という bahuvrīhi 複合語であると解されなければならない。従って、私は、教授の論述(62)㋒に示された「真如所縁縁種子」の翻訳、つまり "tathatā-ālambanapratyaya-" を karmadhāraya 複合語と解し、〃「真如」=「所縁縁」=「種子」〃という解釈を示す翻訳には従うことができないのである。

また、シュミットハウゼン教授によって(62)㋓に述べられた内容は、私にとっては不可解なものである。即ち、〔43〕の「真如種子」という表現自体が、私にとってはルーズな（locker）ものと思われるのであるが、教授は「真如種子」

という表現における「種子」の用法は、後代の用法に比べれば、よりルーズなものだと言われる。では、その後代の用法とは何かと言えば、「種子」は後代の用法では、専ら「熏習によって積集された種子」“durch Durchtränkung angesammelten Samen”の意味で、特にアーラヤ識との関係で用いられる、というのが教授の見解であると思われる。しかし、このドイツ語の訳語は、(62)㋒において“vāsanā-upacita-bīja”の訳語として用いられたものである。すると、教授は“tathatā-bīja”や“tathatā-ālambana-pratyaya-bīja”よりも“vāsanā-upacita-bīja”の方が、後代の用法であると考えられるという意味であろうか。

シュミットハウゼン教授が想定された“vāsanā-upacita-bīja”に相当する玄奘訳は「習気積集種子」であり、チベット訳は“bag chags bsags paḥi sa bon”であり、その原語は、山部氏が㊾で想定されたように“upacita-vāsanā-bīja”(142)とすべきであろうが、「アーラヤ識」という用語の成立が、「真如」という語の成立よりも、はるかに遅いことを考えれば、前述の教授の見解は、もしも私がそれを正しく理解しているとすれば、妥当であるかもしれない。しかし、教授がその「種子」の後代の用例にもとづくものとして、『瑜伽論記』〔52〕の「真如種子者、縁真如為境而熏成種子故」という文章を示されることについては、私としては充分に納得がいかないのである。というのも、この文章は、

(67)「真如種子」(真如を種子とする)というのは、真如を所縁(ālambana)として、種子を熏成するからである。

と読めるであろうが、〔43〕の「真如種子」という語に対するこの註釈文において、何よりも重要なことは、「種子」に「熏成」という語が冠せられているということではなくて、ここで「真如」と「種子」の同一性が否定されていることなのである。つまり、

tathatā ≠ bīja

である。即ち、「縁真如為境」という表現には、明らかに“tathatā-ālambana”という複合語の bahuvrīhi 複合語的解釈が認められる。確かに、そこには〝「種子」が、「真如」を「所縁」とする〟とは明言されていない。しかし〝「真如」

を「所縁」として「種子」を「熏成」する〃というのは、〃「種子」が「真如」を「所縁」とする〃というのと、殆んど同義であろう。従って、ここで〃「真如」と「種子」の同一性〃が否定されていることは確実であり、これこそが、つまり、〃「真如」と「種子」の同一性の否定〃という、いわば法相宗の根本的教義こそが、この註釈文〔52〕が説こうとした最も重要なポイントなのである。

〔43〕の「真如種子」"tathatā-bīja""tathatā-bījaka"は明らかにbahuvrīhi複合語として、「転依」"āśraya-parivṛtti"を形容している。従って文字通りに読めば、ここに〃「真如」=「種子」〃という同一性が説かれているのは、明らかであるが、『瑜伽論記』の著者たる道倫は、法相宗の宗義を踏えて、何とかこの同一性を否定しようとしたのであり、その努力の結果成立したのが、〔52〕という註釈文なのである。この註釈文は、ある意味では漠然としている。つまり、そこで道倫は、〃「真如種子」とは、「真如」を「所縁」とする「種子」である〃と明言しているのではない。もしも、このように明言したとすれば、この註釈文は、被註釈文たる「真如種子」の意味とかけ離れていることが、読者にとって明白になってしまうであろう。しかし、被註釈文の趣旨と明確にかけ離れた註釈文というものは、読者にとって説得力のあるものではない。そこで道倫は法相宗の宗義を押えながらも、それが余りにも被註釈文の意味とかけ離れていることが露にならないように、敢えて曖昧な註釈文を書いたのであろう。

さて、以上の論説は、シュミットハウゼン教授の「真如所縁縁種子」の解釈が、〔43〕の「真如種子」という語の解釈に依存していることを示そうとして、「真如種子」に対する教授の註記62の内容について考察したものである。しかるに、その考察の過程で問題とされた『瑜伽師地論』「摂決択分」の〔53〕〔54〕と〔55〕〔56〕と〔57〕〔58〕は、すべて"tathatā-ālambana-"という複合語を有しているが、この複合語は、そこではすべて〃「真如」を「所縁」として有する〃というbahuvrīhi複合語として理解されなければならないことは、明らかである。さらに言えば、教授が62㋔において正確な翻訳を示されたと思われる『瑜伽論記』〔52〕においても、"tathatā-ālambana-"のbahuvrīhi複合語的理解が認められる。それにもかかわらず、教授は何故「真如所縁縁種子」だけを〝「真如」＝「所縁縁」＝「種子」〟と解されたのであろうか。つまり、何故、その表現中の〝tathatā-ālambanapratyaya-〟を bahuvrīhi 複合語ではなく karmadhāraya 複合語と解されたのであろうか。そこにはやはり、〔43〕の「真如種子」という語の存在が大きく影響しているであろう。というのも、すでに述べたように、この語は、文字通りに読めば、〝「真如」＝「種子」〟を説いているとしか考えられないからである。

では、この語をいかに解釈すべきなのであろうか。「摂決択分」中の位置から言えば、この「真如種子」という語は、玄奘訳で巻八〇に出るものであり、巻五二に出る「真如所縁縁種子」よりも、はるかに後の部分に位置している。そこで、「摂決択分」が基本的には、現在のような形で、巻五一から順次に成立していったとするならば、すでに述べたように「真如種子」とは、「真如所縁縁種子」の省略した形、あるいはその弛緩したラフな表現と見なしうるのではなかろうか。しかし、このような主張には、説得力が感じられないかもしれない。〔43〕に「真如種子」と書かれている以上、少なくともそこでは確かに〝「真如」＝「種子」〟と説かれていると言われるならば、これに対して反論のしようがないからである。

しかし、ここで再び〝一乗家〟として法相宗を論破するために、〔43〕の「真如種子」の語の存在を指摘した源信の『一乗要決』〔50〕㋑に、注目してみよう。つまり、一体何故、彼は〔43〕から「真如種姓、真如種子」という語しか引用しなかったのであろうか。というのも、〔43〕とは元来、

此転依、真如清浄所顕、真如種姓、真如種子、真如集成。

というものだからである。勿論、慧沼が問うたのは、〝何故「真如所縁縁種子」と書かれていて、「真如種子」と書かれていないなかったのか〟ということであるから、それに答えるために、「真如種姓、真如種子」という部分のみを引用したということも、充分考えられる。しかし、〔43〕と、「真如所縁縁種子」を説く〔39〕とでは、主語、つまり「種

子」から生じるとされるものが、「転依」と「諸出世間法」として異なっているのであるから、源信は〔43〕の全文を引用すべきではなかったであろうか。

記述〔43〕は、「転依」を主語として、「真如清浄所顕」と「真如種姓」と「真如種子」と「真如集成」という四つの規定を列挙するという構造をもっていることは、明らかである。しかるに、このようにある主語に関して、規定が列挙される場合、最も重要となるのは、第一の規定であることは当然であろう。というのも、ある主語に関して、第一の規定において根本的で厳密な規定が加えられた後は、その後は、くだけた表現をとれば、好加減な規定がだらだらと連ねられていくということは、仏教文献において、しばしば認められる傾向だと思われる。

「転依」に関する四つの規定を比較してみると、第一の規定のみが、二つではなく、三つの単語から構成されていることが理解される。つまり、“tathatā-viśuddhi-prabhāvita”「真如清浄所顕」である。㊼に示したように、私はこの表現を「真如〔A〕を浄化すること（tathatā-viśuddhi）〔B〕によって生みだされたもの（prabhāvita）」と読むのである。ここでは“prabhāvita”は、明らかに〝生起〟の意味を有しており、“konstituiert”という㊻のシュミットハウゼン教授の訳には従えない。[143] さもなければ、第二規定、第三規定に出る“-gotra”と“-bīja”、つまり、明らかに〝生起〟に関わる語が無意味となるであろう。

すると、〔43〕〔44〕では「真如」〔A〕それ自体からではなく、「真如〔A〕を浄化すること〔B〕」“tathatā-viśuddhi”からの「転依」の〝生起〟が説かれていることになるが、この点が第二規定の「真如種姓」“tathatā-gotra”でも、第三規定の「真如種子」“tathatā-bīja”でも表現されておらず、そこでは単に「真如」そのものから「転依」が生じる、ということが意図されているように見えるのである。

かくして、〔43〕〔44〕における「転依」の四つの規定のうち、第一規定こそが最も重要であり、かつ「摂決択分」にあらわれる諸記述、即ち、“tathatā-ālambana-”という bahuvrīhi 複合語を有する〔57〕〔58〕、〔55〕〔56〕、〔53〕〔54〕を支配している基本的な観念、つまり、〝「真如」は基体であって、「生因」ではない〟という観念が、この第一規定にも、認められるであろう。即ち、「真如」〔A〕ではなく、「真如を浄化すること」〔B〕が「生因」であるというのである。

これは、あるいは邪推ということになるのかもしれないが、私は、源信は『一乗要決』〔50〕で、〔43〕の第一規定、つまり「真如清浄所顕」を引用できなかったのではないかと考えている。この文章は漢訳ではあるが、その意味する所は、源信にとっては明らかであったであろう。つまり、この訳文から〝「真如」〔A〕が「清浄」〔B〕とならない限りは、「転依」は生じえない〟という趣旨を読み取ることは、源信のような学者にとっては容易なことであったであろう。それ故、彼はこの第一規定を引用しなかったのである。

かくして、シュミットハウゼン教授の「真如所縁縁種子」の解釈に、大きな影響を与えたと思われる〔43〕の「真如種子」をめぐる問題は、ほぼ解決したように思われる。即ち、〔43〕において重要なのは、「真如清浄所顕」“tathatā-viśuddhi-prabhāvita”、つまり、「真如〔A〕を浄化すること〔B〕によって生みだされた」という「転依」に関する第一規定であって、そこでは〝「真如」〔A〕そのものからではなく、「真如を浄化すること」〔B〕から「転依」が生じること〟が説かれている。従って、第二規定以下が、この第一規定の所説から逸脱しないとすれば、第三規定の「真如種子」“tathatā-bīja”も、〝「真如を浄化すること」〔B〕を「種子」とする〟という意味であると理解しなければならないであろう。つまり、「真如種子」という第三規定は、厳密に言えば「浄化すること」“viśuddhi”という第一規定に見られる単語を補って理解すべきものであり、それ自体としては、ラフなルーズな表現であると見るべきであろう。

以上の論証によって『瑜伽師地論』「摂決択分」〔38〕—〔40〕に見られる「真如所縁縁種子」“tathatā-ālambana-pratyaya-bīja”という表現は、「真如」〔A〕を所縁縁とする〔ものという〕種子〔B〕」という意味に理解すべきであることが示されたであろう。つまり、次の不等式が成立する。

bīja〔B〕≠tathatā＝ālambanapratyaya〔A〕

しかるに、『瑜伽師地論』「摂決択分」の"Nivṛtti Portion"では、次のように言われている。

〔59〕転依是……応知但是建立因性、非生因性。（大正三〇、五八一下一三―一五行）

〔60〕gnas gyur pa ni...gnas paḥi rgyu ñid yin pa daṅ/ skyed paḥi rgyu ñid ma yin paḥi phyir ro// (D, Shi, 8a6)

⑱ 転依（āśraya-parivṛtti）は、……依因（pratiṣṭhā-hetu 住処としての因）であって、生因（janana-hetu 生みだすものとしての因）ではない。

この文章においては、シュミットハウゼン教授も言われるように、(144)「転依」は「真如」と同義であると思われるから、"「真如」は基体であって、生因（janana-hetu）ではない"というのが、瑜伽行派の基本的立場と考えられる。とすれば、前掲の不等式は、本節の冒頭に掲げたように、

bīja〔B〕⊥ tathatā = ālambana-pratyaya〔A〕

という於格的関係を意味する式によって示される。つまり、"ālambana-pratyaya"は、存在論的には"基体"（locus）を意味するのである。従って、「真如所縁縁種子」という表現は、dhātu-vāda、それも、常住なるAではなく、無常なるBを「生因」とする瑜伽行派の特殊な dhātu-vāda を説いていることが、理解されるのである。

第六節　真如所縁縁の所有複合語的理解について

以上の論証と結論に対しては、シュミットハウゼン教授と同様、「真如所縁縁種子」を"「真如」=「所縁縁」=「種子」"と解する山部氏から、明確な反論が提起されることが予想される。というのも、山部氏には、「真如所縁縁種子」という表現に関して、

⑲ 真如を認識対象とする修習が転依に対して持つ重要性の故に特に真如を出世間法の「種子」（=因）と言ってい

るに過ぎないのであって、決して真如から直接的に出世間法が生起すると言っているわけではないのである。(「山部(二)」八四頁一―三行)〔傍線＝松本〕

という極めて的確な理解が存在するにもかかわらず、氏は、次のように論じられるからである。以下、氏の論述を、㋐㋑㋒と分節して示したい。

(70) ㋐ 以上のテキストの検討を踏まえて、我々は「真如所縁縁」なる概念を如何なる意味に於いて理解すべきであろうか。*tathatālambanapratyayabīja なる概念そのものは、上述した SopBhVin の *tathatābīja 以外には『瑜伽論』中に類例の乏しい、きわめて特殊な概念であるが、*tathatālambana-jñāna/ -mārga ないしそれに類する表現は『瑜伽論』中にしばしば見いだされるところである。特に注意すべきは PMBhVin §§I.5.(b) C.1-2. および、SopBhVin §I.5.B.1. に見られる、*tathatālambana-jñāna/ -mārga の修習を āśrayaparivṛtti の因とする用例であり、*tathatālambanapratyayabīja がかかる思想を前提としていることはまず疑う余地がない。

㋑ そうであるならば、*tathatālambanapratyayabīja についても、*tathatālambanapratyaya の部分を Bahuvrīhi に読んで、「真如を所縁縁とする(能縁の智)の種子」と解することも、一つの可能性であるように思われる(これは正に法相家の解釈である。常盤・久下前掲書参照)。

㋒ しかしながら、もしここの *tathatālambanapratyaya を Bahuvrīhi に読むのであれば、当然続く §6 の *tathatālambanapratyaya も同様に読まなければならないであろう。ところが、§6 においては、*tathatālambanapratyaya がすべての人に存すると明言されている。所縁としての真如がすべての人に存するということは言えても、それを認識する智がすべての人に存するとは(たとえ地前の方便智にしても)言い得ないであろう。従って、この読みは当面の文脈上きわめて困難だと言わざるを得ず、採用することは出来ない。(「山部(二)」八〇頁二二行―八一頁一三行)〔傍線＝松本〕

このうち、㋐の部分において、山部氏の「真如所縁縁種子」の解釈が、「摂決択分」中〔43〕の「真如種子」という表現だけでなく、"tathatā-ālambana-"「真如を所縁とする」という複合語を有する諸表現、つまり〔57〕〔58〕、〔55〕〔56〕、〔53〕〔54〕に見られる諸表現を踏まえて、提示されていることが、理解される。すると当然、「真如所縁縁種子」に関しても、「真如所縁縁」"tathatā-ālambanapratyaya-"の部分を「真如を所縁縁とする」という bahuvrīhi（所有）複合語として理解すべきではないかという疑問が生じるが、この疑問を述べたものが(70)の㋑であり、これに対して、この疑問を打消したものが㋒なのである。

即ち、㋒において、山部氏は「真如所縁縁」"tathatā-ālambanapratyaya-"という複合語を bahuvrīhi 複合語と解することはできない理由を述べておられるが、その理由とは、もしもこの複合語を bahuvrīhi 複合語と解するならば、「摂決択分」において「真如所縁縁種子」という表現を有する〔38〕〔39〕〔40〕という一節の直後に連続する記述において、"「真如を所縁縁とするもの（智）」が、すべての人に存在する"という不合理な説が説かれていることになってしまうから、というのである。

では、直後に続く記述とはどのようなものであろうか。真諦訳・玄奘訳・チベット訳・山部氏によって想定された梵文テキスト・山部氏による和訳、そして私訳という順序で、それを示すことにしよう。

〔61〕 若不取習為縁得生、何故演説三涅槃性。復説有人無涅槃性。有如此義、一切衆生有真如境、而為縁生障無障、故解脱各異。有諸衆生永障種本、不能通達真如境界、説此衆生無涅槃性。有諸衆生、不依此義、説涅槃性。（大正三〇、一〇二五下一六—二一行）〔真諦訳〕

〔62〕 問。若非習気積集種子所生者、何因縁故、建立三種般涅槃法種姓差別補特伽羅、及建立不般涅槃法種姓補特伽羅。所以者何。一切皆有真如所縁縁故。答。由有障無障差別故。若於通達真如所縁縁中、有畢竟障種子者、建立為不般涅槃法種姓補特伽羅。若不爾者、建立為般涅槃法種姓補特伽羅。（同右、五八九上一七—二四行）〔玄奘訳〕

〔63〕 gal te bag chags bsags paḥi sa bon daṅ ldan par skye ba ma yin na/ de lta na ni ciḥi phyir gaṅ zag yoṅs su mya ṅan las ḥdas paḥi chos can gyi rigs gsum rnam par gshag pa daṅ/ gaṅ zag yoṅs su mya ṅan las mi ḥdaḥ baḥi chos can gyi rigs rnam par gshag pa mdsad de/ ḥdi ltar thams cad la yaṅ de bshin ñid la dmigs paḥi rkyen yod paḥi phyir ro she na smras pa/ sgrib pa daṅ/ sgrib pa med paḥi bye brag gi phyir te/ gaṅ dag la de bshin ñid la dmigs paḥi rkyen rtogs par bya ba la gtan du sgrib paḥi sa bon yod pa de dag ni yoṅs su mya ṅan las mi ḥdaḥ baḥi chos can gyi rigs daṅ ldan par rnam par gshag la/ gan dag de lta ma yin pa de dag ni yoṅs su mya ṅan las ḥdaḥ baḥi chos can gyi rigs daṅ ldan par rnam par gshag go// (D, Shi, 27b5-7)

⑪ yadi nopacitavāsanābījā utpadyanta evaṃ kasmāt parinirvāṇadharmakagotratrayāḥ pudgalā vyavasthāpitāś cāparinirvāṇadharmakagotrāḥ pudgalāḥ, tathā hi sarveṣām api tathatālambanapratyayo 'stīty āha/ āvaraṇānāvaraṇaviśeṣāt/ yeṣāṃ tathatālambanapratyayaprativedha ātyantikam āvaraṇabījam asti te 'parinirvāṇadharmakagotrā vyavasthāpitāḥ/ ye 'nye te parinirvāṇadharmakagotrā vyavasthāpitāḥ/ (「山部(二)」七三頁二三—二七行)〔傍線＝松本〕

⑫ もし、（出世間的諸存在）が蓄積された習気を種子として生じたものでないとすると、どうして（古来の瑜伽行派の典籍に）般涅槃すべき性質の三つの種姓をもつ人物と般涅槃せざる性質の種姓をもつ人物とが定立されているのか。真如なる所縁縁は全てのひとにあるのだから、というならば、（それに答えて）言う。（種姓の違いが定立されるのは）覆障があるのと覆障がないのとの区別によるのである。真如なる所縁縁に通徹することに対する覆障の種子が永久的に存している人々が、般涅槃せざる性質の種姓をもつ人々であると定立され、そうでない人々が、般涅槃すべき性質の種姓をもつ人々であると定立されるのである。（同右、七四頁二—一〇行）〔傍線＝松本〕

⑬ 〔反論〕もしも、〔出世間の諸法が〕積集された習気を種子として（upacita-vāsanā-bīja）生じるのでなければ、何故に般涅槃の性質（parinirvāṇa-dharma）である三つの種姓をもつ人々が設定され、また般涅槃の性質である種姓

をもたない（aparinirvāṇa-dharma-gotra）人々が設定されるのか。というのも、真如という所縁縁（tathatā-ālambana-pratyaya）は、一切〔の人々〕に有るからである。

〔答論〕障（āvaraṇa）と無障[145]（anāvaraṇa）の区別の故に、〔無種姓の人々と有種姓の人々が設定される。〕つまり、認識されるべき（prativedhya）真如という所縁縁（tathatā-ālambana-pratyaya）に対して、永久に障となる種子がある人々は、般涅槃の性質である種姓をもたない（aparinirvāṇa-dharma-gotra）と設定され、そうではない人々は、般涅槃の性質である種姓をもっている（parinirvāṇa-dharma-gotra）と設定されるのである。

では、ここで山部氏が(70)㋒で述べられた、「真如所縁縁種子」“tathatā-ālambana-pratyaya-bīja”の「真如所縁縁」“tathatā-ālambanapratyaya-”という複合語を bahuvrīhi 複合語と読むべきではないとする理由について、考えてみよう。山部氏は、記述〔61〕〔62〕〔63〕の直前に出る「真如所縁縁種子」という表現において、「真如所縁縁」“tathatā-ālambanapratyaya-”という複合語が bahuvrīhi 複合語であるならば、〔61〕〔62〕〔63〕で実線を付した部分に出る「真如所縁縁」“tathatā-ālambanapratyaya”という複合語も、同様に bahuvrīhi 複合語と解さなければならない、と言われるのであるが、果してそうであろうか。

私は「真如所縁縁種子」という表現の中では、bahuvrīhi 複合語として、「真如を所縁縁とする」という意味で「種子」“bīja”を形容していた「真如所縁縁」“tathatā-ālambanapratyaya-”という複合語が、〔61〕〔62〕〔63〕の実線部分において、後に続く「種子」“bīja”が落ちて独立したとき、「真如なる所縁縁」、または「真如という所縁縁」という意味で karmadhāraya（同格限定）複合語となることに、何の問題もないと思うのである。

というのも、元来「真如所縁縁種子」という表現における「真如所縁縁」“tathatā-ālambanapratyaya-”という bahuvrīhi 複合語は、「真如を所縁縁とする」「真如という所縁縁をもつ」という意味で、前分の「真如」と後分の「所縁縁」との間に同格の関係をもつ複合語であった。つまり、〝「真如」=「所縁縁」〟は、そこでも認められていたのである。従って、この複合語が、後続する「種子」"bīja"を落として独立したとき、それ自体として〝「真如」=「所縁縁」〟という karmadhāraya（同格限定）複合語となり、山部氏の㉜の和訳通りに「真如なる所縁縁」を意味することに、何の問題もないであろう。

従って、〔61〕〔62〕〔63〕の全体の要旨は、〝「真如という所縁縁」〔A〕は、一切衆生にあるが、「真如を所縁縁とする種子」〔B〕は、特定の衆生にしかないので、有種姓の人々と無種姓の人々の区別は成立する〟というものであろう。

しかるに、テキストに破線を付した部分は、難解である。ここは、山部氏による梵文テキストの想定に従えば、「真如という所縁縁を認識することに対して、永久に障となる種子をもつ人々」と訳しうるであろう。これが〝永久に障となる種子」があれば、「真如という所縁縁を認識すること」は、永久にできない〟という意味であるとすれば、彼等には「真如という所縁縁」〔A〕はあるが、「真如という所縁縁の認識」"tathatā-ālambana-pratyaya-prativedha"〔B〕は存在しない、ということになるであろう。とすれば、ここには、〝AとBの区別〟が成立するから、法相宗の人々が、この「真如という所縁縁の認識」（玄奘訳「通達真如所縁縁」）を、「真如を所縁縁とする種子」、つまり、「真如所縁縁種子」と把え、慧沼が〔47〕で述べたように、その「真如所縁縁種子」を、「以真如為所縁縁之能縁之智種」と解した可能性は、充分に考えられる。

しかるに、破線を付した部分は、チベット訳に従うならば「認識されるべき（prativedhya）真如という所縁縁に対して、永久に障となる種子をもつ人々」と訳しうるように思われる。つまり、"rtogs par bya ba"というチベット訳は"prativedha"ではなく、"prativedhya"を原語として想定させるからである。しかし、玄奘訳では、この部分は「於所通達真如所縁縁中」となっていて、「於所通達真如所縁縁中」となっているわけではない。また、真諦訳の「不能通達真如境界」を見ても、やはり原文には"tathatā-ālambanapratyaya-prativedha"という表現があったようにも思われる。しかしながら、チベット訳にもとづく"prativedhya"という想定も、容易に捨て去ることのできない重要性をそなえていると思われる。というのも、『成唯識論』巻二には、次のように説かれるからである。

〔64〕有義。種子皆熏故生。……有情本来種姓差別、不由無漏種子有無、但依有障無障建立。如瑜伽説、於真如境、若有畢竟二障種者、立為不般涅槃法姓。（大正三一、八中六―一八行）

この記述は、種子の〝本有〟と〝新熏〟（始起）の問題を論じるところで〝新熏〟説の主張を述べる中に見られるものであるが、ここでは、まず「種姓」の区別が〝本有〟の「無漏種子」の有無によるのではなく、「障」の有無によって設定されると説かれ、次に『瑜伽師地論』〔61〕〔62〕〔63〕の〔答論〕の部分の所説が典拠として示されているのである。そのうち注目すべきは、「於真如境」という語であって、これによれば「障」〝āvaraṇa〟が覆障する対象（サンスクリット原語では於格形で示されるもの）は、〝prativedha〟「認識」ではなくて、その認識対象たる「真如」であるように読めるのである。つまり、問題は、「障」が覆障する対象は「智」か「境」ということ[146]であるが、〔64〕の「〔於〕真如境」は、おそらく原語としては〝tathatā-ālambana[-pratyaya]〟を想定せしめるのであり、これは karmadhāraya 複合語として〝「真如」という「所縁縁」〟を意味するのである。「真如境」を bahuvrīhi 複合語として〝「真如」を「所縁縁」とするもの〟の意味に解することは、殆んど不可能であろう。

従って、『成唯識論』〔64〕において、「障」〝āvaraṇa〟は「真如」に対して覆障するものとされており、『瑜伽師地論』〔63〕のチベット訳の理解に一致すると思われる。『成唯識論』では〝種子〟の〝本有〟説、〝新熏〟説が述べられた後で、所謂〝本新合成〟説が説かれるのであるが、そこでも「障」が「真如境」に対して覆障するものであること自体についての批判は示されてはいない。

また、『成唯識論述記』も〔64〕の「如瑜伽説」以下について、

〔65〕五十二説。於真如境、二障畢竟不可断者、立為不般涅槃法姓。（大正四三、三〇五下一一―一三行）

と註釈している。ここでも、「於真如境」〝「真如」という「所縁縁」において〟を〝「真如」を「所縁縁」とするもの

において〃と読むことは、不可能であろう。

さらに、論旨の流れというものを考えてみよう。〔61〕〔62〕〔63〕では、まず〝「諸出世法」が「真如所縁縁種子」から生じるとすれば、「真如所縁縁」は一切衆生にあるから、有種姓の者と、無種姓の者の区別、また三乗の種姓の区別が成立しなくなる〃という反論が示されたと思われるが、それに対して「真如所縁縁」、つまり、「真如」は一切衆生にあるが、ある人々にはその「真如」に対して永久に妨げとなる「障」があるので、彼等はその「真如」を「認識」することが永久にできない、という答論がなされているとすれば、この論旨の流れは、自然なものに思われる。

さらに、そのテキストは挙げてはいないが、〔61〕〔62〕〔63〕の直後には「所知障」〝jñeya-āvaraṇa〃という語が用いられる。[147] つまり、山部氏によって[148]〝jñeyāvaraṇabījam ātyantikam〃という原語が想定される「永久的な所知障という種子」(玄奘訳「畢竟所知障種子」)を有していて、「煩悩障の種子」〝kleśa-āvaraṇa-bīja〃を有していない人々は、「声聞の種姓をもつもの」と「独覚の種姓をもつもの」であり、この「永久的な所知障という種子」を有していない人々は、「如来の種姓をもつもの」と言われるのである。

すると、〝-bījam ātyantikam〃「永久的な種子」という同じ表現を有することから考えても、「所知障」の「所知」〝jñeya〃つまり、「知られるべきもの」とは、〔63〕のチベット訳で「認識されるべきもの」〝rtogs par bya ba〃(prativedhya)と言われた「真如所縁縁」、即ち、「真如」を意味するのではないかということが、当然考えられる。しかるに、〝瑜伽行派の文献において、「所知障」の「所知」〝jñeya〃は、「真如」〝tathatā〃を意味する〃という理解は、決して不自然なものではないであろう。[149] 〔61〕—〔63〕においても、「所知障」を欠く「如来の種姓をもつもの」は「所知」たる「真如」を「認識」できる、という考え方は、確かに分り易いものである。

従って、「所知障」の「所知」を、「真如」、つまり、「真如所縁縁」とストレートに同一視することはできないかもしれないが、しかし、「障」の対象、即ち、覆障される対象が、「認識」ではなく、「認識の対象」(prativedhya, jñeya)

である点は、〔61〕〔62〕〔63〕でも、その直後で「所知障」が言われる個所でも、一致していると思われる。とすれば、〔61〕〔62〕〔63〕の破線を付した部分は、「認識されるべき（prativedhya）真如という所縁縁（tathatā-ālambana-pratyaya）に対して」と訳すことができるであろう。

いずれにせよ、つまり、"prativedhya" という読みを採用するにせよ、"prativedha" という読みに従うにせよ、山部氏が「真如所縁縁種子」という表現に関して提起された疑問、あるいは、この表現中の「真如所縁縁」は、bahuvrīhi 複合語として「真如を所縁縁とする」を意味すると解することはできない、という批判に対する解答は、すでに与えられたであろう。即ち、「真如所縁縁種子」"tathatā-ālambana-pratyaya-bīja" という表現において、bahuvrīhi 複合語として〝「真如」という「所縁縁」をもつ〟を意味していた「真如所縁縁」"tathatā-ālambanapratyaya-" は、〔61〕—〔63〕において、後続する「種子」"-bīja" が落ちて独立したときには、karmadhāraya 複合語として〝「真如」という「所縁」〟を意味するのである。

従って、結論として言えば、「真如所縁縁種子」とは、〝「真如」〔A〕という「所縁縁」をもつ「種子」〔B〕〟〝「真如」〔A〕を「所縁縁」とする「種子」〔B〕〟〝「真如」〔A〕を「所縁縁」とするものという「種子」〔B〕〟を意味し、その構造は、次のように示される。

bīja〔B〕⊣ tathatā = ālambanapratyaya〔A〕

結論

本論文で、私は瑜伽行派の思想の根本的論理が、如来蔵思想のそれと同じく dhātu-vāda であることを論証しようとした。しかし、同時にまた、瑜伽行派の dhātu-vāda は、〝一切法の基体〟〔A〕を「生因」（janana-hetu）とするのではなく、そのAを基体とする超基体であるBを「生因」とする特殊な dhātu-vāda であることが、解明された。本論文では、主として『瑜伽師地論』中の「本性住種姓」"prakṛti-stham gotram" と「真如所縁縁種子」"tathatā-ālambana-pratyaya-bīja" という二つの表現の意味の解明を考察の中心に据えたが、この両者は、それぞれ〝「本性」〔A〕において存在する「種姓」〔B〕〟と〝「真如」〔A〕を「所縁縁」(基体)とする「種子」〔B〕〟を意味し、その構造が全く一致することが、明らかにされた。つまり、次の通りである。

gotra〔B〕⊥ prakṛti〔A〕

bīja〔B〕⊥ tathatā〔A〕

これこそ正に、常住なるAではなく、無常なるBを「生因」とする瑜伽行派独自の dhātu-vāda の構造を示すものに他ならない。瑜伽行派の思想は、"ālaya-vijñāna"「アーラヤ識」という語の成立以後は、専らこの言葉を中心として語られることになるが、「アーラヤ識」も無常なものであるから、当然Bに相当する。[150] では、一般に一切法を生じる〝基体〟であると考えられる「アーラヤ識」にも〝基体〟はあるのかと言えば、「空性」"śūnyatā"、または「真如」がそれであると考えられる。即ち、『中辺分別論』第一章第一偈〔37〕には、

abhūtaparikalpa〔B〕⊥ śūnyatā〔A〕

と説かれていたが、「空性」は「真如」の同義語とされるから、これは、

ālayavijñāna〔B〕⊥ tathatā〔A〕

という意味に解することができる。

また、この〝AとBの区別〟は、『瑜伽師地論』「摂決択分」〔59〕〔60〕では、「依因」[151] "pratiṣṭhā-hetu" と「生因」"janana-hetu" の区別として説かれている。即ち、次の通りである。

janana-hetu〔B〕⊥ pratiṣṭhā-hetu〔A〕

このような〝AとBの区別〟こそ、瑜伽行派の教義においては、最も根本的なものであるにもかかわらず、中国・日本における所謂〝一乗家〟と目される人々は、法宝を始めとして、この〝AとBの区別〟を、たえず曖昧なものとし、あるいは否定して、両者の同一性を主張しようと努めてきた。言うまでもなく、Aは一切衆生に存在するが、Bは特定の衆生にしか存在せず、AとBを区別すれば、三乗真実説や五姓各別説が成立するからである。

しかしながら、少なくとも『瑜伽師地論』に関しては、AとBを同一視する〝一乗家〟の理解は、誤解であると見なさざるを得ない。「真如所縁縁種子」という表現に関するシュミットハウゼン教授と山部氏による〝「真如」=「種子」〟という解釈も、その表現の解釈それ自体として見れば、〝一乗家〟の理解と同様に、AとBを同一視するものであり、従って、私見によれば不適切であると考えられる。

瑜伽行派の思想というものが、一元論と毘婆沙師（Vaibhāṣika）的な多元論との hybrid であるということは、私が当初から考えていることである。これに対して山部氏は、⑧において〝The Yogacāra theory of *gotra* is indeed discriminatory, but it is not based on monism〟と言われたが、これは私には理解できない主張である。氏は、瑜伽行派の人々が「真如」や「法界」という単一な原理（私見によれば〝基体〟〔A〕）の存在を繰返し主張している事実を、どのように考えられるのであろうか。〝「種姓」〟〝gotra〟〔B〕の区別〟ということも、この単一な原理〔A〕を〝基体〟としているからこそ、確固不動なもの、永久に変えることのできないものとして、初めて確立するのではなかろうか。

瑜伽行派は、確かに〝単一な基体〟であり、常住な存在であるAを「生因」とするのではなく、それを基体として存在する多元的で無常なるBを「生因」とすることによって、〝常住なものは、ものを生じる「生因」たりえない〟という仏教的原則に忠実であろうとした。しかし、一元論の影響というものは、瑜伽行派においては、極めて根本的なものだったのである。つまり、一元論なしに瑜伽行派の思想を考えることはできない。それ故、瑜伽行派の文献には、厳密には〝Aは「生因」ではない〟としながらも、〝Aも「生因」である〟という解釈を生じさせる可能性をもつような曖昧な表現が認められるのである。例えば、シュミットハウゼン教授も山部氏も注目されているように、『中辺分別論釈』には、次の記述が存在する。テキストを、梵文テキスト・玄奘訳・真諦訳・チベット訳の順に示そう。

〔66〕 āryadharmahetutvād dharmadhātuḥ/ āryadharmāṇān tadālambanaprabhavatvāt/ hetvartho hy atra dhātvarthaḥ// (MAVBh, p.23, *l*.23-p.24, *l*.2)

〔67〕 聖法因為義故、是故説法界。聖法依此境生、此中因義是界義。（大正三一、四五二下三―五行）

〔68〕 由聖法因義、説為法界。以一切聖法縁此生故。此中界者、即是因義。（同右、四六五下二三―二四行）

〔69〕 ḥphags paḥi chos kyi rgyu yin pas chos kyi dbyiṅs te/ ḥphags paḥi chos rnams ni de la dmigs pas ḥbyuṅ baḥi phyir ro// ḥdir dbyiṅs kyi don ni rgyuḥi don to// (D, Bi, 4b3-4)

まず、この記述に関して、かつて私は、次ような和訳と解釈を示していた。

(74) 法界、即ち、dharma-dhātu という語に関して言えば、この場合の dhātu も locus という意味であろう。従って、dharma-dhātu の語義は、the locus of dharmas ということになる。*Madhyāntavibhāgabhāṣya* (Nagao ed.) に

〔29〕 聖法 (āryadharma) の因 (hetu) であるから、法界である。諸の聖法がそれ〔=法界〕に依存して生じる (tadālambanaprabhava) からである。何となればここで、「界」の意味は、「因」の意味であるから。(p.1)

と説かれている様に、一般に dhātu という語は、因 (hetu) の意味であると考えられている。しかし、因とは言っても、火から煙が生じるというような単なる原因ではなく、それに依存して何かが生じるところのものという意味で、あくまでも locus の意味を失ってはいない。この点は、記述〔29〕だけでなく、記述〔27〕においても、「～に依存して」という語があることによって、容易に認め得るであろう。[152]

また、この記述〔66〕に関する部分訳を含むシュミットハウゼン教授の解釈とは、次の通りである。

(75) Meine Übersetzung von *dharmadhātuḥ* mit „Ursache der [überweltlichen] Gegebenheiten" folgt, wie im Falle des

Ausdruckes *tathatā* (A.46,A), aus praktischen Gründen der Erklärung von MAV I,14-15 (*dharmadhātuḥ...hetutvād...āryadharmāṇām*), wozu Vasubandhu (MAVBh 23, 23f.) bemerkt: „[Die (nach MAV I,14a mit der Soheit gleichzusetzende) ‚Leerheit' (*śūnyatā*) heißt auch] *dharmadhātuḥ*, weil sie die Ursache der ‚heiligen' (=überweltlichen) Gegebenheiten ist; denn die ‚heiligen' Gegebenheiten entstehen aus ihr als dem Objekt (Vgl. A.48)" (*ārya-dharma-hetutvād dharmadhātuḥ, ārya-dharmāṇān tad-ālambana-prabhavatvāt*). (*Nirvāṇa*, n.116, p.145, *ll*.23-32)〔傍線＝松本〕

しかし、私はこの教授の部分訳（傍線を付した部分）に従えないのである。即ち、問題は〔66〕の“tad-ālambana-prabhava”という表現をいかに解するかにあるが、この表現は教授の“entstehen aus ihr als dem Objekt”という訳によれば、〝「聖法」が「所縁」“ālambana”としての「それ」“tat”から生じる〟という意味に解されている。この解釈によれば、「聖法」は“aus ihr”と言われるように、「それ」“tat”即ち、「法界」、あるいは「空性」[153]から直接生じることになってしまう。つまり、シュミットハウゼン教授は、同じ著作『涅槃章』の(53)で、「真如所縁縁種子」という表現中の「真如所縁縁」“tathatā-ālambanapratyaya-”を、〝「真如」を「所縁縁」とする〟という意味の bahuvrīhi 複合語ではなく、〝「真如」という「所縁縁」〟という意味の karmadhāraya 複合語として理解したのと同様に、ここでも“tad-ālambana-”という複合語を、〝「それ」という「所縁」〟という意味の karmadhāraya 複合語と解されているのである。

これに対して、(74)中の〔29〕に示された私のかつての訳では、問題の表現が「それに依存して生じるから」と訳されている。この「それに依存して」という訳し方は、「それから」という訳し方とは異なる。その意味で“tad-ālambana-”を bahuvrīhi 複合語と理解した訳し方とも見られるであろう。しかし、私はこの和訳をなしたとき、“tad-ālambana-”が bahuvrīhi 複合語か、それとも karmadhāraya 複合語かという明確な問題意識をもつことができなかった。“-prabhava”を〝……生じる〟と訳す訳者の大半には、この問題意識が欠けているかもしれない。従って、私は、(74)を含む論文よりも後に書いた論文である Response では、問題の表現について、

⑯ In other words, I take *ālambana* there to mean “locus” or “basis.” This reading is further supported by the term *tadālambanaprabhava* that appears in a section of the *Madhyāntavibhāga-bhāṣya* in which Vasubandhu says that the dharmas of aryas are produced from “that locus” (*tadālambana*)—that is, from the *dharmadhātu*. (Response, *Pruning*, p.207, *ll*.11-14)

という解釈を示してしまったのである。つまり “are produced from “that locus” (*tadālambana*)” というのは、“tad-ālambana-” を karmadhāraya 複合語と解しており、この点で、シュミットハウゼン教授の “entstehen aus ihr als dem Objekt” という⑮の訳に一致している。

そこで、私はこの⑯中の翻訳が誤りであることを認め、“tad-ālambana” を明確に bahuvrīhi 複合語と解する立場から、〔66〕について、新たに次のような私訳を提示したい。

⑰ 聖法（ārya-dharma）の因（hetu）である（をもつ）から、法界（dharma-dhātu）〔法の界をもつもの〕である。諸の聖法が、それ〔A〕を所縁とする起源〔B〕をもつ（tad-ālambana-prabhava）からである。というのも、ここで「界」（dhātu）の意味は因（hetu）の意味であるから。

まず、ここで “prabhava” を「起源」と訳したことについて、若干説明したい。この語は、実は「生因」と訳したかったのであるが、この訳語はすでに “janana-hetu” に与えてしまったので、“origin” “source” というような意味で「起源」という訳語を採用した。この訳語は『梵和大辞典』が “prabhava” に与える諸訳語中、筆頭に置かれるものでもある。[154] この訳語を私が採用する第一の理由は、この語が “-prabhava” として複合語の後分となったとき、〝……から生じる〟というような訳し方（⑮の “entstehen aus” もその例であろう）がなされることが多いが、このような訳し方は、かつての私自身の理解がそうであったように、しばしば論理的な不明確さを伴っていると考えるからである。“prabhava”、特に “-prabhava” として複合語の後分におかれる “prabhava” とは、一体〝生起〟(production) を意味するのか、それとも〝起源〟(origin) を意味するのであろうか。私は後者だと思うのである。

例えば、『バガヴァッド・ギーター』*Bhagavadgītā* には、次の記述が存在する。テキスト・Radhakrishnan 訳・私訳の順に示そう。

〔70〕 ahaṃ sarvasya prabhavo mattaḥ sarvaṃ pravartate（X, 8a6）

(78) I am the origin of all; from Me all（the whole creation）proceeds.[155]

(79) 私は、一切のもの（sarva）の起源（prabhava）である。私から、一切のものは起る。

ここで"prabhava"は明らかに〝生起〟ではなく、〝起源〟を意味しているであろう。

また、この語がパーリ仏典において用いられた有名な例として、次のような所謂〝縁起法頌〟がある。

〔71〕 ye dhammā hetuppabhavā tesaṃ hetuṃ tathāgato āha/
　　tesañ ca yo nirodho evaṃvādī mahāsamaṇo//（*Vinaya*, I, p.40, *ll*.28-29）

このうち、傍線を付した第一句を、かつて私は、

(80) 諸法は因より生じるものであり、（『縁起と空』六三頁）

と訳していた。これは勿論、誤訳であるとはいえないが、しかし"prabhava"は明確に名詞として訳すべきだという理解にもとづいて、これを訳し直すならば、

(81) 諸法は因を起源（prabhava）としており、

ということになるであろう。この場合"prabhava"を〝生起〟の意味に解し、〝諸法は因からの生起をもつものであり〟と訳すことは不適切であると思われる。それ故、"prabhava"を後分にもつ"-prabhava"という複合語、つまり、一般に〝……から生じる〟と訳される複合語において、"prabhava"は〝生起〟ではなく、〝起源〟を意味していると解するのが、適切であろう。

すると、問題になっている〔66〕の"tad-ālambana-prabhava"は、全体としては"-prabhava"を後分とする〝……を

起源としてもつ〟という意味の bahuvrīhi 複合語であることが知られるが、〝tad-ālambana-〟を karmadhāraya 複合語と解するか、bahuvrīhi 複合語と解するかによって、その意味は全く異なるものとなるのである。即ち、前者の解釈を採れば、〝tad-ālambana-prabhava〟は〝「それ」という「所縁」という「起源」をもつ〟、即ち、〝「それ」という「所縁」から生じる〟という意味になり、これはシュミットハウゼン教授の(75)の解釈と一致する。つまり、これは次のような解釈である。

tat＝ālambana＝prabhava

これに対して、〝tad-ālambana-〟を bahuvrīhi 複合語と解釈するならば〝tad-ālambana-prabhava〟は〝「それ」を「所縁」とする「起源」をもつ〟、即ち、〝「それ」を「所縁」とするものから生じる〟という意味になる。つまり、

tat＝ālambana≠prabhava

であり、また〝ālambana〟に〝基体〟の意味を認める私見によれば、この趣旨は、

prabhava〔B〕⊥tat＝ālambana〔A〕

となるのである。私が、この後者の解釈、つまり、〝tad-ālambana〟を bahuvrīhi 複合語と見る解釈を採用する理由は、何よりも、「真如所縁縁種子」の次のような構造との斉合性を、〝tad-ālambana-prabhava〟にも認めるからである。

bīja〔B〕⊥tathatā＝ālambanapratyaya〔A〕

従って、〝tad-ālambana-prabhava〟において〝prabhava〟は〝bīja〟と同義であるということになる。

しかるに、記述〔66〕をめぐる問題は、単純なものではない。つまり、この記述は元来、次のような『中辺分別論』第一章第一五偈ｃの註釈であることに注意しなければならない。

〔72〕 hetutvāc cāryadharmāṇāṃ (MAV, I, k.15c, MAVBh, p.23, *l*.19)

(82) また、諸の聖法（ārya-dharma）の因（hetu）であるから、〔空性（śūnyatā）は、法界（dharma-dhātu）である。〕

この偈において明らかなことは、「法界」“dharma-dhātu”が「因」“hetu”であるとされていることである。そこで次のことが当然問題となる。即ち、「法界」は、ここでは「真如」とともに「空性」の同義語であるとされているから、「法界」は常住なる単一の原理、つまり、Aを意味する筈である。しかるに、上来の考察によれば、瑜伽行派において、Aは「生因」“janana-hetu”たりえない。では、〈72〉において「因」“hetu”とは「生因」ではなくて、「依因」“pratiṣṭhā-hetu”、つまり〝基体としての因〟を意味しているのであろうか。しかし、特別な限定なく単に「因」“hetu”という語が用いられるとき、それは一般に〝生じるものとしての因〟、即ち、「生因」を意味している筈である。とすれば、〈72〉は〝諸の「聖法」は、「法界」という「因」から生じる〟、つまり〝「法界」は「生因」である〟という主張を説いているということになる。しかるに、この主張は〝Aは「生因」たりえない〟という瑜伽行派の基本的立場と矛盾することになるのである。

そこで、註釈者たるヴァスバンドゥが苦慮して作成したのが、〈66〉という註釈文であったと思われる。つまり、彼は偈〈72〉には全く存在しなかった「所縁」“ālambana”という語を註釈文に導入して、「法界」と「聖法」との間に存在する、直接的ではない〝生起〟の関係を、説明しようとしたのである。即ち、彼の註釈〈66〉によれば、〝「聖法」は「法界」を「生因」として、「法界」から直接生じるものではなく、「法界」〈A〉を「所縁」とするもの〈B〉を「起源」、つまり、「生因」として生じる〟というのである。

しかし、問題はまだ残されている。註釈文〈66〉の末尾には、〝ここでは「界」“dhātu”は、「因」“hetu”を意味する〟と言われている。この註釈によれば、「法界」“dharma-dhātu”の「界」“dhātu”とは、「因」“hetu”を意味することになるが、ここで「因」とは「生因」を指すか否かという問題が生じるのである。もしも「因」“hetu”が「生因」を指すとすれば、それは“tad-ālambana-prabhava”の“prabhava”に対応し、その“prabhava”という語によって偈〈72〉の“hetu”という語が註釈され説明されているという解釈が成り立つが、しかし、「法界」“dharma-dhātu”が「因」“hetu”、つまり、「生因」「起源」であってよいのか、という問題は相変らず残るのである。

そこで、もしも註釈者が、被註釈文〔72〕の文意を無視してまでも、″「法界」は「生因」ではありえない〃という解釈を一貫させていると見るならば、〔66〕冒頭の"āryadharmahetutvād dharmadhātuḥ"は、「聖法の因〔B〕をもつが故に、法界〔A〕、つまり、諸法の界〔B〕をもつもの〔A〕である」と読む以外に方法はないであろう。「法界」"dharma-dhātu"という語は″「諸法」の「界」〃という意味の tatpuruṣa（格限定）複合語であると解されるのが一般的であり、〔66〕の被註釈文たる偈の〔72〕も、正にこの解釈を示している。これに対して、"dharma-dhātu"は前分と後分との間に属格の格関係がある bahuvrīhi 複合語として″「諸法」の「界」をもつもの〃を意味するという解釈が示されている文献を私は未だに知らないのであるが、しかし、このような解釈に従えば、註釈文〔66〕の理解は一貫したものとなるように思われる。つまり、そこでは「法界」、即ち、″「諸法」の「界」〔因〕〔B〕をもつもの〃〔A〕は、「因」〔B〕ではないとされ、しかも、「界」〔B〕と「因」〔B〕の同義語性は保たれるのである。

すでに述べたように、このような解釈は被註釈文たる〔72〕の文意からは、明らかに逸脱しているように見える。即ち、〔72〕で"hetutvāc cāryadharmāṇām"「諸の聖法の因であるから〔法界である〕」と説かれた文章を、〔66〕の冒頭で"āryadharmahetutvād dharmadhātuḥ"「諸の聖法の因をもつから、法界である」と註釈するということは、確かにありえないことだと思われるかもしれない。

しかし、もしも〔72〕の"hetutvāc cāryadharmāṇām"を全く素朴に読み、その文意が〔66〕の註釈文をも支配していると考えたならば、どのようなことになるであろうか。まず、〔72〕の偈は″「法界」は「聖法」の「生因」である〃という意味に解されるであろう。次に註釈文〔66〕冒頭の"āryadharmahetutvād dharmadhātuḥ"は、勿論″「諸の聖法」の「生因」であるから、「法界」即ち、「諸法」の「生因」である〃という意味に理解されるであろう。そして問題の"āryadharmāṇāṃ tadālambanaprabhavatvāt"はどのように読まれるかと言えば、言うまでもなく、シュミットハウゼン教授の理解と同じく、〝「諸の聖法」は「それ」という「所縁」から生じる〟、つまり〝「諸の聖法」は「それ」という「所縁」という「起源」（「生因」）をもつ〟と読まれる筈である。勿論、この解釈でも、〔66〕末尾に言われる「界」と「因」の同義語性は成立する。つまり、これは、

dhātu＝hetu＝ālambana＝prabhava＝tat＝dharmadhātu

という解釈である。“dhātu”と“ālambana”が、ともに〝基体〟という意味を有することを考えれば、この解釈が有力なものであることは言うまでもない。

しかし、この解釈にはやはり根本的な疑問がある。それは、“ālambana”「所縁」を「生因」と見なしうるかという疑問である。シュミットハウゼン教授は、〝「聖法」が「所縁」から生じる〟という理解に不合理を感じておられないかもしれないが、〝あるものがxから生じる〟というなら、そのxは、「所縁〔縁〕」ではなくて、「因縁」、つまり、「因」である筈である。

では、何故、“ālambana”という語が、ヴァスバンドゥによって導入されたのか。ここで我々は、慧沼が〔46〕で問いかけたのと同じ問いを発しなければならない。つまり、もしも〝「聖法」が「法界」から生じる〟とすれば、〔66〕という註釈文で、ヴァスバンドゥは何故“tat-prabhavatvāt”「それから生じる」「それを起源（生因）としている」と書かずに、敢えて“tad-ālambana-prabhavatvāt”と“ālambana”の語を付加して書いたのかという問いである。“tad-ālambana”をkarmadhāraya 複合語と解釈する立場、つまり、“tat＝ālambana＝prabhava”と見る立場よりすれば、“ālambana”を省いて“tat-prabhavatvāt”と書いた方が、文意が明瞭であった筈である。何となれば、“tad-ālambana-prabhavatvāt”と書けば、“tad-ālambana”を bahuvrīhi 複合語と解釈する人々、私のような人々が当然生じてしまうからである。そのような解釈が生じるのを避けるためには、ヴァスバンドゥは“ālambana”という語を加えてはならなかった筈である。それを敢えて彼が付加したのは、〝「法界」といわれるAは基体であって「生因」〔B〕ではない〟ということを強調する

ためであったとしか考えられない。つまり、"tad-ālambana" に関しては、これを「真如所縁縁種子」の「真如所縁縁」"tathatā-ālambanapratyaya" と同様に、bahuvrīhi 複合語と解釈することこそが、正解なのである。

尤も、ヴァスバンドゥは〔66〕において、"どちらともとれる" 註釈文を書くことが註釈者の力量であると考えたのかもしれない。つまり、〔66〕の冒頭の "āryadharmahetutvād dharmadhātuḥ" は、被註釈文〔72〕との関係を考えれば、明らかに「聖法の因であるから、法界である」と読まれるべきものであるが、そこには「聖法の因をもつから、法界（法の界をもつもの）である」という意味も込められたのであり、この意味を本格的に説明したものこそ "tad-ālambana-prabhavatvāt" という表現であった、と私は考える。

『中辺分別論』〔72〕において、「法界」を "「諸の聖法」の「因」(hetu)" と規定した偈の作者が、自らの言明と、"Aは「生因」ではありえない" という瑜伽行派の基本的立場とが矛盾するように見えることについて、どのように考えたかは、知る由もない。ただ、『中辺分別論』の偈には、『瑜伽師地論』「摂決択分」に少なくとも四例は見られた "tathatā-ālambana-" という複合語が用いられていないことは、確かである。[156] 従って、〔72〕の "「諸の聖法」の「因」" という「法界」の規定が、"Aは「生因」たりうる" という解釈を、ある種の人々の間に、つまり、瑜伽行派の系譜に連なるようなある人々の間に生じたとしても、それほど不思議なことではないであろう。

従って、『中辺分別論釈』〔66〕、そして偈の〔72〕について、私が主張したいのは、次のことなのである。即ち、註釈文〔66〕では、「真如所縁縁種子」という表現におけると同様に、AとBは、やはり区別されていると思われる。つまり、"一切法の最終的基体" たる単一の原理〔A〕ではなく、それを基体とするもの〔B〕こそが「生因」とされ、"prabhava" と表現されているのである。しかし、この "AとBの区別" "基体と「生因」の区別" は、偈の〔72〕では、明確に説かれておらず、あるいは全く説かれておらず、そこには "基体" であるAをそのまま「生因」とするような解釈が生じる可能性が充分に認められる。従って、AではなくBを「生因」とする瑜伽行派独自の dhātu-vāda なるものは、決して我々が想像するほど確固たるものではないのである。それは、AとBを区別せずに同一視しようとする強烈な一元論的傾向によって、いわば侵蝕される危険に常にさらされていたのである。[157] 中国仏教史においても、そして日本仏教史においても、法相宗が、結局のところ事実としては〝一乗家〟に敗れたとされるのも、このような強烈な一元論的傾向に抗しきれなかったからであろう。

それ故、〝常住なもの〔A〕はものを生じえない〟という仏教的な限定を受けた瑜伽行派独自の dhātu-vāda よりも、〝常住なもの〔A〕は一切法を生じる〟という単純な dhātu-vāda、つまり、発生論的一元論とも言える dhātu-vāda の方が、実際の仏教史においては、強い力をもったのである。

かくして、瑜伽行派の思想の基本的構造とは、〝一切法の最終的基体〟〔A〕を「生因」とはしない限定された "dhātu-vāda" ではあるが、その根底には純然たる発生論的一元論としての dhātu-vāda が据えられているという私見を、本論の結論とすることにしたい。

註

（1）『駒沢大学仏教学部研究紀要』四一、一九八三年、四一六―三八九頁。後に『縁起と空』に収録。
（2）『駒沢大学仏教学部論集』一三、一九八二年、三一二―二九〇頁。
（3）同右、三〇五頁。
（4）同右、三〇六―三〇五頁。
（5）同右、二九四頁。
（6）高崎直道『如来蔵思想Ⅱ』法蔵館、一九八九年、「解説」三七二―三七三頁。
（7）高崎直道「最近十年の仏教学」『仏教学』三六、一九九四年、二頁。Cf. *Pruning*, pp.314-315.
（8）『縁起と空』一一―九七頁。
（9）"My Report of the Panel on Critical Buddhism",『駒沢大学仏教学部研究紀要』五二、一九九四年、三〇〇―二九六頁。

(10) 例えば、『仏性』一一二―一一三頁参照。

(11) Cf. Yamabe II, *Pruning*, pp.216-217.

(12) Cf. "the gotra existing by nature" (Ruegg [1968] p.309, *l*.22; p.310, *l*.2), "Le gotra revêt deux formes, l'une existant par nature (prakṛtistha)" (*La théorie*, p.88, *l*.3).

(13) D, Wi, 2b4.

(14) Cf. Yamabe I, *Pruning*, p.195, *l*.32, *l*.34.

(15) 後出の⑭参照。

(16) 『善戒経』『地持経』が玄奘訳に比べて古いことにもとづいて、本来のテキストには "prakṛti-gotra" とあったものが、後に "-stha" が付加されて "prakṛti-sthaṃ gotram" に変ったと想定することは、無理があるであろう。というのも、もしそうであるとすれば、"prakṛti-gotra" なる語が瑜伽行派の文献に認められてしかるべきであろうが、そのような用例は認められないと思われるからである。

(17) ただし、真諦訳『仏性論』の「住自性性」(大正三一、八〇八中一五―一六行)は、『宝性論』の "prakṛti-sthaṃ [gotram]" (RG, p.71, *l*.19) の訳語と見ることができる。Cf. *Study*, p.288, n.158.

(18) 『仏性論』では、『宝性論』における「菩薩地」〔1〕の部分的引用 (RG, p.55, *ll*.16-17) に見られる "dharmatā-pratilabdha" という語が「法然所得」(大正三一、八一二上五―六行) と訳されている。「法然」も、「法爾」同様、不明瞭な訳語であろう。

(19) "samudānita" (yaṅ dag par bsgrubs pa [D, Wi, 2b4]) という語を、いかに訳すべきかは問題であろう。ルエッグ教授の訳は "acquise" (*La théorie*, p.88, *l*.4)、つまり、"獲得された" であり、教授は〔1〕の "dharmatā-pratilabdha" をも、"acquise par la *dharmatā*" (*op. cit.*, p.88, *l*.8) と訳されている。すると、"samudānīta" を "pratilabdha" と同義と解されたことになる。一方、『宝性論』の "[gotraṃ] samudānītam" (RG, p.71, *l*.19) に関する高崎博士の和訳は「開発された」(『高崎(宝)』一二六頁四行) である。

私自身は、『法華経』における次のような "samudānayati" と "samudānīta" の用例を一つの根拠として、これら二つの語を、それぞれ「〔……を〕完成する」「完成された」と訳しておきたい。

㋐ ayaṃ me bhikṣavo mahāśrāvakaḥ sthaviraḥ subhūtis triṃśata eva buddhakoṭīnayutaśatasahasrāṇāṃ satkāraṃ kariṣyati gurukāraṃ mānanāṃ pūjanāṃ arcanāṃ apacāyanāṃ kariṣyati/ tatra ca brahmacaryaṃ cariṣyati bodhiṃ ca samudānayiṣyati/ (SP, p.148, *ll*.4-7)

㋑ imāṃ ahaṃ kulaputrā asaṃkhyeyakalpakoṭīnayutaśatasahasrasamudānītāṃ anuttarāṃ samyaksaṃbodhiṃ yuṣmākaṃ haste parindāmy upaparindāmi nikṣipāmy upanikṣipāmi/ (SP, p.484, *ll*.4-6)

このうち、㋐の傍線を付した個所は「また菩提を完成するであろう」、㋑の傍線を付した個所は「完成された無上の正しい菩提を」

と訳しうるであろう。

(20) “anādikāliko dharmatā-pratilabdhaḥ” というテキストでは、“anādikālika” は “anādikāliko” という男性単数主格で活用しており、後続する “dharmatā” の形容詞にはなっていない。しかし、後出の「声聞地」〔21〕には、“anādikālikā prasiddha-dharmatā acintya-dharmatā” という語が見られ、そこでは “anādikālika” は “dharmatā” の形容詞となっている。従って、〔1〕のテキストに本来 “anādikāliko dharmatā-pratilabdhaḥ” と書かれていたとしても、この表現は、“anādikālika” が “dharmatā” を形容する “anādikālika-dharmatā-pratilabdhaḥ” という表現に転化する可能性をそなえていたと思われる。

この問題は、『宝性論』(RG, p.71, *l*.19) に示される二種の “gotra” の内の第一を “anādi prakṛti-stham” と読むか、それとも “anādi” を “prakṛti” の形容詞と見て “anādi-prakṛti-stham” と読むかという問題とも関連する。私の理解よりすれば、“anādi” や “anādikālika” は常住の実在〔A〕たる “dharmatā” や “prakṛti” を形容していると見る方が、論理的には一貫する。しかし、“anādi” については、別の機会に論じたい。

(21) テキストの “tad asminn arthe dvividham apy abhipretam” という表現が、私には納得できないのである。つまり、これを直訳すれば、“この意味において、その両方とも意図されている” と訳しうるかもしれないが、これは不自然な表現と思われる。そこでチベット訳を見ると、対応する個所は “don gyi skabs hdir ni rnam pa gñi ga yaṅ ḥdod do” (D, Wi, 2b5) となっており、テキストに対応するもののない “skabs” (adhikāra?) という語が補われた訳が示されており、従って、“asminn arthe” という読みには、疑問が生じるのである。そこで『善戒経』〔2〕を見ると、問題の個所は「此経中」となっており、“asmin sūtre”「この経において」という読み方を想定させる。すると、『善戒経』『地持経』というように、本来は「経」“sūtra” という体裁をもっていた「菩薩地」が『瑜伽師地論』中に「論」として編入されたとき、“sūtre” が “adhikāre” や “arthe” に代えられたのであろうか。それとも本来のテキストには “asmin” という語しか存在しなかったのであろうか。玄奘訳〔4〕の「此中義意二種皆取」という訳も、“asminn artham dvividham apy abhipretam” というようなテキストを想定させるかもしれない。しかし “artha” は、中性名詞ではなく男性名詞として用いられる (BBh, p.48, *l*.11, *l*.12) のが一般的であるから、この想定も適切とは思えない。そこで、和訳に当っては、一応 “arthe” を省いたテキストを想定し、それにもとづいた訳を示しておきたい。なお、山部氏の英訳は “In this case, both meanings are intended.” (Yamabe II, *Pruning*, p.196, *l*.5) であって、諸訳の中では、玄奘訳と最も一致すると思われる。

(22) この記述については、Cf. *La théorie*, p.89, n.1, *Ālaya*, I, pp.157-160.

(23) Cf. *Ālaya*, I, p.14, *ll*.5-13.

(24) 『初期唯識』二四九—二五三頁、二五八頁参照。

(25) Cf. YBh, p.4, *l*.7; p.11, *l*.5, *l*.10, p.24, *l*.5. ただし、そこに見られる“ālaya-vijñāna”の用例はすべて、本書、第三章で示すように、シュミットハウゼン教授によれば、後代の付加、挿入とされている。Cf. *Ālaya*, I, pp.109-132.

(26) “yatra tat sarvabījakaṃ vipākasaṃgṛhītam āśrayopadātṛ ālayavijñānaṃ saṃmūrcchati” (YBh, p.24, *ll*.4-5)〔テキストは、シュミットハウゼン教授の読み（*Ālaya*, I, p.127, *ll*.13-14）に従って、修正した〕

(27) Cf. *Ālaya*, I, pp.157-160.

(28) 〝アーラヤ識〟の語義に関する勝呂博士の基本的な理解は、博士が、

> アーラヤ識の語義そのものは、我執に関係するものであることがこれで判る。（「勝呂(一)」一三〇頁下—一三一頁上）
>
> 周知のようにアーラヤという言葉そのものは唯識学派以前から、執着・愛着というような意味をもって用いられているのであって、それは唯識学派においても継承されている。この執着・愛着という意味においては、我執と関係あるものであって、唯識学派においてマナ識が創説され、我執の作用はもっぱら、このマナ識に帰属せしめられるようになっても、アーラヤ識の本来の語義は第一義的には我執と関係づけられていることが認められる。（「勝呂(二)」五四頁）

と言われるように、〝アーラヤ識〟の語義を〝我執〟に関連するものと解される点にある。おそらく、この基本的理解に反対されたのが、シュミットハウゼン教授の『アーラヤ識論』の要点であろうが、私自身は、勝呂博士のこの基本的理解に賛成なのであり、この点については、本書、第三章で論じたい。

ただし、勝呂博士の次の論述では〝アーラヤ識〟を〝我執の主体〟、つまり、〝我に執着する識〟と見なしているのか、〝我執の対象〟、即ち、〝我として執着される識〟と見ておられるのかが曖昧に思われる。

> 右においては、執着・我執・煩悩によって ātmabhāva が生ずるという趣旨が述べられていると理解されるが、この場合、我執と煩悩は実質的に同じであって、強いて区別することはできないものであろう。すると因は我執、果は ātmabhāva であるということになるが、アーラヤ識はそのいずれに関係するものであろうか。右の漠然たる所説においては何とも判断できないのであるが、因果の両方にわたると見るのが妥当なところであろう。種子の同義語として、有身・アーラヤ・有身見の拠り所・我慢の拠り所があげられているのは、アーラヤ識の因の状態としての種子が我執の観念と密着するものであることを示している。因果の両方にわたることは、アーラヤ識は我を執着する識（因）であるとともに我として執着される識（果）であるということにもなろう。（「勝呂(二)」五五—五六頁）〔傍点＝勝呂博士〕

シュミットハウゼン教授は、右の論述で「我を執着する識(因)」と述べられた部分において、勝呂博士が、「本地分」〔5〕の“ālaya”を“ālaya-vijñāna”と同一視され、後者を〝我執の主体〟と解されたものと理解されて、これを批判されたのであろう。Cf. *Ālaya*, I, p.157, *ll*.19-24; II, n.999, p.452.

(29) Cf. *Ālaya*, II, n.1019, pp.454-455.

(30) *Ālaya*, I, p.159, *l*.28, *l*.21. ただし、シュミットハウゼン教授が“adhiṣṭhāna”を“objective basis”と解されるならば、“ālambana”をも、同様に、“objective basis”、つまり、“basis”“基体”と解していただきたい、というのが私の考えなのである。

(31) 宇井伯寿『安慧護法唯識三十頌釈論』岩波書店、一九五二年、四七頁上九行。

(32) 『世親唯識』二三九頁六行。

(33) 後出の〔41〕参照。

(34) 『初期唯識』二五〇—二五二頁、二五八頁参照。

(35) “gotra-stha”という表現には、“gotra”を“基体”とする考え方が確かに認められる。しかし、その場合でも“gotra”を“一切法の最終的基体”〔A〕と見るべきではないと思われる。つまり、“gotra”は、“ālaya-vijñāna”同様、“一切法の最終的基体”〔A〕を“基体”とする“超基体”〔B〕ではあるが、“ālaya-vijñāna”が『摂大乗論』冒頭（MSg, I, 1）で“dhātu”や“āśraya”と言われるように、“gotra”〔B〕も、“二次的な基体”となるという考え方が、瑜伽行派には認められると思われる。

(36) 「種姓に住する人が縁（pratyaya）を得れば」という表現は、「因」と「縁」を区別して、「種姓」“gotra”を「因」“hetu”と見なす理解を示しているのであろう。

(37) チベット訳に“lus las khyad par du gyur ba”とあるにもかかわらず、原語は“āśraya-saṃniviṣṭa”であると思われる。これについては、「勝呂(二)」六三—六四頁、「山部(二)」七五—七七頁、註(20)参照。Cf. *Ālaya*, I, p.165, *ll*.4-22. ただし、「付着」という和訳は、余りにも“くっつく”というような“接着”の意味を強調しすぎているように思われる。つまり、“-saṃniviṣṭa”は、基本的には“……に存在する”“……を基体として存在する”という意味であり、そこに明確に「付着」の意味があるかどうかは疑問である。
なお、チベット訳“lus las khyad par du gyur pa”の原文は、“āśraya-viśiṣṭa”であったことが想定されるが、それは、“āśraya-saṃniviṣṭa”または、“āśraya-niviṣṭa”の誤りではないかと思われる。

(38) 文脈よりすれば、「種子」は「種姓」とあるべきであろう。しかし、チベット訳も“sa bon”（D, Dsi, 2b2）とあり、漢訳の「種子」に一致している。

(39) Cf. D, Dsi, 2b3. もしもチベット訳に従って、「殊勝」“viśeṣa”が欠落した形が本来のテキストであるとするならば、「菩薩地」〔1〕には、声聞よりも菩薩の方が勝れているから、菩薩の種姓としての「六処」には「殊勝」の語が加えられる、というような考え方が示されているのかもしれない。

(40) Shukla のテキストには "saṃjñārtho" とあるが、これに相当する漢訳は「種子義」（大正三〇、四五四下一二行）であり、チベット訳も "sa bon gyi don" (D, Dsi, 141a2) であるから、"saṃjñā-" は "bīja-" と訂正すべきであろう。

(41) ただし、「声聞地」の〔9〕〔10〕と〔11〕との中間にあたる個所には、"gotra"「種姓」を〃微細なもの〃(sūkṣma) と〃粗大なもの〃(audārika) とに二分する説明（大正三〇、三九五下二六行—三九六上三行、D, Dsi, 2a4-b1）が、"gotra-vyavasthāna"「種姓の設定（区別）」という項目によって説明されている。その説明によれば、前者は〃果を生じないもの〃、後者は〃果を生じるもの〃を意味し、「菩薩地」〔1〕の "prakṛti-stha" と "samudānīta" という二種の "gotra" に対応しているように見える。

(42) Cf. BBh, p.25, *l*.21-p.26, *l*.14. なお、「所知障」をめぐる問題については、池田道浩「瑜伽行派における所知障解釈の再検討」『駒沢短期大学仏教論集』六、二九八—二九〇頁参照。

(43) Cf. BBh, p.26, *l*.12; p.28, *l*.10; p.30, *l*.1; p.30, *l*.24; p.32, *ll*.19-20.

(44) Cf. BBh, p.27, *l*.2.

(45) テキストには "rigs sa bon yin te" (D, Bi, 51a7) とあるから、和訳は「種姓は種子であり」とすべきかもしれない。

(46) D, Wi, 206a6.

(47) この「依附相続」に相当するチベット訳は "rten la gnas pa yin te" (D, Zi, 288b3) であるが、これに相当する原文を、山部氏は当初 "āśritāni saṃtatāni" と想定され、「依存して相続している」の意味に解されていたが（「山部（一）」二八頁二二行、二六行）、後の論文においてはそれを修正して、"saṃniviṣṭa" を想定された。即ち、氏は次のように論じられたのである。

> gnas pa＝依附の対応が証明される以上、上記の想定は成り立ち難いと言わざるを得ない。以上の用例を踏まえると、この VSg の箇所に対してもチベット訳により āśrayasaṃniviṣṭa を想定するのが最も素直だということになろうが、しかしこれでは玄奘訳を満足し難い。従って筆者としては、上引『声聞地』に於ける「依附相続」＝saṃniviṣṭa なる対応を重視して、VSg のこの箇所でも Tib: rten la gnas pa, H「依附相続」に対して、saṃniviṣṭa なる一語が対応していたものと一応考えておくことにしたい。この場合玄奘訳については「依附シテ相続ス」という上述拙稿の理解を踏襲し、また、Tib の 'la' は、目的格助辞としての用法ではなくして、接続辞的用法であると解して、「依存して存在する」といった読みが可能であるものと考えたい。（「山部(二)」七六頁二三—三三行、註〔20〕）〔傍線＝松本〕

ここで、「この VSg の箇所」というのは、今まさに問題としている〔14〕の「依附相続」の個所を指している。つまり、ここで山部氏は、これについて「上記の想定」、つまり "āśritāni saṃtatāni" という想定を、勝呂博士の論文により指摘された用例（「勝呂(一)」六三頁(1)の用例）によって "saṃniviṣṭa" に訂正されたのであるが、氏がここで「最も素直だ」と言われるように、原語としては "āśraya-saṃniviṣṭa”を想定するのが適切であろう。また、チベット訳“rten la gnas pa”に対する氏の読解も正確だとは思えない。“rten la gnas pa”の“rten”は動詞でなくて名詞であるから、“la”を「接続辞的用法」と見ることはできないからである。つまり“la”は於格を意味する助辞であり、“rten”という名詞の原語としては“āśraya”を想定するのが自然であろう。これはすでに、勝呂博士によっても、想定された原語である。「勝呂(二)」六四頁一三―一四行参照。

(48) 「山部(一)」二六―二九頁参照。

(49) 後出㉘参照。

(50) 「山部(一)」二八頁七―八行。

(51) 『倶舎論索引』“prakṛti”の項（AKBh-Index [I], p.243）参照。

(52) 前註（17）で示した『仏性論』の「住自性性」という訳例も参照。

(53) “prakṛtistha āryaḥ”に対する櫻部建博士の訳語は、「本性にとどまっている聖者」（櫻部建・小谷信千代『倶舎論の原典解明　賢聖品』法蔵館、一九九九年、三〇一頁一行）である。この訳語は、〝「本性」、つまり、生得の自然な状態にとどまっていて、まだ修行等によって完成されていない〟という意味に“prakṛti-stha”を解する解釈にもとづくものであろう。この解釈は、「菩薩地」〔1〕の“prakṛti-stha”の語義に関しても、有力なものと言えよう。そこでは“prakṛti-stha”が“samudānīta”「完成された」という語と対比されているからである。しかし、私は“-stha”が何よりも〝場所〟〝基体〟を指示する語である点を重視したい。つまり、もしもいわば〝哲学的含意〟というようなものを考慮することが認められるならば、“prakṛti-stha”は、〝自然の状態にとどまっている〟という意味とともに、〝本性を基体として存在する〟という意味をも表示するのではないかと思うのである。

(54) P, Ṅu, 31b1.

(55) “prakṛti-stha”または“prakṛti”を「入定していない状態」と見る解釈は、『解深密経』「分別瑜伽品」の次の記述にも説かれているかもしれない。

㋐ 世尊、若諸有情、自性而住、縁色等心所行影像、彼与此心、亦無異耶。善男子、亦無有異。（大正一六、六九八中九―一一行）

㋑ bcom ldan ḥdas sems can rnams kyi gzugs la sogs par snaṅ ba sems kyi gzugs brñan raṅ bshin du gnas pa gan lags pa deḥaṅ sems de daṅ tha dad pa ma lags shes bgyiḥam/ bkaḥ stsal pa/ byams pa tha dad pa ma yin shes bya ste/（SNS[L], VIII, 8, p.91, *ll*.23-25）

このうち㋑の“raṅ bshin du gnas pa”の原語をラモット Lamotte は“svabhāvāvasthita”（SNS[L], p.91, *l*.30, n.5）と想定し、この原語の想定は野沢静証博士によっても踏襲された（『大乗瑜伽行』一九二頁一一行）のであるが、その原語としては、「菩薩地」〔1〕で用いられた“prakṛti-stha”を想定するのが、適切であろう。というのも、『解深密経』に対するチャンチュプズトゥル Byaṅ chub rdsu ḥphrul の註釈『解深密経解説』*Saṃdhinirmocanasūtravyākhyāna* (P, No.5845) は、㋑の“raṅ bshin du gnas pa”を、

㋒ raṅ bshin du gnas śes bya ba ni mñam par [ma] bshag paḥi sa pa rnams kyi spyod yul tha mal bar gnas paḥo// (P, Co, 194b7-8; D, Cho, 163b4-5)〔北京版・デルゲ版とも“ma”を欠くが、「非等引地」(『大乗瑜伽行』二〇〇頁九行)とあるように、“ma”を欠いては、意味が通じないので補った〕

と註釈しており、この趣旨はヤショーミトラが〔18〕で“prakṛti-stha”を「入定していない状態にある」と説明するのと、基本的に一致していると思われるからである。すると㋑は、次のように訳されるであろう。

㋓「世尊よ、諸の衆生の心の影像（citta-pratibimba）である、本性において存在している（prakṛti-stha）色（rūpa）等の顕現なるもの、それも、その心（citta）と異なっていないと言われるのですか」。

世尊が言われた。「弥勒よ、異なっていないと言われる」。

この一節㋑について、シュミットハウゼン教授は、『解深密経』の直前の一段（SNS[L], VIII,7）で説かれた〝三昧中の影像（pratibimba）は唯識（vijñāpti-mātra）である〟という〝唯識〟説が、ここでは〝三昧の中にあるもの〟ではない〝一般的な対象〟（ordinary objects）にまで拡大され、その〝一般的な対象も唯識である〟とする〝唯識〟説の〝普遍化〟（generalization）がなされた、という解釈を示された。Cf. Schmithausen L., “On the Problem of the Relation of Spiritual Practice and Philosophical Theory in Buddhism” *German Scholars on India*, II, 1976, p.241, *ll*.13-28.

この解釈は基本的には正しいであろう。ただ私が問題としたいのは“ordinary objects”という教授の表現と“raṅ bshin du gnas pa”つまり、私見によれば“prakṛti-stha”という語との関係なのである。つまり、チベット訳㋑によれば“raṅ bshin du gnas pa”（prakṛti-stha）は、明らかに“sems kyi gzugs brñan”「心の影像」と同格であり、“gzugs la sogs par snaṅ ba”「色等の顕現」を形容している。従って、これを“ordinary objects”と呼ぶとき“ordinary”は“prakṛti-stha”に意味として対応していることになるであろう。

しかし、“prakṛti-stha”が、ヤショーミトラの〔18〕に言われるように、〝「入定していない状態」にある〟を意味するとすれば、この語は“objects”ではなくて“subject”、即ち、認識主体の形容詞として用いられるべきものではなかろうか。実際『倶舎論』〔15〕では“prakṛti-stha”は“ārya”「聖者」を形容しているのであり、その認識対象を形容しているのではない。

しかるに、この点で重要なのが、玄奘訳㋐の「自性而住」という“prakṛti-stha”に対する訳語なのである。この訳語は、確かに難解であるが、しかし、私見によれば、ここで「自性而住」とは、「色等」を限定する語ではなく、「諸有情」を形容する語となっていると思われる。つまり、「諸の有情」が「自性而住」、〝本性〟において存在していて〝三昧に入っていない〟とき、その対象である「色

等」も、「心」と異なっていないというのが、㋐全体の趣旨であろう。すると、チベット訳は、本来「諸有情」を形容していた“prakṛti-stha”という語が、「色等」の形容詞に変化したテキストを翻訳したものであろうという想定が成立する。即ち、“ordinary objects”とは、言ってみれば、本来“objects of ordinary people [who are not in the state of meditation]”を意味していたのであろう。

この『解深密経』における“prakṛti-stha”という語の使用が、『解深密経』に先行する「菩薩地」〔1〕の“prakṛti-stha”の用例にもとづいているということは、当然予想されることではあるが、しかし、この語が『解深密経』「分別瑜伽品」の成立の当初から、㋐㋑に相当する個所に用いられていたかどうかについては疑問がある。というのも、その個所は玄奘訳に先行する菩提流支訳では、次のようになっているからである。

㋔ 世尊、一切衆生、所有心法、色等境界、為異於心、為不為心。仏言、弥勒、不異於心。(大正一六、六七五上三—五行)

即ち、傍線を付した部分の原文に“prakṛti-stha”という語が用いられていた可能性は、殆んどないであろう。とすれば“prakṛti-stha”という語は、〝三昧に入っていない〟〝入定していない〟〔人々〕という意味を明示するために、後に『解深密経』の㋐㋑相当部分のテキストに付加されたものであろう。確かに、この語がなくても、「色等」というだけで、これが“ordinary objects”を意味していることは、読者には容易に了解されるからである。

(56) P, Chu, 239a5.

(57) 私は“dhātu”という語が用いられていれば、それをすべて“dhātu-vāda”で言う“dhātu”、つまり〝一切法の最終的基体〟〔A〕と見なしているわけではないことを、読者、特に山部氏には、理解していただきたい。即ち、“dhātu-vāda”とは、〝一切法の単一の基体〟〔A〕を“dhātu”という語によって表現している説を指すというのではなく、あくまでも、思想の論理的構造を示すために用いられる仮説なのである。それ故に、瑜伽行派の〝多界〟(nānā-dhātu)説というものは、私見によれば、“dhātu-vāda”と矛盾しない。この点を、私はすでに、山部氏に対する返答で、次のように述べているのである。

I wish to acknowledge Yamabe's contribution to the elucidation of the *nānādhātu* or “different-*dhātus*” theory of Yogacaras, but I fail to see how this is in any way inconsistent with the basic *dhātu-vāda* structure as I propose it. Rather, the manifoldness of *dhātu* referred to in the passages explaining the *nānādhātu* theory is to be taken as a plurality of *gotras* posited on a single locus, which is what I call *dhātu*. (Response, *Pruning*, p.207, *ll.*16-21)

(58) この点で「声聞地」に、次の記述のあることに注意したい。

㋐ yat punar ete 'ṣṭādaśadharmāḥ svakasvakād dhātoḥ svakasvakād bījāt svakasvakād gotrāj jāyante nirvartante prādurbhavantīty jānāti rocayaty upanidhyāti/ idam ucyate dhātukauśalyam// (ŚBh, p.245, *ll.*6-9)〔Shukla 本では傍線部が“etān aṣṭādaśadharmān”となっ

ているが、山部氏による訂正（Yamabe II, *Pruning*, p.455, n.21）に従った〕

ここでは、十八界が各自の（svakasvaka）“dhātu”「界」“bīja”「種子」“gotra”「種姓」から生じると知ることが、“dhātu-kauśulya”「界善巧」であると説かれており、

dhātu＝bīja＝gotra

という〝同義語〟性が認められているが、しかし、この〝同義語〟のリストに“prakṛti”だけは含まれていない点は、重要であろう。

(59) “dharmatā-yukti”の“dharmatā”を「法性」と訳さずに「法爾」と訳すのは、〝法爾自然〟という意味を強調するためであろうが、しかし、やはり訳語は統一すべきであると考えて、玄奘訳とは一致しない「法性道理」という訳語を用いることにした。

(60) テキストの“saṃjānanālakṣaṇā”を“saṃjñānanālakṣaṇā”に訂正すべきかもしれない。Cf. BHSD, p.552, s.v. “saṃjñānanā”.

(61) テキストの“vijānanālakṣaṇam”を“vijñānanālakṣaṇam”に訂正すべきかもしれない。Cf. BHSD, p.486, s.v. “vijñānanā”.

(62) Cf. ŚBh, p.143, *ll*.4-16; D, Dsi, 58a4-b1.

(63) “loka-saṃniveśa”は「世間の安立」を意味するのかもしれない。その場合、文意は〝何故に器世間は、そのように安立し配置されているのか〟ということになるであろう。

(64) テキストには“caiṣā”とあるが、チベット訳“ḥdod pa ḥdi dag gi”（D, Dsi, 166b1）によって“caiṣām”と訂正した。

(65) テキストには“acitta(-cintya?)dharmatā”とあるが、チベット訳に“bsam gyis mi khyab paḥi chos ñid”（D, Dsi, 166b1）とあるので、括弧内に想定された“acintyadharmatā”に訂正した。

(66) テキストに“na vikalpayate(yitavye)ty”とあるが、チベット訳“rnam par brtag par mi byaḥo shes”（D, Dsi, 166b1）とあるので、括弧内に想定された読みに従った。

(67) テキストに「麁理」とあるが、言うまでもなく、脚注(1)に示された「道理」という読みに従った。

(68) 高崎直道「『大乗起信論』の「真如」」『仏教学』二九、一九九〇年、六頁。

(69) ここで“kāraṇa-paryāya”「原因の同義語」、または“dharmatā-paryāya”「法性の同義語」と言われるものが、“prakṛti”を指すと見るのか、それとも“prakṛti-stha-gotra”を指すと解するのかによって、解釈が大きく異なる。つまり、これは、アーリヤ・ヴィムクティセーナが“prakṛti＝dharmatā”という等式を認めているのか、それとも“prakṛti-stha-gotra＝dharmatā”という等式を認めているのか、という問題に帰着するのである。

私は前者の解釈を採るのであるが、しかし、ルエッグ教授は後者の解釈を採用されているように見える。というのも、教授は〔24〕の“taiḥ”以下を、

㋐ Now if when explaining the meaning of the word *prakṛti* in the compound *prakṛtisthagotra* they hold it to be an equivalent (*paryāyaḥ*) of (productive) cause (*kāraṇam*), this definition would apply properly to the *gotra* acquired by conditions (*pratyayasamudānītam*). And what then would be the difference between the two *gotras*? (Ruegg [1968], p.310, *ll*.3-6)〔傍線＝松本〕

と意訳され、さらに〔24〕を踏えたバダンタ・ヴィムクティセーナ Bhadanta Vimuktisena の記述 (*Abhisamayālaṃkāravārttika*, P, No.5186, Kha, 43a3-5) を、次のように説明されるからである。

㋑ Like the Ārya, Bhadanta-Vimuktisena next mentions the opinion that it is the *ṣaḍāyatanaviśeṣa* which constitutes the *gotra*. He then proceeds to explain that it must in that case either be produced through the totality of necessary conditions (*rkyen tshogs: pratyaya-sāmagrī*) or be existent by nature (*raṅ bźin gyis gnas pa*). However, like his predecessor, he adds that if it be held that the latter is equivalent to a (productive) cause (*rgyu'i rnam graṅs＝kāraṇaparyāyaḥ*) there would be no difference between the two forms of the *gotra*; he therefore explains it as equivalent to the *dharmatā*. (Ruegg [1968], p.313, *ll*.10-17)〔傍線＝松本〕

即ち、ここで "the latter" は "raṅ bshin gyis gnas pa" つまり "prakṛti-stha[-gotra]" を指しているように見える。このルエッグ教授の解釈は、『善説金鬘』*Legs bśad gSer phreṅ* (P, No.6150) に示されるツォンカパ Tsoṅ kha pa の解釈に従っているように思われる。というのも、高崎博士・ルエッグ教授の翻訳によっても示されたように、ツォンカパは『現観荘厳論』*Abhisamayālaṃkāra* の註釈たる『善説金鬘』において、声聞部の種姓論・唯識派の種姓論・中観派の種姓論を説明するが、その中観派の種姓論を説明する中で、〔24〕の "taiḥ" 以下を引用した後で、次のように述べているからである。

㋒ de ltar ḥphags pas raṅ bshin du gnas paḥi don chos ñid la ḥdod na ñes pa med la byaṅ chub kyi rgyu yin pa tsam du ḥdod na rgyas rigs kyaṅ der thal bas de gñis khyad med do shes gsuṅ ṅo// (P, Ja, 192a7-8)

㋓ このように、アーリヤ〔ヴィムクティセーナ〕は「"prakṛti-stha[-gotra]" の意味を、"dharmatā" であると主張するならば、過失はないが、菩提の原因 (byaṅ chub kyi rgyu, bodhi-kāraṇa) であるとのみ主張するならば、"samudānīta-gotra" (rgyas rigs) も、それになってしまうので、その二つ〔の種姓〕は、区別が無いのである」と説くのである。(Cf. *La théorie*, p.118, *ll*.34-39' 高崎直道「ツォンカパのゴートラ論」『如来蔵思想II』法藏館、一九八九年、二九二―二九三頁)

おそらく、山部氏の解釈も、ツォンカパやルエッグ教授の解釈、つまり、アーリヤ・ヴィムクティセーナは〔24〕で "prakṛtistha-gotra＝dharmatā" という等式を認めたという解釈に従うものであろう。というのも、氏は〔24〕の "kāraṇaparyāyaś" 以下を、次のように訳されるからである。

㋔ If it is used in the sense of "cause", it also applies to "the [*gotra*] attained by condition" (Yamabe I, *Pruning*, p.451, n.50)

しかし、私は、このような解釈に疑問を感じる。アーリヤ・ヴィムクティセーナが“prakṛti”と“prakṛti-stha”を全く区別しない思想家であるというなら、このような解釈も可能かもしれないが、しかし、果してそのようなことがありうるであろうか。この問題も、別に論じることにしたい。

(70) ハリバドラ Haribhadra の『現観荘厳論小註』*Abhisamayālaṃkārakārikāśāstravivṛti,*〔AAVi〕の理解によれば、アーリヤ・ヴィムクティセーナは「中観に住する慧によって」“dbu mar gnas paḥi blos”(AAVi, p.3, *l*.15)、『現観荘厳論』の註釈を書いたとされている。Cf. Ruegg [1968], p.306, *ll*.28-29.

(71) 前註(69)参照。

(72) ただし、前註(69)で示したように、ルエッグ教授・山部氏によれば〔24〕では“prakṛti＝dharmatā”という等式が認められているとは言えない、ということになるであろう。

(73) 本頌の数え方は、高崎博士の『高崎(宝・法)』(二〇〇頁五行)に従う。

(74) “citta-śuddhi”は、直後で“citta-prakṛti”と言い換えられているから、これを〝心の浄化〟と解すべきではないであろう。すると“śuddhi”は“śuddhatā”「浄らかであること」「浄化されていること」であり、それはまた、“śuddha”なる“citta-prakṛti”を意味するというのであるかもしれない。

(75) “ālīna”の意味、及び“ālaya-vijñāna”との関係については、後論する。

(76) “prabhava”を「起源」と訳すことについては、後論するが、「*a*が*b*を起源(prabhava)とする」とは、「*a*が*b*から生じる」を意味する。従って、“prabhāvita”が「生みだされた」を意味することも、確認される。

漢訳の「念起煩悩業」(大正三一、八三二下一八行)も、チベット訳の“tshul bshin ma yin yid byed kyis// las daṅ ñon moṅs rab tu phye”(D, Phi, 97b4)も、この〝生起〟の関係を明示している。また、チベット訳の“kyis ... rab tu phye”という表現は、“*b*-prabhava”を“*b*-prabhāvita”と同一視して訳したものであろう。

なお、“-prabhāvita”が〝生起〟の関係を意味することについては、拙稿「『解深密経』の「唯識」の経文について」『駒沢大学仏教学部研究紀要』六一、二〇〇三年、一九六―二一四頁参照。

(77) この“tat”が何を意味するか明らかではない。高崎博士の和訳は、「かの〔世間の〕成壊《じょうえ》のごとくである」(『高崎(宝)』七六頁二行)であるが、これは漢訳「如世界成壊」(大正三一、八三二下二一行)に依ったものと思われる。しかし、“tat”は、“tat tvam asi”におけるように、“idam”「これ」と区別された絶対的な実在である一元〔A〕を指すと見ることもできるかもしれない。

(78) 『形成』六八三頁一―四行、七三二頁一六行参照。

(79)「それ〔を〕」“tāṃ”は、教理的には“prakṛti”を指すと見たいところであるが、やはり“prakṛtiprabhāsvaratā”を指すと解するのが適切であろう。つまり、〔35〕では、“kleśāḥ... cittaprakṛtiprabhāsvaratāyāṃ”においてもそうであるように、“kleśa”または“upakleśa”と“[citta-]prakṛti-prabhāsvaratā”とが、二元的に対立するものとされているのである。

(80) 第一章の本頌、第二四偈〔33〕は、それ以前の本頌、第一三—第一五偈、及び、第一六—第二三偈つまり〔25〕—〔32〕の韻律が śloka であるのに対して、upajāti で書かれている（『高崎(宝)』付録、五七頁参照）。すると、この第二四偈〔33〕は、それ以前の本頌とは、著者が異なるのではないかということが、当然、推測される。おそらく、本頌とされるもの自身、極めて複雑な過程を経て形成されたのであろう。

(81) ダルマキールティ Dharmakīrti 以降の仏教論理学派において明確に説かれた主張、つまり、〝常住なもの（nitya）は、順次（krama）によっても、一時（akrama, yaugapadya）によっても、果（artha）を生じること（kriyā）ができないので、存在しない〟という主張は、この仏教の基本的原則を明示しているであろう。

(82) “ālaya-vijñāna”本来は〝ā√lī するもの〟であったが、後に〝ā√lī されるもの〟に発展したという考え方は、次の論述に示されるように、シュミットハウゼン教授の基本的理解であるとともに、勝呂博士の強調された考え方でもあった。

㋐ 以上見たように、ālaya は「身体に付着する」というのが、その本来の意味であったと思われる。（「勝呂(二)」六六頁四行）

㋑ Therefore, the aspect of being stuck to by Seeds, too, can at best be regarded as a secondary nuance, incidentally alluded to by a term which was primarily coined to signalize the new *vijñāna*'s stincking, and lying hidden, in the material sense-faculties. (*Ālaya*, I, p.27, *ll.*6-10)

なお、アーラヤ識に関する私見については、本書、第三章参照。

(83) Cf. MAVBh, p.18, *ll.*1-2.

(84) Cf. MAV, I, k.5, MAVBh, p.19, *ll.*17-18.

(85) 本書、第三章、〔202〕—〔206〕参照。。

(86) アーラヤ識を〝基体〟とする考え方は、『摂大乗論』（MSg, I, 1）に明確に認められる。というのも、そこでは、アーラヤ識が「所知の基体」“jñeya-āśraya, śes byaḥi gnas”であると説かれるのであるが、その典拠として、『阿毘達磨経』*Abhidharmasūtra* と称される経典の所謂「無始時の界」“anādikāliko dhātuḥ”を説く偈が引かれるからである。従って、そこでアーラヤ識が〝基体〟と見なされていることは、明らかである。

なお、この偈についての私見はすでに明らかにしたが（『縁起と空』七頁）、今後は、さらに、高崎博士の「〈無始時来の界〉再考」

(『勝呂信静博士古稀記念論文集』山喜房仏書林、一九九六年、四一—五九頁)という成果をも踏えて論じたいと考えている。

(87) 拙稿「浄土教論」『駒沢大学仏教学部研究紀要』六〇、二〇〇二年、一七〇—一七九頁参照。

(88) 後出の〔55〕〔56〕参照。また、「アーラヤ識」は、刹那的"kṣaṇika"であるという説明もある。Cf. TrBh, p.21, *l*.26.

(89) 拙稿「浄土教論」一七八頁下。

(90) 論述⑤参照。

(91) 『縁起と空』七頁、最終行。

(92) 後出の〔70〕参照。また、*Śvetāśvatara Upaniṣad* も、絶対的実在〔A〕たる"brahman"を"kāraṇa"「原因」と表現している(I, 1; VI, 13)と思われる。なお、Aの〃基体〃性も、このUpaniṣadでは"kva ca saṃpratiṣṭhāḥ"(I, 1)という表現によって示されている。

(93) 私は、瑜伽行派に属するにもかかわらず、『宝性論』の作者や真諦には、Aをそのまま「生因」と見なそうとするような傾向が幾分かは見られるのではないかと考えている。

ただし、真諦訳『決定蔵論』には、後出の〔59〕〔60〕に対応する個所で、「阿摩羅識、作聖道依因、不作生因」(大正三〇、一〇二〇中一八—一九行)と述べられて、「依因」〔A〕と「生因」〔B〕が区別されていることは、認めざるを得ない。従って、真諦といえども、勿論、AとBをストレートに同一視した訳ではないであろう。

(94) 『仏性』二六一—二六三頁、四七九—五四六頁参照。

(95) 『平安初期』四二五—四三六頁、四五八頁、四七一—四七二頁、七八七—八〇四頁参照。また、蓑輪顕量「真如所縁縁種子と法爾無漏種子」『仏教学』三〇、一九九一年、四七—六九頁参照。

(96) チベット訳〔40〕で傍線を付した部分に対する袴谷氏・末木氏による和訳は、順次に次の通りである。

㋐ 出世間的なあり方(lokottara-dharma)は、真如を把握対象の条件とする種子(tathatâlambana-pratyaya-bīja)を伴って生ずるが、(『唯識論考』三八一頁一四—一五行)

㋑ 出世間法は真如を所縁縁とする種子(tathatā-ālambana-pratyaya-bīja)を有して生ずるのであって、(『平安初期』七九七頁一九—二〇行、註〔1〕)

このうち㋑の和訳を提示された末木氏は、この和訳の直後に㊸のシュミットハウゼン教授による独訳を示されているが、自らの読解と教授の読解との相違について、述べておられない。あるいは、その相違に気づいておられないようにさえ見える。即ち、シュミットハウゼン教授の理解は、

真如＝所縁縁＝種子

という等式を問題のテキストに認めるものであるのに対し、末木氏の理解では、この等式は成立しない。つまり、教授は"tathatā-ālambana-pratyaya-bīja"中の"tathatā-ālambanapratyaya-bīja"を、〃「真如」という「所縁縁」という「種子」〃と理解されるので、その場合"tathatā-ālambanapratyaya"はkarmadhāraya（同格限定）複合語と解されていることになるが、末木氏は"tathatā-ālambanapratyaya-bīja"を〃「真如」を「所縁」と〔して有〕する「種子」〃と読まれているので、"tathatā-ālambanapratyaya"はbahuvrīhi（所有）複合語と解されているのである。つまり、末木氏の訳では、

　真如＝所縁縁≠種子

ということが、言われているのである。

後論するように、私の解釈は、この末木氏の理解に基本的に一致するが、それならば末木氏には、シュミットハウゼン教授の独訳を提示するだけではなく、その独訳に対して批判的なコメントを述べていただきたかったと思うのである。同じことは、袴谷氏の和訳㋐についても言える。㋐における袴谷氏の理解は"tathatā-ālambanapratyaya"をbahuvrīhi複合語と解するものである。それにもかかわらず、㋐を含む袴谷氏の原論文（一九七九年）に先行するシュミットハウゼン教授の独訳(53)（一九六九年）に対する批判も、言及もなされていない。おそらく、末木氏と同様に、シュミットハウゼン教授の解釈と自己の解釈の相違を意識されていなかったのではないかと思われる。

末木氏と袴谷氏が、私より見れば正当と思われる"tathatā-ālambanapratyaya"をbahuvrīhi複合語と解する和訳を示された第一の理由は、チベット訳にあったのではないかと想像される。即ち、"tathatā-ālambanapratyaya-bīja"に対する、

㋒ de bshin ñid la dmigs pahi rkyen gyi sa bon

というチベット訳における"la"の存在に注目すれば、㋒から"tathatā＝ālambanapratyaya＝bīja"という理解を引き出すことはできなかったであろう。というのも、"la"の存在は"tathatā＝ālambanapratyaya"と"bīja"との非同一性を表示しており、かつ、前者は後者の〃対象〃あるいは〃基体〃であるという関係を示しているからである。

(97) "sarva-bīja"という語は、〃一切のものの種子〃と〃一切の（すべての）種子〃という二つの意味を表わすことができるであろうが、㊿の"all Seeds"も、(51)の「全ての種子」も、この語を、後者の意味に理解するものであろう。

しかし、真諦訳〔38〕には、「一切諸法種子」とあることからしても、また、本書、第三章、第一二節における"sarva-bīja"に関する考察との関係を考えても、さらに、文脈を考慮しても、ここでは、この語を前者の意味に解しておきたい。従って、その原語についても、"sarvabījam"という単数形が想定される。

(98)〔39〕の「習気積集」、〔40〕の"bag chags bsags pahi"の原語について、シュミットハウゼン教授は、㊿で"vāsanā-ācita"を想定

され、それの英訳を“accumulated [by way of] Impression”と示されたが、山部氏の㊾における“upacita-vāsanā”という想定と、㊿に おける「蓄積された習気」という和訳を支持したい。これについては、後註(142)参照。

(99) 「山部(二)」七二頁三三—三四行、註(11)。

(100) 同右、七二—七三頁、註(11)参照。

(101) この表現中「為本」を bahuvrīhi 複合語と解する点については、「山部(二)」七二頁五—六行、註(9)参照。

(102) Cf. Response, *Pruning*, p.207, *ll.*5-10.

(103) *Op. cit,* p.207, *ll.*9-10.

(104) “pratyaya”は、“prati√i”「信頼する」「たよる」という動詞語根から派生した名詞であるが、“ālaya”“upādāna”“kāma”等々同様、〝……するもの〟という能動的な意味と、〝……されるもの〟という受動的、または、客体的意味の双方を有しているであろう。つまり、「たよるもの」と「たよられるもの」である。漢訳で“pratyaya”が「縁」と訳されたのは、その両者のうちの後者、「たよられるもの」、〝縁られるもの〟〝縁る対象〟、つまり、〝所縁〟〝基体〟という意味であったのではないかと想像される。

しかし、重要なものは具体的な用例であろう。私は『中辺分別論』(一—九)の“pratyaya-vijñāna”という語における“pratyaya”「縁」は、〝基体〟を意味するのではないかと思うのである。即ち、そこに次のように説かれている。

㋐ ekaṃ pratyayavijñānaṃ dvitīyam aupabhogikam/ (MAV, I, k.9ab, MAVBh, p.21, *l.*1)

ālayavijñānam anyeṣāṃ vijñānānāṃ pratyayatvāt pratyayavijñānaṃ/ tatpratyayaṃ pravṛttivijñānam aupabhogikaṃ/ (MAVBh, p.21, *ll.*3-4)

㋑ 縁としての識(pratyaya-vijñāna)は一つである。第二の〔識〕は受用に関するもの(aupabhogika)である。(第一章第九偈前半)

アーラヤ識は、他の諸の識の縁(pratyaya 基体)であるから、縁としての識である。受用に関するものは、それ(アーラヤ識)を縁(基体)として起るものとしての識(pravṛtti-vijñāna 転識)である。

ここで、まず第一に注意すべきことは、㋐には“hetu”「因」という語も“phala”「果」という語も、全く用いられていないということである。しかるに、長尾博士は、㋐に二回出る“pratyaya-vijñāna”を「縁(因)としての識」(『世界の名著2 大乗仏典』中央公論社、一九六七年、四〇四頁上下)と訳され、“pratyayatvāt”の部分を、「原因となるものであるから」(同、四〇四頁下)と訳されている。このような博士の理解は、言うまでもなく、スティラマティによる註釈にもとづいている。

彼の註釈文を見る前に、予じめ言えば、スティラマティは、㋐に対する註釈文において“hetu”と“phala”という㋐に見られなかった語を導入するのに躍起になっているように見える。勿論これは彼が、発展したアーラヤ識説にもとづいて“pratyaya-vijñāna”とは“ālaya-vijñāna”であると主張したいからである。即ち、彼は偈の“ekaṃ pratyayavijñānam”について、次のように註釈する。

㋒ tatra ekam ity ālayavijñānam/ śeṣānāṃ saptānāṃ vijñānānāṃ hetupratyayabhāve*na hetur iti pratyayavijñānam/* (MAVṬ, p.32, *ll.*20-21)

㋓ そこで、「一つ」とは、アーラヤ識である。残りの七つの識の因縁（hetu-pratyaya）として因（hetu）である、というわけで、縁としての識（pratyaya-vijñāna）である。

ここで、スティラマティは、"pratyaya-vijñāna" を "ālaya-vijñāna" と規定し、その "pratyaya" を四縁の一つとしての "hetu-pratyaya"「因縁」の意味にとり、それを "hetu" とも言い換えている。従って、彼は "aupabhogika" を "pratyaya-vijñāna"＝"ālaya-vijñāna" の「果」"phala"（MAVṬ, p.33, *l.*1; D, Bi, 205a4）であるとも述べている。つまり、一応 "pratyaya-vijñāna" と "aupabhogika" との関係を、「因」と「果」の関係と見るのである。それ故、スティラマティは、㋐における註釈文の "tatpratyayaṃ pravṛttivijñānam aupabhogikam" という文章を、そこに「因」と「果」の関係を認める解釈にもとづいて、次のように註釈している。

㋔ tasmād ālayavijñānāt pratyetīti/ tatpratyayam utpadyata ity arthaḥ/ (MAVṬ, p.33, *ll.*13-14)

この㋔は、

㋕ kun gshi rnam par śes pa de las byuṅ ba ste/ deḥi rkyen gyis skye shes bya baḥi tha tshig go// (D, Bi, 205b1)

とチベット訳され、山口益博士によって、

㋖ 阿頼耶識より起るとなり、彼を縁として生ずとの義なり。（山口益『中辺分別論釈疏』鈴木学術財団、一九六六年、五三頁六行）

〔傍線＝松本〕

と訳されるのであるが、私には "tasmād ālayavijñānāt pratyeti" というのは、奇妙な表現に思われる。スティラマティが "pratyeti" を "utpadyate"「生起する」と同義であると主張しようとしていることは分るが、果して "pratyeti" に〝生じる〟という意味があるであろうか。辞書の説明による限り、そのような意味はないと思われる。とすれば、スティラマティは "pratyaya-vijñāna" を「因」、"aupabhogika" を「果」とし、前者から後者が〝生じる〟という解釈を㋐に関して導入したが故に、"pratyeti" を〝生じる〟と読ませるような不自然な註釈をせざるを得なくなったのではなかろうか。

私見によれば、㋐、少なくとも、その内の註釈文における "pratyaya" は、基本的には〝基体〟を意味するのではないかと思われる。つまり、㋐における註釈文は、"ālaya-vijñāna" が〝基体〟であり、"pravṛtti-vijñāna" が〝超基体〟であるという関係を意味しているのである。"pravṛtti" が、そこから派生したところの動詞である "pravartate" または "vartate" が、於格名詞を支配することが多いことを考えれば、このような解釈は成立するであろう。

尤も、原始仏典の縁起説以来、"a-pratyayam b" と言えば、ａとｂの因果関係を示す表現である。また、少なくとも原始仏典においては、“pratyaya”「縁」と“hetu”「因」は同義である。従って、㋐の“pratyayatvāt”を「因であるから」と解する理解も成立するであろうが、しかし“tatpratyayaṃ pravṛttivijñānam”において、“tat”と“pravṛtti-vijñāna”の因果関係のみが説かれているとすれば、“pravṛtti”という語は、充分にその意味が発揮されないのではなかろうか。つまり、“pravṛtti”は“phala”でもよかった筈である。即ち、“ālaya-vijñāna”と“pravṛtti-vijñāna”とには、単なる因果関係以上の関係、即ち、〝基体〟と〝超基体〟の関係があることが、“tatpratyayaṃ pratyayavijñānaṃ”という表現には示されていると考えるのである。

しかしながら、㋐の偈それ自体において、“pratyaya-vijñāna”の“pratyaya”が何を意味するかを確定するのは、困難であろう。

(105) 勿論、私としても、“ālambana-pratyaya”が四縁の一つとして、「所縁縁」を意味し、〝認識の対象〟を意味することを知らないわけではない。四縁の用例としては、『識身論』(大正二六、五四七中、二三行、二六行)が古いとされている。櫻部建『倶舎論の研究 界・根品』法藏館、一九六九年、一一二頁参照。ただし、その場合でも“ālambana”には、〝基体〟の意味があるであろうと思うのである。例えば、原始仏典以来の表現(「眼色縁生眼識」〔『雑阿含経』大正二、八七下二六行、八八上二八行〕、Cf. AKBh, p.31, *ll*.11-12)として、次のようなものがある。

㋐ cukṣuḥ pratītya rūpāṇi cotpadyate cakṣurvijñānaṃ. (AKBh, p.146, *l*.11)

㋑ 眼と色とに縁りて(pratītya)眼識が生じる。

ここで「眼」と言われる「根」“indriya”及び「色」と言われる「境」“viṣaya”は、後にそれぞれ「識」の「所依」“āśraya”と「所縁」“ālambana”と呼ばれて区別されることになるが(Cf. YBh, p.4, *l*.2. *l*.6, *l*.13)、これはどちらも〝基体〟を意味する語なのである。というのも、㋐における“pratītya”「に縁りて」という語は、「眼識」にとって「眼」と「色」が〝縁られるもの〟〝依存されるもの〟、つまり、“pratyaya”であることを示しているのであって、その場合“pratyaya”は〝依り所〟〝基体〟を意味するからである。このように見れば、“pratyaya”“ālambana”“āśraya”、つまり、漢訳で「縁」「所縁」「所依」と訳される語は、すべて〝基体〟を意味することが知られる。研究者の中には、「縁」という漢訳語の意味も深く考えない傾向が見られるが、「縁」が“depend on”“rely on”という動詞をも意味する以上、「所縁」と「所依」という訳語が、〝依り所〟〝基体〟という意味で、全く同義であることは明らかであろう。

(106) Cf. *Ālaya*, II, n.570, p.369, *ll*.3-11. なお、前註〔93〕に示したように、「依因」は真諦の訳語であり、玄奘訳は「建立因」(後出〔59〕参照)である。しかし、「依因」の方が適訳と考え、これを訳語として使用する。

(107) 前註(105)参照。また、私はすでに一九八二年の論文「唯識派の一乗思想について」で、“ālambana”の語義を“locus”即ち〝基体〟と見る解釈を次のように示している。

Skt. においては、dhātu 以外にも、āśraya, ādhāra, adhikaraṇa, ālambana, vastu 等が、同様な locus という意味をもつであろう

し、また super-locus に対応する語としては、āśrita, ādheya 等があろう。

法界、即ち、dharma-dhātu という語に関して言えば、この場合の dhātu も locus という意味であろう。従って、dharma-dhātu の語義は、the locus of dharmas ということになる。(『駒沢大学仏教学部論集』一三、三〇七頁)

(108)『高崎(宝・法)』一〇四頁、註(10)参照。

(109) 同右、一〇四頁九行。

(110)『高崎(宝)』一九八頁三行。なお〔42〕の“nirālambe nirāśraye”は、「虚空」の形容詞であるが、それ自体が於格形であることは、〝無基体〟なる「虚空」そのものが〝基体〟、つまり、最早それ以上の〝基体〟は存在しない〝一切法の最終的基体〟〔A〕であることを示している。

(111) *Nirvāṇa*, pp.115-116, n.48.

(112) この個所について、シュミットハウゼン教授が、“samudāgata”を原語として想定されたのは、おそらく適切であろう。ただし、原語は“samudānīta”ではないかという疑問も私にはあるのである。というのも、ここではチベット訳は“yaṅ dag par grub pa”であるが、「菩薩地」〔1〕の“samudānīta”のチベット訳は“yaṅ dag par bsgrubs pa”(D, Wi, 2b4)だからである。勿論“grub”と“bsgrubs”では、それぞれ自動詞と他動詞の過去形であるという相違はあるが、しかし両者が語根を等しくすることは確かである。

尤も、『大乗荘厳経論』の索引(MSA-Index [I], p.261)によれば、“samudāgata”と“samudānīta”のチベット訳は、“yaṅ dag par ḥgrub pa”と“yaṅ dag par bsgrubs pa”とによって区別されているようである。しかし、私がこの個所で“samudānīta”という原語の想定にこだわるのは、〔43〕〔44〕においては明らかに“gotra”と“bīja”の〝同義語〟性が認められているが、この〝同義語〟性を認める文献の代表とも言える「菩薩地」〔1〕には“samudānīta”という語が用いられているからなのである。つまり、もしも〔43〕〔44〕が“samudāgata”ではなく“samudānīta”という語を用いていたとすれば、〔43〕〔44〕は、〔1〕から“gotra”“bīja”“samudānīta”という三つの語を採用したということになるであろう。

“samudāgata”と“samudānīta”の意味の相違については、現在の私に充分な理解は存在しない。ただし、様々のチベット訳・漢訳を考慮しても、二つの語の意味に類似点があることは、否定できないであろう。前註(19)の㋐㋑に示したように、“samudānīta”には、“bodhi”や“samyaksaṃbodhi”を形容する場合(つまり“samudānayati”が“samyaksaṃbodhi”を目的語とする場合[Cf. ASP, p.256, *l.* 26; p.258, *l.*19])とともに、“bodhi”というような理想を実現するための〔諸の〕手段を形容する場合があると思われる。特に、後者のような場合、漢訳では「集」という訳語が用いられるように思われる。

いずれにせよ、具体的な用例を多く収集する必要があるが、瑜伽行派における“samudānīta”や“samudāgata”の意味を考察する際、次の「声聞地」の用例が重要であることだけは確実であろう。

㋐ so 'nayānupūrvyottarottarān viśiṣṭān viśiṣṭatarān viśiṣṭatamān pratyayān ātmasampatpūrvān samādhisaṃniśrayaparyavasānān samudānayati/...tatra yā samyagdarśanam upādāya vimuktiparipūriḥ nirupadhiśeṣaparinirvāṇaṃ cāyaṃ gotrasamudāgamo veditavyaḥ/ (ŚBh[T], p.22, ll.12-21)

㋑ 彼は、この次第（ānupūrvī）によって、自の円満（ātma-sampad）を先とし、三昧に依止すること（samādhi-saṃniśraya）を終りとする、後のものほど前のものより優れている（viśiṣṭa）諸の縁（pratyaya）を完成する（samudānayati）。……そこで、正見（samyag-darśana）に依存して、解脱の円満と無余依般涅槃なるもの、これが、種姓の完成（gotra-samudāgama）であると知るべきである。

ここで"pratyayān...samudānayati"と"gotra-samudāgama"との玄奘訳は、それぞれ「修集諸縁」（大正三〇、三九七下一一行）と「種姓真実修集」（同、三九七下二〇—二一行）であり、チベット訳は、それぞれ"rkyen...rnams...yaṅ dag par bsgrub par byed do"（D, Dsi, 6b7）と"rigs yaṅ dag par grub pa"（D, Dsi, 7a4）である。

(113) テキストは『平安初期』（七八七—七八八頁）によった。この末木氏のテキストは、浅田正博「法宝撰『一乗仏性究竟論』巻第四・巻第五の両巻について」（『仏教学研究』四三、一九八七年、一一二—一四六頁）所収の翻刻にもとづいている。

(114) テキストには「真如所縁縁種」とあり、末尾に「子」の字を欠いている。これは対応する『一乗仏性権実論』でも同様であるが、『能顕中辺慧日論』における引用（大正四五、四二八下一五行）では、「子」の字を有しており、さらに、(45)㋑の『瑜伽師地論』の引用では、「真如所縁縁種子」という正確な引用がなされていること、及び㋐の「破西方釈真如所縁縁種子」という節名より考えても「子」の文を補うべきであろうと考えて、これを補った。

(115) テキストには「従仏正体智為名、名……」とあり、対応する『一乗仏性権実論』のテキストでも同様であるが、「名」の字が二回繰返される表現は、やはり不自然ではなかろうか。『能顕中辺慧日論』の大正蔵経における引用では、ここは「従仏正体智、各為真如所縁縁種子」（大正四五、四二八下一五—一六行）となっているが、「各」が「名」の誤字であることは、明らかであろう。従って、「従仏正体智、名為……」と読むのが適切であろうと考え、テキストを訂正した。

(116) ここもやはり、テキストでは「子」を欠いているが、『能顕中辺慧日論』の読み（前註(115)参照）に従い、「種子」と訂正した。

(117) 『仏性』二六一—二六三頁、久下陞『一乗仏性権実論の研究　上』隆文館、一九八五年、四五三—四八五頁、『平安初期』四二七—四三二頁、七九二—八〇四頁参照。

(118) これら経典の引用については、『平安初期』七九九頁、註（2）（3）（4）参照。

(119) 山部氏は「真如所縁縁種子」に関して、"真如＝所縁縁＝種子"という解釈、つまり、シュミットハウゼン教授によって示された解釈を採用する一方で、〝真如が生因ではないこと〟をも、次のように強調されている。

㋐ そうであるならば、「真如所縁縁種子」にしても BoBhVin の法相から大きく逸脱したものではあるまい。従って、この言葉の原義を考察するに当たっても、まずは BoBhVin が参照さるべきであろう。そうすると、そこには、「真如は所縁縁のみに包摂されるものである（=他の三縁とはならない）」(de bźin ñid ni dmigs pa'i rkyen gyis bsdus pa kho na yin no, Pek Hi 5b-7)、「真如は因ではない」(de bźin ñid ni rgyu ma yin no, Pek Hi 7a4-5) といった規定が見いだされる。これらは、真如が直ちに因縁たる種子となって出世間法の因となるという理解を明確に排除する。瑜伽行派に於いて一般に種子は因縁とされるものであること改めて言うまでもなく、『菩薩地』の「十因」説 (BoBhw 97.10ff) に於いては、縁起（=雑染法）に対して種子が牽引因 (ākṣepa-hetu)・生起因 (nirvṛttihetu)（即ち因縁）とされるのと全く同様に、清浄法に対しては gotrasampatと gotrasaṃgṛhītāny anāsravabodhipakṣadharmabījāni とがそれぞれ牽引因・生起因（即ち因縁）とされていて、両者の関係は何ら区別されていない。しかしながら、tathatā をかかる意味に於ける bīja と同一視することは出来ないのである。そもそもテキスト自体が ālambanapratyaya と言っている。それが hetupratyaya でありえないのは当然の次第であろう。（「山部(二)」八一頁二六行—八二頁一七行）

ここで山部氏は、〝BoBhVin〟即ち、『瑜伽師地論』「摂決択分」中「菩薩地」から二つの文章、つまり、漢訳では「真如唯所縁縁摂」（大正三〇、六九七下二二行）と「真如非因」（同、六九八中六—七行）を引き、瑜伽行派において、〝「真如」は「所縁縁」であって、「生因」や「因縁」ではない〟ことを主張し、さらに「本地分」中「菩薩地」の説にもとづいて、「種子」が「因縁」であることを示されている。それにもかかわらず、氏が「真如所縁縁種子」について、〝「真如」=「所縁縁」=「種子」〟という解釈を採用されるのは、矛盾以外の何物でもないように見える。しかし、それが氏にとって矛盾とならないのは、後に見るように、氏が「真如所縁縁種子」という表現における「種子」を、特殊な意味に、つまり、「因縁」や「生因」ではない、いわば〝軽い〟意味に取られるからであろう。しかし、それは、私には、矛盾を回避するための不自然な解釈に見えるのである。

(120) 生没年代は、根無一力「慧沼の研究」『唯識思想の研究』百華苑、一九八七年、一七六頁、一八六—一八七頁参照。

(121) 大正蔵経のテキストには「……種子生因」とあるが、『守護国界章』における引用（後出〔49〕参照）でも、『一乗要決』における引用（後出〔50〕参照）でも、「……種子生」までで、引用が終っている。「因」は、以下の「天親般若論云」に付けて読むべきものなのであろうか。ここでは、一応「……生」で切る引用に依っておきたい。

(122) 「智種」とは、〝「智」という「種子」〟、つまり、〝「智」=「種」〟を意味すると解釈しなければ、〔45〕㋕の「縁真如智」と〔47〕の「以真如為所縁縁之能縁之智種」は、同じものではありえないであろう。

(123) 『平安初期』七九九頁、註（5）参照。

(124) 『一乗仏性究意論』の著作年代は、根無氏によって、六九五―六九九年と推定されている。根無一力「一乗仏性究竟論の撰述と時代的背景」『叡山学院研究紀要』九、一九八六年、一二一―一二九頁参照。

(125) ここに、『金剛三昧経』（大正九、三七一上二四―二五行）からの引用が示されている。なお、ここで、「真如種子」が「身中」にあるとされることについて、『禅批判』五九〇頁参照。

(126) 山部氏の理解も、この点で、シュミットハウゼン教授の解釈とほぼ一致するであろう。前註（119）参照。

(127) 水野弘元「菩提達摩の二入四行説と金剛三昧経」『駒沢大学研究紀要』一三、一九五五年、三三―五七頁参照。

(128) 「智観彼時生」について、末木文美士・蓑輪顕量の両氏による訳は、「智慧がそれ（真如）を観察する時に（出世間の存在が）生ずるのである」（末木文美士『安然・源信』〔大乗仏典　中国・日本篇19〕中央公論社、一九九一年、一〇五頁一〇―一一行）となっている。細かな点を指摘するようではあるが、訳文は「（出世間の存在を）生ずる」とすべきではなかろうか。

(129) この源信の〝「真如所縁縁種子」=「真如種子」〟の説明は、アーリヤ・ヴィムクティセーナによる〝「法界」=「種姓」〟という次のような説明と、構造としては、ほぼ完全に一致するものと思われる。

㋐ yathā cālambyamāna āryadharmāṇāṃ hetur bhavati, tathā gotram ucyata/ [iti]. (AAVr, p.77, *ll*.6-7)

㋑ 〔法界〔A〕は〕縁ぜられるとき（ālambyamāna）、諸の聖法（ārya-dharma）の因（hetu）〔B〕となるように、そのように種姓(gotra)〔B〕と言われる。

というのも、ここでは〝「法界」=「種姓」〟であるとされ、「法界」〔A〕は〝縁ぜられるとき〟、つまり「所縁縁」として〝認識の対象〟とされるとき「因」「種姓」〔B〕となると言われているからである。

(130) 「山部(二)」八〇頁二五―二九行参照。

(131) Cf. *Ālaya*, II, n.226, pp.299-300. 本書、第三章、註（107）参照。

(132) 『唯識論考』四〇三―四一二頁、四二八―四三五頁参照。

(133) 『顕揚聖教論』の対応個所には、「阿頼耶識、体是無常、有取受性。転依是常、無取受性。以縁真如境聖道、能転故」（大正三一、五六七下一―二行）とある。

ただし、玄奘訳の「有取受性」「無取受性」に対応する語は、真諦訳『決定蔵論』では「有漏法」「無漏法」となっている。つまり、次の文章があるのである。

㋐ 阿羅耶識、是無常、是有漏法。阿摩羅識、是常、是無漏法。（大正三〇、一〇二〇中一二―一三行）

ここで、「無漏」「有漏」の原語は、〝an-āsrava〟〝sa-āsrava〟と想定されるから、〝āsrava〟から〝upādāna〟への変更がテキストに起ったのかもしれない。

(134)『顕揚聖教論』の対応個所には、「以縁真如境智、修習多修習故、所依止転」(大正三一、五六七中二六—二七行)とある。

(135) この〔58〕については、Cf. *Ālaya*, I, p.199, ㉟b.

(136) この“pas”については、後註(138)で論じる。

(137) デルゲ版のテキストに“brten”とあるが、シュミットハウゼン教授の理解(*Ālaya*, II, n.1265, p.485)に従い“bsten”と訂正する。

(138) シュミットハウゼン教授は、ここに相当するチベット訳の“śes pas”「知によって」を“śes pa”「知を」と読むべきだと主張される。つまり、“śes pa”(jñāna)を“kun tu bsten”“goms par byas”(āsevanā, bhāvanā)の目的語と解されるのである。即ち、教授は次のように言われる。〔なお、この註記(138)では、①②③等の番号は、この註記の中のみに現れる様々のテキスト・翻訳等を指すために用いられる〕

① Tib. (*pas*): “by”, which is not confirmed by Pa. (Hts. is ambiguous) nor by the parallel passages (see n.1247), where ‘*āsevanā-nvayāt*...’ is never found to occur with an instrumental but only with a genitivus objectivus. (*Ālaya*, II, n.1246, p.483)

この教授の議論について、検討しよう。まず、“śes pas”「知によって」という読みは、“Pa”つまり、真諦訳によっては確認されず、また、“Hts.”即ち、玄奘訳は曖昧であると論じられる。〔57〕〔58〕に相当する『決定蔵論』の真諦訳は、

② 得真如境智、増上行故、修習行故。(大正三〇、一〇二〇中九—一〇行)

であって、確かに、ここには“真如境智”(tathatā-ālambana-jñāna)によって”という理解は明示されていないようである。しかし、同時に、「真如境智」を「増上行」「修習行」の目的語とする理解が示されていると確定することもできない。

ただし、宇井博士は②を、

③ 得《ル》真如《ノ》境《ヲ》智《ノ》増上《ノ》行《ノ》故《ニ》、修習《ノ》行《ノ》故《ニ》、(「決定蔵論の研究」『印度哲学研究　第六』岩波書店、一九六五年、五六三頁下八—九行)

と読まれているので、この解釈によれば“tathatā-ālambana-jñāna”が「得真如境智」と訳され、それを対象とするものが、「増上行」「修習行」とされているようである。しかし、「真如境智」ではなく、「得真如境智」を“tathatā-ālambana-jñāna”の訳語と見ることは、困難であろう。即ち、「得真如境智」の「得」は、『決定蔵論』の少し前の個所に見られる、

④ 得通達法界、則能得見。(大正三〇、一〇二〇中五—六行)

という表現中の「得」と同様に、直接に対応するサンスクリット原語を有することなく、単に「……を得る」を意味するのであろう。従って、②の「得真如境智」は、“「真如境智」(tathatā-ālambana-jñāna)を得て”と読むべきものと思われる。

そこで再び①のシュミットハウゼン教授の論述にもどれば、〔57〕の玄奘訳は“ambiguous”つまり、曖昧である、両義的である、と

言われている。確かに、〔57〕の冒頭の「由」を「縁真如境智」のみにかけて、宇井博士のように（『決定蔵論の研究』五六三頁上一〇行）、〝「縁真如境智」に由りて〟と読むべきか、その「由」を「修習多修習故」の「故」と一体になって理由を表わすと解すべきかは、容易には確定できないように思われる。

さらに、シュミットハウゼン教授は、①において“āsevanānvayāt”という語は、“the parallel passages”においては、決して具格（instrumental）と共に用いられることはなく、対象を示す属格（genitivus objectivus）とのみ結びついて用いられている、と論じておられるように思われる。では、その“the parallel passages”とは何かと言えば、教授は①に示されるように、次の註記（n.1247）で、「声聞地」から四つの個所を、次のように指摘されている。

⑤ Cp., e.g., ŚrBh 200,7（Y_t wi 94b3; Y_c 428b19f.）; 403,1f.（Y_t wi 178b1; Y_c 458a14f.）; 499,6f.（Y_t wi 229b5f.; Y_c 475c3f.）; 506,10-12（Y_t wi 233b6; Y_c 476c28f.）.（*Ālaya*,II, n.1247, p.483）

そこで、教授の議論を理解するためには、ここで指摘された「声聞地」の四つの個所について考察することが必要となる。

このうち、まず、第一の個所については、佐久間秀範氏によるサンスクリット原文・チベット訳・漢訳の校訂テキスト、及び独訳が示されているので、佐久間氏によるテキストと私訳を、次に示そう。

⑥ sacet sa Revata bhikṣuḥ yogī yogācāra evam ālambane samyak prayujyamānaḥ sātatyaprayogī ca bhavati satkṛtyaprayogī ca, kālena ca kālaṃ śamathanimittaṃ bhāvayati pragrahanimittam upekṣānimittam, āsevanānvayād bhāvanānvayād bahulīkārānvayāt sarvadauṣṭhulyānāṃ pratipraśrabdher āśrayapariśuddhim anuprāpnoti sparśayati sākṣātkaroti/（*Āśraya,* II, p.13, *ll.*9-15）[ŚBh, p.200, *ll.*3-9]

⑦ レーヴァタよ、もし、かの瑜伽師・瑜伽行者たる比丘が、所縁（ālambana）において正しく加行し、常に加行し、恭敬して加行し、時々繰返し、止の相（śamatha-nimitta）と挙の相（pragraha-nimitta）と捨の相（upekṣā-nimitta）を修習する（bhāvayati）ならば、親習し修習し多修習することの故に（āsevanā-anvayād bhāvanā-anvayād bahulīkāra-anvayāt）、一切の麁重（dauṣṭhulya）が息滅（pratipraśrabdhi）するから、所依の浄化（āśraya-pariśuddhi）を随得し、触知し、現証する。

ここで“āsevanā”“bhāvanā”“bahulīkāra”は、確かに具格とは結合していないが、対象を示す属格（objective genitive）とも結びついてはいない。勿論“bhāvayati”「修習する」の対象は、三つの“nimitta”「相」であろうから、“āsevanā”“bhāvanā”“bahulīkāra”の対象を、それらの“nimitta”と見ることも可能であるかもしれない。しかし、それらが属格で示されていないことだけは、確かである。

なお“āsevanā-anvayāt”を含む問題の部分の玄奘訳を示しておけば、次の通りである。

⑧ 修習止相挙相捨相、由修由習由多修習為因縁故、一切麁重、悉皆息滅。（大正三〇、四二八中一九—二〇行）

これによって、“-anvayāt”が「由……為因縁故」と訳されたことが知られる。なお、そのチベット訳は、〔58〕と同様“[paḥi] rgyus”

(D, Dsi, 78a6) である。ただし、私見によれば“-anvaya”は、本来は〝……の継続〟という意味であったのではないかと思われる。

次に、シュミットハウゼン教授が、⑤で指摘された「声聞地」の第二の個所について、テキストと私訳を示そう。

⑨ ataś cāsya yoginaḥ aśubhāprayogasyāsevanānvayād(1) bhāvanānvayād bahulīkārānvayāc carato vā viharato vā viṣayasaṃmukhībhāve 'pi nimittapratyavekṣaṇasyāpi prakṛtyaivānabhisaṃskāreṇa bahutarāśubhatāsaṃprakhyānaṃ/ (ŚBh, p.403, *ll*.1-5)

(1)“-pratyavekṣaṇayāpi”(by Shukla)

⑩ この瑜伽師は、不浄〔観〕の加行(aśubhā-prayoga)を、親習し修習し多修習することの故に(āsevanā-anvayād bhāvanā-anvayād bahulīkāra-anvayāt)、動いているとき、または住まっているときに、境(viṣaya)が現前して、相(nimitta)を観察するけれども、本性(prakṛti)によって無造作(anabhisaṃskāra)であることによって、彼には、より多くの不浄性(aśubhatā)が顕現する。

ここでは、確かに“aśubhā-prayoga”が“āsevanā”“bhāvanā”“bahulīkāra”の対象であり、それが属格で示されているように見える。つまり、シュミットハウゼン教授が言われるように、“objective genitive”との結合が認められるのである。チベット訳の当該部分も、

⑪ rnal ḥbyor pa des mi sdug paḥi sbyor ba kun tu bsten ciṅ goms par byas/ lan maṅ du byas baḥi rgyus na/ (D, Dsi, 148a4-5)

となっており、“aśubhā-prayoga”を“āsevanā”等の目的語と見ることに、何の問題もないように見える。

ただし、一つだけ疑問を言えば、⑨の冒頭部分に相当する玄奘訳は、

⑫ 修観行者、於不浄観、正加行中、親近修習多修習故。(大正三〇、四五八上一三—一五行)

となっており、この訳では“aśubhā-prayoga”が「於不浄観、正加行〔中〕」と訳され〝不浄観の加行を有するもの〟という bahuvrīhi 複合語として“yogin”を形容するという解釈が、訳者によってなされているようにも見える。しかし、このような解釈は、おそらく不適切であろう。というのも、「声聞地」には“saced aśubhāprayukto bhavaty”(ŚBh, p.395, *l*.4)、「如有勤修不浄観者」(大正三〇、四五六下四—五行)という表現があるので、〝不浄観の加行をするもの〟という意味で“yogin”を形容する場合には、“aśubhā-prayoga”ではなくて、“aśubhā-prayukta”という表現を当然用いたと思われるからである。従って、やはりシュミットハウゼン教授が言われる通り、⑨において“āsevanā-anvayāt”等と“objective genitive”との結合は認められると見るべきであろう。

次に、教授が⑤で指摘された「声聞地」の第三の個所には、次のようにある。

⑬ evam aparīkṣitamanaskāraparīkṣāyogena sūkṣmayā prajñayā sa(1)(?) tāny āryasatyāny avatīrṇo bhavati/ tasyaivam āsevanānvayād bhāvanānvayāt tasyāḥ samasamālambyālambakajñānam utpadyate/ (ŚBh, p.499, *ll*.5-8)　(1)“na”(by Shukla)

⑭ このように、考察されていなかった作意(manaskāra)を考察することによって、微細な般若(prajñā)によって、彼は、それらの聖諦(ārya-satya)に悟入したもの(avatīrṇa)となる。彼には、このようにそれを(tasyāḥ)親習し修習することの故に(āsevanā-anvayād bhāvanā-anvayāt）所縁（ālambya）と能縁（ālambaka）の等しい知が生じる。

ここで、「それを」"tasyāḥ" とあるのは、直前にある「般若」"prajñā" を意味すると考えられる。というのも、該当部分のチベット訳・玄奘訳は、次の通りだからである。

⑮ des śes rab de kun tu bsten ciṅ goms par byas laṅ maṅ du byas paḥi rgyus（D, Dsi, 190a2）

⑯ 即於此慧、親近修習多修習故。（大正三〇、四七五下三—四行）

つまり、⑮⑯による限り、"tasyāḥ" の部分に "tasyāḥ prajñāyāḥ" という原文が存在しているように見えるのである。ただし、⑬には⑮⑯に見られる "lan maṅ du byas pa"「多修習」という訳語に相当する "bahulīkāra[-anvayāt]" が欠けている。

従って、⑬では "tasyāḥ" が "āsevanā-anvayād bhāvanā-anvayāt" の前に置かれず、後ろに置かれている点に、やや不自然さを感じるのではあるが、しかし、⑮⑯の訳文より見ても、ここには、シュミットハウゼン教授が言われるように、"objective genitive" との結合が認められると見るべきであろう。

なお "āsevanā" 等と直接結合しているのではないが、ここに "sūkṣmayā prajñayā"「微細な般若によって」という具格形が見られることは、注意しておくべきであろう。

次に、教授が⑤で指摘された「声聞地」の第四の文例とは、次の通りである。

⑰ tasyāsya ratisaṃgrāhakasya manaskārasyāsevanānvayād bhāvanānvayād bahulīkārānvayān niravaśeṣabhāvanāprahātavyakleśaprahāṇāya sarvapaścimaḥ saikṣo vajropamaḥ samādhir utpadyate/（ŚBh, p.506, *ll.*10-14）

⑱ 彼には、楽を摂する作意（manaskāra）を、親習し修習し多修習することの故に（āsevanā-anvayād bhāvanā-anvayād bahulīkāra-anvayāt）、修習（bhāvanā）によって断捨されるべき煩悩を残らず断捨するために、一切のものの最後のものである有学（śaikṣa）の金剛喩定が生じる。

おそらく、この文例以上に "āsevanā-anvayāt" 等と "objective genitive" の結合を明示するものはないであろう。即ち、"āsevanā" 等の対象は "manaskāra" であると考えられる。この点は、⑰冒頭に対する、次のようなチベット訳・漢訳によっても明瞭である。

⑲ des dgaḥ ba bsdus paḥi yid la byed pa de kun tu bsten ciṅ goms par byas la laṅ maṅ du byas paḥi rgyus（D, Dsi, 193a4）

⑳ 彼即於此摂楽作意、親近修習多修習故。（大正三〇、四七六下二八—二九行）

従って、"āsevanā-anvayāt" が "objective genitive" と結合するというシュミットハウゼン教授の見解は、教授が⑤で指摘された⑥⑨⑬⑰の「声聞地」の四つの文例のうち、⑨⑬⑰の三例によって実証されたと思われる。即ち、⑨では "prayoga"、⑰では "manaskāra"、そして⑬では、おそらく "prajñā" が "āsevanā" 等の "objective genitive" とされているのである。

ただし、「声聞地」には、他の個所にも “āsevanā-anvayāt” が用いられているので、それについて見てみよう。まず、次の文章がある。テキストは、佐久間氏校訂のものによる。

㉑ tatra kāryaniṣpattiḥ katamā/ yad asya yogina āsevanānvayād bhāvanānvayād bahulīkārānvayāc chamathavipaśyanāyā yaḥ pratibimbālambano manaskāraḥ sa paripūryate/ tatparipūryāś cāśrayaḥ parivartate/ (*Āśraya*, II, p.8, *ll*.9-11) [ŚBh, p.196, *ll*.12-17]

㉒ そこで、所作の完成（kārya-niṣpatti）とは何か。次のことである。即ち、この瑜伽師に〔止観を〕親習し修習し多修習することの故に（āsevanā-anvayād bhāvanā-anvayād bahulīkāra-anvayāt）、止観（śamatha-vipaśyanā）の影像（pratibimba）を所縁（ālambana）とする作意（manaskāra）なるもの、それが完成する。それが完成することにもとづいて、所依（āśraya）が転じる（parivartate）。

このうち、㉑の “yad” 以下は、玄奘訳では、

㉓ 修観行者、於奢摩他毘鉢舎那、若修若習若多修習、為因縁故、諸縁影像所有作意、皆得円満。此円満故、便得転依。（大正三〇、四二七下八―九行）

となっているので、ここでも “śamatha-vipaśyanā” が “āsevanā” 等の “objective genitive” とされていることは、明らかであるように見える。それ故、㉑の “āsevanānvayād bhāvanānvayād bahulīkārānvayāc chamatha-vipaśyanāyā[ḥ]” を、佐久間氏は、

㉔ infolge (-anvayāt) der Praxis, Übung und häufigen Durchführung von “[Geistes] beruhigung” und “genauer Betrachtung” der Konzentrationsakt, (*Āśraya*, II, p.102, *ll*.8-10)

と訳され、声聞地研究会も、「止観を熱心に行じ・よく行じ・多く行じることによって」（「梵文声聞地（十四）」『大正大学綜合仏教研究所年報』一七、一九九五年、三三〇頁一三―一四行）と訳している。しかし、㉑において、“śamathavipaśyanā” を “āsevanā” 等の “objective genitive” と見ることには、やや問題がある。

即ち、まず、チベット訳を見てみると、㉑の “asya ... tatparipūryāś” に相当する部分は、次のようになっている。

㉕ rnal ḥbyor pa deḥi shi gnas daṅ/ lhag mthoṅ gi gzugs brñan la dmigs paḥi yid la byed pa gaṅ yin pa de kun tu bsten ciṅ goms par byas/ lan maṅ du byas paḥi rgyus yoṅs su rdsogs par gyur ciṅ/ de yoṅs su rdsogs pas (D, Dsi, 76a7-b1)

ここでは “yid la byed pa” つまり “manaskāra” が “āsevanā” 等の対象とされているように見えるが、これはどう考えてみても、サンスクリット・テキストには適合しない読み方であろう。尤も、⑰では明確に “manaskāra” が “āsevanā” 等の対象とされていたので、“manaskāra” こそ “āsevanā” 等の対象であるべきだという理解がチベット訳者には存在したかもしれない。あるいは、㉕では、“manaskāra” が “āsevanā” 等の対象とされているのではなく、㉕は次のように読まれるべきものかもしれない。

㉖ その瑜伽師に、止観の影像を所縁とする作意なるもの、それが、親習し修習し多修習することの故に、完成する。それが完成す

ることにもとづいて、

しかるに、この点で、最近、加藤弘二郎氏は、㉑の "chamathavipaśyanāyā" に関して、興味深い見解を示された。即ち、氏は㉓の玄奘訳「於奢摩他毘鉢舍那」にもとづいて、"...chamathavipaśyanāyāṃ yaḥ pratibimba..." という想定を提示されたのである。加藤「「唯識」という文脈で語られる影像——『解深密経』「分別瑜伽品」と「声聞地」の比較検討を通して——」『インド哲学仏教学研究』九、二〇〇二年、六一頁、註〔七〕参照。おそらく、氏は「於」という語によって、その原語を於格形であると考えられたのであろうが、この想定は二つの点で、支持されないように思われる。即ち、まず第一に、玄奘は少なくとも⑯⑳、そして、おそらく⑫においても "āsevanā" 等の "objective genitive" を「於……」として訳していると考えられる。とすれば、㉓の「於奢摩他毘鉢舍那」の「於」は、"....vipaśyanāyāṃ" という於格形を想定する根拠とならない。第二に、チベット訳㉖の "shi gnas daṅ lhag mthoṅ gi" という表現が、"....vipaśyanāyāḥ" という属格の存在を想定せしめるからである。

しかし、私は加藤氏の想定に魅力を感じるのである。つまり、玄奘が "....vipaśyanāyā [yaḥ(?)]" を "āsevanā" 等の "objective genitive" として読んだことは、確実であるとしても "....vipaśyanāyā" という現に写本に認められる文字に "ṃ" というアヌスヴァーラが付くか付かないかは、写本上では単に点が有るか無いかの相違にしかすぎない。といっても、私は加藤氏の "....vipaśyanāyāṃ" という於格形の想定を支持するのではない。ただ、この加藤氏の想定で重要な点は "śamathavipaśyanā"「止観」と "pratibimba"「影像」という二つの語の間の深いつながりを示した点にあると思うのである。現にチベット訳㉕は、佐久間氏も後出の㉗で承認されているように、"chamathavipaśyanāyā[ḥ]" を "pratibimba-" にかけて、「止観の影像」と読んでいるのである。

しかるに、私は、この読みは正しいのではないかと思うのである。つまり "chamathavipaśyanāyā" が、属格であることは間違いないとして、これを "āsevanā" 等の "objective genitive" と解するか、それとも "pratibimba-" を限定する属格、つまり "pratibimba-" の所有者を示す属格と解するかと言えば、私は後者の解釈を採るのである。その理由としては、第一に "śamatha-vipaśyanā" と "pratibimba" という二つの語の強い結合関係、第二には "objective genitive" が "āsevanā" 等の後に置かれることの不自然さを挙げておきたい。

言うまでもなく、シュミットハウゼン教授は、⑤において "āsevanā-anvayāt" が "objective genitive" と共に用いられることを示そうとされたとき、㉑の存在に気づいておられたであろう。しかし、教授が⑤において、㉑を例証として挙げなかったのは、㉑の "chamathavipaśyanāyā[ḥ]" を "āsevanā" 等の "objective genitive" と解することに、疑問を感じておられたからではなかろうか。

しかるに、"chamathavipaśyanāyā[ḥ]" が "pratibimba" を限定する属格であるとすると、佐久間氏が想定された "yaḥ" の位置について疑問が生じるのである。即ち、写本はあくまでも "chamathavipaśyanāyā pratibimbālambano manaskāraḥ sa" であって、"pratibimba-"

の前に“yaḥ”の存在を想定されたのは、佐久間氏なのである（因みに、声聞地研究会のテキスト〔「梵文声聞地」（十四）〕は、“yaḥ”の存在を認めず、“-vipaśyanāyāḥ pratibimba-”としている）。

しかるに、佐久間氏が“yaḥ”の存在を“pratibimba-”の前に想定された議論とは、次の通りである。

㉗ Tib.: *gaṅ yin pa*. Cp. Tib.（*yid la byed pa gaṅ yin pa*）u. Ch.（所有作意）; Stellung nach Ch. u. Tib.; letzteres faßt *śamathavipaśyanāyāḥ* als Genitivattribut von *pratibimba-* auf, was eine Stellung von *yaḥ* vor *pratibimba-* anschließt.（*Āśraya*, II, p.8, n.37）

ここで、氏が“yid la byed pa gaṅ yin pa”と「所有作意」という両訳にもとづいて、“manaskaraḥ”にかかる“yaḥ”の存在を想定されたことは、卓見であろう。しかし、その“yaḥ”が“pratibimba-”の前に何故置かれなければならないか。私には、氏の議論が充分に理解できないのである。何故“yaḥ”が“manaskāraḥ”の直前にあってはならないのであろうか。そこには、文章論的な理由があるのであろうか。佐久間氏は“yaḥ”の位置を漢訳とチベット訳にもとづいて決定されたらしいが、すでに述べたように、漢訳とチベット訳では“chamathavipaśyanāyā[ḥ]”という属格の機能に関する理解が異なっている。即ち、前者はこれを“āsevanā”等の“objective genitive”と解するのに対し、後者は“pratibimba-”を限定する属格と解するからである。あるいは、氏は“yaḥ”を“pratibimba-”の前に置くことによってのみ、この両者の解釈を満足させることができると見なされたのかもしれないが、いずれにせよ、明確な説明がなされてしかるべきであったと思われる。しかるに、もしも、“yaḥ”が“-vipaśyanāyā[ḥ]”という語の後に置かれていないとすれば、この語と“pratibimba-”との結合は、より明らかなものとなり、「止観の影像」という読解が、より妥当なものとして浮び上ってくるのである。

さて、「声聞地」には、次の文例もある。

㉘ tasya tasmin samaye evam upekṣakasya viharataḥ smṛtasya saṃprajānasyāsevanānvayād bhāvanānvayād bahulīkārānvayāt prītisahagataṃ veditaṃ prahīyate tac cittaudbilyakaram.（*Āśraya*, II, p.33, *ll.*7-9）[ŚBh, p.453, *ll.*4-7]

㉙ その時、このような捨（upekṣā）をもちつつ住し、正念あり（smṛta）正智ある（saṃprajāna）彼に、親習し修習し多修習することの故に（āsevanā-anvayād bhāvanā-anvayād bahulīkāra-anvayāt）、心の踊躍（citta-audbilya）をもたらす、喜（prīti）を具えたその受（vedita）が断捨される。

この㉘の玄奘訳、及び㉘に傍線を付した部分のチベット訳は、次の通りである。

㉚ 彼於爾時、住如是捨、正念正知、親近修習多修習故、令心踊躍、具行喜受、便得除滅。（大正三〇、四六八上一四―一五行）

㉛ dran pa daṅ śes bshin kun tu bsten ciṅ goms par byas/ lan maṅ du byas paḥi rgyus/（D, Dsi, 171a2-3）

ここで、㉚の「正念正知、親近修習多修習故」を見ると、一見した限りでは、㉘で“smṛta”と“saṃprajāna”が“āsevanā”等の

“objective genitive” になっているように見えるが、その解釈は成立しない。つまり、チベット訳 “dran pa daṅ śes bshin” より見ても、また、この二つの語の伝統的な用法（ŚBh, p.453, *l*.4）より見ても、“smṛtasya saṃprajānasya” が “tasya”「彼に」を形容していることは明らかであり、従って、佐久間氏も、これを “achtsam und voll bewußt”（*Āśraya*, II, p.139, *l*.3）と訳されている。要するに、㉘にも、“āsevanā-anvayāt” 等と “objective genitive” との結合は認められないのである。

さらに、「菩薩地」にも、“āsevanānvayāt” “bhāvanānvayāt” の用例が見られる。即ち、まず、前者の用例をもつ次の一節がある。

㉜ tatrāyaṃ paripākasvabhāvaḥ kuśaladharmabīje sati kuśalānāṃ dharmāṇām āsevanānvayād yā kleśajñeyāvaraṇaprahāṇaviśuddhyanukūlā kāyacittakarmaṇyatā kalyatā samyakprayoganiṣṭhā yatra sthitaḥ（*orig.* sthitāḥ）śāstāraṃ vā āgamyānāgamya vā śāstāraṃ bhavyo bhavati pratibalo 'nantaraṃ kleśāvaraṇaprahāṇaṃ vā sākṣātkartuṃ jñeyāvaraṇaprahāṇaṃ vā/ ....evam eva kuśalānāṃ dharmāṇām āsevanānvayād yā 'sau samyakprayoganiṣṭhā anantaraṃ viśuddhaye saṃvartate/（BBh, p.55, *ll*.5-14）

㉝ そのうち、この成熟（paripāka）の自性とは、善法（kuśala-dharma）の種子（bīja）があるときに、諸の善法を親習することの故に（āsevanā-anvayāt）、煩悩障と所知障の断捨（prahāṇa）と浄化（viśuddhi）に資する（anukūla）、身心の堪任性（karmaṇyatā）と調適性（kalyatā）という正しい加行の究極（samyak-prayoga-niṣṭhā）がある。それに住する人は、師（śāstṛ）に依存しても、しなくても、すぐに煩悩障（kleśa-āvaraṇa）の断捨や所知障（jñeya-āvaraṇa）の断捨を現証することができ、可能になるであろう。……正にこのように、諸の善法を親習することの故に（āsevanā-anvayāt）、この正しい加行の究極は、すぐに〔煩悩障と所知障の〕浄化に役立つのである。

ここでは、“kuśalānāṃ dharmāṇām”「諸の善法を」が二回にわたって “āsevanā” の “objective genitive” とされていることは明らかであるが、㉜に相当するチベット訳・玄奘訳を以下に示しておこう。

㉞ de la yoṅs su smin paḥi ṅo bo ñid ni ḥdi yin te/ dge baḥi chos kyi sa bon yod na/ dge baḥi chos rnams la kun tu bsten paḥi rgyus ñon moṅs pa daṅ/ śes byaḥi sgrib pa spaṅ ba rnam par dag pa daṅ mthun paḥi lus daṅ sems las su ruṅ ba daṅ/ ñams bde ba yaṅ dag paḥi sbyor ba mthar phyin pa de la gnas na ston pa daṅ phrad kyaṅ ruṅ/ ston pa daṅ ma phrad kyaṅ ruṅ ste/ deḥi mos la ñon moṅs paḥi sgrib pa spaṅ baḥam/ śes byaḥi sgrib pa spaṅ ba mṅon sum du bya baḥi skal ba daṅ ldan shiṅ mthu yod par ḥgyur ro//....de bshin du dge baḥi chos rnams la kun tu bsten paḥi rgyus yaṅ dag paḥi sbyor ba gaṅ yin paḥi mthar thug pa na/ deḥi mod la rnam par dag par ḥgyur te/（D, Wi, 42b4-43a1）

㉟ 云何成熟自性。謂由有善法種子、及数習諸善法故、獲得、能順二障断浄、増上身心有堪任性極調善性、正加行満。安住於此、若遇大師、不遇大師、皆有堪任、有大勢力、無間能証煩悩障断所知障断。……如是由有善法種子、及数修習諸善法故、獲得能順、広

説乃至、正加行満、無間能証二障清浄。（大正三〇、四九六下一—一一行）

このうち、チベット訳㉞で、“kun tu bsten pa”（āsevanā）が“la”という於格助辞を伴って、“dge baḥi chos rnams”（kuśalānāṃ dharmānām）と結びついている点は、重要であろう。つまり、“kun tu bstem pa”は於格助辞を介して、その目的語と結合する場合があるのである。

なお、㉜に相当する『地持経』『善戒経』の訳は、次の通りである。

㊱ 自性成熟者、有善法種子、修習善法、随順二障清浄解脱、身心有力、真実方便具足究竟。有仏無仏、堪能次第断煩悩障及智慧障。……如是菩薩、修習善法、真正方便具足究竟、次第堪任、離障清浄。（大正三〇、九〇〇上七—一四行）〔『地持経』〕

㊲ 性調伏者、有善種子故、修善法。修善法故、壊二種障。一煩悩障、二智慧障。修善法故、身心清浄。身心清浄故、若遇善友諸仏菩薩、若不値遇、能壊煩悩智慧二障。……一切衆生亦復如是。修習善道、畢竟欲得阿耨多羅三藐三菩提時、〔是名為熟。〕（同右、九七四上八—一六行）〔『善戒経』〕

このうち、㊲で“kuśalānāṃ dharmāṇām āsevanā-anvayat”が「修善法。修善法故」と訳されているのは、「……故、……。……故、……。」という訳文の体裁を整えるためのテクニックにしかすぎない。

次に、「菩薩地」には、やはり“āsevanā-anvayāt”の用例をもつ次の一節もある。

㊳ evaṃ hi bodhisattvo buddhavacanaṃ samyaghetuphalaparidīpanākāraṃ viditvā sthānāsthānajñānabalagotram āsevanānvayāt krameṇa viśodhayati vivardhayati ca/（BBh, p.73, *ll*.1-2）

㊴ このように、実に菩薩は、仏語（buddha-vacana）は正しく因果（hetu-phala）を明らかにすることを様相（ākāra）としてもつものであると知って、処非処智力（sthāna-asthāna-jñāna-bala）という種姓（gotra）を、親習することの故に（āsevanā-anvayāt）、次第に（krameṇa）浄化し（viśodhayati）成長させる（vivardhayati）。

ここで“gotra”を“āsevanā”の対象と見得るかどうかが問題となるであろう。そこで㊳に対するチベット訳・玄奘訳・『地持経』の訳・『善戒経』の訳を、以下に示そう。

㊵ de ltar na byaṅ chub sems dpas saṅs rgyas kyi gsuṅ rab rgyu daṅ ḥbras bu yaṅ dag par ston paḥi rnam pa rtogs nas gnas daṅ gnas ma yin pa śes paḥi stobs kyis rigs kun tu bsten paḥi rgyus rim gyis rnam par dag par byed ciṅ rnam par ḥphel bar byed do//（D, Wi, 56a1-2）

㊶ 菩薩、於是内明所顕正因果相、如実知已、精勤修習、令処非処智力種姓、漸得清浄、漸得増長。（大正三〇、五〇二中一五—一八行）〔玄奘訳〕

㊷ 如是菩薩、知仏顕示正因果已、於処非処智力種姓、次第修習、清浄増長。(同右、九〇四中一―三行)(『地持経』)

㊸ 菩薩摩訶薩、以知因果、増長性力、修習於道。(同右、九七八上八―九行)(『善戒経』)

まず、チベット訳㊵は、"stobs kyis" という読みを有し、"-balena" という原文を想定させるが、おそらく "kyis" は "kyi" の誤りで、㊳の "-balagotram āsevanānvayāt" というテキストは正しいであろう。問題は "rigs kun tu bsten paḥi rgyus" が "gotra" を "āsevanā" の対象(目的語)のように読んでいるように見える点であるが、私はこの理解が適切であるとは思えない。即ち、一般に最も正確な漢訳と考えられる玄奘訳では "āsevanā-anvayāt" を「精勤修習」と訳しており、"gotra" を "āsevanā" の対象ではなく、「清浄」「増長」、つまり "viśodhayati" "vivardhayati" の対象と見なしている。即ち、玄奘訳は、㊳においては "āsevanā" に特定の対象は認められないと見ているのであろうが、私は、この解釈に従いたい。特定の対象が認められないが故に、敢えて「精勤」という語が補われたのであろう。

これに対して『地持経』㊷の「於処非処智力種姓、次第修習、清浄増長」では、確定的なことは言えないものの、"gotra" が "āsevanā" "viśodhayati" "vivardhayati" という三者の対象と見なされている可能性がある。特に「次第」"krameṇa" がサンスクリット原文の語順とは異なって、「修習」"āsevanā-anvayāt" の前に置かれているので、「修習」「清浄」「増長」の三者が同じ資格で並列されているように見える。

しかし、『善戒経』㊸では、やはり "gotra" を "āsevanā" の対象とは見ていないようである。つまり、「増長性力」の「性」は "gotra" であり、これを対象とする動詞は「増長」"vivardhayati" であるのに対し、「修習」"āsevanā" の対象は「道」とされていると考えられる。この「道」とは、何等かの原語を訳したものではなく、単に "āsevanā" にも対象が必要であると考えて、訳者が補ったものであろう。ということは、訳者は㊳の中に "āsevanā" の対象となる原語を認めることはできなかったのである。

結論的に言えば、㊳において、"gotra" は "āsevanā" の対象ではないと思われる。"āsevanā-anvayāt" が単独に、つまり、"āsevanā" の対象を示す語なしに用いられる⑥㉘のような例がある事実を考慮すれば、ここも、その一例であると見るべきであろう。

さらに「菩薩地」には、"bhāvanā-anvayāt" の次のような用例がある。

㊹ adhimukticaryābhūmau susaṃbhṛtabodhisaṃbhāro daśottareṇa pūrvanirdiṣṭenākāraśatena sattveṣv anukampāṃ bhāvayaty ananyamanasikāraḥ/ sa bhāvanānvayāt tadrūpaṃ sattveṣv anukampāśayaṃ karuṇāśayaṃ pratilabhate/ (BBh, p.253, ll.14-17)

㊺ 〔かの菩薩は〕信解行地(adhimukti-caryā-bhūmi)において、菩提の資糧(bodhi-saṃbhāra)をよく積集し、前に述べた百十の様相で、他の作意(manasikāra)をもたずに〔＝余念無く〕、諸の衆生において、哀愍(anukampā)を修習する(bhāvayati)。彼は、修習することの故に(bhāvanā-anvayāt)、諸の衆生において、そのような哀愍の意楽(āśaya)と悲(karuṇā)の意楽を獲得する

(pratilabhate)。

ここで、㊹に相当する玄奘訳・チベット訳は次の通りである。

㊻ 於勝解行地、已善積集菩提資糧、於如前説百一十苦諸有情類、修習哀愍、無余思惟、由此修習為因縁故、於彼色類諸有情所、得哀愍意楽及悲意楽。（大正三〇、五六五上一五—一七行）

㊼ mos pas spyod paḥi sa la byaṅ chub kyi tshogs legs par brtsams te/ sṅar bstan paḥi rnam pa brgya rtsa bcus gshan yid la mi byed par sems can rnams la sñiṅ brtse ba bsgom par byed de/ des bsgoms paḥi rgyus sems can rnams la de lta buḥi sñiṅ brtse baḥi bsam pa daṅ/ sñiṅ rje baḥi bsam pa thob par ḥgyur te/ (D, Wi, 189b6-7)

なお『地持経』と『善戒経』の相当部分は、それぞれ、次の通りである。

㊽ 於解行地、依世俗浄禅、集菩提具、於百一十苦衆生、修悲愍心。（大正三〇、九五四上一八—一九行）（『地持経』）

㊾ 即得解地。荘厳菩提、修習一百一十種悲。以修悲故、於衆生中、即得悲心。（同右、一〇〇八中二八—二九行）（『善戒経』）

このうち、㊽では“ananyamanasikāraḥ”以下に相当する訳文が欠けているが、㊾では“bhāvanā-anvayāt”が「以修悲故」と訳されている。これは“bhāvanā-anvayāt”の“bhāvanā”の対象を“anukampā”と解した翻訳であろう。勿論、㊹には“bhāvanā-anvayāt”よりも前に“anukampāṃ bhāvayati”「哀愍を修習する」とある以上、“bhāvanā-anvayāt”の“bhāvanā”の対象を“anukampā”であると見る解釈は、充分な根拠をもっている。しかし、ここに“anukampā”が属格で、つまり、“bhāvanā”の“objective genitive”の形をとって、示されているのではないことには、注意すべきであろう。

さて、以上、この註記においては、“āsevanā-anvayād bhāvanā-anvayād [bahulīkāra-anvayāt]”の「声聞地」の用例（⑥⑨⑬⑰㉑㉘）、及び“āsevanā-anvayāt”“bhāvanā-anvayāt”の「菩薩地」の用例（㉜㊳㊹）について検討した。そこで明らかになったことは、この表現が“āśraya-parivṛtti”「転依」との関連で、特に、その前提条件として語られることが多い点である。これは、⑥⑨⑬⑰㉑㉘の全ての用例に関して言えることであろう。つまり、〝修習を繰返すこと〟によって、「転依」という瑜伽行派にとっての理想的状態が実現されるというのである。では一体、何が〝修習〟されるのか、あるいは〝修習〟の対象とは何であるのか。

シュミットハウゼン教授は、⑤において、「声聞地」の⑥⑨⑬⑰において“āsevanā-anvayāt”等と“objective genitive”つまり、対象を示す属格との結合が見られると論じられたように思われるが、実際には、その結合は⑨⑬⑰㉜〔二例あり〕のみに認められ、また⑬では“sūkṣmayā prajñayā”「微細な般若によって」という具格形が、“āsevanā-anvayād bhāvanā-anvayāt”と直接には結びつかないものの、重要な役割を果していたことが知られた。従って、“āsevanā-anvayāt”等と“objective genitive”との結合は、常に認められる訳ではないということは、まず確認しておかなければならない。それを念頭においた上で、「声聞地」の⑥⑨⑬⑰㉑㉘と「菩薩地」の㉜㊳

㊹において、何が“āsevanā”等、または、“bhāvanā”の対象（object）と考えられているかを示すならば、一応、以下のようになるであろう。〔ā, bhā, ba は “āsevanā”“bhāvanā”“bahulīkāra” を表す。括弧内は “āsevanā”“bhāvanā” 等の “objective genitive” ではないが、その対象と考えられるものであり、「……」は、その対象と考えられるものが特定されない場合を示す。さらに、最後に玄奘訳を挙げる〕

⑥ ā, bhā, ba-anvayāt: [nimitta], 修習止相挙相捨相、由修由習由多修習、為因縁故。
⑨ ā, bhā, ba-anvayāt: aśubhāprayoga, 於不浄観、正加行中、親近修習多修習故。
⑬ ā, bhā-anvayāt: prajñā, 於此慧、親近修習多修習故。
⑰ ā, bhā, ba-anvayāt: manaskāra, 於此摂楽作意、親近修習多修習故。
㉑ ā, bhā, ba-anvayāt: [śamatha-vipaśyanā], 於奢摩他毘鉢舎那、若修若習若多修習、為因縁故。
㉘ ā, bhā, ba-anvayāt: ……, 親近修習多修習故。
㉜ ā-anvayāt: kuśala-dharma, 数〔修〕習諸善法故。（二例）
㊳ ā-anvayāt: ……, 精勤修習。
㊹ bhā-anvayāt: [anukampā], 修習哀愍、無余思惟、由此修習為因縁故。

これは、網羅的なものとはいえないであろうが、これを一応“āsevanā-anvayāt”等に関する一覧表と呼ぶことにしよう。さて、この一覧表を見てみると“āsevanā”“bhāvanā”等が“objective genitive”と結合する場合が、全十例中⑨⑬⑰㉑㉜の五例にすぎないことが理解される。その内、“prajñā”を“objective genitive”とすると考えられる⑬では、梵本に依る限り“tasyāḥ”という“objective genitive”が“āsevanā-anvayād bhāvanā-anvayād bahulīkāra-anvayāt”の後に置かれているという点に若干の不自然さがあるように思われ、しかも、“tasyāḥ”の後に“prajñāyāḥ”という属格形は、梵本では認められない。さらにすでに述べたように、⑬には“āsevanā-anvayāt”等を用いる文章の直前に“sūkṣmayā prajñayā”という具格形が認められる。いずれにせよ、この⑬には“prajñā”という語が用いられているので、この註記において本来、考察の対象となっていた「摂決択分」〔57〕〔58〕、つまり、“jñāna”の語を有する〔57〕〔58〕の原文の想定において、これは重要な意味をもつであろう。

次に、⑥から㊹に至る全十例を通覧して注目されることは“āsevanā[-anvayāt]”等が、複合語の後分となるケースが認められないことである。従って、シュミットハウゼン教授が、〔57〕〔58〕に関して“jñāna”を“āsevanā”等の対象と解するための想定の一つとして示された“tathatā-ālambana-jñāna-āsevanā-anvayād bhāvanā-anvayāt”（*Ālaya*, I, p.198, ㉟b）という読みは成立しないであろう。しかし、考えてみれば、これは当然のことであって、このような想定では、“jñāna”は“āsevanā”の対象にはなるが、“bhāvanā”の対象にはならないという不合理が生じるのである。

これに対して、佐久間氏は、〔57〕〔58〕に関して、チベット訳“śes pas”に従って、“jñāna”を具格に読む解釈にもとづく独訳を、次のように示された。

㊿ Nachdem er [sie auf diese Weise im Ālayavijñāna] zusammengezogen hat, bewirkt er mittels der Einsicht, die das wahre Wesen (*tathatā*) zum Gegenstand hat, dadurch, daß er [diese wiederholt] praktiziert und geübt hat, die Umgestaltung der [Existenz]grundlage. (*Āśraya*, II, p.156, *ll*.14-17)〔傍線＝松本〕

これは、私訳㊻〔この註記中の㊻ではない〕と基本的に一致する翻訳であるが、しかし、同時に、佐久間氏は、該当部分に註記を付して、“-jñāna-āsevanā-”という複合語が存在していたとすれば“jñāna”を“āsevanā”の“objective genitive”とするシュミットハウゼン教授の理解も成立すると論じられている(*Āśraya*, II, p.156, n.834)。しかし、氏がこのような主張をなすのは、“-jñānena”または“-jñāna-”の後に、“āsevanā-bhāvanā-anvayāt”という表現の存在を想定するからである。つまり、この表現の存在を想定すれば“-jñāna-āsevanā-”という複合語の存在を想定しても、“jñāna”は“āsevanā”の対象にはなるが、“bhāvanā”の対象にはならないという不合理は生じないと、氏は考えられたのであろう。

しかし、そもそも“āsevanā-bhāvanā-anvayāt”という表現自体が、一覧表に示された⑥から㊹の十例には、全く認められない。それ故、当初からシュミットハウゼン教授は、〔57〕〔58〕の原文想定にあたって、“āsevanā-bhāvanā-anvayāt”ではなく、「声聞地」の用例に根拠をもつ“āsevanā-anvayād bhāvanā-anvayāt”という形を示されていたのである。

では、教授が示された“tathatā-ālambana(sya ?)-jñānasya āsevanā-anvayād bhāvanā-anvayāt”という想定が正しいのであろうか。それとも、“tathatā-ālambana-jñānena āsevanā-anvayād bhāvanā-anvayāt”というような想定が正しいのであろうか。

それについて述べる以前に、漢訳、特に玄奘訳の訳し方について見ておきたい。即ち、「声聞地」の⑥から㉘に対する訳を通覧するならば、“āsevanā-anvayād bhāvanā-anvayād [bahulīkāra-anvayāt]”に対して、「親近修習多修習故」という訳例が三回(もしも⑬にも bahulīkāra-anvayāt”という原語が存在していたとすれば、四回)も、認められる。このうち“objective genitive”を有する⑨⑬⑰の玄奘訳たる⑫⑯⑳を見ても、そこには「於不浄観、正加行中、親近修習多修習故」「於此慧、親近修習多修習故」「於此摂楽作意、親近修習多修習故」と書かれているだけで、そこで“objective genitive”に相当する「於不浄観正加行中」「於此慧」「於此摂楽作意」の前に、「由」や「以」という語が置かれていることは、一切ないのである。

従って、〔57〕の「由縁真如境智、修習多修習故」の「由」は、「故」と合体して理由を示すのではなく、「……によって」という具格の意味に理解されなければならないのではなかろうか。確かに、⑥の玄奘訳たる⑧には、「由修由習由多修習為因縁故」とあり、また㊹の玄奘訳たる㊻にも、「由此修習為因縁故」とあり、「由」の文字が使われているが、ここでは「由……為因縁故」という形が採用されており、〔57〕の「由縁真如境智、修習多修習故」という形式とは異なっている。また、玄奘訳⑧㊻においても、㊻「由此修習為因縁故」の「此」を度外視すれば、「由」の後に“āsevanā”等の“objective genitive”に当る語は置かれていない。唯一の例外は、㊹の漢訳たる㊾の「以修悲故」の「以」を「由」と同義と見なしたときに生じるが、しかし、㊾は『善戒経』の訳であって、玄奘訳ではない。従って、⑥⑨⑬⑰㉑㉘㉜㊳㊹に対する玄奘訳⑧⑫⑯⑳㉓㉚㉟㊶㊻の考察から得られる結論は、玄奘訳〔57〕の「由縁真如境智」は、〝「真如境智」(tathatā-ālambana-jñāna)によって〟というように、具格として読むべきであるというものであるように思われる。言うまでもなく、これは、チベット訳“śes pas”「知によって」に一致しているのである。

さらに、いわば内容的な問題がある。即ち、〔57〕〔58〕を有する「摂決択分」の“Nivṛtti Portion”には、〔57〕〔58〕に先立って、次の記述がある。真諦訳・玄奘訳・チベット訳・シュミットハウゼン教授の英訳(原文想定を含む)、及び、私訳の順に示そう。

㉛ 言修善者、諸凡夫人、起善思惟、而取諸識以為境界、進行安心、初観諸諦。(大正三〇、一〇二〇上二九―中二行)〔真諦訳〕

㉜ 此修善法、若諸異生、以縁転識為境作意、方便住心、能入最初聖諦現観。(同右、五八一中二三―二四行)〔玄奘訳〕

㉝ dge baḥi chos bsgom pa de yaṅ so soḥi skye bo sems gnas par bya baḥi phyir ḥjug paḥi rnam par śes pa la dmigs paḥi yid la byed pas brtson par byed pa ni (na ?, Cf. *Ālaya*,II, n.1252, p.484)/ deḥi daṅ por bden pa mṅon par rtogs pa la ḥjug par bya baḥi phyir bsgom ste/ (D, Shi, 7b5-6)

㉞ In the case of ordinary persons who strive for the stability of mind by means of [a *kuśaladharmabhāvanā* consisting in] a contemplation that has ‘forthcoming’ mind (*pravṛttivijñāna*) for its object, this cultivation of wholesome factors has the result that [such a person finally] attains, for the first time, Full Comprehension of (the) Truth(s) (≦**sā ca kuśaladharmabhāvanā pṛthagjanānāṃ pravṛttivijñānālambanena manaskāreṇa cittasthityarthaṃ prayujyamānānāṃ tatprathamataḥ satyābhisamayapraveśāya*). (*Ālaya*, I, p.197, *ll*.12-20, ⓐ)

㉟ この善法の修習(kuśala-dharma-bhāvanā)は、諸の凡夫(pṛthag-jana)が、心(citta)を住させるために、転識を所縁とする作意(pravṛtti-vijñāna-ālambana-manaskāra)によって、加行しつつあるとき(prayujyamāna)、まず最初に、諦の現観(satya-abhisamaya)に入るためのものである。

この私訳は、ほぼシュミットハウゼン教授の訳と原文想定に従ったつもりであるが、重要なことは、ここにチベット訳にもとづいて“pravṛtti-vijñāna-ālambana-manaskāreṇa”、または教授によれば、“pravṛtti-vijñāna-ālambanena manaskāreṇa”という具格形の想定が得られたことなのである。

ここに“pravṛtti-vijñāna-ālambana-[*or* ālambanena] manaskāreṇa”という原語が存在することは、㉜の玄奘訳によっても確認される。

つまり、㊷の「以縁転識為境作意、方便住心」は、

㊺ 転識を縁じて境を為す作意を以って、方便して住心し、

と読むべきものであって、これを宇井博士が、

㊻ 以《テ》下縁《シテ》二転識《ヲ》一為《シ》レ境《ト》作意方便《シテ》住《スルヲ》上心《ニ》、（「決定蔵論の研究」五六二頁上一二行）

と読むのは、正しくないであろう。この点は、これに相当する表現が、『顕揚聖教論』では、

㊼ 以縁転識為境作意故、方便住心。（大正三一、五六七中一五—一六行）

とあることによって、明らかである。

従って、㊶㊷㊸の該当する原文には“pravṛtti-vijñāna-ālambana-manaskāreṇa”か“pravṛtti-vijñāna-ālambanena manaskāreṇa”、つまり、「転識を所縁とする作意によって」という具格形の表現が存在したことは、確実であろう。とすれば、この表現は“-ālambana-”「……を所縁とする……」という語を有する点で、〔57〕〔58〕の原文に存在するとも想定される“tathatā-ālambana-jñānena”という具格表現と一致していることが、理解される。つまり、“tathatā-ālambana-jñānena”という具格表現と、それに先行する記述に見られる“pravṛtti-vijñāna-ālambana-manaskāreṇa”という具格表現は、明らかに一種、対比的なものであって、後者の存在を根拠にして、前者の存在を想定することが可能であると思われる。

「摂決択分」の㊶㊷㊸によれば、“pravṛtti-vijñāna-ālambana-manaskāra”を有するものは「凡夫」であるが、〔57〕〔58〕で“tathatā-ālambana-jñāna”を有するとされるものは、「凡夫」ではなく、「凡夫」よりも高い境地にある人々であると考えられる。つまり、「凡夫」は、「転識を所縁とする作意によって」何事かをなし、「凡夫」よりも高い境地にある人々は、「真如を所縁とする知によって」何事かをなすと考えられる。では、何をなすのであろうか。「凡夫」の場合、それは㊶㊷㊸によって明らかであって、“kuśala-dharma-bhāvanā”「善法の修習」をなすのである。しかるに、「転識を所縁とする作意によって」と「真如を所縁とする知によって」が、対比的な表現であるとすれば、「真如を所縁とする知によって」なされるのも、やはり「善法の修習」であると推測される。すると、〔57〕〔58〕の原文において、“tathatā-ālambana-jñānena”「真如を所縁とする知によって」“āsevanā-anvayād bhāvanā-anvayāt”「親習し修習することの故に」と言われたとき、“āsevanā”“bhāvanā”の対象は、その直前に出る“jñāna”「知」ではなくて、“kuśala-dharma”「善法」と考えるのが適切であるということになるのではなかろうか。

この“kuśala-dharma”を“āsevanā”“bhāvanā”の対象と見なす解釈の妥当性を示すためには、まず何よりも、㊶㊷㊸の直前にある次の一文を示す必要があるであろう。

㊽ 如是阿羅耶識、而是一切煩悩根本、修善法故、此識則滅。（大正三〇、一〇二〇上二八—二九行）〔真諦訳〕

⑩ 此雑染根本阿頼耶識、修善法故、方得転滅。（同右、五八一中二二—二三行）〔玄奘訳〕

⑪ de ltar na kun nas ñon moṅs paḥi rtsa ba kun gshi rnam par śes pa de ni ḥdi ltar dge baḥi chos bsgoms pas rnam par ldog par rig par byaḥo// （D, Shi, 7b5）

⑫ This ālayavijñāna which is thus the root of Pollution should be understood to cease through the cultivation of the [spiritually] wholesome factors （≒**evaṃ saṃkleśamūlasyâsyâlayavijñānasya vinivṛttir veditavyā yaduta* （?） *kuśaladharmabhāvanayā*）.（*Ālaya*, I, p.197, *ll*.7-11, ⓪）

⑬ このように、染汚の根本（saṃkleśa-mūla）であるアーラヤ識（ālaya-vijñāna）は、善法の修習（kuśala-dharma-bhāvanā）によって、転滅する（vinivartate, vyāvartate）と知るべきである。

実は、これこそが“Nivṛtti Portion”の内容を根本的に規定している一文なのである。即ち、ここで〝アーラヤ識の「転滅」（vinivṛtti, vyāvṛtti）〟と言われることと、〔57〕で、「転依」と言われることは、別のことなのではない。何となれば、〔57〕〔58〕の直後には、次の一文があるからである。

⑭ 転依無間、当言已断阿頼耶識。（大正三〇、五八一下六—七行）〔玄奘訳〕

⑮ gnas ḥgyur ma thag tu kun gshi rnam par śes pa spaṅs par brjod par bya ste/ （D, Shi, 8a3）

⑯ 転依の直後に、アーラヤ識は断捨された（prahīṇa）と言われるべきである。

従って、〝アーラヤ識の「転滅」〟と「転依」は、殆んど同じ事態を示す表現であるが、⑩においては、その〝アーラヤ識の「転滅」〟が、“kuśala-dharma-bhāvanā”「善法の修習」によって起るとされているのである。

以上、〔57〕〔58〕でも、「転依」をひき起す直接の原因は、“kuśala-dharma-bhāvanā”「善法の修習」であり、それが“āsevanā-anvayād bhāvanā-anvayāt”「修習多修習故」、つまり、「親習し修習することの故に」という語によって表現されていると考えられる。とすれば、“āsevanā”“bhāvanā”の対象は、〔57〕〔58〕に明記されてはいないが、“kuśala-dharma”「善法」であるということになるであろう。

〔57〕〔58〕の原文にある“āsevanā-anvayād bhāvanā-anvayāt”の“āsevanā”“bhāvanā”の対象を“kuśala-dharma”と見る解釈の妥当性は、他にも様々の点から示される。即ち、まず第一に、“āsevanā-anvayāt”の“āsevanā”が明確に“kuśala-dharma”（複数）を対象（objective genitive）としている用例は、「菩薩地」㉜に、二回にわたって確認される。従って、「菩薩地」以降に成立したと考えられる「摂決択分」〔57〕〔58〕の“āsevanā-anvayād bhāvanā-anvayāt”という表現中、“āsevanā”“bhāvanā”の対象が“kuśala-dharma”であるという想定は、その用例㉜の存在から考えても、自然なものであろう。

第二に、チャンチュプズトゥル Byaṅ chub rdsu ḥphrul 作の『解深密経解説』には、「摂決択分」の“Nivṛtti Portion”に対応する部分が含まれていることが、シュミットハウゼン教授によって指摘されているが（*Ālaya*, II, n.1234, p.482）、そこには「摂決択分」のテキストの引用、及び説明がなされており、チベット訳〔58〕は、そこでは次のように引用され、説明されているのである。

㊼ de bshin ñid la dmigs paḥi śes pas kun tu bsten（*orig.* brten）ciṅ sgom paḥi lam gyi mthar thug pas bsdus paḥi dge baḥi chos sgom pa ni yid la byed pa sgom pa yin te/ rgyu des gnas ḥgyur（*orig.* lacking）par byed do//（P, Co, 105a7-8）〔傍線部は一応引用と考えられる〕

㊽ 真如を所縁とする知（tathatā-ālambana-jñāna）によって親習（āsevanā）し、修道（bhāvanā-mārga）の究極によって摂される善法の修習（kuśala-dharma-bhāvanā）が、作意（manaskāra）の修習であり、それの故に、〔彼の〕依（āśraya）は転じるのである。

ここで“bhāvanā”の対象が“kuśala-dharma”とされていることは明らかであるが、おそらく“āsevanā”の対象も“kuśala-dharma”とされているであろう。また、「真如を所縁とする知によって親習し」というテキストに従う限り、「真如を所縁とする知」を「親習」“āsevanā”の対象と見ることは不可能である。

さらに、〔57〕〔58〕の原文にある“āsevanā-anvayād bhāvanā-anvayāt”という表現中の“āsevanā”“bhāvanā”の対象を“kuśala-dharma”「善法」と見る解釈の妥当性は、『瑜伽師地論』「本地分」中「有尋有伺等三地」における次の三つの文例によって、確認されるのではないかと思われる。

㊾ prāṇātipāta āsevite（ātmacitte, by Bhattacharya）bhāvite bahulīkṛte narakeṣu vipāko vipacyate/（YBh, p.183, *ll.*18-19）

㊿ srog gcod pa la kun tu bsten ciṅ bsgoms te lan maṅ du byas pas sems can dmyal ba rnams kyi naṅ du rnam par smin pa smin par ḥgyur ro//（D, Tshi, 92b5-6）

(71) 於殺生、親近修習多修習故、於那洛迦中、受異熟果。（大正三〇、三一八上八―九行）

(72) 殺生（prāṇa-atipāta）が親習され（āsevita）修習され（bhāvita）多修習される（bahulīkṛta）ならば、諸の地獄（naraka）において異熟（vipāka）が熟する。

(73) akuśalānāṃ karmaṇām āsevitatvād bhāvitatvād bahulīkṛtatvāt tenādhipatinā bāhyā bhāvā alpaujaskaphalā bhavanti/（YBh, p.184, *ll.*6-7）

(74) mi dge baḥi las rnams kun tu bsten ciṅ bsgoms te/ lan maṅ du byas pa deḥi dbaṅ gis phyi rol gyi dṅos po rnams kyi ḥbras bu mthu chuṅ ba....r ḥgyur ro//（D, Tshi, 93a2-3）

(75) 由親近修習多修習諸不善業増上力故、所感外分光沢尠少。（大正三〇、三一八上一五―一六行）

(76) 諸の不善（akuśala）の業（karman）が親習される（āsevita）から、修習される（bhāvita）から、多修習される（bahulīkṛta）から、その増上力によって、外的な（bāhya）諸存在（bhāvāḥ）は、威光が少ない果をもつものとなる。

⑰ tatrābhyāsataḥ/ yathāpīhaikatyena kuśalam akuśalaṃ vā karma dīrgharātram āsevitaṃ bhavati bhāvitaṃ bahulīkṛtaṃ// (YBh, p.187, *ll.*16-17)

⑱ de la goms pa ni ḥdi ltar ḥdi na kha cig gis mi dge baḥam/ dge baḥi las yun riṅ po nas kun tu bsten ciṅ bsgoms la lan maṅ du byas pa lta buḥo// (D, Tshi, 95a1)

⑲ 串習故者、謂如有一、於長夜中、親近修習若多修習不善善業。(大正三〇、三一八下二七—二九行)

⑳ そのうち、数習 (abhyāsa) にもとづいて、というのは、つまり、ここで、ある人によって、善 (kuśala) または不善 (akuśala) なる業 (karman) が、長期間、親習され (āsevita) 修習され (bhāvita) 多修習される (bahulīkṛta) ようなものである。

以上の⑲⑬⑰においては、「善・不善の業」、つまり、"kuśala" "akuśala" なる "karman" が "āsevita" "bhāvita" "bahulīkṛta" の主語とされている、ということは、言い換えれば、「善・不善の業」が "āsevanā" "bhāvanā" "bahulīkāra" の対象とされていることになる。つまり、「親習され修習され多修習されるもの」とは、「善業」または「不善業」とされているのである。

ここで、「殺生」のような「不善業」までも、「親習」「修習」「多修習」の対象とされていることは、注意すべきであろうが、そうであるとすれば、"āsevanā" "bhāvanā" "bahulīkāra"、さらに⑰の "abhyāsa" という語は、善業・悪業にかかわらず、〝繰返し行うこと〟を意味するであろう。

また、⑲⑬⑰、特に⑰の用例は、"āsevanā" "bhāvanā" "bahulīkāra" が、"kuśalaṃ karma"「善業」を対象とすることを示しており、これは〔57〕〔58〕の原文にある "āsevanā-anvayād bhāvanā-anvayād bahulīkāra-anvayāt" という表現の中の "āsevanā" "bhāvanā" "bahulīkāra" の対象は、"kuśala-dharma"「善法」であって、"tathatā-ālambana-jñāna"「真如を所縁とする知」ではないという私の解釈を支持する根拠の一つとなるように思われる。また、⑪⑮⑲という三つの玄奘の訳文を見てみると、玄奘訳においては、"āsevanā" "bhāvanā" "bahulīkāra" の対象が、⑪のように、「於……」という形で、「親近修習多修習」という訳語の前に置かれる場合と、⑮⑲のように、「於」という助辞を介さずに、この訳語の後に置かれる場合という二つのパターンがあることが理解される。

すでに見た玄奘の訳文についていえば、⑫⑯⑳㉓は、第一のパターンに相当し、㉟は第二のパターンに相当する。しかし、"āsevanā" 等の対象が、〔57〕のように、「於」なしに、「修習多修習」の前に置かれる例はないと思われる。従って、この点から見ても、〔57〕において、「縁真如境智」が、「修習多修習」の対象とされているとは思えないのである。

しかし、このように論じたとしても、実は問題の〔57〕〔58〕の "āsevanā" "bhāvanā" の対象を "tathatā-ālambana-jñāna" であるとするシュミットハウゼン教授の解釈をくつがえすことはできないかもしれない。というのも、教授は、

㉛ Among these statements, it is only ⓓ that can, without violence, be subsumed under the heading **praveśa-prativedha-bhāvanā-*

manaskāra because it speaks of the cultivation of "[spiritually] wholesome factors" (*kuśala-dharma*), which constitutes not only the *bhāvanā-mārga* proper (where *kuśala-dharma* would mean the supramundane *tathatālambana-jñāna*) but, (*Ālaya*, I, p.210, *ll*.7-12)
〔傍線＝松本〕

という論述中の傍線を付した部分において、不明確と思われる表現ではあるが、問題の "āsevanā" "bhāvanā" "bahulīkāra" の対象が "kuśala-dharma" であることを認めつつも、その "kuśala-dharma" は、〔57〕〔58〕の原文においては、"tathatā-ālambana-jñāna" という語によって表現されているという解釈、つまり、"tathatā-ālambana-jñāna"＝"kuśala-dharma" という解釈を示されているからである。

しかし、この解釈には疑問がある。というのも、まず第一に、私は "jñāna"「知」は "āsevanā" "bhāvanā" "bahulīkāra" の対象である "kuśala-dharma" になりうるであろうか、という素朴な疑問をもつのである。〝繰返し行うこと〟の対象である "kuśala-dharma" とは、⑰に示されるように "kuśalaṃ karma"、つまり、「善業」ではなかろうか。⑬においても、⑰においても、"āsevanā" 等の対象は、"karman"「業」だからである。しかるに、"karman"「業」（行為対象、為されること）は "jñāna"「知」とは異なるのではなかろうか。「菩薩地」の㉜では、二回にわたって "kuśala-dharma"「諸の善法」が "āsevanā" の対象とされていたが、そこでも「善法」とは、基本的には「善業」を意味するのではなかろうか。

また、「菩薩地」には、例えば、次のような「摂善法戒」の説明がある。

㊷ tatra kuśaladharmasaṃgrāhakaṃ śīlaṃ yat kiṃcid bodhisattvaḥ śīlasaṃvarasamādānād ūrdhvaṃ mahābodhāya kuśalam ācinoti kāyena vācā manasā sarvaṃ tat samāsataḥ kuśaladharmasaṃgrāhakaṃ śīlam ity ucyate/ (BBh, p.96, *ll*.13-15)

㊸ de la dge baḥi chos sdud paḥi tshul khrims ni byaṅ chub sems dpas sdom paḥi tshul khrims yaṅ dag par blaṅs paḥi ḥog tu byaṅ chub chen poḥi phyir lus daṅ ṅag gis dge ba bsags pa gaṅ ci yaṅ ruṅ ba de dag thams cad ni mdor bsdu na/ dge baḥi chos sdud paḥi tshul khrims shes byaḥo// (D, Wi, 75a1-2)

㊹ 摂善法戒者、謂諸菩薩、受律儀戒後、所有一切、為大菩提、由身語意、積集諸善、総説名為、摂善法戒。（大正三〇、五一一上二一—二三行）

㊺ そのうち、摂善法（kuśala-dharma-saṃgrāhaka）戒（śīla）とは、何であれ、菩薩が律儀戒（śīla-saṃvara）を摂受した後で、大菩提（mahā-bodha）のために、身（kāya）によって、語（vāc）によって、意（manas）によって、積集する（ācinoti）ところの善（kuśala）、それはすべて、要約すれば、摂善法戒と言われる。

ここで、菩薩によって積集される "kuśala"「善」とは、「身」「語」「意」によって為されるもの、つまり、行為としての「善業」"kuśala-karman" を意味すると思われる。この点は、㊷のやや後の個所に、次のように説かれることによっても明らかであろう。

⑯ tathā sarvaṃ kāyena vācā manasā kṛtaṃ kuśalam anuttarāyāṃ samyaksaṃbodhau pariṇāmayitā bhavati/ (BBh, p.96, *ll*.26-27)

⑰ de bshin du lus daṅ ṅag daṅ yid kyis dge ba byas pa daṅ/ ma byas pa thams cad bla na med pa yaṅ dag par rdsogs paḥi byaṅ chub tu yoṅs su bsṅo bar byed pa yin no// (D, Wi, 75a5-6)

⑱ 以身語意、已作未作、一切善根、廻向無上正等菩提。(大正三〇、五一一中一二—一三行)

⑲ そのように、身によって、語によって、意によって、為された (kṛta) 善 (kuśala) を、すべて無上正等覚に廻向する人 (pariṇāmayitṛ) となる。

即ち、ここで「善」"kuśala" は、「為されたもの」"kṛta" であるから、行為としての「善業」を意味するであろう。⑫の「摂善法戒」の説明は、厳密には、積集される対象である「善」"kuśala" を「摂善法戒」であると説明するものであって、それを「善法」"kuśala-dharma" であると説明するものではないが、おそらく「摂善法戒」という語における「善法」"kuśala-dharma" も「善業」"kuśala-karman" つまり、行為または行為対象(為されるもの)としての「善」"kuśala" を意味すると見てよいであろう。

さらに、「声聞地」には、「不善法」と「善法」が説明される個所があるが、そこで、前者は次のように説明されている。

⑳ tatra katame pāpakā akuśalā dharmāḥ/ yat kāmāvacaraṃ kliṣṭaṃ kāyakarma vākkarma manaskarma kāyavāgmanoduścaritasaṃgṛhītaṃ/ (ŚBh, p.307, *ll*.12-14)

㉑ de la sdig pa mi dge baḥi chos rnams gaṅ she na/ ḥdod pa na spyod paḥi lus kyi las daṅ/ ṅag kyi las daṅ/ yid kyi las ñon moṅs pa can rnams te/ lus daṅ ṅag daṅ yid kyis ñes par spyod par bsdus pa gaṅ dag yin pa daṅ/ (D, Dsi, 113a2-3)

㉒ 云何名為悪不善法。謂欲纏染汚身語意業、是身語意悪行所摂。(大正三〇、四四二中一二—一四行)

㉓ そのうち、悪 (pāpaka)・不善 (akuśala) の諸法とは、何であれ、欲界に属する (kāmā-avacara) 染汚された (kliṣṭa) 身業 (kāya-karman) 〔身によって為されるもの〕と語業 (vāk-karman) 〔語によって為されるもの〕と意業 (manas-karman) 〔意によって為されるもの〕であって、身語意の悪行 (duścarita) によって摂されるものである。

ここで「不善法」「悪法」は、やはり「業」"karman" として説明されている。⑳の直後には、それらの「業」を起す「煩悩」"kleśa" も「不善法」であるという説明があるが、しかし、「悪法」が基本的には「悪業」を意味することは、⑳によって知られるであろう。「声聞地」では、さらに「善法」"kuśalā dharmāḥ" の説明 (ŚBh, p.308, *ll*.1-4) が続くのであるが、そこでは「善法」は「悪法」とは反対のもの、つまり「対治」"prātipakṣika" であると説明されている。ということは、「善法」も、基本的には、行為、つまり、「業」"karman" として把えられていると思われる。

勿論、シュミットハウゼン教授が⑧で "kuśala-dharma" を "[spiritually] wholesome factors" と訳されたように、私も "kuśala-dharma"

は"kuśala"なる"karman"のみを意味し、"jñāna"「知」を意味することはありえないと考えているのではない。ただ、〔57〕〔58〕の原文において、"āsevanā""bhāvanā"の対象となる"kuśala-dharma"は、"karman"「行為」としての"kuśala-dharma"を意味すると見るのが自然ではないかと考えるのである。

すでに見た通り、問題の"āsevanā""bhāvanā"の対象を"tathatā-ālambana-jñāna"「真如を所縁とする知」と見るシュミットハウゼン教授の解釈は、〔58〕のチベット訳テキストの"śes pas"を"śes pa"の誤りと見なさなければ成立しない。しかるに、この"śes pas"というチベット訳が正確なものであることは、〔57〕の「由縁真如境智」の「由」の存在によって確認されることは、"āsevanā-anvayāt""bhāvanā-anvayāt"等の様々の用例を検討することを通じて、示されたのではなかろうか。

さらに、教授の解釈に従えば、私が明確に対比的な表現と考える(51)(52)(53)の原文における"pravṛtti-vijñāna-ālambana-manaskāreṇa"という具格表現と、〔57〕〔58〕の原文に存在すると思われる"tathatā-ālambana-jñānena"という具格表現が、対比的なものとならない、という、私より見れば、不合理が生じるのである。

以上、様々な点から考えて、〔57〕〔58〕の原文において"āsevanā"等の対象を"tathatā-ālambana-jñāna"と見るシュミットハウゼン教授の解釈と、"śes pas"から"śes pa"への教授による訂正を、私は支持することはできない。

教授は、この註記中ではなく本論の論述(62)㋑において、"「真如」が「転依」の「種子」であるというのは、「真如」が「所縁縁」となって「無分別知」を生じ、その「無分別知」の「修習」から「転依」が帰結する"という趣旨の見解を述べられたが、私見によれば、この見解は、"「真如」を「所縁縁」とする「知」の「修習」から「転依」が生じる"と論じる点で、〔57〕〔58〕に関する教授の解釈、つまり、その原文には、"「真如を所縁とする知」(tathatā-ālambana-jñāna)の「修習」(bhāvanā)によって「転依」が起る"という説が述べられている、という解釈を有力な根拠としていると思われる。しかるに、この解釈が成立しないとすれば、上述の見解についても、問題とすべき点が生じるように思われる。

しかし、教授によって本論(62)㋑に示された上述の見解は、勿論、「摂決択分」〔57〕〔58〕だけにもとづいているのではない。たとえば、『大乗荘厳経論』第九章「菩提品」第五七偈には、次のようにある。

(94) sarvatas tathatājñānabhāvanā samudāgamaḥ/ (MSA, IX, k.57ab, MABh, p.44, *l*.12)

(95) 一切において、真如の知を修習すること(tathatā-jñāna-bhāvanā)が、完成〔させるもの〕(samudāgama)である。

ここで"samudāgama"(yaṅ dag ḥbyuṅ, D, Phi, 159a1)とは難解な語であるが、宇井博士によって、「証得」(『宇井(荘)』一六四頁一行)と訳されている。おそらく「転依」や「涅槃」と呼ばれるような理想的状態、または、それに至るための修行や手段を意味する語であろう。従って、『大乗荘厳経論釈』では、(94)について"samudāgama"という語を用いずに、次のような註釈をなしている。

⑯ sarvatas tathatājñānabhāvanā dharmadhātuviśuddhihetuḥ/ (MSABh, p.44, *ll*.14-15)

⑰ 一切において、真如の知を修習することが、法界（dharma-dhātu）〔A〕の浄化（viśuddhi）の因（hetu）〔B〕である。

しかるに、『大乗荘厳経論』第一九章「功徳品」第五一偈と、第五二偈には、「真如を所縁とする知」“tathatā-ālambanaṃ jñānam”（MSABh, p.169, *l*.18, *l*.24）という語が用いられているので、⑭の“tathatā-jñāna”は、この“tathatā-ālambanaṃ jñānam”と基本的には同義であると考えられる。すると、“tathatā-jñāna”＝“tathatā-ālambanaṃ jñānam”という等式を認めるとすれば、⑯の趣旨は、〝「真如を所縁とする知を修習すること」“tathatā-ālambana-jñāna-bhāvanā”を因として、「法界の浄化」“dharma-dhātu-viśuddhi”という果が生じる〟と説くものとなるであろうが、「法界の浄化」を「転依」と同一視するならば、この趣旨は上述のシュミットハウゼン教授の見解と一致することになるであろう。

現に教授は、次のような『大乗荘厳経論』「功徳品」第五一偈を、“tathatā-ālambana-jñāna”の語を有する「摂決択分」〔57〕〔58〕を中心とする部分に対する“parallel passage”（*Ālaya*, I, p.207, *l*.11）と見なされているのである〔教授による英訳は、*Ālaya*, II, n.1167〕。

⑱ tathatālambanaṃ jñānaṃ dvayagrāhavivarjitaṃ/
dauṣṭhulyakāyapratyakṣaṃ tatkṣaye dhīmatāṃ matam/ (MSA, XIX, k.51, MSABh, p.169, *ll*.18-19)

⑲ 真如を所縁とする知（tathatā-ālambanaṃ jñānam）は、二つのものに対する執着（dvaya-grāha）を離れており、麁重の集まり（dauṣṭhulya-kāya）を直接に知るもの（pratyakṣa）であり、智者たちにとって、それ（麁重の集まり）の滅尽（kṣaya）に〔資する〕ものであると、考えられている。

つまり、ここでは「真如を所縁とする知」“tathatā-ālambanaṃ jñānam”が、「それの滅尽」“tat-kṣaya”に資するもの、とされており、その場合、「それ」は註釈によって、「麁重の集まり」“dauṣṭhulya-kāya”たる「アーラヤ識」“ālaya-vijñāna”であるとされている（MSABh, p.169, *l*.23）。すると、⑱には、「アーラヤ識」の「滅尽」は、「真如を所縁とする知」によってもたらされる、と説かれていることになる。ここでも、「アーラヤ識」の「滅尽」を「転依」と見なし、「真如を所縁とする知」を「真如を所縁とする知の修習」に置き換えれば、上述のシュミットハウゼン教授の見解は、成立するであろう。

従って、私が主張したいのは、次のことなのである。即ち、『大乗荘厳経論釈』⑯には、確かに「真如の知の修習」“tathatā-jñāna-bhāvanā”が「法界の浄化の因」“dharma-dhātu-viśuddhi-hetu”であると説かれており、その場合、この「真如の知」を「真如を所縁とする知」“tathatā-ālambanaṃ jñānam”と同一視し、「法界の浄化」を「転依」と読みかえれば、シュミットハウゼン教授が〔57〕〔58〕に関して示した解釈、あるいは、教授が本論の㉜㋑において述べた見解と一致する〝「真如を所縁とする知」の「修習」から「転依」が起る〟という趣旨が、⑯及び、おそらく教授によれば⑱にも認められることになるであろうが、そのような趣旨は、〔57〕〔58〕の原文には説かれていないであろう、ということなのである。つまり、「摂決択分」〔57〕〔58〕の原文と、『大乗荘厳経論』⑱や『大乗荘厳経論釈』⑯は、別の文献、別のテキストであって、いかに両者が同じく瑜伽行派の作品であるとはいっても、後者、つまり⑱⑯によって、〔57〕〔58〕の原文のテキストを確定することはできないと思われる。従って、私としては、〔57〕〔58〕の原文には、〔58〕のチベット訳 "de bshin ñid la dmigs paḥi śes pas" によって明示される通り、"tathatā-ālambana-jñānena" または "tathatā-ālambanena jñānena"、つまり、「真如を所縁とする知によって」という具格表現が存在したであろう、とここでは想定しておきたい。

(139) サンスクリット原語の想定は、シュミットハウゼン教授（*Ālaya*, I, p.198, *ll*.19-20, (3b)）による。前註（138）参照。

(140) シュミットハウゼン教授は、〔55〕〔56〕を含む部分、即ち、袴谷氏によってC.2. として示された部分（『唯識論考』四〇六―四〇七頁、四三一―四三二頁参照）[D, Shi, 8a4-7] が、その前後の部分と比べて、幾分異質である（"somewhat heterogeneus"）点を指摘されている。Cf. *Ālaya*, II, n.1337, p.499, *ll*.13-31. つまり、そこでは、「転依」が、実体（"an entity or reality"）、即ち、「真如」として理解されており、従って、この部分がない方が論旨がうまく成立するというのである。この指摘は、適切であろう。しかるに、もしも、この部分が後代の付加であるとすれば、〔55〕〔56〕の所説の重要性にも、若干の疑問が生じるであろう。

(141) 「親習」"āsevanā"「修習」"bhāvanā" の対象を、「善法」"kuśala-dharma" と見る私見は、前註（138）に示した通りである。

(142) ㊾参照。山部氏は、シュミットハウゼン教授の想定 "vāsanā-upacita-bīja" を "upacita-vāsanā-bīja" に変更する根拠を示されていないように思われるが、まずチベット訳 "bag chags bsags paḥi sa bon" が "bags chags kyis bsags paḥi sa bon" となっていない事実は、山部氏の "upacita-vāsanā-bīja" という想定を支持する根拠の一つとなるであろう。この点で、興味深いのは、シュミットハウゼン教授が、"vāsanā-upacita(-ācita)-bīja" という想定に対する訳語を、(62)(ウ)の "durch Durchtränkung angesammelten Samen" から、㊿では "Seed accumulated [by way of] Impression" に変更されていることである。後者から "by way of" を取りのぞいて、"Seed accumulated Impression" とすれば、文法的には意味をなさない表現であろうが、しかし "accumulated Impression" つまり、「積集された習気」という訳語だけを取り上げれば、これは "upacita-vāsanā" という想定に一致している。おそらく、教授も㊿を書かれた時点では "upacita-vāsanā-bīja" という想定を認める方向に向かわれたのではないかと思われる。

また、"upacita-vāsanā-bīja" という山部氏の想定は "upacitavāsanānāṃ sattvānāṃ"（ASBh, p.74, *l*.5）という表現の存在によっても支持されるであろう。

(143) "prabhāvita" を「生みだされた」という意味に解する私見については、拙稿「『解深密経』の「唯識」の経文について」『駒沢大学仏教学部研究紀要』六一、二〇〇三年、一九六―二一四頁参照。

(144) Cf. *Ālaya*, II, n.570, p.369, *ll*.4-5.

(145) この"prativedhya"という想定については、後論する。

(146) この問題を考えるためには、「菩薩地」における、次のような「所知障」"jñeya-āvaraṇa"の定義が、検討されなければならない。

㋐ jñeye jñānasya pratighāta āvaraṇam ity ucyate/（BBh, p.26, *ll*.8-9）

㋑ śes bya la śes paḥi bgegs byed pa ni sgrib pa shes bya ste/（D, Wi, 21b3）

㋒ 於所知、能礙智故、名所知障。（大正三〇、四八六下一六―一七行）〔玄奘訳〕

㋓ 所知（jñeya）において、知（jñāna）を妨げるもの（pratighāta）が、障（āvaraṇa）と言われる。

即ち、玄奘訳〔62〕の「於通達真如所縁縁中」の「於」とチベット訳〔63〕の"rtogs par bya ba la"の"la"が、㋒の「於所知」の「於」と㋑の"śes bya la"の"la"と同様に、"āvaraṇa"に対して於格的関係をもつものを指示しているとすれば、〔62〕のその「於」の後に置かれるものと〔63〕のその"la"の前に置かれるものは、「智」ではなくて、「境」、つまり、"tathatā-ālambanapratyaya"「真如という所縁縁」であると考えなければならないであろう。ただし、このような解釈に、私は必ずしも全面的な確信をもっているわけではない。

(147) 大正三〇、五八九上二五行、D, Shi, 28a1.

(148) 「山部(二)」七三頁二八行参照。

(149) 前註（146）に示した「所知障」の定義の少し後の個所には、次のようにある。

㋐ sāsau paramā tathatā niruttarā jñeyaparyantagatā.（BBh, p.26, *ll*.13-14）

㋑ de ni de bshin ñid mchog bla na med pa/ śes byaḥi mthar thug pa yin la/（D, Wi, 21b5）

㋒ 〔如是境界〕、為最第一真如、無上所知辺際。（大正三〇、四八六下二一―二二行）

㋓ それは、この最高の無上の真如（tathatā）であり、所知（jñeya）の究竟（paryanta）に至ったものである。

ここには、おそらく〝「所知」は「真如」である〟というのではなく、〝最高の「所知」は、「真如」である〟という考え方が示されているのであろう。

(150) アーラヤ識が無常なものであることについては、〔55〕〔56〕参照。なお、アーラヤ識は、本来は「種子」"bīja"の存在するところ、つまり、"bīja-sthāna"〔本書、第三章〔1〕参照〕でも、"bīja-āśraya"〔第三章〔183〕参照〕でもなく、「種子」そのものを指していたという私見については、本書、第三章で論じる。

(151) 「依因」は真諦の訳語（大正三〇、一〇二〇中一八行）であり、〔59〕における玄奘の訳語は「建立因」である。しかし、"pratiṣṭhā"は「依」と訳す方が適切であると思われるので、この語を用いる。

(152) 拙稿「唯識派の一乗思想について」三〇七―三〇六頁。

(153) シュミットハウゼン教授は、㉗において「空性」“śūnyatā” を主語、「法界」“dharma-dhātu” を述語とする理解を示されている。従って、「それ」“tat” も「空性」と解される。

(154) 『梵和』八六一頁右参照。

(155) Radhakrishnan S., *The Bhagavadgītā*, London, 1948, p.258, *ll*.21-22. なお、上村勝彦氏の “prabhava” の訳語も、「本源」(『バガヴァッド・ギーター』岩波文庫、一九九二年、八七頁四行) である。

(156) これに対して、『大乗荘厳経論』の偈には、“tathatā-ālambanaṃ jñānam” という用例が二回 (XIX, k.51, k.52) 認められることについては、前註 (138)㉘参照。

(157) 前註 (129)㋐で見たように、アーリヤ・ヴィムクティセーナは、基本的には “dharma-dhātu〔A〕=gotra〔B〕” と見なしている。また、(129)㋐と同文が、バダンタ・ヴィムクティセーナ Bhadanta Vimuktisena の『現観荘厳論評釈』*Abhisamayālaṃkāravārttika* (P, No.5186, Kha, 43a7) にも認められる (Cf. Ruegg〔1968〕p.312, *l*.19-p.313, *l*.1)。

さらに、ハリバドラは、この同じ文章にもとづいて、『現観荘厳論光明』*Abhisamayālaṃkālālokā* で、次のように述べている (Cf. Ruegg〔1968〕p.310, *ll*.15-16; p.313, *ll*.23-24; p.316, *ll*.20-24)。

㋐ yathā śrāvakayānādyadhigamakrameṇālambyeta tathāryadharmādhigamāya dharmadhātor hetubhāvena vyavasthāpanād gotratvena vyapadeśa iti samādhiḥ/ (AAĀ, p.77, *ll*.21-23) [Cf. AAVi, p.22, *ll*.12-14]

㋑ 〔法界は〕声聞乗等の証得 (adhigama) の次第 (krama) によって、所縁とされるように、そのように、聖法 (ārya-dharma) を証得するために、法界 (dharma-dhātu) は、因 (hetu) であるとして設定 (vyavasthāpana) されるから、種姓 (gotra) であるとして表現 (vyapadeśa) される、というのが、結論 (samādhi 釈明) である。

ここでハリバドラは、〝「法界」=「種姓」〟という等式に関して、二人のヴィムクティセーナに比べれば、はるかに懐疑的であるように見える。というのも、彼は「設定」“vyavasthāpana” という語を用いているが、この語には、本来そうではないものを「仮りに設定する」というニュアンスが込められていると思われるからである。従って、彼は上述の等式をストレートに認めているわけではない。この点は、『現観荘厳論小註』の次の文章においても同様であろう。

㋒ pratipattidharmāvasthāntarabhedena dharmadhātusvabhāva eva yathoktadharmādhāro bodhisattvas trayodaśavidho gotram iti nirdiśyate/ (AAVi, p.22, *ll*.5-6)

㋓ 行 (pratipatti) の法の位 (avasthā) の区別によって、上述の法の依所 (ādhāra) であり、法界 (dharma-dhātu) を自性 (svabhāva)

としている十三種の菩薩は、種姓（gotra）であると説示される。

つまり、ここでもハリバドラは、〝「法界」=「種姓」〟という等式を単純に認めているのではない。というのも、「法界」と「種姓」を結ぶ媒介として「自性」"svabhāva"という語が用いられているからである。この「自性」とは、「我」"ātman"（本質）をも意味することが、㋒の直後に続く次の文章によって明らかになる。

㋔ yadi dharmadhātor evāryadharmādhigamāya hetutvāt tadātmako bodhisattvaḥ prakṛtisthaṃ anuttarabuddhadharmāṇāṃ gotraṃ, (AAVi, p.22, *ll.*7-8)

㋕ もしも、ほかならぬ法界は、聖法を証得するための因（hetu）であるから、それ（法界）を本質とする（tad-ātmaka）菩薩は、諸の無上の仏法の、本性において存在する種姓（prakṛtistham gotram）である、とするならば、

つまり、ここで"tad-ātmaka"という語が示しているのは、〝「種姓」が「法界」を"ātman"とする〟という関係であり、この"ātman"と㋒の"svabhāva"が同義であることは、明らかであろう。とすれば、ハリバドラは、〝「法界」=「種姓」〟という等式を、厳密にいえば、認めていないことになる。つまり、彼にとって、「種姓」は「法界」を本質（svabhāva, ātman）とするものであり、言い換えれば、「法界」は「種姓」の本質であり、両者の間には、同一性（ekatva）は認められていない。即ち、両者の間に認められているのは、〝「種姓」が「法界」を本質（svabhāva, ātman）とする〟という"tādātmya"関係、つまり、「それを本質とすること」という関係なのである〔"tādātmya"関係が〝同一性〟を意味しないという私見については、拙稿「svabhāvapratibandha」『印度学仏教学研究』三〇—一、一九八一年、四九五頁参照〕。

従って、ハリバドラにとって、〝「法界」〔A〕は「種姓」〔B〕の本質"svabhāva, ātman"である〟とされるから、厳密に言えば、彼によって、AとBとの二者は区別されている、つまり、"A≠B"と考えられている、と見ることができるであろう。

しかるに、このような理解は、実は『現観荘厳論』そのものにも示されているのである。即ち、その第一章第五偈後半は、次の通りである。

㋖ ādhāraḥ pratipatteś ca dharmadhātusvabhāvakaḥ/ (AA, I, k.5cd, AAVi, p.8, *l.*10)

㋗ しかるに、行（pratipatti）の依所（ādhāra）〔B〕は、法界（dharma-dhātu）〔A〕を自性（svabhāva）としている。

即ち、ここで「行の依所」というのが、「種姓」を指していることは、第一章第三八偈の"pratiṣṭhā gotram ucyate"（AAVi, p.21, *l.*15）や㋒の"...ādhāro...gotram iti nirdiśyate"という文からも明らかであって、従って、ここでも、〝「種姓」〔A〕は「法界」〔B〕を本質（svabhāva, ātman）とする〟という"tādātmya"関係が認められ、「法界」〔A〕と「種姓」〔B〕は、明確に区別されているのである。言うまでもなく、これは、Aではなく Bを「生因」とする瑜伽行派独自の"dhātu-vāda"を説くものに他ならない。

かくして、『現観荘厳論』が〝AとBの区別〟を説く瑜伽行派の作品であることは、明らかであるが、ハリバドラとは異なり、先行する二人のヴィムクティセーナは、この〝AとBの区別〟について、明確な意識をもたず、両者をかなり単純に同一視し、丁度、源信が『一乗要決』〔50〕㋑で述べたように〝Aは、所縁とされたときには、「生因」となる〟という発生論的一元論に傾斜した見解を示したように思われる。つまり、瑜伽行派の系統の中においても、〝AとBとの区別〟という根本的教義は、必ずしも厳格に遵守されなくなっていくのである。これは言うまでもなく、〝Aからの発生〟を説く“dhātu-vāda”本流からの影響によるものであろう。

なお、『現観荘厳論』の㋖で、「〔種姓〔B〕は〕法界〔A〕を自性とする」“dharma-dhātu-svabhāvaka”という表現が得られたことの意義は大きいであろう。というのも、⑤に示した“dhātu-vāda”の六つの規定の内、「LはSの本質（ātman）である」という第五規定の妥当性が、ここでも、確認されたと思われるからである。即ち、〝「法界」〔A〕は「種姓」〔B〕の本質（svabhāva, ātman）である〟という命題は、「LはSの本質（ātman）である」と表現することもできるのである。

（二〇〇三年二月一八日）

〔付記〕実に奇妙なことであるが、本論執筆後、“tathatā-ālambana-pratyaya-bīja”の“pratyaya”の意味を、「認識」「知」と解すれば、この表現は、「真如を所縁とする知（pratyaya）という種子」と読むことができることに気がついた。この読解は、〔45〕㋕の「縁真如智」や〔47〕の「以真如為所縁縁之能縁之智種」という法相宗の理解に、基本的に合致するものであろう。しかし、“-ālambana-pratyaya”を「……を所縁とする知」と読むことが、仏教史において、実際になされたかどうか疑問である。この語は、四縁の一つとして「所縁縁」を指すというのが一般的理解であるし、「所縁縁」という語は、〔45〕㋕でも、〔47〕でも、用いられているからである。なお、仮りに、“pratyaya”を「知」と解したとしても、“bīja〔B〕≠tathatā〔A〕”という不等式、及び、“bīja〔B〕⊥tathatā〔A〕”という式が成立することに変わりはない。

（二〇〇三年一一月二九日）

第三章　アーラヤ識に関する一考察　——ātma-bhāva と ālaya-vijñāna——

第一節　ālaya と ā√lī

瑜伽行派の中心的概念の一つとされている〝アーラヤ識〟（阿梨耶識、阿頼耶識）の原語は "ālaya-vijñāna" であるが、この複合語の前分をなす "ālaya" は、"ā√lī" という動詞語根から派生した名詞であると考えられている[1]。

では、"ā√lī" の意味とは何かと言えば、私は、この語に、基本的に㋐「〔…に〕潜む」「〔…に〕存在する」「〔…に〕依存する」と、㋑「〔…に〕執着する」という二つの意味を認めておきたい。つまり、"ā√lī" は "ālīyate" "ālīyante" という現在形や、"ālīna" という過去分詞形で用いられることが多いが、殆どの場合、それは名詞（または代名詞）の於格形（時には対格形）と共に使用され、㋐「…に潜む」「…に隠れる」「…に存在する」「…に依存する」、そして㋑「…に執着する」を意味する、と見るのである。

例えば、スティラマティ Sthiramati は、『唯識三十頌釈』*Triṃśikābhāṣya* で、"ālaya-vijñāna" という複合語の前分である "ālaya" を、次のように説明している。

〔1〕 ⓐ tatra sarvasāṃkleśikadharmabījasthānatvād ālayaḥ/ ālayaḥ sthānam iti paryāyau/ ⓑ atha vālīyante upanibadhyante asmin sarvadharmāḥ kāryabhāvena/ ⓒ tad vālīyate upanibadhyate kāraṇabhāvena sarvadharmeṣv ity ālayaḥ/ (TrBh, p.18, *ll.* 23-26)

① そこで、ⓐ一切の染汚法（sarva-sāṃkleśika-dharma）の種子（bīja）の処（sthāna）であるから、アーラヤ（ālaya）である。「アーラヤ」と「処」は、同義語（paryāya）である。ⓑまたは、これに（asmin）、一切法（sarva-dharma）が、果（kārya）として、潜み（ālīyante）、結合される（upanibadhyante）、という〔これが〕アーラヤである。ⓒまたは、それが、一切法に（sarva-dharmeṣu）、原因（kāraṇa）として潜み（ālīyate）、結合される、という〔それが〕アーラヤである。

ここで、“ālaya”について三つの語義説明がなされているが、まず注目すべきは、ⓑとⓒの二者である。即ち、そこでは、“ālīyante”と“ālīyate”という動詞の現在形が、“asmin”と“sarvadharmeṣu”という名詞（または代名詞）の於格形と共に用いられている。このうちⓑでは、“ālaya”は、“ā√lī”という動詞（行為）の主体（subject）ではなく、対象（object）であり、〝ā√lī されるもの〟とされている。

これに対し、ⓒでは、“ālaya”は“ā√lī”という動詞の主体であり、〝ā√lī するもの〟とされている。この“ā√lī”の主体と対象を、以下それぞれⓧとⓨと呼ぶことにしたい。つまり〝ⓧはⓨにā√lī する〟というとき、ⓧを〝ā√lī の主体〟〝ā√lī するもの〟〝〔…に〕潜むもの〟〝〔…に〕存在するもの〟〝〔…に〕執着するもの〟と見なし、ⓨを〝ā√lī の対象〟〝ā√lī されるもの〟〝潜まれるもの〟〝執着されるもの〟と見るのである。

また、ⓨである〝ā√lī の対象〟に、ⓧである〝ā√lī の主体〟は存在するのであるから、ⓧとⓨには、本書の第二章で用いた於格的関係を示す記号⊥を使用すれば、

ⓧ⊥ⓨ

という関係が認められる。つまり、ⓨはⓧの〝基体〟なのである。従って、ⓨは、“ā√lī”の〝対象〟であるとともに、〝基体〟であり、それ故、〝ā√lī の対象的基体〟（objective basis）[2]と見ることができる。

以上をまとめれば、『唯識三十頌釈』〔1〕のⓑにおいて、“ālaya”は、ⓨつまり〝ā√lī の対象的基体〟〝ā√lī されるも

の〟とされ、ⓒにおいては、ⓧつまり〝ā√lī の主体〟〝ā√lī するもの〟とされていることが分る。即ち、〔1〕のⓑとⓒでは、“ālaya”を〝ā√lī の対象的基体〟ⓨと〝ā√lī の主体〟ⓧと見る全く相反する語義解釈が示されているのである。では、〔1〕ⓐは、どうかと言えば、そこには“ā√lī”という動詞と、名詞（または代名詞）の於格形とのセットは認められず、単に“ālaya”は“sthāna”「処」であると言われている。しかるに、この“sthāna”は〝基体〟を意味するから、ここでも、〝ā√lī の対象的基体〟〝ā√lī されるもの〟つまり、ⓨが“ālaya”であると見なされていることになる。即ち、「処」とは、そこに例えば人等が潜み存在する所、つまり、ⓨなのである。

では、〝アーラヤ識〟、つまり“ālaya-vijñāna”とは、本来ⓧ（ā√lī の主体、ā√lī するもの）であるのか、それともⓨ（ā√lī の対象的基体、ā√lī されるもの）であるのか。ⓧとⓨとに〝ⓧ⊥ⓨ〟という於格的関係がある以上、このように問うことは、〝アーラヤ識〟は本来、〝基体〟（locus）ⓨであったのか、それとも〝超基体〟（super-locus）ⓧであったのかを問うことにもなる。

スティラマティの『唯識三十頌釈』〔1〕ⓑにおいては、〝アーラヤに一切法が潜む（ālīyante）〟と言われている。つまり、ここでは、〝アーラヤ識〟が〝一切法〟（ⓧ）の〝基体〟（ⓨ）とされているのである。〝アーラヤ識〟を〝一切法の基体〟とする考え方は、

〔2〕 anādikāliko dhātuḥ sarvadharmasamāśrayaḥ/
tasmin sati gatiḥ sarvā nirvāṇādhigamo 'pi ca//[3]

② 無始時（anādikālika）の界（dhātu）〔基体〕は、一切法の等しい所依（āśraya）〔基体〕である。それがあれば、一切の趣はあり、また涅槃の証得もある。[4]

と説く有名な『大乗阿毘達磨経』の偈[5]を、〝アーラヤ識〟の教証として引用する『摂大乗論』（MSg, I.1）[6]にも、既に明確に認められると思われるが、しかし、このような考え方が〝アーラヤ識〟の原義に妥当するかどうか、今日では、

疑問視されるようになった。つまり〝アーラヤ識〟の語義には、教理的な発展・変化が認められると考えられるようになったのである。従って、〝アーラヤ識〟の語義を正確に理解するためには、まず何よりも、この語が本来有していた意味、つまり、瑜伽行派によって、この語が初めて用いられたとき有していたであろう意味を解明し、その後、この語の意味にいかなる教理的な発展・変化があったかを明らかにしなければならないと考えられるようになったのである。

このような問題意識から、〝アーラヤ識〟の語義の発展を考察した代表的研究として、勝呂信静博士とシュミットハウゼン教授の研究を挙げるとすれば、それは必ずしも不適切なことではないであろう。このうち、勝呂博士は、〝アーラヤ識〟の語義の発展について、一九八九年の『初期唯識思想の研究』（略号『初期唯識』）で、次のように論じられた。

③　このように有漏雑染法の原理たるアーラヤ識が迷悟に対し中性的な原理に変化発展した経過が知られるのであるが、このことはアーラヤ識がその煩悩心としての性格から解放されるという変化発展の経過をも意味するものでもあった。筆者はアーラヤ識の概念の成立について、次のような過程を想定している。すなわちアーラヤ（al-aya）の語義は本来は執着・我執を意味するものであり、したがってアーラヤ識は、元来、我執のはたらきをなす識――それ自体我執をなすとともに我執の対象として執着される識――を意味するものであった。しかるに、アーラヤにおける「付着」の意味が着目されて、アーラヤ識は「身体に付着する識」の意味に転じ、さらにアーラヤの「住居・場所」の意味が着目されて、「種子の存在する場所である識」の意味に転じた。これとともにアーラヤ識から我執の意味がうすれ、これに対し我執をなすものとしてマナ識が創設され、アーラヤ識からマナ識が分離独立するに至った。

「摂決択分」から『摂大乗論』への思想の展開は、マナ識の独立性の確立と、それに伴うアーラヤ識の煩悩心

からの解放の過程を示している。（『初期唯識』五六六頁）〔傍線＝松本〕

この勝呂博士の議論には、様々な重要な論点が含まれているが、まず博士が、〝種子の存在する場所である識〟の意味に転じた〟と言われていることからも分るように、博士には、スティラマティの記述〔1〕のⓐで述べられたような〝アーラヤ識〟の規定、つまり、〝アーラヤ識〟を「種子の処（存在する場所）」とするような規定は、後代に成立したものであり、〝アーラヤ識〟の原義を表してはいない、という基本的な認識が存在するように思われる。

では、〝アーラヤ識〟の原義とは何かということになるが、それについて博士は、既に『初期唯識思想の形成』以前の一九七七年の論文「アーラヤ識説の形成——マナ識との関係を中心にして——」（略号「勝呂（一）」）において、次のように言われている。

④ しからば本来のアーラヤ識の語義は何であったか。……アーラヤ識の語義そのものは、我執に関係するものであることがこれで判る。（「勝呂（一）」一三〇頁下—一三一頁上）

即ち、〝アーラヤ識〟の原義を、「我執に関係するもの」と理解されているのであり、その理解が論述③でも、「したがってアーラヤ識は、元来、我執のはたらきをなす識[7]……を意味するものであった」と述べられているのである。では、その「我執のはたらきをなす識」という〝アーラヤ識〟の原義が、どのような「変化発展」を遂げたかと言えば、それを博士は、③で「有漏雑染法の原理たるアーラヤ識が迷悟に対し中性的な原理に変化発展した」とか、「アーラヤ識がその煩悩心としての性格から解放される」とか、説明されるのである。つまり、「我執のはたらきをなす識」であった「アーラヤ識」が、〝我執〟とは無関係なものと見なされるようになった、というのである。

では、何が「我執のはたらきをなす」と考えられるようになったかと言えば、それについて博士は、論述③で、「これとともにアーラヤ識から我執の意味がうすれ、これに対し我執をなすものとしてマナ識が創設され、アーラヤ識からマナ識が分離独立するに至った」と述べられ、〝我執〟の機能、〝我執をなす〟機能は、〝アーラヤ識〟から、新たに創設された〝マナ識〟に移行した、と論じられたのである。
もしも、勝呂博士の見解をこのように理解することに誤りがないとすれば、私は、この博士の見解を、極めて優れたものと考えるのである。

しかるに、この勝呂説に対しては、特に〝アーラヤ識〟の原義に関して、シュミットハウゼン教授から、詳細な批判が提示された。即ち、一九八七年の『アーラヤ識論』*Ālayavijñāna*（略号 *Ālaya*）において、教授は詳しい論証にもとづいて、『瑜伽師地論』*Yogācārabhūmi* の「本地分」中「定地」（Samāhitā Bhūmiḥ）におけるある一節が "the starting-point of the ālayavijñāna theory"[8] つまり、〝アーラヤ識説の出発点〟を表していると認定し、その一節を "Initial Passage"[9]（最初の一節）と命名されたが、その "Initial Passage" において、〝アーラヤ識〟は、

⑤ mind [characterized by] sticking and being hidden in [the material sense-faculties]（*Ālaya*, I, p.153, *ll*.16-17）

つまり、〝有色根に付着し隠れている心〟と規定されているので、従って、〝アーラヤ識〟の原義は〝我執〟とは無関係である[10]、と主張されたのである。

では、シュミットハウゼン教授の言われる "Initial Passage" とは何か。教授自身によるサンスクリット校訂テキスト・漢訳（玄奘訳）・チベット訳、そして教授による英訳を、以下に列挙しよう。

〔3〕 nirodhaṃ samāpannasya cittacaitasikā niruddhā bhavanti/ kathaṃ vijñānaṃ kāyād anapakrāntaṃ bhavati/ tasya hi rūpiṣv indriyeṣv apariṇateṣu pravṛttivijñānabījaparigṛhītam ālayavijñānam anuparataṃ bhavati āyatyāṃ tadutpattidharmatāyai</>.
(*Ālaya*, II, n.146, p.276)

〔4〕 問。滅尽定中、諸心心法、並皆滅尽。云何説識不離於身。答。由不変壊諸色根中、有能執持転識種子阿頼耶識、不滅尽故、後時彼法従此得生。（大正三〇、三四〇下二七行—三四一上一行）

〔5〕 ḥgog pa la sñoms par shugs paḥi sems daṅ sems las byuṅ ba rnams ḥgags par gyur na/ rnam par śes pa lus daṅ ji ltar ḥbral bar mi ḥgyur she na/ deḥi dbaṅ po gzugs can yoṅs su ma gyur pa rnams la/ ḥjug paḥi rnam par śes paḥi sa bon gyis yoṅs su zin pa kun gshi rnam par śes pa med pa ma yin te/ phyis de ḥbyuṅ baḥi chos ñid yin paḥi phyir ro/

(D, Tshi, 151a1-3)

⑥ When [a person] has entered [Absorption into] Cessation（*nirodha*（*samāpatti*））, his mind and mental [factors] have ceased; how, then, is it that [his] mind（*vijñāna*）has not withdrawn from [his] body?—[Answer: No problem;] for [in] his [case] ālayavijñāna has not ceased [to be present] in the material sense-faculties, which are unimpaired; [ālayavijñāna] which comprises（/possesses/ has received）the Seeds of the forthcoming [forms of] mind（*pravṛttivijñāna*）, so that they are bound to re-arise in future（i.e. after emerging from absorption）.（*Ālaya*, I, p.18, *ll*.6-15）

ただし、教授の英訳は、かなり難解であるから、テキスト〔3〕に関する袴谷憲昭氏による和訳、それも袴谷氏によれば「同教授の英訳を参照に試みた」とされる和訳を、以下に示すことにしよう。

⑦ 滅尽の状態（＝滅尽定）に達してしまった人の心と心所が滅したものとなっているとすれば、どうして識は身を離れていないことになるのか。なんとならば、彼の変壊していない有色根（rūpin- indriya-）において、転識（pravṛtti-vijñāna）の種子を保持している[11]アーラヤ識は、後にそれら〔転識〕が生ずる方規たらんがために、消失してしまったわけではないからである。[12]

シュミットハウゼン教授が、このように翻訳されるテキスト〔3〕に、〝アーラヤ識の出発点〟を認め、このテキストを"Initial Passage"と呼ばれたということは、〝アーラヤ識〟とは、本来〝滅尽定においても、諸の有色根（rūpin-driya）、または身体（kāya）に付着し潜むという形で存続する識〟として構想されたものである、という教授の基本的理解を示しているであろう。この理解によれば、確かに〝アーラヤ識〟の原義と〝我執〟の問題は無関係であるように見える。従って、例えば、スティラマティの『唯識三十頌釈』のある記述に示される[13]〝アーラヤ識は我執の対象的基体である〟というような考え方は、後代の発展と見なされることになるのである。

しかるに、勝呂博士も、一九八二年の論文「アーラヤ識の語義」（略号「勝呂（二）」）においては、

⑧ これは ālaya と言いかえても全く同じであって、「肉体に付着している識」（身体と一体となっている識）という意味でアーラヤ識と称されるのであると理解される。すなわち ālaya とは「付着」の意味である。（「アーラヤ語義」六一頁）

と論じておられ、この見解は、『初期唯識思想の研究』の論述③の「アーラヤ識は「身体に付着する識」の意味に転じ」という説明にも、

⑨ 以上見たように ālaya は「身体に付着する」というのが、その本来の意味であったと思われる。（同右、六六頁）

と認められる。

この〝「身体に付着する識」がアーラヤ識である〟という勝呂博士の見解は、一九七七年の「アーラヤ識説の形成」に明確には述べられていなかったので、[14]『アーラヤ識論』執筆の過程で、この新しい見解の存在を知ったシュミットハウゼン教授は、勝呂博士のこの見解については、基本的な同意を表明されている。[15] ただし、教授は、勝呂博士が、「付着」という日本語を使用されることに、若干の抵抗を覚えられたせいか、教授自身が、"stick in" という語を用いるとき、それはあくまでも、〝隠れる〟"hiding or being hidden in the body" というニュアンスを強調したい旨を断わられている。[16] 確かに、何か接着剤が〝くっつく〟ように〝肉体〟に「付着する」というような言い方は、不適切であるように思われる。

なお、勝呂博士が、〝「身体に付着する識」がアーラヤ識である〟と論じられたのは、主として『瑜伽師地論』「本地分」中「思所成地」の「勝義伽他」Paramārthagāthā、及び、その散文釈にもとづくのであるが、[17] 博士がシュミットハウゼン教授の言う "Initial Passage" について、言及されていないことは、教授の指摘される通りである。[18]

さて、このように〝アーラヤ識〟の原義に関する勝呂博士とシュミットハウゼン教授の解釈を通覧してみると、当

然のことながら、〝アーラヤ識〟は元来、「我執のはたらきをなす識」を意味していたのか、それとも「身体（有色根）に付着し潜む識」を意味していたのか、という疑問が生じるであろう。しかし、まず第一に注目すべきことは、この二つの解釈の一致点なのである。即ち、〝アーラヤ識〟は「我執のはたらきをなす識」を意味すると解されようと、「身体（有色根）に付着する識」を意味すると解されようと、そのいずれの解釈においても、〝アーラヤ識〟が〝ā√lī の対象的基体〟〝ā√lī されるもの〟〝執着されるもの〟〝潜まれるもの〟つまり、ⓨではなくて、〝ā√lī の主体〟〝ā√lī するもの〟〝執着するもの〟〝潜むもの〟つまり、ⓧと解されていることは、明らかである。即ち、「我執のはたらきをなす識」と「身体（有色根）に付着し潜む識」といういずれの解釈を採用してみても、〝アーラヤ識〟は元来、〝基体〟ではなく、〝超基体〟であったということになるのである。

この元来は〝基体〟ではなかった〝アーラヤ識〟が、次第に〝我執の対象的基体〟や〝種子の基体〟や、あるいは〝一切法の基体〟となっていくという過程が、基本的には、シュミットハウゼン教授によって、また、勝呂博士によっても、解明されているように思われるが、すでに述べたように、『唯識三十頌釈』〔1〕ⓑや、「一切法の等しい所依」という語を有する『大乗阿毘達磨経』の偈〔2〕を〝アーラヤ識〟の教証として引用する『摂大乗論』には、〝アーラヤ識〟を〝一切法の基体〟とする考え方が明確に認められるのである。

従って、〝元来は超基体ⓧであったアーラヤ識は、後には基体ⓨと考えられるようになる〟という基本的な発展の流れが、〝アーラヤ識〟に関して認められることになる。現に、シュミットハウゼン教授が“Initial Passage”と呼ばれる『瑜伽師地論』〔3〕を見ても、そこでは〝アーラヤ識〟と〝有色根〟の関係は、〝諸の有色根に、……アーラヤ識はある〟（rūpiṣv indriyeṣv...ālayavijñānam）と述べられ、〝アーラヤ識〟が〝有色根〟を〝基体〟とする〝超基体〟であること、つまり、

ālaya-vijñāna ⊣ rūpīndriya

という於格的関係が明示されているのである。

　では、仮りに勝呂博士の解釈とシュミットハウゼン教授の解釈とのいずれかが正しいと仮定した場合、〝アーラヤ識〟の〝基体〟は、元来〝有色根〟または〝身体〟(kāya)であったのか、それとも〝我〟(ātman)であったのか、ということが問題となる。というのも、〝アーラヤ識〟を、勝呂博士のように、「我執のはたらきをなす識」、つまり、〝我に執着する識〟と見なす限り、それは〝我〟(という対象的基体)にā√līする主体〟と考えられるから、〝我〟が〝アーラヤ識〟の〝基体〟であると解されるべきであると思われるからである。では〝アーラヤ識〟の〝基体〟は、元来〝有色根〟(身体)であったのか、それとも〝我〟(ātman)であったのか。この問題について、以下に考察したいと思う。

　この点について、〝アーラヤ識〟の原義を、「身体に付着する識」「身体に潜む識」と規定する場合には、勝呂博士においても[19]、シュミットハウゼン教授においても[20]、最も初期に〝アーラヤ識〟の語義を説明したと思われる『解深密経』*Saṃdhinirmocanasūtra*(SNS)の「心意識相品」の所説が、有力な根拠とされていることは、注意されなければならない。即ち、そこに示される〝アーラヤ識〟のおそらくは最古の語義説明と見られるものこそが、〝アーラヤ識〟の原義を、「身体に付着する識」と解釈する際の極めて重要な典拠とされるのである。そこで〝アーラヤ識〟の〝基体〟は〝有色根〟(身体)であったのか、それとも〝我〟であったのかという問題を解決するためにも、『解深密経』「心意識相品」の当該部分に関する考察が必要であろう。

第二節　『解深密経』「心意識相品」中心部分の考察

　さて、この「心意識相品」の問題の部分については、基本的には、四つの漢訳とチベット訳が現存している。即ち、『解深密経』全体の漢訳として、菩提流支 Bodhiruci による『深密解脱経』(五一四年)と玄奘による『解深密経』(六四七年）があり、また、問題の部分は、ヴァスバンドゥ Vasubandhu（世親）による『摂大乗論釈』*Mahāyānasaṃgraha-bhāṣya*（MSgBh）に引用されているが、『摂大乗論釈』には、真諦 Paramārtha による漢訳と達摩笈多 Dharmagupta による漢訳があり、引用をも含めれば、四種の漢訳が存することになる。(21) また、チベット訳も、経自身に含まれるものと、『摂大乗論釈』における引用に対するチベット訳の二種ということになるが、両者は大きく異なるものではない。この部分は、ラモット Lamotte 教授のチベット訳校訂本（SNS[L]）では V, 2-3 に相当するが、伊藤秀憲氏による校訂テキスト（SNS[I]）を示すことにしたい。では、以下に、漢訳四種とチベット訳テキストを掲げよう。

〔6〕ⓐ広慧、於諸六道生死之中、何等何等衆生、卵生胎生湿生化生、受身生身及増長身。初有一切種子心生、和合不同、差別増長、広所成就、依二種取。何等二種。一者謂依色心根取。二者依於不分別相言語戯論熏習而取。広慧、色界中、依二種取生。無色界中、非二種取生。

ⓑ広慧、彼識名阿陀那識。何以故。以彼阿陀那識、取此身相応身故。

ⓒ広慧、亦名阿梨耶識。何以故。以彼身中住著故、一体相応故。（大正一六、六六九上一六―二五行）〔菩提流支訳〕

〔7〕ⓐ広慧、於六道生死、是諸衆生、随在衆生聚、或受卵生胎生湿生化生、此中得身及成就。初受生時、一切種識、先熟合大長円、依二種取。謂有依色根、及相名分別言説習気。若有色界中、有二種取。若無色界、無二種取。

ⓑ広慧、此識或説名阿陀那。何以故。由此本識、能執持身。

ⓒ或説名阿黎耶識。何以故。此本識於身常蔵隠、同成壊故。（大正三一、一五七中一五―二三行）〔真諦訳〕

〔8〕ⓐ広慧、六趣生死中、彼彼衆生中、随彼彼衆生類、若卵生若胎生若湿生若化生中、自身転生。於出生時、彼時一切種子心、最初成熟、便得和合、麁大増長円満、有二種取。所謂有依色根取故。相名分別世俗戯論等熏習取故。於色界中、有二種取。無色界中、無二種取。

ⓑ広慧、此識或説名阿陀那。於身普遍持故。

ⓒ或説名阿梨耶。於身隠蔵普遍、同衰利安否故。（同右、二七三下四―一二行）〔達摩笈多訳〕

〔9〕 ⓐ広慧当知、於六趣生死、彼彼有情、堕彼彼有情衆中、或在卵生、或在胎生、或在湿生、或在化生、身分生起。於中最初一切種子心識、成熟展転和合増長広大、依二執受。一者有色諸根及所依執受。二者相名分別言説戯論習気執受。有色界中、具二執受。無色界中、不具二種。

ⓑ広慧、此識亦名阿陀那識。何以故。由此識、於身随逐執持故。

ⓒ亦名阿頼耶識。何以故。由此識、於身摂受蔵隠、同安危義故。（大正一六、六九二中八―一七行）〔玄奘訳〕

〔10〕 ⓐ blo gros yaṅs pa ḥgro ba drug gi ḥkhor ba ḥdi na sems can gaṅ daṅ gaṅ dag sems can gyi ris gaṅ daṅ gaṅ du-ḥaṅ sgo ṅa nas skye baḥi skye gnas sam/ yaṅ na mṅal nas skye baḥam/ yaṅ na drod gśer las skye baḥam/ yaṅ na rdsus te skye baḥi skye gnas su lus mṅon par ḥgrub ciṅ ḥbyuṅ bar ḥgyur ba der daṅ por ḥdi ltar len pa rnam pa gñis po rten daṅ bcas paḥi dbaṅ po gzugs can len pa daṅ/ mtshan ma daṅ miṅ daṅ rnam par rtog pa la tha sñad ḥdogs paḥi spros paḥi bag chags len pa la brten nas/ sa bon thams cad paḥi sems rnam par smin ciṅ ḥjug la rgyas śiṅ ḥphel ba daṅ yaṅs par ḥgyur ro// de la gzugs can gyi khams na ni len pa gñi ga yod la/ gzugs can ma yin paḥi khams na ni len pa gñis su med do//

ⓑ blo gros yaṅs pa rnam par śes pa de ni len paḥi rnam par śes pa shes kyaṅ bya ste/ ḥdi ltar des lus ḥdi bzuṅ shiṅ blaṅs paḥi phyir ro//

ⓒ kun gshi rnam par śes pa shes kyaṅ bya ste/ ḥdi ltar de lus ḥdi la grub pa daṅ bde ba gcig paḥi don gyis kun tu sbyor ba daṅ rab tu sbyor bar byed paḥi phyir ro//（SNS[I], p.179, *ll.*1-20）

なお、敦煌写本 Stein tib. No.194 の次のテキストが、チベット訳〔10〕ⓐの一部に相当する。[22]

〔11〕 yaṅs pa bye brag phyed pa ḥgro ba drug du ḥkhor baḥi sems chan rnams/ ga la ga lar sems chan gyi ris su ḥon te sgo ṅa las skye ba skye bar ram/ on de mṅal nas skye baḥam/ ḥon de drod gśer las skye baḥam/ ḥond te rdsus te skye bar skye ba dag du bdagi lus/ mṅon bar ḥbyuṅ bar ḥgyur te de dag la thog mar ni thams śad kyi sa bond sems rnam par smyind par gyurd te phloṅ nas/ ḥphel pa daṅ skye shiṅ rgyas par ḥgyur ro// ḥdi lta ste len pa rnam pa gñis blaṅ ba de[23]

以上のテキスト〔6〕—〔10〕について、主として、チベット訳〔10〕にもとづく私訳を示せば、次の通りである。

⑩ ⓐ広慧（Viśālamati）よ、この六趣輪廻において、それぞれの衆生（sattva）にとって、卵生であれ、胎生であれ、湿生であれ、化生であれ、それぞれの衆生の類（sattva-nikāya）において、自体（lus, ātma-bhāva）が生起し（mṅon par ḥgrub, abhinirvartate）、出現する（ḥbyuṅ bar ḥgyur ba, prādurbhavati）が、そこにおいて、最初に[24]（der daṅ por）一切種子心（sarva-bīja[ka]ṃ cittam）[25]が、二つの取（len pa, upādāna）、つまり、依処を伴う有色根（sādhiṣṭhāna-rūpī-ndriya）という取と相名分別言説戯論の習気（nimitta-nāma-vikalpa-vyavahāra-prapañca-vāsanā）という取を取[26]って（la brten nas, upādāya）成熟し和合し、成長と増長と広大に至る[27]。

そこにおいて、有色界には、取は二つとも有るが、無色界（ārūpya-dhātu）には、取は無二（gñis su med）である[28]。

ⓑ広慧よ、その識（vijñāna）は、アーダーナ識（ādāna-vijñāna）とも言われる。何となれば（ḥdi ltar, yasmāt）、それによって、この自体（lus, ātma-bhāva）が、執られ（bzuṅ shiṅ）取られる（blaṅs, upātta, upādatta）からである。

ⓒアーラヤ識（ālaya-vijñāna）とも言われる。何となれば、それは、この自体（lus, ātma-bhāva）において、安危同一のもの（eka-yoga-kṣema）として、執着し（kun tu sbyor ba, ālīyate）潜む（rab tu sbyor ba, pralīyate）からである。

この『解深密経』の経文のうち、ⓒの〝アーラヤ識〟の語義説明が、〝アーラヤ識〟の原語を「身体に付着する識」と解釈する際の有力な典拠とされるのは、そこで「それは、この自体において、安危同一のものとして、執着し潜む」と言われているからである。この部分は、勝呂博士によって、一九七七年の論文「アーラヤ識の形成」において、

⑪　それは、かの身体（lus）に対して、安穏の状態を一にするごとくに（安危共同）、結合し（kun tu sbyor ba, saṁyunakti）、結び着く（rab tu sbyor ba, prayunakti）からである。（「勝呂（一）」一三〇頁上）

と訳されたが、ここで"kun tu sbyor ba"と"rab tu sbyor ba"というチベット訳の原語を"saṃyunakti""prayunakti"と想定するのは、一九三五年のラモット教授の原語想定[29]を踏襲したものであろう。しかし、これに対して、横山紘一氏は、一九七九年の『唯識の哲学』（略号『唯識哲学』）において、この原語想定に異議を唱え、

⑫　これによれば阿頼耶識は身体の中に内在し、潜在するから阿頼耶識とよばれる。「内在する」「潜在する」に相応するチベット訳は kun tu sbyor ba, rab tu sbyor bar byed である。Lamotte 博士は sbyor ba を√yuj にとって、この両語を saṃyunakti, prayunakti と還梵する。しかし、右の一文は、ālaya の語義解釈であるから sbyor ba は√lī であり、両語は saṃlīyate, pralīyate であると推察される。動詞√lī は英語の to lie に通じ、横たわる、伏す、隠れる、潜む、の意味がある。玄奘が両語を摂受、蔵隠と訳していることからも、この二つの動詞は、この場合には、ある場所に隠れ潜む状態を意味するものと考えられるから、一応、内在する、潜在すると和訳した。（『唯識哲学』一一九頁）

と論じられた。

この異議を承けてのことかもしれないが、シュミットハウゼン教授は、『解深密経』〔10〕ⓒ全体に相当するチベット訳の部分の梵文テキストを"something like"としながらも、

⑬　ālayavijñānam ity apy ucyate, yaduta tasyāsmin kāya ālayana-pralayanatām upādāya ekayogakṣemārthena. (*Ālaya*, II, n.181, pp.289-290）〔傍線＝松本〕

と想定され、その部分を、

⑭ is also called 'ālayavijñāna', because it sticks to and dissolves into or hides in the body in the sense of sharing its destiny (i.e. becoming closely united with it). (*Ālaya*, I, p.22, *ll*.25-27)〔傍線＝松本〕

と訳された。[30]

このうち、教授の原文想定⑬について言えば、チベット訳“phyir ro”漢訳「故」に対して、“[-tām] upādāya”という原語の想定がなされていることに、私は賛成できない。確かに“-tām upādāya”は、『阿毘達磨集論』*Abhidharma-samuccaya*[31]（AS）等で、理由を示すために多用される表現であるが、この表現がすでに『解深密経』〔6〕—〔10〕ⓒでも使用されていたかどうかは明らかではない。しかも、〔6〕—〔10〕ⓐで“upādāya”が「……を取って」という意味で用いられていたことを考えれば、〔6〕—〔10〕ⓒ及びⓑで、“upādāya”が別の意味で、つまり、理由を示す意味で用いられたと想定することは、不適切ではなかろうか。

次に、⑬においてシュミットハウゼン教授が、チベット訳“lus ḥdi la”（玄奘訳「於身」）について、“asmin kāye”という於格形を明確に想定されたことは、優れた点だと思われる。つまり、ここでは“lus”「身」は〝アーラヤ識〟が、〝ā√lī する対象的基体〟ⓨ とされているのである。

しかるに、私が教授の原文想定⑬について、最も疑問を感じるのは、チベット訳“lus”の原語として“kāya”を想定されたことなのである。何故“ātma-bhāva”を想定されなかったのであろうか。以下に、私は、この『解深密経』〔6〕—〔10〕ⓒの〝アーラヤ識〟の語義説明に用いられた“lus”「身」の原語が“ātma-bhāva”であることについて論証を示したい。

この“lus”「身」の原語について、勝呂博士は、

⑮　右において「身体」と訳したチベット語はlusであり、この語はātmabhāvaのチベット訳語でもありうるが、漢訳のすべてが「身」と訳しているので、そのサンスクリット原語はkāyaであることは間違いあるまい。（「勝呂（二）」六五頁）〔傍線＝松本〕

と言われたので、シュミットハウゼン教授も、この見解に従われたのであろうか。しかし、"ātma-bhāva"に対して"lus"「身」という訳語が与えられることは、全く一般的なことであるから、[32] この勝呂博士の見解も、シュミットハウゼン教授の原文想定⑬も、私にとっては、不可解なのである。

『解深密経』のチベット訳テキスト〔10〕には、"lus"という語が、ⓐⓑⓒに一回ずつ、合計三回用いられている。それに相当する漢訳は、菩提流支訳〔6〕と真諦訳〔7〕では、それぞれ「身」「身」「身」と一致しているが、達摩笈多訳〔8〕では、「自身」「身」「身」、玄奘訳〔9〕では、「身分」「身」「身」となっている。つまり、達磨笈多訳と玄奘訳では、ⓐについてのみ「身」とは異なる「自身」「身分」という訳語が用いられているが、これは「自身転生」「身分生起」という四字よりなる落ちつきのよい訳語を形成したいという動機にもとづいてなされた訳であろう。従って、訳者が原語によって訳語を区別した結果とは思えない。このように、訳語が基本的に一致するとき、〔10〕に現れる三つの"lus"については、同一の原語を想定するのが、自然であろう。[33]

しかるに、シュミットハウゼン教授は、〔10〕ⓐの"lus"については、"ātma-bhāva"を想定されながらも、[34] ⓑとⓒの"lus"、つまり〝アーダーナ識〟と〝アーラヤ識〟の語義説明に用いられる"lus"については、その原語を"kāya"と想定されているのである。即ち、教授は〝アーダーナ識〟の語義説明がなされる〔10〕ⓑについて、次のように言われている。

⑯　Saṃdh V.3: *...des lus 'di bzuṅ źiṅ blaṅs pa'i phyir ro//*, which I should, though with considerable hesitation in view of the disparity of the Chinese versions, trace back to something like *(*tad ādānavijñānam ity apy ucyate.*)* *anenâsya kāyas-*

yâttopāttatām upādāya[35](??). Anyway, *lus* =**kāya* is rendered probable by the fact that all Chinese versions, including that by Hts., have 身(but cp. n. 348). (*Ālaya,* II, n.352, p.324)〔傍線＝松本〕

ここで、教授は、『解深密経』〔10〕ⓑの〝アーダーナ識〟の語義説明における "lus" の原語を "kāya" と想定することについては、"rendered probable" としながらも、すべての漢訳が、「身」と訳すことを理由として挙げられている。この理由は〔10〕ⓒの〝アーラヤ識〟の語義説明における "lus" について、勝呂博士が⑮で述べられた理由と同じである。しかし、繰返すが、"ātma-bhāva" を「身」と漢訳することは、全く一般的なことなのである。玄奘訳においても、"ātma-bhāva" の訳語としては、「自体」とともに、「身」「自身」等が知られている。[36]

しかも、シュミットハウゼン教授は、⑯の末尾で、"but cp. n. 348" として別の註を参照すべきであると言われるが、その註を見ると、"lus" の原語が "ātma-bhāva" である可能性も示唆されており、[37] そこで更に参照を促されている別の註[38]を見ると、そこには、『阿毘達磨集論釈』*Abhidharmasamuccayabhāṣya*（ASBh）から、

〔12〕 punaḥ punaḥ pratisaṃdhibandhe ātmabhāvopādānād[39] ādānavijñānam/(ASBh, p.11, *ll.*12-13)

という一文と、これとほぼ同文と考えられるヴァスバンドゥ作『成業論』*Karmasiddhi* の

〔13〕 de yaṅ yaṅ srid par ñiṅ mtshams sbyor bar byed pa dag na lus ñe bar len paḥi phyir len paḥi rnam par śes pa shes byaḥo（KS[M], p.39, *ll.*26-28)

というチベット訳が並記されているのである。この〔13〕に相当する玄奘訳『大乗成業論』の訳文は、次の通りである。

〔14〕 能続後有、能執持身故、説此名阿陀那識。（大正三一、七八四下二七行）

このうち、『阿毘達磨集論釈』〔12〕を和訳すれば、

⑰ 繰返し、結生相続(pratisaṃdhi-bandha)するとき、自体(ātma-bhāva)を取る（upādāna）から、アーダーナ識（ādāna-vijñāna）と言われる。

となるであろう。しかるに、この『阿毘達磨集論釈』の〝アーダーナ識〟の語義説明は、『解深密経』〔10〕ⓑの〝アーダーナ識〟の語義説明と基本的に一致するものと考えられるから、〔10〕ⓑにおいても、また、『解深密経』〔10〕ⓒの〝アーラヤ識〟の語義説明においても、"lus" の原語としては、"ātma-bhāva" を想定するのが適切であろう。

シュミットハウゼン教授が〔10〕ⓒの〝アーラヤ識〟の語義説明に用いられる "lus" というチベット訳語について、"kāya" を原語として想定された根拠の一つには、ヴァスバンドゥ作『五蘊論』*Pañcaskandhaka* の説明があるかもしれない。というのも、教授は、論述⑭の後に続けて、次のように言われるからである。

⑱ Similarly, according to the third explanation of the term in the Pañcaskandhaka, ālayavijñāna is called 'ālayavijñāna' because it sticks to, or hides in, the body (**kāyālayanatām upādāya*). (*Ālaya*, I, p.22, *ll*.27-30)〔傍線＝松本〕

ここで、教授は〝アーラヤ識〟について、〝身体に付着し潜む〟という語義説明が、『五蘊論』でなされていることを示すために、この論述を述べられているのであるが、ここに見られる "kāyālayanatām upādāya"[40] という原語の想定にも、やはり問題があると思われる。即ち、まず教授が指示された部分を含む『五蘊論』における〝アーラヤ識〟と〝アーダーナ識〟の語義説明全体の漢訳（玄奘訳）とチベット訳（D, No.4059）のテキストは、次の通りである。

〔15〕ⓐ阿頼耶識者、謂能摂蔵一切種子故、又能摂蔵我慢相故、又復縁身為境界故。

ⓑ即此亦名阿陀那識、能執持身故。（大正三一、八五〇上五—七行）

〔16〕ⓐ kun gshi rnam par śes pa de ñid ni sa bon tham cad kyi gshi ñid daṅ/ lus kyi kun gshi daṅ rgyu ñid daṅ/ lus la gnas pa ñid kyi yaṅ phyir ro//

ⓑ len paḥi rnam par śes pa yaṅ de yin te/ lus len paḥi phyir ro// (D, Śi, 15b4)

このテキストの原文を想定するのは、容易ではないが、シュミットハウゼン教授は、このうちのⓐ、つまり〝アーラヤ識″の語義説明の部分について、次のような原文想定と英訳を示されている。

⑲ tadālayavijñānatvaṃ sarvabījālayatām ātmabhāvālaya-nimittatāṃ（v. l.: ātmamānālaya-）kāyālayanatāṃ（Ch.: kāyālambanatāṃ）copādāya).（*Ālaya*, II, n.140, p.276, *ll*.5-7）〔傍線＝松本〕

⑳ It is [called] 'ālaya-vijñāna' 1) because it is the receptacle of all Seeds, 2) because it is the object of Clinging to personal existence（v. l.: because it is the object of Clinging [consisting in] the conceitful conception of Self), and 3) because it sticks to（or hides in）the body.（*Ālaya*, II, n.140, p.275, *l*.31-p.276, *l*.1）〔傍線＝松本〕

この教授の原文想定は、漢訳や註釈（チベット訳）をも参照した詳細なものであるが、私が何よりも疑問に思うのは、〔16〕ⓐでなされる″アーラヤ識″に関する三つの語義説明のうちの第三の個所、つまり、"lus la gnas pa ñid kyi yaṅ phyir ro"について、⑲で"lus"「身」の原語を"kāya"と想定されたことなのである。その直後の〔16〕ⓑには、″アーダーナ識″の語義説明が見られるが、そこで"lus"「身」とあるのは、〔12〕〔13〕〔14〕との関係から考えて、"ātma-bhāva"の訳語であることは、確実であろう。とすれば、その直前にある〔16〕ⓐの″アーラヤ識″の語義説明における"lus"「身」についても、その原語を"ātma-bhāva"と考えるのが、適切ではなかろうか。しかも、シュミットハウゼン教授は、そのⓐの″アーラヤ識″の三つの語義説明のうちの第二の説明、つまり"lus kyi kun gshi daṅ rgyu ñid daṅ"という語句における"lus"については、その原語を⑲で"ātma-bhāva"と想定されているのである。

教授は、この"ātma-bhāva"について、"ātma-māna"という異読を示されているが、この異読の想定は、教授自身が示されているように、[41]「摂蔵我慢相故」という漢訳から考えてみても、また、スティラマティが『五蘊論分別疏』*Pancaskandhaprakaraṇavaibhāṣya*（D, No.4066）で、次のように述べていることを考慮しても、適切なことと思われる。

〔17〕 gshan nas de bshin du ḥbyuṅ ste/ bdag tu ṅa rgyal gyi gshi daṅ/ rgyu ñid kyi phyir ro shes ḥbyuṅ ṅo//（D, Śi, 238b4）

即ち、ここで下線を付した部分は、スティラマティが"ātma-bhāva"について、"ātma-māna"（bdag tu ṅa rgyal）という異読が存在することを報告したものである。しかし、これは、あくまでも、スティラマティによって異読として提示されているのであって、漢訳〔15〕ⓐは、この異読に従った訳を「我慢」として示してはいるものの、スティラマティ自身は、"ātma-bhāva"をもつ読みの方が本来のテキストであったと考えていたと思われる。それ故、この点で、本来のテキストをシュミットハウゼン教授が"ātmabhāvālayanimittatām [upādāya]"と想定されたことは、適切であったと思われるのである。

しかし、それならば、『五蘊論』〔16〕において、何故、二つの"lus"="ātma-bhāva"にはさまれた"lus"「身」、つまり、"lus la gnas pa ñid"「縁身為境界」という"アーラヤ識"の第三の語義説明における"lus"だけについて、その原語として"kāya"を想定されたのであろうか。"ātma-bhāva"を想定する方が、遙かに自然であったであろう。[42]

つまり、私は、『解深密経』〔10〕で、"一切種子心"の説明ⓐ、"アーダーナ識"の語義説明ⓑ、"アーラヤ識"の語義説明ⓒに用いられた"lus"という三つのチベット訳語の原語は、すべて"ātma-bhāva"であったと考えるし、『成業論』〔13〕の"アーダーナ識"の語義説明に見られる"lus"の原語も、また『五蘊論』〔16〕で"アーラヤ識"と"アーダーナ識"の語義説明に用いられている三つの"lus"の原語も、すべて"ātma-bhāva"であったと考えるのである。

さらに、この点では、アサンガ Asaṅga の『摂大乗論』*Mahāyānasaṃgraha*（MSg）の所説も、同様である。即ち、同論の第一章には、"アーラヤ識"の語義説明・"アーダーナ識"の教証の提示・"アーダーナ識"の語義説明がなされる個所（MSg, I, 3-5）があるが、そこでも"kāya"ではなく、"ātma-bhāva"という語だけが用いられている。この点を示すために、その個所の漢訳（玄奘訳のみ）とチベット訳を掲げ、さらにチベット訳にもとづく私訳を示してみよう。

〔18〕 復何縁故、此識説名阿頼耶識。一切有生雑染品法、於此摂蔵為果性故。又即此識於彼摂蔵為因性故。是故説名阿頼耶識。或諸有情摂蔵、此識為自我故。是故説名阿頼耶識。

〔19〕 復次、此識亦名阿陀那識。此中阿笈摩者、如解深密経説、

阿陀那識甚深細　一切種子如瀑流、

我於凡愚不開演　恐彼分別執為我。

〔20〕 何縁此識、亦復説名阿陀那識。執受一切有色根故、一切自体取所依故。所依者何。有色諸根、由此執受、無有失壊、尽寿随転。又於相続正結生時、取彼生故、執受自体。是故此識、亦復説名阿陀那識。（大正三一、一三三中二〇行—下四行）

〔21〕 ⓐ ciḥi phyir de kun gshi rnam par śes pa shes bya she na/

ⓑ skye ba can kun nas ñon moṅs paḥi chos thams cad ḥbras buḥi dṅos por der sbyor baḥam/

ⓒ de yaṅ rgyuḥi dṅos por de dag tu sbyor baḥi phyir kun gshi rnam par śes paḥo//

ⓓ yaṅ na sems can dag deḥi bdag ñid du sbyor bas kun gshi rnam par śes paḥo// [MSg, I,3]（MSg[N], I, text, p.10）

〔22〕 de ni len paḥi rnam par śes pa shes kyaṅ bya ste/ ḥdi la luṅ ni dgoṅs pa ṅes par ḥgrel paḥi mdo las/

len paḥi rnam par śes pa zab ciṅ phra//

sa bon thams cad chu bo bshin du ḥbab//

bdag tu rtog par gyur na mi ruṅ shes//

ḥdi ni byis pa rnams la ṅas ma bstan//

ces ji skad gsuṅs pa lta buḥo// [MSg, I,4]（MSg[N], I, text, pp.10-11）

〔23〕 ⓐ ciḥi phyir len paḥi rnam par śes pa shes bya she na/

ⓑ dbaṅ po gzugs can thams cad kyi rgyu yin pa daṅ/

ⓒ lus thams cad ñe bar len paḥi gnas su gyur paḥi phyir te/

ⓓ ḥdi ltar tshe ji srid par rjes su ḥjug gi bar du des dbaṅ po gzugs can lṅa po dag ma shig par ñe bar gzuṅ ba daṅ/

ñiṅ mtshams sbyor ba sbrel ba na yaṅ de mṅon par ḥgrub pa ñe bar ḥdsin paḥi phyir lus gzuṅ ba yin te/

ⓔ de lta bas na de len paḥi rnam par śes pa shes byaḥo// [MSg, I,5]（MSg[N], I, text, p.11）

㉑ ⓐ何故、それは、アーラヤ識（ālaya-vijñāna）と言われるのか。

ⓑ一切の生をもつ染汚の諸法（sāṃkleśika-dharma）が、それにおいて（der）、結果（kārya）として潜み（sbyor, ālīyante）、

ⓒあるいは、それが、それらにおいて（de dag tu）、原因（kāraṇa）として潜む（sbyor, ālīyate）が故に、アーラヤ識なのである。

ⓓあるいは、衆生（sattva）たちが、それに、我（ātman）として（deḥi bdag ñid du）執着する（sbyor, ālīyante）から、(43) アーラヤ識なのである。（MSg, I,3）

㉒ それは、アーダーナ識（ādāna-vijñāna）とも、言われる。これについて、聖言（āgama）は、『解深密経』に、

「アーダーナ識は、甚深、微細であり、

一切種子（sarva-bīja）であり、河（ogha）のように、転じている。

これを、私は、愚者（bāla）たちに説かなかった。彼等が、〔それを〕

我（ātman）であると分別しないように。(44)」

と説かれた通りである。（MSg, I,4）

㉓ ⓐ何故、アーダーナ識と言われるのか。

ⓑ一切の有色根（rūpīndriya）を取る（upādāna）からであり、

ⓒ一切の自体（lus, ātma-bhāva）を取ること（upādāna）の所依（āśraya）だからである。(45)

ⓓ何となれば（ḥdi ltar）、寿命（āyus）が存続している限り、五つの有色根が破壊されないように（ma shig par）、

取られる（ñe bar gzuṅ ba, upātta）からであり、[46] また、結生相続（pratisaṃdhi-bandha）するとき、それの生起（de mṅon par ḥgrub pa, tad-abhinirvṛtti）を取る（ñe bar ḥdsin pa, upādāna）ので、自体（lus, ātma-bhāva）が取られる（gzuṅ ba）からである。[47]

ⓔそれ故、それはアーダーナ識と言われる。（MSg, I,5）

ここで、〔23〕㉓の〝アーダーナ識〟の語義説明に用いられている二つの“lus”というチベット訳語（玄奘訳「自体」[48]）の原語は、“ātma-bhāva”であると一般に考えられ、シュミットハウゼン教授によっても認められている。[49] また、〔21〕㉑の〝アーラヤ識〟の語義説明と、〔22〕㉒の〝アーダーナ識〟の教証として示される『解深密経』の経文を見ると、そこには、“ātma-bhāva”という語は用いられていないようであるが、しかし、〔21〕ⓓと〔22〕に、“ātman”という語が用いられていることは、“bdag”というチベット訳から見て、確実である。[50] これに対して、『摂大乗論』〔21〕〔22〕〔23〕全体の原文に、“kāya”という語が一度も用いられていないことは、明らかであろう。

かくして、『解深密経』『摂大乗論』『成業論』『五蘊論』『阿毘達磨集論釈』において、“kāya”ではなく、“ātma-bhāva”という語が、〝アーラヤ識〟や〝アーダーナ識〟の語義説明において、中心的な役割を果していることが、理解されたと思われる。とすれば、何故、シュミットハウゼン教授が、『解深密経』〔10〕ⓑの〝アーダーナ識〟の語義説明における“lus”と、〔10〕ⓒの〝アーラヤ識〟の語義説明における“lus”、そして、さらに『五蘊論』〔16〕ⓐの〝アーラヤ識〟の語義説明における二つの“lus”の後者、つまり“lus la gnas pa ñid”の“lus”について、その原語として“kāya”を想定されたのか、私には理解できないのである。[51]

さらに、松田和信氏によって指摘されたように、[52] ヴァスバンドゥの『成業論』と共通の語句を有する『縁起経釈』*Pratītyasamutpādavyākhyā* にも、〝アーラヤ識〟の説明が見られるが、そのうち、〝アーラヤ識〟と〝アーダーナ識〟の語義説明の部分のみのチベット訳テキストを、室寺義仁氏の校訂テキストに従って示せば、次の通りである。

〔24〕 ⓐ ciḥi phyir ḥdi kun gshi rnam par śes pa shes bya she na/ chos thams cad kyi sa bon gyi gshi gaṅ yin paḥo//

ⓑ len paḥi rnam par śes pa yaṅ de yin te/ ris mthun pa gshan du ñiṅ mtshams sbyor ba nas brtsams te nam ma śiḥi bar du des lus bzuṅ baḥi phyir ro//（PSVy[M], p.106, *ll.*15-20）

これを訳せば、次のようになるであろう。

㉔ ⓐ何故、これはアーラヤ識（ālaya-vijñāna）と言われるのか。一切法の種子の所依（sarva-dharma-bīja-āśraya）だからである。

ⓑそれは、また、アーダーナ識（ādāna-vijñāna）である。他の衆同分（nikāya-sabhāga）に結生相続（pratisaṃdhi-bandha）するときから、死に至るまで、それによって（des）、自体（lus, ātma-bhāva）が取られる（upādāna）からである。

このうち、『縁起経釈』〔24〕ⓑの〝アーダーナ識〟の語義説明は、『成業論』〔13〕に示されたものと殆んど一致するものであるから、〔24〕ⓑに現れる“lus”の原語も、“ātma-bhāva”であると見るべきであろう。

しかるに、『縁起経釈』〔24〕ⓑの“des lus bzuṅ baḥi phyir ro”の部分を、松田氏は、

㉕ これによって身体が維持（upa√grah）されるからである。[53]

と訳され、室寺氏は、

㉖ weil.....der Körper von ihm in Besitz genommen ist.（PSVy[M], p.187, *ll.*2-5）

と訳された。つまり、両氏は、“lus”を「身体」“Körper”と訳されたのであるが、その原語としては、“ātma-bhāva”と“kāya”のいずれを想定されたのであろうか。松田氏の場合、テキスト〔24〕のすぐ後に出る“lus kyi dṅos po de daṅ deḥi gnas ñid du”[54]という表現を、「それぞれの身体の所依者（kāyâdhāra）として[55]」と訳されているので、〔24〕ⓑの“lus”の原語として“kāya”を想定されたように思われる。

これに対して、室寺氏は、その同じ表現を、"zur Grundlage jeweils neuer Existenz（ātmabhāva）"[56]と訳されているので、この表現中の"lus kyi dṅos po"の原語として、"ātma-bhāva"を想定されたことは、明らかであろう。しかし、〔24〕ⓑの"lus"の原語として、室寺氏が"kāya"を想定されたのか、それとも"ātma-bhāva"を想定されたのかは、判然としない。というのも、氏の前掲の論述㉖には、註記が付せられ、その註記[57]では、〔24〕ⓑの"des lus bzuṅ baḥi phyir ro"に相当する部分が、グナマティ Guṇamati の『縁起経釈疏』*Pratītyasamutpādavyākhyāṭīkā*（D, No.3996）では、

〔25〕 lus ḥdsin par byed par ston te/（D, Chi, 127a7-b1）

という形で示されることが指摘され、この〔25〕が、

㉗ weil [es]...den Körper festhält（*kāyopādāna bzw. *ātmabhāvopādāna）.（PSVy[M], p.187, n.322）

と訳されているからである。

この室寺氏の訳文㉗には、二つのポイントがある。第一は、『縁起経釈』〔24〕ⓑの"des lus bzuṅ baḥi phyir ro"が、訳文㉖において、受動態として訳されたのに対し、この㉗では、"ḥdsin par byed pa"というチベット訳に相応して、訳文が能動態で示されていることである。第二は、"ḥdsin par byed pa"の原語として"upādāna"が想定されている点である。では、室寺氏は、『縁起経釈』〔24〕ⓑの"des lus bzuṅ baḥi phyir ro"の"bzuṅ ba"についても、"upādāna"に準ずる形、または、それと語根を等しくする動詞のある形態を想定されているかと言えば、それは明らかではない。というのも、『縁起経釈疏』〔25〕の"ḥdsin par byed pa"については、"upādāna"という原語が想定され、それが"festhält"（把える）と訳されているのに対し、『縁起経釈』〔24〕ⓑの"bzuṅ ba"については、㉖で"in Besitz genommen ist"（所有される）という訳語が与えられているからである。

この点について、松田氏は、『縁起経釈』〔24〕ⓑの"des lus bzuṅ baḥi phyir ro"の"bzuṅ ba"の原語として、訳文㉕において、"upa√grah"という動詞語根より派生した何等かの形態を想定されているようである。

しかし“upādāna”は、“ñe bar len pa”だけではなく、“ñe bar gzuṅ (bzuṅ) ba”ともチベット訳されるのである。[58] つまり、“upā√dā”という動詞語根の派生語について、“len”ではなく、“ḥdsin”(gzuṅ, bzuṅ)という動詞が、訳語に用いられるケースも存在する。従って、“ḥdsin”(gzuṅ, bzuṅ)ならば、その原語は“√grah”の派生語であり、“len”(blaṅ, blaṅs)ならば、その原語は“ā√dā”の派生語である、と必ずしも一概に確定することはできない[59]。しかも、松田氏の訳文㉕のように『縁起経釈』〔24〕ⓑの“des lus bzuṅ baḥi phyir ro”の“bzuṅ ba”を“upa√grah”の派生語と考えた場合には、〔24〕ⓑにおいて、“ādāna-vijñāna”という複合語の前分である“ādāna”の語義の説明がなされていないという不合理が生じると思われる。つまり、〔24〕ⓑの後半においては、“ādāna-vijñāna”が何故“ādāna-vijñāna”と呼ばれるかという理由が説明されなくてはならず、当然その説明には、『阿毘達磨集論釈』〔12〕のように、“upādāna”または“ādāna”という語、または、その動詞形が用いられることが期待されるからである。

さて、ここで再び『縁起経釈疏』〔25〕に対する室寺氏の訳文㉗にもどれば、この訳文の問題点の第三は、そこに「kāyopādāna または ātmabhāvopādāna」という原語想定が示される点である。氏は、“kāya”の訳語として“Körper”を、“ātma-bhāva”の訳語として“Existenz”を使用されているようであるが、すでに繰返し述べているように、私は、“kāya”ではなく“ātma-bhāva”を、原語として想定すべきだと考える。室寺氏が㉗で「kāyopādānaまたはātmabhāvopādāna」と述べるのは、氏が、訳文㉗が示される註記で、シュミットハウゼン教授の『アーラヤ識論』の三つの註記[60]への参照を促されている[61]ことからも知られるように、むしろ教授の見解に従ったものであろう。そのシュミットハウゼン教授は、室寺氏によって参照を促された註記の一つにおいて、『成業論』〔13〕の“lus ñe bar len pa”について、“kāyôpādāna”または“ātmabhāvôpādāna”という原語の想定を示されているの[62]であるが、『成業論』〔13〕は、“ātma-bhāva-upādāna”という語が用いられる『阿毘達磨集論釈』〔12〕と殆んど同文と考えられるのであるから、“kāya-upādāna”という原語の想定は、不適切であろう。

また、そもそも“kāya-upādāna”という複合語自身、瑜伽行派の文献のどこかにおいて、使用されている例が確認されているのであろうか。私自身は、瑜伽行派の文献に精通していないためか、その例を知らないのである。これに対して、“ātma-bhāva”と“upādāna”の結合、あるいは、“upādatte”（取る）という動詞形との結合は、瑜伽行派の文献において、ごく一般的に認められるのである。[63] それ故、シュミットハウゼン教授が、何故“ātma-bhāva”ではなく“kāya”という語に固執されるのか、私には理解できないのである。

ただし、教授が〝アーラヤ識〟説に関する“Initial Passage”と呼ばれた『瑜伽師地論』「本地分」のテキスト〔3〕を見ると、そこには“kāya”という語、及び、有色根（rūpīndriya）という語は用いられているが、“ātma-bhāva”という語は認められない。しかるに、このテキスト〔3〕を〝アーラヤ識〟説の“Initial Passage”と見なすことにもとづいて、教授は論述⑤等で、〝アーラヤ識〟の原義は〝身体、または有色根に付着し潜む心〟であると主張されたのである。従って、この教授の理解は、おそらく『解深密経』〔6〕—〔10〕の解釈にも投影されたのであろう。というのも、そこに示される〝アーダーナ識〟の語義説明ⓑと〝アーラヤ識〟の語義説明ⓒには、そのいずれにおいても、チベット訳〔10〕では、“lus”というチベット訳語が用いられるが、その二つの“lus”の原語として、教授は“ātma-bhāva”ではなく、“kāya”を想定されたからである。

しかし、その二つの“lus”の原語として“kāya”を想定することは、教理的に見ても、妥当性を欠くように思われる。というのも、『解深密経』〔6〕—〔10〕ⓐでは、「一切種子心」“sarva-bīja[ka]ṃ cittam”に二つの“upādāna”が存在することが述べられており、それは「有色根」の“upādāna”と「相名分別言説戯論の習気」の“upādāna”の二つであるが、この二つの“upādāna”は、「有色界」においては、二つとも存在するが、「無色界」においては、「無二」（advaya）であると言われている。「無二」とは、シュミットハウゼン教授が論ぜられるように、[64] 後者のみ、つまり「相名分別言説戯論の習気」の“upādāna”のみ存在し、「有色根」という“upādāna”は、「無色界」には存在しえない、という意味であろう。しかし、「有色根」が「無色界」に存在しないとすれば、“kāya”「身」も「色」である以上、「無色界」には存在しえないであろう。とすれば、“kāya”という語にもとづく〝アーダーナ識〟や〝アーラヤ識〟の語義説明は、〝「無色界」における「色」の非存在〟を明確に意識している『解深密経』〔6〕—〔10〕においては、意味をもたないということになるであろう。

これに対して、“ātma-bhāva”は、“kāya”や「有色根」とは異なり、「無色界」においても存在することが、瑜伽行派によって認められている。(65) 例えば、『摂大乗論』〔23〕における〝アーダーナ識〟の語義説明中のⓒ、つまり「一切の自体（ātma-bhāva）を取ること（upādāna）の所依（āśraya）だからである」を註釈して、アスヴァバーヴァは『摂大乗論会釈』***Mahāyānasaṃgrahopanibandhana***（D, No.4051）において、次のように述べている。

〔26〕若色等根、未已生起、若無色界、自体生起、名為相続。（大正三一、三八三下五—六行）〔玄奘訳〕

〔27〕dbaṅ po gzugs can rnams ma byuṅ ba daṅ/ gzugs med par yaṅ lus mṅon par ḥgrub pa ste/ ñiṅ mtshams sbyor baḥo// (D, Ri, 196a4-5)

㉘ 有色根がまだ生じないときと、無色〔界〕においても、自体（lus, ātma-bhāva）は生起（mṅon par ḥgrub pa, abhinirvṛtti）する、つまり、結生するのである。(66)

従って、結論として言えば、『解深密経』〔10〕のⓑにおける〝アーダーナ識〟の語義説明においても、ⓒにおける〝アーラヤ識〟の語義説明においても、“lus”「身」の原語としては、“kāya”ではなく、“ātma-bhāva”を想定すべきであろう。また、すでに述べたように、『摂大乗論』〔23〕、『成業論』〔13〕、『五蘊論』〔16〕、『縁起経釈』〔24〕で用いられている“lus”の原語も、すべて“ātma-bhāva”であると考えられる。

では、“ātma-bhāva”という語は、何を意味するのであろうか。

第三節　ātma-bhāva の意味

以上の『解深密経』『摂大乗論』『成業論』『五蘊論』『縁起経釈』における〝ātma-bhāva〟の諸用例のうち、最古のものは、言うまでもなく、『解深密経』〔10〕における用例である。では、『解深密経』〔10〕の三つの〝lus〟の原語をすべて〝kāya〟ではなく〝ātma-bhāva〟と見なすことに、いかなる意義があるのであろうか。『解深密経』〔10〕ⓐⓑⓒにおける三つの〝lus〟、特にⓒの〝アーラヤ識〟の語義説明における〝lus〟の原語を、〝kāya〟ではなく〝ātma-bhāva〟と想定するとすれば、〝アーラヤ識〟の原義として、勝呂博士が強調し、シュミットハウゼン教授が排除しようとされたと思われる〝我執〟というものと、〝アーラヤ識〟との関係が再び問題になると思われる。[67] というのも、〝ātma-bhāva〟が、「我」〝ātman〟という語と関係があることは、明らかだからである。

そこで、〝ātma-bhāva〟という語の意味は何かということが問題となるが、その〝ātma-bhāva〟については、『アーラヤ識論』全篇に亘って、シュミットハウゼン教授は詳しく論じられ、特にある註記[68]では、〝ātma-bhāva-parigraha〟なる語の意味を解明するために、〝ātma-bhāva〟の多数の用例を指摘し、〝ātma-bhāva〟という語自身の意味をも考察されている。その考察によると、〝ātma-bhāva〟の語義として、a)衆同分（nikāya-sabhāga）に近似する意味、b)特定の期間に亘る特殊な生存、c)個人存在の基礎（basis of personal existence）、〝āśraya〟とほぼ同義、d)個人存在の基礎の物質的部分、肉体（body）、という意味が指摘されている。[69] しかし、奇妙なことに、そこに〝我執〟、または〝我〟〝ātman〟との関係は、明示されていない。

〝ātma-bhāva〟は、確かに「身体」をも意味する。この点は、この語に対して、〝lus〟というチベット訳語、「身」「身体」という漢訳語が与えられたことから考えても、明らかであろう。また、エジャトン Edgerton の辞書も、〝ātma-bhāva" の意味を "body" とし、大乗仏典から多くの用例を示している。[70] 確かに、『法華経』*Saddharmapuṇḍarīkasūtra* の "ātma-bhāva-parityāga"[71]「捨身」という用例、そして、特に "ātma-bhāva-gandha"[72]「身香」（lus kyi dri）という用例などは、"ātma-bhāva" を「身体」「肉体」と考えるのでなければ、理解できないものであろう。

しかし、"ātma-bhāva" は、決して「身体」だけを意味するのではない。さもなければ、瑜伽行派は、私がすでに指摘した個所において、"kāya" や "śarīra" や "deha"[73] を用いてもよかったであろう。しかるに、"ālaya-vijñāna" の語義に関して、専ら "ātma-bhāva" が用いられた理由は、この "ātma-bhāva" という語と "ātman" との関係にしかないであろう。つまり、"ātma-bhāva" とは、まず何よりも、"ātman" の "bhāva" を意味するという視点が必要なのである。[74]

この点において、私はコリンズ Collins 教授が、"ātma-bhāva" に対応するパーリ語である "atta-bhāva" について、次のような説明から、パーリ仏典における、その語義の考察を開始されたことは、適切であったと考えるのである。

㉙ The *attabhāva* is a compound formed from *attā*, 'self', and the ending *-bhāva*; this latter, in both Pali and Sanskrit, is used in a similar way to the English '-hood' or '-ness', and means 'the state' or 'condition' of being something.[75]

それ故、教授は、"atta-bhāva" について、逐語的な訳として、"self-state" という訳語も示されたのである。[76] コリンズ教授は、パーリ仏典における "atta-bhāva" の多くの用例を示されているが[77]、その中でも私にとって重要と思われたのは、ブッダゴーサ Buddhaghosa の説明であった。即ち、彼は『アッタサーリニー』*Atthasālinī*（PTS ed.）では、

〔28〕 ayam me attā ti bālajanena pariggahitattā attabhāvo vuccati sarīram pi khandhapañcakam pi.（p.308, *ll.*12-13）

㉚ 身体[78]（sarīra, śarīra）も、五蘊（khandha-pañcaka）も、「これは、私の我（attā, ātman）である」と愚かな人々によって執される（pariggahita, parigṛhīta）から、"atta-bhāva" と言われる。

と述べ、『清浄道論』*Visuddhimagga*（VS）では、

〔29〕 attabhāvo vuccati sarīraṃ, khandhapañcakam eva vā, tam upādāya paññattimattasabbhāvato.（VS, p.257, *ll.*22-24）

㉛ 身体、または、五蘊だけが、“atta-bhāva”と言われる。それを取って（upādāya）〔我の〕仮説（paññatti, prajñapti）のみが有るからである。

と述べて、“atta-bhāva”の語義を説明している。この説明によれば、「身体」“sarīra”、または「五蘊」こそが、“ātman”であると誤って執着されるが故に、“atta-bhāva”、つまり、“ātma-bhāva”であるとされている。即ち、“ātma-bhāva”とは、〝我執〟の対象、または、対象的基体とされているのである。従って、少なくとも、ブッダゴーサによれば、“ātma-bhāva”とは、〝我執〟というものと切り離すことのできない概念であるとされていることは、明らかである。

ブッダゴーサは、“ātma-bhāva”を〝我執〟の対象的基体としての「身体」“śarīra”または「五蘊」であると説明しているが、“ātma-bhāva”に関して、彼が〝「身体」または「五蘊」〟として二つの意味を示しているのは、私見によれば、“ātma-bhāva”は通俗的には「身体」を意味するが、仏教学的には、つまり、仏教教理の正当な理解の立場からすれば、それは「五蘊」を意味する〟という理解が、ブッダゴーサにあったためではないかと推測される。(79)

そこで、以下に『解深密経』〔6〕—〔10〕において、“ātma-bhāva”が〝我執〟の対象的基体であり、従って、〝我執〟と不可離な概念であること、及び、そこで“ātma-bhāva”は、「身体」よりも、むしろ基本的には「五蘊」乃至「名色」を意味しているであろうという解釈を提示したい。

まず、『解深密経』〔6〕—〔10〕を含む第五章「心意識相品」の所説が、『瑜伽師地論』「本地分」の影響下にあり、特に『解深密経』〔6〕—〔10〕ⓐにおける〝輪廻転生〟の説明は、「本地分」中「五識身相応地」と「意地」という最初の二つの地の所説にもとづいていることは、シュミットハウゼン教授自身によっても強調されている。(80) しかるに、その二つの地である「五識身相応地」と「意地」における“ātma-bhāva”の最初の用例、つまり、現在の梵本において、最も前の位置に現れる用例は、次の一節に見られるものである。梵文テキスト・玄奘訳・私訳の順に示そう。

〔30〕 sarvasya ca mriyamāṇasya vispaṣṭasaṃjñāvasthām aprāptasya dīrghakālābhyasta ātmasnehaḥ samudācarati/ tatas tadvaśād ahaṃ na bhavāmity ātmabhāvābhinandanā bhavati/ sāsya pratiṣṭhā bhavaty antarābhavābhinirvṛttau/ (YBh, p.18, ll.1-3)

〔31〕 又諸衆生将命終時、乃至未到惛昧想位、長時所習我愛現行。由此力故、謂我当無、便愛自身。由此建立、中有生報。(大正三〇、二八一下二三—二六行)

㉜ また、一切の(sarva)〔衆生が〕死につつあるとき、想(saṃjñā)が不明瞭となる位にまだ到達していないとき、彼に、長時に繰返されてきた我に対する愛着(ātma-sneha, bdag la chags pa 我愛)が現起する。それから、それ(我に対する愛着)の力によって、「私(aham)は無くなるであろう」と考えて、自体に対する愛欲(ātma-bhāva-abhinandanā, lus la mṅon par dgaḥ ba)が生じる。それ(自体に対する愛欲)が、彼にとって、中有(antarā-bhava)が生起すること(abhinirvṛtti)についての住処(pratiṣṭhā)となる。

私見によれば、この一節ほど明瞭に、"ātma-bhāva"という語が〝我執〟という概念と不可離に結びついていることを示すものはない。つまり、"ātma-bhāva"は〝我執〟の対象なのである。即ち、ここで、一切の衆生は、——ということは、一切の迷妄をもつ衆生、〝我執〟をもつ衆生を意味するが——死に直面して、"ātma-sneha"を起す、そして、「私(aham)は無くなるであろう」と考えて、"ātma-bhāva-abhinandanā"が生じる、と言われている。この一文において、"ātman"("ātma-sneha"の前分をなす"ātman")と"aham"と"ātma-bhāva"という三つの語は、全面的に同義ではないとしても、その意味には大いに重なる部分があると見るべきであろう。さもなければ、論旨が成立しない。

では、その意味が重なる部分と相違する部分とは何かと言えば、それを規定するのは、容易ではない。ただし、私見によれば、"ātman"と"aham"と"ātma-bhāva"との三者は、全て基本的には、仏教の無我説によって否定されるものであると見ることが、まず第一に必要であろう。と同時に、三者はまた、具体的には「身体」を意味している。「私は、無くなってしまうであろう」と考えて、人々が恐れるのは、まず何よりも、自己の身体が無に帰することを、恐れている筈である。従って"ātman""aham""ātma-bhāva"は、具体的には「身体」を意味する。しかし、だからと言って、"ātma-bhāva" の語義を「身体」とのみ理解するならば、"ātma-bhāva" という語の真義は知られない。"ātma-bhāva" は、"ātman" は存在しないという仏教の立場からすれば、"ātman" として仮想されるもの、"ātman" として執着されるもの（"我執" の対象的基体）、あるいは、仏教的立場からすれば、本来存在しない筈の "ātman" の代替物とも言うべきものであると見るべきであろう。(81)

『瑜伽師地論』「本地分」中「意地」では、〔30〕より後の個所にも "ātma-bhāva" という語が、"ātma-bhāva-abhilāṣa" (YBh, p.19, *ll*.6-7)、"ātma-bhāva-abhinirvṛtti" (YBh, p.25, *ll*.12) 等と多用されるが、次の二つの文章だけは、"ātma-bhāva" の重要な用例を含むものとして、ここに示す必要があるであろう。

〔32〕 ⓐ yaś ca kaścid ātmabhāvo 'bhinirvartate sarvo 'sau sarvātmabhāvabījopagato veditavyaḥ/
ⓑ kāmāvacara ātmabhāve rūpārūpyāvacarasyāpy asti bījaṃ/ evaṃ rūpāvacare 'pi kāmāvacarārūpyāvacarasya/ ārūpyāvacare kāmāvacararūpāvacarasya// (YBh, p.25, *ll*.3-7)

〔33〕 ⓐ随所生処、自体之中、余体種子、皆悉随逐。
ⓑ是故欲界自体中、亦有色無色界一切種子。如是色界自体中、亦有欲無色界一切種子。無色界自体中、亦有欲色界一切種子。（大正三〇、二八四中二―六行）

㉝ ⓐいかなる自体（ātma-bhāva, lus）が生起（abhinirvartate）しようと、それ〔自体〕は、すべて、一切の自体（sarva-ātma-bhāva）の種子（bīja）を具えている（upagata）と知るべきである。
ⓑ即ち、欲界に属する（kāma-avacara）自体に、色界・無色界に属する（rūpa-ārūpya-avacara）〔自体〕の種子も、存在する。同様に、色界に属する〔自体〕にも、欲界に属する・無色界に属する〔自体〕の〔種子は存在する〕。無色界に属する〔自体〕にも、欲界に属する・色界に属する〔自体〕の〔種子は存在する〕。

〔34〕 tatra cātmabhāve bālānāṃ aham iti vā mameti vāsmīti vā bhavati/ āryāṇāṃ punar duḥkham ity eva bhavati/ (YBh, p.25, *ll.*15-16)

〔35〕 又諸凡夫、於自体上、計我我所、及起我慢、一切聖者、観唯是苦。（大正三〇、二八四中一四—一五行）

㉞ また、その自体（ātma-bhāva, lus）において、愚者（bāla）たちは、「私である」とか、「私のものである」とか、「私はある」とか考えるが、しかし、聖者（ārya）たちは、「苦である」とだけ考える。

このうち、テキスト〔32〕においては、〝ātma-bhāva〟と〝bīja〟（種子）の関係が述べられている。即ち、〔32〕ⓐでは、〝いかなる ātma-bhāva といえども、一切の ātma-bhāva の bīja を具えている（upagata）〟というのであるが、ここで、〝一切の ātma-bhāva〟つまり〝sarva-ātma-bhāva〟とは、〔32〕ⓑの説明によれば、欲界・色界・無色界という三界のすべてに属する〝ātma-bhāva〟を意味するようである。[82]

しかるに、〝ātmabhāve...asti bījam〟「自体に……種子は存在する」と説く〔32〕ⓑに、

bīja ⊣ ātma-bhāva

という於格的関係、つまり〝種子〟が〝ātma-bhāva〟を〝基体〟とする関係[83]が説かれていることは、明らかである。この点は、後に〝アーラヤ識〟と〝種子〟の関係を考察する際に[84]、重要となるであろう。

次に、テキスト〔34〕について言えば、これも〝ātma-bhāva〟が〝基体〟つまり〝我執〟の対象的基体であることを示すものであろう。また、このテキスト〔34〕は、『解深密経』「心意識相品」末尾に置かれる有名な偈、つまり、『摂大乗論』〔19〕〔22〕において、〝アーダーナ識〟の教証として引かれる偈の成立に影響を与えているように思われる点でも重要であろう。そこで、その偈を、ラモット教授によって校訂された梵文テキストによって示せば、

〔36〕 ādānavijñāna gabhīrasūkṣmo ogho yathā vartati sarvabījo/
bālāna eṣo mayi na prakāśi mā haiva ātmā parikalpayeyuḥ//（SNS[L], p.58, *ll.*27-30)

㉟ アーダーナ識は、甚深、微細であり、一切種子（sarva-bīja）であり、河（ogha）のように、転じている。

郵便はがき

恐縮ですが切手をお貼りください

171-0031

東京都豊島区高田一-六-三 竹前ビル3F

大蔵出版㈱ 行

■ご住所 〒　　TEL

■お名前(ふりがな)　　年齢　　歳

■Eメール

ご購入図書名

ご購入書店名 都道府県 市区町村 書店

本書を何でお知りになりましたか	ご購読の動機
(1)書店店頭で見て	(1)仕事で使うため
(2)新聞広告で(紙名　　　)	(2)テーマにひかれて
(3)雑誌広告で(誌名　　　)	(3)帯の文章を読んで
(4)書評で(紙・誌名　　　)	(4)研究資料用に
(5)人にすすめられて	(5)その他
(6)その他(　　　)	

本書に関するご感想，小社刊行物についてのご意見

本書のほかに小社刊行物をお持ちでしたら書名をお聞かせ下さい

仏教（または宗教一般）についてどのような本をお望みですか
（たとえば著者・テーマについて，など）

最近読んでおもしろかった本

書名　　著者　　出版社

購読新聞	購読雑誌

ご協力ありがとうございました。今後の企画に皆様のご意見を十分に反映させていただきます。
とりあえずお礼までに図書目録をお送りいたしますので，ご活用いただければ幸いです。

これを、私は、愚者（bāla）たちに説かなかった。彼等が〔それを〕我（ātman）であると分別しないように。

となるが、ここで、"bālāna" は〔34〕の "bālānām" を承けているであろうし、"sarvabījo" も〔32〕の "sarvātmabhāvabīja" と関係があるかもしれない。従って、『瑜伽師地論』〔32〕〔34〕が、『解深密経』「心意識相品」末尾の偈に影響を与えた重要なテキストであることは、明らかであろう。

さて、『瑜伽師地論』のテキスト〔34〕に戻れば、そこで、"ātma-bhāva" が "我執" の "基体" つまり、"対象的基体" とされていることは、"tatra...ātmabhāve" という於格形によって明示されている。しかるに、この点について、テキスト〔34〕に関連するシュミットハウゼン教授の註記(85)は、重要である。即ち、その註記で、教授は『瑜伽師地論』から、"ātmabhāve ātmagrāha-" という語句を、そして『倶舎論』から、"ahaṃkāravastv ātmabhāvaḥ" という語句を指摘された。前者は『瑜伽師地論』「本地分」中「有尋有伺等三地」中の、

〔37〕 pūrvam ātmabhāve ātmagrāhādibhiḥ saṃmūḍhaḥ/（YBh, p.212, *ll*.18-19）

〔38〕 先於内身、起我執等愚。（大正三〇、三二四上二八—二九行）

㊱ まず、自体（ātma-bhāva, lus）において、我執（ātma-grāha, bdag tu ḥdsin pa 我であると執えること）等によって、惑乱したものとなる。

という一文の一部であり、後者は、『倶舎論』「賢聖品」の、

〔39〕 mamakāravastu cīvarādayo 'haṃkāravastv ātmabhāvaḥ/（AKBh, p.337, *l*.4）

〔40〕 我所事者、謂衣服等、我事者、謂自身。（大正二九、一一七中一行）〔玄奘訳〕

㊲ 我所執（mamakāra）の依事（vastu）〔基体〕は、衣等であり、我執（ahaṃkāra）の依事は、自体（ātma-bhāva）である。

という一文の後半である。このうち、〔37〕の "ātmabhāve ātmagrāha-" とは、"ātma-bhāva において、ātman を執着する"

という意味であり、〝ātmabhāve〟という〝ātma-bhāva〟の於格形が〝ātma-bhāva〟が〝我執〟の〝基体〟であることを明示しており、テキスト〔39〕後半では、文字通り〝ātma-bhāva〟が、〝ahaṃkāra-vastu〟、つまり、〝我執の基体〟であると明言されている。

しかるに、『倶舎論』〔39〕に明記された〝我執の基体〟=〝ātma-bhāva〟と〝我所執の基体〟=対象的事物（特に財産・所有物）の区別というものは、瑜伽行派の文献にも説かれており、例えば、「菩薩地」*Bodhisattvabhūmi*（BBh）には、次のように言われている。

〔41〕 evaṃ ca punaḥ samyak pratipanno bhavati/ bhogeṣv ātmabhāve ca nistṛṣṇo bhavati/ (BBh, p.29, *ll.*5-6)

〔42〕 彼於如是修正行時、於自身財、遠離貪愛。（大正三〇、四八七下一四—一五行）〔玄奘訳〕

㊳ このように、彼は正しく行じたものとなる。また、諸の享受対象（bhoga）と自体（ātma-bhāva, lus）において、渇愛（tṛṣṇā）をもたないものとなる。

ここで、「渇愛」の対象とされる二つのもののうち、〝ātma-bhāva〟は〝我執の基体〟であり、〝bhoga〟「享受対象」は、〝我所執の基体〟であると考えられる。

また、「声聞地」*Śrāvakabhūmi*[86]（ŚBh）にも、次のようにある。

〔43〕 api ca dvividham etat phalaṃ/ dvividho hetur ātmabhāvaphalaṃ[87] ca viṣayopabhogaphalaṃ ca/ ākṣepakaś ca hetur abhinirvartakaś ca/ tatrātmabhāvaphalaṃ yad etad vipākajaṃ vartamānaṃ ṣaḍāyatanaṃ viṣayopabhogaphalaṃ yā iṣṭāniṣṭakarmādhipateyā ṣaṭsparśasaṃbhavā vedanā/ (ŚBh, p.384, *ll.*6-10)

〔44〕 又於此中、有二種果、及二種因。二種果者、一自体果、二受用境界果。二種因者、一索引因、二生起因。自体果者、謂於今世諸異熟生六処等法。受用境界果者、謂愛非愛業増上所起六触所生諸受。（大正三〇、四五四中一五—二〇行）〔玄奘訳〕

㊴ また、果（phala）は、二種である。因（hetu）は、二種である。即ち、自体（ātma-bhāva, lus）という果と対象の享受（viṣaya-upabhoga, yul la loṅs spyod pa）という果であり、また、索引するもの（ākṣepaka, ḥphen pa）としての因と生起させるもの（abhinirvartaka, mṅon par grub pa）としての因である。その中で、自体という果は、異熟から生じた（vipāka-ja）現在の六処（ṣaḍ-āyatana）であり、対象の享受という果は、好ましいのと好ましくない（iṣṭa-aniṣṭa）業（karman）の支配力による、六つの触（sparśa）より生じた受（vedanā）である。[88]

ここで、二種の果というのは、〝ātma-bhāva〟と〝viṣaya-upabhoga〟であるとされているが、これは「菩薩地」〔41〕の〝ātma-bhāva〟と〝bhoga〟に対応しているであろう。ここでは、〝viṣaya-upabhoga〟は、「受」〝vedanā〟であると説明されているから、〝viṣaya-upabhoga〟は〝享受の対象〟ではなく、〝対象の享受〟を意味するであろうが、しかし、ここでも、二種の果たる〝ātma-bhāva〟と〝viṣaya-upabhoga〟は、〝我執の基体〟と〝我所執の基体〟として、区別されているのであろう。つまり、ここでは「六処」としての〝ātma-bhāva〟が〝我執の基体〟とされているのである。

しかるに、「六処」と「身」〝kāya〟を等号で結ぶことはできない（〝ṣaḍāyatana ≠ kāya〟）から、〝ātma-bhāva〟＝〝kāya〟という等式は成立しない。従って、〝ātma-bhāva〟は、〝kāya〟や〝deha〟や〝śarīra〟という「身体」を意味することもあるが、まず第一に、〝我執の対象的基体〟、つまり、〝そこにおいて我（ātman）が執着されるもの〟〝それが我であると誤って考えられるもの〟を意味すると見るべきであろう。では、その〝ātma-bhāva〟とは、具体的には、何を指すかと言えば、『アッタサーリニー』〔28〕、『清浄道論』〔29〕に説かれたように、それは、まず「五蘊」を指すと考えられる。しかも、この「五蘊」は、〝色＋受想行識（名）〟として「名色」〝nāma-rūpa〟とも見なされるから、〝ātma-bhāva〟は、「名色」をも意味するのである。この点は、シュミットハウゼン教授が指摘されているように、[89]『五蘊論』〔16〕ⓐの〝lus kyi kun gshi daṅ rgyu ñid〟という語句、つまり、教授の想定⑲によれば、〝ātmabhāva-ālaya-nimittatāṃ〟を原文とする語句の中の〝lus〟、即ち、〝ātma-bhāva〟が、『五蘊論釈』*Pañcaskandhabhāṣya*（D, No.4068）において、次のように註釈されていることによっても、明らかであろう。

〔45〕 tshor ba daṅ/ ḥdu śes daṅ/ ḥdu byed daṅ/ rnam par śes pa ste/ miṅ gi phuṅ po bshi daṅ/ gzugs kyi phuṅ po ste phuṅ po lṅa la lus shes byaḥo// (D, Si, 112a7-b1)

㊵ 受（vedanā）想（saṃjñā）と行（saṃskāra）と識（vijñāna）という四つの名（nāman）の蘊と、色（rūpa）の蘊が、五蘊であり、それが自体（ātma-bhāva）と言われる。

それでは、“ātma-bhāva”は〝我執の対象的基体〟であり、「五蘊」または「名色」を指すという観点から、『解深密経』〔6〕―〔10〕の所説について、以下に検討してみよう。まず〔6〕―〔10〕ⓒにおいて、〝アーラヤ識〟は“ātma-bhāva”に「執着し潜むもの」であると規定されていると思われる。この点について、シュミットハウゼン教授は、私が「執着し潜む」と訳した“kun tu sbyor ba daṅ rab tu sbyor bar byed”という個所を、論述⑭で、“sticks to and dissolves into or hides in”と訳されるのであるから、ここに〝執着〟の意味を読み取られてはいないようである。しかし、私は“ālaya”という語が、原始仏典において「執着されるもの[90]」の意味で用いられていたことを考慮しても、また『解深密経』〔36〕において、〝アーダーナ識〟が「愚者」によって〝我〟であると誤解されると説かれていることを考えても、さらには、『瑜伽師地論』「本地分」〔34〕において、“ātma-bhāva”が「愚者」の〝我執の対象的基体〟とされることを考慮しても、この『解深密経』〔6〕―〔10〕ⓒに用いられているであろう“ā√lī”という動詞の派生語から〝執着〟という意味を排除できないであろうと思うのである。

しかるに、その場合、“ātma-bhāva”に「執着する」というのは、〝「身体」に執着する〟というだけではなく、また〝「五蘊」に執着する〟というだけではなく、〝「我」（ātman）に執着する〟という意味をも有するであろう。

また、“ātma-bhāva”に「潜む」というのは、〝「身体」を中心とする輪廻の主体としての個人存在（五蘊）に潜み隠れる〟という意味であろう。しかるに、ここで注意すべきは、〔6〕―〔10〕ⓐにおいては、“ātma-bhāva”が〝輪廻の主体〃とされていると思われることである。[91] しかるに、「身体」は〃輪廻の主体〃であるとは考えられないから、そこで "ātma-bhāva" は「身体」を意味しないと見るべきであろう。なお、ⓒ末尾に見られる「安危同一のもの」"eka-yoga-kṣema" という語の存在は、ⓒにおける "ātma-bhāva" を「身体」と解釈する有力な根拠とされるものであろうが、これについては、後に論じたい。

次に、『解深密経』〔6〕—〔10〕ⓒの〃アーラヤ識〃の説明においては、〃アーラヤ識〃は "ātma-bhāva" に "ā√lī するもの〃とされているから、そこに、

ālaya-vijñāna ⊥ ātma-bhāva

という於格的関係が説かれ、"ātma-bhāva" が〃アーラヤ識〃の〃基体〃とされていることは、明らかである。

では『解深密経』〔6〕—〔10〕ⓑの〃アーダーナ識〃の語義説明においては、"ātma-bhāva" はどのような意味を有しているのであろうか。そこでは〃アーダーナ識〃によって "ātma-bhāva" が「執られ取られる」(bzuṅ shiṅ blaṅs pa) と言われているが、ここでも "ātma-bhāva" は、「身体」を中心とする「五蘊」(「名色」)を意味するとともに、「我」をも意味しているであろう。即ち、〃アーダーナ識〃は「五蘊」を「我」であると〃執着する〃(upādāna) 識であるとともに、「五蘊」や「身体」を〃取る〃(upādāna) のである。この場合、〃「五蘊」や「身体」を「取る」〃とは、結生相続の時点で、新しい「五蘊」や「身体」を〃獲得する〃ことも意味すれば、その後、死に至るまで、その「五蘊」や「身体」を〃維持する〃こと[92]も意味するであろう。[93] しかし、注意すべきことは、この「身体」は決して価値的に〃中性的〃な「身体」ではなく、〃輪廻の主体〃〃我執の対象的基体〃〃我とされるもの〃として否定されるべき価値をもったものなのであり、それ故にこそ、それは、"ātma-bhāva" と呼ばれているのである。

では、『解深密経』〔6〕—〔10〕ⓑにおける〃アーダーナ識〃の説明にも、"ātma-bhāva" を〃基体〃とする於格的関係、つまり、

ādāna-vijñāna ⊣ ātma-bhāva

という於格的関係は説かれているかと言えば、私は説かれていると思うのである。その理由は、次の通りである。即ち、まずチベット訳で “bzuṅ shiṅ blaṅs pa” と訳される部分の原語を想定すれば、玄奘訳の「随逐執持」の「随」という語の存在を考慮しても、この部分の原語に、“upa” という prefix をもつ “upa+ā√dā”、つまり、“upā√dā” の派生語たる “upādāna” “upātta” “upādatta”[94] “upādīyate” のいずれかが含まれていたであろうと考えられる。シュミットハウゼン教授の原語想定も、すでに⑯に示したように、“ātta-upātta” である。[95] しかるに、私は〃upā√dā されるもの〃つまり「取られるもの」とは、基本的には〃基体〃を意味すると考えるのである。即ち、『阿毘達磨集論釈』〔12〕の “ātmabhāva-upādānād ādāna-vijñānam” という表現は、おそらく『解深密経』〔6〕—〔10〕ⓑの原テキストにもとづき、また、それに極めて類似したものであろうが、私は〃ādāna-vijñāna が ātma-bhāva を upādāna する〃というように、〃ⓧがⓨを取る（upā√dā する）〃という場合、「取られるもの」であるⓨは、ⓧの〃基体〃であるという定式を導くことができるのではないかと考えるのである。以下、この点について、若干の論証を示したい。

第四節　upādāna の基体性

まず、高崎直道博士の論文「UPĀDĀNA（取）について——『中論』の用例をめぐって——」（略号「高崎(二)」）に示されているように、[96] チャンドラキールティ Candrakīrti の『明句論』*Prasannapadā*（Pras）には、次のように言われている。

〔46〕 skandhān upādāya prajñapyamānaḥ pudgala ātmety ucyate/（Pras, p.303, *ll*.6-7）

㊶ 〔五〕蘊（skandha）を取って（upādāya）仮説されるものが、人我（pudgala）・我（ātman）と言われる。

この一文は、仏教の無我説の立場からは、本来、存在しないものとされる「我」“ātman”が、いかにして「仮説」“prajñapti”されるかを示している。つまり「五蘊」を「取って」“upādāya”が「仮説」される、というのである。すでに述べたように、“ⓧがⓨを取る（upā√dā する）”というとき、“ⓨはⓧの基体である”という定式が成立するというのが私見であるが、しかし、この文章においては、「五蘊」が“基体”であることは、明示されていないし、“取る者”つまり、ⓧとは何かについても、述べられていない。

しかるに、『明句論』には、次のような文章も認められる。[97]

〔47〕 upādīyata ity upādānaṃ pañcopādānaskandhāḥ/ yas tān upādāya prajñapyate sa upādātā grahītā niṣpādaka ātmety ucyate/

(Pras, p.212, *ll*.18-19)

㊷ 〔それが〕取られる（upādīyate）という意味で、五取蘊は、取（upādāna 取られるもの）である。何であれ、それら〔五取蘊〕を取って（upādāya）仮説されるもの、それが取る者（upādātṛ）であり、執する者（grahītṛ）であり、成立させるもの（niṣpādaka）であり、「我」（ātman）と言われる。

ここでは、「五取蘊」が「取られるもの」（ⓨ）であり、「我」が「取る者」（ⓧ）であるとされており、「五取蘊」の「取」“upādāna”とは「取られるもの」を意味するという解釈が、明示されている。

「取られるもの」としての“upādāna”が、『明句論』において、“upādeya”（取られるもの）とも呼ばれることは、[98] 高崎博士の前掲論文においても示されているが、[99]「五取蘊」の「取」“upādāna”を、「取られるもの」“upādeya”と解することは、原始仏典に用いられる「五取蘊」“pañca-upādāna-skandha”という語の解釈としても、適切であるように見える。即ち“五蘊”は「取られるもの」であるが故に、[100]「五取蘊」であるというのである。しかし、ここにも、「取られるもの」(ⓨ)が「取るもの」(ⓧ)の“基体”であるという点は、示されていない。

そこで、『明句論』から、もう一つの文例を、次に示そう。

〔48〕 cakrādīny upādāya rathāṅgāni rathaḥ prajñapyate/（Pras, p.504, *l.*9）

㊸ 車輪（cakra）等の車（ratha）の諸の部分（aṅga）を取って（upādāya）、車が仮説される。

このテキスト〔48〕が、〔47〕と殆んど同じ構造をもっていることは、一目瞭然であろう。しかも構造だけではなく、その意味までも、実は合致しているのである。というのも〔48〕の「車輪等の諸の部分を取って車が仮説される」という表現が、原始仏典に見られる有名なヴァジラー Vajrā 比丘尼の偈と言われるものにもとづいていることは、明らかだからである。即ち、その偈とは、次のようなものである。

〔49〕 yathā hi aṅgasambhārā hoti saddo ratho iti/

evaṃ khandhesu santesu hoti satto ti sammuti//（SN, I, p.135, *ll.*19-20）

㊹ あたかも、諸の部分（aṅga）が集まることから、「車」（ratha）という語（sadda）が生じるように、そのように、存在している〔五〕蘊において、「衆生」（satta）という仮称（sammuti）が生じる。

ここで“satta”、つまり、“sattva”は“ātman”を意味するから、ここでも「我」の〝仮説〟がいかにして起るかが述べられていることは明らかであるが、『明句論』〔47〕〔48〕で、〝「五〔取〕蘊」を「取って」（upādāya）〟と言われていたことが、ここでは、「存在している〔五〕蘊において」と述べられている。ということは、〝五取蘊＝取（upādāna 取られるもの）〟が、「我」の仮説の〝基体〟であることを示しているであろう。従って、「取られるもの」(ⓨ)は〝取るもの〟(ⓧ)の〝基体〟であるという私見は、成立すると思われる。

さらに、チャンドラキールティの『入中論』*Madhyamakāvatāra*（MA）、及び『入中論釈』*Madhyamakāvatārabhāṣya*（MABh）〔D, No.3862〕の所説を検討しよう。まず、『入中論』第六章、第一二六偈には、次のようにある。

〔50〕 kha cig bdag ltaḥi rten du phuṅ po ni//

lṅa char yaṅ ḥdod ......//（MA, VI, k.126cd; MABh, D, Ḥa, 295b5）

㊺ ある人々（kha cig）は、五蘊すべてが我見（bdag lta, ātma-dṛṣṭi）の所依（rten）であると主張する（ḥdod）。

しかるに、この偈は、『入中論釈』では、次のように註釈されている。

〔51〕 kha cig dag ni gzugs daṅ tshor ba daṅ ḥdu śes daṅ ḥdu byed daṅ rnam par śes pa shes bya ba phuṅ po lṅa char yaṅ ḥjig tshogs la lta baḥi dmigs par ḥdod ciṅ bdag tu mṅon par shen pa ḥdi yaṅ de la yin no shes smra ste/ (MABh, D, Ḥa, 295b5-6)

㊻ ある人々（kha cig）は、色受想行識という五蘊すべてを、有身見（ḥjig tshogs la lta ba, satkāya-dṛṣṭi）の所縁（dmigs pa, ālambana）であると主張し、この我執（bdag tu mṅon par shen pa, ātma-abhiniveśa）も、それ（五蘊）において（de la）あると語る。

ここで、「ある人々」とは、チャンドラキールティによれば、正量部（Sāṃmitīya, Maṅ pos bkur ba pa）の人々を指すとされるが、[101] しかし、ここに述べられる〝我見（有身見）・我執の所依（所縁）は、五蘊である〟という見解は、『アッタサーリニー』〔28〕より見ても、仏教では一般に承認される考え方であると見てよいであろう。しかるに、ここで、「所依」（rten, āśraya）、及び「所縁」〝ālambana〟という語が、〝基体〟を意味していることは、〔51〕末尾で、「それ（五蘊）において」（de la）という於格形が用いられていることからも、明らかであろう。

従って、「五蘊」=「五取蘊」=「取」〝upādāna〟（取られるもの）は〝基体〟を意味するという理解は、この一節においても、成立するであろう。つまり、「五取蘊」=「取」〝upādāna〟（取られるもの）は、『明句論』〔46〕〔47〕や、ヴァジラー比丘尼の偈〔49〕に示されるように、〝我の仮説〟の〝基体〟であるとともに、〝我執（我見）〟の〝基体〟でもあるのである。しかるに、〝我の仮説〟と〝我執〟とは、本来存在しない「我」を仮構し、想定するという意味で、基本的には、その意味が大きく異なるものではない。それ故、チャンドラキールティは、『入中論釈』において、〔51〕のやや後の個所で、ヴァジラー比丘尼の偈〔49〕を引用しているのである。[102]

かくして、〝upā√dā されるもの〟「取られるもの」は〝基体〟を意味するという私見[103]は、妥当なものとして成立するように思われる。しかるに、この「取られるもの」は、「五取蘊」等の場合、〝upādāna〟という語によって示されることもある。[104] この点に関して、高崎博士は、次のように言われる。

㊼ 右の我を施設する時の五蘊は、そのような因施設の素材である。素材は土台、根拠といってもよいが、これを upādāna とよぶ。我の施設の素材となった場合、五蘊はとくに五取蘊 pañca-upādānaskandha とよばれる。教理上はこれは種々に解されるが、ことばの上では「〔個人存在を構成する〕素材としての五蘊」と理解して差支えなかろう。五取蘊は時には単に upādāna とよばれる。（「高崎（三）」四一頁）〔傍線＝松本〕

ここに示される高崎博士の見解に私は基本的に賛成であるが、私としては、「素材」というよりも、「土台」「根拠」、つまり、〝基体〟という意味を強調したいのである。尤も、高崎論文には、次のような論述も見られるのであるから、博士が〝upādāna〟を〝依られるもの〟「所依」、即ち、〝基体〟とも解されていることは、明らかだと思われる。

㊽ ところで、素材と、それを取る者、あるいは、それに依る者との間には「取る」「依る」という作用が媒介となっている。この作用を除いては、素材と取る者の関係は成立しない。（「高崎（三）」四二頁）

㊾ ここでは、有自性の実体としてのアートマンがあり、それが身体というupādāna（所依）を離れた時涅槃に入る（解脱する）という外教もしくは小乗の涅槃観を否定して、アートマンの無自性性を言おうとしているのであるが、anupādāna と涅槃との対応は、別の形では『中論』の作者にとっても、実は容認されることである。（同右、四五頁）

㊿ 月称はこれについて、「何かに依る（upādāya）」とは「固有の諸因の総和に依存して（svakāraṇasāmagrīm āśritya）」の意であるという。（PrasP. 526. 11）（同右、四六頁）

(51) つまり、upādāna＝upādi（sesa）で、śarīra（肉体）と同義である。そして、それはまた、仏教梵語での対応では

upadhi-śeṣa とされるものであるから、upādāna＝(Pāli)upādi＝(BHS)upadhi という関連のあることも知られるのである。(同右、四七頁)〔以上、傍線＝松本〕

このうち、㊿で、〝upādāya〟が『明句論』において〝āśritya〟の意味であると説明されたことが指摘された意義は大きいであろう。というのも、これによって、「取られるもの」が「依存されるもの」、つまり、〝āśraya〟「所依」、即ち、〝基体〟を意味することが確認されたからである。

かくして、私は、『解深密経』〔6〕—〔10〕ⓑにおける〝アーダーナ識〟の語義説明、つまり、〝des lus ḥdi bzuṅ shiṅ blaṅs paḥi phyir ro〟「それによって、この自体(ātma-bhāva)が執られ取られるからである」においても、そこに〝upā√dā〟の派生語が用いられていることが明らかである以上、そこでは、〝ātma-bhāva〟は〝アーダーナ識〟の〝基体〟とされている、即ち、そこに〝ādāna-vijñāna ⊥ ātma-bhāva〟という於格的関係が説かれていると考えるのである。

さて、『解深密経』〔6〕—〔10〕のⓒには、〝ālaya-vijñāna ⊥ ātma-bhāva〟という於格的関係が説かれ、ⓑには〝ādāna-vijñāna ⊥ ātma-bhāva〟という於格的関係が説かれていることが、明らかになったと思われるが、〝ālaya-vijñāna〟と〝ādāna-vijñāna〟は、同じ識に対する異名であるから、以上、二つの於格的関係をまとめれば、次のようになるであろう。

ādāna-vijñāna(ālaya-vijñāna) ⊥ ātma-bhāva

では、〝一切種子心〟について説明する『解深密経』〔6〕—〔10〕ⓐには、このような〝ātma-bhāva〟を〝基体〟とする於格的関係は説かれていないのかと言えば、やはり説かれていると思われる。以下、この点について論証しよう。

第五節　一切種子心と二種の upādāna

まず、そこでは〝一切種子心は、二種の〝upādāna〟を「取って」(upādāya) 成長する〟という趣旨が説かれていると考えられる。その二種の“upādāna”とは、「依処を伴う有色根」“sādhiṣṭhāna-rūpīndriya”という“upādāna”と、「相名分別言説戯論の習気」“nimitta-nāma-vikalpa-vyavahāra-prapañca-vāsanā”という“upādāna”[105]であるが、この二種の“upādāna”を「取って」“upādāya”という表現がなされている以上、『明句論』〔47〕〔48〕の用例より考えても、その場合の“upādāna”とは、「取られるもの」、つまり、私見によれば、〝基体〟を意味すると解するのが妥当であろう。即ち、そこには、〝一切種子心〟が、「依処を伴う有色根」と「相名分別言説戯論の習気」という二つを〝基体〟として成長するという関係、つまり、

sarva-bīja[ka]ṃ cittam ⊥ sādhiṣṭhāna-rūpīndriya

sarva-bīja[ka]ṃ cittam ⊥ nimitta-nāma-vikalpa-vyavahāra-prapañca-vāsanā

という二つの於格的関係が説かれていることになるのである。

しかるに、シュミットハウゼン教授も指摘されているように[106]、この二種の“upādāna”という考え方は、その後、『瑜伽師地論』「摂決択分」に継承された。即ち、その“Pravṛtti Portion”[107]には、次の記述が存在する。まず、玄奘訳・チベット訳を示し、さらに私訳を提示しよう。

〔52〕若略説阿頼耶識、由於二種所縁境転。一由了別内執受故、二由了別外無分別器相故。了別内執受者、謂能了別遍計所執自性妄執習気、及諸色根根所依処。（大正三〇、五八〇上二一—五行）〔玄奘訳〕

〔53〕mdor bsdu na kun gshi rnam par śes pa ni dmigs pa rnam pa gñis kyis ḥjug ste/ naṅ gi len pa rnam par rig pa daṅ/ phyi rol gyi snod rnam pa yoṅs su ma chad pa rnam par rig pas so// de la naṅ gi len pa ni kun brtags paḥi ṅo bo ñid la mṅon par shen paḥi bag chags daṅ rten daṅ dbaṅ poḥi gzugs so// (D, Shi, 3b7-4a1)

(52) 要約すれば、アーラヤ識（ālaya-vijñāna）は、所縁（ālambana）に関して、二種に起る（ḥjug, pravartate）[108]。即ち、内的な取（len pa, upādāna）の表識[109]（rnam par rig pa, vijñapti）をもつものと、識別されない形象をもつ（rnam pa

yoṅs su ma chad pa, aparicchinna-ākāra）外的な器（snod, bhājana）〔世間〕の表識をもつものとしてである。[110]

そのうち、内的な取（adhyātmam upādānam）とは、㋐遍計された自性に対する執着の習気（parikalpita-svabhāva-abhiniveśa-vāsanā）と㋑依処を伴う根色（sādhiṣṭhānam indriya-rūpam）である。[111]

ここに「内的な取」は、二種であるとされ、それは、㋐「遍計された自性に対する執着の習気」と㋑「依処を伴う根色」であるとされている。この㋐と㋑という二つの「内的な」“upādāna”が『解深密経』〔6〕—〔10〕ⓐにおける二種の“upādāna”つまり、「依所を伴う有色根」と「相名分別言説戯論の習気」に対応し、それを継承したものであることは、明らかであろう。しかるに、私がここで注意したいのは、“ālambana”「所縁」という語なのである。即ち、〔52〕〔53〕において、〝アーラヤ識〟には、二種の“ālambana”があり、それが「内的な取」と外的な器世間とされ、前者が更に㋐と㋑の二種の“upādāna”に分けられているのであるから、㋐と㋑という二種の“upādāna”は、また“ālambana”であるとも規定されていると思われる。[112] 従って、シュミットハウゼン教授は、『解深密経』〔6〕—〔10〕ⓐの二種の“upādāna”が『瑜伽師地論』「摂決択分」〔52〕〔53〕において、〝アーラヤ識〟の“ālambana”とされたことに関して、次のように説明されるのである。

(53) In the *Pravṛtti Portion,* this twofold *upādāna* is made into an object of ālayavijñāna's cognitive function, which means that ālayavijñāna is taken to perceive or cognize both the [subtle] matter of the [material] sense-faculties along with its [gross] basis as also the Impression (*vāsanā*) of emotionally involved conceptual proliferation, specified, in this text, as Sticking to the Imagined Character [of reality] (*parikalpita-svabhāvābhiniveśa*). (*Ālaya*, I, p.90, *ll*.26-35)〔傍線＝松本〕

しかし、“ālambana”には、“object”つまり〝認識の対象〟[113]という意味だけではなく、『入中論釈』〔51〕で認められたように、〝基体〟という意味もあるであろう。あるいは、そちらの方が本来の意味ではなかろうか。[114] 従って、「摂決択分」〔52〕〔53〕において、『解深密経』〔6〕—〔10〕ⓐに出る二種の“upādāna”が“ālambana”であると言われたのは、その〝upādāna〟が〝基体〟を意味することを示しているであろう。[115]

シュミットハウゼン教授は(53)で、〝ālambana〟は〝object〟、つまり、〝認識の対象〟を意味し、従って、「摂決択分」〔52〕〔53〕では、〝アーラヤ識は「依処を伴う根色」と「相名分別言説戯論の習気」を認識する（perceive or cognize）〟という趣旨が説かれているという解釈[116]を述べられるのであるが、この解釈に私は疑問を感じており、これについては、稿を改めて論じることにしたい。

いずれにせよ、『解深密経』〔6〕―〔10〕ⓐに説かれる〝upādāna〟が〝基体〟を意味することは確実であり、従って、そこに、

sarva-bīja[ka]ṃ cittam ⊥ sādhiṣṭhāna-rūpīndriya
sarva-bīja[ka]ṃ cittam ⊥ nimitta-nāma-vikalpa-vyavahāra-prapañca-vāsanā

という二つの於格的関係が説かれていることは、明らかであろう。

なお、『解深密経』〔6〕―〔10〕ⓐにおける二種の〝upādāna〟の内の後者、つまり、「相名分別言説戯論の習気」については、これを、高崎論文のように、「素材」または、「燃料」と解した方が、その意味が理解しやすいかもしれない。つまり、そこでは、「相名分別言説戯論の習気」という〝upādāna〟「素材」「燃料」を「取って」〝upādāya〟「一切種子心」という火は「成長」し燃えるという趣旨が述べられていると見るのである。しかし、その場合でも、後論するように、燃焼の「素材」たる〝upādāna〟が「取られるもの」であり、〝基体〟であるという点は、変りがないであろう。

さて、すでに見たように、『解深密経』〔6〕―〔10〕ⓐには、二つの於格的関係が説かれており、そのうち一つは、「依処を伴う有色根」を〝基体〟とする〝sarva-bīja[ka]ṃ cittam ⊥ sādhiṣṭhāna-rūpīndriya〟という関係であるが、これは、勿論、〔6〕―〔10〕ⓑⓒに説かれている〝ālaya-vijñāna (ādāna-vijñāna) ⊥ ātma-bhāva〟という於格的関係と同一ではない。言うまでもなく、後者においては、〝基体〟が〝ātma-bhāva〟であって、〝sādhiṣṭhāna-rūpīndriya〟ではないからである。

“ātma-bhāva”と“sādhiṣṭhāna-rūpīndriya”「依処を伴う有色根」を同一視することはできない。それは、『唯識三十頌釈』で、スティラマティが、第三偈の“upādi”「取」という語を説明して、次のように述べることからも、明らかであろう。

〔54〕 āśrayopādānaṃ copādiḥ/ āśraya ātmabhāvaḥ sādhiṣṭhānam indriyarūpaṃ nāma ca/ (TrBh, p.19, *ll*.16-17)

(54) また、“upādi”とは、所依の取（āśraya-upādāna）である。所依（āśraya）とは、自体（ātma-bhāva）であって、それは、依処を伴う根色（sādhiṣṭhānam indriya-rūpam）と名（nāman）である。

ここで、「依処を伴う根色」“sādhiṣṭhānam indriya-rūpam”とは、「摂決択分」〔52〕〔53〕の「依処を伴う根色」と同様、『解深密経』〔6〕—〔10〕ⓐの「依処を伴う有色根」“sādhiṣṭhāna-rūpīndriya”と同義である。しかるに、この〔54〕では、この「依処を伴う根色」と「名」とが、“āśraya”であり、“ātma-bhāva”であると言われている。つまり、「依処を伴う根色」という「色」“rūpa”に「名」“nāman”を合した「名色」“nāma-rūpa”が、“āśraya”=“ātma-bhāva”であると言われているのであるから[117]、「依処を伴う根色」または「依処を伴う有色根」という「色」は“ātma-bhāva”の一部でしかないということになる。従って、“sādhiṣṭhāna-rūpīndriya（-indriya-rūpa）=ātma-bhāva”という等式は成立しないのである。

しかるに、この点で注目されるのが、『唯識三十頌釈』〔54〕の後に続く次の記述なのである。

〔55〕 ⓐ tasya punar yad upādānam upagamanam ekayogakṣematvena tad upādiḥ/

ⓑ tatra kāmarūpadhātvor dvayor nāmarūpayor upādānaṃ/ ārūpyadhātau tu rūpavitarāgatvād rūpavipākānabhinirvṛtter nāmopādānam eva/ (TrBh, p.19, *ll*.17-19)

(55) ㋐しかるに、それ（āśraya=ātma-bhāva）[118]を取ること（upādāna）、つまり、安危同一なもの（eka-yoga-kṣema）として獲得すること（upagamana）が、“upādi”である。

㋑そのうち、欲界・色界においては、名色（nāma-rūpa）という二者（dvaya）を取ること（upādāna）があるが、しかし、無色界（ārūpya-dhātu）においては、色（rūpa）に対する欲望を離れているから、色の異熟（vipāka）は生起しないので、名（nāman）を取ること（upādāna）だけがある。

この〔55〕が『解深密経』〔6〕―〔10〕の影響下にあることは、明らかであるから、この〔55〕を解読することによって、〔6〕―〔10〕の意義が解明される面があるであろう。即ち、まず〔55〕が、〔6〕―〔10〕にもとづいていることは、明らかである。というのも、『解深密経』〔6〕―〔10〕のⓐでは、〝一切種子心〟の〝基体〟として、二種の“upādāna”が説かれ、ⓑでは、〝アーダーナ識〟によって“lus”（ātma-bhāva）が、“upā√dā”されることが言われ、ⓒでは、〝アーラヤ識〟が“lus”（ātma-bhāva）に「安危同一なもの」“eka-yoga-kṣema”として“ā√lī”することが述べられたのであるが、『唯識三十頌釈』〔55〕ⓐにも、“upādāna”と“eka-yoga-kṣema”という語が用いられているからである。また、〔55〕ⓑにおける〝無色界には、二者のupādānaは存在せず、nāma-upādānaだけがある〟という説が、『解深密経』〔6〕―〔10〕ⓐ後半の〝無色界には、upādānaは無二である〟という説を承けていることも、明らかであろう。

しかるに、このような、『解深密経』〔6〕―〔10〕と『唯識三十頌釈』〔55〕〔54〕との対応から、〔10〕ⓑⓒの“lus”の原語が“ātma-bhāva”であることも確定されると思われる。というのも、〔55〕ⓐにおける“tasya.... upādānam.... ekayogakṣematvena”という表現は、明らかに、『解深密経』〔6〕―〔10〕ⓑⓒにおける〝アーダーナ識〟の語義説明と〝アーラヤ識〟の語義説明を一つにまとめたものと見られるから、この表現における“tasya”は、『解深密経』〔6〕―〔10〕ⓑⓒの“lus”に対応しているのであるが、その〔55〕の“tasya”は、直前の〔54〕に出る“āśraya”つまり“ātma-bhāva”を、指しているからである。しかも、この“āśraya”=“ātma-bhāva”は、決して「色」ではなく、〝「色」+「名」〟としての「名色」であることは、すでに論じたように、〔54〕にも示されていたし、さらに明瞭には、〔55〕ⓑの「二者」“dvaya”と「名色」“nāma-rūpa”という語によっても、明示されている。即ち、次のような等式が成立するのである。

ātma-bhāva (āśraya) = rūpa (sādhiṣṭhānam indriya-rūpam) + nāman = nāma-rūpa = dvaya

しかるに、『唯識三十頌釈』〔55〕では、この"ātma-bhāva"（āśraya）を「取ること」（upādāna）が、"rūpa"と"nāman"の「二者」を「取ること」（upādāna）として説明されている。すると、ここで"upādāna"という語は〝取られるもの〟（upādeya）を意味してはいない[119]ことが知られるが、しかし、ここに二種の"upādāna"という考え方が示されていることだけは確実であり、また、その考え方が『解深密経』〔6〕—〔10〕ⓐの二種の"upādāna"という理論にもとづいていることも、明らかである。つまり、〔6〕—〔10〕ⓐでは、「依処を伴う有色根」と「相名分別言説戯論の習気」が、二種の"upādāna"（取られるもの）と言われていたのであるが、『唯識三十頌釈』〔54〕〔55〕では、二つの〝取られるもの〟が、

ātma-bhāva(āśraya)＝rūpa(sādhiṣṭhānam indriya-rūpam)＋nāman

と表現されたのである。この二つの〝取られるもの〟こそが、『解深密経』〔6〕—〔10〕ⓐの言葉を用いれば、二種の"upādāna"（取られるもの）であることは、明らかであろう。

するとと、どういうことになるであろうか。『解深密経』〔6〕—〔10〕ⓐに説かれる二種の"upādāna"つまり、「依処を伴う有色根」と「相名分別言説戯論の習気」は、「色」と「名」であり、その二つを合した「名色」[120]"nāma-rūpa"が"ātma-bhāva"であるということになるのである。

とすれば、『解深密経』〔6〕—〔10〕のⓐに説かれる二つの於格的関係、つまり、

sarva-bīja[ka]ṃ cittam ⊣ sādhiṣṭhāna-rūpīndriya

sarva-bīja[ka]ṃ cittam ⊣ nimitta-nāma-vikalpa-vyavahāra-prapañca-vāsanā

という二つの関係は、

sarva-bīja[ka]ṃ cittam ⊣ ātma-bhāva(nāma-rūpa)

という一つの於格的関係に統合されることになるが、これは、『解深密経』〔6〕—〔10〕のⓑⓒに認められる於格的関係、

つまり、

ādāna-vijñāna (ālaya-vijñāna) ⊥ ātma-bhāva

という於格的関係と構造が一致しており、かつ、"sarva-bīja[ka]ṃ cittam"と"ādāna-vijñāna"と"ālaya-vijñāna"は、〔6〕―〔10〕において同じものに対する異名であるとされるから、従って、結論として言えば、『解深密経』〔6〕―〔10〕は、全体として、

sarva-bīja[ka]ṃ cittam (ādāna-vijñāna, ālaya-vijñāna) ⊥ ātma-bhāva (nāma-rūpa)

という唯一の於格的関係を説いていると見ることができるであろう。『唯識三十頌釈』〔54〕ⓐにおいて、〝取られるもの〟である"ātma-bhāva"が"āśraya"つまり、〝基体〟と呼ばれていたことも、この解釈の妥当性を示すであろう。

しかし、以上の議論、特に、『解深密経』の「相名分別言説戯論の習気」を、『唯識三十頌釈』〔54〕及び〔55〕ⓑの「名」"nāman"と対応させることについては、同論の次の一節が反証として示されるかもしれない。

〔56〕 ⓐ yasmād ālayavijñānaṃ dvidhā pravartate/ adhyātmam upādānavijñaptito bahirdhā 'paricchinnākārabhājanavijñaptitaś ca/

ⓑ tatra adhyātmam upādānam parikalpitasvabhāvābhiniveśavāsanā sādhiṣṭhānam indriyarūpaṃ nāma ca/ (TrBh, p.19, *ll*.5-8)

㊽ ⓐというのも、アーラヤ識（ālaya-vijñāna）は、二種に起る（pravartate）のである。即ち、内的には[121]（adhyātmam）、取（upādāna）の表識（vijñapti）をもつものとして、外的には（bahirdhā）、識別されない形象をもつ（aparicchinna-ākāra）器（bhājana）〔世間〕の表識をもつものとしてである。

ⓑそのうち、内的な（adhyātma）取（upādāna）とは、(i)遍計された自性に対する執着の習気（parikalpita-svabhāva-abhiniveśa-vāsanā）と、(ii)依処を伴う根色（sādhiṣṭhānam indriya-rūpam）と、(iii)名（nāman）とである。

即ち、ここでは、「内的な」"upādāna"が、(i)「遍計された自性に対する執着の習気」と(ii)「依処を伴う根色」と(iii)「名」との三種に分類されており、『解深密経』〔6〕―〔10〕ⓐの「相名分別言説戯論の習気」は、「習気」である点で、

この三種の"upādāna"のうち、(i)の「遍計された自性に対する執着の習気」に対応することは明らかであり、従って、これを(iii)の「名」に対応すると解する上述の見解は妥当ではないと、考えられるかもしれない。

しかし、まず第一に、『解深密経』の「相名分別言説戯論の習気」は、スティラマティの言う三種の"upādāna"のうちの(iii)「名」ではなく、(i)「遍計された自性に対する執着の習気」に対応すると見ること自体、全面的には妥当であると言えない。即ち、〔56〕におけるスティラマティの説明が、『瑜伽師地論』「摂決択分」〔52〕〔53〕に示された二種の"upādāna"という説にもとづいていることは明らかであるが、[122] しかし、「摂決択分」〔52〕〔53〕と『唯識三十頌釈』〔56〕との重要な相違は、〔56〕において、スティラマティは、末尾に「名と」"nāma ca"という語を付加して、二種ではなく、三種の"upādāna"という理論を形成していることなのである。[123]

では、何故、彼は、「名」を加えて、三種の"upādāna"という理論を形成したのであろうか。[124] それは、おそらく、「名・色」"nāma-rūpa"という概念によって、"ātma-bhāva"を括りたかったからであろう。即ち、「摂決択分」〔52〕〔53〕の"「遍計された自性に対する執着の習気」と「依処を伴う根色」"という二種の"upādāna"という説が、『解深密経』〔6〕—〔10〕ⓐの"「相名分別言説戯論の習気」と「依処を伴う有色根」"という二種の"upādāna"という理論を継承していることは明らかであるが、しかし、このうちの前者、つまり、「……習気」については、用語に重要な変更がなされている。即ち、『解深密経』の「相名分別言説戯論の習気」が、「摂決択分」〔52〕〔53〕では、「遍計された自性に対する執着の習気」に変えられたのであり、この新たに変更された用語の方が、『唯識三十頌釈』〔56〕では使用されたのである。

つまり、『解深密経』の「相名分別言説戯論の習気」"nimitta-nāma-vikalpa-vyavahāra-prapañca-vāsanā"という表現であれば、そこに「名」"nāman"という単語が含まれているのであるから、これを「名」と把え、もう一方の"upādāna"、つまり、「依処を伴う有色根（根色）」を「色」と把え、両者を合した「名・色」"nāma-rūpa"が"ātma-bhāva"である、という理解は、読者にとって容易だったのであるが、「摂決択分」〔52〕〔53〕が、「習気」について、「名」“nāman”という単語を含まない「遍計された自性に対する執着の習気」“parikalpita-svabhāva-abhiniveśa-vāsanā”という用語を使用したために、これを「色」と対比された「名」と把えることが、読者にとっては、それ程容易ではなくなったのである。従って、スティラマティは、言ってみれば、『解深密経』〔6〕—〔10〕ⓐの二種の“upādāna”の理論、つまり、二種の“upādāna”によって“ātma-bhāva”を括るという理論を復活させるために、「名と」“nāma ca”という表現を付加したのであり、その場合、「名」とは、実は『解深密経』〔6〕—〔10〕ⓐの「相名分別言説戯論の習気」を意味していたのである。従って、彼は、〔54〕〔55〕では、その〝「名」=「相名分別言説戯論の習気」〟と〝「色」=「依処を伴う根色」〟との「二者」“dvaya”つまり、「名・色」“nāma-rūpa”が、“ātma-bhāva”であり、〝取られるもの〟（『解深密経』〔6〕—〔10〕の表現によれば“upādāna”）である、という解釈を示したのである。

スティラマティにおいては、『解深密経』〔6〕—〔10〕で用いられる“ātma-bhāva”という語は、二種の“upādāna”を合したもの、つまり「名・色」“nāma-rūpa”を意味している筈であるという理解は一貫していたであろう。それ故、彼は、「摂決択分」〔52〕〔53〕の「遍計された自性に対する執着の習気」という表現にはやや不満を覚えたが、〔56〕では、「摂決択分」〔52〕〔53〕の表現を全面的に踏襲していたが故に、『解深密経』〔6〕—〔10〕ⓐの「相名分別言説戯論の習気」という語を表立って用いることができず、その語の意味を、「名と」“nāma ca”という付加によって示したのである。

以上の結論を言えば、『解深密経』〔6〕—〔10〕ⓐの二種の“upādāna”、つまり、「依処を伴う有色根」と「相名分別言説戯論の習気」は、スティラマティの『唯識三十頌釈』〔54〕〔55〕においては、「色」と「名」の「二者」として把えられ、この「二者」を合した「名色」“nāma-rūpa”が“ātma-bhāva”であり、〝取られるもの〟であるとされているが、彼のこの解釈は、『解深密経』〔6〕—〔10〕ⓐの解釈として、妥当なものであると考えられる。つまり、『解深密経』〔6〕—〔10〕ⓐの所説は、すでに示したように、次のように解することができるのである。

sarva-bīja[ka]ṃ cittam (ādāna-vijñānam, ālaya-vijñānam) + ātma-bhāva = (sādhiṣṭhāna-rūpīndriya[=rūpa] + nimitta-nāma-vikalpa-vyavahāra-prapañca-vāsanā[=nāman]) = nāma-rūpa

この解釈の妥当性を示すために、更に論拠を示すことにしよう。その第一は、『成唯識論』の説明である。即ち、『成唯識論』は、『唯識三十頌』第三偈の〝upādi〟「取」「執受」を解釈して、次のように述べている。

〔57〕 執受有二、謂諸種子及有根身。諸種子者、謂諸相名分別習氣。有根身者、謂諸色根及根依処。此二皆是識所執受、摂為自体、同安危故。（大正三一、一〇上一四—一七行）

まず、この説明は、『解深密経』〔6〕—〔10〕の趣旨を極めて適切に解釈したものだと思われる。即ち、ここに、二種の〝upādāna〟「執受」の理論が説かれるが、その説明中の「諸相名分別習気」は、「摂決択分」〔52〕〔53〕の「遍計された自性に対する執着の習気」ではなく、『解深密経』〔6〕—〔10〕ⓐの「相名分別言説戯論の習気」にほぼ一致し、「諸色根及根依処」も、『解深密経』〔6〕—〔10〕ⓐの「依処を伴う有色根」に一致している。従って、『成唯識論』〔57〕の説明が、表現としても、『解深密経』〔6〕—〔10〕の用語を忠実に継承していることは、[125] 明らかである。

『成唯識論』〔57〕では、〝upādāna〟が『解深密経』〔9〕の玄奘訳のままに、「執受」と訳されているが、これは〝取ること〟や〝取るもの〟を意味するのではなく、「取られるもの」を意味する。その点は、〔57〕後半の「此二皆是識所執受」という説明によって、明らかである。即ち、この説明は、二種の〝upādāna〟は、識（アーラヤ識）によって「取られるもの」（upa√dā されるもの、upātta, upadeya）、つまり、「所執受」である、と述べているのである。しかるに、私が最も注目するのは、その後の「摂為自体」〝摂じて自体と為す〟という表現なのである。これは、二種の〝upādāna〟（取られるもの）によって、自体（ātma-bhāva）が〝摂せられる〟〝包括される〟〝括られる〟という意味であろう。[126]

つまり、

ātma-bhāva = nimitta-nāma-vikalpa-vāsanā (upādāna) + sādhiṣṭhāna-rūpīndriya (upādāna)

というように、「諸相名分別習気」という"upādāna"と、「諸色根及根依処」という"upādāna"を合すれば、"ātma-bhāva"になる、というのである。『唯識三十頌釈』〔54〕〔55〕同様、ここでも、二種の"upādāna"は、「名」と「色」として把えられているように思われる。

なお、『成唯識論』〔57〕末尾に「同安危故」とある「同安危」は、言うまでもなく、『解深密経』〔9〕ⓒの玄奘訳で用いられた"eka-yoga-kṣema"の訳語であるが、この"eka-yoga-kṣema"は、〔6〕―〔10〕ⓒにおいて、〃アーラヤ識〃と"ātma-bhāva"との〃一体性〃の関係を表していたが、『成唯識論』〔57〕では、「識」（アーラヤ識）と"ātma-bhāva"「自体」との〃一体性〃というよりも、「諸相名分別習気」という「名」と「諸色根及根依処」という「色」との二者相互の〃一体性〃の関係を表しているように見える。

また、『成唯識論』〔57〕の「此二皆是識所執受、摂為自体」という表現は、ヴァスバンドゥの『中辺分別論釈』*Madhyāntavibhāgabhāṣya* (MAVBh) の、次の表現と意味が重なるように思われる。

〔58〕 saṃparigrahān nāmarūpeṇātmabhāvasya/ (MAVBh, p.21, *ll*.14-15)

〔59〕 摂故者、謂名色摂有情自体故。（大正三一、四六五中七―八行）〔玄奘訳〕

(57)〔第一章第一〇偈で〕「摂せられるから」(saṃparigrahāt, kun ḥdsin phyir) というのは、名色 (nāma-rūpa) によって自体 (ātma-bhāva) が摂せられるから、という意味である。

ここで、"saṃparigraha"という語を、〃摂する〃〃包括する〃という意味に解するならば、〔58〕において、"ātma-bhāva"は「名色」によって摂せられる、つまり、

ātma-bhāva＝nāman＋rūpa

という理解が成立するであろう。しかし、"saṃparigraha"には、〃包括する〃というだけではなく〃取る〃という意味も、存在する。『中辺分別論釈』〔58〕によって註釈されている『中辺分別論』第一章、第一〇偈・第一一偈前半は、

“jagat”（世間）はいかにして染汚する（kliśyate）のかという問題を、輪廻や十二支縁起と関連させて説くものであるから、“ātma-bhāva”が「名色」によって〝包括される〟というよりも、むしろ〝取られる〟[127]という趣旨が述べられていると解する方が、適切であるように見える。それ故、註釈者スティラマティは、〔58〕に関して『中辺分別論釈疏』*Madhyāntavibhāgaṭīkā*（MAVṬ）において、三つの解釈を示さざるを得なかったのであろうと思われるが、その第三の解釈とは、次の通りである。

〔60〕 *atha vā 'bhinnam api nāmarūpeṇātmabhāvaḥ parigṛhīta iti tat pṛthaktvena darśayati yathā sarvaṃ saṃskṛtaṁ pañcabhiḥ* skandhaiḥ saṃgṛhītam iti.（MAVṬ, p.37, *l*.25-p.38, *l*.2）

このうち、イタリックで印刷された部分は、山口益博士が、次のようなチベット訳にもとづいて原語を想定した部分であるから、確実なテキストとは言えない。

〔61〕 yaṅ na dbyer med kyaṅ miṅ daṅ gzugs kyis lus yoṅs su ḥdsin to shes ḥdi tha dad par ston to// dper na ḥdus byas thams cad phuṅ po lṅa rnams kyis kun bsdus so shes bya ba lta buḥo//（D, Bi, 207b5-6）

従って、シュミットハウゼン教授は、山口博士とは異なり、〔60〕の原文を、次のように想定されている。

㊿⑧ 〈*athavā 'bhede 'pi nāmarūpeṇâtmabhāvaḥ parigṛhyata iti... bhedena nirdiśyate（?）/ yathā “sarvaṃ saṃskṛtaṃ pañcabhi〉ḥ skandhaiḥ saṃgṛhītam” iti/（*Ālaya*, II, n.1477, p.554, *ll*.1-3）

ここで、チベット訳“dbyer med kyaṅ”は、山口博士の“abhinnam api”に対して、“abhede 'pi”と原語が想定されているが、この読みに従えば、〔61〕は、ほぼ次のように訳されるであろう。

⑤⑨ 〔名色と自体とに〕区別はないけれども、「自体（ātma-bhāva）は、名色（nāma-rūpa）によって摂される」というのは、これを異なったものとして、示すのである。例えば、「一切の有為〔法〕が五蘊によって摂される（saṃgṛhīta）」というのと同様である。

この説明は、明らかに、〝一切の有為法が五蘊によって包括される〟という解釈を述べるものである。つまり、ここでは、〝五蘊〟を合したものが一切の〝有為法〟であるように、「名色」"nāma-rūpa" を合したものが "ātma-bhāva" であり、従って、"nāma-rūpa" と "ātma-bhāva" の両者は異なったものではない、という解釈が示されているのである。

この解釈によれば、aがbによって「摂される」"saṃgṛhīta" と言われるとき、aとbとの間に、区別（bheda）は認められない。従って、『中辺分別論』第一章第一〇偈中の "saṃparigrahāt" の "saṃparigraha" を〝取ること〟ではなく、〝摂すること〟〝包括すること〟の意味に解するとき、スティラマティは、偈において "saṃparigrahāt" の後に続く "pūraṇāt"「完成するから」という語、及び、

〔62〕 pūraṇāt ṣaḍāyatanena/ (MAVBh, p.21, *l*.15)

(60) 六処（ṣaḍ-āyatana）によって〔自体を〕完成する（pūraṇa）から、

という『中辺分別論釈』の語を、山口博士のテキストによれば、次のように註釈するのである。

〔63〕 pūraṇāt kliśyata iti kena pūraṇāt kasya veti/ ṣaḍāyatanena nāmarūpasaṃgṛhītaṃ *śarīram*/ (MAVṬ, p.38, *ll*.5-6)

しかし、ここでも、山口博士の原語の想定には、問題があるであろう。つまり、〔63〕の後半は、チベット訳では、

〔64〕 skye mched drug gis miṅ daṅ gzugs su bsdus paḥi lus te/ (D, Bi, 207b6-7)

となっており、この "lus" の原語としては、"śarīra" ではなく、"ātma-bhāva" を想定すべきであろう。〔61〕においても、"lus" の原語は、"ātma-bhāva" だからである。従って、〔63〕の末尾を、"-saṃgṛhīta ātmabhāvaḥ" と想定して、〔63〕を和訳すれば、次のようになる。

(61) 「完成するから染汚する」というのは、何によって、何を完成するのか。六処（ṣaḍ-āyatana）によって、名色（nāma-rūpa）によって摂される（saṃgṛhīta）自体（ātma-bhāva）を〔完成する〕のである。

この説明は、"ātma-bhāva"を、十二支縁起の縁起支中、第四支たる「名色」"nāma-rūpa"に配当する解釈を示すものであろう。従って、"ātma-bhāva"とは、「名」と「色」を合したもの、つまり、縁起支としての「名色」"nāma-rūpa"に他ならないという解釈は、確かに存在したのであり、この解釈は、『中辺分別論釈疏』〔63〕〔60〕（ともに訂正を経たもの）にも、『成唯識論』〔57〕にも、そして、『解深密経』〔6〕―〔10〕のⓐにも、示されていると思われる。

第六節　識と名色の相依

さて、以上の論説においては、『解深密経』〔6〕―〔10〕ⓐにおいて、二種の"upādāna"とは、「名色」"nāma-rūpa"＝"ātma-bhāva"であり、かつ、"一切種子心"の"基体"であるとされていることを論証しようとしたのであるが、もしも、〔6〕―〔10〕ⓐにこのような説が説かれているとすれば、その説の思想的淵源は、どこにあるのであろうか。つまり、二種の"upādāna"という理論を、『解深密経』〔6〕―〔10〕ⓐは、具体的には、いかなる先行文献の所説にもとづいて形成したのであろうか。この点で、最も注目すべきは、すでに示した〔30〕〔32〕〔34〕を含む『瑜伽師地論』「本地分」中「意地」の所説であろうが、それとともに、「本地分」中「有尋有伺等三地」における「縁起の体」"pratītyasamutpādasya śarīram"の説明個所[128]も重要であろう。これは、十二支縁起を説明する個所であるが、「摂事分」中に、殆んど一致するテキストを有し[129]、また、縁起説に関して、"「識」と「名色」の相依"を説く点でも、注目されているものであるが[130]、まず、この個所の直前にある導入部には、次のように説かれている。

〔65〕 tatra janmanaḥ pravṛttiḥ katamā/ yathātmabhāvānāṃ pratītyasamutpādo bhavati saiṣāṃ pravṛttir ity ucyate/ (YBh, p.198, *ll.*10-11)

〔66〕 云何生流転。謂、自身所有縁起、当知、此即説為流転。（大正三〇、三二一上一二―一四行）

㊷　そこで（tatra）、生（janman）の転起（pravṛtti 流転）とは何か。諸の自体（ātma-bhāva）の縁起（pratītyasamutpāda）、これが、これらの〔自体の〕転起と言われる。

ここで、〝輪廻するもの〟つまり、〝輪廻の主体〟を“ātma-bhāva”としている点が、『解深密経』〔6〕―〔10〕ⓐの冒頭と一致していると思われる。

次に、問題の「縁起の体」を説明する個所は、十二支縁起を、ほぼ〝三世両重の因果〟の理論に従って[131]説明しているが、次の記述では、有部の一般的な〝三世両重の因果[132]〟とは異なり、過去世に、「無明」と「行」の二因ではなく、「無明」「行」「識」の三因の存在を認めているようである。

〔67〕　ekatyena pūrvam aviduṣāvidyāgatenāvidyāpratyayaṃ puṇyāpuṇyāniñjyaṃ kāyavāṅmanaḥkarma kṛtaṃ bhavaty upacitaṃ/ tatkarmopagaṃ[133] cāsya vijñānam ā maraṇasamayād anuvṛttaṃ bhavati pratisaṃdhivijñānahetubhūtaṃ/ （YBh, p.198, *l*.21-p.199, *l*.1）

〔68〕　有一、不了前際、無明所摂、無明為縁、於福非福及与不動身語意業、若作若増長。由此随業識、乃至命終、流転不絶、能為後有相続識因。（大正三〇、三二一上二〇―二四行）

㊸　過去世において（pūrvam）愚かで、無明（āvidyā）にとらわれたある人（ekatya）によって、無明を縁（pratyaya）とする、福・非福・不動（puṇya-apuṇya-āniñjya）の身語意の業（karman）が為され（kṛta）、積集される（upacita）、そして、この人には、その業に随う（tat-karma-upaga）識（vijñāna）〔ア〕が、死（maraṇa）の時まで持続し（anuvṛtta）、〔現世における〕結生の識（pratisaṃdhi-vijñāna）〔イ〕の因（hetu）であるもの〔ア〕となる。

即ち、第三支の「識」は、過去世と現世という二世にまたがって因果関係をなしているもの、つまり、〔ア〕と〔イ〕とされている。

しかるに、この「ある人」が過去世で死んだ後の経過を説明する次に示す一節は、極めて重要である。大変難解な個所[134]であるため、漢訳としては、まず「本地分」のテキスト、次に「摂事分」の対応個所を示すことにする。

〔69〕 ⓐ sa kālaṃ kṛtvā pūrvāntād vartamāne 'dhvany ātmabhāvam abhinirvartayaty anupūrveṇa mātuḥ kukṣau hetuvijñānapratyayaṃ[135] pratisaṃdhiphalavijñānaṃ yāvad eva kalalatvādibhir avasthāviśeṣair uttarottarais tasya garbhagatasya nāmarūpasya yāvaj jīrṇatvāya/

ⓑ samanantarapratisaṃdhibandhāc ca tasya vijñānasya yat tadutpattisaṃvartanīyaṃ karma tad dattaphalaṃ bhavati vipākataḥ/ tac ca[136] vipākavijñānaṃ tad eva nāmarūpaṃ pratiṣṭhāya vartate/ tac ca ṣaṭsv āśrayeṣu pratiṣṭhitaṃ vartate/ yenocyate nāmarūpapratyayaṃ vijñānam iti/ sahabhūtaṃ cendriyarūpaṃ samanantaraniruddhaṃ[137] ca nāma ṣaṇṇāṃ vijñānānāṃ yathāyogam āśrayo yadāśritya yāvajjīvaṃ vijñānasya pravṛttir bhavati/ (YBh, p.199, *ll.*3-10).

〔70〕 ⓐ従彼前際、既捨命已、於現在世、自体得生。在母腹中、以因識為縁、相続果識、前後次第而生、乃至羯羅藍等位差別而転。於母胎中、相続果識、与名色倶、乃至衰老、漸漸増長。

ⓑ爾時、感生受業、名已与異熟果。又此異熟識、即依名色而転。由必依託六依転故。是故経言、名色縁識。倶有依根曰色、等無間滅依根曰名。随其所応、為六識所依。依止彼故、乃至命終、諸識流転。(大正三〇、三二一上二五行―中四行)〔「本地分」〕

〔71〕 ⓐ既命終已、由前際因、於現在世、自体得生。生已漸次、於母腹中、因識為縁、続生果識、随転不絶。任持所有羯羅藍等名色分位、後後残勝、始従胎蔵、乃至衰老。

ⓑ又即此識、当続生時、能感生業、与異熟果。異熟生識、復依名色、相続而転。謂、依眼等六依転故、由是説言、名色縁識。倶生五根、説名為色。無間滅等、説名為名。随其所応、能与六識作所依止。識依彼故、乃至命終、数数随転。(同右、八二七下一一―二〇行)〔「摂事分」〕

(64) ⓐ彼は、死んでから、前際(pūrva-anta)から、現世に、自体(ātma-bhāva)を生起させる(abhinirvartayati)。即

ち、次第に（anupūrveṇa）、母の子宮（kukṣi）において、因である識（hetu-vijñāna）〔ア〕を縁（pratyaya）として、結生の果の識（pratisaṃdhi-phala-vijñāna）〔イ〕があり、次第に勝れたものとなっていく、カララ性（kalalatva）等の位（avasthā）の区別によって、その胎内の（garbha-gata）[138] 名色（nāma-rūpa）が、衰老するまでに至る。

ⓑその識（vijñāna）〔イ〕が、結生相続（pratisaṃdhi-bandha）するや否や、それ〔イ〕の生起をもたらした（tad-utpatti-saṃvartanīya）業（karman）なるもの、それは、異熟（vipāka）について、果を与え已ったもの（datta-phala）となる。しかるに、その異熟識（vipāka-vijñāna）〔イ〕は、ほかならぬその名色（nāma-rūpa）に住して（pratiṣṭhāya）起る（vartate）。つまり、それ（異熟識）〔イ〕は、六つの所依（āśraya）〔基体〕に住したもの（pratiṣṭhita）として起る。それ故、「名色を縁（pratyaya）〔基体〕として、識がある」と〔経典で〕言われるのである。同時に生じている（saha-bhūta）根色（indriya-rūpa）と直前に滅した名（nāman）が、適宜に（yathā-yogam）、六つの識の所依であり、それに依存して（āśritya）、〔それを基体として〕生命のある限り、識が転起すること（pravṛtti）がある。

このうち、まず〔69〕ⓐでは、「因である識」“hetu-vijñāna”〔ア〕と「果である識」“phala-vijñāna”〔イ〕との因果関係が述べられているだけではなく、“ātma-bhāva”の「生起」が言われている。ⓐでは、この“ātma-bhāva”を「生起させる」“abhinirvartayati”ものが、「彼」“sa”であるとされているが、後出の『瑜伽師地論』〔79〕との関係を考えれば、厳密に言えば、「生起させる」ものは、十二支縁起の第三支たる「識」であり、〝生起させられるもの〟である“ātma-bhāva”とは、その第四支たる「名色」であると解すべきであろう。即ち、〔69〕ⓐにおいて、“ātma-bhāva”と“tasya garbhagatasya nāmarūpasya”「その胎内の名色」の“nāma-rūpa”は、同じものを指していると見るべきだと思われる。

次に、〔69〕ⓑにおいて、最も注目すべきは、傍線を付した“tac ca vipākavijñānaṃ tad eva nāmarūpaṃ pratiṣṭhāya vartate”という一文である。この一文、つまり、「その異熟識は、他ならぬその名色に住して（pratiṣṭhāya）起る」という文章ほど明瞭に、〝「識」は「名色」を基体とする〟という関係、つまり、

vijñāna ⊥ nāma-rūpa (ātma-bhāva)

という於格的関係を語るものはないであろう。つまり、六識中の前五識は、「根色」という「色」を〝基体〟（āśraya, pratiṣṭhā）とし、第六意識は、直前に滅した識という「名」を〝基体〟として起るというのである。

この『瑜伽師地論』の所説が、『解深密経』〔6〕—〔10〕ⓐに説かれる二種の〝upādāna〟の理論が形成される際に有力な根拠の一つとなったであろうという想定は、不適切とは思えない。というのも、〔6〕—〔10〕ⓐでは、

sarva-bīja[ka]ṃ cittam ⊥ nāma-rūpa (ātma-bhāva)

という於格的関係が説かれたのであるが、『瑜伽師地論』〔69〕ⓑでは、

vijñāna ⊥ nāma-rūpa (ātma-bhāva)

という於格的関係が説かれているからであり、従って、〔69〕ⓑの〝indriya-rūpa〟を〝rūpīndriya〟に変え、〔69〕ⓑの〝nāman〟を〝nimitta-nāma-vikalpa-vyavahāra-prapañca-vāsanā〟に変更すれば、基本的には、『解深密経』の二種の〝upādāna〟（基体）が得られるからである。

しかるに、〝「識」は「名色」を基体とする〟という説は、『瑜伽師地論』〔69〕ⓑ以前から存在しており、〔69〕ⓐは、その典拠として、「名色を縁として、識がある」という経文を示している。これは、「識」と「名色」の〝相依〟を説く『雑阿含経』の所謂「蘆束経」Naḍakalāpikāsūtra からの引用であると思われる。[139] というのも、『瑜伽師地論』〔69〕のやや後の個所には、次のように述べられるからである。

〔72〕 evaṃ hi vijñānapratyayaṃ nāmarūpaṃ nāmarūpapratyayaṃ ca vijñānaṃ/ vartamāne 'dhvani naḍakalāpikāyogena vartate yāvad āyuḥ/ (YBh, p.199, *ll*.13-15)[140]

〔73〕 由此道理、於現在世、識縁名色、名色縁識、猶如束蘆、乃至命終、相依而転。（大正三〇、三二一中八—九行）

〔「本地分」〕

〔74〕由是故言、識縁名色、名色縁識、於現在世、猶如束蘆、相依而転、乃至寿住。（同右、八二七下二二―二四行）〔「摂事分」〕

㊺ かくして、「識を縁（pratyaya）として名色が、また、名色を縁として識が」、現在世において、蘆束（naḍa-kalāpa）のような仕方で、寿命のある限り、起る（vartate）。

では、問題の『雑阿含経』第二八八経の「蘆束経」には、どのように説かれているかと言えば、次の通りである。

〔75〕ⓐ答言。尊者舎利弗、名色非自作、非他作、非自他作、非非自他作無因作。然彼名色、縁識生。復問。彼識、為自作、為他作、為自他作、為非自非他無因作。答言。尊者舎利弗、彼識、非自作、非他作、非自他作、非非自他作無因作。然彼識、縁名色生。

ⓑ尊者舎利弗、復問。尊者摩訶拘絺羅先言、名色非自作、非他作、非自他作、非非自他作無因作。然彼名色、縁識生。而今復言、名色縁識。此義云何。

ⓒ尊者摩訶拘絺羅答言。今当説譬。如智者因譬得解。譬如三蘆立於空地、展転相依、而得竪立。若去其一、二亦不立。若去其二、一亦不立。展転相依、而得竪立。識縁名色、亦復如是、展転相依、而得生長。（大正二、八一上二四行―中八行）

この記述〔75〕は、ⓐでは、摩訶拘絺羅（Mahākoṭṭhita, Mahākauṣṭhila）が、「彼名色、縁識生」、つまり、〝名色は識に縁りて（識を縁として）生じる〟と述べるとともに、「彼識、縁名色生」、つまり、〝識は、名色に縁りて（名色を縁として）生じる〟とも述べたので、ⓑでは、舎利弗（Śāriputra）が、この二つの主張、つまり、「彼名色、縁識生」と「名色縁識」、つまり、〝名色を縁として色がある〟という主張の意味を尋ねたところ、ⓒでは、摩訶拘絺羅が比喩によって、その意味を説明するという構成となっているが、このうち、「名色縁識」の原文は、〝nāmarūpapratyayaṃ vijñānam〟と想定され、これが、『瑜伽師地論』〔69〕ⓑで、〝nāmarūpapratyayaṃ vijñānam〟として引用されたのではないかと考えられる。

しかるに、〔75〕ⓒの「譬如……」以下の比喩の部分は、対応するパーリ仏典『相応部』一二―六七経の「蘆束経」Naḷakalapiya-sutta では、次のようになっている。

〔76〕 seyyathāpi āvuso dve naḷakalāpiyo aññam aññam nissāya tiṭṭheyyuṃ/ evam eva kho āvuso nāmarūpapaccayā viññāṇaṃ viññāṇapaccayā nāmarūpaṃ// (SN, II, p.114, *ll*.17-19)

(66) 例えば、尊者よ、二つの蘆束(naḷa-kalāpī)が相互に依存して(aññam aññam nissāya, anyonyaṃ niśritya「展転相依[141]」)立っているであろう。それと同様に、名色という縁から識があり、識という縁から名色がある。

そこで、この比喩の意味を考えてみると、まず『雑阿含経』の〔75〕ⓒにおいて、「三蘆」という語が、「識」と「名色」、つまり、「識」と「名」と「色」の三者を指していることは、明らかであろう。すると、そこで「相依」とは、この三者の「相依」を意味しているようにも見えるが、「若去其一、二亦不立。若去其二、一亦不立」は、〝若去其一（＝識）、二（＝名色）亦不立。若去其二（＝名色）、一（＝識）亦不立〟を意味すると思われるから、三者ではなく、やはり「識」と「名色」との二者の「相依」が説かれていると見るべきであろう。[142] この点は、パーリ文の〔76〕に、〝dve naḷakalāpiyo〟「二つの蘆束が」とあることによっても、確認されると思われる。

しかし、「識」と「名色」の「相依」が言われるとき、その「相依」の意味は、厳密に理解されなければならない、と思われる。即ち、少なくとも、『瑜伽師地論』〔69〕〔72〕に説かれるのは、〝vijñānapratyayaṃ nāmarūpaṃ nāmarūpapratyayaṃ ca vijñānam〟という経文の趣旨と一致しているとされるにもかかわらず、厳密な意味では、〝相依〟つまり〝相互依存〟ではないであろう。というのも、そこに説かれるのは、基本的には、〝過去世の「識」が縁（pratyaya）〔因〕となって、「名色」を生じ、その後、現世において、寿命のある限り、「識」は「名色」を縁（pratyaya）〔基体〕として存続する[143]〟という「識」と「名色」の関係だと思われるからである。

この点で、注目すべき記述が、『毘婆沙論』*Vibhāṣā*に見られる。即ち、まず、旧訳の『毘婆沙論』には、次のような記述がある。

〔77〕ⓐ問曰。識縁名色、名色縁識、有何差別。答曰。識縁名色、説初相続。名色縁識、已相続説成立。如是、識縁名色、説初生。名色縁識、説生已守護。
ⓑ復有説者、此展転相縁、如束葦相依而立。如御者与象、展転相依、能有所至。亦如船与船師、展転相依、到彼岸。（大正二八、九四下一六—二一行）

ここで、「識縁名色」つまり、〝「識」を縁として「名色」がある〟という経文と「名色縁識」つまり、〝「名色」を縁として「識」がある〟という経文の趣旨の違いが問われているが、この問いに対して提出される第一の答えは、「識縁名色」とは、「初相続」または「初生」を説くものであり、「名色縁識」は、「已相続」、または「生已守護」を説くものである、という見解である。ここで「相続」とは、"pratisaṃdhi"の訳語であろう。つまり、この見解によれば、「識縁名色」とは、過去世から現世に結生相続する時点で、「識」が「縁」となって、新たな「名色」が生じることを言い、「名色縁識」とは、結生相続以後、現世に生存する期間中の「識」と「名色」の関係を言うとされているようである。しかし、その結生相続後の両者の関係がどのようなものであるかは、明確に規定されていない。

これに対して、ⓑの「復有説者」以下に示される第二の見解とは、「展転相続」「展転相依」という語によって、「識」と「名色」の関係が示されている。これらの語は、"anyonya-pratyaya" "anyonya-āśraya (niśraya)" または、〔76〕のように、"anyonyaṃ niśritya" というような原語の訳語であるように想像されるが、ともあれ、これによって、「識」と「名色」の関係が、所謂〝相互依存〟と規定されているのであり、そこに示される第一の比喩、つまり「束葦」の比喩は、正にこの点を示している。ただし、この第二の見解によって、第一の見解が否定されているかというと、そうではなさそうである。つまり、「束葦」にせよ、「御者」と「象」にせよ、「船」と「船師」にせよ、それらはすべて、同時に存在している二つのものであって、特に「御者」と「象」の関係、及び「船師」と「船」の関係[144]は、前者が後者を〝基体〟とする関係である。従って、これらの関係は、「初生」ではなく「生已」において、「識」が「名色」を〝基体〟とする於格的関係を示しているとも考えられる。

しかるに、〔77〕に見られる若干の不明確な説明は、新訳の玄奘訳『大毘婆沙論』に至ると、かなり明確なものとなるのである。即ち、〔77〕に対応する部分は、玄奘訳『大毘婆沙論』では、次のようになっている。

〔78〕ⓐ問。此経中説、識縁名色。余処復説、名色縁識。此二種何差別。

ⓑ答。識縁名色、顕識作用、名色縁識、顕名色作用。

ⓒ復次、識与名色、更互為縁、如二束蘆相依而住、如象馬船与乗御者、展転相依、得有所至。識与名色、亦復如是。

ⓓ識為縁故、名色続生。名色為縁、識得安住。故説此二更互為縁。

ⓔ復次、識縁名色、説初続生時。名色縁識、説続生後位。

ⓕ復次、識縁名色、説続生時、識能生名色。名色縁識、説続生後、識依名色住。

ⓖ復次、識縁名色、説所生名色。名色縁識、説能生名色。

ⓗ復次、識縁名色、依前後説。名色縁識、依同時説。[145]（大正二七、一二〇上一三—二五行）

ここに示される説明は、旧訳の〔77〕に比べれば、明らかに発展したものとなっているが、しかし、基本的な考え方に相違はないであろう。それを一言で言えば、「識縁名色」は過去世から現世に結生相続する時点での「識」と「名色」の関係を表し、「名色縁識」は、それ以後の現世に生存中の両者の関係を示すという理解である。

この理解を最も明確に示しているのが、〔78〕ⓕにおける説明であるが、それによれば、「識縁名色」とは、「続生時」、つまり、結生相続の時点で、「識能生名色」、つまり、「識」が「名色」を「生じる」ことを言い、「名色縁識」とは、

「続生後」、つまり、続生相続以後、現世に生存中に、「識依名色住」、つまり、「識」が「名色」に「依りて」、つまり、「名色」を〝基体〟として存続することを言うとされている。すると、この〈78〉ⓕの説明においては、「識縁名色」における「縁」〝pratyaya〟は、「能生」を意味するから、「因」〝hetu〟と同義であり、一方、「名色縁識」における「縁」は、〝基体〟を意味すると解釈されていることになる。

　しかるに、この玄奘訳『大毘婆沙論』〈78〉ⓕの説明は、ⓓⓔⓗにおける説明と基本的には、一致するのである。即ち、ⓔは、「識縁名色」は「初続生時」を説き、「名色縁識」は、「続生後位」を説くというのであるが、この説明ⓔは、旧訳『毘婆沙論』〈77〉で「初相続」と「已相続」、または、「初生」と「生已」の対比を説くⓐに対応してはいるものの、〈78〉においては、ⓕにおける説明の中にも組み込まれ、その一部となっていることが理解される。

　次に、〈78〉のⓓは、その前半では、「識」が「縁」となって「名色」が「続生」すると述べているが、「続生」とは、結生相続の時点で「名色」が〝生じる〟ことを意味するであろう。するとこの場合、「縁」〝pratyaya〟とは、ⓕの言葉を用いれば、「能生」であり、従って、「因」と同義であると解されていると考えられる。しかるに、ⓓの後半では、「名色」が「縁」となって「識」が「安住」を得ると言われているが、この「安住」の原語が、〝prati√ṣṭhā〟の派生語であることは、ほぼ確実であろう。即ち、ⓕの「識依名色住」を、『瑜伽師地論』〈70〉ⓑの「此異熟識、即依名色而転」〝tac ca vipākavijñānaṃ tad eva nāmarūpaṃ pratiṣṭhāya vartate〟と対比するならば、「依名色住」の原語としては、〝nāmarūpaṃ pratiṣṭhāya…〟か、〝nāmarūpe pratiṣṭhitam〟というような形が想定されるが、〈78〉ⓓの「安住」も、〝prati√ṣṭhā〟の派生語を、その原語として想定するのが適切だと思われる。後出の『瑜伽師地論』〈79〉に見られる表現を考慮するならば、おそらく「得安住」の原語は、〝pratiṣṭhāṃ labhate〟であろう。

　いずれにせよ、〈78〉ⓓの「名色為縁、識得安住」において、「縁」〝pratyaya〟が〝基体〟を意味することだけは確実であろう。

次に、〈78〉ⓗの「識縁名色、依前後説。名色縁識、依同時説」という説明は、〈78〉ⓕにおける説明と合致するばかりか、それを更に明確なものとしている。つまり、「識縁名色」とは、「識」が「名色」を「能生」するという〝生起〟の関係であるから、「識」と「名色」は「同時」ではなく、「識」は「前」に「名色」は「後」に存在することになるが、「名色縁識」とは、「名色」を〝基体〟として「識」が存在しているという、いわば、空間的、同時的な於格的関係であるから、「名色」と「識」は「同時」に存在しているというのである。

以上の玄奘訳『大毘婆沙論』〈78〉に示される「識」と「名色」の関係に関する考え方、つまり、「識」は、結生相続の時点で、「名色」を〝生じる〟「縁」となり、その後は、「名色」を〝基体〟「縁」として存続するという考え方が、『瑜伽師地論』「本地分」〈69〉にも受け継がれていることは明らかであろう。つまり、〈69〉でも、〝続生相続の時点で、「識」が「縁」（因）となって、「名色」を生じ、その後の生存期間の間は、「識」は「名色」を「縁」（基体）として存続する〟という趣旨が述べられていると考えられる。しかも、この同じ趣旨は、「本地分」中「有尋有伺等三地」の別の個所にも、次のように述べられているのである。

〈79〉 yathā sarveṣāṃ aṅgānāṃ nānyonyapratyayatvam uktaṃ kena kāraṇena nāmarūpavijñānayor anyonyapratyayatvaṃ vyavasthāpyate/ vijñānasya dṛṣṭe dharme nāmarūpapratyayatvāt/ nāmarūpasya punaḥ samparāye vijñānapratyayatvāt/ tathāhi mātṛkukṣau pratisaṃdhikāle anyonyapratyayatvād vijñānapratyayaṃ(146) mātuḥ kukṣau śukraśoṇitarūpaṃ nāmaparigṛhītaṃ kalalatvāya saṃmūrcchate/ tannāmarūpapratyayañ(147) ca punas tad vijñānaṃ tatra pratiṣṭhāṃ labhate/ (YBh, p.230, ll.4-9)

〈80〉 問。已説一切支非更互為縁、何故建立名色与識、互為縁耶。答。識於現法中、用名色為縁故。名色復於後法中、用識為縁故。所以者何。以於母腹中、有相続時、説互為縁故、由識為縁、於母腹中、諸精血色、名所摂受、和合共成羯羅藍性、即此名色為縁、復令彼識於此得住。（大正三〇、三二八上五―一一行）

㊿67 一切の〔縁起〕支（aṅga）が相互を縁とすること（anyonya-pratyayatva）は説かれなかったから、何故に、名色（nāma-rūpa）と識（vijñāna）が相互を縁とすることが、設定されるのか。識は、現法において、名色を縁とするから、また、名色は、死に際して、識を縁とするからである。即ち、母の胎（kukṣi）に結生（pratisaṃdhi）するとき、相互を縁とするから、識を縁として、母の胎において、名（nāman）によって摂受された精（śukra）と血（śoṇita）の色（rūpa）が、カララ（kalala）となるために和合する（saṃmūrcchate）。また、その名色を縁として、その識は、それ（名色）において、住処（pratiṣṭhā 依りどころ）を得る。

即ち、「名色は、死に際して、識を縁とする」と「識は、現法において、名色を縁とする」というのが、それぞれ、〝結生相続の時点で、「識」が「縁」（因）となって「名色」が生じる〟、及び、〝その後の生存期間の間、「識」は「名色」を「縁」（基体）として存続する〟という趣旨を表現しているであろう。

㊼で、「死に際して」と訳された原語〝samparāye〟は、漢訳では「於後法中」と訳され、チベット訳でも、〝tshe phyi ma la〟(D, Tshi, 119a2)、つまり、〝後世において〟と訳されているので、「名色は、死に際して、識を縁とする」というのは、「識は、現法において、名色を縁とする」という事態よりも後のことを意味していると考えられるかもしれないが、しかし、必ずしも〝samparāye〟という語を、〝現法（現世）の後の死において〟と解する必要はないであろう。というのも「即ち」以下の説明を見ると、「識を縁として」という説明の後に、「名色を縁として」という説明が述べられているからである。これは、おそらく、〝「名色」が「識」を縁とする〟という事態の後に、〝「識」が「名色」を縁とする〟という事態があるという〔79〕の著者の理解を示しているであろう。この点を何よりも明確に示しているのが、「その名色を縁として」〝tan-nāmarūpa-pratyayam〟という表現である。というのも、この表現は、〝「識」を「縁」として生じたその「名色」を「縁」として〟という意味に理解できるからである。とすれば、「識を縁とする」という事態の後に、「名色を縁とする」という事態があると、著者によって考えられていると思われる。

なお、〔79〕末尾の〝tatra pratiṣṭhāṃ labhate〟「それにおいて、住処を得る」という表現ほど、〝「名色」を縁として

「識」がある〃というときの「縁」〃pratyaya〃が〃基体〃と解されていることを示すものはないであろう。何故なら、「縁」の意味は、そこでは「住処」〃pratiṣṭhā〃、つまり、〃基体〃という語によって説明されているからである。

かくして、『大毘婆沙論』〔78〕に示される「識」と「名色」の〃相依〃〃相縁〃に関する考え方、つまり、〃結生相続の時点では、「識」を「縁」(因)として、「名色」が生じ、その後は、その「名色」を「縁」(基体)として「識」が存続する〃という考え方が、『瑜伽師地論』「本地分」〔69〕〔79〕に受け継がれていることが明らかになったと思われる。しかるに、すでに述べたように、その〔69〕の所説を一つの有力な根拠として、『解深密経』〔6〕—〔10〕ⓐの二種の〃upādāna〃の理論、つまり、

sarvabīja[ka]ṃ cittam ⊥ nāma-rūpa (ātma-bhāva)

という於格的関係を示す理論が形成されたと考えられる。しかも、私見によれば、「本地分」〔69〕でも認められたと思われる〃ātma-bhāva〃=〃nāma-rūpa〃という等式を認める限り、『解深密経』〔6〕—〔10〕のⓑⓒに示される、

ādāna-vijñāna (ālaya-vijñāna) ⊥ ātma-bhāva

という関係も、『瑜伽師地論』「本地分」〔69〕ⓑの〃tac ca vipākavijñānaṃ tad eva nāmarūpaṃ pratiṣṭhāya vartate〃という文章と、「本地分」〔79〕の〃tad vijñānaṃ tatra pratiṣṭhāṃ labhate〃という文章とによって説かれる

vijñāna (vipāka-vijñāna) ⊥ nāma-rūpa

という関係と、基本的には一致するものと考えられるのである。

第七節　四識住・識食・有取識

このように『解深密経』〔6〕—〔10〕の〃一切種子心〃〃アーダーナ識〃〃アーラヤ識〃に関する所説は、その思想的淵源

を『瑜伽師地論』「本地分」や『毘婆沙論』の所説にまで遡り得ることを理解する必要があるが、さらにこれを遡れば、原始仏典（阿含経）に見られる〝四識住〟や〝識食〟や〝有取識〟の理論にまで至ると見ることができるであろう。そこで、以下に、これらの理論について検討したい。

まず、このうち〝四識住〟とは、文字通りには、〝識の四つの住（sthiti 基体）〟を意味し、[148]〝五蘊中の「識」は、他の四蘊、つまり「色」「受」「想」「行」を基体として住する〟と説く説であると考えられるが、これについては、まず、梶山雄一博士の次のような説明を参照すべきであろう。

(68) 名色を五蘊とする解釈が成立すると、四識住の理論が十二支縁起の中に組み込まれた。四識住はパーリ『相応部』第二二・五四経「種子」（vol.III, p.54）、『雑阿含経』第三九経（大正二、八c—九a）などにあらわれるが、最も素朴な形は『雑阿含経』第六四経（大正二、一六c—一七a）に見られる。五蘊のうちの識は他の四蘊、つまり色・受・想・行のそれぞれを対象とし、それに住著して成長し増大する。このような識の成長が束縛であり、迷妄であるが、逆に識が色・受・想・行に住せず、成長しなければ解脱がある、というものである。

中村元氏は、さきに引用した『スッタニパータ』七三四において識が究極の原理と考えられていたことと関連させて、その同じ根源的な識の観念が五蘊説と結合したときに四識住の理論が成立した、という。本来は同じ次元で考えられていた色・受・想・行・識のうちの識が最も根源的なものと考えられると、その識は他の四つの要素を認識の対象とするという理論を形成したわけである。[149]

四識住の理論は五蘊説において成り立つものである。だから四識住説が縁起説の中に組み込まれたのは、名色を五蘊とする解釈が成立したのちのことでなければならない。さきに第三節（11）に見たように、『大毘婆沙論』のなかで世友は、識は識住を捨てないが、識住とは名色に他ならないから、縁起において識を観ずるとただちに名色を観ずるのだ、といっていた。（「梶山」三五〇—三五一頁）〔傍線＝松本〕

ここで、梶山博士が言及される文献の内、まず、玄奘訳『大毘婆沙論』の世友（Vasumitra）の説について見てみたい。即ち、『大毘婆沙論』で、世友の説は次のように紹介される。

〔81〕尊者世友、作如是説。何故斉識心便転還、以識楽住識住中故、謂識不欲捨於識住、識住者即名色。[150] 故観識已、還観名色。（大正二七、一二四下六—九行）

これは、「識」と「名色」の〝相依〟を説く「城邑経」Nagarasūtra の経文、つまり、『雑阿含経』第二八七経では、

〔82〕我作是思惟時、斉識而還、不能過彼。（大正二、八〇下二—三行）

と訳され、村上真完氏によっては、そのサンスクリット文が、

〔83〕tasya mama vijñānāt pratyudāvartate mānasaṃ nātaḥ pareṇa vyativartate/[151]

と校訂された経文に関する世友の解釈を示した文章である。この〔83〕自体は、

(69) その〔とき〕私の考察（mānasa）は、識（vijñāna）から後戻りし、これを越えて行くことはない。

と訳し得るであろうが、これは、釈尊が、縁起の流転分を観じるのに、〝何を「縁」として「老死」があるか。「生」である。何を「縁」として「生」があるか。「有」である〟というように、順次に考察を進めていったとき、その考察が、十二支縁起でいえば、第三支である「識」まで行って、そこから後戻りし、「識」を越えて、さらに先に進むことはないことを説いたものである。ということは、「識」の「縁」とは何かと言えば、十二支縁起では、第二支たる「行」ではなく、第四支たる「名色」であると考えられている、[152] という意味である。従って、この「城邑経」は、基本的には〝「識」を「縁」として「名色」がある〟（「識縁名色」）〝「名色」を「縁」として「識」がある〟（「名色縁識」）というように、「識」と「名色」の〝相依〟〝相縁〟を説くものであり、[153]〔81〕で世友が「識楽住識住」とか「識住者即名色」と述べているのは、〝「名色」を「縁」として「識」がある〟を、「識」が「識住」"vijñāna-sthiti"、つまり、〝「識」の基体〟である「名色」に住すること、と解しているのである。即ち、ここで、「縁」"pratyaya" が、"sthiti"

つまり、〝基体〟の意味に解されていることは、明らかである。

また、〔81〕で世友の説として示されるものとほぼ同じ説が、旧訳の『毘婆沙論』では、波奢（Pārśva）の説として、

〔84〕　尊者波奢説曰。識住所依。何等是識所依、所謂名色。以名色未断故、斉識而還。（大正二八、九七下二六―二七行）

と示されているが、その内容は、殆んど一致している。つまり、ここで、実線を付した部分は、〔81〕の「識住者、即名色」と内容的に一致しており、〔84〕の「所依」は、おそらく"sthiti"の訳語であろう。[154]

かくして、旧訳・新訳の『毘婆沙論』の〔81〕〔84〕には、〝「識」が「名色」を基体として住する〟と説かれていることが判明したが、この所説が新訳『大毘婆沙論』〔78〕ⓕの「名色縁識、説続生後、識依名色住」という説、及び『瑜伽師地論』「本地分」〔70〕ⓑの「此異熟識、即依名色而転」という説と同趣旨であることも、明らかであろう。しかも、これら三者に共通しているのは、いずれも「名色縁識」、つまり、〝「名色」を「縁」として「識」がある〟という経文の解釈として提示されている点であり、従って、この解釈では、「縁」"pratyaya"が〝基体〟の意味に解されていると考えられるのである。

さて、『毘婆沙論』〔81〕〔84〕の所説が〝四識住〟の説にもとづいていることは、梶山博士が(68)末尾で指摘されている通りであるが、しかし、〔81〕〔84〕には、〝四識住〟という語自体は、用いられていない。というのも、〝四識住〟とは、既に述べたように、「色」「受」「想」「行」の〝四蘊〟を、「識」蘊の「住」"sthiti"つまり、〝基体〟であると説く説であると考えられるが、〔81〕〔84〕では、「識」以外の「色」「受」「想」「行」の〝四蘊〟が「名色」として括られているからである。この〝四蘊〟を「名色」として括るという考え方[155]が、〝四識住〟説が成立したときから、本来存在していたかどうかは明らかでないが、〝四蘊〟を「名色」として括るという考え方がなされれば、〝四識住〟説は「名色縁識」という経文の解釈として縁起説の中に組み込まれ得るであろう。従って、(68)における梶山博士の、

だから四識住説が縁起説の中に組み込まれたのは、名色を五蘊とする解釈が成立したのちのことでなければならない。

という説明は、その後半を、「識以外の四蘊を名色とする解釈が成立したのちのことでなければならない」とした方が、明確であるように思われる。

では、「色」「受」「想」「行」の〝四蘊〟を、「名色」として括ることのない〝四識住〟説はどこに述べられているかと言えば、梶山博士が68で指摘されたパーリ仏典『相応部』二二―五四経の「種子経」Bīja-sutta は、『解深密経』〔6〕―〔10〕ⓐの〝一切種子心〟説との関係からも、また、後出の『顕揚聖教論』〔105〕で、〝アーラヤ識〟の教証とされる点を考慮しても、瑜伽行派に影響を与えた最も重要な経典の一つであろう。そこで、以下に、その経典の中心をなすと思われる部分について、パーリ語テキスト、対応する『雑阿含経』第三九経における漢訳、そして、パーリ語テキストの和訳を示すことにしよう。

〔85〕 ⓐ pañcimāni bhikkhave bījajātāni/ katamāni pañca/ mūlabījaṃ khandhabījam aggabījam phalubījam bījabījaññeva pañcamaṃ/ .....

ⓑ imāni cassu bhikkhave pañcabījajātāni akhaṇḍāni apūtīni avātatapahatāni sārādāni sukhasayitāni pathavī ca assa āpo ca assa/ api nu imāni bhikkhave pañcabījajātāni vuddhiṃ virūḷhiṃ vepullam āpajjeyyunti/ evaṃ bhante/

ⓒ seyyathāpi bhikkhave pathavīdhātu evaṃ catasso viññāṇaṭṭhitiyo daṭṭhabbā/ seyyathāpi bhikkhave āpodhātu evaṃ nandirāgo daṭṭhabbo/ seyyathāpi bhikkhave pañcabījajātāni evaṃ viññāṇaṃ sāhāraṃ daṭṭhabbaṃ/

ⓓ rūpupayam vā bhikkhave viññāṇaṃ tiṭṭhamānaṃ tiṭṭheyya rūpārammaṇaṃ rūpapatiṭṭhaṃ nandupasevanaṃ vuddhiṃ virūḷhiṃ vepullam āpajjeyya/ vedanupayaṃ vā.... saññupayaṃ vā... saṅkhārupayaṃ vā....āpajjeyya/.....

ⓔ rūpadhātuyā ce bhikkhave bhikkhuno rāgo pahīno hoti/ rāgassa pahānā vocchijjatārammaṇaṃ patiṭṭhā viññāṇassa na hoti/ vedanādhātuyā ce... saññādhātuyā ce saṅkhāradhātuyā ce.... na hoti/ tad apatiṭṭhitaṃ viññāṇaṃ aviruḷhim anabhisaṅkhārañca vimuttaṃ// (SN, III, p.54, *l*.7-p.55, *l*.24)

〔86〕 ⓐ有五種種子。何等為五。謂、根種子、茎種子、節種子、自落種子、実種子。……

ⓑ若彼種子、新熟堅実、不断不壊、不腐不中風、有地水界、彼種子生長増広。

ⓒ比丘、彼五種子者、譬取陰倶識。地界者、譬四識住。水界者、譬貪喜。

ⓓ四取攀縁識住。何等為四。於色中識住、攀縁色、喜貪潤沢、生長増広。於受想行中識住、攀縁受想行、貪喜潤沢、生長増広。……

ⓔ色界離貪、離貪已、於色封滞、意生縛断。於色封滞、意生縛断已、攀縁断。攀縁断已、識無住処。不復生長増広。受想行界離貪、……攀縁断已、彼識無所住。不復生長増広。不生長故、不作行。不作行已住、住已知足、知足已解脱。（大正二、八下二七行—九上二〇行）

(70) ⓐ比丘達よ、五種の種子（bīja）がある。五とは何か。根の種子（mūla-bīja）と茎の種子（khandha-bīja）と枝の種子（agga-bīja）と節の種子（phalu-bīja）と種子の種子（bīja-bīja）である。……

ⓑ比丘達よ、これらの五種の種子が、破壊されず（akhaṇḍa）腐らず、風と熱によって害されず、新熟（sārāda）であり、安楽に横わっていて（sukha-sayita）、また、地（pathavī）と水（āpo）があるならば、比丘達よ、これらの五種の種子は、成長（vuddhi）と増長（virūḷhi）と広大（vepulla）に至るであろうか。尊師よ、その通りです。

ⓒ比丘達よ、四つの識住（viññāṇa-ṭṭhiti）は、地界（pathavī-dhātu）のようなものであると見るべきである。比丘達よ、喜貪（nandi-rāga）は、水界（āpo-dhātu）のようなものであると見るべきである。比丘達よ、食を有する識（viññāṇaṃ sāhāram）は、五種の種子のようなものであると見るべきである。

ⓓ比丘達よ、色（rūpa）を寄り所（upaya）[156]として、住しつつある識（viññāṇa）が住するならば（tiṭṭheya）、色を

所縁（ārammaṇa）として、色を住処（patiṭṭhā）として、喜（nandi）を助力（upasevanā）として、成長と増長と広大に至るであろう。または、受（vedanā）を寄り所として、……または、想（saññā）を寄り所として、……または、行（saṅkhāra）を寄り所として、……至るであろう。

ⓔ比丘達よ、色界（rūpa-dhātu）において、比丘の貪（rāga）が、断捨されるならば、貪が断捨されるから、所縁が断ぜられ、〔それ故〕[157]識には、住処（patiṭṭhā）がなくなる。受界において……想界において……行界において……なくなる。それに住していない識[158]（tad apatiṭṭhitaṃ viññāṇam）は、増長なく、造作なく、解脱する。

この経文においては、基本的には、「識」（viññāṇa, vijñāna）の成長する過程が、比喩を用いて説かれていると考えられる。即ち、「識」の成長には、三つの要素の存在が不可欠であるとされている。その三つとは、㋐「種子」（bīja）に譬えられる「識」と、㋑「地」（pathavī, pṛthivī）に譬えられる「四つの識住（viññāṇa-ṭṭhiti, vijñāna-sthiti）」と、㋒「水」（āpo, ap）に譬えられる「喜貪」（nandi-rāga）である。ということは、「地」〔㋑〕にある「種子」〔㋐〕に「水」〔㋒〕がまかれるならば、「種子」が成長するように、そのように「識」は成長する、という趣旨が述べられていることになる。勿論、「識」の成長とは、否定的な価値をもち、「解脱」に向うのとは逆の方向、つまり、所謂「流転」（pravṛtti）のあり方を説明するものであることは、ⓔの所説によって明らかであろう。

しかし、ここには、「四つの識住」が何を指すのか、また、「識住」という語の意味は何かということについて、明確な説明がなされていないことは、まず注意すべきであろう。ⓓを見ると、そこには、「色」「受」「想」「行」を「所縁」（ārammaṇa, ālambana）や「住処」（patiṭṭhā, pratiṣṭhā）とし、「喜」を「助力」（upasevanā）として、「識」が成長することが述べられており、ここにも、前述の三要素が説かれていると考えられる。従って、「識」が「識」に対応し、「喜」が「喜貪」に対応するのは、明らかであるから、「色」「受」「想」「行」の四蘊が、「四つの識住」に対応し、それ故、「識住」“vijñāna-sthiti”という複合語の後分をなす「住」“sthiti”の語義は、「所縁」“ālambana”や「住処」“pratiṣṭhā”と同様に、〃基体〃を意味し、従って、「四つの識住」とは、そこに「識」が〃住する〃ところの四つの〃基体〃である「色」「受」「想」「行」の〃四蘊〃を意味するということになるであろう。つまり、ここには、

sthiti＝ālambana＝pratiṣṭhā

という等式が認められているのである。

「識住」"vijñāna-sthiti"という語の原義については、これを〃「識」が「住すること」〃と見なす解釈もなされたように思われるが[159]、しかし、『倶舎論』も、

〔87〕 pratiṣṭhā hi sthitiḥ/ (AKBh, p.117, *l*.24)

〔88〕 住者定著為義。(大正二九、二〇〇中二七行)〔真諦訳〕

〔89〕 識所依著、名識住故。(同右、四三中二四行)〔玄奘訳〕

(71) というのも、住(sthiti)とは、住処(pratiṣṭhā)であるから。

と述べて、「四識住」の「住」"sthiti"の語義を"pratiṣṭhā"であると説明し、さらに次のように説明しているから、「識住」"vijñāna-sthiti"とは、〃そこに「識」が住するところの基体〃を意味するという解釈[160]は、ある段階から、ある程度、一般的なものとされていたのであろう。

〔90〕 yāṃś ca dharmān abhiruhya vijñānaṃ vāhayati naunāvikanyāyena te dharmā vijñānasthitaya uktāḥ/ (AKBh, p.118, *ll*.1-2)

〔91〕 若識乗策此法、此法名識住。由船人道理故、説諸法為識住。(大正二九、二〇〇下一—三行)〔真諦訳〕

〔92〕 若有法識所乗御、如人船理、説名識住。(同右、四三中二七—二八行)〔玄奘訳〕

(72) 船と船師のように(nau-nāvika-nyāyena)、識が、何であれ、ある諸法に乗って、〔諸法を〕駆るとき、それらの諸法が、識住(vijñāna-sthiti)と言われる。

しかるに、「識住」たる「色」「受」「想」「行」の〃四蘊〃は、『毘婆沙論』〔81〕〔84〕でもなされたように、「名色」

にまとめられるから、〝「識」は「名色」を基体とする〟という理論、つまり、『瑜伽師地論』「本地分」〈69〉〈79〉においては、

vijñāna (vipāka-vijñāna) ⊥ nāma-rūpa

という形式で説かれ、『解深密経』〈6〉—〈10〉ⓐにおいては、

sarva-bīja[ka]ṃ cittam ⊥ upādāna (nāma-rūpa)

という形式で説かれた理論は、すでに『相応部』の「種子経」〈83〉においても、〝四識住〟という説によって、原理的には説かれていたことが知られるのである。

では、〝識が、他の四蘊を基体として住する〟という〝四識住〟説が形成された理由、根拠は何かといえば、それは、やはり、「識」と「名色」の〝相依〟〝相縁〟を説く原始経典において、伝統的な縁起説において認められてきた「識縁名色」（識を縁として名色がある）という関係に加えて、新たに「名色縁識」（名色を縁として識がある）という関係が存在することが主張されたとき、その後者の関係の意味を説明するものとして、考案されたのではないかと想像される。つまり、〝四識住〟説は、本来「名色縁識」を、〝名色（四蘊）を縁（基体）として識が住する〟という趣旨として説明することにもとづいて成立したと見るのである。

この想定の妥当性は、『毘婆沙論』〈81〉〈84〉において、〝四識住〟説が「名色縁識」という縁起説を説明するために提示されていることによっても示されていると思われるが、それ以外にも、「識」と「名色」の〝相依〟〝相縁〟を説く『長部』第一五経「大因縁経」Mahānidāna-sutta が「名色縁識」を次のように説明していることからも、知られるであろう。〔以下、パーリ文・漢訳・玄奘訳『法蘊論』における引用・パーリ文の私訳の順に示そう〕

〈93〉 ⓐ nāmarūpapaccayā viññāṇan ti iti kho pan' etaṃ vuttaṃ tad Ānanda iminā p' etaṃ pariyāyena veditabbaṃ yathā nāma-rūpapaccayā viññāṇaṃ.

ⓑ viññāṇaṃ va hi Ānanda nāmarūpe patiṭṭhaṃ na labhissatha, api nu kho āyatiṃ jātijarāmaraṇadukkhasamudayasambhavo paññāyethāti. no h' etaṃ bhante.

ⓒ tasmāt ih' Ānanda es' eva hetu etaṃ nidānaṃ esa samudayo esa paccayo viññāṇassa yadidaṃ nāmarūpam.[161]（DN, II, p.63, *ll.*18-26）

〔94〕 ⓐ名字因縁有識、当従是因縁、阿難分別解、為名字因縁識。

ⓑ若阿難、識不得名字駐、已識不得駐、得増上為有生老死苦習能致有不。阿難言不。

ⓒ如是阿難、従是致、従是本、従是習、従是因縁、識令有名字、名字因縁有識、是如是為識因縁名字、名字因縁識。（大正一、二四三中二六行—下三行）〔安世高訳『人本欲生経』〕

〔95〕 ⓐ阿難、若有問者、識有縁耶。当如是答、識亦有縁。若有問者、識有何縁、当如是答、縁名色也。当知所謂、縁名色有識。

ⓑ阿難、若識不得名色、若識不立不倚名色者、識寧有生有老有病有死有苦耶。答曰、無也。

ⓒ阿難、是故当知、是識因識習識本識縁者、謂此名色也。所以者何。縁名色故、則有識。阿難、是為縁名色有識、縁識亦有名色。（大正一、五七九下二三行—五八〇上二行）〔『中阿含経』〕

〔96〕 ⓐ阿難、縁名色有識、此為何義。

ⓑ若識不住名色、則識無住処。若無住処、寧有生老病死憂悲苦悩不。答曰、無也。阿難、若無名色、寧有識不。答曰、無也。

ⓒ阿難、我以此縁知、識由名色、縁名色有識。我所説者、義在於此。阿難、是故、名色縁識、識縁名色。（大正一、六一中一四—二〇行）〔『長阿含経』〕

〔97〕 ⓐ〔復次大因縁経中〕、尊者慶喜問仏、諸識為有縁不。仏言、有縁、此謂名色。

ⓑ仏告慶喜、若無名色、諸識転不。阿難陀曰、不也世尊。若無名色為所依止、後世所受生老死識、為得生不。不也世尊。若諸名色都無、所有為可施設有諸識不。不也世尊。

ⓒ是故慶喜、諸識皆以名色為縁。是名名色縁識。如是諸識、名色為縁、名色為依、名色為建立故、起、等起、生、等生、聚集出現、故名名識縁識。[162]（大正二六、五〇八中二一一〇行）〔『法蘊論』〕

(73) ⓐ「名色という縁から識がある」と説かれたことは、アーナンダよ、次の異門（pariyāya）によって、名色という縁から識があると知られるべきである。

ⓑ即ち、アーナンダよ、識が名色において住処（patiṭṭhā, pratiṣṭhā）を得ないとすれば、来世に生老死苦の集因（samudaya）・始源（sambhava）が知られるであろうか。いいえ、尊師よ。

ⓒそれ故、アーナンダよ、識にとって、これこそが、因（hetu）であり、これが原因（nidāna）であり、これが集因（samudaya）であり、これが縁（paccaya）である。即ち、名色である。

即ち、ここで、「識が名色において住処 pratiṣṭhā を得ないとすれば」という表現が「名色」は「識」の〝基体〟となるという考え方を示していることは、明らかである。つまり、ここでは、「名色縁識」は、〝「識」が「名色」を基体（pratiṣṭhā）として住する〟という意味において説明されている。言い換えれば、「名色縁識」の「縁」〝pratyaya〟を、〝pratiṣṭhā〟つまり、〝基体〟として解釈する以外には、この経の作者は、「名色縁識」という関係を説明できなかったのである。従って、「名色縁識」という経文こそが、〝「識」は「名色」を基体として住する〟という考え方を生み出し、それが〝「識」は四蘊（名色）を基体として住する〟という〝四識住〟説に発展したのではないかと想像される。このように考えれば、〝「識」は四蘊を基体として住する〟という〝四識住〟説が先にあって、その〝四蘊〟が「名色」に括られたとき、〝「識」は「名色」を基体として住する〟という考え方、つまり、『毘婆沙論』〔78〕や「本地分」〔69〕〔79〕に示される考え方が成立したというのではないということになるであろう。

「大因縁経」Mahānidāna-sutta は、異訳も多く、縁起説の展開においては、重要な役割を果した経典である。[163] しかるに、その〔93〕ⓑの「識が名色において住処 pratiṣṭhā を得ないとすれば」という表現に[164]、「名色縁識」の解釈として、〃「識」は「名色」を基体として住する〃という考え方は説かれているが、〃四識住〃説は説かれていない。ということは、〃四識住〃説は、「名色縁識」に関するこの考え方から発展したと見るのが、妥当ではなかろうか。

このように〃四識住〃説の成立過程を想定して、ここで、再び「種子経」の考察にもどれば、〃四識住〃説を説く「種子経」〔85〕は、『解深密経』〔6〕―〔10〕との関係において、様々な点で重要なものである。即ち、まず第一に、〔85〕ⓑに見られる“vuddhiṃ viruḷhiṃ vepullam āpajjeyyuṃ”、つまり、私訳では「成長と増長と広大に至るであろう」と訳した表現が、『解深密経』〔10〕ⓐの“rgyas śiṅ ḥphel ba daṅ yaṅs par ḥgyur ro”というチベット訳の原文と、基本的に一致していることは、明らかであろう。即ち、このチベット訳の原文は、ラモット教授、及びシュミットハウゼン教授によって、“vṛddhiṃ virūḍhiṃ vipulatām āpadyate”と想定されるのである。[165] すると、『解深密経』〔6〕―〔10〕ⓐは、「一切種子心」の「成長」等を述べるのに際し、〃四識住〃説を説く「種子経」〔85〕の表現を踏襲していると見ることもできるであろう。[166] このようにして、この二つの経典には、密接な関係のあることが知られるのである。

しかるに、「種子経」〔85〕が有する重要性は、これだけにはとどまらない。つまり、そこには、〃識食〃及び〃有取識〃の理論との関連が認められるのである。即ち、〔85〕ⓒには、「五種の種子」に喩えられる「識」が、“viññāṇaṃ sāhāraṃ”「食を有する識」「有食識」であると言われているが、これについて、佐々木容道氏は、「アーラヤ識成立の一要因」(略号「佐々木」)なる論文において、次のように述べられたのである。

⑭ この説明に従えば、大地の如き四識住と水の如き喜貪が備わる時、有食識は活動するのだが、一体有食識とは何か、もしこれが食という働きを有する識ならば、それは二(d)で取り挙げた後有に関わる識食の識の様なものであろう。しかし、「有食識」に相当する箇所の漢訳は「取陰倶識」となっており。「有取識」が原文に在った

事を推測させる。従って何れかが変更されたものなのであろうが、変更の理由としては、二（d）で示した様に、四食が取的要素を持つ事が考えられる。ともあれ少くとも説一切有部の阿含には、四識住に対応して有取識が説かれており、それは「発智論」「倶舎論」「瑜伽師地論」の摂事分などに受け継がれて右の様に表現されたと思われる。〔「佐々木」一八七頁下—一八八頁上〕〔傍線＝松本〕

ここで、氏は、まず『雑阿含経』〔86〕ⓒの「取陰倶識」という漢訳は、「「有取識」が原文に在った事を推測させる」と言われ、少なくとも、『雑阿含経』〔86〕ⓒの原文においては、"viññāṇaṃ sāhāram" に対応する部分が、「有取識」つまり、"vijñānaṃ sa-upādānam" というような形であったであろうという推測を示されたのであるが、この推測は、極めて重要なものと思われる。というのも、佐々木氏が⑭で指摘されたように、『発智論』には、

〔98〕如世尊説、五種子者、顕有取識。地界者、顕四識住。（大正二六、一〇三二下一三—一四行）

と述べられ、さらに、『倶舎論』には、次のように説かれるからである

〔99〕punaś coktaṃ pañcabījajātānīti sopādānasya vijñānasyaitad adhivacanam/ pṛthivīdhātur iti catasṛṇāṃ vijñānasthitīnām etad adhivacanam iti/ (AKBh, p.333, *ll*.6-7)

〔100〕復有経説、五種種子類、是有取識別名、地界是四識住別名。（大正二九、二六八中一七—一八行）〔真諦訳〕

〔101〕又契経説、五種種子、此即別名説有取識、又彼経説置地界中、此即別名説四識住。（同右、一一六上一六—一七行）〔玄奘訳〕

⑮ また、「五種の種子とは、有取識の別名(adhivacana)であり、地界とは、四識住の別名である」と説かれている。

〔102〕api ca kṣetrabhāvena bhagavatā catasro vijñānasthitayo deśitāḥ/ bījabhāvena ca sopādānaṃ vijñānaṃ kṛtsnam eva. (AKBh, p.118, *ll*.10-11)

〔103〕復次仏世尊説、四識住為田、一切有取識為種子。（大正二九、二〇〇下一〇—一一行）〔真諦訳〕

〔104〕 又仏意説、此四識住、猶如良田、総説一切有取諸識、猶如種子。（同右、四三下八―九行）〔玄奘訳〕

(76) また、世尊によって、四つの識住（vijñāna-sthiti）は、田（kṣetra）のようなものであり、また、一切の有取識（sa-upādānaṃ vijñānam）は、種子（bīja）のようなものであると説示された。

従って、「種子経」〔85〕で、「種子」に喩えられた「識」"vijñāna"、即ち、『相応部』のテキストでは、"viññāṇaṃ sa-āhāram"「有食識」は、佐々木氏が指摘されたように、説一切有部の阿含、及びアビダルマ論書において、「有取識」つまり、"vijñānaṃ sa-upādānam"として伝承されたことは、確実であろう。

しかも、佐々木氏は、さらに『顕揚聖教論』に、

〔105〕 又説如五種子、此則名為有取之識。此言顕有一切種子阿頼耶識。（大正三一、四八〇下一二―一四行）

という記述があることに注目して、「有取識」と〝アーラヤ識〟との関係を指摘された。(167) 即ち〔105〕は、「云何知有此識」（大正三一、四〇八下一〇行）、つまり、〝アーラヤ識が有ることがいかにして知られるか〟という問いに答える形で、〝アーラヤ識〟存在の教証として、「種子経」〔85〕を示したものであり、そこでは「種子経」〔85〕の「有取識」が、「一切種子阿頼耶識」を意味するという理解が明示されているのである。

かくして、佐々木氏の前掲論文は、氏自身の言葉によれば、「阿頼耶識の成立する背景にあった有取識の重要性を指摘し(168)」た重要な論文と思われるが、この論文に対しては、シュミットハウゼン教授から、主として、〝アーラヤ識は、本来、滅尽定における意識の有という問題を解決するために構想された〟という立場から、批判が示された。(169) しかし、私自身は、佐々木氏が、

(77) upādāna は、唯識派の経論の中で阿頼耶識や阿陀那識を説明する重要な概念であり、upādāna に関する議論は、何らかの形で阿頼耶識の形成に関与したと思われるからである。（「佐々木」一七九頁上）

と言われるとき、この見解は適切であると見ざるを得ないのである。

いずれにせよ、佐々木氏の論文は、〝有取識〟と〝四識住〟と〝識食〟乃至〝四食〟という三つの理論が、複雑にからみ合っていることを示していると思われるが、このうち、〝有取識〟の意義について検討する以前に、〝四食〟説について、一瞥しておきたい。〝四食〟とは、人間存在を成長・維持させる食物として、〝段食〟〝触食〟〝意思食〟〝識食〟の四つを挙げる説であるが、この〝四食〟説を説く代表的な原始仏典として、『相応部』一二―一二経の「パッグナ経」Phagguna-sutta を挙げることができるであろう。以下に、その経から関連部分のパーリ文をまず示し、次に『雑阿含経』第三七二経の相当文を示し、最後にパーリ文の私訳を提示しよう。

〔106〕 ⓐ cattāro me bhikkhave āhārā bhūtānaṃ vā sattānam ṭhitiyā sambhavesīnaṃ vā anuggahāya// katamo cattāro/ kabaliṃkāro āhāro oḷāriko vā sukhumo vā/ phasso dutiyo/ manosañcetanā tatiyo/ viññāṇaṃ catutthaṃ/....
ⓑ viññāṇāhāro āyatiṃ punabbhavābhinibbattiyā paccayo/[170] tasmin bhūte sati saḷāyatanaṃ saḷāyatanapaccayā phasso ti// (SN, II, p.13, *ll*.1-16)

〔107〕 ⓐ有四食、資益衆生、令得住世摂受長養。何等為四。一麤摶食、二細触食、三意思食、四識食。……
ⓑ汝応問言、何因縁故、有識食。我則答言、能招未来有、令相続生。有有故、有六入処。六入処縁触。（大正二、一〇二上一二―二二行）

⑺⑻ ⓐ比丘たちよ、すでに生れた（bhūta）衆生（satta）たちの住（ṭhiti, sthiti）のために、または、〔後の〕生を求める（sambhavesin）衆生[171]たちの資益（anuggaha）のために、これら四つの食（āhāra）がある。四つとは何か。粗なる、または、細なる段食であり、第二は触（phassa）であり、第三は意思（mano-sañcetanā）であり、第四は識（viññāṇa）である。……
ⓑ識食（viññāṇa-āhāra）は、来世（āyati）に、後有（punabbhava）が生起すること（abhinibbatti）の縁（paccaya）である。それ〔=後有〕が生じたならば、[172]六処（saḷāyatana）がある。六処という縁から触がある。

ここでまず、明確にしておかなければならないのは、「識食」とは、〔106〕ⓐによれば、〝識という食〟〝識である食〟を意味するということである。つまり、「識食」とは、〝識＝食〟であって、ここには、

vijñāna＝āhāra

という等式が認められているのである。しかるに、「食」"āhāra"とは、

〔108〕 āhārā ti paccayā/ paccayā hi āharanti attano phalaṃ tasmā āhārā ti vuccanti（*Sāratthappakāsinī* II, p.22, *ll*.26-27）

(79) 〔諸の〕食とは、〔諸の〕縁（paccaya）である、というのも、〔諸の〕縁は、自らの果（phala）をもたらす（āharanti）〔引く〕から、食（āhāra）と言われる。

というブッダゴーサの註釈によれば、「縁」であると解釈される。では、〝四食〟のうち、〝識食〟について言えば、「識」という「縁」は、いかなる「果」をもたらすのかと言えば、その点は、「パッグナ経」〔106〕ⓑに説かれている。即ち、「来世」に「後有」"punabbhava""punar-bhava"という「果」をもたらす「縁」であるというのである。しかるに、〔106〕ⓑに〝「六処」→「触」〟という縁起の因果関係が説かれていることからして、「後有」が、そこでは、縁起支としては、「名色」に配当されていることも、明らかである。従って、ブッダゴーサは「識食」を、

〔109〕 viññāṇāhāro paṭisandhināmarūpaṃ āharati/[173] (*Sāratthappakāsinī*, II, p.26, *ll*.3-4)

(80) 識食（識という食〔縁〕）は、結生（paṭisandhi）の名色（nāma-rūpa）を、もたらす。

と説明するのである。すると、縁起の因果関係を、〝→〟という記号で表すならば、

vijñāna-āhāra(vijñāna＝āhāra＝pratyaya)→ punar-bhava(nāma-rūpa)

という趣旨が、「パッグナ経」〔106〕で説かれていると見ることができる。つまり、〝「識食」とは来世に「後有」＝「名色」という「果」をもたらす「縁」である〟というのである。

しかるに、同じ説は、次のような『集異門論』と『法蘊論』の説明にも認められる〔『法蘊論』については、梵文写

本のテキストをも示す」。

〔110〕 云何識食。答。若有漏識為縁、能令諸根長養大種増益、又能滋潤随滋潤、乃至持随持、是名識食。其事如何。答。如世尊教頗勒窶那記経中説、頗勒窶那、当知、識食能令当来後有生起、如是等類、説名識食。（大正二六、四〇〇下一一―一五行）『集異門論』

〔111〕 復次、教誨頗勒窶那経中、仏作是説、頗勒窶那、識為食故、後有生起。（同右、五〇七下二―三行、五〇八上一―三行、五〇八下二―四行）『法蘊論』

〔112〕 api khalv evam uktaṃ bhagavatā phalgunāvavāde vyākaraṇe/ vijñānaṃ phalgunāhāraṃ yāvad evāyatyāṃ punarbhavasyābhinirvṛttaye prādurbhāvāya/ (DhSK[D], p.33, *ll.*14-16, p.36, *ll.*1-3, p.38, *ll.*8-10)

即ち、ここで「教頗勒窶那記経」とか、「教誨頗勒窶那経」とか、〝phalgunāvavāda, vyākaraṇa〟というのは、「パッグナ経」を指しているであろうが、ここでは、その経文の趣旨が、「識食能令当来後有生起」とか、「識為食故、後有生起」とか「識は、後有の生起（abhinirvṛtti）・出現（prādurbhāva）のために、食である」[174]としてまとめられているのである。

しかるに、このような〝「後有」をもたらす「縁」〟としての〝識食〟の理論と、〝四識住〟説は、全く無関係に説かれたのではない。この点を象徴的に示すのが、『集異門論』においては、〝識食〟を第四とする〝四食〟の説明の後に続いて、〝四識住〟の説明がなされているという事実である。つまり、〔110〕の〝識食〟の説明の後には、次のような〝四識住〟の説明が見られるのである。

〔113〕 四識住者、一色識住、二受識住、三想識住、四行識住。云何色識住。答。若色有漏、随順諸取、於彼諸色[175]、若過去若未来若現在、或生起欲、或貪或瞋或癡、或随一一心所、随煩悩、是名色識住。受想行識住、広説亦爾。（大正二六、四〇〇下一六―二〇行）

勿論、この点については、『集異門論』の当該個所では、「四」の法数が並べられているので、〃四識住〃は偶然〃四食〃の後に説明されただけであるという理解も、可能であろう。しかし、注意すべきは、〃四食〃を説明する「パッグナ経」は、〃四食〃それぞれを、いわば同列に扱っているのではなくて、〔106〕ⓑに示されるように、〃識食〃だけを特別扱いしていることなのである。即ち、「パッグナ経」においては、〃四食〃のうち、〃識食〃の説明だけに特別な重点が置かれている。つまり、少なくとも、この経における〃四食〃の説明は、〃識食〃に重点を置く一種の〃識〃論であって、それ故にこそ、その〃識食〃の説明が、『集異門論』において、純然たる〃識〃論である〃四識住〃説の説明の前に置かれたものと思われる。[176]

しかるに、〃四食〃説、乃至〃識食〃説と、〃四識住〃説が結合していることを示すものとして、『相応部』一二—六四経である「有貪経」Atthirāga-sutta の次のような所説がある。『雑阿含経』第三七四経における相当する漢訳、及び、私訳とともに以下に示そう。

〔114〕 kabaliṃkāre ce bhikkhave āhāre... phasse... manosañcetanāya... viññāṇe ce bhikkhave āhāre atthi rāgo atthi nandi atthi taṇhā, patiṭṭhitaṃ tattha viññāṇaṃ virūḷhaṃ/ yattha patiṭṭhitaṃ viññāṇaṃ virūḷhaṃ, atthi tattha nāmarūpassa avakkanti/ yattha atthi nāmarūpassa avakkanti atthi tattha saṅkhārānaṃ vuddhi/ yattha atthi saṅkhārānaṃ vuddhi atthi tattha āyatiṃ punabbhavābhinibbatti/ (SN, II, p.101, *ll*.10-27)

〔115〕 若比丘、於此四食、有喜有貪、則識住増長。識住増長故、入於名色。入名色故、諸行増長。行増長故、当来有増長。（大正二、一〇三上二一—五行）

(81) 比丘たちよ、段食、または触食、または意思食、または識食（識である食）において、貪（rāga）があるならば、喜（nandi）があるならば、渇愛（taṇhā）があるならば、そこにおいて、住している（patiṭṭhita, pratiṣṭhita）識は増長したもの（virūḷha）となる。あるところにおいて、住している識が増長したものとなるところ、そこにおいて、名色（nāma-rūpa）が入ること（avakkanti）がある。あるところにおいて、名色が入ることがあるところ、そこにおいて、諸の行（saṅkhāra）の成長（vuddhi）がある。あるところにおいて、諸の行の成長があるところ、そこにおいて、来世（āyati）に後有（punabbhava）の生起（abhinibbatti）がある。

この「有貪経」の冒頭には、「パッグナ経」〔106〕ⓐと同文が置かれているので[177]、この「有貪経」が〝四食〟説を説いていることは明らかであるが、右に掲げた〔114〕〔115〕を見ると、そこには、〝四識住〟説と奇妙に結びついた〝四食〟説、または〝四識住〟説によって変質させられた〝四食〟説が説かれていることが理解される。即ち、「有貪経」〔114〕〔115〕を特徴づけているのは、“kabaliṃkāre... āhāre... viññāṇe āhāre”「於此四食」という於格的表現であり、従って、そこでは〝四食〟が〝基体〟と見なされていることは、明らかである。では、〝四食〟は何の〝基体〟とされているかと言えば、まず〝四食〟は“āhāre atthi rāgo...”「食において貪がある……」という表現において、「貪」「喜」「渇愛」の〝基体〟とされている。しかし、そればかりではなく、〝四食〟は、「識」の〝基体〟ともされていると思われる。それを明示するのが、

patiṭṭhitaṃ tattha viññāṇaṃ viruḷhaṃ

という文章である。ここで、“tattha”（tatra）「そこにおいて」とは、「四食において」を意味すると思われる。すると、この文章には、〝「識」は「四食」に住して、成長する〟という趣旨が認められることになるが、この「四食」という語を「四識住」に変え、〝「識」は「四識住」たる四蘊に住して成長する〟とすれば、これは紛れもなく、〝四識住〟説を説いていることになるのである。また、「有貪経」〔114〕に用いられる“patiṭṭhita”“viruḷha”“vuddhi”“nandi”“rāga”という表現も、〝四識住〟を説く「種子経」〔85〕に見られ、そこから採り入れられているようにさえ見える。

勿論、「種子経」〔85〕の成立が「有貪経」〔114〕の成立に歴史的に先行するという結論は、容易に導くことはできない。しかし、私が「有貪経」〔114〕に説かれる〝四食〟説を〝四識住〟説によって変質させられた〝四食〟説と見なす

のは、「有貪経」〈114〉の所説には、明らかな矛盾が見られると思われるからである。即ち、〈114〉の
viññāṇe… āhāre atthi rāgo… patiṭṭhitaṃ tattha viññāṇaṃ virūḷhaṃ
という文章の意義を考えてみると、ここで、"tattha"「そこにおいて」とは、直接的には、"viññāṇe"「識において」という語を承けている。つまり、右の文章には、〃「識」が「識」において住している〃〃「識」が「識」を基体とする〃という不合理な説がなされていることが理解される。

では何故、このような不合理が生じたかと言えば、その答えは〈115〉の「於此四食」という表現に示されているであろう。つまり、この「於此四食」は、本来「於此四識住」というような意味を担っていたと思われるのである。即ち、「於此四食」が「於此四識住」であるならば、〃「識」は「四識住」たる四蘊に住する〃ということであるから、〃「識」が「識」に住する〃という不合理は生じなかったのであるが、「有貪経」〈114〉では、〃四食〃が〃四識住〃と同様に、「識」の〃基体〃とされてしまったために、このような不合理が生じることになったのである。かくして、「有貪経」〈114〉〈115〉に説かれるのは、〃四識住〃説によって変質させられた〃四食〃説であると考えられる。

しかるに、同じことは、「有貪経」に相当する漢訳である『雑阿含経』第三七四経に対応すると考えられている⑱『瑜伽師地論』「摂事分」中の次の記述についても、言うことができる。漢訳・チベット訳・チベット訳の私訳を、以下に示そう。

〈116〉 ⓐ復次、若不如実観此四食、便為喜貪之所染汚。若為是二所染汚者、当知希求二種過患。一者当来、二者現法。
ⓑ於四食中、有漏意会思食因縁、専注希望倶行喜染、名喜。随順楽受触食因縁、於能随順喜楽諸食、多生染著、名貪。
ⓒ此二煩悩、於現法中、能染於識、令其安止四種識住増長当来後有種子。既増長已、生起後有生等衆苦。当知

是名喜貪二種煩悩所作当来過患。

ⓓ彼由如是於四食中安住、喜貪二種煩悩、便於現法、有諸塵染。（大正三〇、八四〇上一二—一三行）

〔117〕 ⓐ zas bshi po de dag yaṅ dag pa ji lta ba bshin du ma mthoṅ ba ni dgaḥ ba daṅ ḥdod chags gñis kyis kun nas ñon moṅs pa can du ḥgyur te/ kun nas ñon moṅs pa can du gyur pa de la ni tshe phyi ma daṅ tshe ḥdiḥi ñes dmigs rnam pa gñis su ḥgyur bar śes par byaḥo/

ⓑ de la zas bshi bo rnams la [orig. las] yid la sems paḥi rgyu las re ba dogs pa daṅ bcas paḥi yid bde ba ñon moṅs pa can ni dgaḥ ba yin no// bde ba myoṅ bar ḥgyur baḥi reg paḥi rgyu[179] bde ba daṅ yid bde baḥi gnas kyi zas rnams la lhag par shen pa ni ḥdod chags so//

ⓒ kun nas ñon moṅs pa ḥdi gñis kyis [orig. kyi] tshe ḥdi la rnam par śes pa kun nas ñon moṅs pa can du ḥgyur te/ rnam par śes paḥi gnas rnams la gnas nas phyi ma la yaṅ srid par skye baḥi sa bon gyi tshul gyis skye bar ḥgyur ro// skyes nas yaṅ srid par skye baḥi skye ba la sogs paḥi sdug bsṅal mṅon par ḥgrub par ḥgyur te/ ḥdi ni tshe phyi maḥi ñes dmigs dgaḥ ba daṅ ḥdod chags kyi kun nas ñon moṅs pa las byuṅ ba yin par rig par byaḥo//

ⓓ de yaṅ de ltar zas bshi po rnams la dgaḥ ba daṅ ḥdod chags gñis kyis kun nas ñon moṅs pa can du gnas pas tshe ḥdi la rdul daṅ bcas par ḥgyur ro//（D, Zi, 274a4-b1）

(82) ⓐそれらの四食を如実に（yathābhūtam）見ないものは、喜（nandī）貪（rāga）によって染汚されたもの（kliṣṭa）になる。染汚されたものとなったものには、来世（āyati）と現世（dṛṣṭa-dharma）において、二種の過患（ādīnava）がある、と知るべきである。

ⓑ即ち、四食において、意思（manaḥ-saṃcetanā）という因（hetu）にもとづく、希望（re ba, āśā）と懸念（āśaṅkā）をともなう染汚された悦意（saumanasya）なるものが、喜（nandī）である。楽を感じる（sukha-vedanīya）触（sparśa）

という因にもとづく、楽（sukha）と悦意（saumanasya）の依り所（gnas）である諸食において、執着（lhag par shen pa, adhyavasāna）なるものが、貪（rāga）である。

ⓒこの〔喜と貪という〕二つの煩悩（kleśa）によって、現世において、識（vijñāna）は、染汚されたものとなる。即ち、〔四つの〕識住（vijñāna-sthiti）において住し、来世（āyati）に、後有（punar-bhava）の種子（bīja）というあり方で増長することになる。[180]増長してから、後有の生（jāti）等の苦（duḥkha）を生起させる（abhinirvartayati）[181]であろう。これが、喜と貪という〔二つの〕煩悩から生じる、来世の過患である、と知るべきである。

ⓓまた、それは、このように四食において、喜と貪の二つによって染汚されたもの（kliṣṭa）として、住することによって、現世において、塵（rdul, pāṃsu）をもつものとなるのである。

この記述は、基本的には〝四食〟を如実に観じないならば、二種の過患が生じることを説くものと思われるが、ここにおいても、〝四食〟が〝基体〟と見なされていることを理解すべきである。つまり「四食」は、ⓑにおいて「喜」と「貪」という二種の煩悩の〝基体〟であるとされるとともに、ⓓにおいて「識」の〝基体〟であるともされていると思われる。というのも、ⓓ末尾の「それは、このように四食において……住すること」において、「それ」〝de〟とは、「識」を指しているように思われるからである。[182]つまり、ⓓの「喜と貪との二つによって染汚されたもの」とは、ⓒ冒頭の「この〔喜と貪という〕二つの煩悩によって……識は染汚されたものとなる」という文章との関係から考えても、「識」を指していると考えられる。すると、ⓓでは、ⓓを含む〔116〕〔117〕がそれにもとづいて形成されたと考えられている「有貪経」〔114〕〔115〕における同様、〝「識」が「四食」に住する〟という趣旨が述べられていることになるのである。

すでに述べたように、〝「識」が「四食」に住する〟というのは、「四食」に「識」が含まれている以上、〝「識」が「識」に住する〟を意味することにもなり、不合理である。従って、「摂事分」〔116〕〔117〕ⓒでは、〝基体〟である「四食」を敢て「〔四〕識住」と表現することによって、この不合理を回避することが図られていると考えられる。というのも、〝「識」は「四識住」たる四蘊に住する〟と説くならば、そこには、〝「識」が「識」に住する〟という不合理は生じなくなるからである。

しかし、〔116〕〔117〕ⓒにおいて、「四識住」という語が用いられることは、全く唐突であることに注意すべきである。というのも、この「摂事分」〔116〕〔117〕がそれにもとづいて形成されたと考えられる「有貪経」には、〝四食〟については説かれていても、〝四識住〟については、全く述べられていなかったからである。〝四識住〟を説かない「有貪経」にもとづく「摂事分」〔116〕〔117〕が「識」の〝基体〟として「四食」ではなく、「四識住」を説いているのは、すでに述べたように、「有貪経」の〝「識」は「四食」に住する〟と説く〝四食〟説自身が、そのままでは不合理であり、実は、〝四識住〟説によって変質させられた〝四食〟説であったからであろう。従って、「有貪経」〔115〕の「於此四食」も、「摂事分」〔116〕の「於四食中」も、実は、元来「於四識住」〝rnam par śes paḥi gnas bshir〟[183] という意味を担っていたと見るのが適切であろう。それ故にこそ、「摂事分」〔116〕〔117〕ⓒでは、「有貪経」との関係からすれば、「四食」とあるべきところに、敢て「〔四〕識住」という表現が用いられたのである。このように、〝四食〟が〝四識住〟と同様に、〝基体〟と見なされるようになった理由の一つは、ブッダゴーサの註釈〔108〕に示されたように、「食」は「縁」〝pratyaya〟と見なされ、その〝pratyaya〟の意味が〝基体〟と解されたということであったかもしれない。

かくして、〝四食〟説と〝四識住〟説が、実際には、複雑に絡み合って説かれたこと、また、〝四食〟説が〝四識住〟説の影響を受けて変質させられたことが知られるであろうが、ここにさらに「取」〝upādāna〟と「有取識」〝sa-upādānaṃ vijñānam〟という概念が加わって、議論が形成されるのである。即ち、まず、『相応部』一二—一一経である「食経」Āhāra-sutta と、それに相応する漢訳である『雑阿含経』第三七一経の経文、及び、パーリ文の私訳を示そう。

〔118〕 ime ca bhikkhave cattāro āhārā kiṃnidānā kiṃsamudayā kiṃjātikā kiṃpabhavā/ ime cattaro āhārā taṇhānidānā taṇhāsamudayā taṇhājātikā taṇhāpabhavā/ (SN, II, p.11, *l*.28-p.12, *l*.2)

〔119〕 此四食、何因何集何生何触。謂此諸食、愛因愛集愛生愛触。（大正二、一〇一下二八行―一〇二上一行）

(83) 比丘たちよ、これらの四食は、何を原因（nidāna）とし、何を集因（samudaya）とし、何を発生因（jāti）とし、何を起源（pabhava）とするのか。これらの四食は、渇愛（taṇhā, tṛṣṇā）を原因とし、渇愛を集因とし、渇愛を発生因とし、渇愛を起源としている。

ここでは、「四食」が「渇愛」"tṛṣṇā"を因とするものと規定されている。ということは、「四食」は「渇愛」の果であるから、縁起支の順序を考慮すれば、「四食」は「取」"upādāna"に配当されていると見ることができるのではないかと思われる。つまり、

āhāra＝upādāna

という等式[184]が、ここで認められているように思われる。

しかるに、この「食経」〔118〕〔119〕にもとづいて成立しているのが[185]、「摂事分」の次の記述なのである。

〔120〕 ⓐ復次、如上所説諸根大種、由集諦摂、先愛而生、為欲令彼得増長故、追求四食。由此道理、已生有情、雖由四食、而得安住、然本藉愛為縁故有。

ⓑ又有愛故、於現法中、依諸食身、由三種門、滋長業惑、能弁業惑、常所随逐有取之識。於現法中、摂受後有。是故一切求有有情、雖由四食之所摂益。然復藉愛為縁故有。

ⓒ又即此愛、於現法中、由無明触所生諸受[186]、為縁故起。此無明触所生諸受、由無明触、為縁故起。此無明触、由先串習諸無明界所随六処、為縁故起。此六処後、更無余因。於現法中、唯此六処、展転相依。有色諸根、依止於識。識亦依止識所執受有色諸根。由此因縁、六処已後、更無所説。（大正三〇、八三九上一一―二五行）

〔121〕 ⓐ dbaṅ poḥi ḥbyuṅ ba chen po de dag ni sṅon gyi sred pa kun ḥbyuṅ baḥi bden pas bsdus pas bskyed pa ste/ de dag ḥphel bar bya baḥi phyir zas bshi yoṅs su tshol bar byed do// de bas na rnam graṅs ḥdis sems can ḥbyuṅ shiṅ mṅon par grub pa rnams gnas par ḥgyur baḥi zas bshi gaṅ yin pa de dag kyaṅ sred paḥi rgyu las byuṅ ba yin te/

ⓑ sred pa daṅ bcas pas tshe ḥdi la lus daṅ zas rnams la rnam pa gsum gyi sgo nas las daṅ ñon moṅs pa rgyas par byas nas tshe ḥdi la yaṅ srid par skye ba la phan ḥdogs paḥi phyir rnam par śes pa las daṅ ñon moṅs par ñe bar ḥgro ba daṅ/ len pa daṅ bcas par byed do// de bas na ḥbyuṅ ba tshol baḥi sems can rnams la phan ḥdogs paḥi zas bshi po gaṅ yin pa de dag kyaṅ sred paḥi rgyu las byuṅ ṅo//

ⓒ sred pa de yaṅ tshe ḥdi ñid la ma rig paḥi ḥdus te reg pa las byuṅ baḥi tshor baḥi rkyen gyis skyeḥo// ma rig paḥi ḥdus te reg pa las byuṅ baḥi tshor ba de yaṅ ma rig paḥi ḥdus te reg paḥi rkyen gyis skyeḥo// ma rig paḥi ḥdus te reg pa de yaṅ sṅon goms pas ma rig paḥi khams daṅ ldan paḥi skye mched drug gi rkyen gyis skyeḥo// de bas na tshe ḥdi la skye mched drug las gud na rgyu gshan med de/ skye mched drug po de ñid gcig la gcig brten par zad de / rnam par śes pa ni gzugs can gyi dbaṅ po la brten to// rnam par śes pas zin paḥi gzugs can gyi dbaṅ po rnams kyaṅ miṅ la brten te/ de bas na skye mched drug las gud na med ces byaḥo// (D, Zi, 272a2-7)

㉞ ⓐそれらの根の大種（indriya-mahābhūta）は、集諦（samudaya-satya）に摂せられる（saṃgṛhīta）過去〔世〕の渇愛（tṛṣṇā）によって生じたものである。それらを増長させるために、四食を求めるのである。故に、この異門（paryāya）によって、すでに生まれ（bhūta）生起した衆生たちが〔そこにおいて〕住するところの四食なるものも、渇愛という因（hetu）から生じたものである。

ⓑ〔衆生は〕渇愛を有しているので、現世において、身（lus）と食において、〔段食・触食・意思食という〕三種の手段によって、業（karman）と煩悩（kleśa）を増大させてから、現世において、後有（punar-bhava）を資益

(anugraha) するために、業と煩悩に随うもの[187] (ñe bar ḥgro ba, upaga) であり、かつ有取 (len pa daṅ bcas pa, sa-upādāna) である識 (vijñāna) を作る (byed, karoti)。故に、生を求める (saṃbhaveṣin) 衆生たちを資益する四食なるもの、それらも、渇愛という因から生じたものである。[188]

ⓒその渇愛も、現世において、無明 (avidyā) の触 (saṃsparśa) から生じた受 (vedanā) を縁 (pratyaya) として生じる。また、それらの無明の触から生じた受も、無明の触を縁として生じる。また、その無明の触も、過去の繰返しによって、無明の界 (dhātu) を有する六処 (ṣaḍ-āyatana) を縁として生じる。故に、現世において、六処とは別に、他の因 (hetu) はない。即ち、六処〔六根〕そのものが、相互に依存している (「展転相依」anyonya-niśrita) だけである。つまり、識〔意根〕は、有色根〔五根〕に依存し、識によって取られた (zin pa, 所執受 upātta) 有色根〔五根〕も、名 (nāman)〔意根〕に依存している。故に、六処とは別に無いと言われるのである。

この記述は、私にとっては難解であるが、少なくとも、ⓐとⓑは「パッグナ経」〔106〕ⓐの表現に従えば、「すでに生まれた衆生たちの住」と「生を求める衆生たちの資益」とに順次に対応しているように思われる。そのうち、まず、ⓐ冒頭に「それらの根の大種」〝indriya-mahābhūta〟が「渇愛」によって生じると言われている。ということは、縁起支の系列を考慮すれば、「根の大種」は「取」〝upādāna〟に配当されるという意味ではないかと思われる。しかも、「摂事分」〔120〕〔121〕の少し前の個所には、〝識食〟を説明して、

〔122〕 能執諸根大種識、(大正三〇、八三八下一二行)

〔123〕 能執受諸根大種識、(同右、八三八下一八行)

〔124〕 dbaṅ poḥi ḥbyuṅ ba chen po len par byed paḥi rnam par śes pa (D, Zi, 271a6; 271b1)

(85) 根の大種を取る (upā√dā) 識

と二度に亘って説かれているから、「取」〝upādāna〟とは、『明句論』〔47〕で見たように、「取られるもの」(upādeya)

を意味していると考えられる。つまり、「根の大種」は、「取られるもの」であるから「取」"upādāna"であり、「渇愛」から生じたものであるというのである。即ち、

indriya-mahābhūta＝upādāna (upādeya)

ということになる。

次に、「摂事分」〔120〕〔121〕ⓑでは、「有取識」ということが述べられる。即ち、「後有を資益するために」「業と煩悩に随うもの」であり、かつ「有取」"sa-upādāna"である「識」を「作る」というのであるが、その「作る」という動詞の主語は、何であろうか。これについては、その主語を、まず第一に、「取」"upādāna"と同一視される「四食」と見る解釈がありうるであろうと思われる。というのも、『阿毘達磨集論』に、次のように述べられるからである。

〔125〕upādānaṃ kiṃkarmakaṃ/ punarbhavādānāya sopādānaṃ[189] ca sattvānāṃ vijñānaṃ karoti, pratyayaś ca bhavati bhavasya//

(AS[G], p.26, *ll*.18-19)

〔126〕取有二種業。一為取後有、令諸有情、発有取識。二与有作縁。（大正三一、六七一上一一—一二行）

(86) 取(upādāna)は、いかなる作用をもつのか。後有(punar-bhava)を取る(ādāna)ために、衆生たちの、取をもつ(sa-upādāna) 識を作り (karoti)、また、有 (bhava) の縁となる。

即ち、まず、この一文で「後有を取るために」というのと、〔120〕〔121〕ⓑで、「後有を資益するために」というのは、殆んど同義であると思われるから、この一文は、「摂事分」〔120〕〔121〕ⓑにもとづいているとも見ることができると思われるが、ここで「作る」"karoti"の主語は、「取」"upādāna"であるから、〔120〕〔121〕ⓑでも、「作る」つまり、"[len pa daṅ bcas par] byed"の主語は、「取」"upādāna"と同一視される「四食」であるとも考えられるのである。

しかし、それは、〔120〕〔121〕ⓑにおいて、「渇愛を有している」の主語でもあるから、その主語を「四食」と見なすと、そこでは、"四食"は、三種の「食」によって、「業と煩悩を増大させてから」、「有取」なる「識」〈食〉を「作

る」〃という趣旨が述べられていることになるが、この趣旨は、不合理であろう。従って、「作る」と「渇愛を有している」の主語は、ここでは、一応、明確には述べられていない「衆生」“sattva”の単数形か複数形であろうと想定しておきたい。では、その場合、「有取」の「取」とは何を意味するのか。この問題については、後に次節で検討することにして、〔120〕〔121〕の論旨をさらに逐ってみよう。

「摂事分」〔120〕〔121〕のⓒでは、「六処」→「触」→「受」→「渇愛」という因果系列が逆に、つまり〝果から因へ〟とたどられているように思われるが、そこでは、この〝果から因へ〟の追求は、「六処」を越えては行かないと説かれているようである。これは丁度、「城邑経」〔82〕〔83〕で〝果から因へ〟の追求が、「識」支を越えては行かず、「識」から後もどりするとされた所説に類似している。しかも、「城邑経」で〝果から因へ〟の追求が「識」支でストップすることの理由として述べられた〝相依〟つまり「識」と「名色」の相互依存が、この〔120〕〔121〕では、「六処」それ自体について言われていると考えられる。つまり、「六処」を、㋐「有色根」（「色」）と㋑「意根」（「名」＝「識」）との二者に分け、この両者、つまり、「名」と「色」が〝相互依存〟するが故に、〝果から因へ〟の追求が「六処」を越えてはいかないというのである。

しかるに、この㋐と㋑の〝相互依存〟に関する説明は、チベット訳と漢訳では、若干相違している。即ち、漢訳とチベット訳では、二種の依存関係のうち、第一が、それぞれ、

有色諸根〔㋐〕、依止於識〔㋑〕。

識〔㋑〕は有色根〔㋐〕に依存し、

と述べられ、第二が、

識〔㋑〕亦依止識所執受有色諸根〔㋐〕。

識によって取られた有色根〔㋐〕も、名〔㋑〕に依存している。

と述べられるのである。つまり、チベット訳では、「名」"nāman"という語が用いられていることが特徴的であるが、それはかりではなく、第二の依存関係において、「識によって取られた有色根」、即ち、漢訳の「識所執受有色諸根」に相当するものを、"所依"つまり、"基体"(locus)ではなく、"能依"つまり、"超基体"(super-locus)としている点が、漢訳と異なっている。

では、いずれの読みが適切であるのかといえば、私は漢訳の読みがテキストの本来の姿を伝えていると考えたい。というのも、すでに述べたように、私は、基本的に"「取られるもの」(upā√dā されるもの)は基体である"と考えるからである。つまり、"「取られるもの」は基体である"とするならば、「識亦依止識所執受有色諸根」という表現は、"「識」は、「識」によって「取られるもの」(基体)である「有色根」を基体とする"という意味に解することができるであろう。即ち、この表現は、

vijñāna ⊣ rūpīndriya (upādāna)

という於格的関係を説いているのである。勿論、漢訳においても、「有色諸根依止於識」と述べられる第一の依存関係が、これとは逆の於格的関係を説いていることは明らかであるが、しかし少なくとも、漢訳による限り、この「有色諸根依止於識」という表現には、「有色根」と「識」との間に存する「取る」"upā√dā"という関係、つまり、「識」が「有色根」を「取る」という関係は述べられておらず、その点では、重要性が低いものと考えられる。

従って、「摂事分」〔120〕〔121〕において重要なのは、何と言っても、ⓑに見られる「有取識」という表現と、ⓒに見られる「識によって取られた有色根」という表現の二つであることは、明らかである。しかるに問題は、この二つの表現が同じ内容を表しているのではないか、即ち、「有取識」という語における「取」"upādāna"とは「取られるもの」ではないか、ということなのである。

第八節　有取識の取について

「有取識」について詳しく論究された佐々木氏にしても、また、シュミットハウゼン教授にしても、「有取識」"sa-upādānaṃ vijñānam"の「取」"upādāna"を「執着」と解する点では、基本的に一致していると思われる。[190] このような理解は、佐々木氏が指摘されたように、[191]『相応部』二二―一二一経である「取経」Upādāna-sutta に、

〔127〕 katame ca bhikkhave upādāniyā dhammā/ katamaṃ upādānaṃ/ rūpaṃ bhikkhave upādāniyo dhammo/ yo tattha chanda-rāgo taṃ tattha upādānaṃ/ vedanā... saññā... saṅkhārā... viññāṇaṃ upādāniyo dhammo/ yo tattha chandarāgo taṃ tattha upādānam/ (SN, III, p.167, *ll*.8-16)

⑻ 所取（upādāniya 取られる）[192] の諸法とは何か。取（upādāna）とは何か。比丘たちよ、色（rūpa）が所取の法である。そこにおける（tattha）欲貪（chanda-rāga）なるもの、それが、そこにおける取（upādāna）である。受が……想が……諸の行が……識が、所取の法であり、そこにおける欲貪なるもの、それが、そこにおける取である。

と言われ、また、『相応部』の二二―八二経である「満月経」Puṇṇamā-sutta に、

〔128〕 na kho bhikkhu taññeva upādānaṃ te pañcupādānakkhandhā nāpi aññatra pañcupādānakkhandhehi upādānaṃ// api ca yo tattha chandarāgo taṃ tattha upādānan ti/ (SN, III, p.100, *l*.32-p.101, *l*.2)

〔129〕 仏告比丘、非五陰即受、亦非五陰異受。能於彼有欲貪者、是五受陰。（大正二、一四中二五―二七行）

⑻ 比丘たちよ、取（upādāna）は、五取蘊（pañcupādānakkhandha, pañca-upādāna-skandha）と同じではなく、五取蘊から異なってもいない。そこにおける欲貪（chanda-rāga）なるもの、それが、そこにおける取である。

と述べられたことにもとづいているであろう。

この二つの経文によれば、〝「五蘊」または「五取蘊」における「欲貪」"chanda-rāga"が「取」"upādāna"である〟というのが、原始仏典における定説であるかのように見受けられるが、

〔130〕 upādānaṃ chando rāgaś ca/ (ASBh, p.2, l.5)

〔131〕 取者、謂諸蘊中所有欲貪。(大正三一、六九五中一三—一四行)

(89) 取(upādāna)は、欲(chanda)と貪(rāga)である。

という『阿毘達磨集論釈』の説明[193]が、このような原始仏典の説に従うものであることは、明らかであろう。

しかしながら、「種子経」〔86〕に説かれる「有取識」の「取」"upādāna"については、これを「取られるもの」と見る解釈も成立するのではないかと思われる。しかるに、もしも、この解釈に従えば、「摂事分」〔120〕〔121〕のⓑに見られる「有取識」という表現と、ⓒに見られる「識によって取られた有色根」(「識所執受有色諸根」)という表現は、すでに述べたように、同じ内容を表していることになるのである。つまり、「有取識」の「取」"upādāna"とは「取られるもの」であり、それは具体的には、「識によって取られた有色根」を意味すると見るのである。即ち、次の通りである。

有色根=所執受(所取)=取

rūpīndriya=upātta(upādeya)=upādāna

このような想定は、読者にとっては、極めて不自然に見えるかもしれないが、しかし、「摂事分」において、〔120〕〔121〕の少し前の個所にある「四食」を説明する部分[194]においても、一回用いられる「有取識」という表現[195]は、その部分に見られる〝「識」が「根の大種」を「取る」〟という二つの表現(〔122〕〔123〕〔124〕)と無関係であるとは思われないのである。しかも、「根の大種」と「有色根」は、大きく意味の異なるものではないであろう。

さらに、すでに見たように、「根の大種」は、「摂事分」〔120〕〔121〕冒頭で、〝「渇愛」から生じるもの〟として、「取」

“upādāna”と見なされていたと考えられる。とすれば、この〈122〉〈123〉〈124〉と〈120〉〈121〉とを含む「摂事分」の一連の個所[96]において、「有取識」の「取」とは、「識」によって「取られるもの」である「有色根」、乃至「根の大種」を意味するという解釈が成立する可能性もあるであろう。しかも、すでに述べたように、私見によれば、「取られるもの」である“upādāna”は〝基体〟を意味するから、ここには、

vijñāna ⊣ rūpīndriya = upādāna

という関係が認められると思われる。

しかるに、この関係は、『解深密経』〈6〉—〈10〉ⓐにおける「一切種子心」と、二つの「取」“upādāna”の一つである「依処を伴う有色根」の関係、つまり、

sarva-bīja[ka]ṃ cittam ⊣ sādhiṣṭhāna-rūpīndriya

という関係に一致するのである。すると、「摂事分」〈120〉〈121〉に説かれる「有取識」から、『解深密経』〈6〉—〈10〉に説かれる「一切種子心」乃至「アーラヤ識」への発展を、想定することができるように思われる。この意味で、私は、〝有取識〟〝識食〟〝四識住〟の教理が、〝アーラヤ識〟説の成立に重要な役割を果したと考えざるを得ないのである。

そこで再び、〝四識住〟説を説く「種子経」〈85〉〈86〉にもどって、この問題を考えてみよう。そこでは、「種子」に喩えられる「識」が、「地」に喩えられる「識住」(vijñāna-sthiti)、つまり、「識」の〝基体〟に住して成長するという趣旨が述べられていると考えられる。しかるに、その「識」は、パーリ文では“viññāṇaṃ sa-āhāram”「食を有する識」と言われ、『雑阿含経』の漢訳では「取陰俱識」と訳されているのである。すでに述べたように、この漢訳が「有取識」、つまり、“vijñānaṃ sa-upādānam”という原文を想定させることは、佐々木氏の指摘された通りである。では、「食」“āhāra”と「取」“upādāna”とのいずれの語が、本来のテキストには用いられていたのであろうか。これを決定するのは容易ではない。しかし、少なくとも、〝四食〟説においては、〝識食〟は、〝「識」=「食」〟を意味すると考えられるから、

〝識食〟つまり〝識＝食〟が、〝「食」を有する「識」〟と表現されたとは考えられない。それ故、「有食識」ではなく、「有取識」という読みの方が本来のテキストを反映しているとも見られるが、もしも、「有取識」から「有食識」への変化が起ったとすれば、この変化が可能になったのは、すでに「食経」〔118〕〔119〕で見たように、“āhāra＝upādāna”、つまり、「食」＝「取」という等式が承認されたからであるかもしれない。

ただし、少なくとも『雑阿含経』所伝の「種子経」〔86〕の原典に、「有取識」が説かれていたことは、確実である。では、その場合、「有取識」の「取」“upādāna”とは何を意味するのであろうか。すでに述べたように、「種子経」〔85〕〔86〕には「識」の成長に関して、三つの要素の存在が認められている。それは即ち、「種子」に喩えられる「識」〔㋐〕と、「地」に喩えられる「四識住」たる〝四蘊〟〔㋑〕と、「水」に喩えられる「喜貪」〔㋒〕である。しかるに、「有取識」の「取」が、この三要素のうちの「識」〔㋐〕を指すことはありえないから、「取」は「喜貪」〔㋒〕か「識住」〔㋑〕を指している筈である。

これについて、「取」を〝執着〟と見る立場に立てば、「有取識」の「取」は、当然「喜貪」“nandi-rāga”を意味すると解釈されるであろう。すでに見たように、「取経」〔127〕「満月経」〔128〕、及び『阿毘達磨集論釈』〔130〕は、「取」“upādāna”とは、「欲貪」“chanda-rāga”であると定義しているから、この解釈が極めて有力なものであることは、認めざるを得ないであろう。

さらに、『倶舎論』では、『雑阿含経』に伝えられた「種子経」〔86〕におけると同様、「有取識」は「四識住」との関係において説かれていることは、『倶舎論』〔99〕と〔102〕で見た通りであるが、そのうち〔102〕の“sopādānaṃ vijñānam”の“sopādānam”をヤショーミトラは、次のように註釈している。

〔132〕 sopādānaṃ svabhūmikayā tṛṣṇayā satṛṣṇam.（AKVy, p.264, *ll*.24-25）

⑽ 「有取」“sa-upādāna”というのは、自らの地（bhūmi）に属する渇愛（tṛṣṇā）に関して、渇愛を有する（sa-tṛṣṇa）

という意味である。

つまり、ヤショーミトラは、「取」"upādāna"とは「渇愛」"tṛṣṇā"であると註釈している。彼がこのような註釈をなすのは、『倶舎論』が元来"四識住"を、

〔133〕 catvāraḥ sāsravāḥ skandhāḥ... svabhūmāv eva. (AK, III, k.7 cd, AKBh, p.117, *l*.21, *l*.23)

〔134〕 有流四蘊、……自地非余地。（大正二九、二〇〇中二五—二六行）〔真諦訳〕

〔135〕 四蘊唯自地……有漏。（同右、四三中一九—二〇行）〔玄奘訳〕

(91) 〔四識住とは〕自らの地（bhūmi）だけにおける有漏（sa-āsrava）の四蘊である。

と規定し、さらにその意味を、次のように説明するからである。

〔136〕 na ca visabhāgabhūmikeṣu skandheṣu vijñānaṃ tṛṣṇāvaśāt pratitiṣṭhati. (AKBh, p.117, *ll*.24-25)

〔137〕 於不同地陰中、識随貪愛故、不能得住。（大正二九、二〇〇中二八行）〔真諦訳〕

〔138〕 非於異地色等蘊中、識随愛力、依著於彼。（同右、四三中二四—二五行）〔玄奘訳〕

(92) 異なった地に属する〔四〕蘊に、識は渇愛（tṛṣṇā）の力によって住する（pratitiṣṭhati）ということはない。

つまり、ヤショーミトラは、〔133〕の「有漏の四蘊」という規定における「漏」"āsrava"を〔136〕の「渇愛」"tṛṣṇā"と同義と見なし、「有取識」の「取」"upādāna"も、この「渇愛」であると考えたように思われる。即ち、"「有漏」＝「有取」＝「有渇愛」"という、次のような解釈を示したのである。

sa-āsrava＝sa-upādāna＝sa-tṛṣṇa

確かに、"四識住"に関する『大毘婆沙論』の次の説明を読めば、「有取識」の「取」を「渇愛」と解するヤショーミトラの解釈は妥当であるように見える。

〔139〕 有説、[197]此中喜所潤識、増長広大、故名識住。有説、此中愛所潤識、摂受不離、[198]故名識住。有説、此中諸有漏

識、随順取識、生起執著、安住増長、故名識住。（大正二七、七〇六中二八行―下三行）[199]

というのも、ここに示される三つの「有説」のうち、第一の「有説」における「喜所潤識」と第二の「有説」における「愛所潤識」が、「種子経」〈86〉に説かれる「有取識」に対応しているとすれば、ここで、「喜」“nandi”とか、「愛」“tṛṣṇā”と言われるもの、つまり、〈86〉では「水」に喩えられる「喜貪」“nandi-rāga”こそが、「有取識」の「取」の意味するところであると考えられるからである。

しかるに、第三の「有説」において、「識住」とは“そこにおいて（「此中」）「諸有漏識、随順取識」が「執着」を生じ、「安住」し、「増長」するところのもの”と説明されている。では、ここで「随順取識」の原語とは、一体、何なのであろうか。「有漏識、随順取識」が「種子経」〈86〉の「有取識」に対応していることは明らかであると思われるから、ここには、「識」について、「有漏」“sa-āsrava”と「有取」“sa-upādāna”という限定語が同義語として並列され、その中、“sa-upādāna”が「随順取」と訳されたというのであろうか。もしそうであるとすれば、「有取識」の「取」は、「漏」と同義であるとされていると思われるから、それは、「取られるもの」ではなくて、“取ること”つまり、“執着”を意味する、という解釈は全く妥当なものに見えるのである。

実際、「有取識」の「取」“upādāna”を“clinging”と解されるシュミットハウゼン教授は、「有漏」“sa-āsrava”と「有取」“sa-upādāna”が「殆んど同義であり、述語として並記される」“almost equivalent to, and often predicated side by side with”[200]と論じ、この点を示すために「有漏」と「有取」が並記される多くの用例を示されたのである。[201]それは、即ち、『十地経』「声聞地」「菩薩地」『倶舎論』『雑阿含経』各一例と『大毘婆沙論』二例である。しかるに、教授が指摘されたこれらの用例には、全く問題がないわけではない。あるいは、それらの用例を検討することによって、「有取識」の「取」“upādāna”の意味も、また『大毘婆沙論』〈139〉の「随順取識」の原語が何であるかも、ある程度、解明されるように思われる。そこで以下に、それらの用例について検討することにしたい。

第九節　有漏と有取

まず、『大毘婆沙論』において、シュミットハウゼン教授が、「有漏」と「有取」の列挙を指摘された個所には、次のような記述がある。

〈140〉施設論説、云何空空三摩地。謂有苾芻、思惟有漏有取諸行皆悉是空、観此有漏有取諸行空、無常恒不変易法我及我所。（大正二七、五四三上二七行―下一行）

〈141〉識身論説、当云何通。如説、頗有法是世間、有漏有取、取蘊所摂。（同右、五四四下一二―一三行）

この〈140〉〈141〉における「有漏」「有取」の原語を教授は、"sa-āsrava" "sa-upādāna" と考えられるようであるが、〈140〉〈141〉はいずれも漢訳のみとして伝えられているものであるから、「有漏」の原語を "sa-āsrava" と見ることには問題がないとしても、「有取」の原語を "sa-upādāna" と想定することについては、全く疑問がないとは言えないと思われる。しかも、〈140〉〈141〉における「有漏」「有取」の用例は、それぞれ『施設論』『識身論』からの引用文とされるものに含まれているのであって、この二つの論書において、「有漏」「有取」の用例がどのような形で存在するかが問題となるであろう。

このうち、〈140〉に相当する文章は、漢訳『施設論』（大正、一五三八番）には存在しないとされるので、[202] 確定的なことは述べることができないが、『識身論』には、〈141〉に対応する文章が存在する。しかし、次に示すように、その表現は、〈141〉における引用とは、若干異なっている。

〈142〉頗有諸法、世間有漏随順有取、取蘊所摂。（大正二六、五八四上四行）

つまり、〈141〉の「有漏有取」が、ここでは「有漏随順有取」となっているのである。この「有漏随順有取」という表現は、『識身論』のこの部分で、〈142〉以外に五回用いられるが（五八三下二三行、二六―二七行、五八四上一行、五八四上八―九行、一二―一三行）、その意味とは何か。また、原語は、何であろうか。「有漏随順有取」を、「有漏随順・有取にして」[203]というように、「有漏随順」と「有取」の二語より成る表現と見る見方もあるが、それはおそらく不適切であろう。つまり、「有漏随順有取」は「有漏」"sa-āsrava"と「随順有取」より成る表現で、「随順有取」の原語はおそらく、『集異門論』〈113〉で「有漏、随順諸取」と述べられる「随順諸取」、及び『大毘婆沙論』〈139〉で「有漏識、随順取識」と述べられる「随順取」の原語と一致しているか、類似しているであろう。ただし、これら「随順有取」「随順諸取」「随順取」の原語を、"sa-upādāna"と見ることだけはできないように思われる。というのも、これらの表現の直前にある"sa-āsrava"という語に対して、「有漏」という訳語が与えられた以上、もしも、原語が"sa-upādāna"であったとすれば、その訳語としては、当然「有取」というものが採用された筈だと思われるからである。

そこで次に、シュミットハウゼン教授が「声聞地」について指摘された用例を見てみよう。教授が指摘された個所には、漢訳では確かに、

〈143〉 有漏有取、順非苦楽、一切諸蘊、麁重倶行、苦楽種子之所随逐、苦苦壊苦不解脱故、一切皆是無常滅法。

（大正三〇、四七四上二六―二八行）

とあり、チベット訳でも、「有漏有取」に対応する訳語"zag pa daṅ bcas pa daṅ ñe bar len pa daṅ bcas pa"（D, Dsi, 186b3）が認められる。しかし、シュミットハウゼン教授が注意されたように[204]、梵文写本では、「有漏有取」に相当する個所に"sa-upādāna"の語はあるが、"sa-āsrava"の語は認められない。従って、この個所を"sa-āsrava"と"sa-upādāna"を列挙した用例と見ることには、若干の問題があるであろう。

次に、『十地経』*Daśabhūmikasūtra*について[205]、シュミットハウゼン教授が指摘された個所には、次のようにある。

〈144〉 teṣāṃ taiḥ saṃskāraiḥ paribhāvitaṃ avaropitaṃ cittabījaṃ sāsravaṃ sopādānam āyatyāṃ jātijarāmaraṇapunarbhavābhinirvṛttisaṃbhavopagataṃ bhavati/ karmakṣetrālayam [vijñānabījam][206] avidyāndhakāraṃ tṛṣṇāsneham asmimānapariṣyanditaṃ[207] dṛṣṭikṛtajālapravṛddhyā nāmarūpāṅkuraḥ prādurbhavati/ (DBh[K], p.97, *ll*.3-6)

(93) 彼等の、それらの〔諸〕行（saṃskāra）によって、熏習され（paribhāvita）植えつけられた（avaropita）、有漏（sa-āsrava）・有取（sa-upādāna）なる心という種子（citta-bīja）[208]は、来世に、生・老・死・後有（punar-bhava）の生起（abhinirvṛtti）・生（saṃbhava）を具えるもの（upagata）となる。即ち、〔心という種子（citta-bīja）は〕業を田（kṣetra）とし、アーラヤ（ālaya）〔識を種子とし〕、無明（avidyā）を闇（andhakāra）とし、渇愛（tṛṣṇā）を湿潤とし、我慢（asmimāna）によって灌漑された（pariṣyandita）とき、見解（dṛṣṭi）によって作られた網（jāla）が成長すること（pravṛddhi）によって、名色という芽（nāmarūpa-aṅkura）が出現する（prādurbhavati）。

これは基本的には、〝「諸行」→「識」→「名色」〟という三つの縁起支について、その因果関係、つまり〝縁起〟を説く経文であるが、ここには、確かに〝sa-āsravaṃ sa-upādānam〟「有漏有取」という表現が認められる。しかし、この表現についても、全く問題がない訳ではない。そこで、この点を示すために、『十地経』〔144〕に相当する漢訳を、漢訳年代の古いものから、以下に示すことにしよう。

〔145〕〔積累若干罪福興衰、万物無常、由無益生、〕解是所行、心善自修、消除諸漏、至真本無、其発善徳、故当還返、周遊生死報応之地、所作是田、神識是種、無明之本、則是闇冥、愛是潤沢、貢高自大、是其志性、長養諸見羅網衆結、便因得是、自生名色。（大正一〇、四七六上一一―一六行）〔竺法護訳〕

〔146〕以是行故、起熱心種子、有漏有取心故、起生死身、所謂、業為地、識為種子、無明覆蔽、愛水為潤、我心溉灌、種種諸見、令得増長、生名色芽。（同右、五一四下二―五行）〔羅什訳〕

〔147〕以是行故、起有漏心種子、有漏有取心故、〔以下〔146〕と同じ〕（大正九、五五八中一七―二一行）〔覚賢訳〕

〔148〕於諸行中、植心種子、有漏有取、復起後有生及老死。所謂、業為田、識為種、無明闇覆、愛水為潤、我慢溉

灌、見網増長、生名色芽。〔大正一〇、一九三下二二—二五行〕〔実叉難陀訳〕

〔149〕而彼有情、諸行所植、有漏有取心之種子、復続来世、生及老死中有後有。業田摂蔵、無明闇覆、愛水滋潤、我慢漑灌、見網増盛、生名色種芽。〔同右、五五二下一六—二〇行〕〔尸羅達摩訳〕

これらの漢訳を参照すると、この経文のテキストの形成の過程を理解することができるであろう。即ち、まず言えることは、最も新しい訳である尸羅達摩訳〔149〕が、サンスクリット文〔144〕に最も合致しているであろうということであり、この点は、〔149〕にのみ、〔144〕の "ālaya" の訳語が「摂蔵」として存在することによって明示されている。しかるに、この事実は、この経文が、ある段階から瑜伽行派の〃識〃や〃アーラヤ識〃の理論にもとづいて解釈されるようになったことを示しているであろう。つまり、私が〔144〕に、"vijñānabījam" という語を補った個所を中心とする部分には、本来、漢訳〔145〕—〔149〕から考えて、

(94) karmakṣetraṃ vijñānabījaṃ avidyāndhakāraṃ tṛṣṇāsneham

というテキストがあったと思われるが、〃種子と言えば、アーラヤ識の種子である〃というような瑜伽行派的理解によって、"vijñāna-bīja" または "vijñāna" が "ālaya" に代えられ、それが直前の "-kṣetraṃ" に結合して、"karma-kṣetra-ālayam" という奇妙な表現が成立したのであろう。チベット訳は、この表現に逐語的に対応する "las kyi shin gi gshi" (P, Li, 102a3) という訳語を示している。従って、この表現を有する梵文〔144〕と尸羅達摩訳〔149〕、そしてチベット訳には、"vijñāna-bījam" という語、及びその訳が存在しない代りに、"-ālayam" という語、及びその訳が見られるのである。

このように、この『十地経』の経文が、後に瑜伽行派の〃種子〃説と〃識〃説、とりわけ〃アーラヤ識〃に関する理論との関係で理解されるようになったということは、この経文の所説と〃アーラヤ識〃説の起源とに関して、何等かの関係があることを推測させるであろう。

そこで、問題の「有漏」"sa-upādāna"「有取」"sa-āsrava" について言えば、後の四つの漢訳、及びチベット訳の梵文原典には、確かに "citta-bījaṃ sa-āsravaṃ sa-upādānam" という文章は、存在したであろう。[209] しかし、最古の竺法護訳〔145〕を見ると、"sa-upādāna" または "upādāna" という語が、その梵文原典に存在したようには見えないのである。

即ち、まず「心善自修」が想定させるのは、"paribhāvitaṃ cittam" という形であり、これが、この部分の本来の形であったように思われる。つまり、ここには、本来 "-bījam" は無く、"-bījam" は "vijñāna-bījam" という後に出る表現から採られて、ここにも置かれ、さらに〝種子〟との連想から、"avaropita"「植えられた」という語が付加されたように思われる。次に「消除諸漏」は、意味的には逆の訳となっているが、〔144〕の "sa-āsravam" に対応していることは、確かであろう。つまり、「漏」は "āsrava" の訳である。さらに、「当還返」は難解であるが、少なくとも、「当」の一字、または「当還返」全体が、"āyatyāṃ" に対応していることも確実であろう。しかるに、その中間に置かれている「至真本無、其発善徳」という表現は、おそらく竺法護による説明的な補いであって、この表現を "sa-upādānam"「有取」の訳語と見ることは、不可能であろう。従って、最古の竺法護訳〔145〕の梵文原典に、"sa-upādāna"「有取」という語は存在しなかったであろうと思われる。ということは、本来は "paribhāvitaṃ cittaṃ sa-āsravam" であったテキストに、"sa-upādāna" が付加されて "paribhāvitaṃ cittaṃ sa-āsravaṃ sa-upādānam" という形になったのではないかと想定される。

しかるに、この想定は、『雑阿含経』「種子経」〔86〕ⓒの「取陰倶識」、つまり、おそらくは "vijñānaṃ sa-upādānam"「有取識」との関連において、興味深いものであろう。というのも、『十地経』〔144〕の原テキストに "cittaṃ sa-āsravaṃ sa-upādānam" という表現はなかったとしても、"cittaṃ... sa-upādānam" という表現は、『雑阿含経』「種子経」〔86〕ⓒの原典に存在したであろう "vijñānaṃ sa-upādānam" の発展形態として理解できるからである。

さらに、「業を田とし、識を種子とし、……渇愛を湿潤として」という表現が、〝四識住〟説を説く「種子経」〔85〕

〔86〕ⓒの「識住は地界のようなものである……喜貪は水界のようなものである……識は……種子のようなものである」という文章を連想させるものであることは、言うまでもない。すると、『十地経』〔144〕の所説は、「種子経」の影響下にあると見ることもできるかもしれないが、しかし、それはむしろ直接的には、パーリ仏典『増支部』三—七六経である「有経」Bhava-sutta[210] の次の記述にもとづくものと思われる。

〔150〕 iti kho Ānanda kammaṃ khettaṃ viññāṇaṃ bījaṃ taṇhā sineho[211] avijjānīvaraṇānaṃ[212] sattānaṃ taṇhāsaṃyojanānaṃ hīnāya dhātuyā viññāṇaṃ patiṭṭhitaṃ. evaṃ āyatiṃ punabbhavābhinibbatti hoti. evaṃ kho Ānanda bhavo hotīti.[213] (AN, I, p.223, *ll*.22-26)

〔151〕 是阿難、罪為地、識為種、欲為愛、痴為冥、已痴人、無有眼、便悪行已悪、便識在悪堕欲世。(大正二、八八一下一〇—一二行)〔安世高訳『七処三観経』〕

⑨⑤ 実にアーナンダよ、業(kamma, karman)は田(khetta, kṣetra)であり、識は種子であり、渇愛は湿潤である。無明(avijjā, avidyā)という蓋覆(nīvaraṇa)をもち、渇愛という結(saṃyojana)をもつ衆生たちの識は、劣った界(dhātu)〔即ち、欲界〕に住する(patiṭṭhita, pratiṣṭhita)。このようにして、来世に、後有(punabbhava, punar-bhava)の生起(abhinibbatti, abhinirvṛtti)がある。実にアーナンダよ、このようにして、有(bhava)が生じる。

この経文も『十地経』〔144〕と同様、〝「諸行」→「識」→「名色」〟という縁起支の因果関係を説くものと考えられるが、この経文を特徴づけているのは、何と言っても、〝「業」＝「田」〟〝「識」＝「種子」〟〝「渇愛」＝「湿潤」〟という教説であり、この教説にもとづいて『十地経』〔144〕が形成されていることは、明らかであろう。[214] しかるに、この「有経」〔150〕が、「識」を「種子」に喩えた「種子経」〔85〕〔86〕の影響下にあることも、また確実だと思われる。即ち、「有経」〔150〕の〝「識」は、劣界〔・中界・勝界〕(三界)に住する〟という説と、「種子経」の〝「識」は「識住」たる四蘊に住する〟という説とでは、大きな隔たりはないであろう。つまり、「種子」たる「識」は、それらのもの(「識住」)(四蘊)＝

三界[215]に「住する」ことによって、「名色」（「後有」）を「生起」させる、というのである。

このように、一応〝「種子経」〔85〕→「有経」〔150〕→『十地経』〔144〕〟という展開を想定するとすれば、『十地経』〔144〕の“citta-bīja”または“citta”は、「種子経」〔85〕〔86〕の「有食識」または「有取識」“vijñānaṃ sa-upādānam”の発展形態と見ることが可能になる。しかし、『十地経』〔144〕の“sa-āsravaṃ sa-upādānam”という表現が本来“sa-upādānam”を欠いていたとしたら、“sa-āsrava”と“sa-upādāna”は完全に同義語であると見ることにも問題があるであろうし、また同じことであるが、新たに付加された“sa-upādāna”の“upādāna”が“āsrava”を意味すると解することにも問題があると思われる。

では、次に、シュミットハウゼン教授が指摘された「菩薩地」における「有漏」「有取」列挙の用例を見てみよう。教授が指摘された個所には、次のようにある。対応する漢訳とともに示すことにしよう。

〔152〕 aham iti mameti ca vikalpaḥ katamaḥ/ yad vastu sāsravaṃ sopādānīyaṃ dīrghakālam ātmato vā ātmīyato vā saṃstutam abhiniviṣṭaṃ paricitaṃ tasmād asaṃgrāhasaṃstavāt svaṃ dṛṣṭisthānīyaṃ vastu pratītyotpadyate vitatho vikalpaḥ/ ayam ucyate aham iti mameti ca vikalpaḥ/ (BBh, p.35, *ll*.24-27)

〔153〕 云何名我我所謬。於有漏中、取我我所、無量世中、常生取著、計我我所、是名我我所謬。（大正三〇、九七〇下一三—一五行）（『善戒経』）

〔154〕 云何我我所妄想。若彼諸事、是有漏受陰、久遠積習、我我所著、是故無摂受処、習自見処事、以是因縁、起不如実妄想、是名我我所妄想。（同右、八九五下五—八行）（『地持経』）

〔155〕 云何名為我我所分別。謂若諸事有漏有取、長時数習我我所執之所積聚、由宿串習、彼邪執故、自見処事、為縁所生虚妄分別、如是名為我我所分別。（同右、四九〇上一四—一八行）〔玄奘訳『瑜伽師地論』〕

(96) 我（aham）である、我所（mama）である、という分別（vikalpa）とは何か。何であれ、有漏（sa-āsrava）・有所取（sa-upādānīya, ñe bar len pa daṅ mthun par bcas pa）(216)なる依事(217)（vastu）が、長時に、我（ātman）であるとか、我所（ātmīya）であるとか、繰返し見なされ（saṃstuta）、執着され（abhiniviṣṭa）繰返し考えられた（paricita）ならば、その不正な執着（asaṃgrāha）の習慣的思考（saṃstava）にもとづいて、自らの、見解の場所である（dṛṣṭi-sthānīya）その依事（vastu）(218)に縁りて（pratītya）(219)虚偽な（vitatha）分別が生じる。これが、我である、我所である、という分別と言われる。

ここで、まず第一に明らかなことは、玄奘訳〔155〕には、「有漏有取」という訳語があるにもかかわらず、梵文テキスト〔152〕には、"sa-āsrava"と"sa-upādāna"という語が列挙されているのではないということである。即ち、〔152〕で"sa-āsrava"の後に置かれているのは、"sa-upādāna"ではなくて、"sa-upādānīya"なのである。従って"upādānīya"は「取られる〔べき〕もの」「所取」を意味するという理解(220)から、この"sa-upādānīya"を、ここでは一応「有所取」と訳したが、問題は、この語が本来からテキストに存在したかどうかということであろう。

そこで、漢訳を見てみると、〔152〕の"sa-āsravaṃ sa-upādānīyam"に対応する訳文は、次の通りである。

sa-āsravaṃ sa-upādānīyam

於有漏中、取〔我我所〕、（『善戒経』〔153〕）

是有漏受陰、（『地持経』〔154〕）

有漏有取、（『瑜伽師地論』〔155〕）

ここで問題は、『善戒経』の「取」の原語をどのように見るべきかということであろうが、私には、この「取」という訳語の原語が"sa-upādānīya"であったとは思えない。というのも、もしそうであるとすれば、「有取」という玄奘の訳語のように、「有」という語が用いられる筈だと思われるからである。おそらく玄奘訳の段階では、テキストは、すでに"sa-āsravaṃ sa-upādānīyam"となっていたのかもしれない。それ故、玄奘は、"sa-āsrava"と"sa-upādānīya"を"vastu"

を形容する限定語の列挙として、「〔若諸事〕有漏有取」と訳したのであろう。

しかるに、『善戒経』の「於有漏中、取〔我我所〕」という訳が、このような〝限定語列挙〟という理解を示していないことは明らかである。というのも、この訳は〝有漏〔の諸法〕において、我我所を取る〟という意味に理解されるべきであると思われるからである。すると『善戒経』が依った梵語写本のこの部分に、"sa-upādānīya"という語が存在したことについては、疑問が生じるのである。

この疑問は、『地持経』の「有漏受陰」という訳によっても、さらに増幅させられる。「受陰」は、『雑阿含経』では、"upādāna-skandha"のごく一般的な訳語であるが、[21]〔152〕の"sopādānīyam"というテキストや、他の漢訳から考えて、『地持経』のこの部分に、"upādāna-skandha"という原語が存在したとは考えられない。つまり、「受陰」は、明らかに意訳であって、ここでは〝五蘊〟が意図されているということを示すために"upādāna"に関連する何等かの原語が、「受陰」と訳されたのであろう。しかし、その原語が、"sa-upādānīya"であるとすれば、それは当然「有漏」"sa-āsrava"との関連から、「有受」などと訳されていたと思われる。従って、『地持経』の「受陰」という訳語も、その原語が"sa-upādānīya"であることを疑わしめるものである。

しかし、"[yad vastu sa-āsravaṃ] sa-upādānīyam"というのは、考えてみれば、奇妙な表現である。私は(96)で、"sa-upādānīya"を「有所取」と訳したが、"vastu"が〝取られるもの〔所取〕を有する〟というのは、意味をなすであろうか。というのも、ここで"vastu"というのは、〝あらゆる諸法〟つまり一般には〝五蘊〟と言われるものを指している筈である。すでに述べたように、『地持経』の「受陰」(upādāna-skandha)という訳は、このような解釈を示している。しかし、〝五蘊〟は本来〝取られるものを有するもの〟ではなくて、〝取られるもの〟そのものであるからこそ、〝五取蘊〟と言われるのではなかろうか。[22]「取経」〔127〕を見ても、「色」等の〝五蘊〟は"upādāniyo dhammo"(upādāniyo dharmo)つまり、「取られる〔べき〕法」であると言われているのである。

それ故、「菩薩地」〈152〉で“vastu”について、“sa-upādānīya”と言われるのは、教理的に見ても不適切であり、そこにはむしろ“upādānīya”「取られるべき」「所取」という語が用いられていたのではないかという推定がなされるのである。即ち、問題の個所のテキストの原型を“yad vastu sāsravam upādānīyam”と見るのである。これならば“vastu”が「取られるもの」となり、「取経」〈127〉の趣旨とも合致し、教理的にも不適切な表現とならないであろう。

しかも、このような想定には、これによって『善戒経』の訳文がよく理解できるものとなるという利点も存在する。というのも、問題の個所のテキストを、

(97) yad vastu sāsravam upādānīyaṃ dīrghakālam ātmato vā ātmīyato vā...

と考えるならば、これを「何であれ、有漏なる依事は、長時に我であるとか、我所であるとか、取られるべきであるが」と解することができ、これは『善戒経』〈153〉の「於有漏中、取我我所」という訳と基本的に一致すると思われるからである。かくして、当該個所の本来のテキストに“sa-upādānīyam”ではなくて、“upādānīyam”という原語を想定することは、『善戒経』〈153〉によって支持されると思われる。

また『地持経』〈154〉の「受陰」という訳語も、“upādānīya”は〝五取蘊〟を意味するという解釈にもとづく意訳と見れば、何の問題もないであろう。

しかし、この“upādānīya”という想定、つまり「菩薩地」〈152〉の本来のテキストは、“sa-āsravam upādānīyam”であったであろうという想定については、シュミットハウゼン教授が“sa-āsrava”と“sa-upādāna”の列挙の用例として指摘された『倶舎論』の記述との関連において、さらに検討する必要があるであろう。即ち、まず教授が『倶舎論』について、指摘された個所には、次のようにある。

〈156〉 yadi ca rūpāyatanādīni ekāntena sāsravāṇi syur iha sūtre kimarthaṃ viśeṣitāni syur yāni rūpāṇi sāsravāṇi sopādānīyāni cetaḥkhilamrakṣavastv iti vistaraḥ/ (AKBh, p.197, *ll*.12-14)

〔157〕若色入一向有流、此経中、云何簡別説、経言、有流色者、若色有取、心堅覆蔵所依、広説如経。（大正二九、二三七上一九―二一行）〔真諦訳〕

〔158〕若色処等、一向有漏、此経何縁差別而説、如説有漏有取諸色、心栽覆事、声等亦爾。（同右、六九中一一―一三行）〔玄奘訳〕

⑱ しかるに、もし諸の色処（rūpa-āyatana）が、専ら有漏（sa-āsrava）であるならば、この経において、何のために、詳しく「有漏（sa-āsrava）・有所取（sa-upādānīya, ñe bar len par ḥgyur ba）なる諸の色は、心の栽覆（khila-mrakṣa）[223]の依事（vastu）[224]である」云々と限定された（viśeṣita）のか。

まず、ここでも「菩薩地」〔152〕と同様に、"sa-āsrava"と"sa-upādāna"ではなく、"sa-āsrava"と"sa-upādānīya"という限定語の列挙が認められる。しかも、その被限定語である"rūpāṇi"「諸の色」は"vastu"「依事」とも言われているから、〔152〕とほぼ同様の趣旨が述べられていることが理解される。では、ここでは、"sa-upādānīyāni"というテキストに疑問は無いのであろうか。つまり、ここでも、本来のテキストは、"upādānīyāni"なのではなかろうか。確かに二つの漢訳〔157〕〔158〕における「有取」という訳語も、またヤショーミトラが〔156〕について、次のように註釈していることも、〔156〕の"[rūpāṇi sāsravāṇi] sopādānīyāni"というテキストの正当性を保証しているように見える。

〔159〕yāni rūpāṇīti yāni rūpāṇy āyatanānīty arthaḥ. vistareṇa yāvad ye dharmāḥ sāsravāḥ sopādānīyāś cetaḥkhilamrakṣavastv iti vacanāt. santi anāsravāṇi rūpāyatanānīti. tāni punaḥ katamāni sāsravāṇi sopādānīyāni. pṛthagjanarūpāṇi. āsravāṇāṃ niśrayatvāt tadapratipakṣatvāc ca. katamāny anāsravāṇi. yāni arhato rūpāṇi bāhyāni ca. āsravāṇām aniśrayatvāt. （AKVy, p.355, *l.* 31-p.356, *l.*2)

⑲ "yāni rūpāṇi"とは、何であれ、諸の色処（rūpa-āyatana）という意味である。詳しくは、「有漏・有所取（sa-upādānīya, ñe bar len par ḥgyar ba）の法は、何であれ、心の栽覆の依事である」というところまで説かれたから、

無漏（an-āsrava）なる諸の色処は、〔確かに〕有るのである。しかし、それらの有漏・有所取なる〔諸の色〕とは何か。凡夫（pṛthagjana）の諸の色である。諸の漏（āsrava）の依りどころ（niśraya）〔基体〕であるから。また、それ（漏）の対治（pratipakṣa）ではないから。無漏（an-āsrava）の〔諸の色〕とは何か。何であれ、阿羅漢の色と外的な色である。諸の漏の依りどころではないから。

確かにここには、"sa-upādānīya" という表現が二回に亘って認められる。しかし、興味深いことに、ヤショーミトラは、「無漏」"sa-āsrava" の語義については、「漏の依りどころであるから」という註釈を行っているにもかかわらず、"sa-upādānīya" については、全く註釈していない。これは、"sa-upādānīya" というテキストに問題のあることを示しているのではなかろうか。また、"sa-āsrava" のみに註釈し、"sa-upādānīya" に註釈しないのは、プールナヴァルダナ Pūrṇavardhana の註釈『随相論』*Lakṣaṇānusāriṇī*（P, No.5594）も同様である。(225)

しかも、『倶舎論』〔156〕の "sa-upādānīya" については、チベット訳を参照すると、疑問が生じるのである。即ち、ここで「菩薩地」〔152〕の訳語をも含めて、『倶舎論』〔156〕、『倶舎論疏』〔159〕、『随相論』、シャマタデーヴァ Śamathadeva の『ウパーイカー』（P, No.5595）における "sa-upādānīya" に対応すると思われる訳語を列挙してみよう。

「菩薩地」（Ye śes sde 訳）：ñe bar len pa daṅ mthun par bcas pa
『倶舎論』（dPal brtsegs 訳）：ñe bar len par ḥgyur ba
『倶舎論疏』（dPal brtsegs 訳）：ñe bar len par ḥgyur ba（gyur pa）(226)
『随相論』（Ñi ma grags 訳）：ñe bar len par ḥgyur ba(227)
『ウパーイカー』（Śes rab ḥod zer 訳）：ñe bar len pa daṅ bcas pa(228)

"sa-upādānīya" に対応する筈のこれらの訳語は、極めて興味深いものである。まず、『ウパーイカー』の "ñe bar len pa daṅ bcas pa" は、おそらく "sa-upādānīya" ではなく、"sa-upādāna" の訳語であろう。つまり、『倶舎論』〔156〕に引用される経文は、『ウパーイカー』では、すでに“sa-āsrava”と“sa-upādāna”という限定語の列挙をもつものとして示されていたと思われる。

これに対して、他の四者における訳語は“sa-upādāna”と対応するものとは考えられない。では、“sa-upādānīya”に対応しているかといえば、対応していると言えるのは、「菩薩地」の“ñe bar len pa daṅ mthun par bcas pa”のみであろう。“...r bcas pa”が、“sa-”の訳語であることは、確実である。しかし、他の三者に共通して認められる“ñe bar len par hgyur ba”という訳語の原語を、“sa-upādānīya”と見ることは、おそらく不可能であろう。では、その原語とは何かと言えば、私は“upādānīya”だと考えるのである。“upādānīya”は未来受動分詞であるが故に、“ñe bar len par bya ba”と訳されるのが当然だと思われるかもしれないが、『明句論』のチベット訳（Ñi ma grags 訳）において、「取られるもの」を意味する“upādeya”という未来受動分詞が、“ñe bar blaṅ ba”という未来形によって訳されたように、[229] これら三者においても、“upādānīya”は“ñe bar len par hgyur ba”という未来を示す形で訳されたのであろう。

しかも、このような想定は、『倶舎論』〔156〕に引用された経文を参照することによって、さらに、その妥当性が示されるのである。即ち、『倶舎論』に引用された経文に対応するのは、『雑阿含経』第三三二経の一節であると考えられているが、[230] この極めて短い経の全文は、次の通りである。

〔160〕 如是我聞、一時仏住舎衛国祇樹給孤独園。爾時世尊告諸比丘。有六覆、云何為六。謂、色有漏是取、心覆蔵。声香味触法、有漏是取、心覆蔵。是名六覆。仏説此経已、諸比丘聞仏所説、歓喜奉行。（大正二、九二中九―一三行）

ここで、「有漏是取」とあるのが、『倶舎論』〔156〕の“sa-āsravāṇi sa-upādānīyāni”に対応していることは、明らかであるが、ここで「是取」の原語は、“sa-upādānīya”ではなく、“upādānīya”であろう。というのも、『相応部』二二―四八経の「蘊経」Khandha-sutta、及び、それに対応する『雑阿含経』第五五経には、次のようにあるからである。

〔161〕 ⓐ pañca bhikkhave khandhe desissāmi pañcupādānakkhandhe ca/ taṃ suṇātha/

ⓑ katame ca bhikkhave pañcakkhandhā/ yaṃ kiñci bhikkhave rūpam atītānāgatapaccuppannaṃ ajjhattaṃ vā bahiddhā vā oḷārikaṃ vā sukhumaṃ vā hīnaṃ vā paṇītaṃ vā yaṃ dūre santike vā ayaṃ vuccati rūpakkhandho/ yā kāci vedanā... yā kāci saññā.../ ye keci saṅkhārā... yaṃ kiñci viññāṇam... ayaṃ vuccati viññāṇakkhandho/ ime vuccanti bhikkhave pañcakkhandhā/

ⓒ katame ca bhikkhave pañcupādānakkhandhā/ yaṃ kiñci bhikkhave rūpam atītānāgatapaccuppannaṃ... dūre santike vā sāsavam upādāniyam ayam vuccati rūpupādānakkhandho/ yā kāci vedanā.../ yā kāci saññā.../ ye keci saṅkhārā.../ yaṃ kiñci viññāṇam atītānāgatapaccuppannaṃ... dūre santike vā sāsavam upādāniyam ayaṃ vuccati viññāṇupādānakkhandho/ ime vuccanti bhikkhave pañcupādānakkhandhāti// (SN, III, p.47, *l*.9-p.48, *l*.4)

〔162〕 ⓐ我今当説、陰及受陰。

ⓑ云何為陰。若所有諸色、若過去若未来若現在、若内若外、若麤若細、若好若醜、若遠若近、彼一切総説色陰。随諸所有、受想行識、亦復如是。彼一切総説、受想行識陰、是名為陰。

ⓒ云何為受陰。若色是有漏是取、若彼色過去未来現在、生貪欲瞋恚愚痴及余種種上煩悩心法、受想行識、亦復如是、是名受陰。(大正二、一三中一四—一二行)

⑽ ⓐ比丘たちよ、私は、五蘊と五取蘊を説こう。それを聴け。

ⓑ比丘たちよ、五蘊とは何か。比丘たちよ、何であれ、過去・未来・現在の、内または外の、粗または細の、劣または勝の、遠または近の、色(rūpa)なるもの、これが色蘊と言われる。何であれ、受……想……行……識なるもの、これが識蘊と言われる。これらが、比丘たちよ、五蘊と言われる。

ⓒ比丘たちよ、五取蘊とは何か。比丘たちよ、何であれ、過去・未来・現在の、……遠または近の色であり、有漏(sa-āsava, sa-āsrava)・所取(upādāniya, upādānīya)なるもの、これが、色取蘊と言われる。何であれ、過去・

未来・現在の、……遠または近の識であり、有漏・所取なるもの、これが、識取蘊と言われる。比丘たちよ、これらが、五取蘊と言われる。

この経文は、〝五蘊〟は「有漏」"sa-āsrava"であり、「所取」"upādānīya"であるとき、〝五取蘊〟となるという形で、〝五蘊〟と〝五取蘊〟の区別を説くものであると考えられるが、漢訳『雑阿含経』〔162〕ⓒを見ると、〔161〕の"sa-āsavam upādāniyam"が、「有漏是取」[231]と訳されていることが知られる。しかるに、この訳語は、『雑阿含経』第三二経〔160〕の「有漏是取」に一致している。すると、〔160〕の「有漏是取」の原語も、中性形単数で言えば"sa-āsravam upādānīyam"であることが知られ、さらに、その経文を引用する『倶舎論』〔156〕の"sa-āsravāṇi sa-upādānīyāni"も、本来の形は"sa-āsravāṇy upādānīyāni"というテキストであったであろうということが、想定されるのである。

すでに述べたように、〝五蘊〟について、"upādānīya"「取られる〔べき〕もの」という限定語を述べることは妥当であるが、"sa-upādānīya"「取られる〔べき〕ものを有する」という限定語を述べることは、教理的に見ても不適切であると思われる。それ故、〝五蘊〟については、「蘊経」〔161〕ⓒの"sa-āsavam upādāniyam"、つまり、梵語で言えば、"sa-āsravam upādānīyam"という限定語こそが、最も相応しいと考えられる。従って、「菩薩地」〔152〕の"yad vastu sa-āsravaṃ sa-upādānīyam"も、すでに述べたように、"yad vastu sa-āsravam upādānīyam"が本来の形であったと思われる。

では、『大毘婆沙論』〔140〕と〔141〕の「有漏有取」の原語や、〔141〕に引用されている『識身論』〔142〕の「有漏随順有取」の原語、さらには『大毘婆沙論』〔139〕の「随順取識」の原語は何であろうか。これについて考察するためには、『集異門論』〔113〕にもどるべきであろう。即ち、〝四識住〟を説く〔113〕には、

(101) 若色有漏、随順諸取、於彼諸色、若過去若未来若現在、或生起欲、或貪或瞋或痴、或随一一心所、随煩悩、是名色識住、受想行識住、広説亦爾。

とあるが、この記述を、「蘊経」〔161〕ⓒ、あるいは、特にそれに対応する『雑阿含経』〔162〕ⓒの、

(102) 若色是有漏是取、若彼色過去未来現在、生貪欲瞋恚愚痴及余種種上煩悩心法、受想行識、亦復如是、是名受陰。

と比較すると、その趣旨が、「識」を除いた「色」「受」「想」「行」の〝四蘊〟に限っては、一致していると見ざるを得ない。つまり、〝四蘊〟または〝五蘊〟は、「有漏」であり、煩悩を生じる〔基体である〕とき、「識住」と呼ばれたり、「取蘊」と呼ばれる、というのである。すると、『集異門論』〔113〕の(101)の「随順諸取」の原語も、(102)の「有漏是取」におけると同様、“upādānīya”（「取られる〔べき〕もの」）ではないかということが推測される。しかも、この推測の妥当性は、「菩薩地」〔152〕の“sa-upādānīya”の“upādānīya”が、すでに示したように、チベット訳で“ñe bar len pa daṅ mthun pa”つまり、「取に随順するもの」と訳されたという事実によっても、確認されるであろう。即ち、『集異門論』〔113〕の「随順諸取」の原語は、“ñe bar len pa daṅ mthun pa”の原語と同様、“upādānīya”なのである。[232]

すると、当然『識身論』〔142〕の「頗有諸法、世間有漏、随順有取、取蘊所摂」の「随順有取」の原語も、“upādānīya”ではないかということが想定される。この「随順有取」という限定語の被限定語は、「頗有諸法」であるが、その原語は、“ye kecit dharmāḥ”（「何であれ、諸法は」）であると思われ、それは、また〔142〕では、「取蘊所摂」とも言われているから、これは〝五取蘊〟に相当するものと考えられる。従って、その〝五取蘊〟について、“upādānīya”「取られる〔べき〕もの」という限定語が述べられることは、教理的には適切であろう。

ただし、「随順有取」という訳語中の「有」は、“sa-”を訳したものであるように見える。すると、ここでは、“upādānīya”ではなく“sa-upādānīya”が原語であるかもしれない。「諸法」について“sa-upādānīya”と述べることは、教理的には不適切だと思われるが、しかし、次のような理由から、この語が用いられたことも考えられるであろう。

即ち、「菩薩地」〔152〕の“sa-āsravaṃ sa-upādānīyam”及び『倶舎論』〔156〕の“sa-āsravāṇi sa-upādānīyāni”は、本来“sa-āsravam upādānīyam”“sa-āsravāṇy upādānīyāni”という形であったというのが、私がすでに推定したところであるが、しかし、実際には、“sa-āsrava”という語の後に、“sa-upādānīya”という語が置かれるテキストが現存しているということは、本来存在していた“sa-āsravam upādānīyam”というような形が、おそらく“sa-”を伴った表現がここには繰返されるべきだというような理解にもとづいて、“sa-āsravaṃ sa-upādānīyam”に変化したことを示している。つまり、〝五蘊〟を主語とする限り、“sa-upādānīya”という限定語を述べることは不適切なのであるが、“upādānīya”は直前の“sa-āsrava”に影響されて、“sa-upādānīya”に変化してしまったのである。しかるに、〝五蘊〟を主語として“sa-upādānīya”という限定語を述べることは、明らかに不適切であるから、今度はそれが“sa-upādāna”に変更され、“sa-āsravaṃ sa-upādānam”[233]というような形も用いられるようになったのではないかと、想像される。

いずれにせよ、中性形単数でいえば、“sa-āsravam upādānīyam”と“sa-āsravaṃ sa-upādānīyam”と“sa-āsravaṃ sa-upādānam”という三つの形が、現実には使用されたこと、そして、時には、混同されて使用されたことは、確実だと思われる。このような観点から、『識身論』〔142〕の「有漏、随順有取」の「随順有取」の原語を想定すれば、“upādānīya”か“sa-upādānīya”が考えられるし、『大毘婆沙論』〔140〕〔141〕の「有漏有取」の「有取」の原語を想定すれば、“sa-upādānīya”か“sa-upādāna”が考えられるであろう。さらに「声聞地」〔143〕「有漏有取、……一切諸蘊」の「有取」の原語は、“sa-upādāna”であるから、少なくとも、この漢訳、及びチベット訳の梵文原典に“sa-āsrava”と“sa-upādāna”が列挙されていたことも、確実であろう。

では、シュミットハウゼン教授が指摘された“sa-āsrava”と“sa-upādāna”（または“sa-upādānīya”）の用例を検討するきっかけとなった「随順取識」、つまり、〝四識住〟説を説明する『大毘婆沙論』〔139〕の「此中、諸有漏識、随順取識、生起執着、安住増長、故名識住」の「随順取」の原語とは何なのであろうか。まず、この「随順取識」が、『雑阿含経』所伝の「種子経」〔86〕の「有取識」“vijñānaṃ sa-upādānam”に対応することを認めるとしても、「随順取」の原語が“sa-upādāna”であるということは、考えられないであろう。というのも、すでに述べたように、その場合には、“sa-upādāna”は当然、「有取」と訳されたであろうと思われるからである。すると、『集異門論』〔113〕の「随順諸取」の原語を“upādānīya”と想定したように、ここでも、「随順取識」の「随順取」の原語を“upādānīya”と見なせばよいかもしれない。つまり、〈139〉の「諸有漏識、随順取識」は、「識」について、「蘊経」〈161〉ⓒや「菩薩地」〈152〉や『倶舎論』〈156〉本来のテキストと思われるものと同様に、“sa-āsrava”と“upādānīya”という限定語を列挙した表現と考えるのである。

しかし、私は、この想定に抵抗を感じるのである。〝四識住〟説の「識」について、“upādānīya”「取られる〔べき〕もの」という限定語を述べることは、適切であろうか。つまり〝五蘊〟については、「取経」〈127〉や「蘊経」〈161〉ⓐのように、“upādānīya”「取られるもの」という限定語を述べるのは妥当であろう。というのも、「取られるもの」“upādānīya”とは〝基体〟であるから、「取経」〈127〉で「欲貪」“chanda-rāga”の〝基体〟とされる〝五蘊〟が「取られるもの」“upādānīya”と呼ばれるのは適切だと思われるからである。しかるに、〝四識住〟説においては、「識」は〝五蘊〟の中の一つとして、他の〝四蘊〟と同列に把えられているのではなくて、他の〝四蘊〟を〝基体〟とする〝超基体〟であるとされるのであるから、その〝四蘊〟を〝基体〟とする「識」について、“upādānīya”という限定語を述べることは、適切だとは思えないのである。

すると、『大毘婆沙論』〈139〉の「随順取識」の「随順取」の原語は、“sa-upādānīya”ではないかということが考えられる。即ち、この“sa-upādānīya”を〝「取られるもの」（基体）である四蘊を有する〈識〉〟と読み、この表現がもとづくと思われる「種子経」〈86〉ⓒの「有取識」“vijñānaṃ sa-upādānam”も、〝「取られるもの」（upādāna）である四蘊を有する識〟と解するのである。つまり、「有取識」の「取」“upādāna”の意味は、ヤショーミトラが〈132〉で述べた「渇愛」“tṛṣṇā”でもなく、また、シュミットハウゼン教授が“sa-āsrava”と“sa-upādāna”という限定語を列挙した用例を指摘することによって示そうとされた“clinging”でもなく、「取られるもの」“upādānīya＝upādāna”、つまり、「識」が住する〝基体〟である〝四蘊〟であると見るのである。

もしも、この解釈に従えば、『大毘婆沙論』〔139〕の「諸有漏識、随順取識」という表現中の「漏」と「取」は、前述の〝四識住〟説の三要素〔㋐㋑㋒〕のうち、「識」以外の二要素、つまり、それぞれ「喜貪」〔㋒〕と「識住」〔㋑〕を指しているということになるし、また「摂事分」〔120〕〔121〕ⓑに説かれる「有取識」の「取」も、すでに述べたように「識によって取られた有色根」であるということになり、「種子経」〔86〕の「有取識」、『大毘婆沙論』〔139〕の「随順取識」、「摂事分」〔120〕〔121〕の「有取識」が『解深密経』〔6〕―〔10〕ⓐに説かれる〝二種の「取」をもつ「一切種子識」〟に発展したと想定することも可能になるであろう。

しかし、この解釈にも、私はやはり疑問を感じる。というのも、「有取識」を〝「取られるもの」（四蘊）を有する識〟と考えるならば、〝四識住〟説とは、〝「取られるもの」を有する識は、「取られるもの」（四蘊）に住する〟と説くものとなってしまい、説明に重複が生じると思われるからである。従って、結論として言えば、私は、まず第一に『大毘婆沙論』〔139〕の「随順取識」の原語を確定できないし、また、この「随順取識」という表現がもとづくであろう「種子経」〔86〕ⓒに説かれる「有取識」についても、その「取」〝upādāna〟とは「渇愛」〝tṛṣṇā〟を意味するというヤショーミトラの理解や、〝clinging〟（執着）を意味するというシュミットハウゼン教授の理解を否認することもできないのである。

しかるに、実は、「有取識」について論ずべきことは、まだ残されているのである。その第一は、『雑阿含経』の「種子経」〔86〕ⓒの「取陰倶識」という訳語についてである。即ち、漢訳者は「有取識」、つまり、おそらく〝vijñānaṃ sa-upādānam〟を「取陰倶識」と訳したのであるが、このように訳したとき、彼が「有取識」の「取」〝upādāna〟を〝執着〟とも、「渇愛」とも見なしていないことは、明らかであろう。つまり、漢訳者が、その〝upādāna〟を「取陰」と訳したのは、これを「取蘊」〝upādāna-skandha〟と同一視したために他ならない。この場合、「取蘊」とは、〝五蘊〟ではなくて、「識」の〝基体〟たる〝四蘊〟でなければならないが、しかし、訳者が、〝upādāna〟を〝取蘊〟と解したのは、『明句論』〈47〉で見たように“upādāna”を「取られるもの」と解したためであることは確実であろう。つまり、この解釈によれば、「有取識」とは、〝取られるもの」（基体）である四蘊を有する識〟という意味になるのである。

しかも、これは、単に漢訳者だけの解釈にしかすぎないとして、無視することのできない重要性をそなえている。というのも、ブッダゴーサの理解も、この漢訳者の理解に一致するように思われるからである。即ち、ブッダゴーサは、「有取識」に対応する「有食識」“viññāṇaṃ sāhāram”の語が出る「種子経」〈85〉ⓒについて、次のように註釈している。

〈163〉 catasso viññāṇaṭṭhitiyo ti, kammaviññāṇassa ārammaṇabhūtā rūpādayo cattāro khandhā: te hi ārammaṇavasena patiṭṭhā-bhūtattā paṭhavīdhātusadisā, nandirāgo snehanatthena āpodhātusadiso. [234] viññāṇaṃ sāhāram ti sappaccayaṃ kammaviññāṇaṃ: taṃ hi bījaṃ viya paṭhaviyaṃ ārammaṇapaṭhaviyaṃ virūhati. (*Sāratthappakāsinī*, II, p.272, *ll*.23-28)

(103) 四つの「識住」(viññāṇa-ṭṭhiti) というのは、業識 (kamma-viññāṇa) の所縁 (ārammaṇa, ālambana) となっている色 (rūpa) 等の四蘊である。というのも、それらは、所縁の力によって、住処 (patiṭṭhā, pratiṣṭhā) となっているから、地界に似ているからである。喜貪 (nandi-rāga) は、湿潤すること (snehana) の意味によって、水界に似ている。「食を有する識」というのは、縁 (paccaya, pratyaya) を有する業識である。というのも、それは、地における種子 (bīja) のように、所縁という地において、成長するからである。

ここで問題は、ブッダゴーサが、「有食識」の「食」“āhāra”をいかに解釈しているかであるが、まず、彼は「食」を「縁」“paccaya”という語によって置きかえている。「食」を「縁」と註釈すること自体は、〈108〉でも、ブッダゴーサが行っていたことであり、おそらくこれは、上座部仏教の伝統的解釈と言えるものなのであろう。しかし、問題は、その「縁」が何を指すかということであり、その答えは、“taṃ hi bījaṃ”以下の文章に示されていると思われる。

即ち、そこでは「種子経」〈85〉に説かれる「識」成長の三要素㋐㋑㋒のうち、「水」に喩えられる「喜貪」や「貪」〈㋒〉

は言及されずに、「地」という「所縁」〔イ〕が言及されている。ということは、ブッダゴーサの言う「縁」“pratyaya”は「所縁」“ālambana”を意味し、それは「地」に喩えられる「四識住」〔イ〕、つまり、「取られるもの」である“四蘊”を意味していると考えられるのではなかろうか。

ブッダゴーサは、『スッタニパータ』第四七四偈の“ārammaṇa”「所縁」という語を、“paccaya”「縁」であると註釈しているから、[235]〔163〕においても、彼は、「縁」は「所縁」を意味するという註釈をなしたのであろう。この場合、「縁」“pratyaya”にも、「所縁」“ālambana”にも“基体”の意味が認められていることは、明らかであろう。

従って、「有食識」の「食」に関するブッダゴーサの解釈は、

āhāra＝pratyaya＝ālambana＝四識住＝四蘊

というものであると見ることができるであろうが、これは『雑阿含経』漢訳者の「有取識」の「取」の解釈、つまり、

upādāna＝「取陰」（取蘊）＝四蘊

という解釈と一致していることに気づかされるのである。しかも、「食」“āhāra”と「取」“upādāna”が同義語として扱われることは、『相応部』一二―五二経である「取経」Upādāna-sutta における次の一節によって明示されているのである。

〔164〕 tatra puriso kālena kālaṃ sukkhāni ceva tiṇāni pakkhippeyya/ sukkhāni ca gomayāni pakkhippeyya/ sukkhāni ca kaṭṭhāni pakkhippeyya/ evañhi so bhikkhave mahā aggikkhandho tadāhāro tadupādāno ciram dīgham addhānam jaleyya/ (SN, II, p.85, *ll*.3-7)

〔165〕 若復有人、増其乾草樵薪、諸比丘、於意云何。此火相続長夜熾然不。比丘白仏言、如是世尊。（大正二、八〇中一三―一五行）

(104) そこに、人が時々、乾いた草（tiṇa）を投じるであろう。また、乾いた牛糞（gomaya）を投じるであろう。ま

た、乾いた薪（kaṭṭha）を投じるであろう。かくして、比丘たちよ、その大いなる火の聚り（aggi-kkhandha）は、それを食（āhāra）とし、それを取（upādāna）として、長い間、燃えるであろう。

即ち、ここに、〝tad-āhāra〟「それを食とする」と〝tad-upādāna〟「それを取とする」という表現が見られるが、この二つの表現はブッダゴーサも註釈で認めるように、[236] 同義であり、ここで「それ」とは、「草」「牛糞」「薪」を指している。従って、ここで、〝āhāra〟も〝upādāna〟も、〝燃料〟を意味していることは、明らかであるが、その場合、〝upādāna〟が〝執着〟ではなくて、「取られるもの」、つまり、「火」によって「取られるもの」を意味することを理解しなければならない。[237]

しかるに、「取経」〔164〕において〝upādāna〟「取」は「取られるもの」を意味するというこの解釈を、「種子経」〔86〕に適用するならば、〔86〕の「有取識」の「取」〝upādāna〟を「取陰」〝upādāna-skandha〟と訳した『雑阿含経』漢訳者の理解は、適切であったということになるであろう。

しかも、ここで注意すべきは、「種子経」〔85〕〔86〕に説かれる〝「識」（=「種子」）の成長〟と、「取経」〔164〕で説かれる〝「火」の燃焼〟が似かよった事態を指しているように思われる点である。つまり、「取経」において、「火」は〝燃料〟たる〝upādāna〟が無ければ燃えないように、「種子経」において、「識」（=「種子」）も、〝燃料〟〝質料〟〝素材〟たる〝upādāna〟としての〝四蘊〟が無ければ成長しないのである。この「識」と「火」の類似性、つまり、いずれも〝upādāna〟「取られるもの」を取って〝成長〟したり〝燃焼〟したりするという類似性は、『明句論』に引用される『稲芋経』*Śālistambasūtra* の次の経文によっても、示されるのである。〔梵文テキストは、『明句論』において引用されたものを示し、[238] 漢訳も一種（大正七〇九番）のみを示す〕

〔166〕 yathāgnir upādānapratyaye sati jvalati, upādānavaikalyān na jvalati/ evam eva bhikṣavaḥ karmakleśajanitaṃ vijñānabījaṃ tatra tatropapattyāyatanapratisaṃdhau mātuḥ kukṣau nāmarūpāṅkuram abhinirvartayati/ (Pras, p.568, *ll.*13-15)

〔167〕 如火得薪便然、薪尽則止。如是業結生識、周遍諸趣、能起名色果。（大正一六、八一八中二三―二四行）

(105) 火（agni）が、取（upādāna）たる縁（pratyaya）が有るならば燃え、取が欠けるならば燃えないように、業（karman）と煩悩（kleśa）によって生じた、識という種子（vijñāna-bīja）は、あれこれの生処（upapatty-āyatana）の結生（pratisaṃdhi）において、母の胎（kukṣi）において、名色という芽（nāma-rūpa-aṅkura）を生起させる（abhinirvartayati）。

即ち、まず、ここで「火」“agni”は、「識」“vijñāna”の喩えとされている。また、「取たる縁が有るならば」“upādāna-pratyaye sati”という於格表現（locative absolute）は、ここでは「取」“upādāna”にも、また「縁」“pratyaya”にも、〝基体〟という意味があることを示している。

では、〔166〕において、「火」にとっては“upādāna”が「薪」であることは明らかであるとしても、「識」にとっての“upādāna”とは何を意味するのであろうか。「識」によって「取られるもの」である〝基体〟たる〝四蘊〟を指しているのであろうか。この点は、〔166〕でも、また『稲芉経』全体でも、明確には説かれていないように思われる。というのも、〝十二支縁起〟を説明することを枠組としている『稲芉経』には、〝四識住〟説は説かれていないからである。

ただし、〔166〕で、「識」が「識という種子」“vijñāna-bīja”つまり、「種子のような識」と呼ばれていることは、『稲芉経』にも、やはり〝四識住〟説を説く「種子経」からの影響が認められることを示していると思われる。この点は、『稲芉経』に、次の経文が存することによって示されるであろう。

〔168〕 tatra vijñānaṃ bījasvabhāvatvena hetuḥ/ karma kṣetrasvabhāvatvena hetuḥ/ avidyā tṛṣṇā ca kleśasvabhāvatvena hetuḥ/ karmakleśā vijñānabījaṃ janayanti/ tatra karma vijñānabījasya kṣetrakāryaṃ karoti/ tṛṣṇā vijñānabījaṃ snehayati/ avidyā vijñānabījam avakirati/（Pras, p.566, *ll.*9-12）

〈169〉識為種体、業為田体、無明愛是煩悩体、能生長識。業為識田、愛為潤漬、無明覆植、識種子。（大正一六、八一八上二三―二五行）

(106) そのうち、識（vijñāna）は、種子（bīja）を自性とするものとして因（hetu）である。業（karman）は、田（kṣetra）を自性とするものとして因である。無明（avidyā）と渇愛（tṛṣṇā）は、煩悩（kleśa）を自性とするものとして因である。業と煩悩は、識という種子（vijñāna-bīja）を生じる[239]（janayanti）。そのうち、業は、識という種子の田の作用をなす。渇愛は、識という種子を湿潤する（snehayati）。無明は、識という種子を覆植する[240]（avakirati）。

即ち、この経文が、「心という種子」〝citta-bīja〟という語を有する『十地経』〈144〉とほぼ同趣旨であり、〈144〉と同様に、「業は田であり、識は種子であり、渇愛は湿潤である」と説く「有経」〈150〉の影響下にあることは、明らかであろうが、「有経」〈150〉のこの所説も、すでに述べたように、〝四識住〟説を説く「種子経」〈85〉〈86〉ⓒの「〔四〕識住は、地界のようなものである。……喜貪は水界のようなものである。……識は種子のようなものである」という教説からの影響を受けていると思われる。とすれば、『稲芉経』〈166〉において、「火」に喩えられる「識」にとって、その〝upādāna〟といえば、やはり〝四識住〟、つまり、「識」によって「取られるもの」〝upādāna〟である〝基体〟たる〝四蘊〟を暗に指していると見ることができるであろう。

かくして、もしも、「取経」〈164〉における「火」を「識」の喩えであると見なすならば、その「識」にとっての〝upādāna〟とは、〝四識住〟つまり、「識」によって「取られるもの」である〝基体〟としての〝四蘊〟であると解することができるであろう。これに対して、〈164〉を含む「取経」には、〝四識住〟説は説かれていないから、そこでは、「識」は他の〝四蘊〟から区別されて特別視されてはおらず[241]、従って、このような解釈は成立しないという反論がありうるであろうが、私は、この反論には、必ずしも同意できない。というのも、原始仏典の多くは、多数のset phraseの寄せ木細工のようなものとして存在しているから、「取経」〈164〉における「火」と〝燃料〟（upādāna, āhāra）の比喩は、その経全体の文脈から切り離して独立させ、例えば、「識」を「火」に喩える『稲芊経』〈166〉の教説と関連させて把えることができるのではないかと思うからである。

しかるに、『稲芊経』〈166〉にも〈168〉にも、"vijñāna-bīja" つまり「識という種子」「種子のような識」という表現（karmadhāraya 複合語）が認められるが、「識」を「種子」に喩えるのは、〝四識住〟説を説く「種子経」の特徴的な説なのである。とすれば、〈164〉を含む「取経」や『稲芊経』〈166〉において、〝upādāna が無ければ、「火」は燃えない〟と言われた(242)ことは、〝「識」によって「取られるもの」upādāna、つまり「識」の基体である四蘊（四識住）が無ければ、「識」は成長しない〟と述べているのと同じことであろう。

かくして、「種子経」の「有取識」についても、「取」"upādāna" とは、〝執着〟ではなく「識」によって「取られるもの」である〝四蘊〟を意味するという解釈は成立し得ると思われる。

なお、ここで注意しておきたいのは、「取経」〈164〉においても "upādāna" は〝基体〟を意味している点である。つまり、そこで "upādāna" とは、「薪」等の〝燃料〟を指しているのであるが、「薪」という〝燃料〟は、「火」がつく〝場所〟であり、「火」の下に置かれる〝基体〟であるという点を、理解しなければならない。即ち、〈164〉では、「薪」「牛糞」「草」を「そこに……投じる」と言われており、「そこに」を「火に」と解する限り「火」と「薪」の関係は、「火」が「薪」の〝基体〟であるように見えるが、そのような理解は適切ではないであろう。つまり、「薪」は、「火」によって「取られるもの」"upādāna" であるが故に、「火」の下にあるもの、つまり、〝基体〟なのである。同様に、「種子経」の説く「識」㋐の成長についても、「識」によって「取られるもの」である〝燃料〟〝素材〟とは、「識」の下にある〝基体〟でなければならない。即ち、その場合、「取られるもの」"upādāna" とは、「種子」㋐を潤し、「種子」の上にかけられる「水」に喩えられる「喜貪」㋒なのではなく、「種子」の下にある〝基体〟たる「地」に喩えられる〝四識住〟㋑、つまり、〝四蘊〟なのである。

第一〇節　中観派の upādāna 理解

しかるに、以上述べたような解釈、つまり、〝upādāna〟を「取られるもの」である〝基体〟と見る解釈の妥当性は、『根本中頌』の所説によっても確認されるであろう。即ち、『根本中頌』第一〇章は、〝火と薪〟の比喩を説くことで知られているが、その第一五偈前半には、次のように説かれている。

〔170〕 agnīndhanābhyāṃ vyākhyāta ātmopādānayoḥ kramaḥ/ (MK, X, k.15ab)

(107) 火(agni)と薪(indhana)によって、我(ātman)と取(upādāna)の次第(krama)が説かれた。

ここで、〝ātman〟は「火」に喩えられ、〝upādāna〟は「薪」に喩えられている。では、ここで〝upādāna〟とは何を意味するかと言えば、それは〝執着〟や「取ること」ではなく、「取られるもの」=「五取蘊」であると考えられる。[243] 即ち、〝upādāna〟とは「取られるもの」であり、「五取蘊」であると説明する『明句論』〔47〕は、実は、この『根本中頌』〔170〕を註釈したものなのであるが、その註釈は、被註釈テキストである〔170〕の趣旨を適切に理解し説明していると思われるのである。つまり、〔170〕では、

indhana = upādāna

という等式が認められているのであるから、従って、そこでは「薪」〝indhana〟という〝燃料〟、即ち、〝upādāna〟は、〝執着〟ではなく、「取られるもの」である〝基体〟としての「五取蘊」を意味していることは、明らかであろう。

しかるに、この理解を、「種子経」〔86〕の「有取識」に適用するならば、そこでも「取」〝upādāna〟は、〝執着〟ではなく、「取られるもの」を意味し、その「取られるもの」とは、「水」に喩えられる「喜貪」〔ウ〕ではなく、「地」に喩えられる〝四識住〟〔イ〕、つまり、〝四蘊〟を意味するということになるであろう。

即ち、「種子経」〈85〉〈86〉の〝四識住〟説によって認められた

sthiti＝ālambana＝pratiṣṭhā

という等式には、さらに〝upādāna〟が加えられ、

sthiti＝ālambana＝pratiṣṭhā＝upādāna

という等式とすることができるであろう。つまり、これら四つの語は、すべて〝基体〟を意味するのである。

さらに、『根本中頌』には、〝sa-upādāna〟「有取」という表現が一回認められることも、「有取識」との関連で述べておかなければならない。即ち、次の通りである。

〈171〉 bandhanaṃ ced upādānaṃ <u>sopādāno</u> na badhyate/
badhyate nānupādānaḥ kimavastho 'tha badhyate// (MK, XVI, k.6)

(108) もし取（upādāna）が縛（bandhana）であるとすれば、取をもつもの（sa-upādāna 有取）は、縛せられない。取をもたないもの(an-upādāna)は縛せられない。それならば、何を位(avasthā)とするものが、縛せられるのか。

ここで問題となるのは、〝sa-upādāna〟「取をもつもの」の〝upādāna〟「取」が、「取ること」や〝執着〟を意味するのか、それとも、「取られるもの」、つまり〝基体〟を意味するのかということである。私自身は、『根本中頌』においては、〝upādāna〟という語は全て「取ること」や「取る作用」ではなく、「取られるもの」の意味で用いられ[244]、かつ、殆んどの場合、それは具体的には〝五取蘊〟を指していると考えているが[245]、ここも、その例外ではない。

即ち、まず『根本中頌』〈171〉において、〝sa-upādāna〟と〝an-upādāna〟という複合語の意味を論理的に考えてみよう。この両者は、ともに bahuvrīhi 複合語であって、それぞれ〝upādāna をもつもの〟〝upādāna をもたないもの〟を意味する。しかるに、〝x をもつもの〟〝x をもたないもの〟とは、〝存在するものを x としてもつもの〟〝存在しないものを x としてもつもの〟と同義なのである。それは、丁度〝存在するものを財産としてもつ人〟と〝存在しないものを財産とし

てもつ人〟が〝財産をもつ人〟と〝財産をもたない人〟を意味するのと同じである。従って、チャンドラキールティは、『明句論』において、〈171〉の“sa-upādāna”を“vidyamāna-upādāna”[246]つまり、「存在するものを取としてもつもの」と註釈しているのである。すると、〈171〉の趣旨は、〝「存在するものを取としてもつもの」も縛せられず、「存在しないものを取としてもつもの」も縛せられない。では、一体「何を avasthā としてもつもの」が縛せられるのか[247]〟というものであることが理解される。とすれば、ここで“avasthā”という語が、“upādāna”の同義語として、あるいは“upādāna”という語の意味を表すものとして使用されていると考えるべきであろう。しかるに、(108)では「位」と訳した“avasthā”は〝基体〟を意味する語であるから、〈171〉において“upādāna”が〝基体〟、つまり、「取られるもの」であることが知られるのである。[248]

テキスト〈171〉、つまり、『根本中頌』第一六章第六偈の“upādāna”に関するこの解釈の妥当性は、『根本中頌』の配列において、〈171〉に先立つ“upādāna”の用例、即ち、同章第三偈における“upādāna”の次のような用例を参照することによっても、確認されるであろう。

〈172〉 upādānād upādānaṃ saṃsaran vibhavo bhavet/
vibhavaś cānupādānaḥ kaḥ sa kiṃ saṃsariṣyati// (MK, XVI, k.3)

(109) 取（upādāna）から取に輪廻するものは、有を離れたもの（vibhava）となるであろう。
しかるに、有を離れ、取をもたないもの（anupādāna）は、如何なるものであり、何に輪廻するであろうか。

即ち、ここに「upādāna から upādāna に輪廻する」と言われている以上、ここで“upādāna”が〝執着〟ではなく〝五取蘊〟を意味していることは明らかであろう。この点は、次の事実によっても確認される。即ち、この偈の後半において“vi-bhava”と“an-upādāna”は、同義語として用いられているように思われるが、その“vi-bhava”の“bhava”「有」を、チャンドラキールティは、“pañca-upādāna-skandha”[249]「五取蘊」と註釈しているのである。

また、羅什は、『中論』で、〔172〕を、

〔173〕　若従身至身、往来即無身、

若其無有身、則無有往来。（大正三〇、二〇下二二―二三行）

と漢訳しているが、ここで"upādāna"及び"bhava"が「身」と訳されているのは、"upādāna"を〝執着〟ではなく、〝五取蘊〟と解したからであることは、明らかであろう。

この点は、〔171〕、つまり、『根本中頌』第一六章第六偈に関する羅什の次のような漢訳においても、同様である。

〔174〕　若身名為縛、有身則不縛、

無身亦不縛、於何而有縛。（大正三〇、二一上一六―一七行）

というのも、この偈の第一句、即ち、「若身名為縛」は、『中論』の註釈部分では、

〔175〕　若謂五陰身名為縛。（大正三〇、二一上一八行）

と註釈され、偈中の「身」"upādāna"とは「五陰身」、つまり、〝五取蘊〟であると解されているからである。すると、少なくとも、『中論』の註釈部分が、〔174〕の「有身」、即ち、〔171〕の"sa-upādāna"を〝五取蘊をもつもの〟という意味に解していることは明らかであるが、私は、この解釈は、『根本中頌』第一六章第六偈である〔171〕の"upādāna"の解釈として適切であると思うのである。

しかるに、〝五取蘊〟とは、「取るもの」でも「取ること」でもなく、「取られるもの」であるから、『根本中頌』第一六章第六偈〔171〕の「有取」、つまり、"sa-upādāna"とは、〝「取られるもの」（基体）である五取蘊をもつもの〟を意味すると解することができるであろう。

すでに述べたように、私は『根本中頌』において用いられる多数の"upādāna"という語は、すべて「取られるもの」を意味すると考えており、その論証は別の機会に譲りたいが、しかし、『根本中頌』において、"upādāna"が「取られ

るもの」を意味する典型的な例を、以下に示しておきたい。即ち、『根本中頌』第二二章は、

〔176〕 skandhā na nānyaḥ skandhebhyo (MK, XXII, k.1a)

⑩ 〔如来は〕諸蘊（skandhāḥ）でもなく、諸蘊から異なってもいない。

という句から始まるのであるが、この章の第二偈には、

〔177〕 buddhaḥ skandhān upādāya yadi nāsti svabhāvataḥ// (MK, XXII, k.2ab)

⑪ 仏が諸蘊を取って（upādāya）あるならば、自性としては無い。

とあることから、「諸蘊」〝skandhāḥ〟が「取られるもの」とされていることは、明らかである。

しかるに、この同じ第二二章の第八偈には、次のように説かれている。

〔178〕 tattvānyatvena yo nāsti mṛgyamāṇaś ca pañcadhā/
upādānena sa kathaṃ prajñapyate tathāgataḥ// (MK, XXII, k.8)

⑫ 取（upādāna）と、[250] 同一なものとして、異なったものとして、五種に探求されても存在しないもの、
それがいかにして如来として仮説されるか。


この偈の趣旨を、「如来」と「諸蘊」との〝非一非異〟を説く〔176〕の趣旨との関連において理解するならば、ここで〝upādāna〟が、「諸蘊」〝skandhāḥ〟を指していることは明らかである。とすれば、この『根本中頌』第二二章では、「諸蘊」、つまり、〝五取蘊〟は「取られるもの」とされ、かつ〝upādāna〟と呼ばれていることが、理解されるであろう。

この点を、漢訳を参照することによって示してみよう。即ち、〔178〕に続く『根本中頌』第二二章第九偈は、

〔179〕 yad apīdam upādānaṃ tat svabhāvān na vidyate/
svabhāvataś ca yan nāsti kutas tat parabhāvataḥ// (MK, XXII, k.9)

⑬ この取（upādāna）なるもの、それも自性としては存在しない。

何であれ、自性として存在しないもの、それがどうして他性としてあるであろうか。

というものであるが、この偈の"upādāna"は、羅什訳『中論』においては、「所受五蘊」(大正三〇、三〇中六行)と訳され、漢訳『般若灯論』では、「所取五蘊」(同、一一九下二九行)と訳され、『大乗中観釈論』では、「所取」[251]と訳されている。つまり、いずれの訳も、偈中の"upādāna"を「取られるもの」と解し、特に前二者は、これを"五取蘊"と見なしているのである。

また、この偈の後に続くのは、

〔180〕 evaṃ śūnyam upādānam upādātā ca sarvaśaḥ/ (MK, XXII, k.10ab)

⑭ このようにして、取(upādāna)と取者(upādātṛ)は、すべてのあり方で、空(śūnya)である。

という第一〇偈前半であるが、ここで"upādāna"と"upādātṛ"が"能所"の関係にあり、〔176〕〔177〕の「諸蘊」と「如来」に対応していること、つまり、"upādāna"は「取られるもの」を意味し、"五取蘊"を指していることは、〔180〕の"upādāna"と"upādātṛ"が、『大乗中観釈論』でそれぞれ「所取」と「能取」と訳されることに[252]よっても、知られるであろう。なお、因みに言えば、チベット訳は、〔179〕と〔180〕の"upādāna"については、一般的な"ñe bar len pa"ではなく、"ñe bar blaṅ ba"と"ñer blaṅ"という訳語を与えている[253]。これは、未来形であるから、「取られるもの」を意味し、漢訳の理解と一致している。

かくして、『根本中頌』において、"upādāna"とは、基本的には「取られるもの」である"五取蘊"を意味するということが明らかになったと思われる。その『根本中頌』第一六章第六偈〔171〕には、"sa-upādāna"「有取」という表現が見られ、そこでも、すでに述べたように"upādāna"は「取られるもの」(基体)である"五取蘊"を意味していたと思われるが、この解釈を「種子経」〔86〕の「有取識」"vijñānaṃ sa-upādānam"にも適用すれば、そこでも、「取」"upādāna"は、漢訳〔86〕の「取陰倶識」という訳語によっても示されるように、「識」によって「取られるもの」

〝upādāna〟であり、「識」の〝基体〟である〝四蘊〟〝四識住〟を意味しているという解釈は成立するであろう。

しかし、すでに述べたように、「種子経」における「有取識」の「取」〝upādāna〟を「取られるもの」としての〝四蘊〟=〝四識住〟と解することには、難点も存在する。というのも、このように解すれば、〝四識住〟説とは、〝四識住（取）を有する識は、四識住に住する〟と説く説になってしまい、説明に重複が見られるように思われるからである。

従って、結論として言えば、私は「種子経」〔86〕で「有取識」という表現が用いられたとき、その表現中の「取」〝upādāna〟が「取ること」「取る作用」〝執着〟、つまり、シュミットハウゼン教授の英訳に従えば、〝clinging〟を意味していたのか、それとも「取られるもの」、つまり、〝基体〟としての〝四蘊〟=〝四識住〟を意味していたのか、確定はできないのであるが、仮りに前者であったとしても、その〝執着〟を意味していた〝upādāna〟が、「取られるもの」という意味に解釈されるようになったとき、そこに、『解深密経』〔6〕—〔10〕の〝一切種子心〟説〝アーダーナ識〟説〝アーラヤ識〟説に至るまでの発展の道が開かれたと見るべきであろう。

第一一節　四識住・有取識とアーラヤ識

従って、〝アーラヤ識〟説の成立に関する私の基本的理解とは、次の通りである。即ち、まず第一に、私は「種子経」〔86〕の〝「種子」=「有取識」〟が、『顕揚聖教論』〔105〕において、「一切種子阿頼耶識」の教証とされたことに重大な意義を認め、基本的には「種子経」の〝「種子」=「有取識」〟と〝四識住〟の説、さらには〝四識住〟説と密接に関わる〝識食〟説の発展として、〝アーラヤ識〟説を含む『解深密経』〔6〕—〔10〕の所説を理解すべきだと考えるのである。

それは、次のような意味である。即ち、まず『解深密経』〔6〕—〔10〕は、ⓐⓑⓒ三つの部分からなっている。つまり、〝一切種子心〟を説くⓐと〝アーダーナ識〟を説くⓑと〝アーラヤ識〟を説くⓒである。しかるに、このうち、ⓐとⓑは、〝識食〟説と〝四識住〟説との発展形態であり、ⓒは〝四識住〟説の発展形態であると見ることができる。このように言うとき、〝識食〟説と〝四識住〟説という語によって、何が意味されているのかということが問題になるが、私は、『大毘婆沙論』〔78〕ⓕで用いられた表現に依存して、「続生時、識能生名色」を説くのが〝識食〟説であり、「続生後、識依名色住」を説くのが〝四識住〟説であると考えたい。つまり〝過去世から現世に結生相続するとき、「識」が「名色」を生じる〟というのが、〝識食〟説の本質であり、〝結生相続した後、現世において「識」が「名色」において住する〟というのが、〝四識住〟説の本質だと見るのである。

確かに、このような規定は、特に〝四食〟説については、完全には妥当しないと言えるかもしれない。というのも、〝四食〟は、「パッグナ経」〔106〕ⓐによれば、「すでに生れた衆生たちの住（thiti, sthiti）」と「生を求める衆生たちの資益のため」にあるとされるのであり、ここで、前者の表現は、現世に「続生後」の「住」について語っているように見えるからである。しかし、この「パッグナ経」〔106〕においても、ⓑで説かれる〝識食〟は専ら「後有」の「生起」の「縁」であるとされている。[254] 従って、『集異門論』〔110〕の「識食、能令当来後有生起」や『法蘊論』〔111〕の「識為食故、後有生起」という説明を考慮しても、〝識食〟は「後有」を生じる「縁」であり、その「後有」とは「名色」を意味するから、〝識食〟説を「続生時、識能生名色」を説くものと規定することは可能であると思われる。

これに対して、〝四識住〟説においては、基本的には、過去世から現世への結生相続の問題は、扱われておらず、現世における「識」と〝四蘊〟、つまり、「名色」との関係が扱われているだけであると思われる。従って、〝四識住〟説を、「続生後、識依名色住」を説くものと規定することも、認められるであろう。

すでに述べたように、私は、「パッグナ経」〔106〕ⓑの〝識食〟説、及び「種子経」〔85〕〔86〕の〝種子〟説〝四識住〟説、及び〝有取識〟説の発展として、『解深密経』〔6〕―〔10〕の所説を理解するのであるが、その両者を結び媒介するものとして、「摂事分」〔120〕〔121〕の「有取識」の説や、さらに、特に重要なものとして、『瑜伽師地論』「本地分」〔69〕の所説があると考えている。即ち、〔69〕ⓐの「彼は、死んでから、現世に自体（ātma-bhāva）を生起させる（abhinirvartayati）」という文章は、「続生時、識能生名色」を説く〝識食〟説に相当し、ⓑの「その異熟識は、ほかならぬ、その名色に住して起る」は「続生後、識依名色住」を説く〝四識住〟説に相当する。ただし、そこには、「摂事分」〔120〕〔121〕とは異なって、〝upādāna〟「取」という語は用いられていないし、また「本地分」〔32〕とも違って、〝bīja〟「種子」という語も、用いられていないことは、注意すべきであろう。従って、『瑜伽師地論』について言えば、「摂事分」〔120〕〔121〕の「有取識」の説や、「本地分」〔32〕の「種子」の説が、「本地分」〔69〕の所説とともに、『解深密経』〔6〕—〔10〕の所説、特にそのⓐの所説に重要な影響を与えたことが、考えられる。

そこで次に、『解深密経』〔6〕—〔10〕のⓐの所説を〝識食〟説と〝四識住〟説の展開として把えてみると、まず、「自体（ātma-bhāva）が出現する」と言われるところまでが、「続生時、識能生名色」を説く〝識食〟説に相当し、「一切種子心」が二つの「取」〝upādāna〟を「取って」〝upādāya〟「成長と増長と広大に至る」というところまでが、「続生後、識依名色住」を説く〝四識住〟説に相当する。「成長と増長と広大に至る」という表現が「種子経」〔85〕の表現を踏襲したものと思われることについては、すでに述べたが、『瑜伽師地論』〔69〕では用いられなかった〝upādāna〟という語が、「摂事分」〔120〕〔121〕の影響もあってか、「種子経」〔86〕で説かれる〝有取識〟の「取」と同じであるとも考えられる意味において、ここで再び用いられるのである。つまり、『解深密経』〔6〕—〔10〕ⓐでは、「種子経」の〝有取識〟の「取」〝upādāna〟とは、「取られるもの」たる〝基体〟、即ち、「四識住」たる四蘊＝「名色」を意味するという解釈が示されているのである。

また、「種子」〝bīja〟という語も、『解深密経』〔6〕—〔10〕ⓐでは、「種子経」〔85〕や「本地分」〔32〕等の影響のもとに用いられている。

次に、〝アーダーナ識〟を説く『解深密経』〔6〕—〔10〕ⓑでも、「続生時、識能生名色」を説く〝識食〟説と「続生後、識依名色住」を説く〝四識住〟説が、両方とも説かれていると考えられる。即ち、『阿毘達磨集論釈』〔12〕、『成業論』〔13〕〔14〕にもとづいて、〝アーダーナ識〟が〝ātma-bhāva〟を「取る」という『解深密経』〔6〕—〔10〕ⓑの説明を、「続生時、識能生名色」を説く〝識食〟説に相当すると見ることは可能であるが、しかし、『摂大乗論』〔23〕ⓓの説明は、〝アーダーナ識〟が〝ātma-bhāva〟を「取る」関係を、「寿命が存続している限り」と「結生相続するとき」という二つの時に関するものとしているから、『解深密経』〔6〕—〔10〕ⓑの〝アーダーナ識〟の説明には、「続生後、識依名色住」を説く〝四識住〟説も含まれていると見るべきであろう。

さらに、すでに述べたように、「取られるもの」とは〝基体〟であるから、このⓑには、

ādāna-vijñāna ⊥ ātma-bhāva = upādāna

という於格的関係が説かれていると考えられるが、この関係は、〝四識住〟説が説く

vijñāna ⊥ catur-upādāna-skandha = sthiti = ālambana = pratiṣṭhā = upādāna

という関係と一致するのである。

従って、『解深密経』〔6〕—〔10〕ⓑの所説は〝識食〟説だけではなく、〝四識住〟説の発展としても理解することができる。つまり、〝アーダーナ識〟は「続生時」に新たに〝ātma-bhāva〟を獲得するだけではなく、その後「続生後」、寿命のある限り、〝ātma-bhāva〟を生命あるものとして継持するのである。

しかるに、これに対して、『解深密経』〔6〕—〔10〕ⓒに見られる〝アーラヤ識〟説には、「続生時、識能生名色」を説く〝識食〟説に相当する要素は認められないと思われる。つまり、そこでは、過去世から現世への「続生」については問題とされず、単に現世において〝アーラヤ識〟が〝ātma-bhāva〟に住するという関係、つまり、基本的には、

ālaya-vijñāna ⊥ ātma-bhāva

という空間的な、または同時的な於格的関係だけが説かれるのであって、これは〝四識住〟説における「識」と「識住」たる四蘊（名色＝自体）の関係に一致している。

ただし、〝四識住〟説というのは、単に〝「識」が「識住」たる四蘊を基体とする〟という於格的関係だけを説いているのではないことに注意しなければならない。即ち、「識」が四蘊に「住する」というのは、単に〝四蘊〟を〝基体〟として、その上にあるという意味だけではなくて、〝四蘊〟に〝執着する〟ということをも意味しているのである。

この点は、「識住」"vijñāna-sthiti"という語を説明する玄奘訳『倶舎論』〔89〕の「識所依著、名識住」という一文における「所依著」"pratiṣṭhā"が、普光の『倶舎論記』で、「所依」と「所著」に二分されて、次のように説明されていることによっても、示されている。

> 〔181〕此自地自身、有漏四蘊是識所依、是識所著。所依、謂識倶生依。……所著、謂識所著境。……諸有漏識、随其愛力、依著於彼、有斯二義、故名識住。（大正四一、一五四下七―一三行）

つまり、普光は、玄奘訳の「依著」という語に、〝……に依る〟と〝……に執着する〟という二つの意味を認め、『倶舎論』〔89〕の「識所依著」とは、「識」の「所依」（依り所、基体）と「所著」（執着される所）を意味すると説明しているのである。

この普光の〝識住〟に関する理解は、「種子経」〔85〕ⓔで、「それに住していない識（tad apatiṭṭhitaṃ viññāṇaṃ）は……解脱する」と述べられていることを考慮しても、適切であろう。つまり、「……に住する」とは、〝……を基体（依り所）とする〟というだけではなく、〝……に執着する〟をも意味するのである。この点は、『瑜伽師地論』「本地分」〔69〕ⓑの「その異熟識は、ほかならぬその名色に住して（pratiṣṭhāya）起る（vartate）」という文章においても、同様である。

しかるに、〝四識住〟説における〝「識」が四蘊に「住する」〟という表現に、〝「識」が四蘊に執着する〟という〝執着〟

の意味も含まれているとすれば、また、『解深密経』〔6〕―〔10〕ⓒの〝アーラヤ識〟説は〝四識住〟説の発展形態であると見なすことができるとすれば、その〝アーラヤ識〟説にも、〝執着〟という契機が含まれていると考えなければならない。つまり、〝アーラヤ識〟が〝ātma-bhāva〟に〝ā√lī〟すると、そこで述べられている以上、その〝ā√lī〟という語には、〝……に依る〟というだけではなく、〝……に執着する〟という意味も確かに含まれていることになるであろう。しかも、〝ātma-bhāvaに執着する〟とは、〝我（ātman）に執着する〟ということをも意味するであろうから、そこで〝アーラヤ識〟は、論述③の勝呂博士の表現を用いれば、「我執のはたらきをなす識」、つまり、〝我に執着する識〟と規定されていることは明らかだと思われる。

勿論、『解深密経』〔6〕―〔10〕ⓑの〝アーダーナ識〟説にも〝四識住〟説の要素があると考えられるから、〝アーダーナ識〟も〝我に執着する識〟であるということになるが、しかし、ⓑでは〝アーダーナ識〟が〝ātma-bhāva〟を「取る」〝upā√dā〟という表現が用いられているので、〝アーダーナ識〟が〝我に執着する識〟であることは、〝アーラヤ識〟以上に明瞭であると言えるであろう。[255]

このように、私は、『解深密経』〔6〕―〔10〕の〝一切種子心〟説〝アーダーナ識〟説は、「続生時、識能生名色」を説く〝識食〟説と、「続生後、識依名色住」を説く〝四識住〟説（及びそれと結合した〝有取識〟説）の発展形態であると見なすことができると考えるが、しかし、『大毘婆沙論』〔78〕ⓕにもどれば、そこには本来、

識縁名色、説続生時、識能生名色。名色縁識、説続生後、識依名色住。

と説かれていたのである。つまり、「続生時、識能生名色」と「続生後、識依名色住」とは、それぞれ「識縁名色」（識を縁として名色がある）と「名色縁識」（名色を縁として識がある）という、縁起を説く二つの経文の意味を説明したものであるから、〝識食〟説は「識縁名色」に対応し、〝四識住〟説は「名色縁識」に対応することになる。

すると、『解深密経』〔6〕―〔10〕について言えば、ⓐで「自体（ātma-bhāva）が出現する」というところまでが、

「識縁名色」に相当し、〝一切種子心〟が二つの「取」“upādāna”を「取って」“upādāya”「……広大に至る」というところまでが、「名色縁識」に相当する。つまり、そこで、“ātma-bhāva”も、二つの“upādāna”も、「名色」“nāma-rūpa”を意味するのである。

次に、ⓑの〝アーダーナ識〟説は、「識縁名色」と「名色縁識」に相当する。即ち、そこで、“ātma-bhāva”とは「名色」であり、〝アーダーナ識〟が〝ātma-bhāva を取る〟とは、「識」が「続生時」に新しい「名色」（ātma-bhāva）を〝生じ〟獲得することも言えば、「続生後」、その「識」が「名色」（ātma-bhāva）を維持し、「名色」を〝基体〟（「縁」）として〝住する〟ことをも言うのである。

しかるに、ⓒの〝アーラヤ識〟説だけは、「名色縁識」のみに相当する。つまり、〝「識」は ātma-bhāva（名色）に住する〟というのであるが、ここには、「識」が〝我に執着する〟という意味も認められる。

かくして、『解深密経』〔6〕―〔10〕の〝一切種子心〟説〝アーダーナ識〟説〝アーラヤ識〟説は、その起源を遡れば、「識縁名色」「名色縁識」という原始仏典の経文に対する解釈の発展として理解することができるであろうが、本論では、一応〝識食〟説と〝四識住〟説、特に「種子経」の〝「種子」=「有取識」〟説と結合した〝四識住〟説の発展形態として、『解深密経』〔6〕―〔10〕の所説を理解するという立場を採りたいと思う。というのも、このような立場を採ることによって、『解深密経』〔6〕―〔10〕の所説の意義が解明される点が多いと考えるからである。

即ち、すでに述べたように、『解深密経』〔6〕―〔10〕ⓒの〝アーラヤ識〟説を〝四識住〟説の発展と見なすことによって、そこに説かれる〝アーラヤ識〟を〝我に執着する識〟と規定できるだけではなく、ⓐに説かれる〝一切種子心〟の原語を“sarva-bījaṃ cittam”であるとも想定できるのである。では、この点について、以下に論じよう。

第一二節　一切種子心の原語について

『解深密経』〔6〕—〔10〕ⓐに説かれる〝一切種子心〟の原語は、シュミットハウゼン教授によって"sarva-bījakaṃ cittam"と想定され、それはまた"Mind-containing-all-Seeds"と訳されている。[256] この"sarva-bījakaṃ cittam"は、「一切の種子をもつ心」とも、"sarva"と"bīja"の間に属格の格関係を認めて、「一切のものの種子をもつ心」とも解せるであろうが、この原語の想定には疑問がある。というのも、〝一切種子心〟の〝成長〟に関する「成長」「増長」「広大」という表現は、「種子経」〔85〕の表現を踏襲していると思われるが、「種子経」〔85〕では、〝成長〟するのは「種子をもつもの」ではなく、「種子」そのものとされているからである。しかも、そこでは〝「識」=「種子」〟とされている。ということは、『解深密経』〔6〕—〔10〕ⓐの〝一切種子心〟についても、そこに〝「心」=「種子」〟という等式が認められると考え、その原語を、

sarva-bījaṃ cittam

と想定し、その意味を「一切のものの種子である心」と解するのが自然であるということになるのではなかろうか。

勿論、「種子経」では、〝「識」=「種子」〟という等式[257]は認められていたが、『解深密経』〔6〕—〔10〕ⓐでは、最早その等式は認められておらず、そこではすでに、後に発展した〝アーラヤ識〟説のように、「識」、つまり、「心」は、「種子をもつもの」とされるに至っていると解することも、不可能ではないであろう。しかし、この解釈には、有力な根拠があるであろうか。

「種子経」〔85〕の〝「識」=「種子」〟という説との関係を別にしても、私が〝一切種子心〟の原語を"sarva-bījaṃ cittam"と考える理由の一つに、『解深密経』「心意識相品」末尾の偈、つまり、〔36〕で〝アーダーナ識〟が"sarvabījo"

と呼ばれている点がある。これは正規のサンスクリット語に直せば、“sarva-bījam”となるであろうが、“sarva-bījam”は、「一切のものの種子である」とも、「一切の〔ものの〕種子をもつ」とも、いずれにも解釈できる語であろう。ただし、ここに、一般に bahuvrīhi 複合語を明示する“sarva-bījakam”という表現が使用されていないことだけは、確実である。ということは、“sarva-bījam”は「一切のものの種子である」とも、「一切の〔ものの〕種子をもつ」とも、解釈できるのであるが、しかし、この偈の作者が、“sarva-bījam”という表現によって「一切の〔ものの〕種子をもつ」という意味だけを表現したかったとすれば、何故、彼は“sarva-bījakaṃ”という表現を用いなかったのであろうか。

このように考えて、私は、“sarva-bījam”、つまり、〔36〕の“sarvabījo”という語は「一切のものの種子である」を意味すると解するのが妥当であろうと見るのである。宇井伯寿博士も、〔36〕前半を、

(115) 一切の種子たる甚深微細なる阿陀那識は暴流の如くに転ず。[258]

と訳されているが、「一切の種子たる」が「一切のものの種子である」を意味するとすれば、これは、私の解釈と一致するのである。

しかるに、ラモット教授は、『解深密経』〔36〕の偈における“sarvabījo”を“avec tous les germes”[259]、つまり、「一切の種子をもつものとして」と訳し、〔6〕—〔10〕ⓐの〝一切種子心〟の原語を“sarvabījakacitta”と想定し[260]、これを“la pensée munie de tous les germes (la connaissance-réceptacle)”[261]、つまり、「一切の種子をもつ心」と訳しているのである。では何故〝一切種子心〟について、このような理解がなされるようになったのであろうか。まず第一に考えられることは、すでに一九二五年にレヴィ Lévi によって、その梵本が出版された『唯識三十頌』*Triṃśikā* の第二偈後半に、

〔182〕 tatrālayākhyaṃ vijñānaṃ vipākaḥ sarvabījakam/ (Tr, k.2cd, TrBh, p.18, *l*.21)

(116) そこで、アーラヤ（ālaya）と言われる識は、異熟（vipāka）であり、一切の〔ものの〕種子をもつもの（sarva-bījaka）である。

と説かれたことが、[262]『解深密経』〔6〕―〔10〕ⓐの〝一切種子心〟の解釈に影響を与えたであろうということである。即ち、前掲のラモット教授による“sarvabījakacitta”のフランス語の訳語に〝アーラヤ識〟の訳語も括弧内に含まれていることによっても示されている通り、『解深密経』〔6〕―〔10〕では、

sarva-bīja[ka]ṃ cittam = ādāna-vijñāna = ālaya-vijñāna

という等式が認められていると考えられるから、〔182〕における“sarva-bījaka”という語による〝アーラヤ識〟の説明は、そのまま『解深密経』〔6〕―〔10〕ⓐの〝一切種子心〟の説明と見なされることになったのであろう。

この“sarva-bījaka”「一切の〔ものの〕種子をもつ」という語は、スティラマティによって、

〔183〕 sarvadharmabījāśrayatvāt sarvabījakaṃ/ (TrBh, p.19, *ll*.1-2)

(117) 一切法(sarva-dharma)の種子(bīja)の所依(āśraya)であるから、“sarva-bījaka”(一切のものの種子をもつもの)である。

と註釈されているが、これは適切な理解を示す註釈であると思われる。つまり、〝アーラヤ識〟が「……種子をもつ」“-bījaka”ということは、〝アーラヤ識〟が「種子」の「所依」“āśraya”、即ち、〝基体〟であることを意味するのであって、従って、〝アーラヤ識〟を“sarva-bījaka”と規定するならば、そこには、「種子」が〝アーラヤ識〟を〝基体〟とする於格的関係、つまり、

bīja ⊥ ālaya-vijñāna

という関係が説かれていることになるのである。

しかし、〝アーラヤ識〟を「種子をもつもの」、あるいは、「種子の所依(基体)」と見る理論は、結論より言えば、〝後代の発展〟に他ならないと思われる。この点では、私は、論述③において、

「種子の存在する場所である識」の意味に転じた。

と述べられ、また、

⑱ アーラヤ識が種子の存在する場所であるという思想は、『瑜伽論』では明確でないと思うのである。(「勝呂(二)」六四頁)

と言われた勝呂博士の見解[263]に、基本的に賛成したい。しかるに、「種子の存在する場所」としての「アーラヤ識」という考え方が、まだ成立していないのは、『解深密経』でも同様であろう。従って、私は、『解深密経』〔6〕—〔10〕の所説を、基本的には、

bīja＝sarva-bījaṃ cittam＝ādāna-vijñāna＝ālaya-vijñāna

と把えるのである。この右の等式において、"bīja" の語を冒頭に置いたのは、「種子経」〔85〕の "bīja＝vijñāna" 説が、『解深密経』〔6〕—〔10〕にまで継承されたと考えるからである。

しかるに、『解深密経』〔6〕—〔10〕ⓐの〝一切種子心〟の原語が、"sarva-bījakaṃ cittam" と想定されたことについては、さらに別の根拠も存在したであろう。それは、『解深密経』〔6〕—〔10〕に先行し、それに影響を与えたと考えられる『瑜伽師地論』「本地分」中「五識身相応地」及び「意地」の梵文テキストに、"sarva-bījakam ālayavijñānam" というような表現が多用されていることに関連している。そこで、今、その種の表現をまとめて示せば、ほぼ次のようになるであろう。

〔184〕ⓐ sarvabījakam āśrayopādātṛ vipākasaṃgṛhītam ālayavijñānaṃ bījāśrayaḥ (YBh, p.4, *l*.7)

ⓑ sarvabījakaṃ vijñānaṃ (YBh, p.4, *l*.11)

ⓒ sarvabījako vipāko (YBh, p.4, *l*.12)

ⓓ bījāśrayas tad eva sarvabījakam ālayavijñānaṃ (YBh, p.6, *ll*.5-6; p.7, *ll*.6-7; p.7, *ll*.22-23; p.8, *ll*.14-15)

ⓔ bījāśrayaḥ pūrvavad eva sarvabījakam ālayavijñānaṃ (YBh, p.11, *ll*.9-10)

ⓕ sarvabījakaṃ vipākasaṃgṛhītaṃ āśrayopādātṛ[264] ālayavijñānaṃ（YBh, p.24, *ll*.4-5）

ⓖ sarvabījakaṃ vijñānaṃ（YBh, p.25, *l*.1）

これらの用例ⓐ—ⓖが、“ālaya-vijñāna”あるいは“vijñāna”が「一切の〔ものの〕種子をもつもの」であることを説いていることは明らかである。従って、ⓐⓓⓔで用いられる“bīja-āśraya”「種子の所依」という語は、『唯識三十頌釈』〔183〕におけるのと同様に、「種子」の〃基体〃を意味し、「種子」が〃アーラヤ識〃を〃基体〃とする関係、つまり、

bīja ⊥ ālaya-vijñāna

という於格的関係を説いていると考えられる。

しかるに、これらの表現ⓐ—ⓖは、その殆んどがシュミットハウゼン教授によって、「本地分」の本来のテキストに後になって付加されたものであることが論証された。即ち、まずⓐについて言えば、ⓐは「五識身相応地」の冒頭近くに見られる表現であるが、眼識（cakṣur-vijñāna）について、「倶有依」としての「眼」と、「無間依」としての「意」を挙げた後に、「種子依」“bīja-āśraya”を述べるために提示された表現である。このⓐについて、シュミットハウゼン教授は詳しく考察され、結論として、

ⓐ sarvabījakaṃ āśrayopādātṛ vipākasaṃgṛhītam ālayavijñānaṃ bījāśrayaḥ

の傍線を付した部分を、後代の付加であると判定された[265]。教授の論証は、主として現存の『瑜伽師地論』「本地分」において、教授の言われる“Initial Passage”よりも前の位置に現われる“ālaya-vijñāna”の用例について、それを後代の付加であると論証することに主眼があると思われ、その論証自体は極めて優れたものであり、私にも異論はないのであるが、しかし、私見によれば、右のⓐの残りの部分、つまり、“sarvabījakaṃ vijñānaṃ bījāśrayaḥ”が、本来のテキストに存在したかどうかも疑問だと思われる。

教授は、勝呂博士の理解[266]を承けて、ⓐの“bīja-āśraya”を「種子の所依」という tatpuruṣa 複合語ではなく、「種子と

しての所依」という karmadhāraya 複合語と解されるのであるが、[267]『唯識三十頌釈』〔183〕の "bīja-āśraya" が、同論〔1〕ⓐの "bīja-sthāna" と同義であることが明らかである以上、〔184〕ⓐ及びⓓⓔの "bīja-āśraya" も、tatpuruṣa 複合語として「種子の所依」を意味することは、確実だと思われる。しかるに、「本地分」の「五識身相応地」で説かれる〃五識〃について、また「意地」で説かれる〃意識〃について、「倶有依」「無間依」の後に「種子依」（種子の所依）が説明される必要は、本来あったのであろうか。「種子依」なるものは、〃アーラヤ識〃の存在を六識に関連して説こうとするために、つまり、〃アーラヤ識〃という語を「五識身相応地」や「意地」に付加・導入するために考案されたものではなかろうか。即ち、「種子依」に関する説明、つまり、ⓐⓓⓔと、その説明に対する補足的説明に含まれるⓑⓒ[268]も、後代の付加であろうと、私は考えるのである。

しかるに、以上のⓐⓑⓒⓓⓔとは異なり、ⓕは重要な問題を含んでいると思われる。そこで以下に、まずⓕを含む部分の梵文テキスト（シュミットハウゼン教授によって校訂されたもの）・漢訳・私訳を提示しよう。

〔185〕ⓐ tatra saṃraktayor mātāpitros tīvrāvasthāgate rāge sarvapaścād ghanaṃ śukraṃ mucyate/ tadante cāvaśyam ubhayoḥ śukraśoṇitabinduḥ prādurbhavati/ dvayor api ca tau śukraśoṇitabindū mātur eva yonau miśrībhūtau śaraṃ baddhvā tiṣṭhataḥ ekapiṇḍībhūtau, tadyathā pakvaṃ payaḥ śītībhāvam āpadyamānaṃ,

ⓑ yatra tat sarvabījakaṃ vipākasaṃgṛhītam āśrayopādātṛ ālayavijñānaṃ saṃmūrcchati/

ⓒ kathaṃ punaḥ saṃmūrcchati/ tena saṃjātaśareṇa śukraśoṇitapiṇḍena saha tadviparyastālambano 'ntarābhavo nirudhyate, tannirodhasamakālaṃ ca tasyaiva sarvabījasya vijñānasya sāmarthyāt tadanyasūkṣmendriyamahābhūtavyatimiśro 'nyas tatsabhāgaḥ śukraśoṇitapiṇḍo jāyate sendriyaḥ/ tasyāṃ cāvasthāyāṃ pratiṣṭhitaṃ vijñānaṃ baddhaḥ pratisaṃdhir ity ucyate/ sā cāsau kalalāvasthā/（*Ālaya*, I, p.127, *ll*.7-22）〔YBh, p.24, *ll*.1-10〕

〔186〕ⓐ爾時、父母貪愛倶極、最後決定各出一滴濃厚精血。二滴和合、住母胎中、合為一段、猶如熟乳凝結之時。

ⓑ当於此処、一切種子、異熟所摂、執受所依、阿頼耶識、和合依託。

ⓒ云何和合依託、謂此所出濃厚精血、合成一段、与顚倒縁、中有倶滅。与滅同時、即由一切種子識功能力故、有余微細根及大種、和合而生。乃余有根同分、精血和合摶生。於此時中、説識已住、結生相続、即此名為羯羅藍位。

（大正三〇、二八三上一—一〇行）

(119) ⓐそこで、愛着した母と父の貪が激しい位に至ると、最後に濃い精（śukra）が放出される。その後、二人に精と血（śoṇita）の滴（bindu）が必ず出現する（prādurbhavati）。そして、二人のそれらの精と血の〔二〕滴は、母の胎（yoni）において、混合し、膜（śara）を結んで、一塊りになったもの（eka-piṇḍī-bhūta）として住する。丁度、煮られた乳（payas）が冷えたように。

ⓑそこにおいて、かの一切種子（sarva-bīja[ka]）であり、異熟所摂（vipāka-saṃgṛhīta）であり、所依を取るもの（āśraya-upādātṛ）であるアーラヤ識が、和合する（saṃmūrcchati）。

ⓒしかし、どのように和合するのか。生じた膜をもつその精と血の塊り（śukra-śoṇita-piṇḍa）と一緒に、それ〔精と血の塊り〕に対して顚倒した所縁をもつ中有（antarābhava）が滅する。それ（中有）が滅するのと同時に、その同じ一切種子識の能力（sāmarthya）によって、それとは別の微細な根の大種（sūkṣma-indriya-mahābhūta）との混合をもつ、それと類似した別の精と血の塊りが、根（indriya）をそなえたものとして、生じる（jāyate）。その位（avasthā）に住している（pratiṣṭhita）識（vijñāna）は、結ばれたもの（baddha）結生（pratisaṃdhi）と言われる。これがカララ（kalala 羯羅藍）の位である。

この記述〔185〕において、ⓑの実線を付した部分、つまり、“vipākasaṃgṛhītam āśrayopādātṛ ālaya-”は、シュミットハウゼン教授によって、後代の付加であると論証されている。[269] 従って、この論証によれば、〔185〕に〃アーラヤ識〃という語は本来、存在しなかったということになるのであるが、私は教授のこの論証に従いたい。しかし、〔185〕ⓑの実線を付した部分が後代の付加であるとするならば、その直前に出る“sarvabījaṃ”という語は、本来は“sarvabījaṃ”であり、従って、ⓑには、“sarvabījakaṃ vijñānam”ではなくて、“sarvabījaṃ vijñānam”という語が存在していたと考えるべきではなかろうか。さもなければ、ⓒの“tasyaiva sarvabījasya vijñānasya”という表現、つまり、「その同じ sarvabījaṃ vijñānam の」という表現が、意味をもたなくなるであろう。

シュミットハウゼン教授は、〔185〕ⓑに〝アーラヤ識〟が説かれていないことを論証することを目的としているため、それが“tasyaiva sarvabījasya vijñānasya”が、“tasyaivālayavijñānasya”と書かれていないことにのみ注目され、それが“tasyaiva sarvabījakasya vijñānasya”となっていないことには注意されていないが、[270] この“tasyaiva sarvabījasya vijñānasya”は、実は極めて重要な表現なのである。

その理由は、次の通りである。即ち、まず〔185〕ⓑに見られる“sarvabījakaṃ vipākasaṃgṛhītam āśrayopādātṛ ālayavijñānaṃ”という表現、つまり、前掲〔184〕のⓕが〔184〕のⓐ、つまり“sarvabījakam āśrayopādātṛ vipākasaṃgṛhītam ālayavijñānaṃ bījāśrayaḥ”と同類の表現であることは明らかである。従って、〔184〕ⓕにおける“sarvabījakaṃ”という語は、〔184〕ⓐにおけると同様、“bīja-āśraya”「種子の所依」という語と不可離に結びついているのであって、「一切の〔ものの〕種子をもつもの」「一切の〔ものの〕種子の基体」を意味することは確実である。それ故、〔184〕ⓕから、シュミットハウゼン教授の論証のように、“vipākasaṃgṛhītam āśrayopādātṛ ālaya-”を後代の付加として排除するならば、「種子の所依」としての〝アーラヤ識〟という観念と不可離に結びついている“sarvabījakaṃ”を、〔185〕ⓒの“tasyaiva sarvabījasya vijñānasya”という表現にもとづいて、“sarvabījaṃ”と訂正すべきだと思われるのである。

つまり、〔185〕ⓑの“sarvabījakaṃ”とⓒの“sarvabījasya”が、本来は同じ語の主格形と属格形であるとすれば、そのいずれを本来の語として信頼すべきかということになるが、“sarvabījakaṃ”の方は、後代の付加と考えられる〝アーラヤ識〟とセットになっている語であるから、これを信頼することは困難である。これに対して、“sarvabījasya vijñānasya”

は、後代の付加である〝アーラヤ識〟とは無関係に、つまり、切り離された個所に述べられているので、本来の形を保存していると考えられる。それ故、〔185〕ⓒの"sarvabījasya vijñānasya"を本来の形と考えて、〔185〕ⓑの"sarvabījakaṃ vijñānaṃ"を"sarvabījaṃ vijñānaṃ"に訂正すべきであろう。すると、〔185〕には、"sarvabījakaṃ vijñānam"という表現は、用いられておらず、"sarvabījaṃ vijñānam"という表現だけが用いられていたということになるのである。

最後に、"sarva-bījakaṃ vijñānam"に関する〔184〕の用例の最後のもの、つまり、ⓖは、次の一節に見られるものである。

〔187〕 tat punaḥ sarvabījakaṃ vijñānaṃ parinirvāṇadharmakāṇāṃ paripūrṇabījam aparinirvāṇadharmakāṇāṃ punas trividhabodhibījavikalam/ (YBh, p.25, *ll*.1-2)

〔188〕 復次、此一切種子識、若般涅槃法者、一切種子皆悉具足。不般涅槃法者、便闕三種菩提種子。（大正三〇、二八四上二五行—中二行）

(120) また、その一切種子識（sarva-bījakaṃ vijñānam）は、般涅槃の性質をもつもの（parinirvāṇa-dharmaka）たちにとっては、円満した種子をもつものであるが、しかし、般涅槃の性質をもたないもの（aparinirvāṇa-dharmaka）たちにとっては、〔声聞・独覚・菩薩の〕三種の菩提の種子（tri-vidha-bodhi-bīja）を欠いているのである。

この一節は、「一切種子識」"sarvabījakaṃ vijñānam"という語を説明しているようであるが、しかし、この一節自体が、本来のテキストに付加されたものではないかという疑問が存在する。というのも、「本地分」のこの部分は、〔185〕に引き続いて、輪廻転生における「識」と「名色」の関係、特に胎内五位の第一と言われるカララ（kalala）について論じたものであって、その議論に、「般涅槃の性質」"parinirvāṇa-dharma"や「菩提の種子」"bodhi-bīja"というテーマはそぐわないように思われるからである。[271] 従って、この一節〔187〕も、後代の付加と見なすべきではないかと思われる。すると、『瑜伽師地論』「本地分」中「五識身相応地」「意地」には、本来"sarvabījakaṃ vijñānam"という表現は用いられておらず、ただ“sarvabījaṃ vijñānam”という表現だけが用いられていたということになるのである。

しかるに、この“sarvabījaṃ vijñānam”という表現を用いている『瑜伽師地論』「本地分」〔185〕は、『解深密経』〔6〕—〔10〕ⓐに影響を与えたと思われる点から見ても、重要なものと思われる。即ち、私はすでに、〔6〕—〔10〕ⓐの所説を「続生時、識能生名色」を説く〝識食〟説と、「続生後、識依名色住」を説く〝四識住〟説の継承・発展と見なすべきであると主張したのであるが、〔185〕にも、この二つの要素が認められる。即ち、ⓐにおいて、「精と血の滴が出現する」と言われたこと、及び、ⓒにおいて、「一切種子識の能力によって……別の精と血の塊りが、根をそなえたものとして生じる」と言われたことは、「続生時、識能生名色」を説く〝識食〟説、あるいは、「識縁名色」に対応し、ⓑにおいて、「そこにおいて、一切種子識が和合する」と言われたこと、及び、ⓒにおいて、「その位に住している(pratiṣṭhita)識は……結生と言われる。これがカララの位である」と言われたことは、「続生後、識依名色住」を説く〝四識住〟説、あるいは、「名色縁識」に対応していると思われる。すると、『解深密経』〔6〕—〔10〕ⓐと、『瑜伽師地論』「本地分」〔185〕との間には、その趣旨と表現に著しい一致が認められることになるであろう。

即ち、〝「名色」の生起〟が、〔185〕ⓐで、「精と血の滴が出現する(prādurbhavati)」と説かれたのに対し、〔6〕—〔10〕ⓐでは、それが「自体(ātma-bhāva)が……出現する(prādurbhavati)」と述べられ、〝「識」は「名色」に住する〟という関係が、〔185〕ⓑで、「そこにおいて、一切種子識(sarva-bījaṃ vijñānam)が和合する(saṃmūrcchati)」と説かれたのに対し、〔6〕—〔10〕ⓐでは、それが「そこにおいて、最初に、一切種子心(sarva-bījaṃ cittam)が、二つの取(upādāna)を取って(upādāya)、……和合し(saṃmūrcchati)」と述べられたと考えられるのである。従って、『解深密経』〔6〕—〔10〕ⓐが、『瑜伽師地論』〔185〕をその重要な素材の一つとして形成されたことは明らかだと思われるが、そうであるとすれば、『解深密経』〔6〕—〔10〕ⓐの〝一切種子心〟の原語は、“sarva-bījakaṃ cittam”ではなく、“sarva-bījaṃ cittam”であると見るべきであり、その意味も、後論するように、「一切の〔ものの〕種子をもつ心」ではなく、「一切のものの種子である心」と考えるべきであろう。

ただし、私は、"sarva-bījaka"なる表現が、『瑜伽師地論』「本地分」中「五識身相応地」「意地」に、本来、全く用いられていなかったと考えているわけではない。というのも、"vijñāna"ではなく、"ātma-bhāva"については、"sarva-bījaka"「一切の〔ものの〕種子をもつ」という限定語は使用されうると思うからである。即ち、『瑜伽師地論』「本地分」中「意地」において、〔187〕の後には、"ātma-bhāva"に"bīja"があることを説く前出のテキスト〔32〕が続くが、その〔32〕の後に続く記述とは、次の通りである。

〔189〕ⓐ tasmiṃś ca punaḥ kalale vardhamāne samasamaṃ nāmarūpayor vṛddhis tadubhayor vistīrṇataratopagamāt/ sā punar vṛddhir yāvad āśrayaparipūrito draṣṭavyā/ tatra pṛthivīdhātum upādāya rūpaṃ vardhate vistīrṇataratām gacchati/ abdhātuḥ punas tad eva saṃgṛhṇāti/ tejodhātus tad eva paripācayati/ vāyudhātur aṅgāni vibhajati saṃniveśayati/

ⓑ tasyāṃ punaḥ sarvabījakāyām ātmabhāvābhinirvṛttau śubhāśubhakarmahetutve 'pi[272] sati prādhānyena prapañcābhiratir eva kāraṇaṃ draṣṭavyaṃ/ kulabalarūpāyurbhogādikasya tu phalasya prādhānyena śubhāśubhaṃ karma kāraṇaṃ// (YBh, p.25, *ll*.8-14)

〔190〕ⓐ又羯羅藍、漸増長時、名之与色、平等増長、倶漸広大。如是増長、乃至依止円満。応知此中、由地界故、依止造色、漸漸増広。由水界故、摂持不散。由火界故、成熟堅鞕。由無潤故、由風界故、分別肢節、各安其所。

ⓑ又一切種子識、於生自体、雖有浄不浄業因、然唯楽著戯論、為最勝因。於生族姓色力寿量資具等果、即浄不浄業、為最勝因。（大正三〇、二八四中六—一四行）

(121) ⓐまた、そのカララが成長するとき、名と色〔の両者〕が等しく成長すること（vṛddhi）がある。その両者が次第に広大になること（vistīrṇataratā）を具えるからである。しかるに、その成長（vṛddhi）は、所依の完成（āś-raya-paripūri）[273] までに至ると見るべきである。そのうち（tatra）、地界を取って（upādāya）〔所造〕色（rūpa）が成長し（vardhate）、次第に広大になることに至る。また、水界は、その同じ〔色〕を摂持する。火界は、その同じ〔色〕を、成熟させる。風界は、諸の肢（aṅga）を区別し、〔それぞれの所に〕安止させる（saṃniveśayati）。

ⓑまた、その一切のものの種子をもつ（sarva-bījaka）自体の生起（ātma-bhāva-abhinirvṛtti）は、浄不浄の業（śubha-aśubha-karman）を因（hetu）とするけれども、主として、戯論に対する愛着（prapañca-abhirati）が原因（kāraṇa）であると見るべきである。しかし、家系（kula）・力（bala）・容色（rūpa）・寿命（āyuṣ）・財産（bhoga）等の果（phala）にとっては、主として、浄不浄の業が原因である。

このうち、〔189〕ⓑの冒頭には、"tasyāṃ punaḥ sarvabījakāyām ātmabhāvābhinirvṛttau" という表現がある。この表現において、"sarva-bījaka" が "ātma-bhāva" ではなく、"ātma-bhāva-abhinirvṛtti" を形容していることは明らかであるが、しかし、シュミットハウゼン教授は、ここでは、"ātma-bhāva" が "sarva-bījaka" と規定されていると解されている。[274] このように、

ātma-bhāva＝sarva-bījaka

と解することは、〔189〕の直前にある〔32〕の趣旨、つまり、〝いかなる自体（ātma-bhāva）も「一切の自体の種子を具えている」（sarva-ātma-bhāva-bīja-upagata）〟という趣旨から考えて、妥当であろう。また、仮りに〔32〕自体を後代の付加であるとする見方がなされたとしても、[275]『瑜伽師地論』〔189〕のやや後の個所には、シュミットハウゼン教授が指摘されているように、[276]

〔191〕 sarvātmabhāvabījakatvāt pratyekaṃ sarvātmabhāvānāṃ.（YBh, p.26, l.10）

〔192〕 一一自体中、有一切自体種子。（大正三〇、二八四中二九行—下一行）

(122) 一切の自体（ātma-bhāva）は、各々、一切の自体の種子をもつもの（sarva-ātma-bhāva-bījaka）であるから、

とも言われているのである。従って、

ātma-bhāva＝sarva-bījaka＝sarva-ātma-bhāva-bījaka(sarva-ātma-bhāva-bīja-upagata)

という等式が成立すると見ることができる。つまり、"sarva-bījaka"とは、より正確には、"sarva-ātma-bhāva-bījaka"「一切の自体の種子をもつ」、または、〔32〕の表現を用いれば、"sarva-ātma-bhāva-bīja-upagata"「一切の自体の種子を具えている」を意味するのであり、従って、"sarva-bījaka"は、「一切の種子をもつ」ではなく、「一切のもの（＝自体）の種子をもつ」と解すべき語であろう。

しかるに、『瑜伽師地論』「本地分」〔189〕ⓑで、"ātma-bhāva"が"sarva-bījaka"と規定されたとすれば、このことと、「本地分」〔185〕ⓒで、"sarva-bījasya vijñānasya"という表現がなされたことは、いかに関わるのであろうか。つまり、

ātma-bhāva＝sarva-bījaka

vijñāna＝sarva-bīja (sarva-bījaṃ vijñānam)

という二つの等式は、何を示しているのであろうか。それは、"sarva-bījaṃ vijñānam"の"sarva-bīja"が「一切のものの種子」と解されるべきことを示しているのである。つまり、"ātma-bhāva"＝"vijñāna"という等式を認めない限り、"sarva-bīja"を、bahuvrīhi 複合語として、「一切のものの種子をもつ」と解することはできず、それを tatpuruṣa 複合語として、「一切のものの種子」と解さざるを得ないのである。

しかるに、すでに論じたように、『瑜伽師地論』「本地分」〔32〕ⓑは、

bīja⊥ātma-bhāva

という於格的関係を説いている。すると、この於格的関係を、前掲の二つの等式に適用するならば、次のような式が得られることになる。

vijñāna＝sarva-bīja(sarva-bījaṃ vijñānam)⊥ātma-bhāva＝sarva-bījaka

そこで、この式を『瑜伽師地論』「本地分」〔185〕〔32〕〔189〕の所説の基本的構造を示すものと把えて、今度は『解深密

経』〔6〕—〔10〕の所説について考えてみよう。すでに示した私見が正しいとすれば、そこには、

sarva-bīja[ka]ṃ cittam（ādāna-vijñāna, ālaya-vijñāna）⊣ ātma-bhāva（nāma-rūpa）

と説かれていることになるが、このうち、“sarva-bīja[ka]ṃ cittam”〝一切種子心〟が、『瑜伽師地論』〔185〕ⓒの “sarva-bījaṃ vijñānam” を言い換えたものであることは、『解深密経』の「心意識相品」末尾の偈〔36〕で、“ādāna-vijñāna” が “sarva-bījo”、つまり、正規のサンスクリット語に直せば “sarva-bījam” と言われていること、及び〝一切種子心〟が『瑜伽師地論』〔185〕の “sarva-bījaṃ vijñānam” と同様、“ātma-bhāva” を〝基体〟とすることから見て、確実であろう。とすれば、『解深密経』〔6〕—〔10〕ⓐの〝一切種子心〟の原語は、すでに述べたように、“sarva-bījakaṃ cittam” ではなく、“sarva-bījaṃ cittam” と想定すべきであるし、その意味も、「一切のものの種子である心」と解すべきであろう。

しかも、この解釈の妥当性は、すでに述べたように『解深密経』〔6〕—〔10〕に影響を与えたと考えられる「種子経」〔85〕の所説との関連を考えても、確認される。即ち、すでに述べたように、そこでは「識」が「種子をもつもの」ではなく、「種子」そのものに喩えられ、その成長が “vuddhiṃ virūḷhiṃ vepullam āpajjeyyuṃ” と述べられたのであるが、『解深密経』〔6〕—〔10〕ⓐでも〝一切種子心〟の成長が、同様の表現によって示されているのである。

かくして、『解深密経』〔6〕—〔10〕ⓐの所説を「種子経」〔85〕の所説の発展形態と見ることが認められる限り、『解深密経』〔6〕—〔10〕ⓐの〝一切種子心〟の原語は、“sarva-bījaṃ cittam” であり、その意味は、「一切のものの種子である心」であることが論証されたと思われる。しかるに、そうであるとすれば、〔6〕—〔10〕に説かれる、

sarva-bījaṃ cittam（ādāna-vijñāna, ālaya-vijñāna）＝bīja⊣ ātma-bhāva

という式は、〔6〕—〔10〕ⓒに説示される〝アーラヤ識〟が決して〝「種子をもつもの」＝「種子の所依（基体）」〟ではなく、「種子」そのものであること、あるいは、未だに「種子」そのものにしかすぎないことを示している筈である。つまり、『解深密経』〔6〕—〔10〕においては、

bīja＝ālaya-vijñāna⊣ ātma-bhāva

という説がなされており、

bīja⊣ ālaya-vijñāna

という説は、まだ形成されていなかったと考えられるのである。

しかるに、以上の私見に対しては、『瑜伽師地論』「本地分」中「思所成地」に含まれる「勝義伽他」Paramārthagathā の所説にもとづいて、反論が提起されることが予想される。即ち、「勝義伽他」の第二八偈、及び第二九偈前半には、次のように説かれるのである〔以下、シュミットハウゼン教授による校訂テキスト・漢訳・和訳の順に示すことにしよう〕。

〔193〕 prapañcābhiratir hetus tathā karma śubhāśubhaṃ/
sarvabījo vipākaś ca iṣṭāniṣṭaṃ tathā phalam// 〔v.28〕
sarvabīje vipāke hi jāyate ātmadarśanam/ 〔v.29ab〕（*Ālaya*, I, p.228, *ll*.2-4）

〔194〕 楽戯論為因、　若浄不浄業、
諸種子異熟、　及愛非愛果。
依諸種異熟、　我見而生起。（大正三〇、三六三下一三—一五行）

⑫③ 戯論に対する愛着（prapañca-abhirati）と、また同様に、浄・不浄（śubha-aśubha）の業（karman）が因（hetu）である。

一切のものの種子をもつ異熟（sarva-bījo vipākaḥ）と、また同様に、愛・非愛（iṣṭa-aniṣṭa）が果（phala）である。

一切のものの種子をもつ異熟において、我見（ātma-darśana）が生じる。

ここには、“sarva-bīja”という語が二回用いられているが、ここでこの語を、「一切のものの種子〔である〕」を意味する tatpuruṣa 複合語と解することはできないであろう。何となれば、“sarva-bījo vipākaś” という表現では、“bīja” は、中性という固有の性を失っているから、“sarva-bījo” は bahuvrīhi 複合語であり、従って、それは「一切の〔ものの〕種子をもつ[277]」を意味していると考えられる。しかるに、『瑜伽師地論』「本地分」〔185〕ⓒにおいても、“sarva-bīja” が bahuvrīhi 複合語であるとすれば、〔185〕ⓒの “sarva-bījasya vijñānasya” という表現を、「一切のものの種子である識の」と読む私の解釈は成立せず、この表現も、「一切の〔ものの〕種子をもつ識の」と理解しなければならないであろう。

しかし、私見によれば、〔185〕ⓒの “sarva-bījasya vijñānasya” の “sarva-bīja” は、tatpuruṣa 複合語として、「一切のものの種子〔である〕」を意味するのに対し、「勝義伽他」〔193〕の “sarva-bījo vipākaś” の “sarva-bīja” は、bahuvrīhi 複合語として、「一切のものの種子をもつ」を意味すると思われる。というのも、「勝義伽他」〔193〕の “sarva-bījo vipākaś”「一切のものの種子をもつ異熟」とは、『瑜伽師地論』〔189〕〔185〕で説かれる “ātma-bhāva” と “vijñāna” という二者のうち、基本的には、“ātma-bhāva” に相当すると思われるからである。というのも、シュミットハウゼン教授によっても指示されているように[278]、「勝義伽他」〔193〕の第二八偈が、『瑜伽師地論』「本地分」〔189〕ⓑの所説にもとづいていることは、明らかであるが、その〔189〕ⓑでは、「戯論に対する愛着」や「浄・不浄の業」を「因」とするものは、「一切のものの種子をもつ」“sarva-bījaka”「自体の生起」“ātma-bhāva-abhinirvṛtti”、または、「自体」“ātma-bhāva” であると規定されているからである[279]。

しかも、「勝義伽他」〔193〕の第二九偈前半も、『瑜伽師地論』「本地分」〔189〕の後に続く〔34〕の所説にもとづいていることは、明らかである。即ち、そこでは、“ātma-bhāva” において、愚者たちは、「私である」とか「私のものである」とか考えると説かれているのである。つまり、〔34〕の “ātma-bhāve” という於格形と〔193〕の “sarvabīje vipāke” という於格形は、明らかに対応している。従って、「勝義伽他」〔193〕において、“sarva-bījo vipākaḥ”「一切のものの種子をもつ異熟」とは、「本地分」〔189〕〔34〕で説かれる “ātma-bhāva” に相当し、それを指していると見るべきであろう。しかるに、「勝義伽他」〔193〕において、実は"vijñāna"ではなく、"ātma-bhāva"が「一切のものの種子をもつ異熟」"sarvabījo vipākaś"と呼ばれているとすれば、すでに示した私の解釈との矛盾は生じないのである。

また、〔193〕を含めて「勝義伽他」全体に"sarva-bījaka"なる表現が全く認められないことにも、注意すべきであろう。この事実は、"sarva-bīja"よりも"sarva-bījaka"という表現の方が、その成立が遅いことを示していると思われるからである。[280]

かくして、"一切種子心"に関する以上の考察の結論を述べれば、『解深密経』〔6〕—〔10〕ⓐの"一切種子心"(sa bon thams cad paḥi sems)の原語は"sarva-bījam cittam"であり、それは「一切のものの種子である心」を意味すると考えられる。この結論は、すでに繰返し述べているように、『解深密経』〔6〕—〔10〕の所説を、"四識住"説を説く「種子経」〔85〕の所説の発展と見る立場からは、極めて自然なものとして理解されるであろう。即ち、「種子経」〔85〕でも、『解深密経』〔6〕—〔10〕ⓐでも、

bīja=vijñāna(citta)

という等式が成立しているのであり、そこでは、

bīja⊥vijñāna

という於格的関係、つまり、「識」を「種子の所依」"bīja-āśraya"または「種子をもつもの」と見る理解は、まだ成立していなかったのである。この点は、"sarva-bījaṃ vijñānam"という語を有する『瑜伽師地論』「本地分」〔185〕においても、同様であろう。

しかるに、『瑜伽師地論』「摂事分」には、「識」を「種子をもつもの」と規定する次のような記述が存在する。

〔195〕 復次、一因二縁、令後有芽当得生長。謂、五品行中、煩悩種子所随逐識、説名為因。与田相似四種識住、説名為縁、又由喜貪滋潤其識、令於彼彼当受生処、結生相続、感薩迦耶、[281] 亦名為縁。(大正三〇、七九四中六—一〇行)

〔196〕 yaṅ srid par skye baḥi myu gu ḥbyuṅ ba la rgyu gcig daṅ rkyen gñis yod de/ ḥdu byed rnam pa lṅa po dag la ñon moṅs paḥi sa bon daṅ ldan paḥi rnam par śes pa ni rgyuḥo// rnam par śes paḥi gnas bshi (orig. gshi) shiṅ daṅ ḥdra ba daṅ/ dgaḥ ba daṅ ḥdod chags des rnam par śes pa skye ba de daṅ der ñiṅ mtshams sbyor baḥi phyir rlan par byed pa ni rkyen yin no// (D, Zi, 176a5-6)

(124) 後有（punar-bhava）という芽（aṅkura）の生起（abhinirvṛtti ?）について、一つの因（hetu）と二つの縁（pratyaya）がある。即ち、五種の行（saṃskāra）の内、煩悩の種子を具えた（kleśa-bīja-upagata）識（vijñāna）は因である。田（kṣetra）[282]に等しい四つの識住（vijñāna-sthiti）と、喜貪（nandī-rāga）が、識をあれこれの生処に結生相続するように、湿潤すること[283]（snehana）が、縁である。[284]

まず、この「摂事分」の記述が「種子経」〔85〕〔86〕にもとづいていることは、明らかであるにもかかわらず、[285]注意すべきことは、ここでは「識」は、「種子経」のように、「種子」そのものとされるのではなく、「種子を具えたもの」"bīja-upagata"、つまり、「種子をもつもの」とされている点である。従って、佐々木氏が〔196〕について、

(125) 又、（α）で、阿含に於ける「種子の如き識」が「種子を具有する識」と言い替えられている事は、そこに教理上の発展が有った事を示す。（「佐々木」一八九頁上）

とコメントされたことは、極めて妥当であろう。つまり、ここで「阿含」とは、「種子経」〔85〕〔86〕を指すのである。

しかし、問題は、この「教理上の発展」が、いつ起ったかということであろう。もしも、それが、『解深密経』の成立よりも前に起ったと見なされるとすれば、私は、その見解に従うことはできない。というのも、私見によれば、「識」、特に〃アーラヤ識〃が「種子をもつもの」「種子の所依」と考えられるようになるのは、『解深密経』の成立以後のことであると考えられるからである。従って、「摂事分」〔195〕〔196〕のテキストの成立は、『解深密経』の成立以

後のことと考えるべきであろう。あるいは、〔195〕〔196〕の原テキストでは、「識」は、「種子」そのものとされていたが、それが後にはテキストが改変されて、「識」は、「種子をもつもの」と規定されるようになったと見ることもできるかもしれない。

いずれにしても、『解深密経』以前に、「種子をもつもの」という「識」の規定が確かに存在したと認定することはできないし、その規定が『解深密経』以前に存在したと見るならば、『解深密経』〔6〕—〔10〕ⓐの所説は、私見によれば、理解が困難なものになるのである。というのも、その場合には、〝一切種子心〟は、「種子」に対しては〝基体〟であるが、〝ātma-bhāva〟に対しては、〝超基体〟であるという二重の性格をもつものになってしまうからである。後論するように、〝一切種子心〟=〝アーラヤ識〟の〝基体〟化とは、基本的には、『解深密経』以後に生じる傾向であると見るのが、適切であろう。

以上、私は、『解深密経』〔6〕—〔10〕の所説を、〝「種子」=「有取識」〟説と〝四識住〟説を説く「種子経」〔85〕〔86〕の発展として理解することによって、『解深密経』〔6〕—〔10〕に説かれる〝一切種子心〟=〝アーダーナ識〟=〝アーラヤ識〟という「識」について、少なくとも、二つの点を明らかにすることができたのではないかと考える。その第一は、その「識」が〝我に執着する「識」〟とされる点であり、第二は、その「識」は、「種子をもつもの」「種子の所依(基体)」ではなく、「種子」そのものとされている点である。『解深密経』〔6〕—〔10〕に関する以上の私見をまとめて示せば、次のようになるであろう。

bīja = sarva-bījaṃ cittam (ādāna-vijñāna, ālaya-vijñāna) ⊣ ātma-bhāva = nāma-rūpa = upādāna

第一三節　〃潜むもの〃という規定と〃アーラヤ識の基体化〃

しかし、『解深密経』〔6〕―〔10〕ⓒに説かれる〃アーラヤ識〃を「種子の所依」ではなく、「種子」そのものと見る私見については異論がないとしても、その〃アーラヤ識〃を〃我に執着する識〃つまり、勝呂博士の表現によれば、「我執のはたらきをなす識」と見なす解釈については、やはり疑問があるかもしれない。というのも、そこでは〃アーラヤ識〃と"ātma-bhāva"の関係が、〃アーラヤ識〃が"ātma-bhāva"に、チベット訳〔10〕ⓒによれば、"kun tu sbyor ba dan rab tu sbyor bar byed pa"するものと規定されているが、その場合、このチベット訳の原語は〃執着する〃というよりも、むしろ〃潜む〃を意味しているように見えるからである。この点について、シュミットハウゼン教授は、このチベット訳の原語を、⑬では一応"ālayana""pralayana"と想定され、かつそれを⑭においては"sticks to and dissolves into or hides in"と訳されている。この英訳は、おそらく〃執着（固着）し潜む〃と解しうるであろうが、これは教授が、『解深密経』〔6〕―〔10〕ⓒにおいて、〃アーラヤ識〃は"ātma-bhāva"（教授によれば"kāya"）に〃執着する〃ものであり、かつ〃潜む〃ものであるとして、二通りに規定されているという解釈を示したものと思われる。私自身も、この解釈に従い、⑩ⓒでは、「執着し潜む」という訳を与えていたのである。

しかし、〃アーラヤ識〃に関する〃執着するもの〃という規定と〃潜むもの〃という規定は、やはりその意味が大きく異なっている。私は、すでに論じたように、『解深密経』の〃アーラヤ識〃説を「種子経」〔85〕〔86〕の〃四識住〃説の発展と見なすので、『解深密経』〔6〕―〔10〕ⓒの所説は、〃アーラヤ識〃が"ātma-bhāva"に〃住する〃ことを説いていると考え、従って、そこでは、〃アーラヤ識〃は〃我（ātma-bhāva≒ātman）に執着する識〃〃我執のはたらきをなす識〃としても規定されているると見るのであるが、〃アーラヤ識〃が"ātma-bhāva"に〃潜むもの〃と規定されるならば、そこに〝我執〟との関わりを認めることは、困難になるであろう。

一方、シュミットハウゼン教授は、『瑜伽師地論』「本地分」〔3〕を〝アーラヤ識〟説に関する "Initial Passage"（最初の一節）と見なされ、〝アーラヤ識〟とは本来、滅尽定において「身」"kāya" または「有色根」"rūpīndriya" に〝潜むもの〟として構想されたと考えられるので、『解深密経』〔6〕―〔10〕ⓒで〝アーラヤ識〟が〝執着するもの〟として規定されたとしても、それは、〝アーラヤ識〟に関する発展した説にしかすぎないと見なされているのかもしれない。従って、『解深密経』〔6〕―〔10〕ⓒにおいて、〝アーラヤ識〟が確かに〝執着するもの〟として、そしてさらに、〝潜むもの〟として規定されているかどうかという問題が、問われなければならないであろう。

そこで、まず漢訳を見ると、〝アーラヤ識〟の "ātma-bhāva" に対する関係、つまり "ā√lī" や "pra√lī" という動詞語根の派生語によって示されるであろう関係は、まず、菩提流支訳の〔6〕ⓒでは「住著」、真諦訳〔7〕ⓒでは「蔵隠」、達摩笈多訳〔8〕ⓒでは「隠蔵普遍」、そして玄奘訳〔9〕ⓒでは「摂受蔵隠」という語によって、それぞれ示されている。[286] このうち、真諦訳と玄奘訳の「蔵隠」、及び達摩笈多訳の「隠蔵」という訳語は、明らかに〝潜むもの〟としての〝アーラヤ識〟の規定が『解深密経』〔6〕―〔10〕ⓒで説かれたという理解を示している。[287] これに対して、菩提流支訳の「住著」という訳語は、『解深密経』〔6〕―〔10〕ⓒで〝アーラヤ識〟は〝住するもの〟であり、かつ〝執着するもの〟であるとして規定されたという理解を示しているであろう。しかるに、すでに述べたように、〝四識住〟説においては、〝……に住するもの〟とは〝……に執着するもの〟をも意味するから、この「住著」という菩提流支の訳語は、〔6〕―〔10〕ⓒの〝アーラヤ識〟説を「種子経」の〝四識住〟説の発展であると見る私見と合致するように思われる。

しかし、漢訳の理解を尊重して、『解深密経』〔6〕―〔10〕ⓒでは〝アーラヤ識〟に関して、〝執着するもの〟と〝潜むもの〟という二つの規定が説かれたと考えるとしても、この二つの規定の相違・対立は、相変らず解消されてはいない。即ち、この二つの規定のうち、〝潜むもの〟という規定が、少なくとも、〝四識住〟説の発展として理解できないものであることは、確実であろう。つまり、〝四識住〟説は、「識」が〝四蘊〟に〝住する〟ことを説くものではあるが、〝四蘊〟に〝潜む〟ことを説く説ではない。すると、『解深密経』〔6〕—〔10〕の〝一切種子心〟説、〝アーダーナ識〟説、〝アーラヤ識〟説は、いずれも〝四識住〟説の要素を具えている以上、その〝四識住〟説によっては理解できない〝潜むもの〟という〝アーラヤ識〟の規定は、「蔵隠」や「隠蔵」という漢訳の存在にもかかわらず、『解深密経』〔6〕—〔10〕ⓒには、全く説かれていないと見るべきなのであろうか。つまり、「蔵隠」や「隠蔵」という漢訳は、全く根拠のない誤訳なのであろうか。

しかし、〝潜むもの〟という〝アーラヤ識〟の規定は、『唯識三十頌釈』〔1〕に明確に説かれているだけでなく、すでに『摂大乗論』〔21〕ⓑⓒにも述べられているのである。とすれば、『解深密経』〔6〕—〔10〕ⓒにおいても、この規定が全く述べられていなかったと見るのは、やはり不自然であろう。

しかるに、チベット訳の〔10〕ⓒについて言えば、〝アーラヤ識〟と〝ātma-bhāva〟の関係は、単に前者が後者に〝kun tu sbyor ba daṅ rab tu sbyor bar byed pa〟するものであると言われているのではない。そこには〝grub pa daṅ bde ba gcig paḥi don gyis〟つまり、玄奘訳で「同安危義」という限定語が付されているのである。この限定語は、シュミットハウゼン教授によって、⑬において、その原語が〝ekayogakṣemārthena〟と想定され、⑭において、〝in the sense of sharing its destiny (i.e. becoming closely united with it)〟と訳されているが、その意味するところは何であろうか。[288] この点について検討するためには、シュミットハウゼン教授によっても指摘されているように、[289]『瑜伽師地論』「本地分」〔185〕の後に続く次の記述、特に、その後半部分が参照されなければならないであろう。

〔197〕ⓐ tāni ca tasya kalalasyendriyamahābhūtāni kāyendriyeṇaiva sahotpadyante/ indriyādhiṣṭhānamahābhūtāni ca tair evendriyamahābhūtaiḥ kāyendriyeṇa ca sahotpadyante/ tatas tanīndriyamahābhūtāny upādāya cakṣurādīndriyāṇi krameṇa niṣpadyante/ indriyāṇāṃ tadadhiṣṭhānānāṃ ca prādurbhāvāt kṛtsna āśrayo niṣpanno bhavati pratilabdhaḥ/

ⓑ tat punaḥ kalalarūpaṃ taiś cittacaitasikair dharmair anyonyayogakṣematayā saṃmūrcchitam ity ucyate/ cittavaśena ca tan na pariklidyate/ tasya cānugrahopaghātāc cittacaittānāṃ[290] anugrahopaghātaḥ/ tasmāt tad anyonyayogakṣemam ity ucyate//

（YBh, p.24, *ll*.10-17）

〔198〕 ⓐ此羯羅藍中、有諸根大種、唯与身根、及根所依処大種倶生。即由此身根倶生、諸根大種力故、眼等諸根、次第当生。又由此身根倶生根所依処大種力故、諸根依処、次第当生。由彼諸根及所依処具足生故、名得円満依止成就。

ⓑ又此羯羅藍色、与心心所、安危共同、故名依託。由心心所依託力故、色不爛壊。色損益故、彼亦損益。是故説彼安危共同。（大正三〇、二八三上一〇―一八行）

⑿ⓐそのカララにとって、根の大種（indriya-mahābhūta）が、身根（kāya-indriya）だけとともに生じる。また、根の依処の大種（indriya-adhiṣṭhāna-mahābhūta）が、その同じ根の大種と身根とともに生じる。それから、それらの根の大種を取って（upādāya）眼（cakṣus）等の諸根が、次第に（krameṇa）完成する（niṣpadyante）。諸の根（indriya）とそれの依処（adhiṣṭhāna）が出現すること（prādurbhāva）[291]にもとづいて、全部の（kṛtsna）所依（āśraya）が完成し（niṣpanna）獲得される（pratilabdha）。

ⓑしかるに、そのカララの色（kalala-rūpa）は、それらの心・心所（citta-caitasika）の法（dharma）と、安危を共同にするもの（anyonya-yoga-kṣema）として和合したもの（saṃmūrcchita, shugs pa）と言われる。〔というのも〕心（citta）の力によって、それ（カララの色）は腐敗し（pariklidyate）ない。また、それ（カララの色）の損益（anugraha-upaghāta）にもとづいて、心・心所の損益がある。故に、それ（カララの色）は、〔心・心所と〕安危を共同にするものと言われる。

つまり、ここで"anyonya-yogakṣema"と言われたことと、『解深密経』〈6〉―〈10〉ⓒで"eka-yoga-kṣema"と説かれたことが無関係であると見ることはできず、後者は前者にもとづいてなされた説だと考えられるのである。では、『瑜伽師地論』「本地分」〈197〉で"anyonya-yoga-kṣema"とは、何と何との関係を示すものかといえば、それは、「カララの色」"kalala-rūpa"と「心心所」"citta-caitasika""citta-caitta"との関係を示している。つまり、「カララの色」は「心」の力によって腐敗せず、また、「カララの色」の損益によって「心心所」の損益がある、というのである。それ故、両者の関係は相互的、あるいは互助的な関係であるというわけで、"anyonya"「相互」という語が用いられている、というのである。

では、この「カララの色」と「心心所」とは、何を意味しているのであろうか。それについて理解するためには、〈197〉ⓐの"kṛtsna āśrayaḥ"「全部の所依」という語の意味が問題となるであろう。つまり、これは、「色」のみを指すのか、それとも、「名」と「色」を合したものを指しているのであろうか。この語は、漢訳では「円満依止」と訳されており、『瑜伽師地論』では、〈197〉のやや後の個所にある〈189〉ⓐに出る"āśraya-paripūri"「所依の完成」の漢訳「依止円満」にほぼ一致している。従って、この〈197〉ⓐでも、ほぼ同じことが言われていると考えられる。

しかるに、この〈189〉ⓐの「所依の完成」が、縁起支として「名色」の次の「六処」に配当されていることは、[292]〈189〉の冒頭に「そのカララが成長するとき、名と色〈の両者〉が等しく成長することがある」と述べられていることからも明らかであるから、〈197〉ⓐにおいても、「諸の根とそれの依処が出現すること」は、縁起支としての「名色」に対応し、「全部の所依が完成し」は、「六処」に対応するのであろう。すると、〈197〉ⓐの「全部の所依」とは、「名」と「色」を合したものであることが知られ、さらに、その後の「しかるに、そのカララの色」より始まる〈197〉ⓑの説明では、「そのカララの色」という「色」と「心・心所」という「名」との"一体性[293]"が、「安危を共同にするもの」"anyonya-yoga-kṣema"という語によって説かれたと考えられるのである。

ただし、ここで必要と思われるのが、「そのカララの色」という語に関する正確な理解である。つまり、「そのカララの色」"tat... kalala-rūpaṃ" のうち "kalala-rūpa" を、karmadhāraya 複合語と考えて「カララという色」「カララ＝色」と読むか、それとも tatpuruṣa 複合語と見なして「カララの〔有する〕色」または「カララにおける色」と読むかは、問題であろうが、私は、"kalala"＝"rūpa" という等式を否定する後者の解釈を採りたい。というのも、「そのカララの色」"tat... kalala-rūpaṃ" という表現中の "tat" という語と「それらの心・心所の法」"taiś cittacaitasikair dharmair" という表現中の「それらの」"taiś" という語は、同じ資格を有するものとして並列されていると考えられるからである。即ち、この二つの指示代名詞 "tat" と "taiś" は何故用いられているかと言えば、これらは、直前に出る「全部の所依」"kṛtsno āśrayo" という語を承けて用いられたとしか考えられない。つまり、そこでは、「全部の所依」が、次のように「そのカララの色」＝「カララのその色」と「それらの心・心所の法」を合したものとして把えられているのである。

"āśraya"＝"tat... kalalarūpaṃ" [rūpa]＋"taiś cittacaitasikair dharmair" [nāman]

従って、「本地分」〔197〕では、「所依」"āśraya" は「色」法のみを指すように見えるかもしれないが、実は、それは「色」と「名」との二者、つまり、「名色」"nāma-rūpa" から成っていることが力説されているのである。従って、「カララの色」"kalala-rūpa" というのも、「カララの〔有する〕色」という意味であって、「カララ」そのものは、決して「色」のみではなく、「名」と「色」を合したものと見なされるべきであろう。

この点は、前出の『瑜伽師地論』「本地分」〔79〕中の次の一文にも、示されているであろう。

〔199〕 vijñānapratyayaṃ mātuḥ kukṣau śukraśoṇitarūpaṃ nāmaparigṛhītaṃ kalalatvāya saṃmūrcchate// (YBh, p.230, *ll.*7-8)

〔200〕 由識為縁、於母腹中、諸精血色、名所摂受、和合共成羯羅藍性。（大正三〇、三二八上九－一〇行）

(127) 識（vijñāna）を縁（pratyaya）として、母の胎（kukṣi）において、名（nāman）によって摂受された（parigṛhīta）、精（śukra）と血（śoṇita）の色（rūpa）が、カララとなるために和合する（saṃmūrcchate, ḥdres par ḥgyur）[294]。

即ち、ここでも、「カララ」は、「色」のみではなく、「色」と「名」の合したものとされていると思われる。“saṃmūrchate”を玄奘が「和合共成」と訳したのも、「色」と「名」が同等の資格で合体して成立したものが「カララ」であるという理解にもとづくであろう。つまり、「カララ」は、「色」ではなく、「名色」“nāma-rūpa”であるという理解が、まず必要なのである。この点は、「名色によって自体（ātma-bhāva）が摂せられるから」と説く『中辺分別論釈』〔58〕に対する『中辺分別論釈疏』におけるスティラマティの次のような註釈文においても、明瞭であろう。

〔201〕 nāmarūpaṃ hi pañcaskandhāḥ/ te ca pratisaṃdhim upādāya kalalārbudapeśīghanapraśākhāvasthā anutpannaṣaḍāyatanā vijñānapratyayaṃ nāmarūpam iti/ (MAVṬ, p.37, *ll*.17-20)

⑱ というのも、名色（nāma-rūpa）とは五蘊である。それら（五蘊）は、結生（pratisaṃdhi）より始めて、六処（ṣaḍāyatana）が生じないとき、カララ（kalala）・アルブダ（arbuda）・ペーシー（peśī）・ガナ（ghana）・プラシャーカー（praśākhā）という位（avasthā）をもつものであり、識を縁とする名色と言われる。

即ち、「カララ」を始めとする〝胎内五位〟とは、「色」ではなく「名色」の「位」“avasthā”なのである。

かくして、『瑜伽師地論』〔197〕ⓑにもどれば、そこでは「そのカララの色」と「それらの心・心所の法」との“anyonya-yoga-kṣema”が言われていたのであるが、この両者は、「カララ」の「色」と「名」に相当すると思われる。つまり、“āśraya”＝“ātma-bhāva”を構成する二者である「名」と「色」のいわば相互依存関係[295]を“anyonya-yoga-kṣema”と表現したと考えられる。しかるに、『解深密経』〔6〕—〔10〕ⓒにおいて“eka-yoga-kṣema”の関係にあるのは、〝アーラヤ識〟と“lus”「身」、つまり、私見によれば“ātma-bhāva”なのであり、しかも、その“ātma-bhāva”とは、「名」と「色」より成るのである。すると、『瑜伽師地論』〔197〕ⓑで、“anyonya-yoga-kṣema”の関係にある二者と、『解深密経』〔6〕—〔10〕ⓒにおいて、“eka-yoga-kṣema”の関係にある二者は、一致しないことが理解される。つまり、次の通りである。

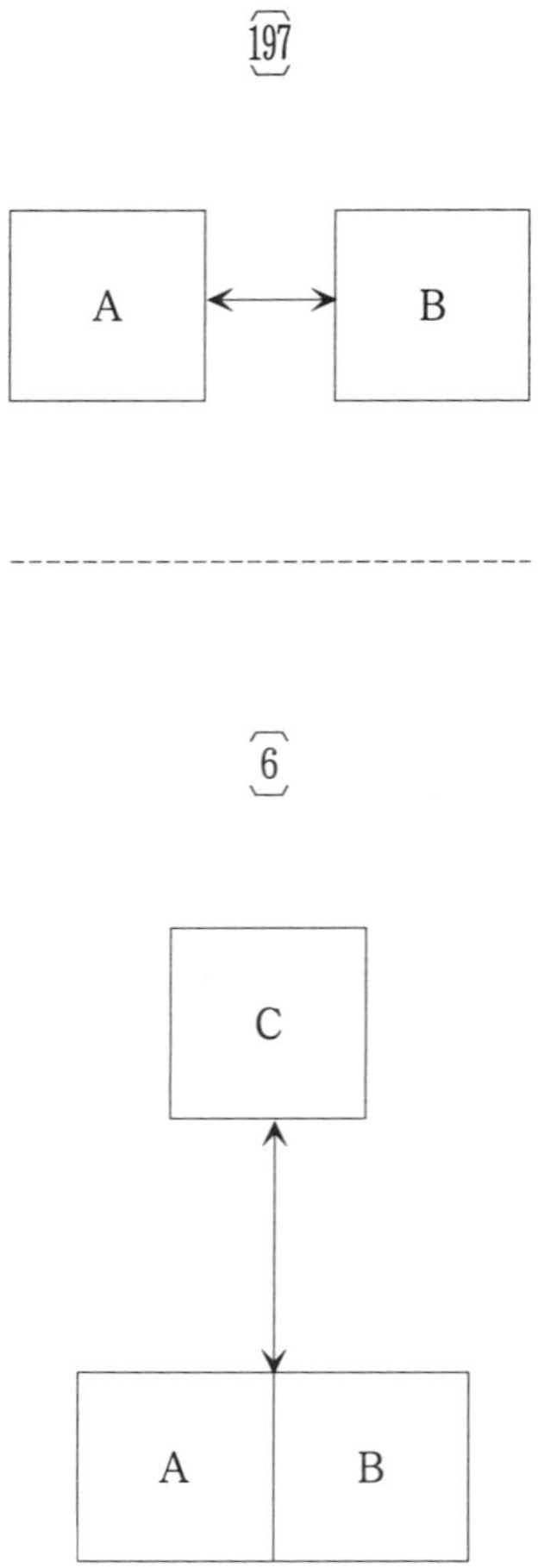

A＝rūpa　B＝nāman　A＋B＝ātma-bhāva（āśraya）　C＝ālaya-vijñāna
←→：anyonya-yoga-kṣema, eka-yoga-kṣema

勿論、シュミットハウゼン教授のように、『解深密経』〔6〕—〔10〕ⓒの“lus”「身」の原語を“kāya”と見なせば、このような不一致は生じない。というのも、〔6〕—〔10〕ⓒに説かれるのが、〝アーラヤ識〟と“kāya”の関係であるとすれば、これは〔197〕に説かれたのと同じ「名」と「色」の相互的関係であると見ることができるからである。すると、これを根拠にして、〔6〕—〔10〕ⓒの“lus”「身」の原語は“ātma-bhāva”ではなく、“kāya”であると考えられるかもしれないが、その原語を“kāya”と想定することは、すでに論証したように、やはり困難であろう。

　とすれば、『解深密経』〔6〕—〔10〕ⓒには、『瑜伽師地論』「本地分」〔197〕とは類似してはいても異なった説が、“anyonya-yoga-kṣema”とは別の“eka-yoga-kṣema”という表現を用いてなされている、と考えざるを得ないであろう。では、その異なった説とは何か。少なくとも、〔197〕では、「色」についても、「心心所」についても、〝執着する〟ということも、〝潜む〟ということも、言われていない。これに対して、『解深密経』〔6〕—〔10〕ⓒでは、〝アーラヤ識〟が〝ātma-bhāva〟に〝住する〟こと、つまり、〝ātma-bhāva〟を〝基体〟とし、それに〝執着する〟ことが言われていることは、ⓒの〝アーラヤ識〟説が〝四識住〟説にもとづいていると考えられる以上、確実だと思われる。そこで、問題となるのは、〔6〕—〔10〕ⓒにおいて、〝アーラヤ識〟が〝ātma-bhāva〟に〝潜むもの〟として規定されているかどうか、また、そのことと、〝アーラヤ識〟の〝ātma-bhāva〟に対する関係が〝eka-yoga-kṣema〟という語によって述べられていることが、関わるかどうかであろう。

シュミットハウゼン教授は、⑭で〝eka-yoga-kṣema〟という語を〝becoming closely united with it〟とも説明されるから、この語は、〝アーラヤ識〟が〝kāya〟「身体」に、いわば〝不離一体〟のものとして〝潜む〟ことを意味すると解されるようであるが、ⓧがⓨに〝潜む〟とき、ⓧとⓨは〝不離一体〟であると言い得るならば、この解釈は適切であるということになるであろう。確かに〝不離一体のものとして執着する〟というのは、〝不離一体のものとして潜む〟という言明に比べれば、遙かに不自然であるから、やはり、「蔵隠」や「隠蔵」という漢訳によって示されている通り、『解深密経』〔6〕—〔10〕ⓒでは、〝アーラヤ識〟が〝ātma-bhāva〟に〝潜むもの〟としても規定されているということは、認めざるを得ないであろう。しかし、それにもかかわれず、私は、〝アーラヤ識〟が〝潜む〟対象である〝lus〟「身」の原語を〝kāya〟であると想定するシュミットハウゼン教授の解釈には従うことはできない。というのも、『解深密経』〔6〕—〔10〕ⓒの〝eka-yoga-kṣema〟という表現が『瑜伽師地論』「本地分」〔197〕の〝anyonya-yoga-kṣema〟という表現にもとづいていることは明らかであろうが、後者は、「名」と「色」の相互依存的、互助的な関係を説いているのに対し、前者は、〝ātma-bhāva〟、つまり、「名色」に対する〝アーラヤ識〟の一方的な関係としての〝不離一体性〟を説いていると考えられるからである。もっとも、『解深密経』〔6〕—〔10〕ⓒの〝eka-yoga-kṣema〟、つまり、「名色」たる〝ātma-bhāva〟に対する〝アーラヤ識〟の〝不離一体性〟の関係が『瑜伽師地論』〔197〕ⓑの〝anyonya-yoga-kṣema〟

即ち、「色」と「名」との〝不離一体性〟の関係になぞらえて理解された、つまり、誤解されたということはあったかもしれない。即ち、この誤解によれば、"ātma-bhāva"は「名色」ではなく、「色」たる「身体」と見なされ、それに対して〝アーラヤ識〟は「色」と区別された「名」と考えられるのである。"ātma-bhāva"に「身体」の意味もあることは確実であるから、この誤解は容易に成立したであろうが、『解深密経』それ自体においては、〔6〕—〔10〕の"ātma-bhāva"が、「色」ではなく「名色」を意味していることは、否定できないであろう。

さて、論説をもとにもどせば、『解深密経』〔6〕—〔10〕ⓒにおいて、〝アーラヤ識〟が〝潜むもの〟としても規定されていることは、確実であると見ざるを得ない。しかるに、すでに述べたように、〝潜むもの〟と〝潜まれるもの〟とは、それぞれ〝超基体〟と〝基体〟である。つまり、本章の冒頭で述べた通り、ⓧがⓨに〝潜む〟というとき、ⓧとⓨには、〝ⓧ⊥ⓨ〟という於格的関係が存在する。従って、『解深密経』〔6〕—〔10〕ⓒで、〝アーラヤ識〟が"ātma-bhāva"に〝潜む〟と規定されたとき、両者には、

ālaya-vijñāna ⊥ ātma-bhāva

という於格的関係が存在することになる。つまり、〝アーラヤ識〟は、後代の発展した教義とは異なり、あくまでも、〝基体〟ではなくて〝超基体〟にとどまっているのである。即ち、〝潜むもの〟とは〝超基体〟なのである。

しかし、ここで〝潜むもの〟〝隠れるもの〟という言葉の意味を考えてみるべきであろう。それは、〝潜在するもの〟〝下に隠れているもの〟をも意味してはいないであろうか。つまり、〝潜むもの〟は、本来〝潜まれるもの〟と区別されて、〝超基体〟を意味していたのであるが、実際には、次第に〝基体〟をも意味するようになったのではないかということなのである。

『解深密経』〔6〕—〔10〕のⓐⓑに規定される〝一切種子心〟と〝アーダーナ識〟には、〝潜むもの〟という要素は、全く認められないが、そのⓒにおいて〝アーラヤ識〟は、〝執着するもの〟であるとともに〝潜むもの〟としても規

定された。その際、〝潜むもの〟は確かに〝超基体〟ではあるが、しかし、一端〝アーラヤ識〟が〝潜む〟を意味する "ā√lī" という動詞の派生語として〝潜むもの〟と規定されると、〝アーラヤ識〟は〝下に潜むもの〟〝潜在するもの〟〝隠れるもの〟であるが故に〝基体〟であるという考え方が、〝基体説〟(dhātu-vāda) というインド正統派のアートマン論に傾斜しようとする思想的要求にも促されて、一挙に成立し、肥大化していったのではないかと思われる。

しかるに、この点を示すのが、『解深密経』「心意識相品」で、〔6〕—〔10〕のすぐ後に出る次の一節であろう。

〔202〕広慧、依彼阿陀那識、能生六種識。所謂眼耳鼻舌身意識身。(大正一六、六六九上二六—二八行)〔菩提流支訳〕

〔203〕広慧、依縁此本識、是識聚得生、謂眼識乃至意識。(大正三一、一五七中二四—二五行)〔真諦訳〕

〔204〕広慧、依阿陀那識為住処、転生六識身、所謂眼識耳識鼻識舌識身識意識。(同右、二七三下一三—一五行)〔達摩笈多訳〕

〔205〕広慧、阿陀那識為依止為建立故、六識身転、謂眼識耳鼻舌身意識。(大正一六、六九二中一八—二〇行)〔玄奘訳〕

〔206〕blo gros yaṅs pa len paḥi rnam par śes pa de la brten ciṅ gnas nas rnam par śes paḥi tshogs drug po ḥdi lta ste/ mig gi rnam par śes pa daṅ rna ba daṅ sna daṅ lce daṅ lus daṅ yid kyi rnam par śes pa dag ḥbyuṅ ṅo// (SNS[I], p.177, *ll*.1-4) [SNS[L], p.56, *ll*.1-4]

⑫⑨ 広慧よ、そのアーダーナ識 (ādāna-vijñāna) に依存し住して (saṃniśritya pratiṣṭhāya)[296] 六識身 (ṣaḍ-vijñāna-kāya)、つまり、眼識と耳鼻舌身意の識が起る (ḥbyuṅ, pravartante)。

ここで、重要なことは、〝アーダーナ識〟が〝基体〟とされていることである。即ち、〝アーダーナ識〟に「依存し住して」"saṃniśritya pratiṣṭhāya"「六識身」が「起る」"pravartante" というのは、〝アーダーナ識〟が「六識身」の〝基体〟とされていることを意味している。つまり、〝アーダーナ識〟と「六識身」との間には、

ṣaḍ-vijñāna-kāya ⊣ ādāna-vijñāna

という於格的関係が、認められる。すると、〝アーダーナ識〟は、『解深密経』〔6〕—〔10〕では、〝超基体〟とされていたにもかかわらず、ここに至って〝基体〟とされたことが理解される。そこで、〔6〕—〔10〕と〔202〕—〔206〕を、論理的一貫性をもったものとして解釈するならば、〝アーダーナ識〟は“ātma-bhāva”に対しては〝超基体〟であるが、「六識身」に対しては〝基体〟であるという関係、つまり、

ṣaḍ-vijñāna-kāya ⊣ ādāna-vijñāna ⊣ ātma-bhāva

という関係がそこでは述べられたということになるが、しかし、〔6〕—〔10〕には「六識身」のことは言及されず、また、〔202〕—〔206〕には“ātma-bhāva”については、述べられていない[297]から、右のような三項より成る於格的関係が、そこに説かれていると見なすべきかどうか確定できない。従って、重要なことは、従来〔6〕—〔10〕では、〝超基体〟として扱われてきた〝アーダーナ識〟が、〔202〕—〔206〕に至って、初めて〝基体〟とされたことであろう。しかるに、私は、すでに述べたように、〝アーダーナ識〟が〝超基体〟から〝基体〟とされたのは、〝アーラヤ識〟が〔6〕—〔10〕ⓒにおいて〝潜むもの〟としても規定されたことが、最大の原因となったのではないかと考えるのである。つまり、〝潜むもの〟が〝下に潜むもの〟〝潜在するもの〟〝基体〟と考えられるようになったのである。

〔6〕—〔10〕、及び〔202〕—〔206〕を含む『解深密経』「心意識相品」では、〝一切種子心〟と〝アーダーナ識〟と〝アーラヤ識〟と「心」“citta”との〝同義語〟性は、一貫して認められていたと思われる。従って、〔202〕—〔206〕に見られる「アーダーナ識に依存し住して」という表現は、〝アーラヤ識に依存し住して〟という表現と同義であることになる。現に「心意識相品」で〔202〕—〔206〕のやや後に出る「アーダーナ識に依存し住して」という表現は[298]、『唯識三十頌釈』における引用では、

〔207〕 ālayavijñānaṃ saṃniśritya pratiṣṭhāya. (TrBh, p.33, *ll*.30-31)

⑽ アーラヤ識に依存し住して、

というように、〝アーダーナ識〟が〝アーラヤ識〟に言い換えられて示されるのである。これは、勿論、『解深密経』以降の唯識説においては、〝アーラヤ識〟が六識乃至七識の〝基体〟たる所謂〝本識〟を指す名称として、ほぼ独占的に使用されるようになる傾向を反映しているのであるが、しかし、〝アーダーナ識〟と〝アーラヤ識〟の〝同義語〟性が「心意識相品」で認められている以上、このような言い換えは、理論的には『解深密経』の段階でも、可能であった筈であるし、また〝アーダーナ識〟が〝基体〟化されたのは、本来〝アーラヤ識〟が〝潜むもの〟としても規定されたことに起因しているという私見よりすれば、このような言い換えこそ、むしろ適切なものであったと考えられる。

それ故、『解深密経』〔202〕—〔206〕は、〝アーラヤ識〟を〝基体〟として「六識身」が「起る」「転じる」〝pravartante〟という趣旨を説くものであるとも解釈することができるが、そうであるとすれば、そこから〝アーラヤ識〟と「六識身」を〝アーラヤ識〟（潜むものとしての識、潜在的な識）〔基体〕と「転識」〝pravṛtti-vijñāna〟（起っている識、現勢的な識[299]）〔超基体〕として対比する理論[300]は、すぐにでも成立するであろう。しかるに、『瑜伽師地論』「摂決択分」の次の二つの記述には、正にこの理論が説かれているのである。

〔208〕 阿[301]羅耶識、持先世業、復従現因、後諸識生。（大正三〇、一〇一八下一三—一四行）〔真諦訳〕

〔209〕 阿頼耶識、先世所造業行為因。眼等転識、於現在世、衆縁為因。（同右、五七九上二三—二五行）〔玄奘訳〕

〔210〕 ālayavijñānaṃ pūrvasaṃskārahetukam/ cakṣurādipravṛttivijñānaṃ punar vartamānapratyayahetukam/ (ASBh, p.12, *ll*.2-3)

⒀ アーラヤ識（ālaya-vijñāna）は、前世の諸行（pūrva-saṃskāra[302]）を因（hetu）としている。しかし、眼等の転識（pravṛtti-vijñāna）は、現在の縁（vartamāna-pratyaya[303]）を因としている[304]。

〔211〕 略[305]有二識、一者阿頼耶識、二者転識。阿頼耶識是所依、転識是能依。此復七種、所謂、眼識乃至意識。譬如水浪依止暴流。或如影像依止明鏡。（大正三〇、六五一中一四—一七行）〔玄奘訳〕

〔212〕 mdor bsdu na rnam par śes pa ni rnam pa gñis te/ kun gshi rnam par śes pa daṅ/ ḥjug paḥi rnam par śes paḥo// de la kun gshi rnam par śes pa ni gnas yin no// ḥjug paḥi rnam par śes pa ni gnas pa yin te/ de yaṅ rnam pa bdun te/ mig gi rnam par śes pa nas/ yid daṅ yid kyi rnam par śes paḥi bar te/ chuḥi chu bo daṅ rlabs lta buḥam/ me loṅ daṅ gzugs brñan lta bu yin no// (D, Shi, 182a3-4)

(132) 要約すれば、識(vijñāna)は、二種類である。即ち、アーラヤ識と転識である。そのうち、アーラヤ識は、所依（āśraya）〔基体〕であり、転識は能依（āśrita）〔超基体〕である。それ（転識）も、七種類である。即ち、眼識、乃至、意（manas）と意識（mano-vijñāna）である。あたかも、河（udaka-ogha）と波（taraṅga）のようなものであり、鏡（ādarśa）と影像（pratibimba）のようである。

ここで、「転識」“pravṛtti-vijñāna”は、記述〔208〕—〔210〕では、「六識身」を指し、[306] 記述〔211〕〔212〕では、「意」“manas”つまり、後に〝マナ識〟と呼ばれる第七識も含めた七つの識、つまり、所謂〝七転識〟を指す[307]という相違はあるが、“pravṛtti-vijñāna”という語が、ここではすでに成立していること、かつ、記述〔211〕〔212〕では、“pravṛtti-vijñāna”と“ālaya-vijñāna”が、〝基体〟と〝超基体〟として明確に区別されていることが注目される。この記述の後半に出る「河」と「波」の比喩、及び「鏡」と「影像」の比喩は、袴谷氏によって指摘されているように、[308]『解深密経』「心意識相品」で、〝アーダーナ識〟と「六識身」が、それぞれ「河」「鏡」と「波」「影像」に喩えられていたのを承け[309]たものであることは明らかであり、従って、『解深密経』〔202〕—〔206〕で、〝アーダーナ識に依存して「六識身」が起る（pravartante）〟と説かれたことが、“pravṛtti-vijñāna”という新造語が成立する直接の原因となったと見ることができると思われる。

かくして、『解深密経』〔6〕—〔10〕ⓒで〝アーラヤ識〟が〝住するもの〟〝執着するもの〟としてだけではなく、〝潜むもの〟としても規定されたことは、すでに『解深密経』〔202〕—〔206〕において、〝アーラヤ識の基体化〟をもたらし、後の唯識説の発展を可能にする〝基体としてのアーラヤ識〟という観念を生み出したと考えられるのである。

しかるに、この点で、重要な意義をもつのが、『摂大乗論』〔21〕なのである。即ち、そこで〝アーラヤ識〟は〝潜まれるもの〟〝潜むもの〟〝執着されるもの〟として三様に規定されたのであるが、この規定は、基本的には、すべて『解深密経』〔6〕—〔10〕ⓒの〝アーラヤ識〟の規定にもとづき、それより発展したものであると考えられる。即ち、〔6〕—〔10〕ⓒでは〝アーラヤ識〟は、〝ātma-bhāva〟に〝執着するもの〟として、また〝ātma-bhāva〟に〝潜むもの〟として、二様に規定されたのであるが、『摂大乗論』〔21〕では、〝アーラヤ識〟は「一切の生をもつ染汚の諸法」によって〝潜まれるもの〟として、また、それらに〝潜むもの〟として、さらに〝ātman〟であると〝執着されるもの〟として三通りに規定されたのである。

このうち、第三の規定は、明らかに『解深密経』〔6〕—〔10〕ⓒの〝ātma-bhāva に執着するもの〟という〝アーラヤ識〟の規定を承けている。つまり、このことからも、〔6〕—〔10〕ⓒの〝lus〟「身」の原語が〝kāya〟ではなく、〝ātma-bhāva〟であることが、確認されるのである。しかし、注目すべきことは、『摂大乗論』〔21〕ⓓでは、〝アーラヤ識〟は〝我に執着するもの〟ではなく、〝我として執着されるもの〟、つまり〝我執の対象的基体〟とされている点である。これは、本来〝超基体〟であった〝アーラヤ識〟が、〝我執〟に関しても〝基体〟化されたことを意味している。しかるに、この〝基体〟化をひき起したものこそ、『解深密経』〔6〕—〔10〕ⓒに説かれた〝潜むもの〟という〝アーラヤ識〟の規定だったのである。

つまり、『摂大乗論』〔21〕の〝潜まれるもの〟と〝潜むもの〟という二つの規定が、『解深密経』〔6〕—〔10〕ⓒの〝潜むもの〟という規定にもとづいていることは明らかであるが、『摂大乗論』においては、〝潜むもの〟という『解深密経』の〝アーラヤ識〟の規定が、〝潜まれるもの〟と〝潜むもの〟という二つに分化し、かつ『解深密経』では、〝アーラヤ識〟によって〝潜まれるもの〟とされていた〝ātma-bhāva〟が、「一切の生をもつ染汚の諸法」と言い換えられたのである。ここで、注目すべき点は、少なくとも三つある。第一は、〝潜むもの〟が〝潜まれるもの〟と〝潜むもの〟に分化したということは、〝潜むもの〟という規定が、すでに述べたように、〝下に潜むもの〟という意味で、〝潜まれるもの〟〝基体〟をも意味するようになったという点である。つまり、〝潜まれるもの〟〔基体〕という〝アーラヤ識〟の規定は、『解深密経』の〝潜むもの〟という規定から導き出されたことを、『摂大乗論』〔21〕は明示しているのである。

次に、第二に注目すべきは、『摂大乗論』〔21〕では〝潜むもの〟という規定の前に〝潜まれるもの〟〔基体〕という規定、つまり、『解深密経』には存在しなかった規定が置かれている点である。これは、〝アーラヤ識の基体化〟ということが『摂大乗論』の主要な任務の一つだったことを示している。即ち、『摂大乗論』の〝アーラヤ識〟説は、〝アーラヤ識〟を〝jñeya-āśraya〟「所知依」と規定するために、有名な『大乗阿毘達磨経』〔2〕の「無始時の界」の偈[310]を引用することから始まるのであり[311]、その偈に見られる〝sarva-dharma-sama-āśraya〟「一切法の等しい所依」が〝アーラヤ識〟であると説かれていることは、明らかである。ということは、『摂大乗論』において、〝アーラヤ識〟は、その冒頭から〝一切法の基体〟であると宣言されているということである。従って、『摂大乗論』〔21〕では、〝潜むもの〟よりも〝潜まれるもの〟、つまり、〝潜まれる基体〟という本来『解深密経』には存在しなかった〝アーラヤ識〟の規定の方が前に置かれたのであり、また『解深密経』の〝〔我に〕執着するもの〟〔超基体〕という〝アーラヤ識〟の規定も、〝〔我として〕執着されるもの〟〝執着される対象的基体〟〔基体〕に変更されたのである。

『摂大乗論』では、〝アーラヤ識〟が〝〔我に〕執着するもの〟から〝〔我として〕執着されるもの〟に変更されたため、新たに〝〔我に〕執着するもの〟即ち、〝我執の主体〟が必要となった。そこで〝アーラヤ識〟に代って〝我執の主体〟として立てられることになったのが、「染汚意」[312]〝kliṣṭa-manas〟なのである。ということは、〝染汚意〟つまり、所謂〝マナ識〟は、〝アーラヤ識〟を〝執着するもの〟から〝執着されるもの〟に転化させて、本来〝超基体〟であった〝アーラヤ識〟を〝基体〟化するために、考案されたものであるとも考えられるのである。

もっとも、すでに述べたように、〝アーラヤ識の基体化〟は、すでに『摂大乗論』以前に『解深密経』〈202〉—〈206〉において、〝アーダーナ識〟が「六識身」の〝基体〟とされたときには始まっており、「摂決択分」〈208〉—〈210〉と〈211〉〈212〉でも、それを承けて、〝アーラヤ識〟（基体）と「転識」〝pravṛtti-vijñāna〟（超基体）の区別が説かれたのである。さらに、「摂決択分」冒頭の〝Pravṛtti Portion〟には、〝アーラヤ識〟を〝我として執着されるもの〟つまり〝我執の対象的基体〟と規定する次のような記述が認められる。

〈213〉阿[313]羅耶識、或共一識相応得生、如説於心。心有我見憍慢為相、於有意識、於無意識、阿羅耶識、恒相応生。此我慢心、取阿羅耶識為境、言是我、言有我為相。（大正三〇、一〇一九下六—九行）〈真諦訳〉

〈214〉謂、阿頼耶識、或於一時、唯与一種転識倶転、所謂末那。何以故。由此末那、我見慢等恒共相応、思量行相、若有心位、若無心位、常与阿頼耶識、一時倶転、縁阿頼耶識、以為境界、執我起慢、思量行相。（同右、五八〇下一—五行）〈玄奘訳〉

〈215〉 kun gshi rnam par śes pa ni res ḥgaḥ ni ḥjug paḥi rnam par śes pa gcig kho na daṅ lhan cig tu ḥjug ste/ ḥdi lta ste yid daṅ ṅo// ḥdi ltar ṅar ḥdsin pa daṅ/ ṅaḥo sñam paḥi ṅa rgyal daṅ/ rlom paḥi rnam pa can gyi yid gaṅ yin pa de ni sems yod pa daṅ/ sems med paḥi gnas skabs dag na yaṅ dus rtag tu kun gshi rnam par śes pa daṅ lhan cig ḥbyuṅ shiṅ ḥjug ste/ de ni kun gshi rnam par śes pa la ṅaḥo sñam pa daṅ/ bdag go sñam du dmigs śiṅ rlom paḥi rnam pa can yin no// (D, Shi, 5a7-b2)

(133) アーラヤ識は、あるときは、ただ一つの転識（pravṛtti-vijñāna）と共に起る。即ち、意（manas）と共にである。というのも、我執（ahaṃkāra）と我慢（asmimāna）と思量（manyanā）を形象（ākāra）とする意は、有心と無心のどちらの位（avasthā）においても、常にアーラヤ識と共に生起し起るのである。それ（意）は、アーラヤ識を所縁（ālambana）として、「私である」とか、「私がある」という思量を形象とするのである。

即ち、ここでは、『摂大乗論』のように〝染汚意〟ではなくて、「意」〝manas〟が、〝我に執着するもの〟であり、〝我執の主体〟であるとされている。では何が、〝執着されるもの〟、つまり、〝我として執着されるもの〟＝〝我執の対象的基体〟とされているかと言えば、それは、「取阿羅耶識為境」「縁阿頼耶識以為境界」〝kun gshi rnam par śes pa la... dmigs śiṅ〟という訳文に示されている。チベット訳による限り、その原文は、〝ālaya-vijñānam ālambya〟というようなものであったかもしれないが、いずれにせよ、ここで、〝アーラヤ識〟が〝ālambana〟「所縁」、つまり、対象的基体として規定されていることは、明らかである。従って、「摂決択分」〔213〕—〔215〕では、すでに〝我執〟に関しても、〝アーラヤ識の基体化〟が起っており、そこでは、『解深密経』〔6〕—〔10〕ⓒでは、〝ātma-bhāva〟に〝執着するもの〟、つまり、〝我執の主体〟であった〝アーラヤ識〟が、〝我として執着されるもの〟、即ち、〝我執の対象的基体〟とされ、それに代って、「意」〝manas〟が〝我執の主体〟とされたことが理解されるのである。言うまでもなく、この「意」を継承したのが、『摂大乗論』の〝染汚意〟なのである。

従って、「摂決択分」〔213〕—〔215〕の「意」〝manas〟、及び『摂大乗論』の〝染汚意〟〝kliṣṭa-manas〟は、〝アーラヤ識の基体化〟つまり、具体的には、〝アーラヤ識〟が〝我執の主体〟から〝我執の対象的基体〟とされたことに伴って、いわば空席になった〝我執の主体〟の地位を補うために、導入されたものであることが理解される。即ち、もしも「意」や〝染汚意〟がそこに説かれていなければ、当然、存在しなければならない〝我執の主体〟が存在しないという不合理に陥ることになってしまうのである。それ故、「意」や〝染汚意〟、つまり、所謂〝マナ識〟の創設は〝アーラヤ識の基体化〟に伴って要請されたのであり、換言すれば、その創設が、〝我執〟の問題に関しても、〝アーラヤ識の基体化〟を可能にしたのである。

かくして、〝潜むもの〟という〝アーラヤ識〟の規定と〝アーラヤ識の基体化〟に関する私見は、次の通りである。即ち、『解深密経』〔6〕—〔10〕ⓒで〝アーラヤ識〟が〝潜むもの〟としても規定されたことが〝アーラヤ識〟を〝基体〟化する傾向を生み出す原因となった。つまり、この〝潜むもの〟としての〝アーラヤ識〟という規定は、〝潜むもの〟が〝下に潜むもの〟〝潜在するもの〟を意味することによって、まず『解深密経』「心意識相品」〈202〉―〈206〉では、〝アーダーナ識〟は「六識身」の〝基体〟であるという説を生み出した。また、〝潜むもの〟としての〝アーラヤ識〟の規定は、〝我執〟に関しても、〝アーラヤ識〟を〝基体〟化する傾向を生じ、「摂決択分」〈213〉―〈215〉や『摂大乗論』〈21〉ⓓでは、〝アーラヤ識〟は〝我執の主体〟から〝我執の対象的基体〟に転化したが、その際〝アーラヤ識〟に代って〝我執の主体〟として創設されたのが、「意」〝manas〟「染汚意」〝kliṣṭa-manas〟、つまり、所謂〝マナ識〟なのである。このように考えれば、六識、または七識と区別される所謂〝本識〟の名称として、〝アーダーナ識〟ではなく〝アーラヤ識〟だけが、『解深密経』以降は、ほぼ独占的に使用されることになる理由も、理解されるであろう。即ち、『解深密経』〈6〉―〈10〉ⓐで、〝アーラヤ識〟が〝潜むもの〟としても規定されたことが〝基体化〟という後の展開を生み出すことを可能にしたのである。この点は、『摂大乗論』〈21〉や『唯識三十頌釈』〈1〉の説明、つまり、〝ā√lī〟「潜む」という動詞を用いた説明が、〝アーダーナ識〟を主題にしては、全く不可能であったことを考慮すれば、容易に理解されるであろう。

　私は、これまで、『解深密経』〈6〉―〈10〉の〝一切種子心〟説、〝アーダーナ識〟説、〝アーラヤ識〟説を、原始仏典以来の〝識食〟説や「種子経」の〝四識住〟説と〝「種子」＝「有取識」〟説の発展として理解すべきであると論じてきたが、〈6〉―〈10〉の最後に述べられた〝ātma-bhāva〟に〝潜むもの〟としての〝アーラヤ識〟の規定だけは、明らかに〝四識住〟説の枠組から超え出るものであり、その〝四識住〟説の枠を超えた〝潜むもの〟として〝アーラヤ識〟の規定こそが、瑜伽行派の後の教理的展開を可能にしたのである。従って、この規定が、いかに重大な意義を有しているかが知られるであろうし、さらに言えば、この規定を述べることこそが「心意識相品」の作者の真の意図であったのかもしれない。

なお、〃アーダーナ識〃を〃基体〃として「六識身」が起ると説く『解深密経』〔202〕—〔206〕は、〃アーラヤ識の基体化〃がすでに『解深密経』「心意識相品」それ自体で起っている[314]ことを示しているが、「心意識相品」末尾の偈〔36〕も、やはり〃アーラヤ識の基体化〃の傾向を示している。というのも、そこに見られる〃mā haiva ātmā parikalpayeyuḥ〃「彼等が〔それを〕我（ātman）であると分別しないように」という表現は、〃アーダーナ識〃または〃アーラヤ識〃を、〃我執の主体〃ではなく、〃我として執着されるもの〃、つまり、〃我執の対象的基体〃と規定するものだからである。従って、すでに「心意識相品」の段階で、〃アーラヤ識〃は、二つの点で〃基体〃とされていたことが知られる。即ち、「六識」の〃基体〃とされ、また〃我執〃の〃基体〃ともされたのである。そして、この二つの点で〃基体〃とされた[315]〃アーラヤ識〃が、その後、「種子」の〃基体〃ともされて、後の瑜伽行派の学説の基本を形成していくのである。

第一四節　アーダーナ識とアーラヤ識の名称について

さて、本論文における私の論説は、〃アーダーナ識〃と〃アーラヤ識〃を説く『解深密経』〔6〕—〔10〕ⓑⓒにおける“lus”「身」の原語を“kāya”ではなく、“ātma-bhāva”であると想定することに大きく依存しており、この想定が誤っているとすれば、私の主張の多くが成立しないであろう。しかるに、この原語の想定について、読者には未だに疑問があるかもしれないが、『解深密経』「心意識相品」末尾の偈〔36〕、『摂大乗論』〔21〕ⓓに“ātman”という語が用いられていることは、『解深密経』〔6〕—〔10〕ⓑⓒの“lus”「身」の原語が“ātma-bhāva”でなければ説明がつかないであろうということを、ここで再び強調しておきたい。

しかし、ここでは一応、問題の“lus”「身」の原語を“ātma-bhāva”と想定することには、承認が得られたと考えて、論を進めることにしたい。

即ち、まず『解深密経』〔6〕—〔10〕の所説をふり返ることにしよう。そこでは、“ātma-bhāva”という語が、ⓐⓑⓒにおいて、一回ずつ用いられていることになるが、ⓑとⓒは、ⓐに説かれる“sarva-bījam cittam”の異名として、“ādāna-vijñāna”と“ālaya-vijñāna”という語を示し、その語義を説明したものと考えられる。つまり、“ādāna-vijñāna”と“ālaya-vijñāna”という複合語の前分である“ādāna”と“ālaya”の意味が、それぞれ“ā√dā”（及び“upa-ā√dā”）と“ā√lī”（及び“pra√lī”）という動詞語根の派生語によって説明されたと考えられるのである。即ち、“ā√dā”するから“ādāna-vijñāna”であり、“ā√lī”するから“ālaya-vijñāna”であるというのである。

しかし、“ādāna”と“ālaya”とでは、その語の形が、余りにも類似しすぎていないであろうか。何故、このような類似した名称が、ここで用いられたのであろうか。何故、“ādāna”と“ālaya”という二つの単語は、まるで整列させられたかのように、等しく“ā”で始まるのであろうか。このように考えたとき、私は『解深密経』〔6〕—〔10〕ⓑⓒでは、“ātma-bhāva”を“ā√dā”するが故に、“ādāna-vijñāna”と言われ、“ātma-bhāva”に“ā√lī”するが故に“ālaya-vijñāna”と言われる、という語義説明がなされたのではないかと考えるのである。つまり、“ādāna-vijñāna”と“ālaya-vijñāna”との冒頭に存在する“ā”は、“ā√dā”や“ā√lī”という動詞の prefix である“ā”を意味するとともに、その動詞の対象である“ātma-bhāva”をも意味していると見るのである。

このような想定は、荒唐無稽な空想のように思われるかもしれない。しかし、“ātma-bhāva”という語が、『解深密経』〔6〕—〔10〕ⓐⓑⓒにおいて、一貫して根本的な意義をもつ語として用いられていると考えるならば、このような想定の可能性を排除することはできないであろう。というよりも、むしろ、“ādāna-vijñāna”や“ālaya-vijñāna”という語が、“ātma-bhāva”というものと不可離に結びついている語であることを示すためには、この二つの語それ自体の中に、その二つの“vijñāna”の対象的契機、つまり、“ātma-bhāva”が何等かの形で表現されていなければならないと見るのは、自然なことではなかろうか。

『解深密経』〔6〕—〔10〕ⓑにおいて、何故“upādāna-vijñāna”ではなく、“ādāna-vijñāna”という語が採用されたかと言えば、“ādāna-”という語によって、その対象である“ātma-bhāva”を含意したかったからであろう。つまり、『阿毘達磨集論釈』〔12〕で、“ātma-bhāva-upādānād ādāna-vijñānam”と言われたこととの意味を考えてみると、ここで“ādāna-vijñāna”が何故“upādāna-vijñāna”と言われていないかと言えば、それはやはり“ādāna-”という語によって、“ātma-bhāva”という対象的契機をも意図されたからであると思われる。この対象的契機が全く無視されたとすれば、“ādāna-vijñāna”は、“upādāna-vijñāna”と呼ばれていてもよかった筈である。[316]

また、この点は、“ālaya-vijñāna”についても同様である。つまり、『解深密経』〔6〕—〔10〕ⓒの“ālaya-vijñāna”の語義説明において、シュミットハウゼン教授が⑬で、“pralayana”という原語の想定を示されたように、“ā√lī”の次に“pra√lī”という動詞語根の派生語が用いられたことは、そのチベット訳たる“rab tu sbyor ba”から考えて、ほぼ確実だと思われる。では何故に、“ālaya-vijñāna”は“ālaya-vijñāna”と呼ばれ、“pralaya-vijñāna”と呼ばれなかったのであろうか。それは、原始仏典における“ālaya”の用例が考慮されたためであろうか。[317] しかし、それでは、“ālaya”と“ādāna”がきちんと整列させられたように並記された理由が説明できないであろう。それ故、そこでは、やはり“ātma-bhāva”という対象的契機をも意図して、“ālaya-vijñāna”という呼称が選ばれたと考えられるのである。

勿論、このような想定、つまり、『解深密経』〔6〕—〔10〕ⓑⓒにおける“ādāna-vijñāna”と“ālaya-vijñāna”という呼称は、冒頭にある“ā-”によって、その対象的契機である“ātma-bhāva”をも意図して用いられているという想定は、〔6〕—〔10〕ⓑⓒの“lus”「身」の原語を“kāya”と想定されるシュミットハウゼン教授の解釈においては全く成立し得ないものであることは、言うまでもない。しかし、その原語を“ātma-bhāva”と見る私見によるならば、このような想定は、ごく自然なものとして成立するのである。

しかるに、『解深密経』〔6〕—〔10〕ⓑⓒにおいて、“ādāna-vijñāna”と“ālaya-vijñāna”という呼称が、その対象的契機である“ātma-bhāva”をも意図して用いられているとするならば、その二つの呼称は、そこで初めて使用された、または、創設されたと見るのが、最も自然な理解であろう。勿論、“ādāna-vijñāna”という呼称も、“ālaya-vijñāna”という呼称も、『解深密経』〔6〕—〔10〕ⓑⓒ以前から存在していて、その二つの呼称は、〔6〕—〔10〕ⓑⓒにおいて、“ātma-bhāva”という対象的契機をも意図するものとして、巧みに結合され、並置されたと見ることも、不可能ではない。しかし、不可能ではないが、それは、やはり不自然な想定であろう。すると、『解深密経』は“ādāna-vijñāna”と“ālaya-vijñāna”という語を初めて用いた、つまり、創設した文献ではないかということが、当然考えられるのである。

この点に関するシュミットハウゼン教授の理解は、“ādāna-vijñāna”は“the Sūtra's own concept”[318]、即ち、『解深密経』が創設した独自の概念であるが、“ālaya-vijñāna”は“an already existing concept”[319]、つまり、すでに『解深密経』以前に『瑜伽師地論』「本地分」において用いられていたものを、『解深密経』が採用したものであると見るものであろう。

それ故、教授は、

(134) In any case, it would seem improbable that one single new concept should have been given two new names right from the outset. Besides, in the case of the opposite assumption, viz. that the Yogācārabhūmi borrowed ālayavijñāna from the Saṃdhinirmocanasūtra, one would hardly be able to explain the fact that the *Basic Section* of the Yogācārabhūmi consistently uses 'ālayavijñāna', i.e. the term which is marginal in the Saṃdhinirmocanasūtra, but nowhere the main term 'ādānavijñāna'. (*Ālaya*, I, p.12, *l*.27-p.13, *l*.2)〔傍線＝松本〕

という論述で、一つの新しい概念に、“ādāna-vijñāna”と“ālaya-vijñāna”という二つの新しい名称が、初めから与えられたとは考えにくいと述べられ、また、『瑜伽師地論』が“ālaya-vijñāna”の語を『解深密経』から採用したというなら、『瑜伽師地論』「本地分」で、一貫して“ālaya-vijñāna”の語が用いられ、『解深密経』におけるメインタームである“ādāna-vijñāna”が使用されていない事実が説明できないと論じておられる。[320]

しかし、すでに述べたように、私見によれば、『解深密経』〔6〕—〔10〕ⓒにおける〝潜むもの〟という〝アーラヤ識〟の規定こそが、〝アーラヤ識の基体化〟を軸とする、その後の教理的発展を可能にしたのであり、それ故にこそ、〝アーダーナ識〟ではなく、〝アーラヤ識〟のみが、その後ほぼ独占的に使用されるようになったと考えられる。従って、『瑜伽師地論』「本地分」の〝アーラヤ識〟説は、すでに『解深密経』以後の発展を示していると考えれば、そこに、〝アーラヤ識〟という語のみが用いられているという事実の説明はつくのではなかろうか。

また、シュミットハウゼン教授は⑬④で "the fact that the *Basic Section* of the Yogācārabhūmi consistently uses 'ālaya-vijñāna'" と言われたが、一体、『瑜伽師地論』は、『解深密経』〔6〕—〔10〕の成立以前に、「本地分」のどこで〝アーラヤ識〟という語を用いているのであろうか。このように言うのも、教授が詳細な考察によって、『瑜伽師地論』漢訳・チベット訳の「本地分」に見られる〝アーラヤ識〟の多くの用例は、唯一 "Initial Passage" における用例を除けば、すべて基本的には、後代の付加や新層に属するものであると論証されたからである。この教授の論証は画期的な意義をもつものであり、私としては、すでに述べたように、その論証に、ほぼ全面的に従いたい。すると、明確に『解深密経』の成立以前と考えられる〝アーラヤ識〟の用例は、「本地分」に存在するのであろうか。この点が問題であろう。

シュミットハウゼン教授は、"Initial Passage" の用例こそそれであると考えられるかもしれないが、しかし、これについても、疑問がある。そこで教授の言われる "Initial Passage" について、以下に検討することにしよう。

第一五節　Initial Passage について

シュミットハウゼン教授は、『瑜伽師地論』「本地分」中「定地」(「三摩呬多地」)のある一節〔3〕を、"the starting “point of the ālayavijñāna theory”[321] つまり、「アーラヤ識説の出発点」を示すものとして、〝アーラヤ識〟説に関する“Initial Passage”、即ち、〝最初の一節〟と名づけられた。しかし、問題は、この〝最初の〟という語の意味は何かということであろう。この点について、教授は“Initial Passage”を“representative of the original context in which the idea of ālayavijñāna was introduced for the first time”[322]「アーラヤ識が最初に導入された当初のコンテキストを示すもの」という語によって説明されるが、この説明は、「アーラヤ識説の出発点」を示すものという先の表現とピタリと合致する。つまり、“Initial Passage”とは、〝アーラヤ識〟という語が仏教文献で最初に用いられたとき、または、最初に造られたとき、どのようなコンテキストにおいて、あるいは、動機にもとづいて造られたのかを示す一節であるという意味で、〝最初の一節〟であるというのである。

しかし、この説明に対しては、素朴な疑問が生じる。つまり、果して“Initial Passage”における用例が、〝アーラヤ識〟という語の最古の用例、つまり、現在入手しうる限りの最古の用例なのであろうかという疑問である。即ち、“context”を示すというような意味ではなく、歴史的な意味で、現存する最古の用例といえるのかどうかという点である。この点に関連して、シュミットハウゼン教授は、現在の形の『瑜伽師地論』「本地分」において、“Initial Passage”よりも前の位置に現れる〝アーラヤ識〟の用例は、すべて後代の付加であることを論証し、“Initial Passage”は、おそらく“the first place where this concept had emerged in the process of the compilation of the Yogācārabhūmi”[323] つまり、『瑜伽師地論』編纂の過程で〝アーラヤ識〟という概念が現れた最初の場所〟でもあるとも主張されたのである。しかし、この主張が仮りに正当であるとしても、つまり、『瑜伽師地論』そのものにおいては、“Initial Passage”が〝アーラヤ識〟の最古の用例を有しているとしても、しかし、だからといって、それが「アーラヤ識説の出発点」を示すとか、〝アーラヤ識〟が最初に導入された動機を示すとか論じられるならば、私は、それに同意できないのである。

歴史的な先行性というものは、ある概念が最初に用いられたときのコンテキストや動機を考えるうえで、何と言っても、第一に重要なものであると考えられる。ある概念が、aというテキストとbというテキストで用いられ、テキストaが、その用例を有する現存するテキストとしては、最古のものであるとすれば、その概念が最初に用いられたときの動機がテキストbの方に示されていると見るのは、不自然であろう。つまり、問題は『解深密経』〔6〕—〔10〕と"Initial Passage"とでは、どちらが歴史的に先行するのかということなのである。

この点については、私の読解による限り、シュミットハウゼン教授は、明確に論じておられないように思われるが、ただ、教授の論述⑬④によれば、『瑜伽師地論』が"ālaya-vijñāna"という語を『解深密経』から採用したとすれば、『解深密経』においては、〃アーラヤ識〃よりも〃アーダーナ識〃が中心概念とされているから、『瑜伽師地論』「本地分」が〃アーダーナ識〃ではなく、〃アーラヤ識〃を一貫して用いた事実が説明できない、と言われているから、教授が"Initial Passage"を『解深密経』〔6〕—〔10〕よりも歴史的に先行すると見なされていることは確実であろう。また、さもなければ、〔3〕を"Initial Passage"と呼ぶこともできなかった筈である。

しかし、すでに見たように、『瑜伽師地論』「本地分」における〃アーラヤ識〃の用例は、その大半が後代の付加であることは、教授が論証された通りである。とすれば、教授の言われる"Initial Passage"が、仮りに『瑜伽師地論』における〃アーラヤ識〃の最古の用例を含んでいるとしても、それが、『解深密経』〔6〕—〔10〕に先行するかどうかは、容易に決定できないであろう。また、現形の『瑜伽師地論』「本地分」が、一貫して〃アーダーナ識〃ではなく、〃アーラヤ識〃の語を用いているという事実にしても、すでに述べたように、〔6〕—〔10〕ⓒにおける〃潜むもの〃としての〃アーラヤ識〃の規定が、〃アーラヤ識の基体化〃という教理的発展を可能にし、〃アーダーナ識〃ではなく、〃アーラヤ識〃という語の独占的使用への道をひらいたと考えるならば、この事実の説明はつくと思われる。従って、重要なことは、内容的な面から、『解深密経』〔6〕—〔10〕と「本地分」〔3〕、つまり、"Initial Passage"を比較検討し、その歴史的前後関係を定めることであろう。

そこで、"Initial Passage"〔3〕を見ると、私はその所説を『解深密経』〔6〕―〔10〕の所説に先行すると見ることに疑問を感じるのである。即ち、〔3〕では、確かにシュミットハウゼン教授が解釈されるように、〝アーラヤ識〟は〝滅尽定〟(nirodha-samāpatti) において「身」"kāya" または「有色根」"rūpīndriya" に〝潜むもの〟として述べられているようである。即ち、心心所が滅したとされる〝滅尽定〟の状態においても、「身」に〝潜むもの〟として存続する識として、〝アーラヤ識〟の存在が立てられているように思われる。

しかし、注意すべきことは、『解深密経』〔6〕―〔10〕では、〝滅尽定〟の問題は全く扱われていない点である。[324] もしも、"Initial Passage"〔3〕が『解深密経』〔6〕―〔10〕に歴史的に先行し、〝滅尽定における心心所の滅〟の問題を解決するために、〝アーラヤ識〟が導入されたとするならば、〝アーラヤ識〟説を含む『解深密経』〔6〕―〔10〕が、〝滅尽定〟の問題に全く触れていないのは、奇妙なことではなかろうか。〝滅尽定〟という語は、『解深密経』「心意識相品」全体を通じて、一度も用いられることはないのである。

これに対して、『解深密経』〔6〕―〔10〕ⓐの末尾では、〝無色界における色の無〟という問題が意識されている。つまり、〝一切種子心〟の二つの「取」"upādāna" のうち「依処を伴う有色根」"sādhiṣṭhāna-rūpīndriya" は、無色界には存在しないというのである。従って、『解深密経』「心意識相品」は〝無色界における色の無〟という問題は意識していたが、〝滅尽定における心心所の無〟という問題については、これを意識していなかったと考えられる。この点は、『解深密経』に影響を与えた『瑜伽師地論』「本地分」の最初の部分、つまり、「五識身相応地」「意地」「有尋有伺等三地」でも、同様であろう。[325]

また、"Initial Passage" と言われる「本地分」〔3〕には、"pravṛtti-vijñāna"「転識」という語が用いられて、〝アーラヤ識〟と対比されているが、『解深密経』「心意識相品」に、この語は全く用いられていない。すでに述べたように、「転識」という語は、〝アーダーナ識を基体として「六識身」が起る (pravartante 転じる)〟という『解深密経』〔202〕―

〔206〕の説にもとづいて形成されたものと思われる。とすれば、「転識」という語が〝アーラヤ識〟と対比して用いられている〔3〕、即ち、"Initial Passage"が、『解深密経』「心意識相品」よりも後に成立したものであることは確実であろう。しかも、シュミットハウゼン教授が主張されるように、「本地分」〔3〕における用例が、『瑜伽師地論』における〝アーラヤ識〟の用例のうちの最古のものであるとするならば、『瑜伽師地論』における〝アーラヤ識〟のすべての用例は、『解深密経』〔6〕—〔10〕、及び〔202〕—〔206〕を含む「心意識相品」よりも後に成立したものであることになり、従って、『解深密経』〔6〕—〔10〕©における〝アーラヤ識〟の用例こそが、最古の用例であり、そこで、〝アーラヤ識〟という語が初めて用いられた、つまり、創説されたということになるであろう。

しかるに、「本地分」〔3〕、つまり、シュミットハウゼン教授の言われる"Initial Passage"は、『瑜伽師地論』それ自体においてさえ、〝アーラヤ識〟の最古の用例を含んでいるかどうかは疑問である。というのも、〔3〕はすでに、〝アーラヤ識〟と「転識」との対比を説く「摂決択分」〔208〕—〔210〕、〔211〕〔212〕等の所説からの影響を受けて成立していると見ることもできるからである。

この点について、原田和宗氏の次の見解に、私は基本的に賛成したい。

⑬5『解深密経』第V「ヴィシャーラマティ」章ではアーラヤ識と同時生起する表層レベルの識はまだ単に「六識身」と呼ばれる。それが『瑜伽論』「摂決択分」に至って「転識」(pravṛttivijñāna)と呼ばれるようになったのは、意(「染汚」末那 manas)が第七番目の表層識として別立されたことを契機にするものと推定される。『瑜伽論』「本地分」前半(例「三摩呬多地」「有心無心二地」)にごく稀れに散見する「転識」の語は「摂決択分」成立以降の『瑜伽論』の最終編纂時に挿入されたものと見るのが自然であろう。[326]〔傍線＝松本〕

つまり、シュミットハウゼン教授の"Initial Passage"〔3〕は、「本地分」前半の「三摩呬多地」における「転識」と〝アーラヤ識〟という語を有する一節なのであるが、この原田氏の見解に従えば、〔3〕における「転識」"pravṛtti-vijñāna”という語は、「「摂決択分」成立以降の『瑜伽論』の最終編纂時に挿入されたもの」であるというのである。原田氏の右の論述は、詳しい論証を欠き、またシュミットハウゼン教授の“Initial Passage”の仮説に対する批判をも欠いている点が惜しまれるが、すでに述べたように、この氏の見解に、私は基本的に同調したい。というのも、まず第一に、「転識」“pravṛtti-vijñāna”なる語が、『解深密経』〔202〕—〔206〕の〝アーダーナ識を基体として「六識身」が起る（pravartante 転じる）〟という説にもとづいて形成されたことは、私にとっては、殆んど自明なことだからであり、第二に〝アーラヤ識〟と「転識」を区別し対比する「摂決択分」の二つの記述、つまり、“Proof Portion”の〔208〕—〔210〕と、「有心地」の〔211〕〔212〕という二つの記述と、「本地分」〔3〕を比較するとき、「摂決択分」の二つの記述においては、〝アーラヤ識〟と「転識」の意味が、両者を区別し対比することによって説明されているのに対し、「本地分」〔3〕では、そのような説明はなく、〝アーラヤ識〟という語も、「転識」という語も、すでに読者にとって、その意味が自明なものとして、使用されているように感じられるからである。しかも、すでに述べたように、上述の「摂決択分」の二つの記述は、明らかに『解深密経』「心意識相品」の所説にもとづき、かつ、その記述自体は、「心意識相品」に説かれていない〝滅尽定〟の問題に言及していないのに対し、「本地分」〔3〕は、「心意識相品」に説かれていない〝滅尽定〟の問題を中心テーマとし、かつ、「心意識相品」との関係も不明瞭なのである。このように見るとき、私は、「本地分」〔3〕、つまり、シュミットハウゼン教授の言われる“Initial Passage”は、上述の「摂決択分」の二つの記述、特に「転識」を「六識身」とする“Proof Portion”第一論証に含まれる〔208〕—〔210〕よりも後に成立したのではないかと考えるのである。

また、〝アーラヤ識〟という語についてみても、ある新しい概念や用語が作られ使用されるときには、必ずその概念や用語についての根本的な説明がなされなければならないであろうが、“Initial Passage”と言われる「本地分」〔3〕は、〝アーラヤ識〟という語を自明なものとして用い、その語の語義説明をなしてはいない。これに対して、『解深密経』〔6〕—〔10〕ⓑⓒは、〝アーダーナ識〟と〝アーラヤ識〟という新しい用語を創造するとともに、その語義を、"ātma-bhāva" を "ā√dā" するが故に "ādāna-vijñāna" であり、"ātma-bhāva" に "ā√lī" するが故に "ālaya-vijñāna" である、と説明しているのである。従って、『解深密経』〔6〕—〔10〕こそ、〝アーダーナ識〟と〝アーラヤ識〟という語を創設し、最初に使用したテキストであると見るべきであろう。

しかるに、そこでは、〝滅尽定〟の問題は全く触れられていないのであるから、「本地分」〔3〕は、思想的な面から見ても、「アーラヤ識説の出発点」を示す "Initial Passage" ではないのである。それ故、〝アーラヤ識〟は、本来〝滅尽定における心心所の無〟という問題を解決するために、〝滅尽定〟においても、「身」や「有色根」に〝潜むもの〟として存続する識として構想された、というシュミットハウゼン教授の見解に従うことはできないのである。[327]

結論

この論文は、『解深密経』「心意識相品」の〔6〕—〔10〕の所説の解明を主要な目的としたものであるが、特に〔6〕—〔10〕ⓑⓒにおける〝アーダーナ識〟の語義説明と〝アーラヤ識〟の語義説明に現われる "lus"「身」の原語を "kāya" ではなく "ātma-bhāva" と想定することが、この論文の論説の支えとなっている。

即ち、シュミットハウゼン教授は、〝アーラヤ識〟に関する画期的な大著である『アーラヤ識論』*Ālayavijñāna* (*Ālaya*) において、問題の "lus"「身」の原語を "kāya" と想定され、おそらくこの想定をも根拠として、"kāya" の語を含む『瑜伽師地論』「本地分」〔3〕の一節を、「アーラヤ識説の出発点」を示す "Initial Passage"、つまり、〝最初の一節〟と認定し、そこから〝アーラヤ識〟は本来、心心所が滅するとされている〝滅尽定〟においても、「有色根」に〝潜むもの〟として存続する識として構想された、という解釈を提示されたのであるが、「転識」"pravṛtti-vijñāna" という語を使用している「本地分」〔3〕が、「転識」という語を全く用いておらず、しかも「転識」という語を形成する原因となったと思われる〔202〕—〔206〕を有し、かつ〝滅尽定〟の問題に全く触れていない『解深密経』「心意識相品」よりも後に成立したことは明らかである。従って「本地分」〔3〕は、"Initial Passage"ではありえず、『解深密経』〔6〕—〔10〕ⓒの〝アーラヤ識〟の語義説明こそが、〝最初の一節〟なのであり、そこにおいて〝アーラヤ識〟という語は、〝アーダーナ識〟という語とともに、"ātma-bhāva"との関係において、初めて使用されたと考えられる。

『解深密経』「心意識相品」の所説、特に〝一切種子心〟"sarva-bījaṃ cittam"を説明する〔6〕—〔10〕ⓐが、『瑜伽師地論』「本地分」の所説を踏えて成立していることは明らかであるが、しかし〝アーラヤ識〟という語の使用に関しては、『解深密経』〔6〕—〔10〕ⓒが、「本地分」よりも先行する。つまり、「本地分」に見られる多くの〝アーラヤ識〟の用例は、すべて『解深密経』〔6〕—〔10〕ⓒよりも後の成立と考えられる。

では、『解深密経』〔6〕—〔10〕ⓒにおいて〝アーラヤ識〟とは、何を意味するのであろうか。〝アーダーナ識〟と〝アーラヤ識〟は、〝一切種子心〟の異名とされるから、〔6〕—〔10〕は、全体として理解されなければならないが、しかし、その〔6〕—〔10〕の趣旨を要点にまとめれば、

sarva-bījaṃ cittam (ādāna-vijñāna, ālaya-vijñāna) ⊥ ātma-bhāva (nāma-rūpa)

ということになるであろう。つまり、〝一切種子心〟＝〝アーダーナ識〟＝〝アーラヤ識〟は"ātma-bhāva"を〝基体〟とする、というのである。

しかし、この説の起源を探求すれば、『解深密経』〔6〕—〔10〕の所説は、原始仏典以来の〝識食〟説と〝四識住〟説、とりわけ「種子経」〔85〕〔86〕の〝四識住〟説と〝「種子」＝「有取識」〟説の発展として理解するのが、適切であろう。即ち、〔6〕—〔10〕ⓐにおいて、"ātma-bhāva"の「生起」と「出現」が言われるところまでは、『大毘婆沙論』〔78〕ⓕの表現を用いれば、「続生時、識能生名色」を説く〝識食〟説に相当し、〝一切種子心〟が「有色根」と「相名分別

言説戯論の習気」という二つの「取」〝upādāna〟を取って「成長」することが述べられるところは、「続生後、識依名色住」を説く〝四識住〟説に相当すると見ることができる。しかるに、「続生時、識能生名色」と「続生後、識依名色住」は、〔78〕ⓕによれば、それぞれ「識縁名色」と「名色縁識」という縁起を説明するものであるから、『解深密経』〔6〕—〔10〕ⓐの〝ātma-bhāva〟の「出現」が言われるところまでは、「識縁名色」に対応し、〝一切種子心〟が「成長」することが言われるところまでは、「名色縁識」に対応することが理解される。つまり、〔6〕—〔10〕ⓐの所説は、『瑜伽師地論』〔69〕と同様、「識」と「名色」の〝相依〟を説く原始仏典の縁起説にもとづいていると考えられる。

また、このように解すれば、〔6〕—〔10〕ⓐの〝一切種子心〟は、〝四識住〟説を説く「種子経」〔85〕〔86〕で、「種子」に喩えられる「識」、または「有取識」〝vijñānaṃ sa-upādānam〟に相当すると見られるから、〝一切種子心〟の原語が〝sarva-bījaṃ cittam〟であること、及び、それが「一切のものの種子である心」を意味することも理解される。

次に、『解深密経』〔6〕—〔10〕ⓑでは、〝一切種子心〟が〝ātma-bhāva〟を〝ā√dā〟し、〝upā√dā〟するが故に、〝ādāna-vijñāna〟とも呼ばれることが述べられるが、ここにも、「続生時、識能生名色」を説く〝識食〟説と「続生後、識依名色住」を説く〝四識住〟説の双方の要素が認められる。つまり、〝ātma-bhāva〟を〝ā√dā〟するとは、「続生時」に新しい「名色」を「取る」ことを意味するであろうし、〝ātma-bhāva〟を〝upā√dā〟するとは、「続生後」に〝ātma-bhāva〟を生命あるもの（upātta）として維持すること、及び〝ātma-bhāva〟を〝upādāna〟「取られるもの」、つまり、〝基体〟として「取る」こと、さらに、〝ātma-bhāva〟に「執着する」ことを意味するであろう。

しかるに、『解深密経』〔6〕—〔10〕ⓒで、〝一切種子心〟は、〝ātma-bhāva〟に〝ā√lī〟するが故に、〝ālaya-vijñāna〟と呼ばれると述べられるが、そこには〝識食〟説に相当する要素は認められない。つまり、これは「続生後、識依名色住」を説く〝四識住〟説のみに相当する。しかるに、〝四識住〟説において、「識」が「名色」に〝住する〟とは、〝執着する〟ことをも意味するから、ここでは、〝ā√lī〟に〝執着する〟という意味もあり、しかも〝ātma-bhāva〟に〝執着する〟

というのは、〝我に執着する〟をも意味するから、ここで〝ālaya-vijñāna〟は、〝我に執着するもの〟即ち、〝我執の主体〟として規定されていることは、明らかである。

しかし、『解深密経』〔6〕—〔10〕ⓒにおいて、〝アーラヤ識〟は〝〔我に〕執着するもの〟としてだけではなく、〝潜むもの〟としても規定されていると考えられる。さもなければ、〝eka-yoga-kṣema〟、つまり、「安危同一のものとして」という〝ātma-bhāva〟と〝ālaya-vijñāna〟の関係を限定する語が理解できないからである。従って、〔6〕—〔10〕ⓒにおいて、〝アーラヤ識〟が〝住するもの〟〝執着するもの〟としてだけではなく、〝潜むもの〟としても規定されていることは確実であるが、この〝潜むもの〟という〝アーラヤ識〟の規定は、〝アーラヤ識の基体化〟という新たな教理的発展を可能にし、所謂〝本識〟を示す語としては、〝アーダーナ識〟ではなく〝アーラヤ識〟のみがほぼ独占的に使用されるようになる傾向を生み出したのである。

即ち、〝潜むもの〟とは、〝下に潜むもの〟〝潜在するもの〟をも意味することにより、本来〝超基体〟であった〝アーラヤ識〟は、〝潜むもの〟〝潜在するもの〟として、何等かのものの〝基体〟を意味するようになるのである。ここには、おそらく〝実在する基体〟の存在を認めたいという〝基体説〟的傾向が認められるであろうが、すでに『解深密経』「心意識相品」〔202〕—〔206〕において、〝アーダーナ識を基体として「六識身」が起る（pravartante 転じる）〟と述べられており、これが〝アーラヤ識〟を〝基体〟とする「転識」〝pravṛtti-vijñāna〟という用語が形成される原因となったと考えられる。つまり、〝pravṛtti-vijñāna〟の〝pravṛtti〟という語について何よりも注意すべきは、この語が『解深密経』〔202〕—〔206〕で用いられる〝pravartate〟という動詞の派生語であるということ、及びこの動詞が、於格名詞との関りにおいて意味をもつことである。即ち〝pravartate〟とは、あるものを〝基体〟として、その上で〝〔前に〕転がる〟を原義としている。従って、〝ālaya-vijñāna〟と〝pravṛtti-vijñāna〟は〝下に潜むもの〟と〝上で転がるもの〟として、対比的に用いられるようになるのである。[328]

『解深密経』〔6〕—〔10〕ⓒにおける〝潜むもの〟としての〝アーラヤ識〟の規定は、〝アーラヤ識〟を「六識身」の〝基体〟としただけではなく、〝我執の対象的基体〟とし、さらには、〝種子の基体〟ともした。このうち、まず前者についていえば、すでに『解深密経』「心意識相品」末尾の偈〔36〕で、〝アーダーナ識〟は〝ātman〟として分別されるもの、つまり、〝我執の対象的基体〟とされており、その後〝アーラヤ識〟は『瑜伽師地論』「摂決択分」中〝Pravṛtti Portion〟の〔213〕—〔215〕では、〝我執〟の〝ālambana〟「所縁」、即ち、〝対象的基体〟とされるとともに、〝アーラヤ識〟に代って、「意」〝manas〟が〝我執の主体〟とされた。ということは、本来〝超基体〟であった〝アーラヤ識〟を〝基体〟化するために、〝アーラヤ識〟に代って、「意」が〝我執の主体〟として創設されたと考えられる。さらに、これを承けた『摂大乗論』(MSg, I.6)では、この「意」が「染汚意」〝kliṣṭa-manas〟と呼ばれた。これは、『唯識三十頌』第五偈[329]の「意という名の識」〝mano nāma vijñānam〟と言われるもの、つまり、所謂〝マナ識〟に相当する。

次に、〝アーラヤ識〟と〝種子〟の関係について言えば、〝アーラヤ識〟＝〝種子〟というのが、『解深密経』〔6〕—〔10〕に示された本来の考え方だと思われる。というのも〝アーラヤ識〟の同義語である〝一切種子心〟〝sarva-bījaṃ cittam〟とは、すでに述べたように、「種子経」〔85〕〔86〕の〝「種子」＝「有取識」〟説との関係から考えて、「一切のものの種子である心」を意味すると思われるからである。この「種子」そのものと考えられていた〝アーラヤ識〟が、いつから「種子をもつもの」「種子の基体」と考えられるようになったかは確定できないが、シュミトハウゼン教授が〝Initial Passage〟と呼ばれた『瑜伽師地論』「本地分」〔3〕においてさえ、〝アーラヤ識〟は依然として「種子」そのものに相当するものと考えられており、従って、

bīja＝ālaya-vijñāna

という原則は維持されているように見える。[330]

しかし、「本地分」の本来のテキストに付加されたと思われる〝bīja-āśraya〟「種子の所依」や〝sarva-bījakaṃ … ālaya-

"vijñānam"」「一切の〔ものの〕種子をもつアーラヤ識」という表現には、「種子をもつもの」「種子の基体」としての〝アーラヤ識〟、つまり、

bīja-⊣ ālaya-vijñāna

という考え方が示されているであろう。これは、言うまでもなく、後に発展した考え方であり、『唯識三十頌』第二偈が〔182〕で〝アーラヤ識〟を"sarva-bījakam"「一切の〔ものの〕種子をもつもの」と規定したり、その註釈である『唯識三十頌釈』が〝アーラヤ識〟を、〔183〕で"sarva-dharma-bīja-āśraya"「一切法の種子の所依」と説明したり、また〔1〕で、「一切の染汚法の種子の処（sthāna）」と説明するのも、この考え方を示すものであろう。

また、「摂決択分」の冒頭の部分、つまり、"Proof Portion"よりも前の部分には、次のように"bīja-āśraya"「種子の所依」という語が、〝アーラヤ識〟を意味するものとして用いられている。

〔216〕今広分別解此地義、善答問難。五識地心地経言、阿羅耶識普為種本。（大正三〇、一〇一八下三—四行）〔真諦訳〕

〔217〕今当先説、五識身地意地決択。問、前説種子依謂阿頼耶識。（同右、五七九上六—八行）〔玄奘訳〕

〔218〕rnam par śes paḥi tshogs lṅa daṅ ldan pa daṅ yid kyi saḥi rnam par gtan la dbab pa ni sa bon gyi gnas kun gshi rnam par śes pa shes gaṅ smos paḥo// (D, Shi, 1b3-4)

この三つの訳は必ずしも一致せず、難解であるが、一応チベット訳にもとづいて、次のような訳を示しておきたい。

(136) 五識身と意の地（bhūmi）の決択（viniścaya）とは、「種子の所依（bīja-āśraya）であるアーラヤ識」と〔先に「本地分」中「五識身地」と「意地」で〕説かれたこと（yad uktam）である。

ここで、「種子の所依であるアーラヤ識」というのは、シュミットハウゼン教授によれば、「本地分」中「意地」の〔184〕ⓐⓓⓔ、つまり、"sarva-bījaka"と"ālaya-vijñāna"と"bīja-āśraya"を並記する用例を指していると理解されているようである。[331] この"bīja-āśraya"という語を、シュミットハウゼン教授は、すでに述べたように、「種子としての所依」

を意味すると解され、私は「種子の所依」を意味すると理解するのであるが、しかし、この私の理解は、〔216〕—〔218〕を含む「摂決択分」冒頭の部分は、その後に来る“Proof Portion”“Pravṛtti Portion”“Nivṛtti Portion”よりも後に成立したと考えなければ、成立しないかもしれない。というのも、それらの部分では、〝アーラヤ識〟は「種子の所依」ではなく、「種子」そのものである（“ālaya-vijñāna＝bīja”）という本来の考え方が、依然として維持されているように思われるからである。即ち、“Pravṛtti Portion”の次の記述には、この本来の考え方が認められるであろう。[332]

〔219〕諸善不善無記等識、皆因阿羅耶識、以為種本。（大正三〇、一〇一九中二四—二五行）〔真諦訳〕

〔220〕所有善不善無記転識転時、一切皆用阿頼耶識為種子故。（同右、五八〇中一一—一二行）〔玄奘訳〕

〔221〕ḥjug paḥi rnam par śes pa dge ba daṅ mi dge ba daṅ luṅ du ma bstan pa ḥbyuṅ bar ḥgyur ba gaṅ ci yaṅ ruṅ ste/ de dag thams cad ni kun gshi rnam par śes paḥi sa bon daṅ ldan pa yin no// (D, Shi, 5a1)

(137) 善（kuśala）・不善（akuśala）・無記（avyākṛta）のいずれの転識（pravṛtti-vijñāna）も、それらはすべて、アーラヤ識を種子（bīja）として起る。[333]

さらに、明確に〝アーラヤ識〟を〝「種子」をもつもの〟と規定すると思われる[334]『摂大乗論』そのものにおいてさえ、“bīja＝ālaya-vijñāna”という考え方は、依然として捨てられていないように思われる。[335]

しかし、〝アーラヤ識〟を「六識身」の〝基体〟とし、〝我執の対象的基体〟とし、さらには、〝種子〟の〝基体〟とする〝アーラヤ識の基体化〟の傾向は、すでに『解深密経』〔6〕—〔10〕ⓒにおいて、〝アーラヤ識〟が〝潜むもの〟としても規定されたことに、端を発しているであろう。

なお、すでに論じたように、“ādāna-vijñāna”と“ālaya-vijñāna”という語は、『解深密経』〔6〕—〔10〕ⓑⓒにおいて初めて作られ用いられたと思われるが、そこでなされた“ātma-bhāva”を“ā√dā”するが故に“ādāna-vijñāna”と言われ、“ātma-bhāva”に“ā√lī”するが故に“ālaya-vijñāna”と言われるという語義説明において、“ādāna-”“ālaya-”は、“ā√dā” "ā√lī"という動詞だけではなく、"ātma-bhāva"という、その動詞の対象的契機をも意味する語として使用されていると思われる。つまり、単に"ā√dā"するが故に"ādāna-vijñāna"と言われ、"ā√lī"するが故に"ālaya-vijñāna"と言われるということが述べられたのではなく、"ātma-bhāva"を"ā√dā"するが故に"ādāna-vijñāna"と言われ、"ātma-bhāva"に"ā√lī"するが故に"ālaya-vijñāna"と言われるということが説かれたと考えるのである。従って、〝アーダーナ識〟も〝アーラヤ識〟も"ātma-bhāva"と不可離な概念であり、〝我執〟というものと切り離して考えることはできない概念であることも、理解されるのである。

以上、〝アーラヤ識〟に関して、私なりに若干の考察を試みたが、最後に〝アーラヤ識〟説とは、思想史の大きな流れを考えるならば、要するに、非仏教的な〝アートマン〟論にしかすぎないという批判的な私見を述べておきたい。

即ち、〝アーラヤ識〟説が、「種子経」〔85〕〔86〕の〝四識住〟説の発展であることは、『顕揚聖教論』〔105〕で、「種子経」の〝「種子」＝「有取識」〟が「一切種子阿頼耶識[336]」の教証として示されていることによって、明示されている。その意味で、この「種子経」の経文ほど重要なものはない。しかるに、〝四識住〟説というものは、〝五蘊〟の中から、「識」だけを他の〝四蘊〟から区別して特別視し、いわば「識」だけを根源的なものとする考え方であるから、仏教的な〝五蘊〟説から逸脱したものであることは、明らかである。

しかも、この「識」を根源視する考え方は、中村元博士が示されたように[337]、仏教以前の〝アートマン論〟に起源をもっていると考えられる。すると、〝五蘊〟説を変質させて、〝四識住〟説を成立させたのは、仏教思想の内部に流入した〝アートマン論〟の影響力であり、それが最終的には、「識」を根源視する〝唯識〟説や如来蔵思想を生み出したと考えられるであろう。

〝四識住〟説においては、「識」は、あくまでも〝超基体〟であった。この点は、「識」を"ātma-bhāva"の〝超基体〟とする『解深密経』〔6〕—〔10〕においても、基本的には同様である。そこでは、〝四識住〟説の枠組がまもられていたからである。しかし、〔6〕—〔10〕ⓒにおいて、〝アーラヤ識〟が〝潜むもの〟としても規定されたとき、〝「識」の基体化〟が開始され、〝アーラヤ識〟は、『摂大乗論』に至れば〝一切法の基体〟と明言されて、ここに〝アーラヤ識〟を〝基体〟とする〝基体説〟は一応の完成を見るのである。

しかるに、唯識思想においては、前章で論じたように、〝アーラヤ識〟は、究極的な〝基体〟ではない。究極的な〝基体〟としては、常住なる「真如」"tathatā"が考えられるからである。[338] しかし、「識」を他の〝四蘊〟から区別し根源視して、〝四識住〟説を成立させ、本来〝超基体〟であった〝アーラヤ識〟を〝基体〟化して、〝一切法の基体〟と化したのは、〝アートマン論〟、つまり、"dhātu-vāda"〝基体説〟というインドの非仏教思想の最も強力な思想的流れの力であることは、明らかであろう。

この意味で、私は、〝アーラヤ識〟説を非仏教的な〝アートマン論〟の展開と見なさざるを得ないのである。

註

(1) 『唯識哲学』(略号参照)、一一八頁参照。

(2) "objective basis" とは、シュミットハウゼン教授が、特に〝我執の対象的基体〟つまり〝我であると執着されるもの〟〝我であると誤認されるもの〟を意味するときに、使用される語であるが、適切な表現だと思われる。Cf. *Ālaya*, I, p.52, *l*.24; p.54, *l*.10, *l*.25. etc.

(3) Cf. TrBh, p.37, *ll*.12-13.

(4) 『縁起と空』七頁参照。

(5) 『大乗阿毘達磨経』とアサンガ Asaṅga または『摂大乗論』との密接な関係については、『初期唯識』一九三—一九四頁、一九五—一九七頁、註(10)(11)(12)参照。さらに、この勝呂論文を承けた研究として、高崎直道「〈無始時来の界〉再考」『勝呂信静博士古稀記念論文集』一九九六年、四一—五九頁参照。

(6) 『摂大乗論』の分節番号は、MSg[N]による。

(7) ただし③では、〝アーラヤ識〟は元来「我執の対象として執着される識」をも意味していたという趣旨が述べられていることには、注意しておきたい。後論するように、私は、『解深密経』「心意識相品」末尾の偈〔36〕において、〝アーダーナ識〟＝〝アーラヤ識〟は、

「我執の対象」とされていると考えるからである。

(8) *Ālaya*, I, p.18, *ll.*2-3.

(9) *Ālaya*, I, p.18, *l.*17.

(10) Cf. *Ālaya*, I, pp.52-56. pp.144-166.

(11) ここで袴谷氏によって与えられた「を保持している」という訳語は、その後、小谷信千代氏によっても採用されたが（小谷信千代「シュミットハウゼン教授の『アーラヤ識論』を問う」『仏教学セミナー』五二、一九九〇年、五四頁上。同「シュミットハウゼン著『アーラヤ識論』ノート」『大谷学報』七〇―三、一九九二年、四頁）、私見によれば、この訳語は、シュミットハウゼン教授の理解を正確に反映していないと思われる。というのも、教授は、〔3〕の"pravṛttivijñānabījaparigṛhītam [ālayavijñānam]"を、⑥で"[ālayavijñāna] which comprises (/possesses /has received) the Seeds of the forthcoming [forms of] mind (pravṛttivijñāna)"と訳されたが、ここで"comprises"は「……を保持している」を意味しないと思われるからである。

即ち、シュミットハウゼン教授が、"-parigṛhīta"の語義を考察し、結論として、〔3〕の"-bīja-parigṛhīta"について、

㋐ I prefer to interpret, in the present passage, *-parigṛhīta* not, with Tib. (*sa bon gyis yoṅs su zin pa*), in a passive but rather, with Chin.(能執持……種子), in an active sense; (*Ālaya*, II, n.147, p.279, *ll.*28-31)

と言われたのは、確かに驚くべき発言であったと思われる。というのも、"-bīja-parigṛhīta"は、チベット訳に一致して、「種子によって pari√grah される」というように受動的な意味に解されるのが一般的であるのに、教授は、これを、漢訳に一致して「種子を pari√grah する」というように能動的な意味に解されたからである。私は、この解釈は文法的にも不適切であると考えるが、ともあれ、教授のこの解釈は、⑥の"which comprises (/possesses / has received) the Seeds"という訳文のうち、"possesses"「所有している」「有している」という訳語に反映している。これが、袴谷氏の「……を保持している」に対応するのであるが、しかし、注意すべきことは、教授が、この"possesses"という訳語を括弧内に示していて、括弧の外には、"comprises"「……から成る」という訳語を置いていることなのである。

では何故、この"comprises"という訳語が、括弧の外に置かれ、"-parigṛhīta"の第一の訳語とされたのであろうか。それは、〔3〕で"ālaya-vijñāna"と"bīja"との関係を示している"-parigṛhīta"について、教授に次のような理解があったからである。

㋑ The term by which the *Initial Passage* expresses the relation between ālayavijñāna and Seeds, viz. *-parigṛhīta*, is however too ambiguous to allow us to determine the precise nature of this relation. At least as far as I can see (cp. n.147), it admits of being understood not only in the sense that ālayavijñāna possesses or contains the Seeds, implying that it is, itself, something more, but also in the sense that ālayavijñāna merely comprises them, being hardly anything else but their sum or totality. (*Ālaya*, I, p.30, *ll*.6-14)〔傍線＝松本〕

つまり、教授は、〔3〕において“-parigṛhīta”は、〝アーラヤ識〟が〝種子〟を「所有している」“possesses”という意味に理解し得るだけではなく、〝アーラヤ識〟は単に〝種子〟「から成り」“comprises”〝種子〟の総体にしかすぎないという意味にも理解し得ると言われるのである。ということは、教授において“possesses”と“comprises”は区別されているのであって、前者は〝アーラヤ識〟が〝種子〟を有するという関係を示し、後者は〝アーラヤ識〟は〝種子〟の総体、つまり、言ってみれば〝種子〟そのものにしかすぎないという関係を示すものとして用いられていると考えられる。従って、袴谷氏と小谷氏の「……を保持している」という訳語は、教授が“comprises”という訳語に込めた重要な意味を反映していないと思われる。

そこで、〔3〕の“pravṛtti-vijñāna-bīja-parigṛhītam ālayavijñānam”という表現に関するシュミットハウゼン教授の解釈について私見を言えば、私は教授が「能執持転識種子」という漢訳に従って、この表現を解釈されたことに、賛成できない。というのも、私は〔3〕では、まだ〝アーラヤ識〟が〝種子〟を有するという説は示されていないと考えるからである。即ち、後論するように、〝アーラヤ識〟と〝種子〟の関係は、本来〝種子〟＝〝アーラヤ識〟つまり“bīja＝ālaya-vijñāna”であったが、それが後には、〝アーラヤ識〟は〝種子をもつもの〟〝種子の所依〟と考えられるようになり、両者の関係は、“bīja⊥ ālaya-vijñāna”と規定されるようになったと思われる。

「能執持転識種子」という漢訳が、この後代の〝種子をもつもの〟としての〝アーラヤ識〟という規定にもとづいていることは、明らかであるが、しかし、〔3〕で説かれる〝アーラヤ識〟と〝種子〟の関係は、未だこの規定の段階までには至っておらず、〝アーラヤ識〟は〝種子〟そのもの、または〝種子〟に相当するものと規定されているように思われる。即ち、〔3〕の“pravṛtti-vijñāna-bīja-parigṛhītam ālaya-vijñānam”は、私見によれば、「転識の種子によって摂されるアーラヤ識」と訳すことが可能であり、それはまた〝転識の種子に相当するアーラヤ識〟というようなことを意味するであろう。私がこのように考える根拠の一つとして、「声聞地」の次の一節がある。

㋒ tathābhūtasyāsya mṛdukṣāntisahagataṃ samasamālambyālambakajñānaṃ tad ūṣmagatam ity ucyate/ yan madhyakṣāntiparigṛhītaṃ tan mūrdhan ity ucyate/ yad adhimātrakṣāntisaṃgṛhītaṃ tan satyānulomā (orig. madhyānulomā) kṣāntir ity ucyate// (ŚBh, p.499, *ll*. 12-16)

㋓ 如是行者、於諸聖諦、下忍所摂、能縁所縁平等平等智生、是名為煖。中忍所摂、能縁所縁平等平等智生、是名為頂。上忍所摂、能縁所縁平等平等智生、名諦順忍。(大正三〇、四七五下八—一一行)

㋔ そのような人の、所縁と能縁が等しい知(sama-sama-ālambya-ālambaka-jñāna)は、下忍(mṛdu-kṣānti)に摂されるならば、それは煖（ūṣma-gata）と言われ、何であれ、中忍に摂されるもの、それは頂（mūrdhan）と言われ、何であれ、上忍に摂されるもの、それは諦順忍と言われる。

即ち、ここで"sahagata""parigṛhīta""saṃgṛhīta"は、チベット訳では、それぞれ"daṅ ldan pa""yaṅ dag par bsdus pa""yaṅ dag par bsdus pa"と訳されるが（D, Dsi, 190a4-5）、漢訳では、すべて「所摂」と訳されており、また、㋒の趣旨を考慮しても、その意味は等しいであろう。しかるに、「……によって摂される」とは、「……に相当する」とほぼ同義であると思われるので、〔3〕においては〃アーラヤ識〃は、〃転識の種子をもつもの〃ではなく、〃転識の種子に相当するもの〃と規定されていると思われる。

かくして、私は、〔3〕の"parigṛhīta"に関して、⑥でシュミットハウゼン教授が与えられた訳語のうち、"possesses"には同意できないが、"comprises"の方は、評価したい。というのも、㋑に示されたように、教授がこの訳語を用いるとき、"bīja＝ālaya-vijñāna"ではなく、"bīja⊥ālaya-vijñāna"という関係が意図されているように思われるからである。

ただし、教授が"-parigṛhīta"が"comprises"を意味するのは、この語の"active use"（*Ālaya*, II, n.147, p.277, *ll*.9-10）、つまり、〃能動的用法〃であると解されることには、同意できない。即ち、教授は「菩薩地」*Bodhisattvabhūmi* の

㋕ [tāny etāni] sarvavidyāsthānaparigṛhītāni pañcavidyāsthānāni [bhavanti]/（BBh, p.68, *l*.7）

㋖〔如是〕一切明処所摂有五明処。（大正三〇、五〇〇下二一—二二行）

㋗〔これらの〕一切の明処（vidyā-sthāna）によって摂される(parigṛhīta）五明処〔がある〕。

という一文を、

㋘ the five fields of knowledge which comprise all fields of knowledge (*Ālaya*, II, n.147, p.277, *ll*.12-13)

と訳され、この訳自体は適切だと思われるが、ここで"-parigṛhīta"は、漢訳「所摂」・チベット訳"kyis yoṅs su bsdus pa"（D, Wi, 52a3-4）によって示されるように、あくまで受動態であって、"active use"ではないであろう。また、「……によって摂される」とは、ここでも「……に相当する」という程の意味であろう。つまり、"parigṛhīta"は"saṃgṛhīta"同様、殆んど等号のように用いられるのである。

(12) 袴谷憲昭「シュミットハウゼン教授のアーラヤ識論」『駒沢大学仏教学部論集』一九、一九八八年、四一二頁上、『唯識論考』五三九—五四〇頁参照。

(13) 本書、第二章、記述〔7〕〔8〕を指す。

(14) ただし、勝呂博士は、同じ論文で、『解深密経』〔6〕—〔10〕ⓒの〃アーラヤ識〃の語義説明について、

㋐ これを見ると、アーラヤ識に与えられた語義は、実質的にアーダーナ識の語義と同じであることが判る。すなわち ālaya が由来

する動詞 ā-√lī を「結び着く」という意味に解しそれを「身体と結び着く」意味に解釈して、アーダーナ識と同じ意味を持たせたものと理解される。(「勝呂(一)」一三〇頁上)

と述べられている。この「身体と結び着く」が、⑨では「身体に付着する」という解釈に発展したと想像される。

(15) Cf. *Ālaya*, I, p.155, *ll*.15-18; p.166, *ll*.27-33.

(16) Cf. *Ālaya*, I, p.155, *ll*.16-17.

(17)「勝呂(二)」六〇—六一頁参照。

(18) Cf. *Ālaya*, I, p.166, *l*.33.

(19)「勝呂(二)」六五—六六頁参照。

(20) Cf. *Ālaya*, I, p.22, *ll*.19-22.

(21) ただし、『解深密経』の当該部分は、『瑜伽師地論』(玄奘訳・チベット訳)の「摂決択分」に引用(大正三〇、七一八上一五—二四行、D, Zi, 53a5-b2)がある。しかし、その引用は、漢訳は『解深密経』自体の玄奘訳に一致し、チベット訳も『解深密経』自体のチベット訳とほぼ一致しているので、その全文を掲げることはしない。

(22)『解深密経』のチベット訳としては、大蔵経所収本以外に、完本ではないが、敦煌写本の中に、大蔵経所収本よりも古いチベット訳が存することが、袴谷憲昭氏によって報告されている。Cf. Hakamaya, "The Old and New Tibetan Translations of the *Saṃdhinirmocana-sūtra*: Some Notes on the History of Early Tibetan Translation"『駒沢大学仏教学部研究紀要』四二、一九八四年、一九二—一七六頁参照。以下に、氏によって指摘された Stein tib. No.194 における相当するテキストも示そう。

(23) Hakamaya, "A Comparative Edition of the Old and New Tibetan Translations of the *Saṃdhinirmocana-sūtra* (I)"『駒沢大学仏教学部論集』一七、一九八六年、p.608, *ll*.4-10.

(24) この部分について、シュミットハウゼン教授は、『瑜伽師地論』「本地分」中「意地」のあるテキストとの対応を次のように指摘されている。

㋐ Saṃdh p.55, 4-8: ... *'gro ba drug gi 'khor ba 'di na sems can gaṅ daṅ gaṅ dag sems can gyi ris gaṅ daṅ gaṅ du 'aṅ ... lus mṅon par 'grub ciṅ 'byuṅ bar 'gyur ba* ...; cp. Y 30, 6f.; *yeṣāṃ ca sattvānāṃ yasmin sattvanikāya ātmabhāvasya prādurbhāvo bhavati*, ...; there is no difficulty in regarding the Saṃdh phrase as an enlarged borrowing from Y. (*Ālaya*, II, n.326, p.319)

この教授の指摘は、極めて重要であり、『解深密経』〔6〕—〔10〕ⓐのこの部分が、教授が指摘された「意地」のテキストを踏まえて形成されていることは、明らかであろう。ただし、㋐で教授は「意地」のテキストを "bhavati" までしか引用されなかったのであるが、この“bhavati”の後には“tatra”という語が続くのである。この“tatra”と〔10〕ⓐの“der”及び〔11〕の“de dag la”との関係が問題になる。つまり、『解深密経』〔6〕―〔10〕ⓐでは、「意地」の文章が“bhavati tatra”まで採用されているかもしれないのである。従って、シュミットハウゼン教授が指摘された「意地」のテキストについて、“bhavati”以後も参照することが必要になる。そこで、その部分を梵文テキスト・チベット訳・玄奘訳・私訳の順に示すことにしよう。

㋑ yeṣāṃ ca sattvānāṃ yasmin sattvanikāya ātmabhāvasya prādurbhāvo bhavati tatra yā sattvasabhāgatā sā teṣāṃ sattvānāṃ caturbhir pratyayaiḥ pratyayakāryaṃ karoti/ (YBh, p.30, *ll*.6-7)

㋒ sems can gaṅ dag gi lus sems can gyi ris gaṅ du byuṅ bar gyur pa ste/ sems can skal pa mñam pa gaṅ yin pa de sems can de dag la rkyen rnam pa bshi po ...s rkyen gyi bya ba byed de/ (D, Tshi, 15a5-6)

㋓ 又諸有情、随於如是有情類中、自体生時、彼有情類、於此有情、作四種縁。（大正三〇、二八五中五―六行）

㋔ いかなる衆生にとってであれ、ある衆生の類（sattva-nikāya）に、自体（ātma-bhāva）の出現（prādurbhāva）があるとき、そこにおいて（tatra）、衆生同分（sattva-sabhāgatā）なるものは、それらの衆生にとって、四つの縁（pratyaya）によって、縁の作用をなす。

ここで“tatra”「そこにおいて」という語は、何を承けるであろうか。最も自然な読み方は、“tatra”は“yasmin”を承け、従って、「そこにおいて」とは、「その sattva-nikāya において」を意味する、というものであろう。しかし、『解深密経』〔6〕―〔10〕ⓐにおいて、まず㋑の“tatra”が用いられたかどうか、次に、もし用いられたとすれば、それはいかなる意味かという問題が、検討されなければならない。このうち、まず第一の問題についていえば、〔10〕ⓐの“der”、〔11〕の“de dag la”は、原文に“tat”の於格形、つまり“tatra”が存したことを推定させる根拠となる。しかし、〔6〕―〔9〕の漢訳を見ると、この推定にはやや疑問が生じるのである。即ち、〔10〕ⓐの“der daṅ por”、〔11〕の“de dag la thog mar”に相当する部分は、漢訳では次の通りである。

「〔身、〕初有〔一切種子心生〕」（菩提流支訳〔6〕）
「〔此中得身及成就、〕初受生時、〔一切種識〕」（真諦訳〔7〕）
「〔自身転生、〕於出生時、彼時〔一切種子心〕最初〔成就〕」（達摩笈多訳〔8〕）
「〔身分生起、〕於中最初〔一切種子心識〕」（玄奘訳〔9〕）

このうち、〔6〕には“tatra”という於格形の存在を示す訳語は、存在しない。この点は、〔7〕も同様であるが、ただし、そこには「時」という語が用いられており、ここでは“tatra”が〝その時〞という意味で「時」と訳されたものかもしれない。この点は、前掲

㋓の「自体生時」の「時」についても同様である。しかるに、〔8〕を見ると、「於出生時、彼時」とあり、〔9〕の「於中」と同様、これが"tatra"の訳語となっているようにも見える。そこで、私としては、一応、『解深密経』〔6〕—〔10〕ⓐの"der daṅ por"の"der"、及び〔11〕の"de dag la thog mar"の"de dag la"は"tatra"の訳語であると見ておきたい。

ただし、その"der daṅ por"や"de dag la thog mar"が"tat-prathamatas"の訳語である可能性も否定できないであろう。この語については、エジャトン Edgerton の BHSD では、"for the first time" (p.248)、つまり「最初に」という訳語が与えられている。この"tat-prathamatas"の用例のうち、目についたものについて、以下に、そのチベット訳・漢訳〔以下、訳者の指示のないものは玄奘訳〕を列挙しよう。

(1) YBh, p.24, *l*.19: "thog ma kho nar" (D, Tshi, 12b5),「最初」(大正三〇、二八三上一九行)

(2) YBh, p.30, *l*.9: "thog ma kho nar" (D, Tshi, 15a6),「初」(大正三〇、二八五中八行)

(3) BBh, p.57, *l*.11: "thog ma kho nar" (D, Wi, 44a5),「最初」(大正三〇、四九七中三行)、「初」(同、九〇〇中二四行)〔曇無識訳〕、「初発心時」(同、九七四下五行)〔求那跋摩訳〕

(4) BBh, p.272, *l*.17: "thog ma kho nar" (D, Wi, 202b6),「最初」(大正三〇、五七一下二行)、欠(同、九五七中二二行)〔曇無識訳〕、「初」(同、一〇一一下二七行)〔求那跋摩訳〕

(5) ASBh, p.38, *l*.22: "thog ma kho nar" (D, Li, 28a5),「〔無間〕初」(大正三一、七一四中一五行)〔この「初」は、本来、七一四中一四行の「無間」の後にあるべきであろう〕

(6) ASBh, p.78, *l*.7: "thog ma kho nar" (D, Li, 56b4),「最初」(大正三一、七三五下一三行)

(7) ASBh, p.80, *l*.10: "thog ma kho nar" (D, Li, 58a5),「最初」(大正三一、七三六下四行)

(8) ASBh, p.123, *l*.2: "thog ma ñid du" (D, Li, 90a6), 欠(大正三一、七五七上一五—一六行)

(9) MAVṬ, p.37, *l*.24 (Cf. *Ālaya*, II, n.1477, p.553, *l*.29): "de thog ma kho nar" (D, Bi, 207b5)

以上の"tat-prathamatas"の訳例を見ると、チベット訳は、(8)(9)を除き、すべて"thog ma kho nar"であり、(8)は"thog ma ñid du"、(9)は"de thog ma kho nar"である。YBh, BBh, ASBh, MAVṬ のチベット訳には、すべてイェシェーデ Ye śes sde が関わっているようであるから、もしも、『解深密経』〔10〕のチベット訳、〔11〕のチベット訳にも、イェシェーデが関与しているならば、〔10〕の"der daṅ por"や〔11〕の"de dag la thog mar"の原語は"tat-prathamatas"ではなく、従って、〔10〕の"der"と〔11〕の"de dag la"の原語として、"tatra"を想定することが認められるであろう。しかし、〔10〕と〔11〕のチベット訳にイェシェーデが関与したかどうかは、明らかではない。

しかるに、“tat-prathamatas” の漢訳の諸例を見ると、そこでは、「最初」や「初」が一般的である。つまり、そこには、玄奘訳〔9〕の「於中最初」とか、達摩笈多訳〔8〕の「於出生時、彼時……最初」というような訳例は、認められないのである。従って、〔10〕ⓐの “der daṅ por” と〔11〕の “de dag la thog mar” の原語は、やはり “tat-prathamatas” ではなく、“tatra prathamatas” と想定できるのではないかと思われる。

そこで、〔10〕ⓐの “der” と〔11〕の “de dag la” の原語を “tatra” であると考えるとすれば、その “tatra” とは何を意味しているのか。すでに述べたように、『瑜伽師地論』㋑においては、“tatra” は “yasmin” を承け “sattva-nikāya” を意味していたように思われる。つまり、“tatra” は「その sattva-nikāya において」を意味すると見るのである。しかし、『解深密経』〔10〕ⓐ、〔11〕において、“tatra” がやはり “sattva-nikāya” を意味しているかどうかは確定できない。というのも、〔10〕ⓐ、〔11〕が、㋑にもとづいて形成されたことは確実であると思われるにもかかわらず、〔10〕ⓐ、〔11〕は、㋑とは別の説を説いているとも考えられるからである。この点で、㋑には “yeṣāṃ ... teṣāṃ” という関係代名詞と指示代名詞という関係が説かれているのに対して、〔10〕ⓐ、〔11〕では、少なくとも、“teṣāṃ” に相当するものが存在しないことが、注目される。つまり、㋑と、〔10〕ⓐ、〔11〕とは、その構文が異なっているのである。従って、『解深密経』〔10〕ⓐ、〔11〕が、『瑜伽師地論』㋑にもとづいて形成されていることは確実であるが、両者の所説は全同ではないと見るべきであろう。

では、『解深密経』において “tatra” は何を意味するであろうか。私は、“tatra” は〝その ātma-bhāva において〟を意味すると見たいのである。この解釈は、すでに見た『瑜伽師地論』㋑については妥当しないかもしれないが、また、漢訳〔6〕〔7〕〔8〕によっては支持されないかもしれないが、チベット訳〔10〕ⓐの “lus mṅon par ḥgrub ciṅ ḥbyuṅ bar ḥgyur ba der” という表現の理解としては、それ程不自然ではないであろう。つまり、この表現において、“mṅon par ḥgrub ciṅ ḥbyuṅ bar ḥgyur ba” は、“lus” (ātma-bhāva) を形容する語であり、この “lus”＝“mṅon par ḥgrub ciṅ ḥbyuṅ bar ḥgyur ba” を “de” という指示代名詞が承けると見るのである。この解釈の根拠となっているのは、“...ḥbyuṅ bar ḥgyur ba der” が “ḥgyur” の後で、一端文意が切れて、“...ḥbyuṅ bar ḥgyur te der” とはなっていないという事実なのであるが、しかし、敦煌写本〔11〕では、この部分が “...ḥbyuṅ bar ḥgyur te de dag la” となっているので、この根拠は必ずしも有力とはいえない。

ただし、〔11〕が、“tatra” を〝その ātma-bhāva において〟と見る解釈を全く拒絶しているとも考えられないので、ここでは、一応この解釈を採用しておきたい。従って、私は『解深密経』〔6〕―〔10〕ⓐ、及び〔11〕においては、

sarva-bījaṃ cittam ⊥ ātma-bhāva

という於格的関係、つまり、〝一切種子心〟が “ātma-bhāva” を〝基体〟とする於格的関係が説かれていると見るのである。

後論するように、〝一切種子心〟によって取られる二種の“upādāna”つまり、「依処を伴う有色根」と「相名分別言説戯論の習気」は、それぞれ、「名色」“nāma-rūpa”のうちの「色」“rūpa”と「名」“nāman”に対応し、両者を合した「名色」が“ātma-bhāva”に相当し、しかも、“upādāna”は〝取られるもの〟として〝基体〟を意味すると思われるので、〝一切種子心〟と二種の“upādāna”の関係も、

sarva-bījaṃ cittam ⊣ ātma-bhāva(nāma-rūpa)

という関係であると思われる。従って、『解深密経』〔10〕ⓐでは〝一切種子心〟が“ātma-bhāva”を〝基体〟とする於格的関係が二回述べられていると考えられる。また、このことが、私が“tatra”を〝その ātma-bhāva において〟と解する理由の一つとなっているのである。

(25) ラモット教授の原語の想定は、“sarva-bījaka-citta”(SNS[L], p.55, *ll.*19-20, n.16)であり、シュミットハウゼン教授のそれは、“sarva-bījakaṃ cittam”(*Ālaya*, I, p.71, *l.*22)であるが、私は、原語を“sarva-bījaṃ cittam”と想定し、その意味を「一切のものの種子である心」と解したい。この私見については後論するが、〔11〕の“thams śad kyi sa bond sems”は、正に「一切のものの種子である心」を意味していると思われる。

(26) ここに原語として存在するであろう“sādhiṣṭhānarūpīndriya-upādāna”と“nimittanāmavikalpavyavahāraprapañcavāsanā-upādāna”という複合語は、いずれも tatpuruṣa 複合語ではなく、karmadhāraya 複合語であり、かつ“upādāna”は〝取られるもの〟を意味するというのが、私の理解である。この理解は、後にも論じるように、基本的には、次のような高崎直道博士の解釈と一致するものであろう。

アーラヤ識はそれを成立たせる素材として二種の執受 upādāna をとる。一つは有根色すなわち感官を含めた身体(五取蘊)であり、他は過去の言説・分別等の習気 vāsanā である。(「高崎(三)」五〇頁)

これに対して、シュミットハウゼン教授は“sādhiṣṭhānarūpīndriya-upādāna”は tatpuruṣa 複合語とも karmadhāraya 複合語とも解釈できるという理解を示されているようである(Cf. *Ālaya*, I, p.71, *l.*24-p.73, *l.*24)。つまり、この複合語が tatpuruṣa 複合語と解される場合には、この複合語は、〝依処を伴う有色根を取ること〟を意味するというのである。しかし、〔10〕ⓐの“la brten nas”、〔11〕の“blaṅ ba”、〔6〕〔7〕〔9〕の「依」の原語が“upādāya”であり、それが「取って」を意味することは明らかであるから、シュミットハウゼン教授が言われるように(*Ālaya*, II, n.508, (1), p.356, *l.*18)、ここには“dvividham upādānam upādāya”というような原文が想定され、従って、二種の“upādāna”は“upādāya”の対象であり、〝取られるもの〟を意味することは、確実であると思われる。

(27) この部分について、シュミットハウゼン教授は“vipacyate saṃmūrcchati vṛddhiṃ virūḍhiṃ vipulatām āpadyate”という原語想定を示されたが(*Ālaya*, II, n.508, p.356, *ll.*13-14)、適切な想定であると思われる。なお“vṛddhiṃ virūḍhiṃ vipulatām āpadyate”という原語想定は、すでにラモット教授によってもなされていたが(SNS[L], p.55, *l.*20)、この表現は、後論するように、パーリ仏典『相応部』

の「種子経」〔85〕ⓑの “vuddhiṃ virūḷhiṃ vepullam āpajjeyyuṃ” に対応している。

(28) シュミットハウゼン教授は、“gñis su med” の原語を “advaya” と想定され、その意味を、無色界には “sādhiṣṭhāna-rūpīndriya-upādāna” は存在せず、“nimitta-nāma-vikalpa-vyavahāra-prapañca-vāsanā-upādāna” という唯一の “upādāna” しか存在しないという意味に解されたが（*Ālaya*, II, n.520, n.521, p.358, *l*.33-p.359, *l*.13）、適切な解釈であると思われる。

(29) Cf. SNS[L], p.55, *l*.32, n.7, n.8.

(30) ただし、『解深密経』〔10〕ⓒの〝アーラヤ識〟の語義説明に関するシュミットハウゼン教授の理解は、すでに一九六九年の『涅槃章』*Nirvāṇa*（略号参照）において、ある程度確立していたと見ることができるかもしれない。というのも、そこで教授は〔10〕ⓒについて、次のような翻訳を示されているからである。

㋐ [Diese Perzeption] heißt auch ‚Anklammerungsperzeption‘（*ālayavijñānam*）, weil sie sich an diesen Leib [hier] anklammert（*ālīyate, ālayana-*）, [d.h.] sich [mit ihm] so verbindet, daß sie sein Schicksal teilt（*ekayogakṣemārthena*）.（*Nirvāṇa*, p.130, n.87）

即ち、ここにはすでに、“ālīyate” “ālayana” という原語想定が示されている。また “sich an diesen Leib ... anklammert” というのは、⑭の “sticks to ... the body” に相当するのであろう。

(31) 例えば、『阿毘達磨集論』には、次のような一節がある。

㋐ kathaṃ lakṣaṇataḥ/ nirīhapratyayotpattitām upādāya, anityapratyayotpattitām upādāya samarthapratyayotpattitām upādāya//（AS[G], p.26, *ll*.3-4）

㋑ mtshan ñid kyis ji lta bu she na/ g'yo ba med paḥi rkyen las byuṅ ba daṅ/ mi rtag paḥi rkyen las byuṅ ba daṅ/ nus paḥi rkyen las byuṅ baḥi phyir ro//（D, Ri, 65b1）

㋒ 何等相故、謂無作縁生故、無常縁生故、勢用縁生故。（大正三一、六七〇下一九—二〇行）

㋓ いかにして、相（lakṣaṇa 定義）という点から、〔縁起したもの pratītyasamutpanna が知られるのか〕。無作用（nirīha）なる縁（pratyaya）から生じることにもとづいて（upādāya）、無常（anitya）なる縁から生じることにもとづいて、能力ある（samartha）縁から生じることにもとづいてである。

ここで、“...tām upādāya” は “...phyir ro”「故」と訳されているので、殆んど理由を意味しているであろう。なお、この㋐—㋒については、「松田（二）」三八頁、四八—四九頁、註(22)参照。

さらに、“...tām upādāya” の用例は、AS[G]（p.17, *ll*.11-12）等に見られる。

(32) この点は、『倶舎論』の索引の “ātma-bhāva”（AKBh-Index [I], p.74）の項によって、容易に確認できる。その索引にも示されている通り、“ātma-bhāva-śobhā”（AKBh, p.38, *l*.5）の訳語は、玄奘訳で「荘厳身」（大正二九、一三中一三―一四行）、チベット訳で“lus mdses par bya ba”（P, Gu, 58a4）であり、“ātma-bhāva-parikarṣaṇa”（AKBh, p.38, *l*.6）の訳語は、玄奘訳では「導養身」（大正二九、一三中一四行）、チベット訳では“lus yoṅs su bsruṅ ba”（P, Gu, 58a5）である。

(33) 敦煌写本の〔11〕においては、〔10〕ⓐの“lus”に相当する訳語が“bdagi lus”となっていて、その原語が“ātma-bhāva”であることは確認されるが、〔10〕ⓑⓒの“lus”に相当する部分の訳語が何であったのかは、その部分が欠落しているので、確認できない。

(34) Cf. *Ālaya*, I, p.47, *ll*.21-22; II, n.326.

(35) この“[-tām] upādāya”という想定に、私は賛成できない。その理由は、⑬について述べたものと同じである。なお、シュミットハウゼン教授が“blaṅs”の原語として想定された“upātta”についていえば、“upā√dā”の過去分詞としては、“upādatta”も用いられる（YBh, p.199, *l*.12）〔“zin pa” D, Tshi, 101b3〕から、“upādatta”が原語である可能性も皆無ではないであろう。

(36) 前註(32)参照。

(37) *Ālaya*, II, n.348, pp.323-324.

(38) *Ālaya*, II, n.336, p.320.

(39) “ātmabhāvopādānād”というテキストについては、校訂者による註記（ASBh, p.11, n.7）を参照。その註記にも示されているが、〔12〕全体のチベット訳は“yaṅ daṅ yaṅ ñiṅ mtshams sbyor bar byed pas len paḥi rnam par śes paḥo//”（D, Li, 9b6）であり、“ātmabhāva-upādāna”の訳語を欠いている。

(40) すでに述べたように、“...tām upādāya”という表現は、『解深密経』〔6〕―〔10〕ⓑⓒでは使用されていなかったと思われるが、『五蘊論』において用いられたか否かは、確定できない。

(41) Cf. *Ālaya*, II, n.140,（4）, p.276, *ll*.16-17.

(42) シュミットハウゼン教授が、⑲において『五蘊論』〔16〕ⓐの“lus la gnas pa ñid kyi yaṅ phyir ro”という語について、“kāyālayanatāṃ copādāya”という原語を想定された背景には、この語をスティラマティが『五蘊論分別疏』で、

㋐ lus ni ḥdir dbaṅ po daṅ bcas paḥi khog paḥo// kun gshi rnam par śes pa ni khog pa thams cad la khyab paḥo//（D, Śi, 238b6）

と註釈し、Saḥi rtsa lag が『五蘊論釈』*Pañcaskandhabhāṣya*（D, No.4068）で、

㋑ lus kyi mig la sogs paḥi dbaṅ po daṅ bcas paḥi gzugs la byaḥo//（D, Si, 112b3）〔“lus kyi”について、教授は“lus kyi⟨s?⟩”という想定（*Ālaya*, II, n.1373, p.504, *l*.31）を示されたが、“lus kyi”は“lus ni”と訂正すべきであろう。これについては、拙稿「『解深密経』の「唯識」の経文について」『駒沢大学仏教学部研究紀要』六一、二〇〇三年、二一八頁、註（45）参照〕

と註釈したという事実があったであろう。というのも、教授は、㋐で傍線を付した“khog pa”の原語として、“kāya”“kalevara”を想定された（*Ālaya*, II, n.1373, p.504, *l*.26）からである。教授が別の註記（*Ālaya*, II, n.187, p.290）で示された『倶舎論』の

㋒ āśrayo hi sendriyaḥ kāyaḥ/ (AKBh, p.154, *l*.12)

という文例、つまり、玄奘によって、

㋓ 言所依者、謂有根身。（大正二九、五五下四―五行）

と訳され、チベット訳では、

㋔ gnas ni dbaṅ po daṅ bcas paḥi lus so//(P, Gu, 162b6)

と訳される文例より見ても、㋐の“khog pa”の原語としては、“kāya”を想定するのが自然であると思われる。つまり、㋐は、

㋕ “lus”とは、ここでは、根を有する身（sendriya-kāya）である。つまり、アーラヤ識は、身体（kāya）すべてに遍満する（khyab）のである。

と訳すことができるであろう。同様に㋑も、

㋖ “lus”とは、眼等の根を有する色を言う。

と訳しうるであろう。

しかし、だからといって、㋐㋑において“lus”の原語が“kāya”であるということにはならないのである。㋐においては、確かに『五蘊論』〔16〕ⓐの“lus la gnas pa”の“lus”は、“kāya”であるとして註釈されているであろう。しかし、この事実は、㋐における“lus”の原語が、むしろ“kāya”ではないことを示しているのである。つまり、㋐において、〝kāyaとは、有根のkāyaである〃という説明がなされたとは思えない。というのも、㋒において“āśraya”という語が、“kāya”に置きかえられたように、㋐においては、“kāya”とは異なった語が“kāya”に置きかえられたと見るのが自然だからである。しかも、㋐において、〝kāyaとは、……kāyaである〃という註釈がなされたのでないことは、“lus”と“khog pa”という訳語の相違を考えれば、明らかであろう。従って、㋐において“lus”の原語は、“ātma-bhāva”であり、“khog pa”の原語は“kāya”であると見るべきであろう。“ātma-bhāva”も“kāya”も、“lus”とチベット語訳されるのが一般的であるが、㋐において「ātma-bhāvaとは、根を有するkāyaである」と述べられたのに対し、その訳文を有意義なものとするために、チベット訳者は、“ātma-bhāva”と“kāya”に同じ訳語を与えることを避けたのであり、従って、“khog pa”という特殊な訳語を、“kāya”に対して与えざるを得なかったのである。

かくして、『五蘊論』〔16〕ⓐの“lus la gnas pa”の“lus”の原語も、“ātma-bhāva”であり、従って、〔16〕に現れる三つの“lus”の原語はすべて“ātma-bhāva”であると考えられるのである。

なお、シュミットハウゼン教授が㋐の後半と㋑全体を引用して、それについての考察を示された註記（*Ālaya*, II, n.1373）は、元来、アスヴァバーヴァ Asvabhāva の『摂大乗論会釈』*Mahāyānasaṃgrahopanibandhana*（D, No.4051）の

㋗ des lus la khyab paḥi phyir ro//（D, Ri, 211b7）

という一文における"lus"の原語を"kāya"と想定すること（*Ālaya*, I, p.216, *l*.22）の根拠を示すためであったと思われるが、この㋗の"lus"の原語も、教授自身が、次の註記（*Ālaya*, II, n.1374）で述べられるように、"ātma-bhāva"であった可能性がある。㋗が漢訳（大正三一、三九三中六行）に欠けていることは、教授の示される通り（*Ālaya*, I, p.216, *l*.13）であるが、チベット訳だけを見るとき、㋗の直前に出る"lus kyi gnas ñid"（D, Ri, 211b7）の"lus"については、その原語が"ātma-bhāva"であることは、「自体」という漢訳（大正三一、三九三中五―六行）から明らかなのであるから（Cf. *Ālaya*, I, p.216, *l*.19）、㋗の"lus"についても、その原語を"ātma-bhāva"と見る方が自然ではなかろうか。

(43) チベット訳で"deḥi bdag ñid du sbyor bas"と訳された原文は、漢訳では、

㋐ 依彼為我故、（大正三一、九七下一―二行）〔仏陀扇多訳〕

㋑ 蔵此識中、由取我相故、（同右、一一四上九行）〔真諦訳〕

㋒ 摂蔵此識為自我故、（同右、一三三中二三行）〔玄奘訳〕

㋓ 依住以為自我故、（同右、二七三中二四―二五行）〔達摩笈多訳〕

と訳されているが、その原文は、荒牧典俊氏とシュミットハウゼン教授によって、順次に、

㋔ tadālīnā ātmatveneṫy（MSg[N], I, text, p.10, *l*.24）

㋕ tad ātmatvenālīyante（*Ālaya*, II, n.137, p.274, *l*.26）

と想定されている。

また、チベット訳で、"deḥi bdag ñid du sbyor bas"に相当するものが、『瑜伽師地論疏』*Yogācārabhūmivyākhyā*（D, No.4043）では、

㋖ de la bdag tu sbyor baḥi phyir（D, Hi, 81b1）

と示されているが、しかし、このチベット訳が『摂大乗論』〔21〕ⓓのテキストに適合するかどうかは、明らかではない。つまり、㋖に"de la"とあるからといって、"deḥi bdag ñid du sbyor bas "の"deḥi"を"de la..."と訂正して、その原語を"tasmin"と想定するのは、不適切であろう。少なくとも、玄奘は、〔21〕ⓑの"der"とⓒの"de dag tu"に対応する〔18〕の個所で、「於此」（大正三一、一三三中二一行）と「於彼」（同、一三三中二二行）という訳語を与えて、於格を明確に訳しているが、㋒においてはそうではないから、〔21〕ⓓの"deḥi"の原語が"tasmin"という於格形であったと考えるのは、適切ではないであろう。

㋔における “tadālīnā” という荒牧氏の原文想定や、㋕における “tad … ālīyante” というシュミットハウゼン教授の原文想定が妥当であるかどうかは、私には判断できないが、しかし、チベット訳 “bdag ñid” について、“ātma-tva” という原語が想定されたことは、いずれの想定においても、一致している。つまり、おそらく〔21〕ⓓには “ātma-tva” か “ātma-tā” という原語が存在するのである。しかるに、“ātma-tva” “ātma-tā” は “ātma-bhāva” の同義語でありうる点に、注目しなければならない。つまり、“x-bhāva” と “x-tva” “x-tā” は、ともに 〝xであること〟 を意味するのである。

すると、次のようなことが考えられる。即ち、『摂大乗論』〔21〕ⓓの “bdag ñid” は “ātma-tva” か “ātma-tā” の訳語であり、それを “ātma-bhāva” の訳語と見ることは、漢訳の諸例より考えて、おそらく不可能であろうが、そこで用いられた “ātma-tva” や “ātma-tā” という語は、“ātma-bhāva” をも意味しているということである。即ち、『摂大乗論』〔21〕における 〝アーラヤ識〟 の語義説明が、『解深密経』〔6〕—〔10〕ⓒにおける 〝アーラヤ識〟 の語義説明を踏えてなされていることは明らかであるから、〔21〕ⓓで “ātma-tva” や “ātma-tā” という語が用いられて 〝アーラヤ識〟 の語義説明がなされたということは、『解深密経』〔6〕—〔10〕ⓒにおける 〝アーラヤ識〟 の語義説明で “ātma-tva” や “ātma-tā” に関連する語が用いられたこと、つまり、そのチベット訳・漢訳に見られる “lus”「身」の原語が “kāya” ではなく、“ātma-bhāva” であることを示しているのである。さもなければ、つまり、もしもその原語が “ātma-bhāva” でないとすれば、『摂大乗論』〔21〕ⓓで 〝アーラヤ識〟 の語義説明に “ātma-tva” か “ātma-tā” という語が用いられたことの理由が説明できないのである。また、〔21〕〔22〕〔23〕には “kāya” という語が全く用いられていないという事実も、以上の私見を根拠づけるであろう。

(44)　この偈については、後出の〔36〕参照。

(45)　この部分に相当する〔23〕ⓒの原文は、シュミットハウゼン教授によって、

　㋐　sarvātmabhāvopādānāśrayabhūtatām upādāya (?). (*Ālaya*, II, n.1477, p.554, *ll*.29-30)

と想定される。ここで “…tām upādāya” という表現（前註(31)参照）が用いられているかどうかは確定できないであろうが、“sarva-ātma-bhāva-upādāna-āśraya-” という想定は、適切であろう。

(46)　この部分に相当する〔23〕ⓓの前半、つまり、“ḥdi ltar … gzuṅ ba daṅ” の原文は、シュミットハウゼン教授によって、次のように想定されている。

　㋐　tathāhi tena (or tad-) upagṛhītāni rūpīṇīndriyāṇy avinaṣṭāni yāvadāyur (or yāvajjīvam) anuvartante. (*Ālaya*, II, n.1477, p.563, *ll*.8-9)

この原文想定について、私が疑問をもつのは、教授が “ñe bar gzuṅ ba” に対応する原語を “upagṛhīta” と想定されたことだけである。教授は、〔23〕ⓒの “ñe bar len pa” について、前註(45)に示したように、“upādāna” を想定されているから、“gzuṅ ba” や “ḥdsin pa”

ならば、その原語は、"√grah" の派生語であり、"len pa" ならば、"ā√dā" の派生語であると考えられたのかもしれない。同様の理解は、すでに袴谷氏にも認められる。というのも、氏も、シュミットハウゼン教授以前に、〔23〕ⓒの "ñe bar len pa" の原語を "upādāna"、ⓓの "ñe bar gzuṅ ba" の原語を "upagṛhīta" と想定された（『唯識論考』五六四頁一三行、一五行）からである。

しかし、後論するように、"upādāna" が "ñe bar gzuṅ ba" とチベット訳される例（Pras, p.20, *l*.5＝D, Ḥa, 7a3; Pras, p.452, *l*.1＝D, Ḥa, 147b5）も存在する。従って、"len" も "gzuṅ"（または "ḥdsin"）も、"ā√dā" の派生語の訳語でありうるのである。

また、文意を考えた場合、〔23〕ⓓは、大きく見れば〝アーラヤ識〟が何故〝アーダーナ識〟、つまり、"ādāna-vijñāna" とも呼ばれるかという問題を扱う〔23〕の中に組み込まれているのである。とすれば、〔23〕ⓓにも "ā√dā" や "upa-ā√dā" の派生語が存在すべきではなかろうか。この点で、私は、袴谷氏とシュミットハウゼン教授の "upagṛhīta" という想定に疑問を感じるのである。

なお、シュミットハウゼン教授の原文想定よりも以前に示された荒牧氏の想定では、"ñe bar gzuṅ ba" に対し、"upagṛhīta" ではなく、"upādīyante"（MSg[N], I, text, p.11, *l*.27）という原語が想定されている。"upādīyante" という形どおりではないにしても、ここに、"upa-ā√dā" の派生語を想定する点については、賛成したいと思う。

(47) この部分に相当する〔23〕ⓓ後半の "ñiṅ mtshams sbyor ba ... yin te" の原文は、シュミットハウゼン教授によって、次のように想定されている。

㋐ pratisandhibandhe ca tad-abhinirvṛtty-upagrahaṇena ātmabhāvo gṛhīto bhavati/(*Ālaya*, II, n.1477, p.555, *ll*.1-3)

この原文想定について、私見を言えば、まず教授が "de mṅon par ḥgrub pa" について、"tad-abhinirvṛtti" を想定され（この想定自体は、すでに荒牧氏によって示されている〔MSg[N], I, text, p.12, *l*.1〕）、その "tad"（de）とは、"ātma-bhāva" ではなく、〝アーラヤ識〟を意味すると論じられたこと（*Ālaya*, II, n.1477, p.562, *l*.1-p.563, *l*.12）は、適切であると思われる。教授の言われる通り、"tad"（de）が〝アーラヤ識〟を意味すると見なければ、この部分には〝アーラヤ識〟が言及されないということになってしまうからである。

ただし、シュミットハウゼン教授が袴谷氏の想定（『唯識論考』五六四頁一七行）に従って、"ñe bar ḥdsin pa" の原語を "upagrahaṇa" と想定されたことについては、前註（46）で述べたのと同様の疑問を私は感じる。つまり、ここでも、荒牧氏の想定 "upādāna"（MSg[N], I, text, p.12, *l*.1）のように、"upa-ā√dā" の派生語が想定されるべきではなかったかと思うのである。特に〔23〕ⓓの "de mṅon par ḥgrub pa ñe bar ḥdsin paḥi phyir" については、シュミットハウゼン教授によって指摘されているように（*Ālaya*, II, n.1477, p.554, *l*.33）、おそらく同文と思われるものがグナプラバ Guṇaprabha の『五蘊論解明』*Pañcaskandhavivaraṇa*（D, No.4067）に、

㋑ de mṅon par ḥgrub pa daṅ len pas（D, Si, 26b5）

とチベット訳されているのであるから、"ñe bar ḥdsin pa" の原語が "upa-ā√dā" の派生語、または "upādāna" であった可能性はある

であろう。

私自身は、『摂大乗論』〔23〕の任務は、『解深密経』〔6〕―〔10〕では“ātma-bhāva”の〝超基体〟であった〝アーラヤ識〟を〝基体〟化することにあったと考えており、それを端的に示すのが、〔23〕ⓒの“gnas”(āśraya)という語であると見ている。つまり、〔23〕ⓒが、単に“lus thams cad ñe bar len paḥi phyir”と書かれていたとすれば、そこに説かれるのは、〝アーラヤ識〟が“ātma-bhāva”を〝基体〟とする関係、つまり、

ālaya-vijñāna(ādāna-vijñāna) ⊣ ātma-bhāva

という於格的関係であり、これは、『解深密経』〔6〕―〔10〕に説かれるものと同じなのである。

しかし、『摂大乗論』は、その冒頭(MSg, I, 1)から、〝アーラヤ識〟を“jñeya-āśraya”「所知依」と呼び、『大乗阿毘達磨経』〔2〕の“dhātu”=“āśraya”と同一視した。これは〝アーラヤ識〟の〝基体〟化が『摂大乗論』の重要な任務の一つであったことを示している。

従って、『摂大乗論』の著者は、〔23〕ⓒに“gnas”(āśraya)の語を付加することによって、『解深密経』において〝超基体〟であった〝アーラヤ識〟を〝基体〟化しようと計ったのである。ただし、その議論は明確とは言えないものであり、〔23〕ⓒの文章自体、論理的に把握するのは、困難である。しかし、〔23〕ⓒの“āśraya”という語の意味は、〔23〕ⓓで説明されていなければ、〔23〕ⓓは意味をなさない。では、〔23〕ⓓのどこで“āśraya”の語義が説明されているのかと言えば、それは、“ñe bar gzuṅ ba”と“ñe bar ḥdsin pa”においてであろうと思われる。即ち、このいずれも、私は“upa-ā√dā”の派生語のチベット訳であろうと考えるのであるが、その際“upa-ā√dā”「取る」とは、あるものを〝基体〟として「取る」ことを意味すると考える。つまり、後論するように、私は、「取られるもの」とは、〝基体〟を意味すると思うのである。

この理解を〔23〕ⓓ後半に適用すると、“de mṅon par ḥgrub pa ñe bar ḥdsin paḥi phyir lus gzuṅ ba yin te”とは、〝アーラヤ識を「取ること」(upādāna)、つまり、アーラヤ識を〝基体〟とすることによって、“ātma-bhāva”が取られる〟ということを意味していると解されるが、そうであるとすれば、ここには『解深密経』〔6〕―〔10〕に説かれた〝アーラヤ識〟が“ātma-bhāva”を〝基体〟とする関係とは、逆の関係、つまり、

ātma-bhāva ⊣ ālaya-vijñāna(ādāna-vijñāna)

という関係が説かれているということになるであろう。この点から考えても、私は〔23〕ⓓ後半の“ñe bar ḥdsin pa”の原語として“upa-ā√dā”の派生語、特に、荒牧氏の原語想定と同様に、“upādāna”を想定するのである。
しかるに、この原語想定に対しては、〔23〕ⓓ後半を註釈する『摂大乗論釈』*Mahāyānasaṃgrahabhāṣya*(D, No.4050)の
ⓤ ñe bar ḥdsin pa ni de dag mṅon par ḥgrub pa ñe bar len te/ (D, Ri, 128a4)

㋓　受彼生故、名取彼生。（大正三一、三二五中二行）〔玄奘訳〕
という記述が反証として提示されるかもしれない。しかし、すでに述べたように、"ñe bar ḥdsin" も "ñe bar len" も、いずれも "upa-ā√dā" の派生語のチベット訳であり得るから、㋒において、〔23〕ⓓの "upagrahaṇa" という語が "upādāna" という語に置き換えられて説明されたというような見方は、成立しないであろう。

最後に、〔23〕ⓓ後半の "ñe bar ḥdsin pa" の原語を "upādāna" と想定する根拠の一つとして、〔23〕ⓓ後半の漢訳を示しておこう。

㋔　未来取身彼能生、取身。（大正三一、九七下八—九行）〔仏陀扇多訳〕

㋕　又正受生時、由能生取陰故、故六道身皆如是取、是取事用識所執持故。（同右、一一四上一五—一七行）〔真諦訳〕

㋖　又於相続受生時、取生令得自身故、（同右、二七四上一四—一五行）〔達摩笈多訳〕

㋗　又於相続正結生時、取彼生故、執受自体。（同右、一三三下二一—二三行）〔玄奘訳〕

ここで、傍線を付した個所、つまり、「取」「取陰」「取」「取」が、"ñe bar ḥdsin pa" に対応するが、これらは、すべて "upādāna" の訳語と見ることに、何等問題はない。それどころか、真諦訳㋕の「取陰」の原語は、"upādāna" としか想定できないであろう。

この㋕の「能生取陰」は、これを説明する真諦訳『摂大乗論釈』の

㋘　此識、衆生正受生時、能生取陰、（大正三一、一五八上一二—一三行）

という文章から考えても、〃アーラヤ識〃が「取陰を生じる」という意味に解されるべきものであろうが、しかし、㋕を〔23〕ⓓ後半の訳文と考えるときには、「能生取陰」の「生」が "abhinirvṛtti" の訳語であり、「取陰」が "upādāna" の訳語であることは、否定できないであろう。

かくして、〔23〕ⓓ後半の "ñe bar ḥdsin pa" の原語は "upādāna" であると見ることができるであろう。シュミットハウゼン教授は、"ñe bar ḥdsin paḥi phyir" の原語として、袴谷氏が想定された "upagrahaṇārtham"（『唯識論考』五六四頁一七行）を、㋑の "len pas" と『摂大乗論釈』の "ḥdsin par byed pas"（D, Ri, 128a3）、及び㋕の「由……故」という表現を根拠に斥けられ（*Ālaya*, II, n.1477, p.555, *ll*.11-13）、㋐に示したように、"upagrahaṇena" という具格形を想定されたのであるが、しかし、具格形ではなく、従格形も想定しうるように思われる。そこで、私としては、この個所に、一応 "tad-abhinirvṛtty-upādānāt" という原文を想定しておきたい。

なお、シュミットハウゼン教授は、『五蘊論解明』の㋑について、

㋙　PSkViv appears to have misunderstood -abhinirvṛtty-upagrahaṇa- as a dvandva.（*Ālaya*, II, n.1477, p.555, *ll*.13-15）

と述べられた。しかし、"-abhinirvṛtty-upagrahaṇa" つまり、私見によれば、"-abhinirvṛtty-upādāna" を dvandva 複合語と見ることが誤解であると言えるかどうか問題であろう。つまり、『摂大乗論釈』㋒の説明によれば、"ñe bar ḥdsin pa" は "ñe bar len" と置き換えら

れているのであるから、その対象は、“de dag”（tad-）ではなく、“mṅon par ḥgrub pa”（abhinirvṛtti）とされているであろうが、これはあくまでも、『摂大乗論釈』という註釈の説明である。『摂大乗論』〔23〕ⓓそれ自体において、“tad-abhinirvṛtty-upādāna” が “tad-abhinirvṛtti” と “tad-upādāna” を意味していた可能性は、否定できないであろう。

また、“tad-upādāna” という読み方が、〃upā√dā されるもの〃、つまり、「取られるもの」は〃基体〃を意味するという見解を有する私にとって好都合であることは、言うまでもない。というのも、〔23〕ⓓの “tad-[abhinirvṛtty]-upādānāt” は、〃アーラヤ識を「取るので」〃即ち、〃アーラヤ識を基体とするので〃という意味に解することが可能となり、ここで〃アーラヤ識〃は〃基体〃化されているという私見が有力な根拠を得るからである。

しかし、㉓ⓓの私訳においては、一応、『摂大乗論釈』㋒等に従い、“-abhinirvṛtty-upādāna” を、dvandvaではなく、tatpuruṣa 複合語と見る解釈にもとづき、「それの生起を取るので」という訳文を提示した。

(48) なお、前註（47）の㋔㋕㋖において、“ātma-bhāva” は「身」「身」「自身」と訳されている。

(49) 前註（45）㋐、（47）㋐参照。

(50) 〔21〕ⓓの “bdag ñid” の原語が、“ātma-tva”（または、“ātma-tā”）と考えられること、及び “ātma-tva” は “ātma-bhāva” の同義語でもありうることについては、前註（43）参照。

(51) 『解深密経』〔10〕ⓑの〃アーダーナ識〃の語義説明に用いられる “lus” の原語について、ラモット教授は “kāya” を想定された（SNS[L], p.55, *l*.31, n.2）。教授は〔10〕ⓒの〃アーラヤ識〃の語義説明における “lus” の原語については、想定を示されていないが、この二つの “lus” について “corps”（SNS[L], p.184, *l*.22; p.185, *l*.2）という同一の訳語が与えられているので、後者についても、その原語を “kāya” と想定されたと思われる。ただし、この “kāya” という原語の想定に際し、ラモット教授はいかなる根拠も示されていない。従って、シュミットハウゼン教授がラモット教授の原語の想定に従ったとも考えられないのである。

(52) 「松田（一）」四二三―四二〇頁参照。

(53) 「松田（一）」四二二頁二七―二八行。

(54) PSVy[M], p.108, *ll*.4-5.

(55) 「松田（一）」四二二頁三一―三二行。

(56) PSVy[M], p.187, *ll*.13-14.

(57) PSVy[M], p.187, n.322.

(58) Cf. Pras-Index[I], p.67, s.v. “upādāna”. 前註（46）参照。なお、同索引の “upādāya” の項目（Pras-Index[I] p.67）には、“upādāya”

が "ñe bar bzuṅ nas" と訳された例（Pras, p.375, *l*.1＝D, Ha,120b5）が報告されている。

(59) 現にシュミットハウゼン教授も、『解深密経』〔10〕ⓑの〝アーダーナ識〟の語義説明における "bzuṅ" の原語を "ā√dā" の派生語（過去分詞）である "ātta" と想定されていることは、⑯に示されている通りである。

(60) *Ālaya*, II, n.336, n.348, n.352.

(61) Cf. PSVy[M], p.187, n.322.

(62) *Ālaya*, II, n.348, p.323, *ll*.7-9.

(63) "ātmabhāvaprabandhopādāyakatvād upādānāni"（YBh, p.168, *l*.2）, "ātmabhāvam ... upādatte"（ASBh, p.2, *l*.6）, "ālayavijñānopādānavaśenātmabhāvopasthānāt"（ASBh, p.45, *l*.5）, "ātmabhāvam upādatte"（*Śatasāhasrikā Prajñāpāramitā*, ed. Ghoṣa, p.1470）[Cf. *Ālaya*, II, n.1477, p.552, *l*.21]

(64) 前註（28）参照。

(65) 後出の〔32〕ⓑ参照。

(66)「佐々木」一九二頁上参照。ただし、佐々木容道氏による〔27〕の "lus" の訳語は、「身体」である。これは、氏が同論文において、"ātma-bhāva" を一貫して「身体」と訳されるからであり、"lus" の原語を "kāya" と見なされたためではない。なお、この記述については、Cf. *Ālaya*, II, n.247, p.305, *l*.31-p.306, *l*.7.

(67)『成唯識論』は、〝アーラヤ識〟の三義として、「能蔵」「所蔵」「執蔵」を、

㋐ 此識具有能蔵所蔵執蔵義故。（大正三一、七下二〇―二一行）

と説くが、このうち「執蔵」とは、『成唯識論』では、

㋑ 有情執為自内我故。（同右、七下二二行）

と説明されている。この三義は、長尾雅人博士が論じられるように（MSg[N], I, p.82）、『摂大乗論』（MSg, I, 3）、つまり、〔21〕に根拠をもっているであろうが、『摂大乗論』〔21〕では、この三義が、「能蔵」「所蔵」「執蔵」の順に、ⓑⓒⓓで説かれていることを理解する必要がある。

〝アーラヤ識〟の原義を、勝呂博士は「我執のはたらきをなす識」〔③〕と解され、シュミットハウゼン教授は〝潜むものとしての識〟と見なされたと思われるが、この二つの解釈は、順次に〝アーラヤ識〟を「執蔵」と解するもの、及び「所蔵」と見なすものにほぼ一致する。ただし、㋑と〔21〕ⓓでは、〝アーラヤ識〟は「我として執着されるもの」である。

(68) *Ālaya*, II, n.1477.

(69) Cf. *Ālaya*, II, n.1477, p.558, *l*.30-p.559, *l*.18.

(70) Cf. BHSD, p.92, s.v. “ātmabhāva”.

(71) SP, p.406, *l*.13, p.408, *l*.4, p.414, *l*.10. Cf. SP-Index, p.146. s.v. “ātmabhāva-parityāga”

(72) SP, p.360, *l*.10, *l*.11, p.361, *l*.2, etc. Cf. SP-Index, p.145. s.v. “ātmabhāva-gandha”

(73) ただし、“deha-upādāyaka” なる表現は、「摂決択分」の〝アーラヤ識〟存在の八論証（『阿毘達磨集論釈』に同文）において、〝アーラヤ識〟の形容詞として、次のように用いられる（『唯識論考』三三七頁一六行参照）。

㋐ ālayavijñānasyaiva dehopādāyakasya（ASBh, p.13, *l*.19）[Cf. *Ālaya*, II, n.281, p.312, *l*.20]

この “deha-upādāyaka” に相当するものが、シュミットハウゼン教授が指摘されたように（*Ālaya*, II, n.281, p.312, *ll*.24-25）、「本地分」では、“ātmabhāva-prabandha-upādāyaka”（YBh, p.168, *l*.2）と表現されていたこと（前註（63）参照）に注意したい。つまり、“deha-upādāyaka” よりも “ātmabhāva...upādāyaka” の方が古い表現だと思われる。

(74) “-bhāva” は抽象名詞を作る接尾辞 “-tā” “-tva” と同義に用いられることがあるから、すでに前註（43）で述べたように、『摂大乗論』〔21〕ⓓの “bdag ñid” つまり、“ātma-tva” “ātma-tā” は、『解深密経』〔6〕—〔10〕で用いられた “ātma-bhāva” の同義語でありうるのである。従って、〔21〕ⓓの “ātma-tva” “ātma-tā” は、〔6〕—〔10〕の “ātma-bhāva” を言い換えたものに他ならないであろう。

(75) Collins S., *Selfless Persons: Imagery and Thought in Theravāda Buddhism*, Cambridge, 1982, p.156, *ll*.36-39.

(76) Cf. *op. cit.*, p.74, *l*.15.

(77) Cf. *op. cit.*, pp.156-165.

(78) “śarīra” を「身体」と訳すことにするが、“śarīra” という語の意味も、実はそれほど自明ではない。“śarīra” については、“kāya” とは異なり、「舎利」、つまり、仏陀の遺骨をも意味すること、及び、その遺骨は “dhātu” とも呼ばれたこと（Cf. SP, p.50, *l*.3, p.51, *l*.9, p.52, *l*.3, p.52, *l*.4. etc.）が注意されなければならない。Monier-Williams の辞書は、“śarīra” の項（p.1057）で、“śarīra” を “√śri”（「依存する」）の派生語として、その原義を “support or supporter” と見る解釈をも示しているが、私には適切な解釈と思われる。つまり、“śarīra” は “āśraya” のように「依り所」を原義とするのであろう。

その “āśraya” は “lus” とチベット訳されることがあること、及び “āśraya-upādāna” という表現が『瑜伽師地論』「摂決択分」の〝アーラヤ識〟存在の第一論証で用いられたことが知られているが（『唯識論考』三二八—三三〇頁、三三九—三四〇頁参照）、その “āśraya” も、“kāya” と全同と見なされるべきものではないであろう。つまり、

śarīra = āśraya ≠ kāya

という可能性があるのである。しかし、ここでは、一応"śarīra"に「身体」という訳語を与えることにしたい。

(79) 前註(78)に述べたこととも関連するが、ブッダゴーサは、"ātma-bhāva"の語義説明〔28〕〔29〕において、"śarīra"という語は用いるが、"kāya"という語は用いていないことに注意しておきたい。

(80) Cf. *Ālaya*, I, p.47, *ll*.6-13; II, n.326, n.368.

(81) 記述〔30〕を始めとする『瑜伽師地論』「意地」の部分(YBh, pp.18-26)を考察して、勝呂博士は次のように言われる。

㋐ このように見るとātmabhāvaは、生命・肉体の意味であるとしても、自我の観念と何らかの関係がありそうであって、この合成語にātmanが用いられていることは、このような意味合いを含むということがいえそうな気もするのである。(『勝呂(二)』五六頁一—三行)

ここで"ātma-bhāva"が「自我の観念」と関係があるとされたことには、賛成であるが、正確には"ātma-bhāva"は"我執"の対象(対象的基体)であるとされたと見るべきであろう。

なお、"我執"の対象的基体という表現は、本論において、そこにおいて我(ātman)が執着されるもの、そこにおいて我が構想されるもの、それが我であると誤って考えられるもの、という意味で用いている。

(82) 『瑜伽師地論』〔32〕の"sarva-ātma-bhāva"という表現は、『摂大乗論』〔23〕©の"lus thams cad"つまり"sarva-ātma-bhāva"に継承されたように思われる。ただし、シュミットハウゼン教授は、〔23〕©の"sarva-ātma-bhāva"の"sarva"が、ヴァスバンドゥの『摂大乗論釈』とアスヴァバーヴァの『摂大乗論会釈』では、"sakala"という語に置き換えられたことを論証されている。Cf. *Ālaya*, II, n.1477, p.555, *ll*.8-9, *ll*.16-17; p.561, *ll*.4-23.

(83) "種子"が"ātma-bhāva"を"基体"とする"bīja⊥ātma-bhāva"という関係は、『瑜伽師地論』「本地分」中「意地」の次の一節にも明確に説かれている。

㋐ teṣu punar ātmabhāveṣu yāni bījāni kleśapakṣyāṇi tatra dauṣṭhulyānuśayasaṃjñā/ (YBh, p.26, *ll*.11-12)

㋑ 又於諸自体中所有種子、若煩悩品所摂、名為麁重、又名随眠。(大正三〇、二八四下三—四行)

㋒ また、それらの自体(ātma-bhāva)においてある煩悩に類する(kleśa-pakṣya)諸の種子(bīja)については、麁重(dauṣṭhulya)と随眠(anuśaya)という名称(saṃjñā 想)がある。

(84) 本章、第一二節参照。

(85) *Ālaya*, II, n.368.

(86) "etat"に相当する部分が、チベット訳では"de la"(D, Dsi, 140b1)、漢訳〔44〕では「於此中」となっているので、原語は"tatra"

か“atra”であるかもしれないが、確定できない。

(87) “vartamānaṃ”を、松田和信氏の訂正によって補う。「松田(二)」四七頁二行参照。なお、“vartamānaṃ”に対応するのは、チベット訳“da ltar gyi”(D, Dsi, 140b1)と漢訳〔44〕の「於今世」である。

(88) 松田氏の和訳は、「個体(ātmabhāva)という果」(「松田(二)」三一頁一三―一四行)である。

(89) Cf. *Ālaya*, II, n.372.

(90) Cf. *Ālaya*, I, p.15, *ll*.22-33, II, n.142, n.202, n.203, n.204.

(91) この点で、後出の『瑜伽師地論』〔65〕も参照。

(92) この〝獲得〟と〝維持〟というはたらきを、シュミットハウゼン教授は“taking possession”と“biological appropriation”という用語によって、区別されているようである。Cf. *Ālaya*, I, p.49, *l*.20-p.50, *l*.3. また、このうち“biological appropriation”については、特に、Cf. *Ālaya*, II, n.196.

(93) この点が、シュミットハウゼン教授によっても承認されていることは、次の言明によって明らかである。

㋐ and this connotation is expressly confirmed by later sources like the Mahāyānasaṃgraha and perhaps also implied in the Saṃdhinirmocanasūtra's own explanation of the term 'ādānavijñāna'. (*Ālaya*, I, p.49, *ll*.22-25)〔傍線＝松本〕

というのも、ここで、“this connotation”とは、前註(92)で示した“biological appropriation”を意味するからである。

(94) “upādatta”については、前註(35)参照。

(95) シュミットハウゼン教授は、“ātta”と“upātta”に、順次に、“taking possession”と“biological appropriation”という意味を認めて原語の想定をされたのかもしれない。というのも、教授は原始仏典において“ādāna”が“taking possession”の意味で用いられる例、つまり、“kāyassa ... ādānam”(SN, II, p.94, *l*.9)を指摘され、さらに“biological appropriation”は“ādāna”という語によっては決して表現されないと論じられた(*Ālaya*, I, p.49, *ll*.20-22)だけではなく、アビダルマの用語である“upātta”の意味を“biological appropriation”として説明された(*Ālaya*, II, n.196)からである。

ただし、勿論、“ā√dā”の派生語ならば、“taking possession”を意味し、“upā√dā”の派生語ならば、“biological appropriation”を意味するということにはならない。“upā√dā”には“ā√dā”が含まれているから、“upā√dā”の派生語は、その両方の意味を表現できると思われるからである。現にシュミットハウゼン教授も認められるように(*Ālaya*, I, p.49, *ll*.15-16; *Ālaya*, II, n.336)、『阿毘達磨集論釈』〔12〕の“pratisaṃdhibandhe ātmabhāva-upādānād”の“upādāna”は、結生相続の時点に関わるものであるから、“taking possession”を意味している筈である。すると、『解深密経』〔10〕ⓑの“bzuṅ shiṅ blaṅs pa”に相当する原文に、確かに“upā√dā”の派生語ではなく、

"ā√dā" の派生語が一回でも用いられていたかどうかは確定できないかもしれない。もっとも、"ādāna-vijñāna" の語義説明に "ā√dā" の派生語が用いられるというのが、極めて自然であることは明らかである。

(96) 「高崎(三)」四〇頁参照。

(97) 「高崎(三)」四一頁参照。

(98) 『明句論』の次の一節を参照。

㋐ upāttir upādānam/ anena copāttikriyām āha/ sā ca svasādhanaṃ kartāram upādātāraṃ karma copādānaṃ saṃnidhāpayati/ tayoś copādeyopādātroḥ parasparāpekṣayoḥ karmakārakavad eva siddhir na svābhāvikī// (Pras, p.189, *ll*.13-15)

㋑ "upādāna" とは、「取ること」(upātti) である。これ (upādāna) によって、〔偈の作者は〕「取ること」という作用 (kriyā) を説いた。それ (取ることという作用) は、自らの成立手段として、作者 (kartṛ) である取者 (upādātṛ) と業 (karman 行為対象) である取られるもの (upādāna, ñe bar blaṅ bar bya ba) を近在させる。その二者、つまり、相互に依存する取られるもの (upādeya, ñe bar blaṅ ba [P, Ḥa, 73b8], ... blaṅs pa [D, Ḥa, 64a7]) と取者 (upādātṛ) は、業と作者と同様に成立するが、自性として成立するのではない。

(99) 「高崎(三)」四二―四三頁参照。

(100) 『清浄道論』〔29〕の "tam upādāya"「それ (五蘊) を取って」という表現は、「五蘊」を「取られるもの」と見る解釈を示しているであろう。

なお、"五蘊" を「取られるもの」とする解釈は、後出の「取経」〔127〕にも認められるが、そこでは、"五蘊" そのものではなくて、"五蘊" における「欲貪」"chanda-rāga" が "upādāna" であるとされている。

(101) Cf. D, Ḥa, 295b5.

(102) Cf. D, Ḥa, 296b1.

(103) 『明句論』には、次のように述べられている。

㋐ yaṃ cārtham upādāya śūnyatāśabdaḥ pravartate tam apīhaiva pratipādayiṣyāmaḥ/ (Pras, p.491, *l*.8)

㋑ ある意味 (artha) を取って (upādāya, ñe bar bzuṅ nas [D, Ḥa, 162b4])、空性 (śūnyatā) という語 (śabda) が起る (pravartate) ところの、それも、他ならぬここで、我々は、……と説くであろう。

ここでは、"upādāya" は「五蘊」と「我」の関係を示すためではなく、「意味」"artha" と「語」"śabda" の関係を示すために用いられているが、「語」とそれが表示する「意味」との間には、一般に於格的関係が認められると思われる。つまり、㋐の "yam artham upādāya ... śabdaḥ pravartate” は、“yasminn arthe ... śabdaḥ pravartate” と言い換えても、その意味は変らないであろう。即ち、“vartate” “pravartate” は、〝x の於格形を支配して、〝x を意味する〟を意味するのである。とすれば、㋐において「取られるもの」、つまり、“artha” は、〝基体〟とされていることになるであろう。

また、『唯識三十頌釈』*Triṃśikābhāṣya* には、次の一節がある。

㋒ upacārasya ca nirādhārasyāsaṃbhavād avaśyaṃ vijñānapariṇāmo vastuto 'sty upagantavyo yatrātmadharmopacāraḥ pravartate/ ataś cāyam upagamo na yuktikṣamo vijñānam api vijñeyavat saṃvṛtita eva na paramārthata iti/ saṃvṛtito 'py abhāvaprasaṅgān na hi saṃvṛtir nirupādānā yujyate/（TrBh, p.16, *ll*.10-14）

㋓ 依所（ādhāra, gshi）をもたない仮説（upacāra）は、ありえないから、そこにおいて（yatra）我と法の仮説が起る（pravartate）、識の転変（vijñāna-pariṇāma）が必ず依事（vastu）として存在すると承認すべきである。それ故、「所識（vijneya）と同様に、識（vijñāna）も、世俗として（saṃvṛtitas）のみ存在するが、勝義として（paramārthatas）は存在しない」というこの主張は、道理（yukti）に耐えるものではない。世俗としても、存在しないことになってしまうからである。というのも、取（upādāna, rten）をもたない世俗は、ありえないからである。

ここで、㋒において、“nirādhāra” と “nirupādāna” が同義であること、つまり、“upādāna” は “ādhāra” と同様に〝基体〟を意味することは明らかである。この点は、ヴィニータデーヴァ Vinītadeva が『唯識三十頌釈疏』*Triṃśikāṭīkā* で、次のように述べることからも知られるであろう。

㋔ rten med ces bya ba ni gshi med ces bya ba nas rgyu mtshan med shes bya baḥi bar duḥo//（D, Hi, 6b7）〔テキストには “rgyu mtshan” とのみあるが、『世親唯識』一六九頁、註（3）によって、その後に “med” を補う〕

㋕ “nir-upādāna”「取をもたない」というのは、“nir-ādhāra”「依所をもたない」乃至 “nir-nimitta”「因相をもたない」という意味である。

なお、“rgyu mtshan med” の原語を “nir-nimitta” と想定したのは、「菩薩地」の次の一節に、“nirnimittatā” という語が用いられていることにもとづいている。

㋖ tatrābhāvo yā asyaiva rūpam iti prajñaptivādasya yāvad antato nirvāṇam iti prajñaptivādasya nirvastukatā nirnimittatā prajñaptivādāśrayasya sarveṇa sarvaṃ nāstikatā asaṃvidyamānatā yam āśritya prajñaptivādaḥ pravartate/ ayam ucyate 'bhāvaḥ/（BBh, p.27, *ll*.1-3）〔“yam” は、Dutt 本にも、Wogihara 本（p.39, *l*.21）にも “yām” とあるが、チベット訳 “gaṅ la brten nas ḥdogs paḥi tshig ḥjug par ḥgyur baḥi ḥdogs paḥi tshig gi rten”（D, Wi, 22a5）に従い、“yam” に訂正した。つまり、“yam” は “prajñaptivāda-āśraya” にか

かると見るのである。なお、この部分の玄奘訳は、「〔仮説所依、一切都無、〕仮立言説、依彼転者」（大正三〇、四八七上八―九行）となっていて、「彼」、つまり、“yam”（or “yām”）は、「所依」“āśraya”を指しているように見える。しかし、『善戒経』（大正三〇、九六八下二行）、『地持経』（同、八九三上二四行）は、“yam（or yām）āśritya prajñaptivādaḥ pravartate”という部分に相当する訳文を欠いており、この部分が後代の付加であることを推定させる。確かに、この部分が無い方が、文意は明快である。〕

㋗ そこで、無（abhāva）とは、「色である」という他ならぬこの仮説（prajñapti-vāda）、乃至「涅槃である」という仮説が、依事をもたないこと（nirvastukatā）であり、因相をもたないこと（nirnimittatā）であり、それに依存して（āśritya）仮説が起る（pravartate）ところの仮説の所依（prajñapti-vāda-āśraya）が全く無いこと（nāstikatā）、存在しないこと（asaṃvidyamānatā）である。これが無と言われる。

また、「菩薩地」には、

㋘ nirvastukaḥ prajñaptivādo na yujyate/（BBh, p.30, *ll*.19-20）

㋙ 依事をもたない仮説は、不可能である。

とも説かれているので、㋒の“vastuto”の“vastu”が、㋖や㋘における“vastu”と同様、〃基体〃を意味することは明らかであろう。つまり、㋒㋔㋖㋘において、“ādhāra”“āśraya”“vastu”“upādāna”は、すべて〃基体〃を意味するのである。

なお、私は、*Sāṃkhyakārikā*, k.9に、“upādāna-grahaṇāt”として用いられている“upādāna”にも〃基体〃の意味があるであろうと考えているが、これについては、別に論じたい。しかし、“upādāna-grahaṇāt”「取を取るから」と言われている以上、そこでも、“upādāna”が「取られるもの」とされていることは、確実であろう。

(104) 「五取蘊」ではなく、それにおける（それに対する）「欲貪」が「取」“upādāna”であるという解釈は、後出の「取経」〔127〕、「満月経」〔128〕に説かれている。

(105) 私は、“sādhiṣṭhānarūpīndriya-upādāna”という複合語と“nimittanāmavikalpavyavahāraprapañcavāsanā-upādāna”という複合語を、いずれもkarmadhāraya複合語と解して、⑩ⓐにおいて、「……有色根という取」「……習気という取」と訳したが、シュミットハウゼン教授は、この二つの複合語はいずれも、karmadhāraya複合語とも、tatpuruṣa複合語とも解釈できると考えられるようである。というのも、『解深密経』〔6〕―〔10〕ⓐの〃二種のupādāna〃について、教授は次のように説明されるからである。

According to Saṃdh V.2, the “reincarnation”（i. e. the taking possession of a new existence）and the subsequent thriving of Mind-containing-all-Seeds（*sarvabījakaṃ cittam*）expressly identified, at Saṃdh V.3, with *ādānavijñāna* and ālayavijñāna—is based on a twofold *upādāna*: 1）*upādāna* of（or: consisting in）the [subtle] material sense-faculties together with their [gross] bases（**sādhi-*

ṣṭhāna-rūpīndriya) and 2) *upādāna* of (or: consisting in) the Impression of the diversity of (/proliferous involvement in) the everyday usage of phenomena, names, and conceptions (**nimitta-nāma-vikalpa-vyavahāra-prapañca-vāsanā*). (*Ālaya*, I, p.71, *ll*.20-30)

つまり、"of" は tatpuruṣa 複合語の解釈を示した訳語であり、"consisting in" は karmadhāraya 複合語の解釈を示した訳語であろう。

教授は、このような見解を採用する理由として、第一の "upādāna" つまり "sādhiṣṭhānarūpīndriya-upādāna" において、"upādāna" は、前註(92)(93)(95)に示された "biological appropriation" を意味するから、"sādhiṣṭhānarūpīndriya" は "upādāna" の目的語となっており、従って、"sādhiṣṭhānarūpīndriya-upādāna" という第一の複合語は、tatpuruṣa 複合語とも解されると論じられるようであるが(*Ālaya*, I, p.71, *l*.31-p.72, *l*.4)、しかし、第一の複合語に "biological appropriation" が確かに説かれているという確証はないであろう。後に見る「摂決択分」〔52〕〔53〕においても、"...vāsanā" と "...indriya-rūpa" そのものが、「内的な」"upādāna" であると説かれているだけなのである。とすれば、〔6〕—〔10〕ⓐにおいて "upādānam upādāya" という表現が使用されていることは明らかな以上、そこで、"upādāna" は「〔……を〕取ること」ではなく、「取られるもの」であり、従って、二つの複合語は karmadhāraya 複合語であると見るべきだと思われる。

(106) 後出の㊿参照。また、『唯識思想史』四三九頁一〇—一四行参照。

(107) 本書、第二章(一四三頁)でも述べたように、シュミットハウゼン教授は、『瑜伽師地論』「摂決択分」のほぼ冒頭に位置する重要な部分を三つに分け、〃アーラヤ識〃の存在論証を説く "Proof Portion"(大正三〇、五七九上一四行—下二二行)と〃アーラヤ識〃の転起を説く "Pravṛtti Portion"(同、五七九下二三行—五八一上二四行)と〃アーラヤ識〃の止滅を説く "Nivṛtti Portion"(同、五八一上二五行—下二七行)と呼ばれるが(*Ālaya*, II, n.226)、本書でもこの呼称を採用する。

(108) この個所について原文を想定することは、極めて重要な課題であるが、しかし、現在の私には、困難であると言わざるを得ない。まず、後出〔56〕のスティラマティの『唯識三十頌釈』では、

㋐ ālayavijñānaṃ dvidhā (rnam pa gñis su) pravartate

という表現が見られることに注意しなければならない。この㋐が、「摂決択分」のこの個所にもとづいていることは、明らかであるが、しかし、この㋐には、「所縁」"dmigs pa" に対応する "ālambana" という語が認められないので、少なくとも、この㋐が、「摂決択分」のこの個所の逐語的な引用とはいえないことは、確実である。

この個所は、漢訳では、

㋑ 阿頼耶識、由於二種所縁境転。〔52〕

㋒ 阿羅耶識、因二境生。(大正三〇、一〇一九上二九行)〔真諦訳〕

と訳され、また、『顕揚聖教論』（玄奘訳）でも、

㋓　此識、由了別二種所縁境故転。（大正三一、五六六上一―二行）

という相当する文が見られる。それ故、袴谷氏は、㋑と㋒、及びチベット訳 “dmigs pa rnam pa gñis kyis” を根拠にして、“dvividhālambanena” という具格形を原語として想定された（『唯識論考』三七一頁一九行―三七二頁一行）。ここで想定された原語は、「二種（dvividha）の所縁によって」と訳しうるであろう。しかし、チベット訳 “kyis” や、漢訳の「由」「因」は、その原語が具格形であることを必ずしも保証するものではないであろう。というのも、“dmigs pa rnam pa gñis kyis” の “kyis” という具格形は、「摂決択分」のこの個所の導入部にある

㋔　dmigs pas ḥjug pa rnam par gshag pa daṅ/ mtshuṅs par ldan pas ḥjug pa rnam par gshag pa daṅ/ gcig gi rkyen ñid gcig yin pas ḥjug pa rnam par gshag pa daṅ/ lhan cig dṅos pos ḥjug pa rnam par gshag pa ste/（D, Shi, 3b5-6）

という文章に見られる “pas” “pas” “pas” “pos” という四つの具格表現との関連において、その原語が想定されるべきだからである。つまり、㋔冒頭の “dmigs pas” について、“ālambanena” という具格形の原語を想定できるかという問題があるのである。

シュミットハウゼン教授は、この問題を意識されて（Cf. *Ālaya*, II, n.1309）、「摂決択分」〔52〕〔53〕の問題の個所、つまり、チベット訳で “dmigs pa rnam pa gñis kyis ḥjug” の部分について、

㋕　dvidhālambanataḥ pravartate

㋖　dvividhālambanataḥ pravartate（*Ālaya*, II, n.1307）

という二つの原語想定を提示されている。つまり、“dmigs pa [rnam pa gñis] kyis” というチベット訳の具格形の原語として、“ālambanena” ではなく、“ālambanataḥ” を想定されたのである。この想定の妥当性は、前註（31）㋐の “lakṣaṇataḥ” が（31）㋑で、“mtshan ñid kyis” と訳されたことによっても確認されると思われる。

教授は、二つの想定㋕㋖のうち、『唯識三十頌釈』㋐によって示唆される㋕の方が “in fact appears better”（*Ālaya*, II, n.1307）とされるが、私も、一応、この教授の原語想定㋕に従っておきたい。「所縁に関して二種に」という(52)の私訳も、この㋕に従ったつもりである。

なお、シュミットハウゼン教授が指摘されたように（*Ālaya*, II, n.757）、スティラマティの『五蘊論分別疏』には、チベット訳で、

㋗　kun gshin rnam par śes pa ni dmigs pa gñis la ḥjug pa ste/（D, Śi, 232b5）

という一文が見られることも、注意しておきたい。“dmigs pa gñis la” は玄奘訳㋑の「於二種所縁境」とともに、“ālambane” という於格形を原語として想定させるように見える。しかし、これも確定できないであろう。

(109) "vijñapti" という語が、この個所において、後に見るシュミットハウゼン教授の解釈のように、「認識」(cognition, perception) を意味するのか、それとも、「表象」(representation) を意味するのかということは、極めて重大な問題であるが、本書では、この問題に深入りすることなく、"vijñapti" を機械的に「表識」と訳すことにしたい。

"vijñapti" の語義については、勝呂博士の論文「アーラヤ識説と唯識無境」(略号「勝呂(四)」) の説明 (一二一―一二五頁) は重要であるが、その説明においても、博士は "vijñapti" に対して「表識」(一七頁八行以下) と「了別」(一五頁二行、二一頁四行) という二種の訳語を使用されているようである。この二種は、おそらく、前述の「表象」と「認識」とに対応しているであろう。

私が、"vijñapti" に対して、「了別」ではなく、「表識」の訳語の方を用いるのは、第一には "vijñapti-rūpa" が玄奘によって「表色」と訳されたからであり、第二には "vijñapti" は瑜伽行派の文献において、勝呂博士の表現を用いれば、「対象化された表象」(「勝呂(四)」一三頁一一行、一二行、一八頁九行等) を意味することが多いと考えるからである。

(110) この個所については、すでに指摘されているように (『唯識論考』三七〇頁、*Ālaya*, II, n.633)、後出の『唯識三十頌釈』〔56〕ⓐに、

㋐ adhyātmam upādānavijñaptito bahirdhā 'paricchinnākārabhājanavijñaptitaś ca/

という対応する一文が認められる。この一文が、「摂決択分」のこの個所の原文そのものの正確な引用であるかどうかは問題であろうが、一応、正確な引用と見ておきたい。ただし、㋐の "... vijñaptito" "... vijñaptitas" "... vijñapti-tas" については、「……の vijñapti として」と訳すこともできれば、「……の vijñapti をもつものとして」、または「……を vijñapti としてもつものとして」と訳すこともできると思われる。つまり、後者は "... vijñapti" という複合語を、"vijñapti" を後分とする bahuvrīhi 複合語と見る解釈である。私は、この後者の解釈に従いたい。というのも、『唯識三十頌釈』では、〔56〕のすぐ後に、

㋑ asaṃviditakopādisthānavijñaptikaṃ ca tat/(Tr, k.3ab, TrBh, p.19, *l*.9)

㋒ しかるに、それ (アーラヤ識) は、認識されない取 (upādi) と処 (sthāna) の表識 (vijñapti) をもつものである。

という『唯識三十頌』第三偈前半が示されるのであるが、ここで "... vijñaptikam" が、bahuvrīhi 複合語であることは、明らかだからである。

ただし、㋐の "upādāna-vijñapti" が仮りに bahuvrīhi 複合語だとしても、この複合語の前分と後分との間に属格の格関係を認めて、これを「取の表識をもつもの」と解するか、それとも両者を同格と見て、「取を表識とするもの」と解するかによって、解釈が分れるであろう。私は実は、このうち後者の解釈を採りたいのであるが、それはシュミットハウゼン教授の理解と比べれば、余りにも極端であると見られるであろう。従って、bahuvrīhi 複合語に関する二つの解釈のいずれをも意味するものとして、日本語の「の」のもつ曖昧さを利用した「取の表識をもつもの」という訳文を、ここでは一応、示しておきたい。

なお、"aparicchinna"「識別されない」については、シュミットハウゼン教授の考察（*Ālaya*, II, n.634）を参照。

(111) この個所については、すでに指摘されている通り（『唯識論考』三七〇頁、*Ālaya*, II, n.531）、『唯識三十頌釈』〔56〕ⓑに原文と思われるものが存する。

(112) それ故に、『成唯識論』の次の記述では、二種の"upādāna"と器世間を三つの所縁"ālambana"と呼ぶのである。

㋐ 此異熟識、但縁器身及有漏種、在欲色界、具三所縁。（大正三一、一一中二九行―下一行）

(113) 袴谷氏の"ālambana"理解も、シュミットハウゼン教授の理解と基本的に一致していると思われる。というのも、氏は、〔52〕〔53〕に説かれる"ālambana"を「把握対象」（『唯識論考』四一九頁一六行）と訳されるからである。

(114)「菩薩地」には、次の一文がある。

㋐ itīme trayo vikalpā vikalpaprapañcādhiṣṭhānaṃ vikalpaprapañcālambanaṃ vastu janayanti rūpādisaṃjñakam/ (BBh, p.35, *ll*.1-3)

㋑ 此三分別、能生分別戯論所依、分別戯論所縁事。謂色等想事。（大正三〇、四八九下一六―一八行）〔玄奘訳〕

㋒ というこれら三つの分別（vikalpa）は、分別戯論の依処（adhiṣṭhāna）であり、分別戯論の所縁（ālambana）である依事（vastu）、つまり、色等と呼ばれるものを生じる。

ここで、"ālambana"が"adhiṣṭhāna"と同義であること、つまり、〝基体〟を意味することは、明らかであろう。なお、言うまでもなく、"vastu"も、前註（103）の「菩薩地」㋖㋘におけると同様、〝基体〟を意味する。従って、次の通りである。

ālambana=adhiṣṭhāna=vastu

(115)「摂決択分」〔52〕〔53〕において、二種の"upādāna"とともに"ālambana"であるとされた器世間も、瑜伽行派によって、〝基体〟であると考えられていることを理解する必要がある。というのも、器世間は、瑜伽行派の文献において"pratiṣṭhā""pada""sthāna"という〝基体〟を意味する語によって呼ばれるからである。即ち、『楞伽経』*Laṅkāvatārasūtra* (LAS, Nanjio ed.)に頻出する"deha-bhoga-pratiṣṭhā"という表現における"pratiṣṭhā"が器世間を意味すると解されることも、及び『大乗荘厳経論』*Mahāyānasūtrālaṃkāra* (MSA.) [XI, k.44] に出る"pada-artha-deha"の"pada"が器世間を意味すると解されることも、高崎博士によって解明されており（「高崎（一）」二四頁、註(10)、一四―一五頁）、また、器世間は、前註（110）㋑に示した『唯識三十頌』第三偈前半では、"sthāna"と呼ばれている。

さらに、『大乗荘厳経論』のIX, k.45とXIX, k.49に現れる"pratiṣṭhā"を、瑜伽行派が器世間と解することも、注意すべきであろう。即ち、まず『大乗荘厳経論』XIX, k.49は、次の通りである。

㋐ pratiṣṭhābhogabījaṃ hi nimittaṃ bandhanasya hi/

sāśrayāś cittacaittās tu badhyante 'tra sabījakāḥ// (MSA, XIX, k.49)

㋑ 住処（pratiṣṭhā）・受用（bhoga）・種子（bīja）は、縛（bandhana）の因相（nimitta）である。しかるに、所依（āśraya）を伴う心・心所は、種子を伴って、これ（因相）において、縛られる。

ここに見られる "pratiṣṭhā" という語を、『大乗荘厳経論釈』*Mahāyānasūtrālaṃkārabhāṣya*（MSABh）では、次のように説明する。

㋒ pratiṣṭhānimittaṃ bhājanalokaḥ/（MSABh, p.169, *l*.5）

㋓ 住処という因相（pratiṣṭhā-nimitta）は、器世間（bhājana-loka）である。

この㋒に関するアスヴァバーヴァ Asvabhāva の『荘厳経論広疏』*Sūtrālaṃkāraṭīkā* における説明は、次の通りである。

㋔ それ（器世間）は、アーラヤ識の因相（nimitta）なる所縁（ālambana）である、という意味である。というのも、アーラヤ識は、「処の表識をもつもの」（gnas rnam par rig pa, sthāna-vijñaptika）であると〔『唯識三十頌』k.3ab に〕出ているからである。（D, Bi, 160b4-5）[Cf. *Ālaya*, II, n.759, p.413, *ll*.30-p.414, *l*.2]

また、スティラマティの『荘厳経論釈疏』*Sūtrālaṃkāravṛttibhāṣya* における説明は、次の通りである。

㋕ 因相（nimitta）と境（viṣaya）というのは、同義（eka-artha）であるから、器世間は、アーラヤ識によって縁ぜられるべき境（dmigs par bya baḥi yul, ālambya-viṣaya）であるから、器世間を「住処という因相」（pratiṣṭhā-nimitta）と言うのである。故に、『三十頌』（Sum bcu pa, *Triṃśikā*）の論書等にも、アーラヤ識は、「処の表識をもつもの」（gnas rnam par rig pa, sthāna-vijñaptika）と説かれたのである。（D, Tsi, 208b2-3）〔「高崎（一）」一七頁三―五参照。Cf. *Ālaya*, II, n.758, p.412, *ll*.24-25〕

次に、『大乗荘厳経論』IX, k.45 には、

㋖ pratiṣṭhāyāḥ parāvṛttau（MSA, IX, k.45a）

㋗ 住処の転（parāvṛtti）において、

という表現があり、『大乗荘厳経論釈』では、これを、単に、

㋘ pratiṣṭhāparāvṛttāv（MSABh, p.41, *l*.21）

と言い換えているだけである。

しかるに、これに対するアスヴァバーヴァの『荘厳経論広疏』における説明とは、次の通りである。

㋙ 住処（pratiṣṭhā）となっているのは、地（sa, pṛthivī）である。……これは、アーラヤ識の所縁（ālambana）の転（parāvṛtti）である。というのも、アーラヤ識は、「それは、認識されない取と処の表識をもつもの」（asaṃviditakopādisthānavijñaptikaṃ ca tat）と〔『唯識三十頌』第三偈前半に〕出ているからである。（D, Bi, 71b4-5）[Cf. *Ālaya*, II, n.759, p.413, *ll*.14-18]

また、スティラマティの『荘厳経論釈疏』における説明は、次の通りである。

㋚ 「住処」(pratiṣṭhā) という語は、アーラヤ識と、それ (アーラヤ識) によって縁ぜられるべき境 (ālambya-viṣaya) である器世間たる大地 (sa gshi chen po, mahāpṛthivī) のことを言う。

アーラヤ識も、善・不善の業 (karman) の習気 (vāsanā) の処 (gnas) であり、身体 (deha)・受用 (bhoga) の〔「受用の」という訳は、*Ālaya* (II, n.758, p.413, *l*.11) に従う〕住処 (pratiṣṭhā) としても、アーラヤ〔識〕は顕現するので、アーラヤ〔識〕を住処 (pratiṣṭhā) と言うのである。

また大地たる器世間も、衆生世間 (sattva-loka) の処 (gnas) であり、様々な種類の草木 (rtswa śiṅ, tṛṇa-gulma) が生じる住処 (pratiṣṭhā) であるから、住処と言われる。器世間が、アーラヤ〔識〕の所縁たる境 (dmigs paḥi yul, ālambana-viṣaya) であることは、何故、明らかであるのかと言えば、『三十頌』(Sum bcu pa) の論書に、「そのうち、アーラヤと言われる識は、異熟であり、一切の種子をもつもの (sarva-bījaka) である。しかるに、それは、認識されない取と処の表識をもつものである」(k.3) と説かれたからである。アーラヤ識は、所縁たる境 (ālambana-viṣaya) をもつものであるが、転依 (gnas gshan du gyur) したならば、最高の自在力 (vibhutva) が得られる、という意味である。(D, Mi, 128a3-7) [Cf. *Ālaya*, II, n.758, p.412, *l*.31-p.413, *l*.13]

以上の説明によって明らかになることは、『大乗荘厳経論』XIX, k.49 と IX, k.45 とに出る "pratiṣṭhā" は、註釈者たちによって、基本的に、器世間と解されていることである。では何故、器世間は "pratiṣṭhā" と呼ばれるのか。その理由については、二つの説明がある。第一は、アーラヤ識の所縁 (ālambana) であるから、というものであり、第二は、衆生世間のいる場所であり草木の生じる場所であるから、というものである。このうち、第二の説明は、アスヴァバーヴァの註釈㋔㋙には、示されていないようであるが、実は、この説明は、器世間が "pratiṣṭhā" と呼ばれる理由の一般的な説明、つまり、"アーラヤ識" 説を介さない説明となっている点で、第一の説明よりもおそらく古い起源をもつものであり、器世間が "基体" であることを明示するものである。この点は、『成唯識論』の次の説明によっても明らかであろう。

㋛ 此識行相所縁云何。謂「不可知執受処了」。「了」謂了別。即是行相。識以了別為行相故。「処」謂処所、即器世間。是諸有情所依処故。「執受」有二、謂諸種子及有根身。(大正三一、一〇上一一—一四行)

即ち、この記述から『唯識三十頌』第三偈前半の説明が始まるのであるが、ここでは、その偈中の「処」、つまり、"sthāna" が器世間であると説明され、器世間は、衆生の「所依処」なるが故に、"sthāna" と呼ばれるという説明がなされているのである。即ち、ここには、前述の第二の説明のみがなされ、"器世間は、アーラヤ識の所縁 (ālambana) であるから" という第一の説明は示されていないのである。

では、その第一の説明について、考えてみよう。アスヴァバーヴァの説明㋔㋙においても、スティラマティの説明㋕㋚においても、〝器世間は、アーラヤ識の所縁（ālambana）、または、縁ぜられるべき境（ālambya-viṣaya）であるから、〝pratiṣṭhā〟と呼ばれる〟という説明が、『唯識三十頌』第三偈前半、特に〝sthāna-vijñaptikam〟の部分の引用とともに、示されている。シュミットハウゼン教授は、この点を把えて、アスヴァバーヴァの『荘厳経論広疏』も、スティラマティの『荘厳経論釈疏』も、〝アーラヤ識は器世間を認識する〟つまり、〝ālayavijñāna cognizes the surrounding world〟（*Ālaya*, I, p.106, *l*.26）という彼等の見解を支持するものとして、『唯識三十頌』第三偈前半を引用していると論じられ（*Ālaya*, I, p.106, *ll*.25-26）、このことが、また、『唯識三十頌』第三偈前半に出る〝vijñapti〟そして『唯識三十頌釈』〔56〕と「摂決択分」〔52〕〔53〕に出る〝vijñapti〟を、「表象」（representation）ではなく「認識」（cognition）と解する教授の解釈の根拠の一つともなるのであるが、しかし、私は、〝ālambana〟を専ら〝object〟（認識の対象）と解されていると思われる教授の解釈に疑問を感じるのである。

即ち、アスヴァバーヴァとスティラマティの註釈㋔㋙、㋕㋚において、器世間が、アーラヤ識の〝ālambana〟あるいは、スティラマティの㋕㋚によれば、〝ālambya[-viṣaya]〟とも言われていることは、確実であろう。しかし、この〝ālambana〟〝ālambya〟は、単に〝認識の対象〟を意味するのではない。それは、第一に〝依り所〟、つまり、〝基体〟を意味しているのである。さもなければ、〝器世間は、ālambana(ālambya)であるが故に、pratiṣṭhā と呼ばれる〟という論旨自体が、成立しない。それ故、〝器世間は、アーラヤ識の ālambana である〟ということも、その〝ālambana〟とは、まず第一に〝基体〟を意味すると見るべきであろう〔㋐において、〝atra〟は〝nimitta において〟を意味するであろう。従って〝nimitta〟の一つである〝pratiṣṭhā〟が〝基体〟であることは、㋐の偈に明示されているであろう〕。

私は、アスヴァバーヴァとスティラマティが㋔㋙、㋕㋚で、器世間をアーラヤ識の〝ālambana〟であると明確に規定したとき、その〝ālambana〟という語に、〝認識の対象〟という意味が全く含まれていなかったと考えているのではない。しかし、その〝ālambana〟の語義を、まず基本的には〝基体〟と把えなければ、テキストの正確な理解は不可能であると論じているのである。この点で、スティラマティの註釈文を、以下に示したい。即ち、スティラマティの『荘厳経論釈疏』には、㋕よりも少し後の個所に、㋒の〝pratiṣṭhānimittaṃ bhājanalokaḥ〟という文が引用され、それについて次のような引用がなされるのである。

㋜「住処」〝pratiṣṭhā〟というのは、器世間のことを言う。それらは、アーラヤ〔識〕の住処（gnas, pratiṣṭhā）であるから、「住処という因相」（pratiṣṭhā-nimitta）と言われるのである。（D, Tsi, 209a3）

ここでは、〝器世間は、アーラヤ識の pratiṣṭhā である〟と言われるが、この〝pratiṣṭhā〟を〝認識の対象〟と訳すことはできないであろう。つまり、ここで〝pratiṣṭhā〟は〝基体〟を意味し、㋜は、器世間はアーラヤ識の〝基体〟であることを述べているのである。決して、器世間がアーラヤ識の〝認識の対象〟であることを説いているのではない。

かくして、「摂決択分」〔52〕〔53〕に説かれる二つの所縁（ālambana）、つまり、二種の"upādāna"と器世間は、いずれも、アーラヤ識の〝基体〟であると見る視点が必要であろう。

(116) このシュミットハウゼン教授の解釈を明示するものとして、次の一文がある。

According to the *Pravṛtti Portion*, too, ālayavijñāna perceives two objects, one "outside" (*bahirdhā*) and one "inwardly" (*adhyātmam*). (*Ālaya*, I, p.90, *ll*.14-16)〔傍線＝松本〕

この教授の解釈は、「摂決択分」〔52〕〔53〕における"vijñapti"を「表象」（例えば、「勝呂(四)」二一頁五行）ではなく、「認識」と解する理解にもとづいているが、教授は、この解釈の妥当性を、『アーラヤ識論』の第五章「真の識としてのアーラヤ識」(Ālayavijñāna as a veritable vijñāna）の全体を通じて詳細に論証されている。私は、この解釈に疑問を感じるのであるが、それについては、詳細な論究が必要であろう。従って、ここでは、詳論を控えるが、ただ一点だけは述べておきたい。それは、"ālayavijñāna perceives two objects"とか、"two objects are perceived by ālayavijñāna"というような表現に、literal に一致する文章は、瑜伽行派の文献の中に見出されないのではないか、ということである。つまり、瑜伽行派の文献に見出されるのは、せいぜい〝アーラヤ識には……という所縁(ālambana)がある〟とか、〝……は、アーラヤ識の所縁である〟という表現くらいで、〝アーラヤ識は……を認識する（vijānāti）〟というような表現は、存在しないであろう。しかるに、「所縁」"ālambana"が全く〝認識の対象〟のみを意味するとすれば、何故、後者の表現、つまり、〝アーラヤ識は……を認識する〟というような表現が見られないのであろうか。その理由を探求することが、〝アーラヤ識の所縁（ālambana）とは何か〟という問題の本質を解明することになると思われる。

(117) Cf. *Ālaya*, II, n.372.

(118) "tasya"は、"upādāna"の目的語であり、"āśraya"を承ける〔「高崎(四)」三八頁五行参照。Cf. *Ālaya*, II, n.745〕。しかし、"tasya"は、同時に"ātma-bhāva"をも意味するので、"tasya ... upādānam ... ekayogakṣematvena"が、『解深密経』〔6〕—〔10〕ⓑⓒにおけるアーラヤ識（アーダーナ識）と"ātma-bhāva"との関係を説明する表現となるのである。

(119)「高崎(四)」四一頁九—一〇行参照。

(120)「高崎(二)」二八頁六—七行参照。

(121) "adhyātmam"という語は、形容詞、または副詞として、すでに「摂決択分」〔52〕〔53〕で用いられているであろうが、この語の意味を「内的な」「内的に」と解するだけでは、〔52〕〔53〕において、あるいは、〔56〕において、この語が用いられた意味は、充分に理解されないと思われる。即ち、"adhyātmam"とは、まず何よりも「ātman に関して（関する）」という意味なのであって、その"ātman"

と"ātma-bhāva"は意味が重なるのである。つまり、『解深密経』〔6〕—〔10〕では、二種の"upādāna"を合したものが"ātma-bhāva"であるとされたのであるが、「摂決択分」〔52〕〔53〕では、その二種の"upādāna"が"adhy-ātmam"と言われたのである。とすれば、この「摂決択分」〔52〕〔53〕、『唯識三十頌釈』〔56〕の"adhy-ātmam"という語は、『解深密経』〔6〕—〔10〕で説かれる"ātma-bhāva"に対応している、あるいは、それを指示していると見るべきであろう。

(122)「高崎(四)」四〇頁五—六行参照。

(123)「高崎(四)」四〇頁一〇—一一行参照。

(124) この問題に関する高崎博士の見解については、「高崎(四)」四〇頁一〇—一八行、四七頁六行—四九頁四行参照。また、シュミットハウゼン教授の見解については、Cf. *Ālaya*, I, p.105, *l*.16-p.106, *l*.6. このいずれの見解も、私にとっては難解であるが、教授の次の論述は、極めて重要であろう。

㋐ The reason may be that, since Impressions (*vāsanā*) are, in Sthiramati's own explanation, not taken to be an object of (the function of) ***upādāna***, it is only by including the mental constituents that ālayavijñāna's function of appropriation is furnished with an object even in the world-sphere of immateriality (*ārūpya-dhātu*). (*Ālaya*, I, p.105, *ll*.20-25)〔傍線＝松本〕

即ち、教授が論じられたように (Cf. *Ālaya*, II, n.517, p.358, *ll*.16-21)、

㋑ tatsadbhāvād ālayavijñānenātmādivikalpo rūpādivikalpaś ca kāryatvenopātta iti tadvāsanātmādivikalpānāṃ rūpādivikalpānāṃ copādir ity ucyate/ (TrBh, p.19, *ll*.12-14)

㋒ それが存在することにもとづいて、アーラヤ識によって我等の分別 (vikalpa) と色等の分別が、果として取られる (upātta) というわけで、それらの〔分別の〕習気 (vāsanā) は、我等の分別と色等の分別との取 (upādi) と言われる。

というスティラマティ自身の説明においては、「習気」"vāsanā"ではなく、「分別」"vikalpa"が"取られるもの"とされていることは、確実である。それ故、シュミットハウゼン教授は、㋐において「習気」ではなく、"the mental constituents"つまり、「名」"nāman"が、"アーラヤ識"によって、無色界において、"取られるもの"とされた、と論じられたものと思われる。

では、スティラマティが、㋑において、"vāsanā"を"upādi"または"upādāna"と呼ぶとき、その"upādāna"が"取られるもの"も"取ること"も意味していないとすれば、それは何を意味するのであろうか。シュミットハウゼン教授は、それを㋑にもとづいて、"that due to the existence of which (something ...) is appropriated" (*Ālaya*, II, n.517, p.358, *ll*.18-19) と説明される。これは、「それの存在にもとづいて、あるものが取られるところのそれ」という意味であろう。

しかるに、チベット訳に保存されるヴィニータデーヴァの『唯識三十頌釈疏』は、㋑の"tatsadbhāvād"については、

㊁ de yod paḥi phyir（D, Hi, 15b6）
という訳を示しつつも、この語に対する註釈を、
㊂ de yod na（D, Hi, 15b7）
として示している。この㊂の原語は、㊁の原語である “tatsadbhāvād” とは異なるであろうから、それは “tasmin sati” というような絶対於格（locative absolute）ではないかと思われる。とすれば、㋑の “upādi” “upādāna” は、少なくとも、ヴィニータデーヴァの註釈においては、〝基体〟と見なされていると考えることができるであろう。

(125)「高崎(四)」四〇頁四—五行参照。

(126) ラ・ヴァレ・プッサン La Vallée Poussin の翻訳 “embrassés（parigrah,《intégrés》）dans son être”（*Vijñaptimātratāsiddhi, La Siddhi de Hiuan-tsang*, 1928-1929, p.124, *l*.22-p.125, *l*.1）も、「包括される」という理解を示しているであろう。

(127)『阿毘達磨集論』*Abhidharmasamuccaya* が、
㋐ nāmarūpaṃ kiṃkarmakam/ ātmabhāvaṃ ca sattvān grāhayati,（AS[G], p.26, *l*.14）
㋑ 名色は、何を業（karman）とするのか、衆生たちに、自体（ātma-bhāva）を取らせる（grāhayati）のである。
と述べるとき、“ātma-bhāva” は、名色によって〝包括される〟のではなく、〝取らせられる〟〝取られる〟ということを意味しているであろう。

(128) YBh, p.198, *l*.17-p.203, *l*.5. この個所については、宇井伯寿『瑜伽論研究』岩波書店、一九五八年、二八一—二八三頁参照。

(129)「松田(二)」四六頁、註（3）参照。

(130)「梶山」三三七—三三九頁参照。

(131) この個所の縁起説について、宇井伯寿博士は、次のように言われる。
㋐ 以上の説は一般の三世両重因果の解釈とは同一であるとはいへないが、而もまた二世一重因果の説でもない如くである。前中後際は色々にも解せられようが、結局過現未三世を指すものになるのであつて、論文の中にも屡〻現法即ち現在の語が用ひられて居るし、又三世両重因果の説を根本に於て考へて居ると認められる。（『瑜伽論研究』二八三頁五—七行）

(132) Cf. AK, III, k.20c（AKBh, p.131, *l*.8）

(133) Cf. *Ālaya*, II, n.789.

(134) この個所の〔69〕ⓐについては、シュミットハウゼン教授の翻訳とテキスト（*Ālaya*, II, n.1130, p.467, *l*.26-p.468, *l*.6）、〔69〕ⓑ後半については、教授のテキスト（*Ālaya*, II, n.1125, p.466, *ll*.10-15）を参照すべきである。

(135) Cf. *Ālaya*, II, n.1130, p.468, *l*.3.
(136) Cf. *Ālaya*, II, n.1125, p.466, *l*.10.
(137) Cf. *Ālaya*, II, n.1125, p.466, *l*.13.
(138) ここに“garbha-gata”という重要な表現が見られる。私は、かつて『如来蔵経』の“garbha-gata”について、「“garbha”は「胎児」ではありえない。つまり、“garbhagata”は、「内部空間（胎）にある」という意味であろう」（『禅批判』五〇四頁四―五行）と論じた。このこと自体は誤りではないであろう。
　しかし、ツィンマーマン Zimmermann 教授からの批判（Zimmermann, M., *A Buddha Within: The Tathāgatagarbhasūtra*, 2002, Tokyo, pp.42-43）を受けて、『如来蔵経』の“tathāgata-garbha”は「如来の容れもの」という意味に解すべきであるという解釈を示したのは、私の誤りであると考えるに至った〔本書、第一章、註（73）参照〕。詳しい論証は別の機会に譲りたいが、ここではまず、教授の“...contain a tathāgata”（*op. cit.* p.44, *l*.4）という訳を支持しておきたい。

　この英訳は、高崎博士の「一切の衆生は如来をその内部に宿している」（『高崎（如）』一五頁五―六行）と基本的に一致している。というのも、両訳はともに、“tathāgata-garbha”という複合語を、bahuvrīhi 複合語と解するからである。これに対して、私はこの語を、tatpuruṣa 複合語と解し、これを「如来の容れもの」と訳したのであるが、それは誤りであり、やはり bahuvrīhi 複合語と見る解釈の方が正しいと判断するに至った。

　しかし、この語を bahuvrīhi 複合語と解する場合でも、“garbha”を名詞としていかに訳するかという問題が残されているであろう。“tathāgata-garbha”の“garbha”は「胎児」“Embryo”を意味しないというのは、私が論じたことであるが、この点は、ツィンマーマン教授によっても認められたと思われる（*op. cit.*, p.42, *ll*.7-13）。私は、教授の著書に示された“inside”（*op. cit.*, p.42, *l*.41）という“garbha”の訳語によって、というよりはむしろ、それ以前に教授との討議を通じて、『如来蔵経』における“garbha”という名詞の意味を理解したのである。

　その結論を言えば、この名詞は、「中」及び「中身（中にあるもの）」、つまり“inside”と“content”を意味するということである。即ち、この語は、論理的には、必ずしも厳密といえないルーズな意味をもっており、“-garbha-gata”として用いられるときには、この表現は、「……の中（inside）にある」を意味し、本書第一章（四〇頁）に示されたように、『如来蔵経』で「一切衆生如来蔵」という主張において、“tathāgata-garbha”として用いられるときには、この主張は、「一切衆生は、如来を中身（garbha）としてもつ」「一切衆生は、如来という中身（content）をもつ」を意味するであろう。従って、勿論“padma-garbha”は、tatpuruṣa 複合語で、「蓮華の中」を意味する。もしもこのように、「中」（inside）と「中身」（content）を区別したくないとすれば、極めて曖昧な論理的構造をもったものではあるが、単に「中」という日本語を訳語として使用すればよいかもしれない。つまり、「一切衆生如来蔵」は、「一切衆生は、如来を中としている」と訳し、"-garbha-gata"は「……の中にある」と訳すのである。

このように解することによって、私はまず『宝性論』第一章第一四一偈の"vi-kośa-garbha"（RG, p.69, *l*.12）という語を、「容れもの（kośa, container）を離れた中身（garbha, content）」と解することができるだけでなく、『リグ・ヴェーダ』*Ṛg-Veda*（X, 121）に出る"hiraṇya-garbha"を説明した"hiraṇmayasya aṇḍasya garbhabhūtaḥ"という語（『禅批判』五四三頁、註〔103〕、二行）を、「黄金でできた卵の中身（garbha）となっているもの」と解することができるようにもなったのである。

また、『如来蔵経』の"tathāgata-garbha"から『涅槃経』の「仏性」"buddha-dhātu"への発展も、"tathāgata-garbha"が名詞化して、「如来という中身」という意味に解されるようになったと考えれば、容易に理解されるであろう。

さらに、"garbha"を「中」「中身」と解する解釈にもとづいて、『宝性論』の次の三つの文章について、従来の私訳を訂正した訳を示しておこう。

㋐ tathāgatasyeme garbhāḥ sarvasattvā.（RG, p.70, *l*.17）

㋑ これらの一切衆生は、如来の中身（中にあるもの）である。

㋒ tathāgatas tathataiṣāṃ garbhaḥ sarvasattvānām.（RG, p.71, *l*.11）

㋓ 如来、即ち、真如が、これらの一切衆生の中身である。

㋔ tathāgatadhātur eṣāṃ garbhaḥ sarvasattvānām.（RG, p.72, *ll*.8-9）

㋕ 如来性が、これら一切衆生の中身である。

ただし、このように解したとしても、『入法界品』*Gaṇḍavyūhasūtra*（Vaidya ed.）の

㋖ -padmagarbhāṇi ca siṃhāsanāny.（p.6, *ll*.26-27）

という表現は、合理的には理解できないが、ここでは最早、論理的な厳密性は失われていて、この表現は、ほぼ、

㋗ 蓮華の中の師子座

を意味すると考えるべきであろう。

かくして、私は"tathāgata-garbha"の"garbha"を「容れもの」と解する大きな誤りをおかした訳であるが、"padma-garbha"と"tathāgata-garbha"という二つの語が『如来蔵経』において、関係づけられて使用されているという私見は、相変らず妥当であると考えており、この私見については、高崎博士からも（Takasaki, J., "The Tathāgatagarbha Theory Reconsidered," *Japanese Journal of Religious Studies*, 27/ 1-2, 2000, p.75）、ツィンマーマン教授からも（*op. cit.*, p.42, *ll*.37-39）、一定の賛同が得られたものと考えている。

(139) 「梶山」三三七頁一〇—一二行、三三九頁三行参照。

(140) *Ālaya*, II, n.1086.

(141) 「相依」という語は、『瑜伽師地論』玄奘訳の〔73〕〔74〕にも用いられているが、その原文である〔72〕を見ると、「相依」に対応する原語は存在しない。しかし、求那跋陀羅訳『雑阿含経』〔75〕に三度用いられる「展転相依」は、〔76〕の"aññam aññam nissāya"に対応しているから、"anyonyaṃ niśritya"というような原語の訳語と考えられる。

なお、私は、基本的には「識」と「名色」の「相依」ではなく、後出〔79〕の"anyonya-pratyaya"のように、「相縁」という表現を用いるべきではないかと考えている。というのも、元来「相依」という表現自体、「識縁名色」「名色縁識」という二つの経文の趣旨を統一的に解釈するために用いられたものであり、かつ、その解釈においては、「識縁名色」の「縁」の意味と、「名色縁識」の「縁」の意味が、異なったものとして説明されたからである。しかるに、「相依」とか「相互依存」という表現には、この意味の相違を無視する傾向があるであろう。

(142) 中村元『原始仏教の思想 下』(中村元選集14) 春秋社、一九七一年、一二九頁一六行—一三〇頁一行、一三五頁、註(10)参照。

(143) 『摂大乗論』には、

㋐ rnam par śes pa daṅ/ miṅ daṅ gzugs mduṅ khyim ltar gcig la gcig brten paḥi tshul gyis ḥdug pa gaṅ yin pa de yaṅ/ rnam par smin paḥi rnam par śes pa med na mi ruṅ ṅo/ (MSg, I.36, MSg[N], I, text, p.39, *ll*.1-3)

㋑ 若離異熟識、識与名色、更互相依、譬如蘆束、相依而転、此亦不成。(大正三一、一三六上一六—一七行)〔玄奘訳〕

㋒ 識と名色が、蘆束のように、相互に依存するという仕方で起ること、それも異熟識(vipāka-vijñāna)が無ければ不可能である。

という一節があるが、この一節に関する『摂大乗論会釈』中の註釈部分において、アスヴァバーヴァは、次のように述べている。

㋓ de ni lus kyi gnas ñid du rgyun mi ḥchad par ḥjug go// de ñid kyi phyir de miṅ daṅ gzugs kyi rkyen du gsuṅs te/ (D, Ri, 211b7)

㋔ 〔識者是阿頼耶識、〕自体為依、無間転故、是故説此名色為縁。(大正三一、三九三中五—六行)

㋕ それ(アーラヤ識)は、自体(ātma-bhāva)を所依(gnas, āśraya)とするものとして、断絶せずに起る。正にそれ故、それは、「名色を縁とする」(nāma-rūpa-pratyayam)と言われるのである。

このアスヴァバーヴァの文章は、"識を縁として名色がある"と"名色を縁として識がある"という二つの関係のうちの後者を説明するものであるが、彼は、ここで「縁」"pratyaya"という語の意味を"gnas"(āśraya)、つまり、"基体"として説明している。"pratyaya"に"基体"という意味があることについては、本書、第二章、註(104)参照。

なお、㋕の訳文中、「自体を所依とするものとして」と「名色を縁とする」は、ラモット教授の訳文を批判した榎本文雄氏の訳語

「身体（ātmabhāva）を拠り所として」「名色を縁としている」（〔榎本〕四六頁六行、八行）に従っている。つまり、この二個所に対するラモット教授の “support de l’existence” “condition des noms-et-forme”（MSg[L], II, p.59, n. 36）という訳語は、当該個所の原語を tatpuruṣa 複合語と解するものであるが、榎本氏は、玄奘訳「自体為依」「名色為縁」を根拠に、これを批判し（〔榎本〕五六頁、註〔4〕〔5〕）、前掲の訳語を示されたのである。氏の理解は、当該個所の原語を bahuvrīhi 複合語と解するものであり、私は、この解釈に従うものである。

しかるに、その後、シュミットハウゼン教授も、『摂大乗論』（I, 36）に対する㊁㋔を含むアスヴァバーヴァの註釈部分について詳細に論じられ（*Ālaya*, I, pp.215-219; n.1369, n.1382. etc.）、玄奘訳「自体為依」「名色為縁」に相当するであろう “*ātmabhāva-āśraya” “*nāmarūpa-pratyaya” という複合語を、チベット訳に従って tatpuruṣa 複合語と見る可能性を再び提示された。しかし、教授自身も認められるように（*Ālaya*, II, n.1382）、チベット訳㊁の “lus kyi gnas ñid du” “miṅ daṅ gzugs kyi rkyen du” は、bahuvrīhi 複合語の解釈を排除するものではない。しかも、教授自身、結論的に、

㋖ Therefore, it may indeed well be that the interpretation of the Chinese version, followed by Enomoto, deserves to be preferred. In it, both **ātmabhāvāśraya-* in ⓑ and **nāmarūpa-pratyaya-* in ⓒ are understood as bahuvrīhis.（*Ālaya*, I, p.218, *ll*.18-21）

と言われるのであるから、問題の複合語については、bahuvrīhi 複合語と見る解釈を支持されているように見える。

特に、㊁の直後に続く、

㋗ des lus la khyab paḥi phyir ro//（D, Ri, 211b7）〔前註（42）の㋗〕

㋘ それ（アーラヤ識）によって自体（lus, ātma-bhāva）は遍ぜられる（khyab, vyāpta）から。〔シュミットハウゼン教授は、“lus” の原語として、“ātma-bhāva” よりも、“kāya” の方が相応しいと考えられるようである。Cf. *Ālaya*, II n.1373, n.1374〕

について、教授が、『成唯識論』の

㋙ 又異熟識、有色界中、能執持身、依色根転。如契経説、阿頼耶識、業風所飄、遍依諸根、恒相続転。瑜伽亦説、眼等六識、各別依故、不能執受有色根身。若異熟識、不遍依止有色諸根、応如六識、非能執受。（大正三一、一〇中一四―一九行）

という記述等を典拠として（*Ālaya*, II n.1392）、

㋚ for the idea that pervading the body is more or less equivalent to being based on the (whole living) body is confirmed by various other sources.（*Ālaya*, I, p.219, *ll*.1-3）

と論じられたのは、全く有益なことであったと思われる。私見によれば、㋙は “upā√dā” と “vy√āp” と “ā√śri” が、同じ方向をもつ行為を意味する語であることを示している。つまり、ⓐがⓑを「取る」（執受する）、ⓐがⓑに「遍じる」、ⓐがⓑに「依る」というと

き、ⓑはⓐの〝基体〟なのである。

なお、榎本氏の訳文で不審に思われることは、すでに示したように、氏が“ātma-bhāva”を「身体」と訳されていることである。㋓㋔において、“ātma-bhāva”=“nāma-rūpa”という等式が認められなければ、論旨は成立しない。従って、“ātma-bhāva”は“nāma-rūpa”つまり、「名」+「色」なのであるから、それを「身体」と訳すことはできないであろう。また、㋓㋔において、“pratyaya”は“āśraya”つまり、基体〟を意味するからこそ、〝アーラヤ識がātma-bhāvaをāśrayaとする〟というのと、〝識がnāma-rūpaをpratyayaとする〟ということが同義となるのであるが、この“pratyaya”の意味、つまり、〝基体〟としての意味も、榎本氏によっては、把握されていないように思われる。この点は、シュミットハウゼン教授も同様である。最後に、『摂大乗論会釈』㋓㋔の趣旨をまとめれば、次のようになる。

ālaya-vijñāna(vijñāna)⊥ātma-bhāva(nāma-rūpa)

これは、『解深密経』〔6〕—〔10〕に説かれた於格的関係と同一である。

(144) 後出の『倶舎論』〔90〕には、“nau-nāvika-nyāyena”「船と船師のように」という表現が見られるが、そこでは、「船師」は「識」“vijñāna”の比喩であり、「船」は「識住」“vijñāna-sthiti”の比喩であり、両者の間には、「船師」=「識」が「船」=「識住」を〝基体〟とする於格的関係が認められる。

なお、「識」と「識住」を、「船師」と「船」という於格的関係（前者が後者を〝基体〟とする関係）と見るのは、『大毘婆沙論』でも、同様である。後註(160)㋐参照。

(145) 『順正理論』にも、ほぼ同じ考え方が、次のように説かれている。

㋐ 識縁名色、亦拠前後、名色縁識、唯約倶生。（大正二九、五〇三中二三—二四行）

(146) Cf. *Ālaya*, II n.241.

(147) Cf. *Ālaya*, II n.1121.

(148) “vijñāna-sthiti”の“sthiti”を〝基体〟と解するのは、後出の『倶舎論』〔87〕〔90〕の説明による。特に〔87〕は、“sthiti”を“pratisthā”、つまり、〝基体〟と説明している。

また、『倶舎論疏』*Abhidharmakośavyākhyā*（AKVy）には、“vijñāna-sthiti”の“sthiti”を〝基体〟と解する次のような明確な説明も見られる。

㋐ vijñānaṃ tiṣṭhaty asyām iti vijñānasthitiḥ/（AKVy, p.263, *ll*.18-19）

㋑ 「これに識が住する」というわけで、〔そのこれが〕識住である。

また、ほぼ同じ趣旨が、『大毘婆沙論』に、次のように述べられている。

㋒ 識於此中住、等住、近住、故名識住。如馬等所住、名馬等住。（大正二七、七〇六中二七—二八行）

ただし、“sthiti”は“住すること”を意味するという理解も重要であろう。これについては、後註(156)参照。

(149) “四識住”説が、“識は、他の四蘊を「認識の対象」とする”ということを説いているという梶山博士の見解には、疑問を感じる。博士の見解が、いかなるテキストにもとづくものであるかは明らかではないが、あるいは、博士は、

㋐ 非有情数蘊、是識所縁故、名識住。（大正二七、七〇六中二五—二六行）

という『大毘婆沙論』の記述の「所縁」“ālambana”を「認識の対象」と解されたのであろうか。それとも、

㋑ 今大乗中通取依住及以縁住、非唯依故。此文意、識随色住、即是依住、縁色為境、即是縁住。若取依住、唯依自身色等四蘊。若取縁住、則通自他及非情法住。（大正四二、六二四下七—一〇行）

という『瑜伽論記』の説明における「縁住」をも「識住」に含められたのであろうか。しかし、私見によれば、原始仏典において、後出の「種子経」〔85〕ⓔにおけるように、“ālambana”が“vijñāna-sthiti”の“sthiti”の同義語として用いられていても、その“ālambana”は「認識の対象」ではなく、“依り所”、つまり、“基体”を意味すると思われる。

(150) 「識住者即名色」という文章においても、「住」“sthiti”は“住すること”ではなく、“基体”（あるものに〔他のものが〕住するところのそのあるもの）を意味している。つまり、ここに示される解釈は、『倶舎論』〔87〕〔90〕の解釈と一致している。

なお、シュミットハウゼン教授は、この個所の「識住」、即ち、“vijñāna-sthiti”の語義を、“the four [entities attached] to which mind persists [in saṃsāra]” (*Ālaya*, I, p.173, *ll*.27-28) と説明されている。これは、難解であるが、“それに執着して、識が輪廻に固執するところの四蘊”という意味であろうか。いずれにせよ、教授が“vijñāna-sthiti”の“sthiti”を単純に“基体”と解されていないことは、確実であろう。ただし、〔81〕で「世友」の説とされるものと同じ説が、旧訳の『毘婆沙論』〔84〕では、「波奢」の説として出されることは、榎本氏によって指摘されており（「榎本」五七頁、註(28)）、シュミットハウゼン教授も、これを承認されているようである (*Ālaya*, II n.1111)。しかるに、後論するように、〔84〕では、“vijñāna-sthiti”が「識所依」と訳されているように思われるから、そこで“sthiti”が“基体”を意味していることは確実であり、それ故、〔81〕でも“sthiti”は“基体”を意味すると思われる。

(151) 「村上」三六頁上。Cf. *Ālaya*, II n.1139.

(152) Cf. SN, II, p.104, *ll*.25-29.

(153) 「城邑経」には、異読・異訳が多く、その中には、「識」と「名色」の“相縁”を説かないものも存在する。その代表は、村上真完氏が明らかにされたように、『雑阿含経』第二八七経（大正二、八〇下二一—二三行）、玄奘訳『縁起聖道経』（大正一六、八二八上四—五

行)、Gopālpur 本である。これに対し、「識」と「名色」の〝相縁〟を説くのは、パーリ仏典『相応部』一二—六五経「城邑経」(SN, II, p.104, *ll.*28-34)、支謙訳『貝多樹下思惟十二因縁経』(大正一六、八二六下八—一一行)、法賢訳『仏説旧城喩経』(大正一六、八二九中一七—一八行)である。「村上」三四頁下、註(1)、「榎本」四七頁参照。

(154) “sthiti” が「所依」と漢訳された例を、私は指摘することができない。それ故、〔84〕において、「所依」は、例えば “āśraya” の訳語であるかもしれない。しかし、〔81〕の「識楽住識住中」と〔84〕の「識住所依」は、対応しているように思われ、従って、〔84〕でも「所依」は、「住」“sthiti” の訳語であるように見える。ということは、旧訳『毘婆沙論』の漢訳者が、「識住」“vijñāna-sthiti” の「住」“sthiti” は〝基体〟を意味することを明示するために、敢てそれを「所依」と訳したのではないかとも考えられるのである。

(155) 「識」以外の四蘊を「名色」として括るという考え方は、例えば、『倶舎論』の次の記述に明示されている(Cf. *Ālaya*, II n.1114)。

㋐ vijñānasahabhuvaś catvāraḥ skandhā nāmarūpam/ (AKBh, p.133, *ll.*3-4)

㋑ 与識倶起四陰名色。(大正二九、二〇五下八行)〔真諦訳〕

㋒ 識倶三蘊総称名色。(同右、四八下一二行)〔玄奘訳〕(「三蘊」については、『倶舎論記』大正四一、一六六上一三—一九行)

㋓ 識と倶に生じる四蘊は、名色である。

また、同じ趣旨は、『識身足論』に次のように述べられる。

㋔ 識倶四蘊、即是名色。(大正二六、五四七上四—五行)

(156) この個所は、PTS 本では、“upāya” とあるが、CPD の項目 “upaya” (p.469) に従い、“upaya” と読む。しかし、“upaya” の語義は難解である。まず、『雑阿含経』における漢訳が「封滞」であることは、パーリ仏典『相応部』では「種子経」の直前に出る「ウパヤ経」Upaya-sutta に見られる〔85〕ⓓ冒頭の “rūpupayaṃ … viññāṇaṃ tiṭṭhamānaṃ” と同じ表現 (SN, III, p.53, *l.*10) が、「色封滞識住」(大正二、九中一行)と訳されていることによって知られる。従って、『南伝大蔵経』(第一四巻)では、〔85〕ⓓ冒頭の “rūpupayaṃ … viññāṇaṃ tiṭṭhamānaṃ” は、渡辺照宏博士によって、「色に封滞して識住せば」(八六頁二行)と訳されている。

しかし、この個所の “upaya” は、赤沼智善博士の『仏教教理之研究』(法蔵館、一九八一年)では、「基」(一七七頁一六行)と訳されており、この翻訳は重要であろう。というのも、ⓓにおいては、“rūpupayaṃ” と “rūpārammaṇaṃ” と “rūpapatiṭṭhaṃ” は同義であり、それ故、“upaya” は “ālambana” “pratiṣṭhā” 同様、〝依り所〟〝基体〟を意味すると思われるからである。つまり、「寄り所」という私の訳語は “pratyaya” や “ālambana” と同様、〝寄る対象〟(所寄、所近)である〝基体〟を意味することを、理解していただきたい。“pratyaya” は “prati√i” の派生語であり、“upaya” は “upa√i” の派生語であり、どちらも “√i”「行く」という語根にもとづくが、“prati√i” も “upa√i” も、「……に依る」「……にたよる」「……に近づく」を意味するところから、“pratyaya” も “upaya” も、「依られるもの」、つまり、〝基体〟を意味することになるのである。

また、CPDの"upaya"の説明にも示されているように、"upaya"の語義理解には、『スッタニパータ』の第七八六偈と第七八七偈と第八九七偈、特に第七八七偈を参照する必要がある。その偈の前半とは、次の通りである。

㋐ upayo hi dhammesu upeti vādaṃ, anūpayaṃ kena kathaṃ vadeyya/ (Sn, v. 787ab)

しかるに、この半偈は、『大智度論』では、次のように漢訳されていることが指摘されている（村上真完・及川真介『仏のことば註㈢』春秋社、一九八八年、五九七頁註〔19〕）。

㋑ 有受法故、有諸論。若無有受、何所論。（大正二五、六一上七行）

即ち、羅什は"upaya"を「受」と訳しているが、「受」は羅什訳『中論』で"upādāna"の訳語として用いられること（後註〔244〕㋒㋔参照）に、注意したい。

註釈によれば、"dhammesu"は"vādaṃ"にかかるとされる（*Paramatthajotikā*, p.523, *l*.3; *Mahāniddesa*, p.81, *ll*.28-29）ので、㋐については、次のような訳が示されている。

㋒ なぜなら、執らわれがある者は、諸の主義（法）について議論（噂）になる。
執らわれがない者に対しては、何をもって、どのように言えようか。（『仏のことば註㈢』五九一頁三―四行）

しかし、私は、㋑の「受法」という漢訳に従い、"dhammesu"を"upaya"にかかると見て、㋐を次のように訳したい。

㋓ というのも、諸法に寄る人（upaya）は、議論（vāda）に近づく〔寄る〕(upeti)。
寄るもののない人を、何によって、どのように論じられるであろうか。

勿論、「種子経」〔85〕ⓓにおいて"upaya"は、「所寄」「所近」だけでなく、「所著」をも意味するから、「執らわれがある者」という㋒の訳は、不適切ではない。しかし、重要なことは、㋐において"upaya"が於格形の名詞と結合している点なのである。即ち、前述の「ウパヤ経」の冒頭には、

㋔ upayo bhikkhave avimutto anupayo vimutto// (SN, III, p.53, *l*.9)

㋕ 封滞者、不解脱、不封滞、則解脱。（大正二、九上二八―二九行）

㋖ 比丘たちよ、寄る人は解脱しない。寄るもののない人は解脱する。

と説かれているのであるが、この㋔冒頭の"upaya"をブッダゴーサは、次のように註釈するのである。

㋗ upayo ti taṇhādiṭṭhivasena pañcakkhande upagato. (*Sāratthappakāsinī*, II, p.271, *ll*.22-23)

㋘ "upaya"というのは、渇愛と見の力によって、五蘊に近づいたもの〔寄ったもの〕(upagata) である。

つまり、“upaya” は於格形の名詞を支配して、〝……に寄る〟〝……に近づく〟〝……に執着する〟という意味を含んでいることは、明らかであるが、では何に〝寄る〟のかと言えば、それを㋘では〝五蘊〟に〝寄る〟として説明しているのである。しかるに、「ウパヤ経」㋔の後半が、原始仏典で多用される

㋙ anupādāya āsavehi cittāni vimucciṃsu. (*Vinaya*, I, p.14, *ll*.35-36; p.19, *ll*.35-36; p.20, *ll*.34-35)

㋚ 取らないで (anupādāya) 心は、漏 (āsava) から解脱した。

というような表現や、『根本中頌』第二六章の

㋛ yady anupādāno mucyeta (MK, XXVI, k.7cd)

㋜ 取 (upādāna) をもたなければ、解脱するであろう。

という表現と関連をもつものであることは、明らかであろう。従って、“rūpa-upayam” というような形における “upaya” は “upādāna”「取られるもの」と同様、〝基体〟を意味すると思われる。

なお、『倶舎論』では、〝四識住〟の典拠として、次の一文が、おそらく経文として引用されている。

㋝ rūpopagā vijñānasthitir vedanopagā saṃjñopagā saṃskāropagā iti/ (AKBh, p.117, *l*.19)

㋞ 愛色識住、愛受識住、愛想識住、愛行識住。(大正二九、二〇〇中二三―二四行)〔真諦訳〕

㋟〔如契経言〕、識随色住、識随受住、識随想住、識随行住。(同右、四三中二一―二二行)〔玄奘訳〕

この経文は極めて難解であり、解釈も分れるが (Cf. AKVy, p.263, *ll*.18-29)、一応、次のように訳しておきたい。

㋠ 色を “upaga” (近づかれるもの)〔基体〕として、識が住すること (vijñāna-sthiti) がある。受を “upaga” として、識が住することがある。想を “upaga” として、識が住することがある。行を “upaga” として、識が住することがある。

では、この場合、“upaga” の意味は何かと言えば、“upaga” も “upaya” も、“upa” に「行く」を意味する動詞語根 “√gam” “√i” が結合した動詞の派生語であり、かつ、㋗で “upaya” が “upagata” と説明されたことを考慮しても、“upaga” は「種子経」〔85〕ⓓにおける “upaya” と同義であろうと考えられる。では、その場合、“upaya” の意味は何かと言えば、すでに述べたように、それは基本的には〝基体〟を意味すると思われるから、㋝における “upaga” も「所近」「所寄」「所著」という意味で〝基体〟を意味するのであろう。このように解すれば、㋝において、「色」「受」「想」「行」は、“upaga” (所近、所寄) であり、〝基体〟であるということになる。

しかし、『倶舎論』㋝に関する、このような解釈は、真諦訳㋞の「愛色識住……」とは、若干齟齬しているかもしれない。というのも、「愛色識住」とは、おそらく〝色に執着して識は住する〟という趣旨を述べるものと思われるからである。尤も、これを〝色を執着の対象的基体として識は住する〟と解しうるならば、大きな齟齬はないであろう。

また、『大毘婆沙論』が、㋝の "rūpa-upagā vijñānasthitir" を、

㋡ 色随識住者、色有漏随順於取、有情数摂。（大正二七、七〇六中一七行）

と説明するのも、"upaga" を「有漏」とか「随順於取」と解しているように思われ、これも真諦訳の「愛色」という理解に類似するのかもしれない。ただし、「随順於取」の原語については、後出〔113〕の『集異門論』の「随順諸取」とともに、後論する。

なお、「本地分」〔67〕には、"tat-karma-upagam" という表現が見られ、この個所の "-upaga" を、シュミットハウゼン教授は、"approach" "follow" "be under the sway of" (*Ālaya*, I, p.112, *ll*.14-15) の意味に解されている。しかし、私としては、㋟の「随」や㋡の「随順」を考慮しても、「随」という漢訳語の意味を重視したいと考えている。

また、『倶舎論』㋝の "rūpa-upagā vijñānasthitir" について、ヤショーミトラが示す第一の解釈とは、次の通りである。

㋢ vijñānaṃ tiṣṭhaty asyām iti vijñānasthitiḥ/ upagacchatīty ugagā/ vijñānasya samīpacāriṇīty arthaḥ/ rūpam ca tad upagā ca sā rūpopagā/ (AKVy, p.263, *ll*.18-20)

㋣ 「これに識が住する」というわけで、〔その「これ」が〕識住（vijñāna-sthiti）である。近づくものというのが、近在者（upagā）である。識の傍に行じるものという意味である。それは、色であり、かつ、近在者であるというものが、色という近在者である。

この解釈に従えば、"rūpa-upagā vijñānasthitir" とは、〝識の基体（sthiti）は、色という近在者（rūpa-upagā）である〟と理解されていることになるであろう。つまり、この解釈では、"upagā" という女性名詞の存在が認められ、"rūpa-upagā" は、"sthiti" を形容する bahuvrīhi 複合語ではなく、〝rūpa という upagā〟を意味する karmadhāraya 複合語と解されていることになる。しかし、㋝の "rūpa-upagā" と〔85〕ⓓの "rūpa-upayam" の関係を考えてみても、"rūpa-upagā" は bahuvrīhi 複合語と解するのが自然であろう。ただし、㋠に訳したように、㋝において、"sthiti" は〝基体〟ではなく、〝住すること〟を意味すると見ざるを得ないであろう。さもなければ、㋢に示された解釈のみが成立するであろうが、その解釈は "rūpa-upagā" を bahuvrīhi 複合語と見ない点で、また "upagā" という奇異な女性名詞の存在を認める点で、やはり不自然であると思われるからである。おそらく、"rūpa-upagā" を bahuvrīhi 複合語とは見ない㋢に示された不自然な解釈は、『倶舎論』㋝において、"sthiti" が〝基体〟ではなく、〝住すること〟を意味するにもかかわらず、伝統的理解にもとづいて、それを強いて〝基体〟と把えたために生じたものであろう。

(157) 『相応部』の三つの「思経」Cetanā-sutta (SN, II, pp.65-67) には、

㋐ ārammaṇe sati patiṭṭhā viññāṇassa hoti/ (SN, II, p.65, *ll*.16-17, *ll*.24-25; p.66, *ll*.10-11, *ll*.20-21; p.67, *l*.3, *ll*.11-12)

㋑ 所縁（ārammaṇa, ālambana）があるならば、識に住処（patiṭṭhā, pratiṣṭhā）が生じる。

という表現とともに、

ⓤ ārammaṇe asati patiṭṭhā viññāṇassa na hoti/（SN, II, p.66, *l*.1, *l*.27; p.67, *l*.21）

ⓔ 所縁がなければ、識に住処が生じない。

という表現が見られるので、それを考慮して「〔それ故〕」という語を訳文に補った。

(158) “tad apatiṭṭhitaṃ viññāṇam” は、「その、住していない識」と訳すべきであるように見える。しかし、三つの「思経」には、“tad appatiṭṭhite viññāṇe”（SN, II, p.66, *ll*.1-2, *ll*.27-28, p.67, *l*.22）という表現があることを考慮して、“tad” を「それに」と解することにした。

(159) 前註（156）のⓢ参照。また、これは〝四識住〟説ではないが、〝四食〟説の説明（例えば〔106〕）に用いられる「住」“ṭhiti” “sthiti” は、「住すること」「存続」を意味するであろう。しかるに、〝四識住〟説と〝四食〟説は、関連して、または、結合して説かれたこともあるのである。それ故、〝四識住〟の〝住〟についても、「住すること」という解釈は無視できないであろう。

(160) 前註（148）の『倶舎論疏』ⓐ参照。

なお、『大毘婆沙論』には、『倶舎論』〔90〕とほぼ同文が、次のように認められる。

ⓐ 有説、若法識所乗御、如象馬船、人所乗御、彼法立識住。（大正二七、七〇六下二一—二二行）

(161) 以下の漢訳〔94〕—〔97〕との対応を考えれば、パーリ文のテキストを、さらに引用すべきであろうが、以下の個所については異読（片山一良『原始仏教』第七号、中山書房仏書林、一九九四年、一三七頁、註〔4〕参照）もあり、引用は控えたい。

(162) 〔97〕については、梵文写本における原文は、次の通りである。

ⓐ api khalv evam uktaṃ bhagavatā mahānidā[napa]ryāye(/) vistareṇa yāvad(/) vijñānaṃ ced ānanda nāmarūpapratiṣṭhāṃ na labheta tathāpratiṣṭhite vijñāne anatirūḍhe [--] -- -- -- -- bhavasamudayasamutthāpakaṃ jātijarāmaraṇam abhinirvva[rtteta](/) no bhadanta(/) sarvvaśo vā punar ānanda nāmarūpe asati api nu vijñānaṃ prajñāyeta(/) no bhadanta(/) tasmād ānanda etan nidānaṃ vistareṇa yathā pūrvvoktaṃ(/)（DhSK[D], p.36, *ll*.19-25）

(163) 宇井伯寿『印度哲学研究　第二』岩波書店、一九六五年、二六六—二六七頁参照。

(164) シュミットハウゼン教授は、この表現にもとづいて、「本地分」〔79〕で “tad vijñānaṃ tatra pratiṣṭhāṃ labhate”「その識は、それにおいて、住処を得る」という表現が用いられたと見なされているようであるが（“one passage—closely following the wording of the Mahānidānasūtra” [*Ālaya*, I, p.174, *ll*.15-16]; Cf. *Ālaya*, II, n.1120, n.1121）、適切な指摘であろう。

(165) Cf. SNS[L], p.55, *l*.20, n.19; *Ālaya*, II, n.508.

(166) ただし、仏典において “vuddhiṃ virūḷhiṃ vepullam āpajjeyya” “vṛddhiṃ ... [virūḍhim] vipulatām āpadyeta” という表現は、一般的な

ものであり（Cf. MN, I, p.117, *ll*.35-36)、前註（156）に示したように、「種子経」と多くの一致を有する「ウパヤ経」（SN, III, p.53, *l*.12, *ll*.13-14）にも用いられるばかりでなく、〔93〕で、その経文を引用した『長部』「大因縁経」にも、次のように説かれている。

㋐ viññāṇaṃ va hi Ānanda daharass' eva sato vocchijjissatha kumārassa vā kumārikāya vā, api nu kho nāmarūpaṃ vuddhiṃ virūḷhiṃ vepullaṃ āpajjissatha.（DN, II, p.63, *ll*.11-14) [Cf. AKVy, p.669, *ll*.4-6; DhSK[D], p.35, *ll*.3-6]

㋑ 若識出胎、嬰孩壊敗、名色得増長不。（大正一、六一中一一—一二行）

㋒ アーナンダよ、識が、幼い人にとって、つまり、童子や童女にとって、断じられるならば、はたして名色は、成長と増長と広大に至るであろうか。

しかし、ここでは、“vuddhiṃ...”という表現の主語は、「名色」であって「識」ではないから、この点では『解深密経』〔6〕—〔10〕ⓐと一致しない。また、この記述㋐は、「名色縁識」ではなく、「識縁名色」の説明中に見られるものである。

なお、“vṛddhiṃ virūḍhiṃ vipulatām [āpadyate]”という表現は、大乗仏典でも多用される。Cf. AS, p.65, *l*.19; SP, p.122, *l*.6.

(167)「佐々木」一八九頁下参照。

(168)「佐々木」一七九頁上—下。

(169) Cf. *Ālaya*, I, pp.167-169.

(170)『法蘊論』における、この部分の引用については、後出〔111〕〔112〕参照。

(171) “bhūta”と“saṃbhava-eṣin”の相違については、Cf. AKBh, p.153, *ll*.9-13. そこでは“bhūta”は“upapanna”「〔すでに〕生まれた」（「已生」大正二九、五五中二行〔玄奘訳〕）と説明される。

(172) “tasmiṃ bhūte sati”という語を、『南伝大蔵経』（第一三巻）は、「それ〔識〕あるが故に」（一八頁一〇行）と訳すが、〔107〕ⓑの漢訳「有有故」は、「それ」（tasmin）を「後有」と解しているであろう。

また、ブッダゴーサも、次のように註釈している。

㋐ tasmiṃ bhūte sati saḷāyatanan ti, tasmiṃ punabbhavābhinibbattisaṃkhāte nāmarūpe jāte sati saḷāyatanaṃ hotī ti attho.（*Sāratthappakāsinī*, II, p.31, *ll*.14-16)

㋑「それが生じたならば、六処がある」というのは、それ、つまり、後有の生起（punabbhava-abhinibbatti, punarbhava-abhinirvṛtti）と名づけられる名色（nāma-rūpa）が生じたならば、六処が生じる、という意味である。

即ち、「それ」（tasmin）を、「後有」と解し、その「後有」とは「名色」を意味する、と説明しているのである。この解釈は基本的に正しいであろう。というのも、ここで「それ」が「後有」を意味し、それがまた「名色」を意味するのでなければ、「識」→「名色」

→「六処」という縁起支の系列が成立しなくなるからである。
それ故、〔106〕ⓑにおいては、「後有」は「名色」を意味していると思われる。しかるに、それであるとすれば、この「後有」“punar-bhava”は、『解深密経』〔6〕—〔10〕ⓐの“ātma-bhāva”に相当するであろう。この想定の妥当性は、〔6〕—〔10〕ⓐで“ātma-bhāva”が「生起する」“abhinirvartate”と言われることによっても、確認されると思われる。というのも、〔106〕ⓑでは、「後有」の「生起」“abhi-nirvṛtti”が述べられるからである。

(173) 『清浄道論』にも、ほぼ同文が次のように見られる。
㋐ viññāṇāhāro paṭisandhikkhaṇe nāmarūpaṃ āharati. (VM, p.285, *ll*.9-10)
㋑ 識食は、結生（paṭisandhi）の刹那に、名色をもたらす。

(174) 「生起」“abhinirvṛtti”「出現」“prādurbhāva”という順序での並記は、『解深密経』〔6〕—〔10〕に「自体（ātma-bhāva）が生起し出現する」という表現に認められる。すると、この表現は「パッグナ経」の〝識食〟説の展開であると見ることができるであろう。なお、このことからも、『解深密経』〔6〕—〔10〕ⓐの“ātma-bhāva”が「後有」であり、「名色」であることが知られる。

(175) 「於彼諸色」の原文は、於格形であり、前註(148)㋐の“asyāṃ”に意味として対応するであろう。つまり、「諸色」において、様々な煩悩が「生起」するところの「諸色」が「住」“sthiti”であるというのである。

(176) 法数に従って教理を説明する『長部』第三三経の「衆集経」Saṅgīti-suttaでも、〝四食〟の次に〝四識住〟が説明される（DN, III, p.228, *ll*.3-13）が、この経における〝四食〟の説明は、単に〝段食〟〝触食〟〝意思食〟〝識食〟の名称を挙げただけのものであり、〝識食〟に重点が置かれたものではない。しかし、〝四食〟の後に〝四識住〟が来るという順序は、やはり、ある一定の意味、例えば、その成立の順序を示すというような意味をもっているかもしれない。

(177) Cf. SN, II, p.101, *ll*.3-7.

(178) 「向井」三六頁、「一覧表」（5. v.）参照。

(179) “rgyu”を“rgyu las”の意味に理解した。あるいは、テキストを“rgyu las”と変更すべきかもしれない。

(180) チベット訳は、“skye”または“skyes”であるが、漢訳の「増長」により、ここでは、“√vṛdh”か“vi√ruh”の派生語が原語であろうと考えたが、「有貪経」〔114〕の“patiṭṭhitaṃ viññāṇaṃ virūḷhaṃ”との対応を考慮し、一応“vi√ruh”の派生語を想定して「増長」という訳語を与えた。「種子」“bīja”が「増長する」“vi√ruh”というのは、〝四識住〟説を説く「種子経」〔85〕ⓑの表現とも合致するであろう。ただし、シュミットハウゼン教授の想定は、“vardhate”（*Ālaya*, II, n.504, p.355, *l*.11）である。

(181) 「後有の生等の苦を生起させる」という表現は、「有貪経」〔114〕末尾の「後有の生起がある」に対応しているが、この表現は、〔116〕

〔117〕では、「識縁名色」〝「識」を「縁」として「名色」がある〟という因果関係に対応し、「後有」は、「パッグナ経」〔106〕ⓑにおけると同様、「名色」を意味するであろう。

(182) ⓓ冒頭の「それ」"de"については、「識」ではなく、ⓐ冒頭に出る「四食を如実に見ないもの」と見る解釈も可能であるかもしれない。その場合、"de"は「彼」と訳すべきであろう。チベット訳"de"の原語が"saḥ"という男性形か、"tat"という中性形か確定できないのであるが、"saḥ"ならば「彼」、"tat"ならば「それ（識）」ということになるであろう。ただ、私としては、論旨を考えて、後者の解釈を採用したつもりである。

(183) 「摂事分」において、〔116〕〔117〕を含む段落の次の段落、つまり、「復次、諸有於此四種識中、喜貪未断」（大正三〇、八四〇上二五行）から始まる段落には、「於諸食中」（大正三〇、八四〇中一一行、一二行）"zas rnams la"(D, Zi, 274b7, 275a1)という表現とともに、「於四識住」（同、八四〇上二八―二九行）"rnam par śes paḥi gnas bshir"(D, Zi, 274b3-4)という表現も認められる。なお、この段落冒頭の「復次、諸有於此四種識中、喜貪未断」の「於此四種識中」も対応するチベット訳"zas bshi po rnams la"(D, Zi, 274b2)から考えて、「於四食中」の誤りであろうと思われる。

(184) この等式は、後出の「取経」〔164〕に明確に認められるものである。

(185) 「向井」三六頁、「一覧表」(5. ii.)参照。

(186) 大正蔵経のテキストには、「受」が「愛」（大正三〇、八三九上一九行）となっているが、チベット訳"tshor ba"に従って、「受」と訂正した。

(187) "upaga"の意味については、前註(156)参照。

(188) ⓑの部分については、佐々木氏の和訳「佐々木」（一八五頁下）がある。

(189) テキストには、"-ādānāc ca"とあるが、佐々木氏の訂正（「佐々木」一九五頁下―一九六頁上、註〔30〕）に従う。

(190) シュミットハウゼン教授は、"sa-upādāna"及び"sa-upādāna-vijñāna"の"upādāna"を一貫して"Clinging"と訳されている（*Ālaya*, I, p.69, *l*.24; II, n.504, p.354, *l*.31, p.355, *l*.22)。

ただし、教授が、"sa-upādāna-vijñāna"の語義を、

vijñāna still clinging (emotionally and intellectually) to the other constituents of personal existence (*Ālaya*, I, p.69, *ll*.29-30)

と説明される点は、注目される。というのも、ここで"the other constituents"というのは、「識」以外の四蘊を指すと思われるが、ここで教授は、"upādāna"の語義を、「取られるもの」（四蘊）とともに、説明されているからである。私が以下に述べるのは、"sa-upādāna-vijñāna"においては、「取られるもの」（四蘊）こそが"upādāna"ではないのかということなのである。

(191) 「佐々木」一九五頁上、註(18)参照。

(192) "upādāniya"が「所取」と漢訳されることがあることは、『相応部』一二—五二経である「取経」Upādāna-sutta の次の記述によって確認される。

㋐ upādāniyesu bhikkhave dhammesu assādānupassino viharato taṇhā pavaḍḍhati// (SN, II, p.84, *ll*.25-26)

㋑ 於所取法、味著顧念、心縛著増。(大正二、八〇中一五—一六行)

㋒ upādānīyeṣu dharmeṣv āsvādānudarśino viharatas tṛṣṇā pravardhate/ (FSN, p.91, *ll*.7-8)

㋓ 比丘たちよ、所取の(取られるべき)諸法において、楽味(assāda)を随観しつつ住する人には、渇愛(taṇhā, tṛṣṇā)が増大する。

また、これ以外にも、"upādāniyesu dhammesu"が「於所取法」と訳される例(大正二、七九中二四行、七九下二行)がある。それ故、"upādāniya"は、後出「菩薩地」〔152〕及び『倶舎論』〔156〕で用いられる"upādānīya"という梵語に対応するパーリ語であって、"upā√dā"の未来受動分詞(gerundive)であり、「取られる〔べき〕もの」を意味すると思われる。『梵和大辞典』も"upādānīya"を未来受動分詞としている(『梵和』二七七頁)。なお、後論するように、〔152〕の"upādānīya"のチベット訳は、"ne bar len pa daṅ mthun pa"(D, Wi, 29a7)である。

なお、ヴァルトシュミット Waldschmidt 教授は、"Identifizierung einer Handschrift des Nidānasaṃyukta aus den Turfanfunden"(ZDMS, 107, 1957)で、"upādānīya"を"die zum Zuffassen reizen"(p.384, *ll*.2-3; p.384, n.1)と訳され、この訳語は、トリパーティー Tripāṭhī 教授によっても踏襲された(FSN, p.83, *ll*.9-10; p.83, n.9)。また、CPD も、"associated with, fit for, favourable to grasping, attachment"(p.492)という訳語を示しているが、これもヴァルトシュミット教授の理解に従っている。その教授の理解とは、ブッダゴーサの『アッタサーリニー』における次のような説明にもとづくものである。

㋔ ārammaṇabhāvaṃ upagantvā upādānasambandhanena upādānānaṃ hitā ti upādāniyā/ upādānassa ārammaṇapaccayabhūtānaṃ etam adhivacanaṃ/ (*Atthasālinī*, p.42, *ll*.21-23)

㋕ 所縁(ārammaṇa, ālambana)であることに到達してから(upagantvā)取(upādāna)を結合させることによって、諸の取にとって有益(hita)なものであるから、"upādāniya"である。これは、取の所縁・縁(paccaya, pratyaya)となっているものの同義語である。

ここでは、"ālambana" "pratyaya"という語によって、"upādāniya"が"upādāna"の〝対象的基体〟であることが、強調されているが、"hita"を"favourable"とか"fit for"と解することによって、ヴァルトシュミット教授の"[zum Zuffassen] reizen"というような理解が成立するのであろう。しかし、このような解釈には、「所取」という漢訳語が参照されていない。しかし、ブッダゴーサが“upādāniya”を“upādātabba”（*Sāratthappakāsinī*, II, p.270, *l*.24）、つまり、「取られるべきもの」と註釈していることは、CPD（p.492）の指摘する通りである。私見によれば、この註釈こそが正解なのである。また、㋔の“upādānānaṃ hitā”は、「諸の取によって置かれるもの（基体）」とも読める筈である。

なお、㋐において、“upādāniya”が“upādāniyesu dhammesu”というように於格形で示されていることは、“upādāniya”が〝基体〟であることを示している。つまり、「取られるもの」は〝基体〟であるという理解は、ここでも成立する。この点は、ブッダゴーサが㋐の“upādāniyesu”を、次のように註釈することからも知られるであろう。

㋖ upādāniyesu ti catunnaṃ upādānānaṃ paccayesu tebhūmakadhammesu.（*Sāratthappakāsinī*, II, p.81, *ll*.17-28）

㋗ “upādāniyesu”とは、四取の縁（paccaya, pratyaya）である三地（三界）の諸法において、〔という意味〕である。

ここでは、〝欲取〟〝見取〟〝戒禁取〟〝我語取〟の〝四取〟によって「取られるもの」が「縁」“pratyaya”と呼ばれているが、“upādāniyesu”という於格表現を考慮すれば、ここでも、“pratyaya”は〝基体〟を意味すると思われる。

なお、〔127〕においても、「そこにおける」“tattha”（tatra）という語は、“upādāniya”が〝基体〟であることを示している。

(193) この説明は、佐々木氏によって示されたように（「佐々木」一八一頁下―一八二頁上）、『阿毘達磨集論』の次の一節にもとづいている。

㋐ 何故名取蘊。以取合故、名為取蘊。何等為取。謂諸蘊中、所有欲貪。（大正三一、六六三上二〇―二二行）

㋑ ciḥi phyir ñe bar len paḥi phuṅ po rnams shes bya she na/ ñe bar len pa daṅ ldan pas deḥi phyir ñe bar len paḥi phuṅ po rnams shes byaḥo// ñe bar len pa gaṅ she na/ ḥdir ḥdun pa daṅ/ ḥdod chags gaṅ yin paḥo//（D, Ri, 45a3）

㋒ 何故、〔五〕取蘊（upādāna-skandha）と言われるのか。取（upādāna）を具えているので、取蘊と言われる。取とは何か。これ（五取蘊）における欲貪（chanda-rāga）なるものである。

また、『喩伽師地論』「本地分」にも、「欲貪」を「取」であるとする説明が見られる。即ち、〝縁起〟の「区別」“vibhāga”を説明する一段（YBh, p.204, *l*.1-p.212, *l*.4; 大正三〇、三二一中二行―三二四上一五行）で、十二の縁起支を説明する際、「取」支を〝欲取〟〝見取〟〝戒禁取〟〝我語取〟の〝四取〟として説明し、その「取」“upādāna”とは、「欲貪」“chanda-rāga”であると規定している。即ち、次の通りである。

㋓ kāmopādānaṃ katamat/ yaḥ kāmeṣu cchandarāgaḥ/ dṛṣṭyupādānaṃ katamat/ satkāyadṛṣṭiṃ sthāpayitvā tadanyāsu dṛṣṭiṣu cchandarāgaḥ/ śīlavratopādānaṃ katamat/ śīlavrate（orig. -vrata-）mithyāpraṇihite yaś chandarāgaḥ/ ātmavādopādānaṃ katamat/ satkāyadṛṣṭau yaś chandarāgaḥ/（YBh, p.208, *ll*.14-17）

㋔　欲取云何。謂於諸欲、所有欲貪。見取云何。謂除薩迦耶見、於所余見、所有欲貪。戒禁取云何。謂於邪願所起戒禁、所有欲貪。我語取云何。謂於薩迦耶見、所有欲貪。（大正三〇、三一三中一七—二二行）

㋕　欲取（kāma-upādāna）とは何か。何であれ、諸の欲（kāma）における欲貪（chanda-rāga）なるものである。見取（dṛṣty-upādāna）とは何か。有身見（satkāya-dṛṣṭi）を除いて、それ以外の諸の見（dṛṣṭi）における欲貪である。戒禁取（śīla-vrata-upādāna）とは何か。何であれ、誤って願ぜられた戒禁（śīla-vrata）における欲貪なるものである。我語取（ātma-vāda-upādāna）とは何か。何であれ、有身見における欲貪なるものである。

さらに、『清浄道論』も、次のように、十二支縁起の「取」支としての「取」“upādāna”を〃四取〃として説明し、その“upādāna”の語義を、

㋖　upādānan ti daḷhagahaṇaṃ.（VM, p.487, *ll*.7-8）

㋗　“upādāna”というのは、堅く把えること（daḷha-gahaṇa, dṛḍha-grahaṇa）

と規定している。これは、「欲貪」“chanda-rāga”を“upādāna”と見る「本地分」㋓の解釈に近いものであろう。この点は、『清浄道論』が〃四取〃の中の「欲取」を、次のように説明することによっても、知られる。

㋘　yo kāmesu kāmacchando kāmarāgo kāmanandi kāmataṇhā kāmasneho kāmapariḷāho kāmamucchā kāmajjhosānaṃ, idaṃ vuccati kāmupādānam iti āgatattā saṅkhepato taṇhādaḷhattam vuccati.（VM, p.487, *ll*.19-22）

㋙　何であれ、諸の欲における、欲欲（kāma-cchanda）・欲貪（kāma-rāga）・欲喜（kāma-nandi）・欲渇愛（kāma-taṇhā）・欲湿潤（kāma-sneha）・欲熱悩・欲昏迷・欲取著なるもの、これが、欲取である、と伝承されているが故に、要約すれば、渇愛の激しさ（taṇhā-daḷhatta）であると言われる。

ここでは“chanda”“rāga”や「種子経」〔85〕にも用いられた「喜」“nandi”という語によって、「取」“upādāna”が説明されている。以上の諸文例は“upādāna”を「取られるもの」ではなく、「欲貪」、または「渇愛」、つまり、〃取ること〃〃取る作用〃〃執着〃と解する点で、「取経」〔127〕及び「満月経」〔128〕に一致していると思われるが、この点は、次に示される『倶舎論』の“upādāna”理解も同様であろう。

㋚　ta eva punaḥ saṃskṛtā dharmāḥ
　　ye sāsravā upādānaskandhās te/（I, k.8ab）

atạḥ kiṃ siddham/ ya upādānaskandhāḥ skandhā api te syuḥ skandhā eva nopādānaskandhāḥ/ anāsravāḥ saṃskārā iti/ tatra upādānāni kleśāḥ/ (AKBh, p.5, *ll*.7-10)

㋛ 於此所説有為法中、頌曰。

有漏名取蘊、……

論曰。此何所立。謂立取蘊、亦名為蘊。或有唯蘊、而非取蘊、謂無漏行、煩悩名取。〔大正二九、二上二〇―二五行〕〔玄奘訳〕

㋜ また、ほかならぬ、その有為（saṃskṛta）の諸法で、

何であれ、有漏（sa-āsrava）なるもの、それらが、取蘊（upādāna-skandha）である。〔第一章第八偈ａｂ〕

これによって、何が成立したのか、何であれ、取蘊なるもの、それらは、〔必ず〕蘊（skandha）でもある。〔しかし、〕蘊であるだけで、取蘊ではないものがあるであろう。〔それらは〕無漏（an-āsrava）の諸行である。そこで、諸の取（upādāna）とは、諸の煩悩（kleśa）である。

即ち、ここでは、「取」“upādāna”は、「漏」「煩悩」であると説明されている。

upādāna＝āsrava＝kleśa

従って、“upādāna”が「取られるもの」ではなく、“取ること”“取る作用”、つまり、“執着”と解されていることは、明らかだと思われる。

しかるに、これに対して、極めて異色だと思われるのが、『根本中頌』の“upādāna”理解なのである。後論するように、私は、『根本中頌』に多数用いられる“upādāna”の語は、すべて「取られるもの」を意味すると考えるのであるが、「本地分」㋓、『清浄道論』㋖との関連で、注目すべき記述を、『根本中頌』から一つ示すことにしよう。

㋝ tṛṣyamāṇa upādānam upādatte caturvidham/ (MK, XXVI, k.6cd)

㋞ 彼は、渇愛しているとき、四種の取（upādāna）を取る（upādatte）。

この偈は、“十二支縁起”を説く第二六章に含まれ、「取」支を説明するものである。その内容は、「本地分」㋓や『清浄道論』㋖における「取」支の説明と同様、「取」を“四取”として説明するものであるが、驚くべきことに、ここでは、「取」“upādāna”は「取られるもの」を意味している。というのも、「取を取る」“upādānam upādatte”と言われている以上、“upādāna”は「取る」の目的語であると考えられるからである。従って、『大乗中観釈論』でも㋝を、

㋟ 従愛生於取　所取有四種。〔『高麗大蔵経』四一、一六九上一二行〕〔『中論偈頌総覧』八七五頁〕

と訳し、ここで“upādāna”とは、「所取」、つまり、「取られるもの」であるという解釈を示しているのである。この解釈は妥当であろう。即ち、『根本中頌』は“縁起支”たる「取」を“四取”として説明するにもかかわらず、それを「取られるもの」と規定している

のである。もっとも、㋟は、㋝の"tṛṣyamāṇa"を"tṛṣyamāṇaḥ"ではなく"tṛṣyamāṇe"と解し、㋝を、

㋠　渇愛しているとき、取（upādāna）がある。取られたもの（upādatta）において、四種〔の取〕がある。

と読んだ結果であると考えられるかもしれない。しかし、このような読み方は、"ñe bar len rnam pa bshi po ñer len ḥgyur"（D, Tsa, 17b2）というチベット訳によっても、また、註釈（『仏護註』*Buddhapālitavṛtti* [D, Tsa, 276b7-277a1]、『般若灯論』*Prajñāpradīpa*〔D, Tsha, 251b2-4〕、『明句論』〔Pras, p.555, *ll*.8-9〕）によって、支持されない。即ち、『明句論』では、"upādatte"を"parigṛhṇāti"「取る」と言い換えているし、『般若灯論』では、㋝の"upādāna"を、

㋡　ñe bar len pa shes bya ba ni ñe bar blaṅ ba yin pas ñe bar len paḥo//（D, Tsha, 251b3）

と註釈しているのである。この㋡の傍線を付した部分の原文は、おそらく『明句論』〔47〕冒頭にある"upādīyata ity upādānam"、つまり、"ñe bar blaṅ bar bya bas na/ ñe bar len pa ste"（D, Ha, 73b1）とチベット訳される表現と一致しているか、類似していると思われるので、㋡は、

㋢　〔偈中の〕"upādāna"とは、取られる〔ものである〕から、取なのである（upādīyata ity upādānam）。

と訳しうるであろう。

すると、「取られるから、取である」"upādīyata ity upādānam"というのは、バーヴィヴェーカBhāvivekaやチャンドラキールティに共通する中観派の一般的な"upādāna"理解、おそらくは『根本中頌』の"upādāna"の用法にもとづく"upādāna"理解ということになるであろう。しかるに、これは"upādāna"を「欲貪」「渇愛」「煩悩」、つまり、〝取ること〟〝執着〟と見る瑜伽行派の"upādāna"理解とは、異なるのである。

(194)　大正三〇、八三八下六行―八三九上一〇行。

(195)　同右、八三八下二八―二九行、D, Zi, 271b4-5.

(196)　同右、八三八下六行―八三九中四行。

(197)　前註(148)㋒の「此中」と同様、「此中」の原語は、前註(148)㋐『倶舎論疏』の"asyām"というような形であろう。

(198)　「摂受不離」とは、「識」が他の四蘊を「摂受」、つまり、"upā√dā"し、その四蘊から〝離れない〟（anapakrānta）ことを言うのであろう。

(199)　この記述は、前註(148)の㋒の後に続くものであることに、注意したい。

(200)　*Ālaya*, I, p.69, *ll*.22-24. なお"upādāna=āsrava"という等式は、前註(193)㋚の『倶舎論』の記述に示されている。

(201)　Cf. *Ālaya*, II, n.496.

(202)『国訳一切経』毘曇部、一二、一一六頁、註(28)参照。なお、漢訳『施設論』に対応するチベット訳『因施設』*Kāraṇaprajñapti* (P, No.5588)にも、また『世間施設』*Lokaprajñapti* (P, No.5587)や『業施設』*Karmaprajñapti* (P, No.5589)にも、私は、現在までの所、該当する文章を発見することはできない。

(203)『国訳一切経』毘曇部、四、二八一—二八二頁、二八七頁、註(106)参照。

(204) Cf. *Ālaya*, II, n.490 (note 2).

(205) “paribhāvitam”に対応する語は、四つの漢訳には存在しないように見えるが、チベット訳には、“ḥdu byed de dag gis yoṅs su bsgos paḥi sems kyi sa bon” (P, Li, 102b2)とあり、“avaropitam”の代りに“paribhāvitam”の訳語が存在する。また、最古の漢訳である後出の〔145〕には、「心善自修」とあり、「心」は“cittam”の訳語、「修」は“paribhāvitam”の訳語であろう。

(206) 四つの漢訳〔145〕〔146〕〔147〕〔148〕に、それぞれ「神識是種」「識為種子」「識為種子」「識為種」とあるので、後出の「有経」〔150〕との関係も考えて、“vijñānabījam”を一応、補うことにした。

(207) “-pariṣyanditam”の個所のテキストを、いかに考えるべきか問題であろう。近藤本は、“-pariṣyandinam” (p.97, *l*.6) とし、Rahder本は、“-pariṣyandanataḥ” (p.48, *l*.11) としている。しかし、いずれの読みも、私見によれば、意味が通じない。というのも、ここには、“citta-bījam”を形容するものとして、どうしても中性単数主格の表現があるべきだと思われるからである。そこで、漢訳等を考慮すれば、“-pariṣyandanam”というような形が想定されるが、この想定は、写本によって支持されない。しかるに、近藤本の脚註 (p.97, n.21) によれば、“T”つまり、東大高楠写本では、この個所は、“-paridhyanditam”とあるとのことである。

この“-paridhyanditam”は“-pariṣyanditam”の誤りであると思われるから、ここでは一応、“-pariṣyanditam”という読みを採用することにしたい。

(208) “citta-bīja”が、ここでは tatpuruṣa 複合語として「心の種子」を意味するのではなく、karmadhāraya 複合語として「心という種子」つまり、〝「心」=「種子」〟を意味することを理解する必要がある。即ち、ここでは「種子経」〔85〕と同様、〝「心」(「識」)=「種子」〟なのである。

(209) チベット訳には、“sems kyi sa bon zag pa daṅ bcas pa daṅ/ ñe bar len pa daṅ bcas pa” (P, Li, 102b2-3) とある。

(210) この「有経」については、ラモット教授の説明 (*Le Traité de la Grande Vertu de Sagesse*, 1944sq, p.1153) を参照。

(211) “kammaṃ ... sineho”は、『十地経』〔144〕を見れば分るように、後には“karma-kṣetram vijñāna-bījam tṛṣṇā-sneham”というような形で伝承されるようになったのであろう。〔151〕の「罪為地、識為種、欲為愛」という訳し方を考えると、安世高訳〔151〕の原典において、すでに、このような変化は起っていたかもしれない。

(212) "avijjānīvaraṇānaṃ" も、後には〔144〕に見られる "avidyāndhakāraṃ" というような形で伝承されるようになったであろう。安世高訳〔151〕の「痴為冥」も、「冥」という訳語から考えて、この形を原語としているように思われる。

(213) この表現は、"hīnāya" を "majjhimāya" "paṇītāya" に代えて、さらに二回繰返される（AN, I, p.223, *ll.*30-33, p.224, *ll.*2-6）。つまり、欲界・色界・無色界のすべてが意味されているのである。

(214) 「有経」の『稲芉経』*Śālistambasūtra* への影響については、ラモット教授の説明（*Le Traité de Grande Vertu de Sagesse,* p.1152）参照。

(215) 〝三界の諸法〟が "upādāniya"「取られるもの」、つまり、〝基体〟とされることについては、前註（192）の㊃参照。

(216) Cf. D, Wi, 29a7. 従って、"upādānīya" は、"ñe bar len pa daṅ mthun pa"「取に随順するもの」と訳されていることになる。

なお、シュミットハウゼン教授が、"sa-āsravaṃ sa-upādānīyam" を、何故 "under the sway of Cankers and Clinging"（*Ālaya*, II, n.540, p.362, *ll.*16-17）と訳されたのか、私は理解できない。"upādānīya" が "clinging" を意味するとは思えないからである。

(217) 前註（103）に示したように、"vastu" という語自体が、〝基体〟という意味をもっているというのが、私の基本的理解である。

(218) "dṛṣṭi-sthānīyaṃ vastu" という表現を、シュミットハウゼン教授は、"its object ... liable to give rise to [such] a wrong view"（*Ālaya*, II, n.540, p.362, *ll.*21-22）と訳され、宇井博士は、「自らの見の基づく事物」（『梵漢対照　菩薩地索引』鈴木学術財団、一九六一年、五二頁）と訳されるが、いずれの訳も認められるであろう。というのも、漢訳〔154〕〔155〕の「自見処事」によっても示されるように、この表現は、「見」"dṛṣṭi" が「依事」"vastu" を〝基体〟とする於格的関係を示しているのであり、それ故、"vastu" は〝基体〟であるが故に、〝超基体〟である "dṛṣṭi" を〝生じる〟と考えられるからである。ただし、"-sthānīyaṃ vastu" という表現が、"vastu" の〝基体〟性を明示していることを理解することが、ここでは重要であり、その点では、於格的関係を明示している宇井博士の訳の方が評価されるであろう。もっとも、いずれの翻訳も、"vastu" という語に〝基体〟という意味があることには注目していない。

(219) "pratītya" は、"pratyaya" とともに、〝超基体⊥基体〟という於格的関係を示すのに用いられる語である。つまり、〝Aに pratītya（縁りて）Bがある〟〝AはBの pratyaya である〟といえば、〝B⊥A〟という於格的関係が示されるのである。従って、〔152〕において、"vastu pratītya" という表現は、"vastu" が〝基体〟であることを明示している。

(220) 前註（192）参照。

(221) 大正二、九中八行、一一中二行、一五中八行、一六中一四行等参照。また、後出〔162〕参照。

(222) 『明句論』〔47〕参照。

(223) "khila-mrakṣa" は難解な語である。そのチベット訳は "tha ba daṅ sbags pa"（P, Gu, 195a7）であり、ラ・ヴァレ・プッサン教授

は、"cetaḥ-khila-mrakṣa-vastu"全体を"la cause des endurcissements de la pensée et de l'hypocrisie"（*L' Abhidharmakośa de Vasubandhu*, III, 1924, p.20, *ll*.4-5）と訳される。これは、〝心の硬化と欺瞞の原因〟というような意味であろうか。

(224) ここでも、"vastu"が〝基体〟を意味することは、真諦訳〔157〕の「所依」、チベット訳の"gshi"（P, Gu, 195a7）によって示されている。

(225) Cf. P, Ñu, 15b2-16a1.

(226) P, Chu, 12b3, b4, b4-5.

(227) P, Ñu, 15b5, b8.

(228) P, Tu, 239a3〔二例〕.

(229) 前註（98）の㋑参照。

(230) 『国訳一切経』毘曇部、二六上（西義雄訳）、二二〇頁、註（135）参照。本庄良文『倶舎論所依阿含全表Ⅰ』一九八四年、五三頁。

(231) 「有漏是取」という訳語は、『雑阿含経』において、〔162〕の次の経、つまり、第五六経にも、二回（大正二、一三中二六行、二七行）認められるが、この経には、「無漏非受」（同、一三中二九行、一三下一行）という訳語も見られる。「非受」の原語は、"an-upādānīya"であろうか。

(232) "upādānīya"が「所取」（取られるもの）ではなく、「随順諸取」と漢訳され、"ñe bar len pa daṅ mthun pa"「取に随順するもの」とチベット訳された理由は、前註（192）㋔のブッダゴーサの文章に示されたような"upādānīya"に関する理解、つまり、「取にとって有益なもの」という理解が、翻訳者たちに知られていたからであろう。また、その場合、"upādānīya"は"upā√dā"の未来受動分詞ではなく、"upādāna"に taddhita 接尾辞が付せられたものと考えられたのであろう。

(233) "sa-āsravaṃ sa-upādānam"という形について言えば、「声聞地」〔143〕「有漏有取……一切諸蘊」の「有取」の原語は"sa-upādāna"であることが梵文写本によって確実であるから、少なくとも、この漢訳、及びチベット訳の原典に"sa-āsrava"と"sa-upādāna"の列挙が示されていたことは、明らかであろう。

また、BHSD（p.145）が、指示するように、『ラリタヴィスタラ』*Lalitavistara*（Lefmann ed.）には、次の表現がある。

㋐ nāpi saṃskṛtānāṃ sāsravānāṃ sopādānānāṃ dhyānasamādhisamāpattīnāṃ doṣo datto bhavet//（p.244, *ll*.2-3）

㋑ 有為（saṃskṛta）・有漏（sa-āsrava）・有取（sa-upādāna）の禅・三昧・等至の過失も、与えられないであろう。

これに対応するチベット訳は、次の通りである。

㋒ ḥdus byas zag pa daṅ bcas pa ñe bar len pa daṅ bcas paḥi bsam gtan daṅ tiṅ ṅe ḥdsin daṅ sñoms par ḥjug pa dag kyaṅ sun phyuṅ bar ma gyur gyis/（P, No.763, Ku, 138b5-6）

つまり、梵本、及びチベット訳の原典にも、“sa-āsrava”と“sa-upādāna”が列挙されているのである。しかし、対応すると思われる漢訳には、次のようにある。

㊀ 爾乃降伏講有無法、一心脱門三昧正定、超其所学。（大正三、五一〇中六―七行）〔『普曜経』〕

㊁ 云何能顕彼所修行諸定過失。（同右、五八〇上二七―二八行）〔『方広大荘厳経』〕

ここで「講有無法」「所修行」とあるのは、㋐の“saṃskṛtānāṃ”に対応しているようであるが、いずれにせよ、㊀㊁の原典に、“sa-āsrava”も“sa-upādāna”も、存在しなかったことは、確実であろう。つまり、両者を列挙する“sa-āsravaṃ sa-upādānam”というような表現は、あるものが否定的価値をもつことを示すための便利な表現として、本来のテキストに付加されていったのであろう。

(234) PTS本では“ārammaṇa paṭhaviyaṃ”となっていたので、私には読解ができなかった。そこで、片山一良先生にお尋ねしたところ、先生は他の諸本を調べてくださり、“ārammaṇapaṭhaviyaṃ”と読むべきであることを、当該個所の和訳とともに、御教示頂いた。片山先生には、深く御礼申し上げたい。

(235) まず、『スッタニパータ』第四七四偈ｃには、次のようにある。

㋐ ārammaṇā yassa na santi keci/（Sn, p.84）

㋑ ある人にとって、いかなる所縁（ārammaṇa, ālambana）も存在しないところの人（如来）、

この「所縁」という語について、ブッダゴーサは次のように註釈する。

㋒ ārammaṇā ti paccayā.（*Paramatthajotikā*, p.410, *l*.3）

㊀ 諸の所縁とは、諸の縁（paccaya）である。

このうち、㋐の“ārammaṇa”を村上真完氏は、「対象（所縁）」（村上真完・及川真介『仏のことば註㈢』一二六頁九行）と訳されるが、ここで“ārammaṇa”は、直前に“āsaṃ anissāya”「願望〔の対象〕に依存しないで」とあるから、所謂〃認識の対象〃の意味ではなく、〃依り所〃〃基体〃という意味であろう。ブッダゴーサは、この“ārammaṇa”（ālambana）を“paccaya”（pratyaya）と置き換えたのであるが、本論でも繰返し述べているように、“pratyaya”も〃依り所〃、つまり、〃基体〃を意味すると思われる。

なお、興味深いことに、『スッタニパータ』の次の偈（第四七五偈ｃ）には、次の表現がある。

㊁ santo upādānakhaye vimutto/（Sn, p.84）

㋕ 寂滅し、取（upādāna）の滅尽において、解脱した人、

しかるに、これに対して、ブッダゴーサは次のように註釈する。

㊄ upādānakkhaye vimutto ti nibbāne nibbānārammaṇato vimutto nibbānārammaṇavimuttilābhī ti attho/（*Paramatthajotikā*, p.410, *ll*.7-8）

㋗ "upādānakkhaye vimutto" とは、涅槃（nibbāna）において、涅槃の所縁（nibbāna-ārammaṇa）から解脱したものであり、涅槃の所縁からの解脱を得た人という意味である。

ここで、「取の滅尽」が、「涅槃」であると言われているのは確かであるが、その場合の「取」"upādāna" を『スッタニパータ』の作者ではなく、ブッダゴーサ自身は、〝執着〟と見ているであろうか、それとも「取られるもの」と考えているであろうか。私は後者の可能性もあると思うのである。その理由は、次の通りである。即ち、「取の滅尽」が㊄において「涅槃」であると註釈されていることは、確かである。しかし、私には、この言葉の置き換えによって、「取の滅尽」という語に対するブッダゴーサの註釈が完了しているとは思えないのである。つまり、「解脱した」"vimutta" という語は、「涅槃の所縁から解脱した」という表現によって註釈されているのであるが、ここで「所縁」"ārammaṇa（ālambana）" という語を出したのは、「取の滅尽」の「取」"upādāna" を意味したものではないかと思われる。とすれば、ここで "upādāna" は "ālambana" 同様、「取られるもの」〝基体〟であり、おそらくは〝五蘊〟を意味するであろうと思われる。

(236) Cf. *Sāratthappakāsinī*, II, p.81, *ll*.30-31.

(237)〔164〕を含む「取経」の他の部分は、前註（192）㋐に示されているが、そこでは、「取られるもの」が、"upādāniya" と呼ばれている。ということは、この経では、「取られるもの」が "upādāniya" とも "upādāna" とも呼ばれたことを示している。

(238) 以下のテキスト〔166〕〔168〕は、それぞれ、ゴーカーレ Gokhale 教授の校訂による *Śālistambasūtra*（*Mahāyana-sūtra-saṃgraha*, I, Buddhist Sanskrit Texts, No.17, 1961, pp.108-116）の二つの経文（ⓐ p.113, *ll*.20-22, ⓑ p.112, *ll*.14-17）に一致する。ただし、〔166〕に限っては、〔166〕冒頭の "agnir upādāna<u>pratyaye</u> sati jvalati, upādānavaikalyān na jvalati" が、ゴーカーレ教授校訂テキストのⓐでは、"agnir upādānavaikalyān na jvalati, upādānāvaikalyāc ca jvalati"（p.113, *ll*.20-21）となっている。この読みは漢訳（大正七一〇番）の「譬如、無薪火則不生。有薪則火生」（大正一六、八二〇下二四―二五行）によって支持される。ただし、『明句論』の "pratyaya" という読みが漢訳によって全く支持されない訳ではない。ある漢訳（大正七一一番）には、「譬如其火、因及衆縁、若不具足、而不能燃。因及衆縁具足之時、乃可得然」（大正一六、八二五下一七―一九行）とあるからである。

(239)「業と煩悩は、識という種子を生じる（janayanti）」という表現に、私は疑問を感じる。即ち、この表現が、「無明」→「行」→「識」という縁起支の因果関係を意識していることは確実であろうが、しかし、「業」（「行」）は、ここでは「田」とされている。「田」は果して「種子」を〝生じる〟ものであろうか。また、「業と煩悩」の「煩悩」とは、〝湿潤するもの〟としての「渇愛」と〝覆植するもの〟

としての「無明」であるとされているようであるが、しかし、〝湿潤するもの〟、例えば、水が「種子」を〝生じる〟であろうか。

この点で私は、漢訳〔169〕の「生長」という訳語、おそらく「生じる」〝janayanti〟に対応しているであろう訳語を興味深く思うのである。「生長」とは、〝生じること〟と〝成長させること〟の両者を意味するか、または、〝成長させること〟だけを意味するであろう。しかるに、「種子経」〔85〕〔86〕では、「種子」については、〝成長すること〟だけが言われ、〝生じること〟は述べられていないのである。従って、漢訳の「生長」に従い、〔168〕の〝janayanti〟の個所に、例えば〝vardhayanti〟「成長させる」とでも書かれていれば、〔168〕の論旨も、極めて明快になると思われる。つまり、「田」や水は「種子」を〝生じるもの〟ではなく、〝成長させるもの〟と考えられるからである。

勿論、私は〔168〕において、〝janayanti〟を〝vardhayanti〟に訂正すべきだと主張しているのではない。この読み方は、他の漢訳の訳語、つまり、「能生」（大正一六、八二〇中二二―二三行）、「発生」（同、八二二下二一行）、「能生」（同、八二五中一〇行）を見ても、申し分ないものと思われる。それ故、私が言いたいのは、『稲芉経』〔168〕の「種子を生じる」という表現、私見によれば、不自然な表現は、本来「種子経」の「種子」（識）の〝成長〟に関する比喩を、無理に「無明」→「行」→「識」という十二支縁起説に合致するように適用した結果ではないのかということなのである。このように見れば、『稲芉経』〔168〕は、やはり「種子経」〔85〕〔86〕の影響下にあると考えることができるであろう。

(240) 〝avakirati〟には、〝撒く〟という意味とともに、おそらく〝覆う〟という意味もあるのであろう。『梵和』（三七六頁左）によれば、〝avakirati〟には「覆植」以外にも、「覆蓋」という漢訳語があるとされているからである。

なお、この〝avakirati〟の語義は、『十地経』〔144〕の〝[avidyā-]andhakāra〟及び「有経」〔150〕の〝[avijjā-]nivaraṇa〟との関係で、理解する必要があるであろう。というのも、〔144〕の〝andhakāra〟は、「覆蔽」（〔146〕〔147〕）とも、「闇覆」（〔148〕〔149〕）とも訳されるからである。つまり、〝無明〟は〝覆うもの〟と見なされているのである。この点は、チャンドラキールティにおいても同様である。Cf. Pras, p.492, *l*.10, MABh, D, Ha, 254b5. また、拙著『チベット仏教哲学』大蔵出版、一九九七年、二四六頁参照。

(241) 〝四識住〟説は、ある意味では〝五蘊〟説と相容れない。というのも、〝五蘊〟説では〝五蘊〟の各々は同列に見なされているが、〝五蘊〟のうち、「識」を他の〝四蘊〟と区別し、後者は前者の〝基体〟であるとしたとき、始めて〝四識住〟説が成立するからである。この点で、次の中村博士の論述（これは、(68)で梶山博士が言及された論述である）は重要であろう。

㋐ さらに認識作用が根源的なものであるという見解が五つの構成要素の説と結合すると、〈四識住〉（四つのものに認識作用がとどこおること）という観念が成立した。すなわち人間存在を構成する五つの構成要素のうち、四つのもの（物質的なもの、感受作用、表象作用、形成作用）のうちに認識作用がとどこおっているが、とどこおることが無くなれば、解脱が得られるというのである。

もともと五つの構成要素は同じ次元において考えられたものであるが、この説においては認識作用に究極的な意味を認めているのである。

ところで以上の諸の立言において〈認識作用〉として叙述されているものは、〈空〉の境地を思わせるものであるが、〈空〉の境地が認識作用（識）であるということは、後世の唯識哲学の基本的な思想である。後世の唯識説に導くであろうような唯心論的、観念論的な見地がすでにここに用意されていたと考えることができるであろう。（『原始仏教の思想　下』一四〇頁）〔傍線＝松本〕

即ち、“四識住”説の基盤には、「識」を特別視し、「識」が根源的なものであるという考え方が確かにあるのであり、それは、“五蘊”を「同じ次元において」考える“五蘊”説、敢て言えば仏教的な“五蘊”説とは本来、発想の源を異にしていると思われるのである。また、この論述㋐の第二段落冒頭の「ところで」から「基本的な思想である」という説明に、私は賛成できないのであるが、しかし、“四識住”説において、すでに「後世の唯識説に導くであろうような唯心論的、観念論的な見地」が用意されていたという指摘は、鋭いものと言えるであろう。私自身も、『解深密経』〔6〕—〔10〕の所説を、基本的には“四識住”説の発展と見なすからである。

(242)「取経」では、〔164〕よりも後の個所で、次のように言われている。

㋐ evañhi so bhikkhave mahā aggikkhandho purimassa ca upādānassa pariyādānā aññassa ca anupāhārā anāhāro nibbāyeyya// (SN, II, p.85, *ll.*23-25)

㋑ 諸比丘、若彼火聚熾然、不増樵草、諸比丘、於意云何。彼火当滅不。答言。如是世尊。（大正二、八〇中一七—一九行）

㋒ かくして比丘たちよ、その大火聚は、以前の取（upādāna）が消尽し、他の取がもたらされないことの故に、食（āhāra）なくして消えるであろう。

なお、ここでも、“upādāna＝āhāra”という等式が成立している。

(243)『大乗中観釈論』では、〔170〕は、次のように訳されている。

㋐ 如説薪火法　能所取亦然。（大正三〇、一五六中五行）

この「能所取」とは、後出〔180〕の“upādāna”“upādātṛ”が『大乗中観釈論』で、それぞれ「所取」「能取」と訳されることから考えても、「能と所との取」、つまり、「能取」と「所取」と読むべきものであり、従って、“upādāna”は、㋐で実質的には、「所取」と訳されていることが知られる。つまり、〔170〕の“upādāna”は、『大乗中観釈論』では、「取られるもの」と理解されているのである。

(244) 高崎博士の論文「upādāna について」（略号「高崎〔三〕」）は、『根本中頌』において、“upādāna”という語が「取られるもの」を意味することを指摘した重要な論文である。しかし、博士は、この論文において、『根本中頌』において“upādāna”という語は、すべて「取られるもの」を意味するという extreme までには至っておられない。というのも、博士は、次のように言われるからである。

〔以下の論述で『中論』とは、MK、つまり、『根本中頌』を指している〕

㋐　ところで、素材と、それを取る者、あるいは、それに依る者との間には「取る」「依る」という作用が媒介となっている。この作用を除いては、素材と取る者の関係は成立しない。これは一般的にいえば、作用 kriyā とその主体 kāraka, kartṛ と、作用の対象 karman の三項である。文法学的に言えば、動詞と具格で示される主語と、目的語である。upādāna はこの作用の意味で用いられることもある。というより、その方が例は多く、また、それが語の本来の意味に近い。すなわち、依ること、取ること、採用、使用、といった極く一般的な意味にはじまって、十二支縁起の第九支、「取」のような教義概念に至るまで、『中論』における用例をとっても、その例は多くまた多様である。upādāna のこの意味における定義としては次の例がある。（「高崎(三)」四二頁一二―一八行）〔傍線＝松本〕

しかしながら、私見によれば、『根本中頌』では"upādāna"が明確に「取られるもの」を意味すると理解できる用例は多数見出されるにもかかわれず、それが「取ること」"取る作用"を意味するとはっきりと規定できるような用例は存在しない。すでに、前註(193)㋝の『根本中頌』第二六章第六偈後半に関する解釈に示したように、『根本中頌』では"十二支縁起"の第九支たる「取」を"四取"として説明する際にも、それを「取られるもの」と規定しているのである。

高崎博士は、右の論述㋐に続けて、前註(98)㋐の『明句論』のテキストと、それに対する和訳を示され、さらに、それに続けて、

㋑　これは業と作者とを論ずる第八品の第一三偈中の upādāna の語の説明である。その偈で、

　　このように upādāna についても観察すべきである。

と言うのは、次下の諸章で upādāna について論ずるからで、第八品はいわば一般論として作用成立の条件をのべ、それを通じて諸法の相互依存性ないし相対性、ひいては空性を論証しようとしているのである。（「高崎(三)」四三頁七―一〇行）

と言われるのであるが、これは『根本中頌』第八章第一三偈中の"upādāna"は、「取ること」「取る作用」を意味する、と主張されているのであろうか。しかし、前註(98)㋐の『明句論』の文章に示されるのは、あくまでも、チャンドラキールティの理解であって、それが『根本中頌』の趣旨と一致しているかどうかは問題であろう。即ち、『根本中頌』第八章第一三偈とは、次の通りである。

㋒　evaṃ vidyād upādānaṃ vyutsargād iti karmaṇaḥ/
　　kartuś ca karmakartṛbhyāṃ śeṣān bhāvān vibhāvayet// (MK, VIII, k.13)

㋓　業（karman 行為対象）と作者（kartṛ 行為主体）とが除去されるからと、このように、取（upādāna）を知るべきである。業と作者によって、〔取以外の〕残りの諸法を〔も〕、否定すべきである。

チャンドラキールティが、前註(98)㋐の『明句論』のテキストで解釈するように、ここで"upādāna"とは「取ること」「取る作用」

を意味しているかと言えば、私はそうは思わないのである。つまり、ここでも“upādāna”は「取られるもの」を意味すると考える。というのも、㋒は、あらゆる諸法は“karman”と“kartṛ”の関係において成立していて、〃自性として〃は存在しないことを言わんとするものであるから、諸法は“karman”か“kartṛ”かのいずれかであると見なされなければならない。「業と作者によって、残りの諸法を〔も〕否定すべきである」というのは、正にそのことを言っているであろう。すると“upādāna”は“karman”か“kartṛ”かのいずれかということになるが、その二者のうち“karman”であると見なされていることは言うまでもない。従って、㋒の“upādāna”とは、“karman”としての“upādāna”と“kartṛ”としての“upādātṛ”という二者のうち、前者だけを示したものと見るべきであろう。

しかるに、この解釈の妥当性は、羅什訳によっても示される。即ち、羅什は、㋒とそれに続く註釈を次のように訳している。

㋔ 如破作作者　受受者亦爾。
及一切諸法　亦応如是破。

如作作者、不得相離。不相離故、不決定。無決定故、無自性。受受者亦如是。受名五陰身。受者是人。如是離人、無五陰、離五陰、無人。但従衆縁生、如受受者、余一切法、亦応如是破。（大正三〇、一三上二五行—中二行）

即ち、ここで「受」“upādāna”と「受者」“upādātṛ”は、それぞれ「作」“karman”と「作者」“kartṛ”に対応させられているのであって、ここには、“kriyā”（作用）なるものは問題とされていない。つまり、㋒の“upādāna”は“karman”（行為対象）であり、「取られるもの」であり、かつ明確に「五陰」、つまり、〃五蘊〃であると解されているのである。

この解釈は、基本的には適切であろう。というのも、前註（98）㋐の『明句論』の文章に示されたチャンドラキールティの解釈とは、『根本中頌』第八章第一三偈㋒中の“upādāna”とは、“upādāna”を“karman”とし“upādātṛ”を“kartṛ”とする“upātti”という“kriyā”であるというものであるが、この説明、つまり、“upādāna”とは“upādāna”を“karman”とする“upātti”であるという説明それ自身が、“upādāna”の重複を含む点で、不自然なものと思われるからである。前註（98）㋐では、この重複を避けるために、行為対象（karman）としての“upādāna”が“upādeya”「取られるもの」とも言い換えられているが、この言い換え自体に、“upādāna”は「取られるもの」を意味するという基本的理解が示されている。

従って、私としては、㋒の“upādāna”は「取られるもの」を意味するという㋔の解釈に従うことにしたい。ただし、㋒の“upādāna”とは“upātti”「取ること」“upātti-kriyā”「取る作用」を意味するというチャンドラキールティの解釈は、彼の独創とは言えない。というのも、彼以前に、ブッダパーリタとバーヴィヴェーカが同様の解釈を示しているからである。即ち、『仏護註』では、㋒の“upādāna”について、次のように註釈されている。

㋕ ñer len shes bya ba ni dṅos por lta ste/ gaṅ la dṅos po yod pa de la byed pa po du ma yod pas ḥdir ñe bar blaṅs pa daṅ ñe bar len pa po gzuṅ bar ḥdod par byaḥo// (D, Tsa, 201b2)

㊍ “upādāna”というのは、“bhāva”(動詞の意味)であると見るべきである。あるものに、“bhāva”があるならば、そのものには、多くの“kāraka”(行為要素)があるので、これには、〔karman〃行為対象〃としての〕“upādāna”「取られるもの」と〔kartṛ〃行為主体〃としての〕“upādātṛ”「取るもの」が含まれることが意図されているのである。

ほぼ同文は、チベット訳『般若灯論』(D, Tsha, 118a2-3)にも認められるが、㊍で“bhāva”とは、“upā√dā”「取る」という動詞について言えば、その動詞の意味である“upātti”“upātti-kriyā”を指すであろう。従って、前註(98)㋐の『明句論』に示されたチャンドラキールティの解釈は、すでにブッダパーリタとバーヴィヴェーカによっても示されていたことになる。すると、ブッダパーリタは明らかに羅什以後の人物であるから、『根本中頌』第八章第一三偈㋒の“upādāna”を「取ること」“upātti”と見る解釈は、それを「取られるもの」と見る解釈に比べれば、新しいものであると言えるかもしれない。

(245) “upādāna”が〃五取蘊〃を指していないことが明らかな例として、前註(193)㋝に示した『根本中頌』第二六章第六偈における用例がある。そこでは、“upādāna”は〃四取〃を指していると思われるからである。

(246) Cf. Pras, p.291, *l*.1.

(247) これは、『根本中頌』で多用される所謂ディレンマの論法の一つであろう。つまり、xはAであるとしても成立せず、非Aであるとしても成立しないのだから、いかにして成立するであろうかというのである。

(248) 〔171〕、つまり、『根本中頌』第一六章第六偈において、“upādāna”が「取られるもの」を意味することは、その偈の“sa-upādāna”が、チベット訳『般若灯論』の「有取(sa-upādāna)である取者(upādātṛ)」“ñe bar len pa daṅ bcas paḥi ñe bar len pa po”(D, Tsha, 167b3)という表現において、“upādātṛ”と同一視されていることによっても示されているであろう。つまり、その偈の“upādāna”と“sa-upādāna”とは、別の言い方をすれば、“upādāna”と“upādātṛ”であって、従って、その偈の“upādāna”とは、“upādātṛ”(“sa-upādāna”)との関係において言われているが故に、「取られるもの」を意味するのである。

この点は、『明句論』における次の言明によっても確認される。

㋐ api ca sopādānasyaivātmano 'vācyatā yujyate na ca nirvāṇa upādānam astīti kuto 'syāvācyatā/ bhavatu vā tattvānyatvāvācyatātmano 'pi tu kim asau nirvāṇe 'sti, uta nāsti/ (Pras, p.288, *ll*.10-12)

㋑ また、取をもつ(sa-upādāna)我(ātman)だけにとって、不可言性(avācyatā 言われ得ないこと)が成立可能であろうが、しかし、涅槃に取は存在しない。故に、これ(我)に、どうして不可言性があろうか。あるいは、我は〔五取蘊と〕同一とも別異とも言われ得ないとしよう。その〔我〕は、涅槃に有るのか、無いのか。

即ち、ここで〝〔常とも無常とも〕言われ得ない（avācya）我〟というのは、正量部（Sāṃmitīya）の〝不即不離蘊の我〟を指していることは、〔171〕に対する註釈文に見られる『般若灯論』の次の言明によっても、明らかである。

㋒ 正量部は、「プドガラ（pudgala 人我）は、常とも無常とも言われ得ないので、上述の過失はないから、涅槃が成立する」と言うが、それは正しくない。（D, Tsha, 166a2）

従って、㋐において、“sa-upādāna”が〝「取られるもの」である五取蘊を有する〟という意味であることは、明らかであり、この点で、㋐の“sa-upādāna”について、高崎博士が、

㋓ 同じ道理でアートマンはsôpādāna（取蘊の所有者）と表現される場合がある。（「高崎（三）」四二頁一〇―一一行）

という論述で、「取蘊の所有者」という解釈を示されたのは、適切であると思われる。

それ故、〔171〕、つまり、『根本中頌』第一六章第六偈の“sa-upādāna”についても、これを〝「取られるもの」（五取蘊）を有するもの〟と解するのが適切であり、従って、その偈において“upādāna”はすべて「取られるもの」を意味すると見るべきであろうが、『明句論』が、そのように解釈していないことも、注意しておくべきであろう。即ち、この偈に対する註釈文の末尾には、次の文章が見られる。

㋔ yadā caivaṃ nirūpyamāṇe bandhanaṃ na kiṃcid api badhnāti, tadā kiṃcid apy abadhnata upādānasya rāgāde kuto bandhanatvam iti/ tasmād bandhanam api nāsti/（Pras, p.291, *ll*.5-7）

㋕ このように考察されるとき、縛（bandhana）が何ものをも縛しないなら、そのときには、何ものをも縛しない貪等（rāga-ādi）の取（upādāna）が縛であることが、どうしてあろうか。故に、縛も存在しない。

つまり、ここでは“upādāna”が「貪等」“rāga-ādi”と註釈されているのである。この註釈によれば、“upādāna”は「取られるもの」ではなく、「取ること」「取る作用」としての「貪」“rāga”等と見られているのであろう。これは“upādāna”を「欲貪」“chanda-rāga”と見る「取経」〔127〕、「満月経」〔128〕等の“upādāna”理解（前註〔193〕参照）と軌を一にしていることは、明らかである。

しかしながら、私見によれば、『根本中頌』第一六章第六偈における“upādāna”を「貪等」と見る解釈は、この偈に対する『仏護註』『般若灯論』の註釈部分（D, Tsa, 229a6-b3; D, Tsha, 167b3-168a2）には、示されていない。すると、この解釈は、少なくとも、『根本中頌』の註釈の歴史においては、チャンドラキールティの独創と言えるのかもしれない。

(249) Cf. Pras, p.285, *l*.7.

(250) 〔178〕の“upādānena”は、一般には、チベット訳・漢訳・諸註釈にもとづいて、「取によって」と解されているが、私は〔178〕冒頭の“tattva”“anyatva”にかかると解した。

(251) 『高麗大蔵経』四一、一五八上一行。『中論偈頌総覧』六六三頁参照。

(252) 『高麗大蔵経』四一、一五八上一一行。『中論偈頌総覧』六六五頁参照。

(253) D, Tsa, 13a7, 13b1.『中論偈頌総覧』六六二頁、六六四頁参照。

(254) 「佐々木」一八四頁上一一―一四行参照。

(255) 〝アーダーナ識〟を〝執着する識〟〝我に執着する識〟と解する見方は、真諦訳『転識論』が、次のように〝アーダーナ識〟を「執著」を「体」とする第七識に配当する点にも、認められるであろう。

㋐ 次明能縁有三種。一果報識、即是阿梨耶識。二執識、即阿陀那識。三塵識、是是六識。……第二執識、此識執著以体。与四惑相応、一無明、二我見、三我慢、四我愛。（大正三一、六一下六行―六二上一五行）

つまり、ここでは〝アーダーナ識〟は、〝アーラヤ識〟の同義語ではなく、所謂第七〝マナ識〟の名称とされているのである。このような真諦の〝アーダーナ識〟理解については、勝又俊教『仏教における心識説の研究』山喜房仏書林、一九六一年、七二〇―七三三頁参照。

しかるに、真諦が、㋐で〝アーダーナ識〟を「執識」、つまり、〝我に執着する識〟と規定したのは、“upādāna” という語に〝執着〟または〝我執〟という意味を認めたからであろう。

(256) Cf. *Ālaya*, I, p.71, *l*.22.

(257) すでに示したように、〝「識」=「種子」〟という説は、「有経」〔150〕、『十地経』〔144〕、『稲芊経』〔166〕〔168〕にも説かれている。

(258) 宇井伯寿『摂大乗論研究』岩波書店、一九三五年、二二三頁一三行。

(259) SNS[L], p.186, *l*.32.

(260) SNS[L], p.55, *ll*.19-20.

(261) SNS[L], p.184, *ll*.13-14.

(262) ただし、第一八偈（Tr, k.18a）には “sarvabījam hi vijñānam” と言われ、“sarva-bījam vijñānam” という表現も、用いられている。

(263) 〝アーラヤ識〟は、本来「種子」そのものであり、「種子をもつもの」や「種子の所依（存在する場所）」ではなかったという理解は、シュミットハウゼン教授にも認められるであろう。Cf. *Ālaya*, II, n.428. つまり、教授は、〝アーラヤ識〟とは、本来 “the mere sum of Seeds”（*Ālaya*, II, n.428, p.339, *l*.15）、つまり、「単なる種子の総体」であったが、後には “a veritable entity by itself”（*Ālaya*, II, n.428, p.340, *ll*.20-21）、即ち、「それ自身、真の実体」として「種子をもつもの」または「種子の所依」“the container or support of Seeds”（*Ālaya*, II, n.428, p.340, *ll*.21-22）と見なされるようになったと考えられるようである。言うまでもなく、この見解に私は基本的に賛成である。なお、前註（11）の教授の論述㋑も参照。

(264) Cf. *Ālaya*, I, p.127, *l*.14; II, n.839.

(265) Cf. *Ālaya*, I, p.110, *l*.6-p.117, *l*.11.

(266) “bīja-āśraya” に関する勝呂博士の見解は、次のように述べられる。

「種子依（bīja-āśraya）」なる言葉が用いられているが、これはアーラヤ識が諸法を生起せしめる種子（因）としての所依であるということであって、種子がそこに存在する場所としての所依という意味ではあるまいと思われるのである。（「勝呂(二)」六四頁一六—一八行）

(267) シュミットハウゼン教授は、“bīja-āśraya” を “the basis in the sense of Seed”（*Ālaya*, I, p.110, *l*.31）と訳される。この教授の解釈の根拠の一つに、“manobījayoḥ pūrvavad vibhāgaḥ”（YBh, p.6, *l*.8）の冒頭の “manobījayoḥ” において、“bīja-āśraya” が単に “bīja” と呼ばれていることが挙げられるが（*Ālaya*, II, n.775）、この事実から “bīja-āśraya” について、“bīja＝āśraya” という解釈だけが導出されるということはないであろう。というのも、“manobījayoḥ” はラフな表現であって、そこで “bīja” とは “bīja-āśraya” を指していると見ることもできると思われるからである。即ち、もしも、“manobījayoḥ” がラフな表現でなかったとすれば、何故、この表現は “samanantara-bījayoḥ” となっていないのであろうか。というのも、この表現は〝「等無間依」と「種子依」の〔区別〕〟を意味していなければならないと思われるからである。

また、シュミットハウゼン教授の理解によれば、〔184〕ⓐの原型は “sarvabījakaṃ vijñānaṃ bījāśrayaḥ” と想定されるのであるが、教授の解釈では、このうち “sarvabījakaṃ ... bījāśrayaḥ” という表現が、論理的一貫性をもって理解できるであろうか。つまり、“bīja-āśraya” を “bīja＝āśraya” と読むなら、そこで “vijñāna” とは “bīja” そのものである筈であるが、“bīja” そのものである “vijñāna” が、何故そこで “sarva-bīja**ka**” と言われ得るのか。これに対し、私見によれば、“sarva-bījakam” も “bīja-āśraya” も、〝「種子」を超基体として有する基体〟（識）を意味するから、この二つの語を、論理的一貫性をもって理解できると考えるのである。

もっとも、“sarva-bīja**ka**” の “-ka” が、この場合には、bahuvrīhi 複合語を示さないと考えれば、教授の解釈は成立するであろう。しかし、言うまでもなく、このような理解は、『唯識三十頌』第二偈の “sarva-bījaka” が bahuvrīhi 複合語と解される（〔183〕）ことから考えて、不自然であろう。

(268) ⓑⓒに関連して言えば、私は、ⓑⓒを含む

㋐ sarvabījakaṃ vijñānaṃ katamat/ pūrvakaṃ prapañcaratihetum upādāya yaḥ sarvabījako vipāko nirvṛttaḥ/（YBh, p.4, *ll*.11-12）

という文章を、後代の付加と見るという意味である。ただし、この見解は、あまりにも単純すぎるかもしれない。

(269) Cf. *Ālaya*, I, p.128, *l*.22-p.132, *l*.14.

(270) Cf. *Ālaya*, I, p.131, *ll*.16-18.

(271) 後出の〔189〕は、「また、そのカララが成長するとき」“tasmiṃś ca punaḥ kalale vardhamāne” から始まるが、「般涅槃の性質」や「菩提の種子」について語る〔187〕が後代の付加ではないとすると、この「そのカララ」という表現が、不自然なものとなるのではなかろうか。というのも、「本地分」では「カララ」“kalala” について述べた後（YBh, p.24, *l*.18)、〔187〕と前出〔32〕があり、そして〔189〕が続くのであるが、〔187〕と〔32〕には、“kalala” という語は出ないからである。では、同じ理由で〔32〕をも後代の付加と見るべきかと言えば、そうではないであろう。というのも “kalala” とは、「名色」の五位の一つとされるが、〔32〕では、その「名色」の同義語と考えられる “ātma-bhāva” について、論じられるからである。

(272) Cf. *Ālaya*, II, n.1408, p.514, *l*.11.

(273) 『中辺分別論釈』〔62〕の「六処によって〔自体を〕完成する（pūraṇa）から」を参照すれば、ここでは、「名色」の次の縁起支としての「六処」が意図されていることが理解される。

(274) 即ち、教授は、〔189〕ⓑ冒頭近くの “sarvabījakāyām ātmabhāvābhinirvṛttau” を指示して、次のように言われるのである。

㋐ this *ātmabhāva* is, in the pertinent passages of the Manobhūmi, specified as “containing all Seeds” (sarvabījaka). (*Ālaya*, I, p.53, *ll*.19-21)

(275) 前註（271）で述べたように、この見方に対して、私は否定的である。しかし、〔32〕もまた、その前に置かれている〔187〕とともに、後代の付加であるとするならば、前註（271）でも述べたように、〔189〕冒頭の「そのカララが」という表現が理解し易くなるということは、事実である。

(276) Cf. *Ālaya*, I, p.53, *ll*.21-22; II, n.378.

(277) 勿論、文法的には、bahuvrīhi 複合語として、“sarva” と “bīja” を同格とする「一切のものを種子とする」という読み方も可能であろうが、しかし、この読み方は、「本地分」中「意地」の “sarva-bīja” や “sarva-bījaka” の用例によって、支持されないであろう。

(278) Cf. *Ālaya*, II, n.1408.

(279) 前註（274）参照。

(280) “sarva-bīja” という語は、「勝義伽他」では、第四二偈（Wayman, *Analysis of the Śrāvakabhūmi Manuscript*, 1969, p.173, *l*.29）でも用いられるが、“sarva-bījaka” という語は、「勝義伽他」には一度も用いられていない。これは、“sarva-bīja” よりも “sarva-bījaka” の方が、成立が遅い表現であることを示しているであろう。つまり、「種子の所依」「種子をもつもの」という考え方が成立しなければ、この表現は用いられないのである。

(281)「感薩迦耶」は、チベット訳に対応する語を欠いている。

(282)「種子経」〔85〕では、「田」"kṣetra"という語は使われておらず、「四つの識住」は「地界のようなもの」であると言われていたが、ここで「田」という語が用いられるのは、「有経」〔150〕、『十地経』〔144〕、『稲芊経』〔168〕等で、"「識」を「種子」とし、「業」を「田」とし、〔「渇愛」を「湿潤」とする〕"というような表現がなされていることにもとづくのであろう。

(283)前註(282)参照。なお、『稲芊経』〔168〕には、「渇愛は、識という種子を湿潤する(snehayati)」という類似の表現が見られる。

(284)ここで「四識住」が「縁」"pratyaya"と呼ばれているのは、「四識住」が「識」の"基体"であり、"pratyaya"が"基体"を意味するからであろう。

(285)「向井」三〇頁、「一覧表」(9. ii.)、「佐々木」一八九頁上六行参照。

(286)以上の漢訳語については、「勝呂(一)」六五—六六頁参照。Cf. *Ālaya*, II, n.183.

(287)"アーラヤ識"の「アーラヤ」"ālaya"の意味を、真諦が「蔵」と「隠」という訳語に重点を置いて理解させようとしたことは、『転識論』の次の記述によっても、知ることができるであろう。

㋐ 亦名蔵識、一切種子隠伏之処。(大正三一、六二下一〇—一一行)

(288)"ekayogakṣema"の意味について、『唯識哲学』一三二—一三六頁参照。

(289)Cf. *Ālaya*, II, n.184.

(290)Cf. *Ālaya*, II, n.184, p.290, *l*.18.

(291)この"prādurbhāva"は、『解深密経』〔6〕—〔10〕ⓐにおいては、"ātma-bhāva"の"prādurbhāva"として継承される。つまり、この"prādurbhāva"までが、縁起支としては「名色」に相当する。

(292)前註(273)参照。

(293)"一体性"とか"一体"というのも、曖昧な言葉ではあるが、しかし、菩提流支訳〔6〕ⓒでも、「一体」という訳語が用いられていることに注意したい。つまり、そこでは"eka-yoga-kṣema"が「一体相応」と訳されるのである。

(294)"ḥdres par ḥgyur" (D, Tshi, 119a3)、つまり、「混合することになる」というチベット訳は、"saṃmūrcchate"の語義を、「名」と「色」の「和合」と解するものであろう。

(295)すでに論じたように、「摂事分」〔120〕〔121〕ⓒには、「六処」のうちの「名」と「識」、つまり、「識」(意根)と「有色根」(五根)が「相互に依存している」という説が認められるが、この説は「名」と「色」の"anyonya-yoga-kṣema"を説く「本地分」〔197〕ⓑの所説に近似するものであろう。

(296) 後出〔207〕参照。

(297) "ātma-bhāva"という語は、『解深密経』「心意識相品」で、〔6〕―〔10〕の後に出る〔202〕―〔206〕に用いられないだけではなく、〔202〕―〔206〕を含めて、『解深密経』「心意識相品」の〔6〕―〔10〕以後の個所には、全く現われない。しかし、この事実は「心意識相品」の〔6〕―〔10〕以後の個所において、〔6〕―〔10〕で用いられた"ātma-bhāva"という語が全く意識されていないということを示すものではないであろう。というのも、第一に「心意識相品」末尾の偈〔36〕で"ātman"という語が用いられたのは、この〔6〕―〔10〕の"ātma-bhāva"という語を意識したものと考えられるからである。つまり、〔36〕に"ātman"という語が用いられたことは、私見によれば、〔6〕―〔10〕の"lus"「身」の原語が、"kāya"ではなく、"ātma-bhāva"であることを示しているのである。

第二に、〔202〕―〔206〕と〔36〕の中間にある次の一節では、やはり"ātman"という語が用いられているが、これも〔6〕―〔10〕の"ātma-bhāva"を意識して用いられているであろう。

㋐ 若菩薩、不見内外阿陀那、不見阿陀那識、能如実知、不見阿梨耶、不見阿梨耶識、（大正一六、六六九中一四―一六行）〔菩提流支訳〕

㋑ 諸菩薩、由如実不見本識、及阿陀那識等、於内於外、不見蔵住、（大正三一、一五七下一一―一三行）〔真諦訳〕

㋒ 若菩薩、於内於外、如実不見阿陀那、阿陀那識、不見阿梨耶、阿梨耶識、（同右、二七四上二―三行）〔達摩笈多訳〕

㋓ 若菩薩、於内各別、如実不見阿陀那、不見阿陀那識、不見阿頼耶、不見阿頼耶識、（大正一六、六九二下一二―一四行）〔玄奘訳〕

㋔ gaṅ gi phyir byaṅ chub sems dpaḥ naṅ gi so so raṅ gi len pa mi mthoṅ/ len paḥi rnam par śes paḥaṅ mi mthoṅ la/ deḥaṅ yaṅ dag pa ji lta ba bshin du yin pa daṅ/ kun gshi yaṅ mi mthoṅ/ kun gshi rnam par śes paḥaṅ mi mthoṅ/ (SNS[I], p.173, ll.7-10) [SNS[L], p.57]

㋕ byaṅ chub sems dpaḥs/ gaṅ nas kyaṅ lend pa la mthoṅ ba myed len paḥi rnam par śes pa la myed// naṅ daṅ bdag raṅ ji lta bur gyur pa la myed/ gund gshi la myed/ kund gshi rnam par śes pa la myed// [Stein tib. no.194] (Hakamaya, "A Comparative Edition (I)" p.606, ll.14-17)

ここで、㋔の"naṅ gi so so raṅ gi"について、ラモット教授は、"naṅ gi"の原語を"adhyātman"と想定され、"so so raṅ gi"の原語を"pratyekam"と想定され（SNS[L], p.58, l.17, l.18）、全体としては、"intérieurement et chacun pour soi"（SNS[L], p.186, l.18）と訳された。伊藤秀憲氏の「内的に（adhyātman）各自に（pratyekam）」（SNS[I], p.172, l.4）という訳語も、このラモット教授の原語想定と翻訳に従ったものであろう。

しかし、まず㋔の"naṅ gi so so raṅ gi"において、"naṅ gi"の原語が"adhyātmam"であるという想定は正しいであろうが、"so so raṅ gi”の原語としては、“pratyātmam”を想定すべきであろう。“pratyātmam”が“so so[r] raṅ gi[s]”とチベット訳されるのは、一般的であろうが、“pratyātma-vedya”(AKBh, p.92, *l*.2)が「各別内証」(大正二九、三四上一〇—一一行)と玄奘によって訳されているから、㋓の「各別」という玄奘の訳語を考慮しても、原語として“pratyātmam”を想定するのは、妥当であろう。つまり、“raṅ gi so so raṅ gi”「於内各別」の原語は、“adhyātmaṃ pratyātmam”であると考えられる。

しかるに、㋐㋑㋒の漢訳を見ると、「内外」「於内於外」とあるので、“adhyātmaṃ pratyātmam”は、本来“adhyātmaṃ bahis”(Cf. Pras, p.354, *l*.3, p.365, *l*.4, p.367, *l*.3)、または、〔56〕のように、“adhyātmaṃ bahirdhā”つまり、「内に外に」というような表現であったであろうという想定がなされる。『解深密経』の本来のテキストの当該個所に、“adhyātmaṃ pratyātmam”があったのか、それとも“adhyātmaṃ bahis”があったのかという問題は容易に解決できないであろうが、しかし、三つの古い漢訳に「外」という訳語がある以上、“adhyātmaṃ bahis”を本来のテキストと想定する方が、適切に見える。

しかし、仮りにこの“adhyātmaṃ bahis”という想定の方が正しかったとしても、“bahis”が、玄奘訳㋓、チベット訳㋔、そしておそらく、敦煌チベット写本㋕の“naṅ daṅ bdag raṅ”の原語において、“pratyātmam”に代えられ、“adhy-ātmaṃ praty-ātmam”という表現がなされるようになったのは、“ātman”という語を、ここに繰返すことが、『解深密経』の趣旨に合致していると考えられたからであろう。つまり、“adhy-ātmam”も“praty-ātmam”も「我(ātman)について」「我に関して」を意味するのである。“adhy-ātmam”は、それ自体単独で、つまり、その後に“bahis”が置かれようと“praty-ātmam”が置かれようと、「我について」を意味すると思われるが、そうであるとすれば、㋐—㋕の趣旨は、〝我(ātman)について、アーダーナ〔識〕とかアーラヤ〔識〕とか見ないのが、正しい見解である〟あるいは、〝アーダーナ〔識〕やアーラヤ〔識〕を我(ātman)であると見ないのが、正しい見解である〟というようなことになるのではないかと思われる。すると、この趣旨は〝アーダーナ識を我(ātman)であると誤解してはならない〟と説く「心意識相品」末尾の偈〔36〕の趣旨と一致するであろう。

従って、私は㋐—㋕の原語において、“ātman”という語が、〔6〕—〔10〕の“ātma-bhāva”と〔36〕の“ātman”をつなぐ重要な役割を果すものとして用いられていると考えるし、さらに、㋐—㋕における“ātman”という語の存在が、〔6〕—〔10〕における“lus”「身」の原語が“ātman”であることを示しているとも思うのである。

そこで、最後に㋐—㋕についての私訳を示しておきたいが、その訳は、チベット訳をそのまま訳すものではなく、あくまで㋐—㋕の原型として私が想定したテキストについての試訳として、示しておきたい。

㋖ 菩薩は、我について(adhy-ātmam)、我に関して(praty-ātmam)如実に(yathā-bhūtam)、アーダーナ(ādāna)を見ず、アーダーナ識を見ず、アーラヤ(ālaya)を見ず、アーラヤ識を見ず、

(298) SNS[I], p.175, *l*.16 [SNS[L], p.57].

(299) シュミットハウゼン教授は、〔3〕、つまり、"Initial Passage" に出る "pravṛtti-vijñāna" という語を、⑥で、"the forthcoming [forms of] mind" と訳されたが、次註（300）で述べる私見から見れば、"forthcoming" という訳語は、適切でないように思われる。

(300) ここで重要なのは、"pravartate"「起る」「転じる」という動詞が、前註（103）㋐の『明句論』の文章に関する考察でも述べたように、於格形の名詞を支配するという点である。つまり、"pravartate" は、基本的には、〃xがyにおいて起る（転じる）〃を意味するのであるが、そのとき、yはxの〃基体〃である。つまり、〃アーラヤ識〃は「転識」の〃基体〃なのである。

(301) この記述については、『決定蔵論』『瑜伽師地論』という二つの漢訳の後に、対応する『阿毘達磨集論釈』の梵文テキストを示すが、これらのテキストについては、『唯識論考』三二一―三二六頁、三二八―三三〇頁参照。なお、袴谷氏による和訳は、『唯識論考』三三九頁に示されている。

(302) 漢訳〔209〕の「先世所造行業」、及びチベット訳 "sṅon gyi las mṅon par ḥdus byas pa" (D, Shi, 2a4)〔『唯識論考』三二九頁下〕にもとづいて、『瑜伽師地論』の原文には、"pūrva-karma-abhisaṃskāra" という原語が存在したであろうという推定が、袴谷氏によってなされている。『唯識論考』三五五頁、註（47）参照。ただし、"mṅon par ḥdus byas pa" というチベット訳より見て、原語は、"-abhisaṃskṛta" である可能性もあるかもしれない。

(303) ここで、「縁」"pratyaya" とは、この直後に引用される「根（indriya）と境（viṣaya）と作意（manaskāra）の力によって、諸の識が起ること（pravṛtti）はある」"indriyaviṣayamanaskāravaśād vijñānānāṃ pravṛttir bhavati" (ASBh, p.12, *l*.3) という経文（これについては『唯識論考』三六〇―三六一頁参照）にもとづいて、「根」「境」「作意」等を指すと理解されているであろうが、ここで "pratyaya" は〃基体〃を意味し、〃アーラヤ識〃を指すのではないかという印象をぬぐいさることができない。特に、本書第二章、註（104）㋐に示した『中辺分別論』第一章第九偈前半と、それに対する『中辺分別論釈』の文章を読むとき、この感を強くする。というのも、その『中辺分別論釈』の説明では、"pratyaya-vijñāna"（=ālaya-vijñāna）とは、"pravṛtti-vijñāna" の "pratyaya"、つまり、〃基体〃であると説明されているとしか思えないのであるが、この「摂決択分」〔208〕―〔210〕でも、"pravṛtti-vijñāna" が「現在の」"pratyaya" を「因」とすると言われており、論旨が一致すると思われるからである。

なお、「摂決択分」の "Pravṛtti Portion" には、次の一節がある。

㋐ 阿羅耶識、与余諸識、互為因縁。此義有二。一者種本。二者依託。（大正三〇、一〇一九中二三―二四行）〔真諦訳〕

㋑ 阿頼耶識、与諸転識、作二縁性。一為彼種子故、二為彼所依故。（同右、五八〇中九―一〇行）〔玄奘訳〕

㋒ kun gshi rnam par śes pa ni rnam pa gñis kyis ḥjug paḥi rnam par śes paḥi rkyen gyi bya ba byed de so bon gyi dṅos po daṅ rten byed pas so// (D, Shi, 4b7)

㊀ アーラヤ識は、二種によって、転識（pravṛtti-vijñāna）の縁（pratyaya）の作用（kārya）をなす。つまり、種子というあり方（bīja-bhāva）と、所依（āśraya）となることによってである。

ここでも、〝アーラヤ識〟は「転識」の“pratyaya”であるとされているのであるが、その“pratyaya”の意味が、「種子」“bīja”と「所依」“āśraya”という二つの語によって説明されている。「所依」は〝基体〟を意味し、「種子」は「因」“hetu”の同義語として示されたのであろう。従って、ここで“pratyaya”に〝基体〟の意味があることは、明らかである。なお、「依託」も“āśraya”の訳語であろう。また、後出の〔219〕—〔221〕に示されるように、ここでも、〝アーラヤ識〟は「種子」そのものであり、「種子をもつもの」とはされていないことに注意すべきであろう。

(304) この記述は、〝アーラヤ識〟の存在について八つの論証を説く「摂決択分」“Proof Portion”の第一論証、つまり、〝アーラヤ識〟が無ければ、“āśraya-upādāna”「所依の取（執受）」は不可能であるから、〝アーラヤ識〟は存在すると説く所謂〝執受証〟のうちに含まれるものである。即ち、その論証では、何故〝アーラヤ識〟が無ければ、「所依の取」が成立しないかという五つの理由が述べられるが、その第一の理由を述べる個所に、この記述は含まれている。それ故、実質的には〝アーラヤ識〟の存在に関する八論証の冒頭に、この記述は置かれているという意味で、極めて重要である。

しかるに、この記述の趣旨とは、〝前世の「諸行」（「業」）を因とする「識」だけが「所依」を「取」ることができる〟というものであると考えられる。ということは、この記述は、「諸行」→「識」→「名色」という縁起説を意識して、現在、つまり、同時ではなく、過去の「諸行」を因とする「識」、即ち、〝異熟識〟だけが、次の縁起支である「名色」を生じる「識」という縁起支たりうる、と述べるものであろう。つまり、ここで「所依」とは、縁起支としての「名色」を意味することを理解する必要があるであろう。しかるに、「取」“upādāna”の目的語としての「所依」“āśraya”は“ātma-bhāva”と同義であることは、『唯識三十頌釈』〔54〕によって確認され、かつ“ātma-bhāva”が「名色」であることは、同じ〔54〕や『唯識三十頌釈』〔55〕、『成唯識論』〔57〕、『中辺分別論釈』〔58〕等を根拠に、本論で繰返し論証してきたことであるから、この「摂決択分」の〝執受証〟で“āśraya-upādāna”とは、『阿毘達磨集論釈』〔12〕で用いられる“ātmabhāva-upādāna”という語と同義であることは、明らかである（Cf. *Ālaya*, II, n.796）。

しかるに、この“ātmabhāva-upādāna”という語は、〔12〕において、〝アーダーナ識〟の語義説明に用いられたことからも知られるように、『解深密経』〔6〕—〔10〕ⓑの〝アーダーナ識〟の語義説明にもとづいた表現であることも、明らかである。すると、「摂決択分」“Proof Portion”の〝執受証〟に出る“āśraya-upādāna”という語も、「本地分」の所説ではなく、『解深密経』〔6〕—〔10〕ⓑの所説にもとづいたものと見るべきではなかろうか。特に「本地分」〔184〕ⓐと〔185〕ⓑの“āśraya-upādātṛ”が、すでに述べたように、シュミットハウゼン教授によって、後代の付加であると論証されたことを考慮するならば、このように見なし得る可能性は高いであろう。

シュミットハウゼン教授は、〔184〕ⓐと〔185〕ⓑに用いられる“āśraya-upādātṛ”と“vipāka-saṃgṛhīta”という二つの〝アーラヤ識〟の限定語について、これらの限定語がいつテキストに付加されたかという問題を論じられるのであるが（Cf. *Ālaya*, I, p.116, *l*.22-p.117, *l*.11）、私見によれば、“āśraya-upādātṛ”という限定語は、「摂決択分」〝執受証〟の“āśraya-upādāna”という語にもとづき、その“āśraya-upādāna”という語自体は、『解深密経』〔6〕―〔10〕ⓑの〝アーダーナ識〟の語義説明にもとづいていると考えられる。つまり、言ってみれば、

　　ātmabhāva-upādāna → āśraya-upādāna → āśraya-upādātṛ

という順序で、術語が成立していったのである。

また、“vipāka-saṃgṛhīta”「異熟所摂」という限定語も、「本地分」〔69〕ⓑの「異熟識」“vipāka-vijñāna”というような表現にもとづいていると見ることができるかもしれないが、しかし、「摂決択分」“Proof Portion”の〝執受証〟において第一理由を説明する〔208〕―〔210〕にもとづいて成立したものとして理解することもできる。というのも、すでに述べたように、この記述は過去の「諸行」の果としてある「識」、つまり、「異熟」“vipāka”としての「識」だけが、次の縁起支たる「名色」、即ち、「所依」を「取」ることができると述べていると思われるからであり、かつ〝執受証〟の第三理由の説明には、“vipāka-saṃgṛhīta”(ASBh, p.12, *l*.6, cf. *Ālaya*, II, n.415)「異熟所摂」（大正三〇、五七九中二行）という語が〝アーラヤ識〟の限定語として用いられているからである。

シュミットハウゼン教授は、「摂決択分」“Proof Portion”の八論証の成立について、新古の層を認め、その第一論証たる〝執受証〟は、『解深密経』を前提としていないと論じられたが（Cf. *Ālaya*, I, p.195, *ll*.1-15）、〝執受証〟の第一理由の説明では、私見によれば、“āśraya-upādāna”という語は、『解深密経』〔6〕―〔10〕ⓑの〝アーダーナ識〟の語義説明にもとづき、〔208〕―〔210〕の「転識」と「アーラヤ識」、及び「縁」という表現は、『解深密経』〔202〕―〔206〕で〝アーダーナ識〟が「六識身」の〝基体〟とされた教説にもとづいているであろう。このうち、後者、つまり、『解深密経』〔202〕―〔206〕からの影響があったことについては、〝執受証〟の第二理由、第三理由、第四理由の説明において、「六識身」という語が用いられていることによっても、その影響が確認されるであろう。

かくして、「摂決択分」のほぼ冒頭に位置する“Proof Portion”、即ち、その直前（大正三〇、五七九上一二―一三行）には「心意識相品」末尾の偈〔36〕が置かれている“Proof Portion”の第一論証たる〝執受証〟が『解深密経』「心意識相品」の所説を前提として成立していることは、明らかだと思われる。

なお、最後に、『顕揚聖教論』から次の一節を引用したい。この一節の趣旨は、「摂決択分」の〝執受証〟、及び、その第一理由を説明する〔208〕―〔210〕という記述の趣旨と、ピタリと合致すると思われるからである。

㋐ 阿頼耶識者、謂先世所作増長業煩悩為縁、無始時来戯論熏習為因、所生一切種子異熟識為体、此識能執受了別色根根所依処、及戯論熏習、於一切時、一類生滅、不可了知。又能執持了別外器世界。与不苦不楽受等相応、一向無覆無記。与転識等、作所依因。

（大正三一、四八〇下三―八行）

即ち、ここで末尾の「与転識等、作所依因」とは、″アーラヤ識″は「転識」の「所依」、つまり、″基体″であるという関係を示しているであろう。言うまでもなく、この表現は、前註（303）㋑の「与諸転識、作二縁性……為彼所依」に対応しているのである。

(305) 以下の記述については、『唯識論考』六四八―六四九頁参照。

(306) 記述〔208〕―〔210〕の直後には、前註（304）で述べたように、「六識身」″ṣaḍ-vijñāna-kāya″という語が三度繰返される（ASBh, p.12, *ll*.4-5, *ll*.5-6, *l*.7）から、〔208〕―〔210〕では、「転識」として、眼識乃至意識の六識が意図されていることは、明らかであろう。

(307) ここで、七識、プラス″アーラヤ識″という″八識説″が、すでに成立していることについては、『唯識論考』六四九―六五一頁参照。

(308) 『唯識論考』六四九頁五行参照。

(309) Cf. SNS[I], p.175, *ll*.1-21 [SNS[L], pp.56-57].

(310) この偈については、前註（5）参照。

(311) Cf. MSg, I. 1 (MSg[N], I, text, p.9).

(312) Cf. MSg, I. 6, I. 7 (MSg[N], I, text, pp.12-15).

(313) 以下の記述のテキストについては、『唯識論考』三九六―三九八頁、和訳については、同書、四二五頁参照。

(314) 『解深密経』〔202〕―〔206〕における″アーラヤ識の基体化″について、cf. *Ālaya*, I, p.50, *l*.22-p.51, *l*.4.

(315) ″アーラヤ識″が「種子をもつもの」、つまり、「種子の基体」とされたのは、いつ、いかなるテキストにおいてか、という問題は容易に解決できない大きな問題であろう。ただ、私としては「摂決択分」冒頭の″Proof Portion″″Pravṛtti Portion″″Nivṛtti Portion″の原型と思われるものには、″「種子の基体」としてのアーラヤ識″という考えは、まだ説かれていなかったであろうという印象だけを、ここに述べておきたい。ただし、″アーラヤ識″は「種子をもつもの」「種子の基体」として規定された後も、相変らず「種子」そのものとして扱われることがあったであろう。というのも、″アーラヤ識″は、本来「種子経」〔85〕〔86〕の″「種子」＝「識」″という説から発展したという私見によれば、それが本来、「種子」そのものであったということは、後の瑜伽行派の人々にも知られていたからだと思われる。

(316) ただし、シュミットハウゼン教授が指摘されたように（Cf. *Ālaya*, II, n.339）、パーリ仏典『相応部』には、″kāya″を″ādāna″の

目的語とする "kāyassa … ādānam pi nikkhepanam pi" (SN, II, p.94, *ll.*9-10)、つまり、「身（kāya）を取ること（ādāna）をも、捨てること（nikkhepana）をも」＝「見四大身……有取有捨」（大正二、八一下七行）という表現が見られ、これは『解深密経』〔6〕—〔10〕ⓑの〝アーダーナ識〟の語義説明における "lus"「身」の原語を "kāya" と想定する根拠の一つにされるかもしれない。

(317) 勿論、ここで問題となるのは、"ālayarāmā … pajā ālayaratā ālayasammuditā" (AN, II, p.131, *l.*31; DN, II, p.36, *ll.*3-4; MN, I, p.167, *ll.*32-33; *Vinaya*, I, p.4, *ll.*35-36)、つまり、「〔この〕衆生は、アーラヤを楽しみ、アーラヤを喜び、アーラヤを歓ぶ」という表現である。というのも、この表現を含む経文（AN, II, p.131 の経文とほぼ対応するもの）が、『摂大乗論』(MSg, I, 11A, MSg[N], text, p.17) に、〝アーラヤ識〟の教証として引用されるからである。Cf. MSg[N], I, p.119, n.2; *Ālaya*, II, n.202, n.203.

(318) *Ālaya*, I, p.12, *l.*25.

(319) *Ālaya*, I, p.12, *ll.*25-26.

(320) ほぼ同様の見解が、勝呂博士によっても、次のように示されている。

㋐ 心意識相品は、いわゆるアーラヤ識（ālaya-vijñāna 阿頼耶識）縁起説を説いたものであるが、ここで第八識の異名として一切種子識・アーラヤ識・心などを挙げるが、アーダーナ識（ādāna-vijñāna, 阿陀那識、執持識）の名称をもっとも重んじ、この名称を代表的に用いる（分別瑜伽品にもアーダーナ識の名称を出している）。しかし『瑜伽論』には『解深密経』からの引用以外にはアーダーナ識の名称は用いられず、もっぱらアーラヤ識を代表的名称としている。もし『瑜伽論』が、『解深密経』をその先駆的思想として、その指導の下に、作成されたとしたならば、第八識の代表的名称としてアーダーナ識を用いているはずである。ゆえに『解深密経』のアーダーナ識は、『瑜伽論』のアーラヤ識の観念の上に、これと重ね合わせて付加された概念であるということができよう。

本地分ではアーラヤ識の語は処々に出ているが、詳しい説明はほとんどない。『解深密経』の方が説明が詳しいので本地分より思想が発展しているように見える。（『初期唯識』二九九頁）〔傍線＝松本〕

しかし、私見によれば、〝アーラヤ識〟について「『解深密経』の方が説明が詳しい」ことは、「本地分より思想が発展している」のではなく、『解深密経』において、〝アーラヤ識〟という語が最初に用いられる際に、根本的な説明がなされたことを示しているのではないかと思われる。

(321) *Ālaya*, I, p.18, *ll.*2-3.

(322) *Ālaya*, I, p.143, *ll.*5-6.

(323) *Ālaya*, I, p.143, *ll.*7-8.

(324) この点は、シュミットハウゼン教授によっても注意されている。Cf. *Ālaya*, I, p.47, *ll*.2-5. さらに教授は、「摂決択分」の“Pravṛtti Portion”や「有心地の決択」(Sacittikabhūmi-viniścaya) でも、〝滅尽定〟が言及されていない事実を指摘されている。Cf. *Ālaya*, II, n.657. なお〝滅尽定〟は“Nivṛtti Portion”でも言及されていないが、〝アーラヤ識〟の存在に関する“Proof Portion”の八つの論証の中の第七論証、つまり、所謂〝滅定証〟では、テーマとして論じられる。

(325) 前出の「本地分」〔32〕参照。

(326) 原田和宗「〈経量部の「単層の」識の流れ〉という概念への疑問(I)」『インド学チベット学研究』一、一九九六年、一六六頁、註(52)。ただし、原田氏の論述中、「意……が第七番目の表層識として別立されたことを契機にする」という見解には、必ずしも賛成できない。というのも、“Proof Portion”第一論証においては、〝「転識」=「六識身」〟だからである。

(327) 「摂決択分」“Proof Portion”における〝アーラヤ識〟の存在に関する八つの論証において、〝滅尽定〟に言及し、〝滅尽定〟をテーマとする所謂〝滅定証〟は、七番目に置かれている第七論証にしかすぎないとも考えられる。この第七論証が〝滅尽定〟に言及しない『解深密経』「心意識相品」にもとづいていないことは勿論であるが、これに対して、冒頭に置かれる第一論証〝執受証〟は、すでに述べたように、「心意識相品」の所説にもとづいている。

そこで、この八つの論証が、何等かの意味で〝アーラヤ識〟が最初に導入された動機を表しているとするならば、その冒頭に置かれる第一論証である〝執受証〟の基礎となった「心意識相品」の所説を中心に、その動機を探求すべきではなかろうか。

(328) 前註(300)参照。

(329) Tr, k.5cd, TrBh, p.13, *l*.11.

(330) 前註(11)参照。

(331) Cf. *Ālaya*, I, p.116, *ll*.17-19; II, n.803.

(332) “Nivṛtti Portion”にも、次の表現がある。

㋐ 是以阿羅耶識為一切本、(大正三〇、一〇二〇上一八―一九行)〔真諦訳〕

㋑ 又即此阿頼耶識、能持一切法種子故、(同右、五八一中四行)〔玄奘訳〕

㋒ de ltar na kun gshi rnam par śes pa de ñid ni sa bon thams cad pa yin paḥi phyir (D, Shi, 7a5)

㋓ かくして、そのアーラヤ識だけが、一切のものの種子(sarva-bīja)であるから、

ここで、玄奘訳㋑を見ると、〝アーラヤ識〟は〝「種子」をもつもの〟と解されていて、“bīja=ālaya-vijñāna”ではなく、“bīja⊥ālaya-vijñāna”という解釈が示されているが、“Nivṛtti Portion”の冒頭(大正三〇、五八一上二五―二六行)では、〝アーラヤ識〟が「一切の

染汚の根」"sarva-saṃkleśa-mūla" [kun nas ñon moṅs pa thams cad kyi rtsa ba, D, Shi, 7a2] と規定されているのであるから、ここで"sarva-saṃkleśa-mūla"とは、"sarva-saṃkleśa-mūla"と同義に理解されなければならず、従って"sarva-bīja"が「一切のものの種子」を意味し、"bīja=ālaya-vijñāna"と考えられていることは、明らかであろう。

また、真諦訳㋐の「一切本」の「本」も、前註(303)㋐と〔219〕に見られる「種本」、つまり、"bīja"と同義であろう。

なお、袴谷氏は、右の㋒を、次のように訳された。

㋔ このように、そのアーラヤ識こそ、すべての種子となるもの(sa bon thams cad pa, sarva-bījaka)であるから、(『唯識論考』四二九頁七行)

しかし、まず第一に、"sarva-bījaka"という語は、「一切の〔ものの〕種子をもつもの」という意味に理解するのが自然ではなかろうか。つまり、"-ka"はbahuvrīhi複合語を形成する接尾辞であろう。この点で、シュミットハウゼン教授が"sarva-bījaka"について、基本的には"containing all Seeds"という訳語を与えられるのは、適切であろう。Cf. *Ālaya*, I, p.8, *l*.7, p.8, *l*.10, p.37, *l*.26, p.42, *l*.7, p.46, *l*.33, p.110, *l*.34, p.128, *ll*.2-3. etc. ただし、教授は"sarva-bījaka"を"comprising all Seeds" (*Ālaya*, I, p.43, *l*.31) とも訳しておられる。おそらく、この"comprising all Seeds"という訳語によって、教授は、"bīja⊥ālaya-vijñāna"ではなく、"bīja=ālaya-vijñāna"という関係を意図されているのであろうが、私見によれば、"sarva-bījaka"は、bahuvrīhi 複合語であるから、"bīja=ālaya-vijñāna"ではなく、"bīja⊥ālaya-vijñāna"という関係を説いている。とすれば、㋔において「すべての種子となるもの」という訳語と"sarva-bījaka"という原語は、対応しないであろう。袴谷氏の"sarva-bījaka"という原語想定は、かつての研究者の殆んどがそうであったように、"sarva-bījaka"と"sarva-bīja"を区別する意識なしになされたものであろうが、「本地分」〔185〕ⓒの"tasyaiva sarvabījasya vijñānasya"のチベット訳は"rnam par śes pa sa bon thams cad pa deḥi" (D, Tshi, 12a6) なのである。つまり、そこで"sarva-bīja"は"sa bon thams cad pa"と訳されており、訳語が㋒の"sa bon thams cad pa"と一致している。とすれば、㋒についても、"sarva-bījaka"ではなく、"sarva-bīja"が原語として想定されるべきであろう。

(333) この記述については、前註(303)の最終段落を参照。なお、この記述は、前註(303)㋐㋑㋒のほぼ直後に続くものである。

(334) 例えば、『摂大乗論』(MSg, I.14)の"sa bon yoṅs su ḥdsin pa" (MSg[N], I, text, p.22, *l*.11) の原語は、対応する漢訳「種子摂取」(大正三一、九八中一二行)〔仏陀扇多訳〕、「摂持種子」(同、一一五上一〇—一一行)〔真諦訳〕、「摂持種子」(同、二七六上一二行)〔達摩笈多訳〕、「能摂持種子」(同、一三四中二六行)〔玄奘訳〕から見ても、ラモット教授の想定どおり"bīja-parigrahaṇa" (MSg[L], II, p.32, *l*.7) か"bīja-parigraha"であると思われるが、後者は、長尾博士によって、「種子を保持し」(MSg[N], I, p.133, *l*.14) と訳されているように、〝アーラヤ識〟を〝「種子」をもつもの〟として規定していることは、明らかだと思われる。

なお“bīja-parigraha”については、シュミットハウゼン教授の解釈（*Ālaya*, II, n.147, p.277, *l*.33-p.278, *l*.6）も参照。

(335)『摂大乗論』(MSg, I.8) には、次のように述べられる。

㋐ 随種子、行彼意及意識。（大正三一、九七下二五―二六行）〔仏陀扇多訳〕

㋑ 依此以為種子、余識得生。（同右、一一四中一八―一九行）〔真諦訳〕

㋒ 由此為種子故、意及意識等転生。（同右、二七五上九行）〔達摩笈多訳〕

㋓ 由此為種子、意及識転。（同右、一三四上八―九行）〔玄奘訳〕

㋔ sa bon thams cad pa de las yid daṅ rnam par śes pa ḥbyuṅ ṅo// (MSg[N], I, text, p.15, *ll*.24-25)

このうち、㋔の原文は、袴谷氏によって、次のように想定されている。

㋕ tat-sarva-bījakād mano vijñānaṃ ca pravartate//（『唯識論考』五八二頁一〇―一一行）

しかし、このうち、“thams cad [pa]”に対応する“sarva”は、袴谷氏によって指摘されるように（『唯識論考』五九二頁、註〔22〕）、諸漢訳に対応を欠いているから、おそらく、後代の付加であろう。この点を、氏は、

㋖ 諸漢訳の依用した原文では、おそらくsarvaを欠いていたであろう。（『唯識論考』五八二頁一九行―五八三頁一行）

と指摘される。しかし、袴谷氏が、さらに続けて、

㋗ “tad-bījakāt”とあったとすれば、「それを種子とするものから」あるいは「それを種子とすることによって」と読め、諸漢訳のごとき訳文を満足させうるからである。（同右、五八三頁一―二行）

と言われるとき、疑問が生じる。というのも、“tad-bījakāt”という語を、「それを種子とするものから」と読むことはできるが、「それを種子とすることによって」と読むことはできないと思われるからである。即ち、その場合には、“tad-bījakatvāt”や“tad-bījatvāt”が原文に存在しなければならないであろう。

また、「それを種子とするものから」という理解が、「諸漢訳のごとき訳文を満足させうる」とは思えない。というのも、ここでは、すべての漢訳、及びチベット訳は、〝アーラヤ識〟を「種子」そのものと見なしており、〝「種子」をもつもの〟や「それを種子とするもの」については、一切語っていないからである。つまり、元来、チベット訳の“sa bon thams cad pa”については、“sarva-bījaka”ではなく、“sarva-bīja”を想定すべきなのである。しかるに、“sarva-”は、ここに〝アーラヤ識〟が言及されていることを明示しようとするための付加であることは明らかであるから、“bījaka”ではなく、“bīja”という形を基準として原文を想定すべきであろう。

その原文の想定は、極めて困難であるが、チベット訳“sa bon ... de las”から考えて、“tasmād bījāt”“tadbījāt”などが考えられるであろう。原文の語順に忠実なことで知られる仏陀扇多訳が、「彼意」と訳しているということは、その原語として、“tat [...] manas”を

想定させるものであろうが、いずれにせよ、想定されうる原文から、〝sarva-〟を削除して、

㋗ その種子（bīja）から、意（manas）と識（vijñāna）が起る（pravartate）。

という訳を示しておきたい。

要するに、重要なことは、ここで〝アーラヤ識〟が「種子をもつもの」ではなく、「種子」そのものとされている点である。さもなければ、〝aからbが起るところのaが種子である〟という論旨が成立しないであろう。

(336) 勿論「一切種子」は、ここでは、〝一切のものの種子〟を意味し、〝sarva-bīja〟を原語とするであろう。さもなければ、〝bīja＝ālaya-vijñāna〟という等式が崩れるからである。

(337) 中村元『原始仏教の思想 下』一三九―一四〇頁参照。また、前註(241)㋐参照。

(338) 〝アーラヤ識〟が「真如」を〝基体〟とする関係は、『解深密経』〔6〕―〔10〕ⓒで、〝アーラヤ識〟が〝ātma-bhāva〟を〝基体〟とする関係とパラレルであることには、注意すべきであろう。つまり、〝ātma-bhāva〟は「名色」であるとともに、〝アーラヤ識〟によって執着されるもの、即ち、〝常住不変〟なる〝ātman〟をも意味するのである。

（二〇〇三年八月二〇日）

著者略歴

松本史朗（まつもと　しろう）

1950年　東京に生れる。
1973年　駒沢大学仏教学部仏教学科卒業。
1981年　東京大学大学院博士課程（印度哲学）満期退学。
現　在　駒沢大学仏教学部教授，博士（仏教学）。
著　書『縁起と空――如来蔵思想批判――』（1989年，大蔵出版）
『仏教への道』（1993年，東京書籍）
『禅思想の批判的研究』（1994年，大蔵出版）
『チベット仏教哲学』（1997年，大蔵出版）
『道元思想論』（2000年，大蔵出版）
『法然親鸞思想論』（2001年，大蔵出版）
論　文「『解深密経』の「唯識」の経文について」
「svabhāvapratibandha」等。

仏教思想論　上

2004年4月5日　初版第1刷発行

著　者　　松本史朗
発行者　　鈴木正明
発行所　　大蔵出版株式会社
〒171-0033　東京都豊島区高田1-6-13　竹前ビル3階
TEL. 03(5956)3291　FAX. 03(5956)3292
印刷所　　㈱厚徳社・㈲協友社
製本所　　㈱関山製本社

ISBN 4-8043-0559-9　C3015